U0948408

从『数量增长』走向『质量提升』

——关于广义博物馆的思考

单霁翔 著

守正创新·思辨文博

单霁翔文化遗产保护丛书

天津大学出版社
TIANJIN UNIVERSITY PRESS

图书在版编目(CIP)数据

从“数量增长”走向“质量提升”：关于广义博物馆的思考 / 单霁翔著. -- 天津：天津大学出版社，2019.12
（守正创新 思辨文博）
ISBN 978-7-5618-6544-6

Ⅰ. ①从… Ⅱ. ①单… Ⅲ. ①博物馆学—研究 Ⅳ. ①G260

中国版本图书馆CIP数据核字（2019）第215282号

Cong "Shuliang Zengzhang" Zouxiang "Zhiliang Tisheng"—— Guanyu Guangyi Bowuguan de Sikao

策划编辑　金　磊　韩振平　苗　淼
责任编辑　赵淑梅
装帧设计　王建泽　谷英卉

出版发行　天津大学出版社
地　　址　天津市卫津路92号天津大学内(邮编：300072)
电　　话　发行部：022-27403647
网　　址　www.tjupress.com.cn
印　　刷　廊坊市海涛印刷有限公司
经　　销　全国各地新华书店
开　　本　185mm×260mm
印　　张　35.75
字　　数　594千
版　　次　2019年12月第1版
印　　次　2019年12月第1次
印　　数　1—2000
定　　价　99.00元

目录

引言

进入21世纪，我国博物馆事业迎来新的高潮，无论是数量增长，还是建设规模，都是前所未有的。目前全国博物馆总数已经达到5136座，几乎每两三天就有一座新的博物馆诞生，这在世界博物馆发展史上也是十分罕见的现象。近年来，各省、自治区、直辖市基本完成了省级博物馆新建和改扩建工程；一大批市、县级博物馆如雨后春笋般建设起来；各行各业注重收集保护本领域、本行业的文化资源，行业博物馆建设力度大大加强；社会资本纷纷进入博物馆领域，民办博物馆迅速成长。从博物馆种类看，在传统的综合、历史、艺术等类型博物馆为主流的基础上，科技、自然、民族、民俗等类型的博物馆逐渐增多，同时旧址、遗址、生态、社区、数字等新型博物馆也越来越多地进入人们视野。

由此，我国已经形成以国家级博物馆为龙头，省级博物馆和重点行业博物馆为骨干，国有博物馆为主体，民办博物馆为补充，类别多样化、举办主体多元化的博物馆体系。虽然在我国博物馆事业一百余年的发展历史上，政府始终处于主导地位，但是，进入21世纪后的建设规模之大超过以往。可以说，作为发展中国家，在经济建设取得重大成就以后，没有哪个国家的政府，能像我国各级政府这样，集中人力、财力、物力支持博物馆建设，投入之巨、速度之快，实属罕见。同时，各地政府建设博物馆的热情，迅速辐射到各个领域，掀起社会各界建设博物馆的热潮。

进入 21 世纪，上海、南京、西安、成都、昆明、苏州、扬州、南通、淮安、东莞等众多城市纷纷提出建设“博物馆之城”的目标。早在 2005 年，广东东莞就正式启动“博物馆之城”的建设，公布了东莞市建设“博物馆之城”的实施方案以及建设规划，将博物馆作为重要的公益文化设施纳入城市总体规划之中，目标是到 2010 年东莞市的博物馆数量由 5 座增加到 30 座以上，平均每 20 万人拥有 1 座博物馆。2006 年，成都提出建设“中国西部博物馆之城”的构想，力争平均每 10 万人拥有 1 座博物馆[①]。四川安仁镇计划用 5 年时间将安仁镇“打造”成“博物馆小镇”，按照发展规划，安仁镇将引进 50 至 80 座能够反映中国百年变迁的特色主题博物馆。

上海市在《上海文化发展“十一五”规划》中明确提出建设“博物馆之城”的目标，计划用 5 年时间，使博物馆的数量由 50 座增加至 100 座，计划每年建设具有一定规模、较高水平的博物馆 10 座。实际上，2006 年，上海的博物馆数量已经超过了 100 座，到 2010 年达到了 150 座，其中包括造船、冶金、机电、电信、轻工业、邮政、电影、戏剧、广播、音像等专题博物馆，它们全面展示了上海的工商业发展历程。2010 年 3 月，西安市通过《关于大力发展博物馆事业的实施意见》，提出用 3 年时间再建 50 至 80 座博物馆，使全市博物馆总数突破 100 个。

在这一轮博物馆建设热潮中，各地政府成为主导。至 2008 年 8 月，昆明这座拥有 600 多万人口的城市仅有各类博物馆 19 座。城市决策者认为，平均每 30 多万人拥有 1 座博物馆的水平，与千年古城的悠久历史不相符，于是提出鼓励和扶持民间资本多渠道投资建设博物馆，颁布了《关于充分利用文物资源大力发展博物馆业的实施意见》，明确提出：通过 3 到 5 年的努力，使昆明人均拥有博物馆的数量跃居全国省会城市前列，把昆明建设成为“博物馆之城”。该意见提出不到一年时间，昆明市内博物馆的数量从 19 座增加到了 65 座。2009 年 7 月，昆明市更是提出当年年底要确保全市博物馆总量突破 100 家，加快形成覆盖全市的博物馆网络。

改革开放以来，短短的 40 年时间，我国经济社会发展取得举世瞩目的变化。20 世纪 80 年代以后城市化开始加速，特别是进入新世纪的前 10 年，城市化率从约 30% 达到

---

① 周耐华：《试论博物馆与城市发展》，见《21 世纪博物馆核心价值观与社会责任》，99 页，北京，科学出版社，2010。

上海江南造船厂世博会博物馆（2010年4月13日）

47% 左右。而且，在此过程中，逐步形成了一些大都市区，它们主要分布在沿海地区的长江三角洲、珠江三角洲等地。按照既定规划，到 2050 年之前，我国的城市化率将达到 70% 左右。要实现这一目标，平均每年约有 1200 万人口将从乡村转移到城市。东南沿海、长江沿线和中部地区将是未来承载这些人口的主要地区。随着城市的发展，资源紧缺等问题会日益突出。

朱晓明教授指出："目前我国城市化发展中存在三个趋同，即规划趋同、产业趋同和形象趋同。大部分省份的产业结构趋同率达 90%，国内 600 多个大、中、小城市的形象也多'千城一面'。"[①]我国经济发展一路高歌猛进，接连超越英、法、德、日等经济强国，造就了经济奇迹，实现了跨越式发展。在我国新一波城市化浪潮带来的城市竞争中，各地政府已经把竞争的重心从简单的经济发展和 GDP 增长率竞争转向城市氛围营造、内涵和品位的提升方面，其中不少城市希望通过博物馆事业发展来挖掘、凝聚、展现城市历史中最具深度和吸引力的元素，构建城市品牌。

① 孙小静、顾春：《把脉中国城市化》，载《人民日报》，2010-09-18（5）。

今天，越来越多的城市感受到，博物馆建设有助于展现城市悠久历史和城市文化魅力，有助于满足社会民众的文化需求，提升城市的文化内涵。因此，作为公共文化服务机构的博物馆被列入重要文化建设项目，各地政府更加自觉地承担起博物馆建设的职责，期望通过兴建博物馆，达到更新城市风貌、激活地区经济与繁荣文化的目的。任何一座城市的博物馆发展路径，必然取决于其发展理念和人文态度，有什么样的发展理念和人文态度，就有什么样的博物馆发展结果。今天，博物馆事业逐渐进入社会关注和文化建设的中心位置，博物馆事业的发展迎来新的历史机遇。

虽然人们对“博物馆之城”这一提法的现实性和可能性存有疑虑，但是，今天博物馆建设与城市发展目标主动契合的鲜明特征，使“博物馆之城”建设成为城市文化建设高潮的代表性宣言。博物馆是收藏、保护文化遗产最重要的永久性文化机构。一般来说，博物馆的数量越多，人类文化遗存就越能够得到更多的庇护，城市就能够更加充满文化气息。因此，建造“博物馆之城”的愿望是积极的。但是，每一座城市都必须清醒地认识到，博物馆建设的质量才是博物馆事业的生命力所在。如果短期内要求一座城市的博物馆达到一定数量，首先需要从文化遗产资源情况与分布状况进行总体权衡，同时还要考虑包括保管条件、展览水平、服务质量、人才结构、管理能力等在内的一系列问题。

60 多年来，我国博物馆事业经历了中华人民共和国成立之初、改革开放和 21 世纪之初几个显著的发展高潮。2001 年，全国博物馆总数为 2126 座，而 2010 年，全国博物馆总数已经达到 3415 座，平均每年增长 140 余座，表明我国博物馆建设快速发展的时期已经到来；特别是近两年平均每年增长 220 余座，反映出博物馆增加的速度也在不断加快。通过网络查询就会发现，目前全国同时正在筹建的博物馆就有数百座。我国已经悄然迈入博物馆大国之列。2011 年 8 月北京市对外宣布，北京地区共有注册博物馆 159 座，博物馆数量在世界排名第二，仅次于英国的伦敦[①]。据介绍，目前英国伦敦市有 22 座公立博物馆，200 余座民办博物馆，每 10 平方千米有 1.1 座博物馆，即每个社区附近都会有博物馆[②]。

根据一些发达国家的经验，在城市化和社会发展达到一定程度之后，一般平均每 20

① 刘冕：《北京博物馆总数居世界第二》，载《北京日报》，2011-08-20（1）。
② 王天铮：《解析伦敦市政府公共文化管理模式》，载《中国文化报》，2011-08-25（7）。

万人左右应该拥有一座博物馆，按此标准，我国应该有 6500 座以上的博物馆。与许多文化遗产资源丰富的欧洲城市所达到的每 5 万到 10 万人就拥有一座博物馆的水平相比差距更大。与我国悠久的历史、灿烂的文明相比，与我国巨大的人口数量相比，与我国广大民众旺盛的文化需求相比，应该说今天我国的博物馆数量不是太多，而是太少，目前的发展水平绝对不值得骄傲。“经济社会进一步发展之后的我国的博物馆数量应该上万座，才能满足人类生存及其环境物证之保存和公众的精神文化需求，因此中国博物馆事业仅从数量方面来说未来的发展空间仍然是极为可观的”[①]。

在博物馆数量增长的同时，我们更应该关注博物馆的质量提升。1993 年， A. O. 科纳雷（A.O.Konar é ）在离任国际博物馆协会主席并就任马里总统时告诫道：“我们不应该为迎合公众对博物馆兴趣的增长而放弃研究和保管工作，这两项工作依然是博物馆有特色的基础工作。我无法想象一个没有扎实的、起码的考证工作的博物馆如何从事知识传播活动。”为适应社会发展、满足民众的精神文化需求，博物馆事业发展的重点不仅在于“数量增长”，更应该注重“质量提升”。质量是博物馆的生命线。扩大规模是发展，提高质量更是发展，而且是更高层次的发展。

当前，在博物馆建设中，尤其要避免形式主义、内容空洞、贪多求大的观念，将重点放在文化内涵深化、服务能力提升上，而不是放在馆舍建设上。长期以来，博物馆领

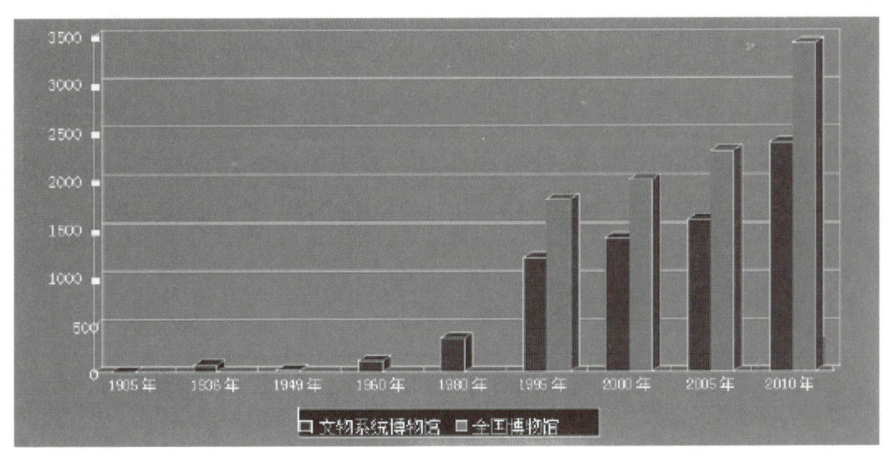

中国博物馆百年发展历程

① 曹兵武：《博物馆热 · 博物馆学 · 博物馆文化：博物馆发展的关键是博物馆人》，载《中国博物馆》，2008（3），9 页。

域行业规模小，从业人员少，不能为社会各界所广泛关注。不过，目前情况正在发生变化，博物馆的整体规模不断扩大，从业人员不断增加且逐渐成为引人瞩目的文化群体。但是，我国的博物馆在数量不断增长的同时，在综合管理水平、社会服务能力等方面，与国际先进水平存在着不小的差距，博物馆事业的进一步发展还有不少制约性因素有待克服。甚至有专家批评我国博物馆界是"一流的资源，二流的展览，三流的服务效果"①。"如果连我们自己都是处于营养不良的状态，我们能拿出什么合格的精神食粮去滋养社会，去回报大众呢？"②

虽然，博物馆数量的多少是衡量博物馆发展的重要指标，但是，我们也应清醒地认识到，目前我国博物馆资源的利用率并不高。在博物馆实施免费开放的政策的情况下，全国博物馆每年接待观众约 4.5 亿人次，也就是说，我国平均每位国民每 3 年仅走进一次博物馆，而一些发达国家平均每位国民每年 3 到 5 次走进博物馆，可见差距之大。同时，在我国博物馆加快发展的形势下，还存在两个方面的不平衡问题。一方面是博物馆的区域发展不平衡。例如博物馆与常住居民之比，北京为 1 ∶ 10 万，贵州则为 1 ∶ 61 万，全国平均为 1 ∶ 44 万，可见贵州等欠发达地区的博物馆数量，明显低于全国平均水平，与东南沿海发达地区存在很大差距。另一方面是博物馆之间发展不平衡。中小博物馆占全国博物馆总数的 80% 以上，由于体制性障碍造成的国家投入不足和社会资源稀缺致使相当部分的中小博物馆生存艰难，这也直接导致其文物保护、科学研究和陈列展示功能被削弱，制约这些博物馆的进一步发展。发展我国的博物馆事业，不仅要建设大批新的博物馆，更要发挥现有博物馆的社会作用。特别是发挥位于欠发达地区博物馆和中小博物馆的社会作用，提升它们的综合质量和社会服务能力。随着博物馆事业的迅速发展，树立博物馆系统的整体形象，明确博物馆领域的行业规范，提升博物馆队伍的综合素质，凝聚博物馆文化的社会共识，成为当务之急。

总之，今天制约我国博物馆事业发展的因素，正在由博物馆之外的外部因素向博物馆本身的内部因素转变。提升博物馆发展质量，已经成为实现博物馆可持续发展的头等大事。因此，在保持我国博物馆数量快速增长的同时，应对博物馆发展质量予以持续关注。

---

① 曹兵武：《博物馆热·博物馆学·博物馆文化：博物馆发展的关键是博物馆人》，载《中国博物馆》，2008（3），9 页。
② 王仁湘：《共同的遗产共同的责任：文博考古工作的社会形象建设与社会参与问题》，载《中国文物报》，2008-06-20（5）。

一是加快博物馆行业相关法律的立法进程，依法推进博物馆建设，规范、引导博物馆健康发展。二是转变行政主管部门对博物馆的管理方式，健全博物馆法人治理结构。三是明确博物馆属于知识、技术密集型文化教育机构，建立博物馆从业资格制度。四是加大公共财政扶持力度，建立博物馆经费保障机制，探索与绩效挂钩的动态扶持激励机制。

“对于制约中国博物馆事业的主要因素的时代变迁，我们可以做这样的总结：在旧中国，时局决定着博物馆的存在；在新中国改革开放之前，政治运动决定着博物馆的命运；在改革开放之后，管理水平决定着博物馆的兴衰”[①]。而“管理问题的背后，既有博物馆与政府之间的体制原因，也有博物馆内部的机制原因”[②]。当前，我国正处于深化改革和迅速发展的过程中，博物馆的改革与发展相对滞后。我国的博物馆事业面临的主要问题是，不断进步的社会、不断变化的观众对博物馆不断提出新的要求与挑战，而博物馆在专业化功能深化和社会化职能拓展方面，与时代要求存在较大差距，其中一些深层次制约性因素需要采取切实的对策才能得到解决。

---

① “中国博物馆管理体制机制改革研究”课题组：《中国博物馆体制机制改革研究报告》，见《博物馆免费开放调研报告汇编》，28 页。

② 国家文物局博物馆与社会文物司：《中国博物馆体制机制改革研究报告》，见《新形势下博物馆工作实践与思考》，北京，文物出版社，2010。

第一章 博物馆事业发展历程与趋势

博物馆是一种社会文化现象，在其漫长的发展过程中，经历了古代、近代、现代和当代的不同历史阶段。不同类型的博物馆存在于不同的历史时期和社会形态之中，其专业化功能和社会化职能也不尽相同。博物馆事业发展历程实际上就是博物馆专业化功能不断完善、社会化职能不断加强的过程。随着博物馆数量的与日俱增，博物馆的社会功能不断扩大，博物馆在今日和明日的社会生活中，必将发挥出更加广泛、更加重要的作用。

1.1 国际博物馆事业发展历程

博物馆的萌芽源自人们的收藏意识。考古发掘成果表明，早在 4000 多年前，古埃及和两河流域地区的美索不达米亚的统治者，就开始注意寻找宝藏珍品，并且已经拥有相当数量的实物收藏。距今 3000 多年前，古巴比伦末代国王那波尼德（Nabu–na'id）就曾经比较系统地收藏古物、举办展览，甚至在古代废墟上进行发掘，以增加收藏。公元前 530 年，苏美尔文明古城乌尔的学校出现了类似博物馆展厅的藏品展示场所。人们普遍认为，博物馆的历史可以追溯到古希腊时代。公元前 5 世纪，古希腊特非尔 · 奥林帕斯神殿就有保存战利品和雕塑等古物的收藏室。公元前 4 世纪，马其顿帝国的亚历山大大帝在建立地跨欧、亚、非帝国的军事扩张行动中，将搜集和掠夺的许多珍贵艺术品和稀有古物交给他的老师亚里士多德（Aristotle）整理、研究，在雅典郊区建立了“亚里士多德园”。亚里士多德从事授课和研究时，曾使用该园收藏的实物与标本作为辅助教学资料，传播文化知识。

关于博物馆何时起源，始终存在争议。目前西方普遍的观点是“亚历山大里亚博物馆”说，即亚历山大大帝去世后，他的属下托勒密一世建立了新王朝，收集了更多的艺术品，并于公元前 284 年，在尼罗河口的亚历山大里亚城，建立了一座专门收藏文化珍品的博物馆，这座博物馆的诞生，被视为博物馆的起源。由于托勒密一世建立的这座博物馆的地点在缪斯神庙，希腊语为 mouseion，意思是“供奉缪斯[①]及从事研究的处所”，于是，英语中的博物馆（museum）一词由此产生。这座缪斯神庙被认为是人类历史上最早的博物馆。

美国学者 G. 博寇（G. Burcaw）在《博物馆业务导论》中认为，“埃及的亚历山大里亚博物馆在本质上就与今日的博物馆相似”“学院包括一座汇藏博物馆各领域藏品的图书馆、天文观测台以及其他相关研究与教育的设备”“事实上它也是第一座真正的博物馆”[②]。这座博物馆用于陈列征战中搜集和掠夺来的珍贵艺术品及古物，向人们展示帝王的权力和财富，所收藏的藏品包罗万象，但是其并不对外开放，学者们在此通过有组织的研究，从而获得新的成果，传播知识，因此它也成了博物馆的雏形。关于这座博物馆，我国有关博物馆学的教材中写道：“这个博物馆设有专门的大厅、研究室，陈列有关天文学、医学和文化艺术的藏品。各地的学者、作家聚集在这里，从事研究工作。大批来自各地的青年跟随他们学习。亚历山大里亚博物馆是世界当时最大的科学和艺术中心。”

由此可见，博物馆起源于珍品的收藏，在其早期阶段主要以收藏、研究为主要功能。“无论以前人类曾有过多么辉煌的文明，都无一例外地将被历史的烟尘所淹没，人类在不断地创造文明，文明却无法永生——这是永恒的法则。但是，我们仍然可以通过某个途径去寻找这些文明的踪迹，这个途径就是博物馆”[③]。当时类似缪斯神庙的收藏机构不止一处，还有一些神庙也同样具有保存古物的功能。这些神庙“以保存和研究古典文化为己任”，其收藏重点已由宗教和伦理领域转向科学知识领域，以求知好问精神为驱动，

① 注：缪斯（Muses）是掌管知识与艺术的女神。
② 李军：《从缪司（斯）神庙到奇珍室：博物馆收藏起源考》，载《文艺研究》，2009（4），124 页。
③ 于萍：《博物馆性质与文化传播》，载《丝绸之路》，2011（2），81 页。

藏品涉及当时众多知识领域，“开创了人类文化保存中一种带有普遍性意义的机制”。

亚历山大里亚博物馆在存在了几个世纪后毁于战火。同时，对于将其作为现代博物馆起源的观点也存在着不同意见，其中一种观点认为，如果我们把早期“mouseion”的形态概括一下，可以说，它对观念的强调远远超过了对物的强调；对讨论问题的兴趣远远超过了收藏；最后，可以说它对人际关系的重视远远超过了对人与物和物与物关系的重视。换言之，亚历山大里亚的缪斯神庙主要是一个论坛、一个人与人相互交流的场所、一个不同观念相互沟通的平台。不是物质（收藏）而是非物质的属性（人际关系），才是这个“mouseion”的本质和所谓的“亚历山大里亚博物馆”的真相所在。因而，它并不是以收藏物为核心的现代博物馆的直接起源[①]。

萌生于古希腊文化中的博物馆现象，至公元前后的罗马时代，有了进一步发展。人们怀着对希腊文化的喜爱，收藏者的范围不仅限于皇室，贵族们也纷纷加入收藏艺术珍品和古物的行列。在不断的对外战争中，他们于所到之处，无不贪婪地搜集奇珍异宝和各类艺术品，再把这些来自不同国家和地区的数以万计的铜像、雕塑运回罗马城，装饰各类建筑，将整个罗马城变成了一座博物馆。同时，一些府邸和神殿成为陈列这些文化珍品的地方，甚至开辟专门供客人观赏的私人收藏陈列室，但是总体来说，收藏的物品杂乱无章，不成系统。此外，一些豪华的神殿里都装饰着精美绝伦的雕像和壁画；一些兼有社交性质的公共浴场，也装点华丽，附设图书馆和画廊；其他一些住宅、寺院、餐厅和广场上，各种壁画也比比皆是。

以上发生在古希腊、古罗马的各种事实说明，产生在奴隶制时代的博物馆现象，已经成为当时社会文化生活的一个重要组成部分。“‘到博物馆去！’——在古代西方是一个人表明其阶级、身份和品位的象征。西方的传统博物馆也由此继承了‘带有巨大柱子和台阶’的神殿、教堂或宫廷的建筑形象，并延续至今”[②]。

中世纪的欧洲，处在封建制度和教会统治的时代，基督教在社会生活的各个方面都处于垄断地位，文化教育成了宣传教义的工具。教堂、修道院成为收藏、陈列法器、圣像、教主遗物和教徒供奉的珍贵礼品等宗教文物的主要场所，扮演博物馆角色，传教士也将

---

① 李军：《从缪（斯）神庙到奇珍室：博物馆收藏起源考》，载《文艺研究》，2009（4），124 页。
② 刘克成：《到博物馆去》，载《建筑与文化》，2007（2），10 页。

从所到之处带回来的各种珍奇物品收藏其中，教会利用这些收藏品向大众显示权力神授的正当性，宣传宗教的教义，扩大宗教的影响。宫廷、庄园、城堡、贵族府邸则是世俗文物的聚集之地。作为文化现象的珍品收藏活动，虽然笼罩在宗教的神秘主义和蒙昧主义的氛围下，但是规模和范围有了新的发展和扩大。

当时，欧洲各国有许多教堂寺院都收藏有希腊、罗马时代以来的各种珍贵手稿、抄本、雕刻和绘画作品。尤其是作为宗教中心的梵蒂冈，设有收藏珍本、善本的一流图书馆，例如 14 世纪教皇达马苏斯一世（St. Damasus Ⅰ）时，就藏有古希腊文和拉丁文稿本 3650 册，而且从各地汇集来的宗教文物、香客的礼品更是不可胜数，教廷成了收藏中心，教皇则是最大的古物收藏者。再如当著名雕塑《拉奥孔》于 1506 年刚刚出土时，教皇 P. 朱利叶斯二世（P. Julius Ⅱ）就利用权势将其征集过来，成为教廷的珍藏，其他一些红衣主教也纷纷仿效，热衷于古物收藏。

文艺复兴是近代博物馆产生的第一个推动力。14—16 世纪，在欧洲文艺复兴的浪潮下，大批手抄本和从罗马废墟中发掘出来的古代雕塑等艺术珍品，重现了古代文明的光彩，引起了人们对希腊、罗马时代古典文化的向往，人们希望找寻与这些辉煌历史时期的文化关联，为未来发展奠定精神基础和动力。由此引发欧洲各国民众探访名胜古迹，搜集钱币、书籍和雕塑等古物的热潮，对古代遗存的收藏、研究重新受到关注，成为文化继承与创新的重要智慧与力量源泉。此时在一些宫廷和富裕家庭内拥有观赏奇珍异物的收藏室，但是收藏的目的从过去为炫耀财富和战利品，转变成为增进知识而收藏。

15 世纪末地理学、航海学等科学技术的发展开拓了欧洲各国的视野。开辟新的航线、发现美洲大陆，便利他们从更加遥远的地方搜集奇珍异物，欧洲的探险家、商人往往满载而归，带回来大量从海外或是本土考察发现的自然标本、工艺品，满足人们对未知事物的好奇。人们对古物的收集、研究热情更加高涨，收藏的范围进一步扩大，藏品的数量大幅增长，收藏的物品逐渐呈现系统性，在对藏品进行分类整理和研究的过程中，更加重视其美学和科学价值，便于人们理解藏品。此时，展示物品的收藏室也成为当时人们了解世界的媒介。这一时期出现了大批私人收藏家，他们将一些私人藏品或捐赠或出售给博物馆，从而奠定了欧洲各大博物馆的藏品基础。

从中世纪到欧洲文化复兴，再到近代博物馆产生的初期，在相当长的历史进程中，征集和收藏一直是博物馆的主要功能。博物馆学产生于 17 世纪的英国，当时是以一批博物馆藏品目录问世为代表，以博物馆志的出现为标志。17 世纪，由于科学技术的发展，一批收藏自然科学实物资料的博物馆开始出现。这一时期的博物馆还没有真正意义上的文物陈列展览，只有一些接近于展示的活动，即将文物藏品从库房中提取出来，用于观察、鉴赏、研究，这种活动是博物馆传播活动的最初萌芽，博物馆的研究功能也由此产生。

欧洲 17—18 世纪的启蒙时代，民主文化运动兴起，人们开始积极争取人人平等的公民政治权利。“在启蒙运动时期，私密性的私人收藏开始逐渐转变为公共财富。启蒙运动的一个观念就是对公众的知识培育，因为知识的培育可以造就完美的个人，从而使社会趋于理想。在这种思潮的影响下，一些个人收藏开始逐渐向公众开放”。法国一些启蒙思想家提出建立国家博物馆的设想，要求珍贵物品应属于国民，而非君王专有，这种权利观就是人们反抗专制王权的体现。欧洲一些隶属于皇室、贵族和教堂的收藏逐步向大众开放，人们对博物馆的认识也开始发生变化，将其看作公共性的文化机构，开始出现收藏功能的转移和社会教育发展的需要，一批拥有历史、自然、艺术内容的博物馆涌现。

近代意义的博物馆产生于资本主义生产方式在欧洲得到长足发展的时期，是私人财富和私人收藏积累以空前的速度增长的时期。此时诞生的世界上第一座具有近代博物馆特征的英国阿什莫林艺术和考古博物馆，开始“以固有的藏品举办陈列展览向公众开放”。该博物馆的藏品原为 J. 特拉德斯坎特（J. Tradescant）父子的收藏，包括动物、植物、矿物、宝石、货币、徽章、武器、服饰、生活用具、雕刻、绘画、手工艺品、考古出土文物、民族民俗文物等。1678 年这些藏品归收藏家 E. 阿什莫林（E. Ashmole）所有。阿什莫林艺术和考古博物馆于 1683 年 5 月在牛津大学向公众开放，开创了将私人收藏公之于世、建立近代博物馆的先河。由于此前 E. 阿什莫林将他本人的收藏全部捐赠给牛津大学，因此其所有者不再是私人，而是公共教育机构，这就决定了该博物馆的公共性质，即社会公众无论身份，只要购买门票，就有权利进入参观。

阿什莫林艺术和考古博物馆除了展示藏品以外，还增加了实验和教学的功能，为学者和学生的研究提供场所。至此，博物馆又出现了一项新的职能，即公共教育，其特征是重视社会教育作用，注重为社会服务[①]。因此，一般认为阿什莫林艺术和考古博物馆是世界博物馆史上第一个正式向公众开放的博物馆，被誉为“欧洲最早的公共博物馆”。近代博物馆诞生以后，1755 年 S. 约翰逊（S. Johnson）在其编著的《英语词典》中将博物馆定义为：蕴含丰富学问的奇异物品的贮藏和陈列场所。但是“其内涵是比较狭窄的，似乎主要针对自然类博物馆”[②]。经过法国大革命和工业革命的洗礼，博物馆向世俗社会转移，所收藏的文物和艺术品数量更多、规模更大，收藏范围更为广泛，为此后欧洲的一些大型博物馆发展奠定了重要基础。

“随着欧洲历史的发展，民族主义思想逐渐产生，以民族为基础的近代国家观念开始形成，在这个过程中，宣扬民族文化、记忆民族历史、增强民族荣誉感的博物馆观念开始流行，国家博物馆的概念开始产生”[③]。18 世纪是博物馆事业发展的重要时期，欧洲一些国家相继建成了国家的或具有重要影响的博物馆，例如爱尔兰国家博物馆（1731 年）、丹麦国立美术馆（1760 年）、俄国艾尔米塔什艺术馆（1764 年）、西班牙国立博物馆（1771 年）等。与此同时，在欧洲的影响下，1773 年美国南卡罗来纳州查尔斯顿城建成第一座公共博物馆，虽然此博物馆以介绍本州自然历史为主，但是它带动了美洲博物馆事业的发展。从博物馆发展史上看，世界上最早出现的博物馆主要集中在欧美国家。但是当时这些博物馆的展出方式都是不进行任何分类的，只把文物与自然标本随意放在一起，这就是博物馆学上所说的“珍宝柜”。现代意义的博物馆诞生于 18 世纪中期。其中影响较大的是英国大英博物馆和法国罗浮宫艺术博物馆。

大英博物馆是全世界第一个对公众开放的大型博物馆。大英博物馆收藏有世界各国的精美艺术品，设有 100 余间陈列室，分为埃及古器物、希腊和罗马古器物、西亚古器物、欧洲中世纪古器物、东方古器物、英国史前和罗马占领时期艺术品、钱币和纪念章、版画和画稿等部门。如此庞大的博物馆最初是在英国医生 H. 斯隆（H. Sloane）的私人收藏品的基础上建立起来的。H. 斯隆是位兴趣广泛的收藏家，他晚年收藏的文物近 8 万

① 于萍：《博物馆性质与文化传播》，载《丝绸之路》，2011（2），81 页。
② 段勇：《多元文化：博物馆的起点与归宿》，载《中国博物馆》，2008（3），5 页。
③ 郭长虹：《社会发展与博物馆社会服务观念的变革》，见《博物馆观察——博物馆展示宣传与社会服务工作调查研究》，132 页，北京，学苑出版社，2005。

件，另有许多植物标本和书籍、手稿。根据他的遗嘱，为了让这些收藏品“维持其整体性、不可分散”，1753 年，英国议会拨专款收购 H. 斯隆的所有藏品，并以此为基础，于 1759 年 1 月在伦敦市区附近的蒙塔古大楼成立博物馆，对社会公众开放。在博物馆开放后，又不断充实藏品，从自然标本到钱币、绘画、书籍、手工艺品等诸多东西方的文物珍品，博物馆藏品愈臻丰富，成为当时世界上最大的博物馆。到了 19 世纪，由于受空间的限制，蒙塔古大楼已显得不敷使用，于是新建博物馆和图书馆设施。1880 年，大英博物馆将自然标本移交给新建成的自然历史博物馆。1973 年，大英博物馆将书籍、手稿移交给不列颠图书馆，最终形成此后的博物馆格局。

法国罗浮宫艺术博物馆是大革命的产物。1789 年法国大革命爆发，推翻了波旁王朝的统治，这一社会形态的巨变，直接导致了皇宫中历代王室收藏的各国绘画、雕刻、工艺品等大量艺术珍品转为国家所有。1793 年 10 月新的共和国政府下令将王室宫殿改造成为罗浮宫艺术博物馆。19 世纪初，法国政府决定在不同地区建设 15 座博物馆，包括波尔多博物馆、马赛博物馆、里昂博物馆等，用来收藏罗浮宫艺术博物馆容纳不下的藏品，这些博物馆通常都设立在艺术学校的附近，成为学生们接受校外教育的公共机构，博物馆在职能上具备更多的教育功能。罗浮宫艺术博物馆的设立使不可计数的艺术杰作、珍宝收藏得以史无前例地向公众展出，罗浮宫也不可避免地成为民主自由的象征。1848 年，英国游记作家 B.S. 圣约翰（B. S. St. John）第一次参观了罗浮宫，7 年之后，他记述了自己的感受，罗浮宫以前是“上演权力的悲喜剧的场所，阴谋、操纵、妒忌、阴暗的猜疑、恶毒的动作的聚集处，产生皇家荣耀与苦难的地方……”而通过博物馆的建立“它已经变成了为数众多主要是艺术的物品的宁静而又华丽的庇护地”。从浮华奢靡的皇宫到聚集人类文明精华的殿堂，展示空间功能发生了重要变化[①]。此后，罗浮宫艺术博物馆不仅被视为法国城市筹建博物馆的蓝本，也成为许多国家博物馆的典范，尤其是经历过政权变革或国家主权独立运动的国家[②]。这些也促进了欧洲各国皇家博物馆和私人博物馆的开放，加速了现代博物馆的发展进程。

如果说英国大英博物馆的建立和法国罗浮宫艺术博物馆向公众开放，标志着现代意

---

① 林少雄：《博物馆的功能与艺术的观念》，载《艺术百家》，2011（4），180 页。
② 王真真：《博物馆公共属性的“生成”》，载《中国文物报》，2010-06-02（6）。

义的公共博物馆的诞生，那么美国博物馆建设的尝试，则为博物馆赋予了更多的社会公共属性。作为历史文化积淀并不深厚的19世纪新兴国家，美国在经济和财富上迅速增长，但是在文化上，与欧洲国家相比，一直难以摆脱文化艺术方面沉重的自卑感，于是立志凭借经济实力，要成为世界的文化中心。美国早期的博物馆收藏偏重于自然和科技类。19世纪中叶，受到万国博览会的影响，美国博物馆进入发展时期，以国民教育为宗旨的大型综合性博物馆兴建起来。从国会大厦到华盛顿纪念碑，长达几公里的杰弗逊林荫大道两侧，一座又一座闻名于世的各类博物馆拔地而起，其中最具有代表性的是美国史密森学会。

1846年，在华盛顿建立的史密森学会，其奠基人是英国科学家J. 史密森（J. Smithson），虽然他从未到过美国，但是根据他的遗嘱建立起了以促进人类知识传播为目的的史密森学会。此后史密森学会经过持续发展，形成旗下有博物馆和美术馆、国立动物园和研究机构的庞大博物馆系统，藏品共计1.3亿余件。部分经费来源于美国政府拨款。其免费向公众开放，成为世界最大的也是引领世界博物馆发展潮流的博物馆群和重要的科学研究中心。

1870年建立的大都会艺术博物馆是继美国史密森学会成立后又一大型博物馆，标志着美国大型艺术博物馆的出现。借助私人大量的慷慨捐赠以及颇具眼光的藏品收购，大都会艺术博物馆的藏品相比欧洲大型博物馆而言毫不逊色。事实证明，以美国史密森学会和大都会艺术博物馆为代表的美国首批博物馆，通过收藏、展示和公共教育等博物馆核心职能，对美国公民乃至整个公民社会形成的积极影响是广泛而深远的[①]。

现代化工业的产生与发展，自然科学的重大发明和发现，不断产生出新的学科，激发人们学习知识和研究科学技术的热情，社会公众的需求也为博物馆的发展开辟了新的道路，众多科学技术类型的博物馆不断涌现，例如法国国立科学工业博物馆、英国国立理工科学技术博物馆、德国国立科学技术博物馆和俄国莫斯科应用科学博物馆相继创建。1851年在伦敦举办的万国博览会，成为19世纪博物馆发展的重要契机，即利用万国博览会征集的大量展品筹建新的博物馆。随后，英国出现了各种类型的博物馆，包括科学

① 王真真：《博物馆公共属性的“生成”》，载《中国文物报》，2010-06-02（6）。

博物馆、地质博物馆、自然史博物馆等，这标志着博物馆出现了类型多样化和内容专门化的发展趋势。此后，专业化的博物馆发展逐渐趋向明显，考古、艺术、自然历史、科学等各种门类的博物馆均开始建立。

19 世纪开始，现代意义的博物馆概念在欧美各国得到迅速发展的同时，也开始向世界其他地区传播，影响到亚洲、非洲和拉丁美洲。日本近代博物馆起源于 1872 年，这也使日本成为亚洲较早建立博物馆的国家。明治维新时期，日本参加万国博览会时广泛地接触到欧洲的博物馆，参会人员回国后大力宣传博物馆的作用，随后，日本从国家到地方建立起众多近代化的博物馆以启民智。

博物馆从欧洲向世界的扩散过程，与西方的扩张历史相关。一方面，西方殖民者加紧对各殖民地进行文化掠夺，通过派出考古队、探险队，大规模搜集古代珍贵文物，获取大批珍稀自然科学标本，甚至实施军队武力掠夺，不断充实本国的众多博物馆。另一方面，出于殖民政治的需要，由殖民当局或者教会在各殖民地的附属国家建立国家博物馆以及地志类、自然类、民族类博物馆。例如 1814 年在印度建立的加尔各答博物馆、1818 年在巴西建立的巴西国家博物馆、1823 年在阿根廷建立的自然博物馆、1825 年在南非建立的南非博物馆、1827 年在澳大利亚建立的澳大利亚博物馆以及 1858 年法国考古学家在埃及开罗建立的埃及国家博物馆。同时，殖民者在拉丁美洲、非洲殖民地建立了更多的黄金博物馆、钻石博物馆等资源性博物馆[①]。

随着博物馆的大量出现并向社会公众开放，国家、地方和私人等不同形式博物馆并存的格局逐渐形成，博物馆开始履行社会化职能，博物馆事业逐渐成为一项重要的社会文化事业。同时，博物馆管理模式、运营理念、社会功能发生了很大变化，与博物馆服务于社会的功能不断拓展相伴而生，有关博物馆的应用理论研究也呈现出了良性发展态势。从 19世纪开始，德国、美国等国家在探讨博物馆藏品分类管理的同时，系统介绍博物馆在传播科学技术、提高文化知识、促进社会进步等方面的作用。1852 年，德国纽伦堡日耳曼博物馆所采用的组合陈列法是近代博物馆教育的早期典型，该博物馆按史前时代、罗马时代、德国时代三个系统六个展室组织陈列，便于观众了解不同时代的社会面

① 苏东海：《中国博物馆的传统与变革——为巴西〈博物馆学与遗产〉虚拟杂志创刊号而作》，载《中国文物报》，2008-10-10（3）。

貌，因此它被视为具有现代意义的博物馆教育的开端。

1880 年美国博物馆学者詹金斯（Jenkins）在所著《博物馆之功能》中明确提出博物馆应成为一般民众的教育场所的观点。至 19 世纪末，博物馆的教育职能更加显著，博物馆的陈列展览开始按照一定的教育目的、有计划地帮助观众了解文物展品。一些博物馆还与学校建立起紧密联系，不仅教师和学生可以免费参观，甚至教师还可以借到文物标本辅助教学。博物馆不仅成为国家实力颇有说服力的象征，也使公民和社会，通过其教育影响，更接近文明、智慧与高尚[①]。

伴随博物馆数量的增加，博物馆专业组织得以发展。1889 年，世界上第一个博物馆协会在英国诞生。20 世纪初，欧美各国的博物馆专业组织相继建立，例如 1906 年，美国博物馆协会成立，并且明确规定协会的任务是出版年刊、会刊，介绍世界各地博物馆的情况，探讨博物馆发展中的问题。这些博物馆组织的建立，促进了博物馆事业的进步和博物馆学研究的开展。1946 年 11 月，由美国博物馆协会会长哈姆林（Hamrin）倡议，创立了国际博物馆协会，促进了博物馆在世界范围内的新发展和战后各国博物馆领域的交流，推动了博物馆间的国际合作。

进入 20 世纪，博物馆事业进入新的发展时期，迎来可以更好地实现博物馆专业化功能的新时代。俄国在 1917 年十月革命以后，博物馆为全民所有，博物馆的发展相当迅速。尽管 19 世纪的博物馆已经具有收藏、科研和教育职能，但是在经过了第一次世界大战的特殊历史环境下，这一时期的博物馆教育以弘扬民族精神、启发民族意识、凝聚民族力量为主旨，以培养爱国主义精神为目的。但是，法西斯国家则利用博物馆进行法西斯教育，鼓动战争，使这些国家的博物馆成为军国主义、种族主义和法西斯主义的宣传场所，例如意大利建立的墨索里尼博物馆，德国建立的军事博物馆等，日本也把博物馆纳入了官方的战争宣传轨道之中。

第二次世界大战以后，一些国家的博物馆在战争中遭到严重破坏，许多珍贵文物毁于战火，因此，这些博物馆经历了一个恢复时期才逐渐走上振兴繁荣之路。例如艾尔米塔什博物馆在战争中遭到破坏，战后被精心修复。日本于 1951 年制定了全国性的《博物

① 王真真：《博物馆公共属性的“生成”》，载《中国文物报》，2010-06-02（6）。

馆法》，促进博物馆行业的健康发展，博物馆数量迅速上升。同时，国际博物馆界有力推进以博物馆功能为基础的专业化路线发展，不断扩大专业培训的范围和规模。但是，博物馆的专业化功能和社会化职能之间，博物馆使命与社会公众需求之间存在冲突，甚至表现得十分激烈。

此后，西方社会民权运动、妇女运动、反战运动、环境保护运动等此起彼伏，与此同时，反传统、反现代文明思潮高涨。20 世纪 60 年代，美国黑人诗人 J. 约丹（J. Jordan）就曾对博物馆发出过猛烈抨击："如果你无法让我在博物馆看到我自己，如果博物馆不能让人民知道他们想知道的真理——没有比这更重要的事情了。如果博物馆不能表现和让人们知道这些事情，那么，为什么我不应该攻击这些美国的殿堂？把它们炸掉？"①在这样的时代背景下，发生了所谓的"第二次博物馆革命"，对社会教育作用再认识成为博物馆理论与实践的核心。张誉腾博士在《全球村中博物馆的未来》一书序言中指出，1960 年以后兴起的新博物馆运动，使博物馆由"过去导向、物件导向"转型为"观众导向、经营导向、未来导向""由以收藏过去转而以教育未来为经营重点，是此次博物馆运动的主要诉求"。

进入 20 世纪 70 年代，许多重要的博物馆学研究理论相继问世，学术界开始对博物馆的起源、发展的历史阶段、博物馆的功能以及博物馆的社会角色等进行论述，现代博物馆学的学科体系基本形成。1974 年，在丹麦哥本哈根召开的国际博物馆协会第十届大会的主题是"博物馆和当今世界"。这次大会决定了国际博物馆的未来，所有与会者都清楚地意识到《国际博物馆协会章程》已经不能适应博物馆的发展，不能再代表国际博物馆协会的真正目标，为此，国际博物馆协会决定对博物馆的定义进行修改。新的章程及其新的定义给予博物馆更多面对社会、面对未来的新意义，即"博物馆是一个为社会和社会发展服务的不以营利为目的的永久性机构，它向公众开放，以研究、教育、欣赏为目的而征集、保存、研究、传播和展出人类及人类环境的物证"。其中"为社会和社会发展服务"的定义，则成为国际博物馆界"第二次博物馆革命"的标志。

正如英国博物馆学者 K. 赫德森（K. Hudson）在《八十年代的博物馆》一书中所言：

---

① 黄春雨：《博物馆的社会化与专业化思考》，载《中国博物馆》，2008（3），19 页。

“1974 年在哥本哈根举行的国际博物馆协会第十届大会清楚地表明，全世界博物馆开始越来越不把自己看成同外界没有联系的专业单位，而越来越认为它们是自己所在社区的文化中心。这种变化可以这样来概括，就是博物馆不再被认为仅仅是保管一个国家文化和自然遗产的宝库或代理人，而是广泛意义上的强有力的教育手段。”①

新博物馆学最初出现于 20 世纪 70 年代，80 年代开始流行于国际博物馆界。其核心思想是积极推动博物馆变革，强调博物馆的社会作用和多学科特征，强调博物馆利用社区遗产资源，促进社区社会经济和文化发展。这一时期，国际上博物馆的数量不断增加，博物馆的质量不断提高，虽然传统博物馆仍居于主流地位，但是，博物馆的实现形式出现多样化的趋势，国家公园、露天博物馆、生态博物馆等新型博物馆相继出现，并得以发展，突破博物馆原有静止模式，给予参观者新的体验。其中始于 20 世纪 70 年代初的生态博物馆，高举“由所在地人民和公共权力机构共同设想、共同修建、共同经营管理”旗帜，将博物馆的社会化推向了高潮。

传统博物馆的通常做法是，将遗产搬到某一个建筑物里，这些遗产往往因此而远离了它的原生地点及其环境。而生态博物馆则希望遗产能在一个特定的社区中原状保护，所以本社区的范围也就等同于博物馆的范围。在生态博物馆里，本社区的自然风貌、建筑物、生产生活用品、风俗习惯等有关物质的和精神的所有内容都被生态博物馆赋予了含义。与此同时，当地居民利用生态博物馆这一手段来保护自己的遗产，并利用这些遗产来创造未来。

新博物馆学在过去 30 余年中，除了在生态博物馆方面的实践外，还直接催化了整体博物馆、社区博物馆、邻里博物馆、地区文化中心等新型博物馆的产生。对于这些新型博物馆，H. 戴瓦兰 (H. de Varine) 指出：“相比较于以收藏品、在建筑物内和接待观众为主要特征的传统博物馆而言，新类型的博物馆可以从根本上表述为一个以一个社区（或社区民众参与）为核心特征的、在一个特定区域内的、出于社区发展的目的使用共同的遗产资源的文化过程。”直至今天，新博物馆学思潮尚未减退。

在专业化功能巩固与社会化职能提高的基础上，1977 年国际博物馆协会建立了博物

① 马自树：《文博余话》，北京，紫禁城出版社，2011。

馆学专业委员会，从根本上强化博物馆的基础理论建设，逐步聚集了一批国际博物馆界既有实际经验，又有现代科学知识背景的专家学者，他们通力合作建立现代博物馆学。国际博物馆协会逐渐成为国际博物馆界思想交流的舞台。此后，国际博物馆协会将每年的5月18日确定为“国际博物馆日”，并且每年都确定一个主题。

20世纪80年代，随着人类进入后现代社会，博物馆界开始对自身的责任和使命进行反思。博物馆逐渐从对文物藏品的收藏、展示、研究转向对社会和人的关怀。为此，国际博物馆协会在1951年、1962年、1971年、1974年多次对博物馆的定义进行修订的基础上，于1989年再次形成了新的博物馆定义：“博物馆是非营利的、为社会及其发展服务、向公众开放的永久性机构，它为研究、教育和欣赏的目的，收集、保存、研究、传播和展示人类及其环境的物证。”[①]

但是，在新博物馆运动兴起20—30年后，M. 胡德（M. Hood）在20世纪90年代初的文章中仍然指出，在英语系中，对于“博物馆”这个词的使用，仅约20% 用于表达正面的意义。在其他方面，“博物馆”这个词代表静止不动、无聊、没有精神、枯燥乏味、模糊、没有个人色彩、看不出所以然、无法理解、不懂、死的、无生气的、无意识的——博物馆代表过去的、剩下来的、腐朽的[②]。美国博物馆学家哈里森（Harrison）在1993年发表的《90年代博物馆观念》中指出，新博物馆学的观念是相对于“传统”博物馆学的观念而言的，它的重心不再是传统博物馆所一向奉为准则的典藏建档、保存、陈列等功能，转而将关怀社群与社区的需求当作博物馆的最高指导原则。因此，从国际博物馆发展的角度看，博物馆学正朝着关注“人”、关注“社会”的方向发展[③]。

全球博物馆共同经历了20世纪70年代、80年代直至90年代初的大发展。在全球化的时代大趋势下，博物馆所具有的作用和内涵，已远远超越它最初成立时“文物仓库”的作用和内涵，呈现出多维发展态势。“以物为核心”向“以社会为核心”的转化，又成为所谓的“第三次博物馆革命”的标志。“这是一次博物馆专业化与社会化的和谐结合，博物馆终于可以骄傲地宣称自己是社会真实的需要”[④]。

几十年来，博物馆事业在全世界有了快速发展，成为现代社会发展最快的事业之

① 段勇：《多元文化：博物馆的起点与归宿》，载《中国博物馆》，2008（3），5页。
② 陈建明：《虚拟的场景 真实的遗产》，载《中国博物馆》，2008（3），16页。
③ 刘舜强：《“大博物馆学”与中国博物馆的当代性》，载《中国文物报》，2011-02-09（6）。
④ 黄春雨：《博物馆的社会化与专业化思考》，载《中国博物馆》，2008（3），19页。

一。资料显示，20 世纪末全世界的博物馆总数为 4 万余座，而目前全世界共有博物馆 5 万余座。一些欧洲国家的博物馆数量仍然位居前列，英国约有 2500 座博物馆，德国约有 3000 座博物馆，意大利约有 3500 座博物馆，法国约有 5000 座博物馆。一些历史文化遗产丰富的欧洲国家，例如丹麦、比利时等已经达到每 1 万到 2 万人拥有 1 座博物馆。日本博物馆总数为 5775 座，包括国家博物馆 206 座，地方公众博物馆 4164 座，私立博物馆 1405 座[①]。近年来，一些第三世界国家的博物馆事业发展比西方发达国家更快，以适应与日俱增的参观者需要。例如南非拥有近 500 座不同类型的博物馆，涉及从文化艺术到地质、历史、生物、矿业、农业、森林以及其他人文科学等领域。

美国从 1960 年到 20 世纪末，博物馆的数量增长了 15 倍。特别是从 1970 年至 1980 年的 10 年间，美国博物馆高速发展，曾创下“每天都有一座新博物馆诞生”的局面。美国 1991 年进行的一次比较全面的调查显示，全美博物馆的全职从业人员超过 15 万人，同时有大约 38 万名志愿者每年为博物馆免费提供从讲解到文物藏品登记、保护等各种服务。从 1998 年至 2000 年的 3 年间，为了新建或扩建 150 座博物馆，美国共投入了 43 亿美元。目前美国博物馆的类型几乎涉及社会生活的各个方面，其中综合历史类约占 50%，艺术类约占 15%，自然科学类约占 15%，其他类型的博物馆约占 20%，几乎所有的城市至少都拥有一座博物馆和美术画廊。大都会艺术博物馆在保留早期建筑的前提下，扩建 20 余次，博物馆建筑跨越 5 个街区，长达 300 余米，总建筑面积约 20 万平方米，藏品逾 400 万件。

在博物馆数量持续增长的同时，博物馆的观众也与日俱增。2000 年，美国的博物馆参观者有史以来第一次超过了 10 亿人次，是其全国总人口的 3 倍多。这个数字在 10 年内增长了 50%。美国社会民众每星期去参观博物馆的人数，比上体育馆看美式足球、棒球等球赛的人数还要多[②]。作为全世界最大的博物馆群，美国史密森学会下设的博物馆的门类齐全，其中参观量排在前三位的是国家航天博物馆、国家自然历史博物馆和国家历史博物馆，它们举办的相关展览及配套教育活动成功得到社会认可。瑞典有 150 多座博物馆，有 900 万人口，博物馆每年的参观人数达到 1600 万人次，60% 的居民经常进入

① 新妻洋子：《日本博物馆现状及面临的问题》，载《中国文物报》，2010-05-26（4）。
② 张和清：《美国博物馆的管理与运作》，载《中国文化报》，2008-10-22（7）。

博物馆，其中中产阶级占 80%[①]。在加拿大，虽然全国人口只有 3000 多万，却有博物馆 2400 多座，年参观者总数超过 6000 万人次。在日本，全国博物馆员工总数约 4.6 万人，接待观众 2.8 亿人次。

世纪之交，国际博物馆事业空前繁荣，伴随科学技术和生产力的迅猛发展、国际间文化交流合作逐渐增多，博物馆的数量快速增长，许多国家除了对现有的博物馆进行修缮更新外，还斥资建设许多新的博物馆。各国博物馆的发展根据需要各有侧重，涌现出更多科技博物馆、专题博物馆，展示方法使用科学技术发展的最新成果，这也使博物馆不断发生引人注目的变化，呈现出多元化的面貌。

人们越来越认识到，博物馆汇聚了地域代表性文化，是人类文化记忆传承、文化创新和文化多样性维护的重要阵地，是一座城市甚至一个国家的文化底蕴和品位的代表。特别是第三世界国家在战后走上独立发展的道路，在发展经济的同时，新兴国家也开始重视本国、本地区、本民族的文化遗产保护，重视博物馆事业发展，建立了大量反映传统文化、地域文化的博物馆，这些博物馆肩负起保护民族文化、增强民族团结的使命。

1.2 我国博物馆事业早期实践

我国作为世界上唯一没有中断文明传承的历史古国，从事收藏活动的历史悠久。在公元前 21 世纪，进入奴隶社会以后，一些物品已经受到珍视和收藏。古籍记载，夏朝统治者走到末路的时候，商朝的军队追赶不舍，为的是想获得夏朝统治者所携带的宝玉。商朝王室已有用于占卜的甲骨收藏，周朝王室则“多名器重宝”，开始在皇宫内设立专门的收藏机构“守藏室”，有官员负责收藏“簿录”登记，“天府”“玉府”等府库内收藏各种重要物品，并有专职官员值守。宗庙也是收藏的主要场所。但是，以上这些场所最初的收藏目的只是祭祀、显示财富和装饰，所以不能称之为博物馆的雏形，然而这些收藏活动却孕育了博物馆在我国出现的基础条件。

汉语“博物”一词，最早见于《左传·昭公元年》：“晋侯闻子产之言，曰：‘博物君子也。’”与今义近似。关于博物馆在我国的起源，一种观点认为，博物馆作为一

① 李寅峰：《让博物馆打动人心》，载《人民政协报》，2010-10-22（C1）。

种文化现象，可以从两千多年前的曲阜孔子纪念地算起，孔子卒后次年（公元前 478 年）鲁哀公命将孔子故居作为纪念孔子的庙堂，收藏、陈列孔子生前的物品，有人将这里称为我国最早的“博物馆”。虽然我国古代没有博物馆这一概念，但在相当长的历史阶段，文庙扮演了类似的角色，被看作博物馆的一种古典形态。从秦汉以来，历朝历代宫室收藏的古物数量大、精品多，而且受到封建法律的保护。这些古物通常与图书典籍保存在一起，汉代的天禄、石渠、兰台就是收藏古物和典籍的图书馆，此后历代都继承了这一收藏传统，例如隋文帝建妙楷台、宝迹台，分别保藏法书和名画。

唐朝首都东迁洛阳以后，有识之士将散落在唐长安城各处的碑刻和石雕，搜集并保存在文庙，供后世观赏。“同时，也将四书五经镌刻在石碑上，陈列其中，为学而优则仕的书生提供学习经典典籍的标准版本”[①]。大量与宗教有关的物品则被宗教机构收藏保管，例如在扶风法门寺地宫内发现的大批金银器皿、丝绸绫绢以及各种重要物品，等级高、品类多，是研究唐代政治、经济、文化、宗教的重要资料。宋代的秘阁、龙图阁、天章阁，除图书外，也藏有古画、墨迹或符瑞、宝玩之物。宋哲宗则在长安建“碑林”，存储汉魏以来碑石。随着宫室文物数量的增加，宋徽宗建保和殿、稽古阁、博古阁、尚古阁，专门存储古玉、印玺、法书、图画和各种鼎彝礼器。清朝皇帝的收藏被按类编辑、记载，分为前世青铜礼器、玉器、书画、瓷器、文房用具、古书、杂项等七类。西藏布达拉宫也是众多精美物品的汇集场所，收藏有近万幅明清以来的卷轴画和大批石雕、木雕、泥雕等艺术品以及贝叶经、藏毯、卡垫、经幡、华盖、幔帐、陶瓷、玉器、金银器物等大批传统艺术品和其他重要历史文献。

从宋至明清，除皇室收藏外，以官僚、士大夫为代表的私人收藏也逐渐形成风气，但是他们的藏品仅供个人赏玩，多秘不示人。“纵观收藏史，所谓‘珍秘’‘子孙永宝’‘秘殿’‘秘室’‘雅玩’‘清赏’之类的字样随处可见，可以说，中国收藏史同时也是私密的个人财富的聚集史”[②]。“从某种意义上说，宫室收藏带有‘国家收藏’的性质，然而它同样也缺乏相对的公共文化使命感，曾经有人撰文认为，如宋徽宗宣和内府的收藏，因为有固定的观摩欣赏活动，可以看作某种程度上的‘博物馆’，但是这样的观点忽略

① 刘克成：《到博物馆去》，载《建筑与文化》，2007（2），10 页。
② 郭长虹：《公共性的缺失：中国博物馆发展史的缺环》，见《博物馆观察——博物馆展示宣传与社会服务工作调查研究》，142 页，北京，学苑出版社，2005。

了一个事实，即那样的观摩欣赏活动和文人、士大夫之间的收藏交流并无不同。在乾隆时期，由于宫廷的大力搜罗，中国艺术史上大部分重要的作品都聚集在了宫廷，然而这种集中带来的直接后果却是这些作品在宫廷 200 年的沉睡，直到故宫博物院的成立”[①]。

虽然古代形态的“博物馆”在我国有着悠久的历史，但是现代意义的博物馆则是从西方传入后才逐渐发展起来。1840 年以来我国的近现代史是波澜壮阔、艰难曲折的历史，近现代博物馆的历史与中华民族的历史息息相关，是艰苦奋斗、独立自强的历史。

19 世纪 40 年代前后，“博物馆”作为一种新鲜事物传入我国。以目前所见史料，汉语“博物馆”一词最早见于林则徐主持编译的世界地理著作《四洲志》，“……兰顿建大书馆一所，博物馆一所”。“……如分管武事，设立章程，给发牌照，开设银店、贸易工作，教门赈济贫穷，以及设立天文馆、地理馆、博物馆、义学馆，修整道路、桥梁，疏浚河道，皆官司其事”。此后博物馆之称逐渐通行于我国。

中国人最早见到博物馆，并把它介绍给国人的是福建人林鍼，他在《西海纪游草》中记述了 1847 年在美国参观博物馆的所见所闻。这本书稿当时在福建、厦门等地广为流传，曾被时任闽浙总督的洋务派左宗棠等人注目存阅。1866 年，清政府派出官员赴欧洲考察，外交官刘椿及其随员在欧洲参观了 20 多个博物馆，他们通过“笔记、记忆思索、叙述奇异”等方法和文字，向国人介绍了西方博物馆[②]。

“19 世纪后半叶，欧美近代博物馆进入中国人的视野之初，曾被称作‘公所’‘行馆’‘万种园’‘画阁’‘军器楼’‘积宝楼’‘集宝院’‘集奇馆’‘积骨楼’‘禽骨馆’‘古物馆’‘陈列所’等等，这种混乱正是源于博物馆的多元类型。后来名称逐步统一为相似的‘博古馆’‘博览馆’‘博物馆’‘博物院’，而以‘博物馆’最为通行”[③]。之后日本思想家福泽谕吉始用“博物馆”一词翻译，这个词语传入我国，逐渐成为“museum”的固定译语。段勇先生认为，这一译名可谓抓住了博物馆的两个基本特征：“博”与“物”。“博”就是多样性和多元化，“物”就是作为博物馆基础的内容。

我国真正意义上的博物馆比西方形成得要晚。鸦片战争以后，由于清朝政府的腐败，国家逐渐沦为半封建半殖民地，外国列强势力侵占沿海许多城市，设租界，办洋行，建工厂，

① 郭长虹：《社会发展与博物馆社会服务观念的变革》，见《博物馆观察——博物馆展示宣传与社会服务工作调查研究》，132 页，北京，学苑出版社，2005。
② 于萍：《博物馆与博物馆文化传播》，载《丝绸之路》，2009（18），92 页。
③ 段勇：《多元文化：博物馆的起点与归宿》，载《中国博物馆》，2008（3），5 页。

残酷地掠夺我国的经济和文化资源，我国境内的第一批博物馆，随着西方列强在华势力的增强，由外国人率先创办。当时各国列强在我国办博物馆的目的，一方面是获取我国的自然文化资源，另一方面是了解和研究我国的经济社会状况。这些博物馆有浓厚的殖民侵略的烙印，因此它们均不能被认为是在我国出现的真正意义上的博物馆。但是，这些博物馆逐渐将采集、研究的工作成果展示出来，开始向我国社会介绍西方博物馆的模式，也使我国一些民众直接了解到博物馆的作用。

早期外国人在我国建立的博物馆大部分由教会主办，1868 年，法国天主教耶稣会神父 P. M. 韩德（P. M. Heude）在徐家汇天主堂已收藏少量生物标本的基础上，创建“徐家汇博物馆”。这是外国人在我国创办的首家博物馆，亦是最早的自然类博物馆，藏品主要是长江中下游的动植物标本。徐家汇博物馆经费由教会提供，标本主要由教士搜集，藏品部分开放，起初须熟人引导才可参观，以后规定每日午后可参观，无须门票，只需投入名片获准后入内，并有专人导览。由于其对社会开放的一定限制，初办时影响较小。

清朝晚期，帝国主义掀起了瓜分中国的狂潮，他们在疯狂掠夺中国经济资源的同时，又肆无忌惮地进行文化侵略。苏东海先生指出“这时中国已处于多国割据的殖民地状态下，也处于外国人在中国竞相建博物馆的潮流中”。“殖民者在殖民地建博物馆实际上是殖民文化的一部分，是服务殖民政治和殖民经济的，这是它的本质”[①]。这一时期，法国、英国、美国以及日本陆续在上海、天津、旅顺、大连等沿海港口城市以及我国西南和东北等地创办了一些博物馆，类型基本都是自然历史博物馆。

1874 年 3 月，英国皇家亚洲文会北中国支会在上海创办亚洲文会博物院，亦称上海自然历史博物院，藏品大部分为我国物品，也有东南亚地区的物品，主要藏品有鸟类、兽类、爬虫类等自然标本，另有部分古物与美术品。较之徐家汇博物馆，上海自然历史博物院体现出相对广泛的社会性。博物馆开办后即向社会全面开放，免费参观，而运营主要靠各界人士的捐赠和工部局的津贴，这些津贴则主要来自租界的中外纳税人。随后 1876 年京师同文馆设立博物馆。1877 年后，上海格致书院建立“铁嵌玻璃房”博物馆，陈列由英国科学博物馆及比利时等国捐赠的各种科学仪器、工业机械、生物标本、绘图照相、

① 苏东海：《中国博物馆的传统与变革》，载《中国文物报》，2008-10-10（5）。

水陆交通、天文地理、枪炮弹药、服饰等样品或模型组成，以供学生观摩，并对外开放。

19 世纪末 20 世纪初，面对内忧外患的民族危机，一批希冀变法图存的国人睁开眼睛看世界，开始在西方世界寻求救国救民的道理。其中，他们看到了开办博物馆是“开启民智，富国图强”的一个好办法。1895 年，康有为、梁启超在维新变法运动中，注意到博物馆的“以为益智集思之助”的重要作用，在上海强学会的章程中把“开办博物馆”列为重要项目并上报朝廷。1898 年，光绪皇帝接受了康有为“劝励工艺、奖募创新”的建议，规定对捐款办博物馆者“其款项数额达 20 万两以上者赏给世职，10 万两以上者赏给世职或郎中实职，5 万两及 2 万两者均有大小官职或赐给匾额”。这是清政府开始“重博物、兴办馆”的体现，从而掀开了博物馆在我国出现的序幕，也成为我国认识博物馆重要性的开始。

20 世纪初，清朝政府推行“新政”，实行“废科举、兴学堂、派留学”等改良措施，为博物馆的建设提供了社会环境。甲午战争后，随着旨在变法图强的维新运动兴起，建立博物馆成为一些维新人士的迫切主张。在一片奋发自强、教育救国的呼声中，不仅地方人士倡议兴办博物馆，江苏、山东、陕西、湖南、广东等省的地方官吏也奏请建立博物馆。可惜的是康有为等人的建议以及对捐款办博物馆者的奖励办法，从提出上书到光绪皇帝同意，还没有来得及全面实施，就随着戊戌变法的失败，与“百日维新”一起夭折，建立博物馆的主张未能实现。但是，随着我国一批批知识分子到西方考察，西方的博物馆作为一种具有启蒙作用的新奇事物开始被越来越多地介绍到国内。康有为出访欧洲和意大利，对所到之处的博物馆详细考察了解之后，写成了《意大利游记》一书。这是我国最早的关于博物馆学的论著，书中介绍了博物馆的保管、陈列、引导、建筑等问题。

这一时期，一些外国人继续在我国设立博物馆。其中有 1904 年英国伦敦教会在天津创办的华北博物馆，其附属于新学书院，主要藏品为地质及矿物标本。此外还有天津的北疆博物院（法国，1913 年）、台北的台湾总督府民政部殖产局附属纪念博物馆（日本，1915 年）、旅顺满蒙博物馆（日本，1917 年）和成都华西协和大学博物馆（美国，1919 年）等。其中北疆博物院注重学术研究，聘请一批外籍专家、学者到我国工作，时间长达 20

多年之久，他们行走近 5 万千米，进行了遍及 300 余个野外地点的考察，整理研究出具有开创性的野外发现，发表了具有重要参考价值的论文专著，丰富了博物馆的内涵[①]。但是总体来说，由于这些博物馆应有的社会功能不健全，开放程度不高，社会受益不普遍，面向公众的科学普及与教育作用远未发挥。其中一些博物馆因某种原因中途停办，有的则一直延续到 20 世纪中期。尽管如此，这些博物馆的建立，对我国近代博物馆的产生有着重要影响。

1904 年 8 月，在天津建立的考工厂，被称为近代中国第一座商品博物馆。考工厂《试办章程》写道："本厂宗旨考察本国外国商品，以激发工业家之观感。"由此表明，它以展示商品为手段，从感性认识入手，以期达到"开通民智，提倡工商业之进步"的目的。当时，陈列商品达 3000 余种，入览以制钱十文购票。有史料称，开厂"半月以来，观者甚众，日千数百人、二千余人不等，购买货品亦时有之，似此，民智可期逐渐开通"。考工厂所倡导和坚持的振兴民族工业的主旨和不断创新的精神，至今仍具有借鉴价值[②]。

在众多外国人在华创建的博物馆中，就规模与藏品的数量以及社会影响而言，济南广智院居于前列。1904 年英国基督教浸礼会的传教士 W. J. 萨瑟兰（W. J. Sutherland）等人，将原在青州"博古堂"收藏的标本、模型、图表等迁往人口更为密集的济南，兴建济南广智院，广智院借"广其智识"之意。作为综合性博物馆，广智院的收藏十分丰富，包括动植物、矿物、生理、天然、农产及古物等类，展出实物标本上万件。除基本陈列展览外，广智院每年组织关于农村卫生内容的临时展览。同时，每个礼拜日下午都举办演讲会，内容多以科学、卫生、哲学、宗教、道德等为主题，例如"栽森林何益""天下之进步""卫生之要道"等。

正是由于广智院展览内容的丰富及其对社会民众的亲和力，参观者络绎不绝。"1912 年，全年进行 931 次教育和布道讲演，每次听众 40~200 人不等，也为官立学校学生作专题讲演"[③]。1922 年，胡适先生参观广智院后在当天日记中详尽记述了广智院的历史和陈设，并写道："此院在山东社会里已成了一个重要教育机关，每日来游的人，男男女女，有长衣的乡绅，有短衣或着半臂的贫民。"20 世纪 30 年代初，老舍先生定居济南时，

① 侯江、李庆奎：《1949 年以前外国人在华创办的自然类博物馆》，载《博物苑论丛》，107 页。
② 陈凯：《近代中国第一座商品博物馆——天津考工厂》，载《人民政协报》，2009-10-15（B2）。
③ 侯江、李庆奎：《1949 年以前外国人在华创办的自然类博物馆探析》，载《安徽农业科学》，2009, 37（26），12848 页。

曾多次到广智院参观，称其为“启迪民智的通俗博物院”[1]。1930 年前后的几年，每年广智院的观众都能达到 40 余万人，这几乎等于济南的人口数量。

外国人在我国土地上开设博物馆这一事实，既深深刺激了国人，也开阔了国人的视野，加快了人们追赶世界文明的步伐，博物馆在我国产生的条件已经逐渐成熟。面对帝国主义的侵略，为救亡图存，清末甲午科状元张謇毅然辞官回乡，走上了实业救国、教育救国的道路。1903 年张謇受邀参加日本的第五次劝业博览会，同时对日本自明治维新以来的教育体系进行考察和研究。在考察中，张謇发现日本的许多学校，均设有相应的植物园或博物馆，并在参观日本的博物馆和博览会过程中受到很多启发，回国后多次上书清廷。在《上学部请建设帝国博物馆议》和《上南皮相国请京师建设帝国博览馆议》等著述中，他主张在京师建立开放式的帝室博览馆，将中国历代宫廷内府藏品，向国人展出，并向各省做出示范，“渐推行于各行省，而府而州而县”，试图运用国家的力量，把建设博物馆变为全国行动，将博物馆的建设同挽救国家的命运紧紧联系在一起。

张謇在吁请清政府创设博物馆的同时，针对博物馆文物标本的收集保管、陈列展示、运营管理等一系列问题撰写文章，提出了自己的看法。但是此举对于濒于崩溃的清王朝来说，已经难以实现。因此，张謇在京师建立博物馆的提议未被朝廷采纳，之后，他决心在家乡亲自实践。1905 年，在创办南通师范学校的过程中，张謇感到“博物馆不备，物理之学，无所取证”。于是，他就用自己财物，在校河之西辟地 40 亩（约 2.7 万平方米）创建南通博物苑，自任苑总理。他征收了 29 家的土地，迁坟墓上千座、民房 30 多家。建三幢楼房为南、北、中三馆，以藏历史、美术和天产三部之物，并附属教育方面的品物，向公众开放，供人们参观游览。由此，南通博物苑成为由中国人自己创办的第一座近代博物馆。

南通博物苑是一座以“民族的、科学的、大众的”为特征的最早的中国博物馆，在我国现代文化史上树立了一座丰碑，也开创了我国博物馆事业的新纪元。如果说张謇创办大生纱厂等企业，是抵御帝国主义的经济侵略，那么他倡办博物馆则是为了抵御列强的文化侵略。张謇说：“……今则紺发碧瞳之客，蜻洲虾岛之儒环我国门，搜求古物；

① 李让、李文昌：《博物馆的记忆与想象》，北京，学苑出版社，2005。

我之落魄士夫醉心金帛，不惜为之耳目，稗贩驰驱。设不及时保存，护兹国粹，恐北而热河，东而辽东，昔日分藏之物，皆将不翼而飞。得弓既非楚人，归璧更无赵士……”其爱护祖国文物之情溢于言表，爱国之心令人敬佩。为了丰富南通博物苑馆藏，张謇首先捐出自己私人藏品，并不遗余力地广泛征集，经过努力，不少社会名流捐出自己的藏品，两江总督端方就曾先后捐出文物 70 件，其中不仅包括青铜器、汉唐陶瓷、墓志、碑刻拓片，还有一些珍贵的埃及文物，张謇的好友欧阳予倩等人也纷纷为博物馆捐献藏品。

南通博物苑出色地融中西文化于一炉，创造性地把历史陈列与我国的金石古器物收藏文化融为一体，把美术陈列与我国的书画传统文化融为一体，把标本、活标本的陈列与我国传统的苑囿文化融为一体，成为一座集自然、历史与艺术于一体的综合性博物馆，创造了博物馆中国本土化的第一个范本。南通博物苑有一套较为完整的规章制度，既体现了西方博物馆的科学性，又符合我国的具体情况。到 1914 年南通博物苑已初具规模，馆藏文物达 2 万余件，设天产、历史、美术、教育四部，陈列展品 2900 余件。美国现代化研究学者 N. 韦勒（N. Welle）指出，南通博物苑的“中心功能是创造了一个中国的标志，加入现代世界”[①]。令人惋惜的是，张謇去世后，由于经费、社会背景等诸多因素，南通博物苑出现走下坡路的趋势。抗日战争爆发后，日本侵略者对南通博物苑又进行了毁灭性破坏，美丽的园林沦为日军的马厩，饲养的动物被疯狂掠杀。“苑内文物被日军劫掠、破坏殆尽。到抗战胜利时，饱经劫难的博物苑，已是断垣残壁，满目疮痍”[②]。

第一座博物馆的建立后，我国致力于博物馆事业的先贤们并没有停下前进的脚步。1907 年，蔡元培赴德国莱比锡大学读书并研究民族学，期间所接触到的博物馆对其博物馆观的形成深有启迪[③]。蔡元培注意到博物馆在社会教育中的不可估量的作用，并在演讲和文章中多次反复强调。1911 年辛亥革命以后，我国社会发生了新的变化，为近代博物馆事业的发展提供了有利的社会环境，博物馆事业出现了新的特点：一是博物馆被纳入国家的社会教育体系，初步确立了国家对博物馆的管理体制；二是建立国家博物馆，封建皇宫及皇家珍藏公开向社会开放；三是制定文物博物馆法令、规章，博物馆收藏与陈列水平明显提高；四是职业意识增强，建立了全国性博物馆团体，加强了博物馆学术研究；五是

① 陆嘉玉：《体悟南通历史文化名城之魅力》，载《江海文化研究》，2009（2），1 页。
② 李让、李文昌：《博物馆的记忆与想象》，131 页，北京，学苑出版社，2005。
③ 宋伯胤：《博物馆：学校以外的教育机构——蔡元培的博物馆观》，载《东南文化》，2010（6），6 页。

博物馆数量显著增加，类型趋向多样化[1]。“伴随着封建专制社会在东西方的瓦解，文物和艺术品从特权阶层解放出来成为公共资源，真正意义上的现代博物馆开始建立”[2]。

1912 年 1 月，南京临时政府成立，蔡元培担任教育总长，规定以民主共和为教育宗旨，推行教育改革，其中包括中央教育部设社会教育司、筹办各省的社会教育等内容。在社会教育司中，单立一科专门负责博物馆、图书馆、美术馆、动植物园及搜集文物等工作。中央教育部首先决定在北京建立国立历史博物馆，并于 1912 年 7 月在蔡元培主持下，利用北京国子监旧址筹建，接收太学器皿等文物为最初的博物馆藏品。经过 14 年的艰难筹办，正式开馆，藏品达到 57 127 件。1914 年，内政部接收奉天、热河两地清廷行宫的文物藏品，并将其运到北京故宫武英殿、文华殿等处，成立古物陈列所。这是我国近代第一个以帝王宫苑和皇室收藏辟设的博物馆，首开皇宫社会化先例。随后，1915 年在南京明故宫旧址，成立了南京古物保存所，陈列明故宫遗物。1918 年 7 月，国立历史博物馆迁至故宫前部端门至午门一带。

辛亥革命后，末代皇帝溥仪于 1912 年 2 月宣布退位。根据《关于大清皇帝辞位之后优待之条件》，清室继续占据紫禁城后廷达 13 年。1924 年 9 月冯玉祥发动“北京政变”，摄政内阁通过了修正后的《清室优待条件》，并于 11 月 5 日驱逐溥仪出宫。随后摄政内阁令国务院组织善后委员会，与清室近支人员协同清理公产私产，“俟全部结束，即将宫禁一律开放，备充国立图书馆、博物馆等项之用，借彰文化，而垂永远”[3]。1925 年，“办理清室善后委员会”通过“故宫博物院临时组织大纲”，推荐蔡元培、熊希龄、张学良、黄郛、于右任等 21 人为董事，李煜瀛、易培基、陈垣、张继、马衡等 9 人为理事，于 10 月 10 日在乾清门广场举行盛大的故宫博物院成立大会，并对外开放。故宫博物院是一所集历史性建筑群与宫廷原有珍藏为一体的大型综合性古代文化艺术博物馆，也是利用具有特殊意义的古代建筑而建立博物馆的一个范例。

1933 年，时任中央研究院院长的蔡元培，倡议创建国立中央博物院筹备处，并亲自兼任第一届理事会理事长，建院宗旨即为“为提倡科学研究，辅助公众教育，以适当之陈列展览，图智识之增进”，充分体现出正确的博物馆观。蔡元培先生主张博物馆公开

④ 项隆元：《中国博物馆建筑的百年回顾与分析》，载《浙东文化》，2008 年创刊号，57 页。
② 刘克成：《到博物馆去》，载《建筑与文化》，2007（2），10 页。
③ 中国第二历史档案馆：《中华民国史档案资料汇编》，第三辑，293 页，南京，江苏古籍出版社，1991。

开放，把精美的展品“公诸民众”，他指出：“各国之博物院，无不公开者。即以私人收藏之珍品，亦时供同志之观赏。”出于教育的目的，为了使众多的观众能有机会到博物馆来，他还主张免费参观。这与博物馆作为一个“不谋利的机关”的性质相一致。对于博物馆的展品，蔡元培先生赞同分配展品中的重复品于各地博物馆，也赞同到各地包括农村去办巡回展览。蔡元培从教育出发，明确博物馆的性质与任务以及在美育方面的重大作用。对博物馆的类型，各项主要业务和科学研究，他都从理论上阐述了自己的见解，其最大特点是始终把握住博物馆是一个教育机关这个根本性质而立论①。蔡元培的博物馆观是 20 世纪 30 年代在我国出现的博物馆学理论，是我国博物馆史上一份可贵的文化遗产②。

蔡元培先生针对博物馆作为学校以外的教育机关，提出了具有时代特点的博物馆类型发展蓝图。其主要包括：一是“科学博物院，或陈列各种最新的科学仪器，随时公开演讲。或按着进化的顺序，自最简单的器械到最复杂的装置，循序渐进，使人一目了然”；二是“自然历史博物院，陈列矿物及动植物标本与人类关于生理病理的遗骸，可以见生物进化的痕迹及卫生的需要”；三是“历史博物院，按照时代，陈列各种遗留的古物，可以考见本族渐进的文化”；四是“人类学博物院，陈列各民族日用器物、衣服、装饰品以及宫室的模型、风俗的照片，可以作文野的比较”；五是“美术博物院，陈列各时代各民族的美术品，如雕刻、图画、工艺、美术以及建筑的断片等，不但可以供美术家参考，并可提起普通人优美高尚的兴趣”；六是“植物园与动物园”；七是“大学博物院”。以上类型符合当时我国的实际需要。蔡元培先生在提出上述七个博物馆类型的同时，还提出各种类型博物馆的性质和任务以及陈列主题应该遵循的极为概括的科学原则。

自 1912 年至 1937 年的 25 年中，我国博物馆建设进入了高潮期，博物馆数量增长迅速。例如继交通大学成立北京铁道管理学院博物馆（1913 年）之后，北京卫生陈列所（1915 年）、保定教育博物馆（1916 年）、江西省立教育博物馆（1918 年）、山西教育图书博物馆（1919 年）、教育部教育博物馆（1920 年）、岭南大学博物馆（1923 年）、京兆通俗教育馆（1925 年）、两广地质调查所地质矿产陈列馆（1927 年）等相继成立。

---

① 宋伯胤：《博物馆：学校以外的教育机构——蔡元培的博物馆观》，载《东南文化》，2010（6），6 页。
② 宋伯胤：《博物馆：学校以外的教育机构——蔡元培的博物馆观》，载《东南文化》，2010（6），6 页。

这一期间博物馆的管理水平也有了相当程度的提高，例如 1914 年内务部制定的古物陈列章程 17 条与“办事细则”，对博物馆的机构设置、人员分工、文物陈列及库房保管程序等都有明确详尽的规定，提高了博物馆工作规范化水平。同时，博物馆技术水平也在迅速提高，例如北京铁道管理学院博物馆所制作的各种大桥涵洞模型荣获巴拿马万国博览会大奖章，国立历史博物馆获美国费城博览会特别大奖奖状，这也推动了皇家宫苑的进一步开放。

在 1927 年至 1937 年的 10 年中，我国的博物馆事业发展迎来了第一个春天，经历了一个短暂的繁荣时期，这一时期可以称为我国博物馆早期发展的黄金年代。特别是一批有影响的博物馆相继成立，各地陆续建立了一批省、市博物馆，主要有：1927 年筹备建设的河南省博物馆，广泛收集历史文物、民俗文物和各类自然标本，先后开辟安阳殷墟出土器物、新郑出土周代青铜器、洛阳古物、服饰民俗、动植物标本等陈列室，是中原地区最重要的博物馆；1928 年成立的兰州市立博物馆，成为我国西北地区第一个博物馆；同年，南京市历史博物馆成立；1929 年 2 月广州市立博物馆成立，分古物、纪念、民俗、自然四部；同年 10 月，四川北碚成立峡区博物馆；11 月在杭州西湖博览会基础上筹备成立浙江省立西湖博物馆。此后成立的还有天津美术馆（1930 年）、广西省立博物馆（1934 年）、上海市立博物馆（1937 年）等。同时，一些科学和文化艺术博物馆也相继建成。

至 20 世纪 30 年代初，我国的博物馆已经遍布 18 个省，博物馆的数量持续增长。据统计，1928 年全国有博物馆 10 所，博物馆职员 48 人。到 1936 年博物馆增加至 77 所，博物馆职员增加至 421 人。这一时期，社会各界还建立了一些各具特色的博物馆，例如北平天然博物馆（1929 年）、静生生物调查所通俗博物馆（1931 年）、青岛水族馆（1932 年）、厦门人类博物馆（1934 年）以及南京国民党党史陈列馆（1935 年）等。这一时期，伴随文物藏品的增加，“中国首家博物馆”徐家汇博物院的原有馆舍不敷应用。1930 年以后划归同属耶稣会的震旦大学管理，改名为震旦博物院。馆舍建筑为新式四层楼房，设有陈列、研究、试验、图书等四室以及植物园。其中有我国及东南亚地区动植物标本 6 万余件，金属器、玉器、陶器、古尸等文物藏品 5000 余件，1933 年冬正式对外开放。

伴随博物馆数量的增加，博物馆的业务活动也进一步活跃。主要表现为：一是藏品征集工作受到重视，藏品数量有了较快增长，例如北平历史博物馆原有藏品 5.7 万余件，到 1932 年入藏文物已达 21.5 万余件；二是展览活动增加，努力扩大观众数量，例如北平古物陈列所的稀世珍品随时改换，普通展品“或旬月一换，或逢令节纪念等日减价期间，分别选择更易”；三是增强与外国博物馆的联系，参加国际展览活动，例如 1935 年 11 月故宫博物院、北平古物陈列所、河南省博物馆等机构的文物精品 1022 件参加了伦敦中国国际展览会；四是编印出版馆刊，例如《历史博物馆丛刊》（1926 年）、《故宫周刊》（1929 年）、《美术丛刊》（1931 年）、《浙江省立西湖博物馆馆刊》（1933 年）、《河南省博物馆馆刊》（1936 年）。同时一系列关于博物馆学的著作问世，例如陈端志编著的《博物馆学通论》等，从理论上对我国博物馆事业给予指导和推动。这一时期，博物馆事业的另一个特点是，开始筹设综合性的大型国家博物馆，例如 1933 年 4 月成立国立中央博物院筹备处，傅斯年为筹备处主任；1936 年成立理事会，蔡元培为理事长。

从博物馆的诞生，到博物馆在我国的生根、发芽、成长，中间经历了许许多多困难与艰辛。在张謇之后，“其他早期的博物馆学者，如林惠祥、韩寿萱、曾昭燏、傅振伦、郑振铎，还有亦官亦学的王冶秋等，也都是专家兼博物馆事业的实践者。他们对于中国博物馆学的贡献，大都是在实践中研究探索博物馆的实际工作，而不是在办公室里、书斋里苦思冥想”①。1935 年 9 月，中国博物馆协会在北京成立，确立“以研究博物馆学术，发展博物馆事业，并谋博物馆之互助为宗旨”，编印出版了《中国博物馆协会会报》。但是，我国博物馆早期发展的“黄金年代”并未维持多久。随着抗战爆发，国难日深、烽烟不断，我国博物馆事业发展的国内环境日渐恶化。

1937 年至 1949 年的 12 年间，我国广大城乡基本是在战争中度过，国运多舛、战乱频生，战争和动乱使社会经济、文化教育遭到很大的破坏。在当时的国内局势下，积贫积弱的国家既然“放不下一张平静的课桌”，自然也无法让博物馆独善其身，我国博物馆事业的发展进入低迷时期。随着国土的大片沦陷，全国博物馆数量锐减，由 1936 年

---

① 刘毅：《关于博物馆学研究对象的思考》，载《东南文化》，2010（1），83 页。

高峰时期的 77 座逐年下降，1937 年为 42 座，1938 年为 37 座，至 1945 年只剩 12 座。敌伪大肆疯狂掠夺文物，据战后 1945 年 10 月国民党统计战争中公私文物损失情况，计文物损失 3 607 074 件，又 1870 箱，古迹 741 处，由此可见损失之惨重。在烽火弥漫的岁月里，上海市立博物馆毁于炮火，南京中央博物院被迫停建，初创时期的我国博物馆事业损失严重。中国博物馆学会也随着日寇的入侵而名存实亡。

抗战胜利后，我国博物馆事业有所恢复，但是随之而来的内战，致使通货膨胀、民不聊生，博物馆事业再次进入衰落阶段。在国民党政府南逃之际，大批文物被运往台湾，从 1948 年冬天起，国民党政府分批将故宫博物院的器物、书画、图书文献 597556 件、中央博物院文物 11562 件以及中央研究院历史语言研究所的文物 976 箱运至台湾。直到 1949 年，全国留存的博物馆也仅有 21 座。然而，这一时期在解放区开始了博物馆的恢复工作。1948 年东北人民政府文物管理委员会接收了“国立沈阳博物馆筹备委员会古物馆”，并于 1949 年 7 月正式成立了东北博物馆，成为中华人民共和国建成开放最早的一座博物馆。

1.3 我国博物馆事业当代发展

中华人民共和国成立后，来之不易的国内和平，为我国的博物馆事业创造了前所未有的发展条件。1949 年至 20 世纪 60 年代初，是我国博物馆事业奠定基础并充满发展生机的时期。国家重视发展博物馆事业，使之成为科学文化事业的组成部分，因此对旧中国留下的博物馆进行接管改造也势在必行。各级政府在接管各地公立博物馆的同时，也接管了外国人在我国办的博物馆，重新确定博物馆性质，明确办馆方向；改造陈列内容，清除缺乏历史、科学与艺术价值的封建性、殖民地性糟粕，举办新的陈列展览；对原有藏品进行清理，建立科学保管制度。到 1952 年基本完成了对旧有博物馆的整顿改造，从此博物馆发生了质的变化，开始走上健康发展的道路。中央政府成立之初就发布了一系列法令保护珍贵文物和文化遗址，在文化部内设立了文物事业管理局，作为专门管理全国文物博物馆事业的行政机构。1951 年 10 月文化部颁布了《对地方博物馆的方针、任务、性质及发展方向的意见》，在经济困难的情况下仍然拨款发展博物馆事业。

20 世纪 50 年代，我国博物馆与国际博物馆界之间的联系，主要限定在苏联和东欧部分国家，特别是对于苏联的博物馆理论以及方法几乎全部照搬。因此，在某种程度上，我国博物馆事业发展受到了一定的制约，也失去了了解和追踪世界先进博物馆管理经验的机会。我国的博物馆学研究开始较晚，虽然在 20 世纪 30 年代已有学者初步开展博物馆学的研究，但是博物馆学真正形成则是在中华人民共和国成立以后，以借鉴苏联模式为基础开展博物馆实践与理论研究。“苏联博物馆学有鲜明的意识形态特征，但也有十分严谨、科学的一面。苏联博物馆学的收藏理论和收藏方法，陈列理论和陈列方法以及博物馆的科研、博物馆管理的一套方法，对我国博物馆发展的影响是很深的”[①]。

这一时期建立了一批省级地志博物馆和纪念性博物馆，初步奠定了中华人民共和国博物馆事业的基础。地志博物馆是在学习苏联博物馆经验后于 20 世纪 50 年代初开始创建的，又称综合性博物馆，以当地的“自然资源(包括地理、民族、生物、资源等)”“历史发展(包括革命史)”“民主建设(包括政治、经济、文化等方面的建设成绩)”等三部分为博物馆的主要内容。1951 年，由裴文中、贾兰坡等专家指导的“原始社会陈列”正式展出，该展览是我国博物馆最早运用唯物主义观点组织历史陈列的尝试，以此为起点，“中国通史陈列”各个历史阶段陈列也开始酝酿并完成，进行预展。

1954 年文化部确定山东省博物馆为试点，进行地志博物馆筹备工作。1956 年 2 月，山东省博物馆完成包括“自然环境和自然资源”“历史发展”与“中华人民共和国时期”三部分内容的地志性基本陈列，标志我国第一座省级综合性博物馆建成。此后，各省陆续筹建综合性博物馆共计 31 座。随着国民经济的恢复发展，博物馆事业得以恢复，数量不断增长。1956 年，仅文化文物系统的博物馆即达 72 座，除青海、西藏外，各省、自治区、直辖市都有了博物馆，基本上改变了旧中国博物馆集中在少数城市的不平衡局面，在博物馆布局和类型等方面，均朝着更为合理的方向发展。全国博物馆文物藏品总数不断增加，达到 350 多万件，每年观众数量达到 1200 万人次。

安徽省博物馆是建立较早的省级博物馆。1953 年 4 月安徽省政府决定将原合肥科学

① 苏东海：《博物馆的沉思》，载《苏东海论文选（卷二）》，102 页，北京，文物出版社，2006。

馆、文物馆，芜湖科学馆、文物馆四馆合并，成立“安徽博物馆筹备处”，1956年2月，建筑面积达11 580平方米的陈列大楼竣工，所举办的历史文物、革命文物、工农业建设等陈列展览，引起很大反响。毛泽东、周恩来、刘少奇、朱德、邓小平等国家领导人相继到此参观视察，1958年9月17日，毛泽东主席在历时近三个小时观看了全部陈列展览后，指出“一个省的主要城市都应该有这样的博物馆。人民认识自己的历史和创造的力量是一件很要紧的事”。

同时，在我国思想教育中起特殊作用的纪念性博物馆，成为博物馆的重要组成部分，数量不断增加。例如上海鲁迅纪念馆（1951年）、杜甫草堂纪念馆（1953年）、中国共产党代表团梅园新村纪念馆（1954年）、遵义会议纪念馆（1955年）等。至1957年纪念性博物馆达到23座。在这些纪念性博物馆中，名人故居、历史事件旧址等建筑遗存既是文物保护对象，又是博物馆主要展示场所。

为了总结这一时期博物馆建设的经验，1956年4月召开了全国博物馆工作会议，这是我国博物馆发展历史上的第一次全国性会议。1957年4月又召开了全国纪念性博物馆工作座谈会。这两次会议，对博物馆建设具有重要指导作用，推动了博物馆事业的进步。1958年9月以后，全国各地掀起了建立博物馆的热潮。首先在北京开始兴建中国历史博物馆、中国革命博物馆、中国人民革命军事博物馆、北京自然博物馆等大型专业博物馆。各省市纷纷建立或扩建历史类博物馆或综合类博物馆，全国建立起一批地区、市、县级的中小型博物馆和各具特色的专题博物馆，例如西安半坡博物馆、泉州海外交通史博物馆、南阳汉画馆、自贡市盐业历史博物馆等，我国博物馆建设进入新的高潮时期。

1958年，“大跃进”的浮夸风吹遍全国，博物馆事业也一度出现了“大跃进”，一夜之间，“博物馆”遍布中国大地。于是人们看到，十几元钱就能办起一座博物馆，几天之内就能建成开放博物馆的报道屡见不鲜，不到一年的时间，我国的博物馆数量就由1957年的73座发展到937座，当时的报刊以《我国博物馆发展盖过英国》为题进行了报道。从当时的报道中还可以找到这样的记录：“县以下的展览馆、展览室和展览活动，更是几乎普及到每一个人民公社、每一个管理区和生产队，初步形成了全国的博物馆展览馆网。”“据不完全的统计，1958（年）全国县（级）以上博物馆、展览馆的观众为两亿多人次，比 1957 年增加十八倍多。”事实上，这些博物馆不但名不副实，而且博物馆展览内容和经济热点相关联，成了浮夸之风的展示场，博物馆建设偏离了博物馆的本质，偏离了科学的实事求是态度，被当作弄虚作假的场所，极大地歪曲了博物馆的形象。随着国家经济迅速进入调整期，博物馆的“大跃进”也仅仅持续了 3 年。

为了纠正博物馆发展中出现的问题，从 1961 年起在全国范围内对博物馆工作进行了调整。首先关闭、合并了一大批水平极低的博物馆，其中全国文化文物系统的博物馆就由 1959 年底的 480 座调整到 200 座左右。鉴于国内总体形势，国务院分别于 1960 年和 1964 年两次出台政策限制一切非生产性建设，其中 1964 年国务院颁布的《关于严格禁止楼堂馆所建设的规定》影响时间很长，一直延续到“文革”结束。因此，这一时期内，包括博物馆在内的文化类项目的建设屈指可数。但是，这一时期博物馆加强自身建设，调整博物馆内部关系，整顿机构，精简人员，对文物藏品进行清理、分类、定级，对陈列展览进行修改，加强文物保护工作和人员培训工作。但是，在其后的“社教运动”中，“博物馆不甘落后，一窝蜂也搞起了阶级教育展览馆。为了完成政治任务，此类馆大多粗制滥造，后来‘阶教馆’很多在短时间内销声匿迹，便是证明。至于有的地方为了达到强烈的对比效果，不惜弄虚作假就更是违背了博物馆的宗旨”①。

伴随着政治运动的不断开展，博物馆为政治服务的倾向日益突出，工具色彩浓厚，文化功能不强。随后的“十年动乱”，更使国家经济社会遭受巨大损失，也使博物馆的正常业务被迫中止，博物馆发展刚刚出现的良好局面被破坏。大部分博物馆的基本陈列被撤销，多数博物馆被迫关闭，很多地方博物馆甚至机构被撤销或裁并，博物馆设施也被改作他用，到 1969 年，我国博物馆数量已经减少到 171 座。同时，由于“文化大革命”时期，我国博物馆界与外界隔绝，对于 20 世纪 70 年代国际博物馆界在理论和实践方面的变革，几乎一无所知。

1970 年国务院正式批准恢复博物馆工作，决定筹办出土文物的大型展览。1971 年 5 月，故宫博物院重新开放。1971 年 7 月，国家批准筹办出国文物展览，这一措施，不但

①“中国博物馆管理体制机制改革研究”课题组：《中国博物馆体制机制改革研究报告》，见《博物馆免费开放调研报告汇编》，28 页。

有力推进我国外交工作，密切我国与国际社会的关系，而且在特殊情况下，为博物馆事业的恢复和发展会聚了人才资源。1973 年以后，各地博物馆陆续恢复，重新开展基本陈列的研究工作和文物藏品保管工作，在一定程度上挽回了“文化大革命”对博物馆事业造成的损坏，但是直到 1976 年博物馆的数量仅恢复到 263 座。这一时期，我国的博物馆工作者在极其困难的条件下，为保护祖国优秀文化遗产、开展博物馆学术研究做出了不可磨灭的贡献。

1978 年以来，我国进入改革开放和现代化建设的新时期，发生了举世瞩目的巨大变化。博物馆事业也形成了繁荣发展的新局面，博物馆学研究有了进一步发展。1979 年 5 月，省、直辖市、自治区博物馆工作座谈会召开，这是自 1956 年全国博物馆工作会议之后的又一次全国性博物馆会议。随后颁布了《省、市、自治区博物馆工作条例》。20 世纪 80 年代，随着国际间文化交流的逐步加强，我国博物馆界的视野逐渐开阔，发达国家先进的科学技术、展示手段、办馆理念不断被借鉴和应用到博物馆的实践当中。其间，1980 年南开大学正式建立了全国第一个博物馆学专业。

1982 年，《中华人民共和国文物保护法》颁布实施，标志着我国文物博物馆事业迈出了新的步伐。同年，中国博物馆学会成立，并于 1983 年 7 月走出国门主动寻求与国际博物馆协会建立联系，在伦敦举行的第 13 届国际博物馆协会大会上正式成为国际博物馆协会大家庭中的一员。我国积极参加国际博物馆协会的活动，与国际博物馆界的交流与合作日益频繁。中国博物馆学开始借鉴西方博物馆学发展的经验，相关专业书籍的出版和专业期刊的问世，展示了我国博物馆学新的发展成果。这一时期，博物馆的数量和种类有了较大幅度的增加，与博物馆有关的规章制度也开始逐步加紧制定，1985 年、1986 年相继颁布《革命纪念馆试行条例》《博物馆安全保卫工作规定》《博物馆藏品管理办法》等规章，进一步促进了博物馆的调整、改革、整顿、提高。

全国文物系统的博物馆从 1978 年的 349 座增加到 1983 年的 467 座，1990 年博物馆的数量更迅速增加到 1013 座，平均每年约增加 80 座，加上其他部门和行业建立的博物馆，全国博物馆数量达到 1400 多座。不仅数量可观，就规模、类型、布局而言，也形成了具有一定学术内涵和独立的文化支撑体系。大量新建的博物馆已经改变以往文物库房加展厅的简单模式，博物馆馆舍更加现代、设施更加健全、功能更加完善、展览更加丰富、服务更加周到。1983 年，文物系统博物馆举办陈列展览 1476 个，1990 年达到 4114 个。全国博物馆观众人数也从 1982 年的 4410 万人次增长到 1990 年的 1 亿人次。

进入 20 世纪 90 年代后，博物馆迎来快速发展时期，国家和地方各级财政大幅度增加了博物馆工作经费。从 1991 年第一个大型现代化省级博物馆陕西历史博物馆建成开放，至 1996 年上海博物馆新馆落成而形成高潮，缩小了我国博物馆与世界发达国家博物馆的差距，博物馆的藏品保护、陈列展示、社会教育、科学研究水平也有了大幅度提高。上海博物馆自身定位为现代化大都市中的历史艺术博物馆，它将博物馆的三大功能简化为依靠高新技术的收藏、保管功能，形成学科发展优势的研究功能，面向现代社会的传播教育功能。因此，文物藏品征集、科学研究和陈列展览，乃至专门人才的培养、社会服务、文化传播等都围绕博物馆定位展开，并通过科学、严格的管理，最大限度地聚合和发挥人、财、物等资源的效益，策划和实施一系列具有影响的陈列展览和其他行动，实现所设定的博物馆定位，并有效地发挥博物馆定位的社会作用。

1997 年国务院印发《关于加强和改善文物工作的通知》，要求确定并建设好一批重点博物馆，全国各地开启了新一轮博物馆建设的高潮。全国文化文物系统的博物馆从 1991 年的 1075 座增长到 2000 年的 1397 座，加上其他部门和行业创办的博物馆，全国博物馆总数达到 2000 余座。随着文化与科学技术的发展，博物馆的数量和种类越来越多。1997 年，我国首批民办博物馆在北京正式挂牌，改变了我国公立博物馆一统天下的格局；1998 年，首座生态博物馆在贵州六枝梭嘎乡建成开馆，填补了我国生态博物馆的空白。这一阶段，博物馆被划分为历史类、艺术类、科学与技术类、综合类等 4 种类型。划分博物馆类型的主要依据，既是博物馆藏品、展示、教育活动的性质和特点，也是博物馆的服务对象。

进入新的世纪，我国博物馆的历史不断地被改写，博物馆事业在制度建设、数量增长、类型结构等方面均有了突飞猛进的发展，取得了重大成绩。今天，博物馆以完善的体系、丰富的藏品、新颖的展览、多种形式的教育活动、活跃民主的学术气氛、日益提高的管理水平，成为普及科学知识、树立社会正气、塑造美好心灵的生动课堂。特别是博物馆积极融入社会、服务社会的理念逐渐成为自觉行为，更新服务理念，强化服务意识，充实服务内容，社会功能显著增强，公共文化服务能力迅速提升，加快了融入社会生活的步伐，对于丰富人们的文化生活和文化交流发挥着重要的作用。

同时，国家财政和各级政府大幅度增加对博物馆事业的投入力度，使博物馆的资金压力得到明显缓解，博物馆的功能得到明显拓展，博物馆的社会影响力得到明显加强。但是，在我国博物馆现行的体制机制形成之初，明显缺乏对现代博物馆管理经验和相关知识的积累，缺乏建立成熟的博物馆体制机制的认识能力，这就必然导致我国对博物馆管理体制及运行机制的设计存在种种疏漏。

在博物馆的制度建设方面，涉及博物馆各方面工作的法规、规章和规范性文件相继出台，在立法数量增加的基础上，强化立法的质量，搭建起博物馆事业的基本法制框架，并逐渐使法制化管理的覆盖范围贯穿博物馆系统管理的全过程。2000 年 9 月，北京市人大常委会通过《北京市博物馆条例》，这是我国首部关于博物馆管理的地方性法规。2001 年《文物藏品定级标准》开始施行。2005 年 12 月，《博物馆管理办法》发布实施，成为我国博物馆事业管理的基本规范，结束了长期以来没有统一的博物馆管理部门规章的历史，首次明确了博物馆的定义、性质和地位，确立了博物馆的设立、年检和终止制度，对文物藏品管理、展示与服务提出了系统的专业要求。同时，《文物认定暂行管理办法》《可移动文物技术保护设计资质管理办法（试行）》和《可移动文物修复资质管理办法（试行）》等一系列政策法规公布实施。博物馆管理更加制度化、规范化，逐步走上了法制化的管理轨道。

但是，目前我国博物馆管理领域缺乏一部专门性的法律法规，这成为制约我国博物馆管理水平的重要因素。在现行法律法规中，《文物保护法》虽然是最高层级的法律，却并非针对博物馆的专门立法，而且涉及博物馆管理的内容相对较少；《博物馆管理办法》虽然是针对博物馆的专门规定，但是作为部门规章，在法律效力体系中的层级较低。同时，关于博物馆建筑设计、藏品保护、陈列展示、教育传播、开放服务等的相关标准规范体系建设滞后。因此，《博物馆条例》亟待出台，而且在该条例实施之后还应及时总结经验，尽快将其升格为全国人大常委会制定的《博物馆法》，从而提高我国博物馆管理的法治化水平。

在博物馆的数量增长方面，随着综合国力的增强，博物馆的规模快速壮大，博物馆的数量大幅增加。2000 年，全国博物馆总数为 2000 余座，2010 年的全国博物馆年检结果表明，全国博物馆总数达到 3415 座。全国博物馆从业人员 6 万余人。各省、自治区、直辖市和省会城市，都相继建设了现代化的新馆，地市级的博物馆数量也在迅速增加。全国博物馆每年举办陈列展览 14 000 个以上，接待观众 4 亿余人次。2010 年全国博物馆文物藏品总量达到 2864.22 万件（套），其中一级文物 67 209 件（套）。

博物馆的地域分布更加广泛，我国西部 12 个省区拥有博物馆总数超过 500 座，改变了过去博物馆过多集中在东部和中部一些大中城市的不平衡局面。2008 年全国范围推动博物馆免费开放以来，已有 1893 座博物馆免费开放，前三年共接待观众 13.4 亿人次，其中 2010 年博物馆观众人数达 5.21 亿人次，不少博物馆的观众增量达到免费开放前的数倍，特别是低收入群体、未成年人、老年人等观众群体明显增加，博物馆事业取得了良好的社会效益。

但是，目前“中国博物馆的总量和人均量，与中国人口大国和文明古国的身份严重不符”[①]。我国博物馆的数量与我国的社会发展水平、文化遗产保护需要和公众日益增长的精神文化需求相比，还有相当大的差距。统计表明，我国国民一年中平均花费的用于博物馆参观的时间不足 8 小时，而且还有许多民众一生中一次都没有踏进过博物馆。同时，在陈列展览方面，博物馆拥有巨大潜力，目前全国平均每座博物馆每年只举办 4 个展览，与发达国家的博物馆相比，文物藏品合理利用方面存在差距，特别是一些大型博物馆每年陈列展览的文物展品，只占所拥有文物藏品的 1%。

在博物馆的类型结构方面，体系日臻完善，类型日益丰富，结构日趋多元，形成了门类齐全、分布广泛的博物馆体系。综合类、社会历史类、军事类、名人类、艺术类、

---

① 陶斯咏：《中国人的博物馆意识有点缺》，载《环球时报》，2010-05-17（15）。

福建全国社区（生态）博物馆研讨会（2011年8月22日）

自然类、地矿类、科技类、产业类等多种类型博物馆交相辉映。同时，社会经济发展和考古发掘取得的成果，社会科学和自然科学研究的进展，使各部门、各系统、各行业掀起建设专题博物馆的新高潮，例如地质、煤炭、纺织、农业、教育、水利、园林、邮政、航空、金融、银行、证券、消防、军事、警察等行业博物馆和民族、宗教、民俗、戏曲、电影、丝绸、印染、茶叶等专题博物馆大量兴建，特色突出、各具魅力。

近年来，遗址博物馆、生态博物馆和社区博物馆等新型博物馆的建设也进一步取得共识。同时，民间兴办的博物馆也有较快发展，各地经核准设立的民办博物馆，2001 年为 131 座，2010 年则达到 456 座。一些企业、团体、公民个人以各自收藏兴办的博物馆，社会力量兴办的博物馆日渐增多，办馆主体呈现多元化趋势，这些博物馆丰富了人们的生活视野，已经成为我国博物馆事业的重要组成部分。

但是，目前在我国博物馆的类型分布方面，综合类和历史文化类博物馆约占 70%，而具有鲜明地域特征和文化个性及与地域文化和社区发展有效结合的专题博物馆数量较少。我国博物馆事业的主体还是各省、市由文化文物部门主办的博物馆，这部分所占比重也大约在 70%。虽然各个行业部门及民间兴办的博物馆发展迅速，但是在我国整个博物馆领域所占比例不到 30%。在社会功能的发挥上，具备一定基础设施和展示开放条件的博物馆约占 80%，基础条件较差、不能正常开放的“挂牌馆”约占 20%，能够给人们以强烈精神震撼和丰富知识力量的博物馆还不多，而一些博物馆长年门庭冷落，“处于被市民遗忘的境地”。

近年来，结合我国相关法律规定，综合比较国际博物馆协会及其各国博物馆的定义，我们不断深化对博物馆的基本属性和博物馆的基本功能的认识。在博物馆的基本属性方面，一是强调非营利性。将博物馆规定为非营利机构，其根本思想是要强调博物馆是代表社会最广大民众利益的社会公益事业机构。我国 2006 年施行的《博物馆管理办法》以法规条文的形式规定博物馆是“向公众开放的非营利性社会服务机构”。二是强调永久性。随着人类社会的不断发展，博物馆需要持续开展文物藏品征集、保护、管理以及文物藏品的历史、科学或艺术价值的研究。同时，博物馆的观众群体不断发展、永续存在，博物馆应该持续地为观众提供陈列展览、教育和服务。三是强调开放性。博物馆的文物藏品是珍贵的文化资源，向社会公众开放，可以充分发挥文物藏品的作用。社会公众可以直接或间接利用博物馆藏品，满足他们职业的或业余的研究、学习及欣赏需要，也为博物馆的发展和科学水平的提高创造条件。四是强调社会服务性。为社会服务是博物馆的宗旨。博物馆为社会服务的内容可归纳为专业服务和休闲服务两方面。专业服务主要是指为教育、科学研究、咨询等提供服务；休闲服务主要是指为观众提供服务项目和服务设施，使观众在博物馆获得心情舒畅的参观体验。

在博物馆的基本功能方面，一是强化文物藏品征集与保护。文物藏品是博物馆业务活动的物质基础，无论是陈列展览、科学研究，还是社会服务、文化传播等，都离不开文物藏品。博物馆藏品的数量和质量，直接影响到博物馆的业务水平和社会效益。因此博物馆应不断补充和丰富文物藏品，并且对文物藏品进行有效保护。二是强化科学研究。科学研究是博物馆生存与发展的生命力所在。博物馆各项业务活动的开展应始终坚持在科学研究的基础上进行，并与本馆使命定位相符合，结合博物馆工作的需要进行，充分整合科学研究力量，加强开放合作与交流，不断提高科学研究水平。三是强化展示传播。陈列展览是博物馆实现其社会功能的主要方式。陈列展览不仅是博物馆沟通观众、服务社会的手段，也是其收藏、保管、研究和服务水平的集中体现。丰富多彩的陈列展览，能使社会公众在博物馆得到更多的科学知识和文化艺术享受。四是强化教育服务。宣传教育不仅是博物馆联系社会、服务社会的重要纽带，也是博物馆根本宗旨与价值所在。博物馆通过文物展品，向观众形象化地传播科学和文化知识，让观众了解人类自身、历史和自然科学，提高人们对自然与社会的认知度，为社会及其发展服务。

严建强先生认为，与此前的半个世纪相比，当代中国博物馆事业的发展将建立在一种变化的形势基础上，这些变化主要包括：一是综合国力特别是经济实力的大幅提升，为博物馆建设提供了更雄厚的物质基础；二是国家的社会发展政策将博物馆建设纳入建设学习型社会、提升国家软实力的轨道，社会上将博物馆纳入国民教育体系的呼声日渐高涨；三是人们对文化消费的需求日趋旺盛，渴望通过利用文化遗产来丰富自己的学习生活，以便充实知识，拓宽视野，提高生活品质；四是随着博物馆学研究的深入和国际交流的频繁，新的博物馆理念及技术的引入，强化了博物馆经营与运作的技术支持。

这些变化为我国博物馆事业的发展带来两方面影响。一方面，是国家和社会对博物馆建设的投资力度加大，使建设更高质量的博物馆成为可能；另一方面，人们对传统博物馆所扮演的角色不再满意，渴望有更有效地满足自己需求的新型博物馆①。今天，我国博物馆在发展实践中，正在逐渐解决博物馆在文化事业中的地位、性质和经费来源等发展过程中的重要问题，进一步深化博物馆的基本属性和基本功能，并对以往发展过程中被忽视的一些问题进行重新规范，推动博物馆事业向科学化和现代化迈进。

但是，当前博物馆事业发展，还面临着诸多问题的制约，诸如博物馆资源的利用效率不高，博物馆的质量控制缺乏相应的标准规范，博物馆的人才队伍建设滞后，博物馆的公众参与热情不足，博物馆的文化特色不够突出，博物馆的资金来源渠道单一，博物馆的交流合作亟待加强等。这些问题产生的原因在于博物馆管理制度、改革意识、服务

① 严建强：《信息定位型展览：提升中国博物馆品质的契机》，载《东南文化》，2011（2），7 页。

理念相对滞后，反映出我国博物馆的管理体制和运行机制不尽如人意，制约着我国博物馆的专业化功能的发挥和社会化职能的加强，也使我国博物馆的国际竞争力与发达国家相比还有相当的差距。

2010 年 11 月 7 日，为期 6 天的国际博物馆协会第 22 届全体会议在上海世博中心隆重开幕，这次会议对于展示我国博物馆事业的发展成就，扩大我国博物馆界与国际博物馆界的交流与合作，推动我国的博物馆在国际博物馆大家庭中扮演更活跃、更重要的角色具有重大的意义。但是，我国博物馆界同行并没有将国际博物馆协会全体会议在上海召开单纯定位于承办一次国际会议，而是希望构筑起一个良性互动的平台，在学习借鉴国际博物馆的先进理论和成功经验的同时，为国际博物馆事业的发展和进步做出我国博物馆界的独特贡献，并希望国际博物馆协会会议为我国博物馆可持续发展留下更多的“遗产”。

为此，早在 2010 年 5 月笔者就向国际博物馆协会总干事提出准备《上海宣言》并争取在大会上予以通过的建议，得到了国际博物馆协会领导层的积极响应。2010 年 11 月 12 日，国际博物馆协会全体会议，在地域、文化、学科多元的环境下，一致表决通过了大会第 1 号决议，即《关于博物馆致力于和谐社会发展的上海宣言》。该宣言虽然篇幅不长，但是基本上代表了国际博物馆界对博物馆社会角色的认识，通过历史与现实、宏观与微观、巩固与创新、警示与鼓励的有机联系，较好地兼顾了专业性、国际性和平衡性，最大限度地体现出开放性和包容性，反映出全球性国际专业组织的特征，勾勒出未来几年博物馆致力于社会和谐发展的基本轮廓，被认为是国际博物馆协会凝聚各方智慧和共识的一项重要成果。《上海宣言》的积极意义在于，国际博物馆协会这一世界上最具权威性的博物馆组织，以决议的形式，无论在深度还是广度上，都前所未有地强化了对当代博物馆社会角色与使命的认知，可以预期《上海宣言》将对国际博物馆的未来产生重要影响。

《上海宣言》从四个方面阐述了国际博物馆协会的主要立场。一是对博物馆外部环境的认识问题。在重新确认国际博物馆协会 1974 年第一次提出的“博物馆是一个为社会和社会发展服务的机构”的同时，提示人们 36 年来“社会”所发生的演进与变化，而这些演进与变化正是博物馆发挥社会功能的外部条件，即新的社会环境要求博物馆为社会的和谐发展做出新的贡献。二是博物馆在社会和谐发展中的基本道德坐标和资源范畴问题。宣言重申并强调，2004 年修订的《国际博物馆协会职业道德准则》所列 8 条原则和 1998 年联合国教科文组织《世界文化报告》框架是博物馆职业行为以及处理文化多样性、不同的遗产类型等问题的基本支撑。三是博物馆在 5 个具体领域的行为取向问题。宣言对“文化特性的认同与尊重”“博物馆知识的共有与共享”“博物馆作为国际跨文化交流的大使”“全球化时代博物馆的文化兼容”和“新型的国际博物馆合作模式”等问题阐述了国际博物馆协会的立场。四是核心结论“博物馆是社会和谐发展的原动力”。宣言以国际博物馆协会的名义，宣告博物馆作为促进社会和谐发展的原动力的重要价值，提出所有的个人和群体都可以自由地、积极地参与到博物馆中来，共同维护人类留给后世的独特的、不可替代的遗产。

我国博物馆事业经过百年的发展，已经呈现出喜人的景象，特别是从 1978 年改革开放至今的 40 余年，是我国历史上博物馆发展的最好时期，取得了前所未有的成就。中国博物馆的崛起是国际博物馆界令人瞩目的大事。苏东海先生指出“中国博物馆的历史并不算长，但是中国博物馆在一百多年的奋斗史中，有着非凡的经历。中国博物馆诞生在殖民地、半殖民地的水深火热之中。在长达半个多世纪的革命与战争的烽火中，中国博物馆保护文化遗产的那些传奇式的壮举令人感动不已。故宫文物在战火中易地保护，万里长征式的经历，比欧洲国家在二次大战中易地保护文物早了许多年，艰难许多倍。中国博物馆 20 世纪 30 年代、50 年代、80 年代有三次大发展，是在中国历史条件下发展的。世纪之交中国博物馆进入新的大发展时期，中国正在前进中。中国博物馆的崛起，是中国的思想和中国实践的产物，是中国对世界的贡献”[①]。

① 苏东海：《让世界更知道中国》，载《中国文物报》，2010-11-08（3）。

第二章 博物馆科学管理水平的提升

在新的世纪，博物馆事业的可持续发展，既需要良好的外部环境，即管理体制方面的有力支撑，又需要良好的内部氛围，即运行机制方面的创新改革。同时，针对一些不容忽视的带有普遍性的问题的解决，必然涉及博物馆的绩效评价机制、资源筹措机制以及风险防范机制、监督问责机制、人才管理机制、绩效激励机制、合作共享机制等综合管理能力的各个方面。因此，全面提升博物馆科学管理水平，成为当前我国博物馆事业可持续发展面临的重要问题。

2.1 博物馆的管理体制创新

随着社会的发展，人们对博物馆的认识，有一个逐步深入的过程。同时，博物馆自身在适应时代进步的过程中，也不断发展变化。因此，一方面国际博物馆协会对于博物馆定义多次进行修改，另一方面世界各国也根据各自国情对博物馆定义不断加以完善。在我国，早在 20 世纪 30 年代中期，中国博物馆协会就试图对博物馆的性质进行定义，认为博物馆是一种文化机构，不是专为保管宝物的仓库，是以实物的论证而做教育工作的组织及探讨学问的场所。

中华人民共和国成立后，我国对博物馆的认识有过两次确立和调整。1951 年 10 月文化部发布《对地方博物馆的方针、任务、性质及发展方向的意见》，提出“博物馆事业的总任务是进行革命的爱国主义教育，通过博物馆使人民大众正确认识历史，认识自然，热爱祖国，提高政治觉悟与生产热情”。1956 年 4 月，召开的全国博物馆工作会议，第一次明确地阐述了博物馆的社会地位和作用，提出博物馆的基本性质是“科学研究机关”“文化教育机关”“物质文化和精神文化遗存以及自然标本的收藏所”；博物馆的基本任务是“为科学研究服务”“为广大人民群众服务”。

1961 年《博物馆工作概论》将博物馆的定义表述为，博物馆是文物和标本的主要收藏机构、宣传教育机构和科学研究机构，是我国社会主义科学文化事业的重要组成部分。这一表述对博物馆的工作性质和任务进行了调整，更加强调对文物和标本的收藏。这一时期对博物馆的定义，反映出当时我国博物馆的发展状况和工作环境，反映出博物馆在国家经济社会发展中的位置，反映出计划经济对博物馆的社会任务和运行方向的规定，反映出我国博物馆工作者对博物馆业务特点的认识。

1979 年 5 月，各省、直辖市、自治区博物馆工作座谈会后颁布的《省、市、自治区博物馆工作条例》，在上述博物馆定义的基础上，进一步指出，博物馆通过征集收藏文物、标本，进行科学研究，举办陈列展览，传播历史和科学文化知识，对人民群众进行爱国主义教育和社会主义教育，为提高全民族的科学文化水平，为我国社会主义现代化建设做出贡献。因此，博物馆一直被列为文化教育事业单位。

在中华人民共和国成立后所形成的传统中，“事业”是特指“没有生产收入”“所需经费由国库支出”的社会工作，“事业单位”则是指没有生产收入、经费由国家开支、不实行经济核算、提供非物质生产和劳务服务的社会组织，主要包括科学、教育、文化、卫生和体育等部门和单位。确定事业单位的标准主要有以下方面：一是活动性质和目的，即事业单位是“为国家创造和改善生活条件，从事为国民经济、人民文化生活、促进社会福利等项服务活动，不是以为国家积累资金为目的”的组织；二是行业领域，即从事教育、科学、文化、卫生等活动；三是经费来源与管理方式，即由国家机关举办或者其他组织利用国有资产举办，并且不进行经济核算。

改革开放以后，我国事业单位改革逐步开展。经过 20 多年的探索，改革过程大体上可以分为“推行专业技术职务聘任制，适当下放事业单位组织人事管理权限”的第一阶段（1979—1987 年）；“下放权力，扩大事业单位管理自主权”的第二阶段（1988—1995 年）；“遵循政事分开、推进事业单位社会化的方向，建立起适应社会主义市场经济体制需要和符合事业单位自身发展规律、充满生机与活力的事业单位管理体制、运行机制和自我约束机制”的第三阶段（1996 年以来）。1998 年 11 月，国务院公布了《事业单位登记管理暂行条例》和《民办非企业单位登记管理暂行条例》。1999 年，国家机构编制委员会在全国范围内统一对事业单位进行登记管理，目的是使事业单位获得独立法人资格，以便依法保障他们的合法权益，并规范他们的市场行为①。

我国博物馆的管理体制是在国家计划经济体制下，移植前苏联的管理体制而形成的，长期以来全国博物馆在一个比较统一的体系内集中管理。包括博物馆经费划拨、业务活动计划安排、人员任免，甚至文物定级、职称评定等，都由行政管理部门通过行政手段统一管理，各博物馆对上级行政机关的依赖性和上级行政机关对博物馆的约束性都很大，权力配置十分集中。这种在计划经济体制下形成的宏观管理模式，在我国博物馆事业的发展过程中确实曾经发挥过重要作用，将博物馆作为社会发展的标志性设施和宣传教育机构，纳入社会发展计划，博物馆的数量、类型、规模、工作目标和职能都由政府行政管理部门规定，博物馆员工属于政府行政事业单位编制。因此，博物馆只要完成行政管理部门下达的工作任务，就可以获得相应的工作经费并生存下去。

近年来，我国一些面向社会提供公益服务的事业单位，探索建立理事会、董事会、管理委员会等多种形式的法人治理结构，健全决策、执行和监督机制，在人事管理、收入分配、社会保险、财税政策和机构编制等方面的改革取得了一些进展，提高了运行效率，确保了公益目标的实现。同时，按照逐步实现基本公共服务均等化的要求，优化公益服务资源配置，打破条块分割和行政区划界限，促进公益服务公平公正。同时，社会力量

① 付文军：《博物馆：走在非营利的道路上》，载《博物馆研究》，2010（3），16 页。

兴办公益事业的制度环境进一步得到优化。今天博物馆事业的发展，从法规制定、资金投入到监督管理等各个方面，都得到了显著的优化，博物馆事业在管理体制创新方面，处于大有可为的战略机遇期。因此，需要进一步研究建立博物馆宏观管理体制，加强战略规划研究，完善各种制度安排，大力推进博物馆的管理体制创新。

在日本，博物馆最初实行独立行政法人化。1999 年，日本通过了《独立行政法人通则法》，开始了博物馆法人化的进程。自 2002 年起，东京、京都、奈良的国立博物馆和国立科学博物馆等 7 所博物馆也开始正式改制为独立行政法人，目的在于解决博物馆僵化和依附的体制。同时，由于独立行政法人依照特别行政法律而设立，政府的责任通过法律的形式固定下来，有助于解决政府在博物馆事业发展方面投入不足的问题。由于政府对相关法令制度的妥善设置与明确的权责认识，使这些国立博物馆从原本“文化资产保护研究教育机关”的定位转向更加注重“国民立场”，充实事业内容与提高品质成为我们改制的主要目标，日本博物馆事业平稳地踏出博物馆法人化转型的步伐[①]。

在法国，根据 2002 年颁布的《博物馆法》中的有关规定，经文化部与财政部颁布的国立博物馆名单内的博物馆，属于公务机构。由博物馆局管理全法国的博物馆事业，博物馆人员也属于国家公务员，凡是登记的博物馆其所有馆藏也属于法国政府，有中央集权的倾向。但是，其博物馆的组织和人事制度大多由博物馆自行创立，而后由政府主管机关认可，除馆长任命外，其他事项多任由博物馆自理，享有充分的人事、财务及运作权。法国政府通过契约管理、直接财政拨款以及对文化赞助减免税收等方式，对博物馆等文化机构进行管理，其中契约管理是通过签约文化协定的契约形式确保实现宏观管理目标[②]。虽然博物馆的级别各不相同，有的是国家级，有的是大区级，有的是市级，也有的是具有协会地位或以法人形式进行管理，但是，在博物馆局的规划管理和指导下，形成了全国范围的、立体化的博物馆发展体系。

在英国，博物馆在社会生活中占有重要位置，在遵循国家作为主要赞助者的模式下开展工作。英国政府设置统一管理全国文化事业的中央主管部门，并形成比较完整的中央和地方三级文化管理体制。英国政府对博物馆的监管奉行“一臂之距”的原则，这里

① 付文军：《博物馆：走在非营利的道路上》，载《博物馆研究》，2010（3），16 页。
② 隋立新：《法国文化遗产保护与利用的理念与实践》，见国际友谊博物馆编《中国国际友谊·第七卷》，134 页，北京，文物出版社，2010。

的“一臂之距”指的是在管理上通过中介机构，即博物馆和美术馆委员会，每年接受中央政府文化行政主管部门及其他政府有关部门的拨款，并负责具体分配给由国家资金支持的博物馆。托管制度也是英国政府对博物馆管理的一个特点。对那些接受政府部门拨款的博物馆来说，其托管委员会是协助政府保持“一臂之距”管理方式的重要部门。例如大英博物馆托管委员会通过与政府主管部门签订协议的方式，接受中央政府的财政拨款，执行国家的公共文化政策。

在美国，根据隶属关系，博物馆大致可以分为如下四类：一是私立非营利性博物馆，占到美国博物馆的65.3%；二是政府主办的博物馆，占美国博物馆的23.6%；三是高校博物馆，占美国博物馆的10.4%；四是私立营利性博物馆，只占美国博物馆的0.7%。这四种类型代表了当代美国博物馆主要的管理体制形态。美国并没有统一管理全国博物馆的中央机构，美国联邦政府主要通过市场机制，将政府权威与市场交换的功能优势有机组合，在管理中扮演的是“提供便利者”的角色。美国各级政府不干预博物馆的具体事务，政府部门主要通过严格审批程序、提供经费支持、监督博物馆运作来施加影响。美国的博物馆建立后，无论是公立的还是私立的，都设立董事会或性质相同的委员会，都会变成事实上“公有公营”的非营利性机构[①]。

目前，在一些发达国家较为规范的博物馆中，还流行首席执行官模式。在这种模式下，博物馆馆长不仅拥有传统博物馆馆长的决策权，而且还拥有传统博物馆中董事会所拥有的部分决策权，尤其是其对博物馆战略规划及重大项目的决定权限，明显超越了传统博物馆馆长的权限。在首席执行官模式下，博物馆的运转更灵活，效率更高，更容易应对博物馆生存环境的变化，更符合现代博物馆越来越依赖市场资源的发展潮流。但是另一方面，首席执行官模式也对博物馆的非营利属性及其社会功能提出了更严峻的挑战。从效果上看，传统博物馆馆长模式在保障博物馆的公益性及社会功能方面的作用要优于首席执行官模式，但是在机制的灵活性、运转效率等方面却逊于首席执行官模式。

博物馆的管理体制改革不但涉及管理机构，而且涉及社会公众和博物馆员工等利益相关者，因此必须慎重决策，否则难以取得成功。例如1998年大英博物馆的爱德华改革

① 张健：《我国博物馆管理体制问题与对策建议》，见国际友谊博物馆编《中国国际友谊·第七卷》，14页，北京，文物出版社，2010。

报告参照当今社会公司和其他机构的管理经验，就提高博物馆的运营效率提出改革方法，但是由于对博物馆进行定位时，没有切实尊重其历史与功能等实际，而是仅仅将财政状况、运行效率作为主要的改进目标，缺乏与博物馆的整体目标及员工需求的很好结合，结果非但没有奏效，反而激起博物馆员工的激烈反对，甚至以全体员工罢工而告失败[①]。

当前，我国正处于经济社会发展的关键时期，满足广大民众文化服务需求的任务更加艰巨。面对新形势新要求，我国文化事业发展相对滞后，一些文化事业单位功能定位不清，政事不分、事企不分，机制不活；公益文化服务供给总量不足，供给方式单一，资源配置不合理，质量和效率不高；支持公益文化服务的政策措施不完善，监督管理薄弱。近年来，经济体制的改革，政府职能的转变，使得社会各界更加注重各种资源的合理有效配置，提高资源的利用效益。在这一过程中，行政管理部门更应加快职能转变，创新管理方式，按照政事分开的要求，减少对文化事业单位的微观管理和直接管理，强化制定政策法规、行业规划、标准规范和监督指导等职责。对面向社会提供公益服务的事业单位，积极探索管办分离的有效实现形式，保证其依法决策、独立自主开展活动并承担责任，充分发挥其积极性。

博物馆的管理体制改革是国家公共文化体制改革的组成部分，虽然改革开放以来，针对计划经济时期的博物馆管理体制，实施了一系列改革措施，以使其与公共文化体制改革相适应，但是这些局部的改革措施并未使宏观的博物馆管理体制实现应有的转型，博物馆管理在很大程度上仍然沿袭着传统方式。当前，顺应政府职能转变的趋势，我国博物馆体制改革的重要内容之一，就是要进一步理顺政府与博物馆之间的关系。在事业法人制度下，博物馆作为独立的事业法人，在人事、财物、内部组织管理等方面具有相对自主的管理职权，这些职权使博物馆成为一个相对独立的主体，能够自我负责并且健康、高效地为社会提供优质的博物馆公共文化服务。博物馆行政管理部门也要努力将实现政府职能向为博物馆的发展创造良好环境、提供优质服务方面转变，建立政府依法监管、博物馆依法自主管理的新体制。

一般来说，博物馆的管理体制是指博物馆管理权限的分工及组织形态。当前我国的

---

① 曹兵武：《博物馆热·博物馆学·博物馆文化：博物馆发展的关键是博物馆人》，载《中国博物馆》，2008（3），9 页。

博物馆之所以存在诸多管理问题，其原因比较复杂，既有经济政治方面的原因，也有历史文化方面的原因；既有制度建设方面的原因，也有政府职能方面的原因；既有管理体制方面的原因，也有运行机制方面的原因；既有传统经验方面的原因，也有现实政策方面的原因；既有客观条件方面的原因，也有主观努力方面的原因。各种因素往往纠缠在一起，相互作用，相互影响，从而增加了博物馆科学管理水平提升的难度。但是多年的改革开放，使我国在博物馆管理方面的知识储备和经验积累已达到相当的水平，博物馆体制机制改革的智力条件已经具备，改革的时机条件也已经成熟。我国博物馆的管理体制改革，不仅要求行政管理部门进行机构改革，而且还要求对相关行政管理部门的管理职能及管理方式进行改革。从国际博物馆协会章程以及我国现行法律法规来看，博物馆是非营利法人，因此，应当保持博物馆法人和行政管理部门之间的适度分离，从而发挥博物馆组织的灵活性，为社会和社会发展服务。当前我国博物馆的体制问题，突出表现在博物馆的法人地位方面，亟待从制度层面查找原因、寻找对策。如果解决了博物馆的法人地位问题，其他诸如政府管理问题、隶属关系问题、资金使用问题、内部管理问题等都会迎刃而解。如果不能及时推动博物馆的管理体制创新，博物馆的法人地位问题就无法切实解决，必然会影响博物馆事业的长远发展。

博物馆改革的目标不仅是要争取国家的支持，还要在获得国家支持的过程中实现发展。在博物馆立法方面，应以特定立法的方式，合理界定博物馆行政管理部门与各级政府之间、与相关部门之间、与博物馆之间的关系，将行政管理部门的支持和监督管理法定化。例如在转变政府职能的基础上，明确划分行政管理部门与博物馆之间的事权权限，保障博物馆的事业法人地位，构建稳定的博物馆发展法制环境，重点考虑政府在博物馆管理中承担的责任，支持博物馆正确履行社会化职能，而将博物馆的专业化功能由博物馆自身进行管理，使博物馆能够保持应当具备的独立性和自主性。

在博物馆管理体制与政府职能的关系方面，我国的博物馆管理体制以国家行政管理体制为核心，实施分级属地化管理，体现管理的系统性和专业性。但是，实际上，长期以来，我国博物馆的隶属关系并不统一，各类博物馆分属于不同的政府部门或行政单位管理，除各级文物行政管理部门之外，各级政府的科学技术、民政宗教、国土建设、农林渔业、铁道水电、国防军事等部门，也都对本系统的博物馆行使管理，这些博物馆与其上级管理部门具有很强的行政隶属关系。对于这种多头管理和分散管理的体制，如果不能实现正确引导，既不利于加强博物馆之间的合作与交流，促进博物馆事业的资源整合，也不利于加强对博物馆事业的行业管理，提高政府博物馆行业的管理水平和管理效率。因此，有必要减少各方面在具体管理事务上的交叉和重叠，加强协同配合，提高管理效率，促进博物馆事业的和谐发展，并通过制定博物馆法规，确立博物馆的管理体制。

在博物馆管理体制与行政管理部门的关系方面，我国博物馆存在的管理体制问题，最大弊端在于政事不分，政事合一，即在传统博物馆管理体制下，博物馆的行政化色彩浓厚，缺乏基本的自主权，缺乏弹性和活力。当前，我国博物馆行政管理部门的主要职责应当确定为：一是提供良好的制度环境，通过制定、完善法规、规章及规范性文件，推进博物馆管理的法制化和规范化，为博物馆事业的发展提供良好的制度环境；二是提供宏观上的方向及战略引导，通过制定发展规划，实现博物馆资源的科学配置，从而统筹博物馆的科学、合理、有序发展；三是提供财政支持，通过直接向博物馆拨款或者通过转移支付购买服务的方式，为博物馆事业的发展提供财政支持；四是引导社会资源进入博物馆事业，通过制定和实施税收、土地、人才引进等方面的优惠政策，引导社会资源进入博物馆事业；五是加强监管，通过执法监督及绩效评估等方式，加强对博物馆及博物馆事业的监督管理，确保博物馆公益目标的实现和博物馆资源的有效利用[①]。

在博物馆管理体制与博物馆的关系方面，目前的宏观管理体制决定和影响着我国博物馆的具体管理行为和方式。从博物馆方面分析，对政府投入的依赖性过强，政府以外的资金筹措机制不尽如人意，很难适应市场经济条件下博物馆事业的发展趋势，特别是对博物馆管理的复杂性和管理体制改革的迫切性认识不足。因此，博物馆面临的问题，不仅有博物馆受制于政府财政、人事和业务运行等问题，也有博物馆长期在事业单位体制下存在的被动应付、人浮于事、效率低下的特征。实行博物馆的事业法人制度，要求明确博物馆的法律地位、职责权能、治理结构，赋予博物馆在人员配备、财物管理等内

① "中国博物馆管理体制机制改革研究"课题组：《中国博物馆体制机制改革研究报告》，见《博物馆免费开放调研报告汇编》，28 页。

部运营方面的自主权，形成政府依法监管、博物馆依法运作的新型政事关系，实现博物馆管理体制由行政管理模式向法治管理模式的转变，使博物馆成为机构法定、运作独立、治理规范、权责匹配的具有独立法人资格的公益机构。

在博物馆管理体制与社会的关系方面，今天，博物馆与社会公众的关系趋向平等互惠，博物馆应主动提供满足观众多种需求的服务。但是，目前我国的博物馆融入社会的程度不高，实现博物馆的宗旨和目标的能力不强，教育职能的发挥处于较低层次。一些管理措施忽视社会力量参与博物馆发展的有效途径，忽视社会公众支持博物馆发展的积极作用。解决这些问题的关键是建立保障社会公众文化权益的博物馆公共服务体系。因此，按照博物馆事业应进一步融入社会文化、融入终身教育、融入文化民生等方面的要求，今天博物馆不应再根据传统思维，仅仅向社会提供以陈列展览为主的文化产品，而应该根据社会公众的文化需求提供优质的文化服务。博物馆与社会公众的关系也不应再是单向的，而应该是双向互动的。总之，博物馆的管理体制改革，应该强化服务意识，将观众的需要和社会的需求作为事业的出发点和落脚点。

博物馆的管理体制改革是解决博物馆当前面临的诸多问题的关键。行政管理部门应对博物馆的社会使命与责任准确定位，从而改进服务理念，促进博物馆与社会公众的相互认识，使其建立良好的互动关系，推进博物馆文化资源共享，提高文化服务质量和效率。要紧紧抓住增强活力、改善服务这个重点，大力推进博物馆的管理体制创新，更好地面向民众、服务民众。要致力于使公众参与到博物馆服务政策的制定过程中，并对政策的形成产生实质性影响。使更多的社会公众参与到对博物馆服务的评价、选择、决策和提供中来，由公众对博物馆服务的数量、质量、效率、价格、能力等多方面内容进行单项或综合评估，使公众有能力选择适合自身需要的博物馆服务，实现真正的公民权利与义务对等。行政管理部门要在明确政府在博物馆公共服务供给中最终责任的前提下，通过招标采购、契约、特许经营等形式，将原由政府承担的部分博物馆职能交由社会机制行使。

真正健全的博物馆管理体制的形成，既有赖于高效率的管理制度的建立，也有赖于社会公众的博物馆意识的提高，社会公众在成熟的博物馆理念指引下，主动参与到博物馆事业之中，提供相关信息并监督博物馆管理工作，在很大程度上能够弥补博物馆管理系统中行政资源不足的缺憾。但是必须明确，博物馆的社会化不是博物馆的市场化，并不意味着博物馆可以利用所拥有的公共资源随心所欲。同时，博物馆行政管理部门不能因“博物馆社会化”而减少对博物馆事业良性发展的支持、扶植和引导，为博物馆提供足够的资金和社会条件是管理机构的重要责任。行政管理部门可以利用法律、行政、经济、科技和教育等手段，增强博物馆的社会活力，完善其自身造血机制，而绝不能将博物馆推向市场。

2.2 博物馆的运行机制改革

博物馆的运行机制，是指博物馆实现特定功能的参与要素及活动流程。博物馆的运行机制改革主要涉及两个方面的内容：一是博物馆的法人治理结构，二是博物馆的内部组织机构。博物馆的法人治理结构，是指博物馆的最高决策权、最高执行权及最高监督权的组织配置。因此可以说，法人治理结构是博物馆的顶层机构设置。博物馆的内部组织机构，是指法人治理结构之下的内部机构设置及其职责分工，因此可以说，内部组织机构是博物馆的中低层机构设置。博物馆运行机制改革的任务和目标，就是改革博物馆的内部管理体制，建立起符合博物馆自身特点和博物馆事业发展规律的法人治理结构和内部组织机构。

我国事业单位的情况复杂、涉及面广、利益关系敏感、改革的难度较大。因此，事业单位的改革明显滞后于国家机构和国有企业等方面的改革。在这种背景下，博物馆作为事业单位的组成部分，很难取得单方面突破性的进展。总体来说，我国博物馆的运行机制，依然沿用计划经济时代的模式，博物馆虽然具备独立法人资格，但是却没有建立起合理的法人治理结构，博物馆在自主决策、自主发展方面受到严重限制。同时，博物馆在运行机制方面存在种种问题，粗放运行的管理方式没有发生根本改变，运营活力缺乏、工作效率低下、员工积极性难以充分调动、自主创新能力不强等，一些深层次的矛盾亟待解决。

由于我国博物馆管理的科学化、法制化起步较晚，博物馆的法人治理结构和内部组织结构的改革尚在酝酿，博物馆管理中长期以来积累的老问题以及新时期博物馆事业实践中可能出现的新问题，均需要深入研究，逐步解决，许多改革措施的实际效果，还需要时间和实践的检验。在国际上，一些博物馆事业较为发达的国家，博物馆的规范化建设起步较早，在理论和实践方面积极探索，并在发展制度方面积累了丰富的经验。这些国家具有健全而透明的博物馆运行机制，自主而自律的博物馆法人治理结构，在很大程度上代表着现代博物馆管理的发展方向。具有中国特色的博物馆发展道路，虽然不应照搬其他国家的博物馆管理模式，但是其中一些有益的经验值得我们借鉴。

欧美国家的博物馆在运行机制方面，普遍采用理事会或董事会任用的馆长负责制，理事会或董事会决定博物馆的大政方针和重要活动。为避免理事会或董事会决定为特定利益左右，通常会特别为政府和社区代表保留名额。例如在英国，博物馆实行理事会制度，理事会一般由10~20名委员组成，主要是社会名流、专家学者，任期5年，任满后可连任一届，不领取任何报酬，其责任主要是对博物馆的藏品负责，并确保博物馆在称职的馆长和馆员的主持下正常运行①。这些国家在采用理事会或董事会博物馆法人治理结构的同时，探索建立健全决策辅助系统，规范决策程序，以便合理确定集体决策与个人决策的分工。

决策辅助系统是为了克服决策机构或决策人员的信息不对称而设置的咨询建议机构。这种机构本身没有决策权，但是可以为决策机构或决策人员提供咨询建议，以确保决策的科学性。构成博物馆决策辅助系统的机构主要包括三种形式：馆外咨询委员会、馆内咨询委员会、混合委员会。馆外咨询委员会的成员均不属于博物馆的内部员工，其成员主要包括社会名流、专业人士、博物馆之友、潜在捐款人等。馆内咨询委员会的成员均为博物馆内部员工。博物馆可以根据不同的决策事项而设置多个由不同人员构成的馆内咨询委员会，以充分发挥博物馆员工的才智和积极性，提高决策的民主化程度。混合委员会是指由博物馆员工和博物馆外的人员共同组成的决策咨询委员会，其优点在于有利于加强博物馆员工与馆外人员的沟通和协调，从而弥补各自的视角局限。具体采用何种模式，依据博物馆可调配人力资源状况以及博物馆决策事务的复杂程度而定。

规范决策程序是指对决策过程中所涉及的方式、方法、时间顺序等程序性活动的规

---

① 焦丽丹：《免费开放下的英国博物馆（上）》，载《中国文物报》，2009-12-16（7）。

范。对博物馆而言，决策程序的规范主要包括：一是确保阳光决策，即通过制定程序性规范，确保决策参与人的公正、决策程序的透明、决策结果及其利害关系人员的公开，从而实现博物馆的阳光决策；二是避免利益冲突，即建立决策回避制度，避免与决策结果有直接利害关系的人员参与决策；三是为重大决策设置刚性的前置程序，例如要求特定事项的决策，在决策前必须召开特定的决策咨询委员，提出意见建议；四是明确决策方式，即明确规定特定事项的决策采用何种表决方式和通过方式；五是规范决策内容的记录、保存，即规定决策内容应当有明确的记录，并在一定期限内保存；六是为特定决策设置评估程序，即规定在特定的决策实施后的特定期限内进行评估，并及时校正决策中可能出现的偏差，避免决策失误为博物馆造成更大的损害。

随着改革开放的深入，我国在国有企业中普遍设立董事会的经验，可以为博物馆法人治理结构的改革提供借鉴。同时，国际上一些博物馆先进的运行机制、改革经验，也逐渐被介绍给国内的博物馆，使博物馆运行机制改革呈现出一些新的趋势，一些博物馆积极探索有利于博物馆管理水平和服务水平整体提升的运行机制。今天，博物馆的生存环境已经发生了根本性变化，传统的以自我为中心的封闭或半封闭式的博物馆管理方式，显然已经难以适应新的形势。在我国博物馆设立主体多元化的情况下，博物馆的法人治理结构不能以行政机关为模板进行构造，应建立起符合博物馆事业发展要求的法人治理结构，其基本组织机构一般应包括三个方面：一是议事机构；二是执行机构；三是监督机构。

法人治理结构的健全和完善，关系到博物馆的长期健康稳定发展。事实上，无论任何组织，在规模急剧扩张之后，必须采用科学的管理方法，探索新的管理模式。我国的博物馆规模迅速扩大，使管理问题日益突出。博物馆从机构设置到人员管理，从文物征集到学术研究，从展览策划到宣传教育，从文化活动到文化产品，应该既吸收其他博物馆的先进理念，又能结合本馆实际，探索出适合博物馆自身发展的运行机制。

2010 年，国家文物局、财政部印发了《中央地方共建国家级博物馆管理暂行办法》，要求中央地方共建国家级博物馆应完善法人治理结构，逐步实行理事会决策、馆长负责的管理体制和运行机制。理事会成员由主管部门委派，政府相关部门的代表、馆长、职工代表以及热心博物馆事业的社会人士代表担任。事实证明，我国博物馆运行机制的改革必须与健全博物馆的法人治理结构联系起来。

当前要将建立和完善以博物馆决策层及其领导下的管理层为主要构架的博物馆法人治理结构，作为转变政府职能、创新博物馆体制机制的重要内容和实现管办分离的重要途径。因此，要明确博物馆决策层的决策地位，把行政管理部门对博物馆的具体管理职责交给博物馆决策层，进一步激发博物馆的活力。要明确博物馆决策层和管理层的职责权限和运行规则，进一步完善博物馆的激励约束机制。决策监督机构的主要组织形式是理事会，理事会作为博物馆的决策和监督机构，依照法律法规、国家有关政策和博物馆制度开展工作，接受政府监管和社会监督。

博物馆理事会负责博物馆的发展规划、财务预决算、重大业务、章程拟定和修订等决策事项，按照有关规定履行人事管理方面的职责，并监督博物馆的运行。理事会一般由政府有关部门、举办单位、事业单位、服务对象和其他有关方面的代表组成。根据博物馆的规模、职责任务和服务对象等方面特点，兼顾代表性和效率，合理确定理事会的构成和规模。要明确理事的权利义务，建立理事责任追究机制。也可以探索单独设立监事会，负责监督事业单位财务和理事、管理层人员履行职责的情况。管理层作为理事会的执行机构，由博物馆馆长及其他主要管理人员组成。管理层对理事会负责，按照理事会决议独立自主履行日常业务管理、财务资产管理和一般工作人员管理等职责，定期向理事会报告工作。

提倡博物馆向实施理事会管理的组织形式发展，意味着希望博物馆的内部管理制度，由目前的馆长负责制向符合国际惯例的博物馆理事会制发展。建立理事会制的博物馆内部管理体制，一是有利于明确博物馆的法人地位，改变传统的事业单位模式，通过理顺内部管理制度，实现政事分开，将“馆长一人决策”转变为“理事会集体决策”，充分保证博物馆的自治权和能动性。二是有利于促进博物馆的社会化，加强博物馆与社会力量的联系，以使博物馆获得自主发展的地位、空间和环境，开展有利于提高其公益性的各种公益活动。三是有利于强化博物馆作为社会公共服务机构的性质，由代表公众利益的博物馆理事会对博物馆事务进行管理，使博物馆从公共利益出发去满足公众日益高涨的文化需要。四是有利于从决策机制上实现权责分离，提高决策过程的科学性，实现科学规范的管理，增强相关决策执行的力度，有助于提高管理的效率和服务的质量，进而更好地为实现博物馆的可持续发展提供保障。

在博物馆的内部组织机构方面，段勇先生认为"纵观我国博物馆过去 60 年，大致可分为两个时代。前 30 年是学习前苏联模式，博物馆普遍按照工作职能横向分设'三部一室'，即保管部、陈列部、群工部、办公室，陈列部通常同时负责展览内容与形式设计；后 30 年不少博物馆学习欧美模式，不少博物馆按藏品和展示内容改为纵向分工（'一条龙'），如历史部、艺术部、古建部，陈列部也纷纷演变为单纯负责形式设计的展览部"①。

长期以来，我国的博物馆在机构设置上，普遍沿用"三部一室"制组织结构，不同部门分别负责保管收藏、展品陈列、外部沟通、内部协调等职能，这种注重部门职能实现，按专业划分的机构设置，更多的是从博物馆自身管理出发，体现出博物馆的基本功能，是建立在各部门既能明确分工，又能密切合作的基础之上，是典型的行政序列模式。这种组织结构的特点是博物馆内部按专业划分部门，强调分工的重要性，协同完成工作任务。

"三部一室"制的优点是业务界限清晰，专业化程度高。目前，这种内部组织结构，仍然广泛存在于我国博物馆内部组织机构中。这种组织结构作为一种较为规范的部门设置，为我国博物馆工作规范化做出过贡献。当前是否应该继续实行"三部一室"制，在我国博物馆界存在分歧：或认为该体制已经很难适应当前博物馆的运行机制，是造成博物馆工作中许多矛盾的根源，需要彻底改造；或认为它体现了博物馆的基本职能，尚可沿用，但是必须对各业务部门的工作范围和工作要求进行调整。今天，博物馆要面向社会、增强活力、提高效率，就必须在运行机制，特别是内部组织机构方面有所改革。人们普遍认为，博物馆不仅要解决当前面临的问题，更要根据发展趋势和发展目标，建立有发展意识、为博物馆发展奠定基础的内部组织机构，否则，任何其他形式的调整，都不会从根本上解决目前我国博物馆普遍存在的问题。

近年来，大多数博物馆虽然实行了分配制度改革和岗位聘任，但是，博物馆内部组

---

① 段勇：《关于我国博物馆若干概念的思考》，载《中国博物馆》，2010（1），14 页。

织机构的设置及职能分工的不够科学，有待于进一步完善。一方面，我国博物馆在决策机制方面的主要问题是领导决策过程中的民主化程度不高，甚至一些博物馆出现以个人决策替代组织决策的个人专断倾向，最终导致博物馆“成也馆长、败也馆长”的局面。另一方面，因袭计划经济体制下的传统管理模式，馆长和各部门负责人按行政级别，分别定位于厅级、处级、科级等，维持馆长坐“铁交椅”，部门领导捧“铁饭碗”，全馆职工吃“大锅饭”的局面，运作机制缺少活力，不可避免地影响博物馆更好地承担起应尽的社会责任。因此，沿袭以往的博物馆运行机制，已不能适应现代社会的需要，博物馆在管理模式和机构设置方面的改革势在必行。

近年来，湖南省博物馆所有重要展览均采用了“项目制”管理。“项目制”即重大课题或展览项目负责人具体负责展览的全部运作，重视博物馆活动安排的连贯性，展品陈列功能逐渐成为博物馆活动安排的一个环节。从已经完成的展览项目看，这一制度对提高效率、节约成本、保证质量、增加收益、集中力量完成中心工作、激励骨干等方面的作用明显。同时，湖南省博物馆以保障优质服务为导向，以观众满意为目标，制定和出台了50余项岗位职责和管理制度，将开放期间博物馆内参观接待、教育推广、安全保卫、清洁卫生等工作以统一的制度、统一的标准集中管理，建立了各项工作的程序、标准和规范。这一管理模式在实现全面质量管理的基础上，实施“精细化管理”，以质量为中心、以全员参与为基础、以适应性为标准，将静态的质量管理“动态化”，要求每一个岗位都要尽职尽责、每一项工作都要抓细抓实、每一个环节都要相辅相成，以进一步提高管理质量。

这一时期，还有一些博物馆在运行机制改革方面进行了有益实践。例如浙江省博物馆根据现代博物馆发展的要求，梳理当代博物馆机构设置的各种情况，对定编、定岗、定责和定级做出科学的测算，规范业务发展的基础和标准，科学设定各个岗位。同时，实行专业技术职务资格的评聘分离，打破专业技术职务的终身制。在分配制度上，实行按岗定酬、按任务定酬和按业绩定酬的分配办法。南京博物院立足自身、抓住机遇，努力破除阻碍博物馆发展的旧模式，实行业绩考核、竞争上岗、项目负责等项改革，逐步实现由身份管理向岗位管理的转变。

事实上，博物馆采取何种内部运行机制，应根据各个博物馆的性质、规模来因“馆”制宜地做出抉择。同时，目前我国的公立博物馆与一般事业单位相同，都是对上负责的馆长责任制，在这种类似行政机构的管理制度下，无论采用何种运行机制，博物馆在实现专业化功能和社会化职能方面的效率都难有显著的提高，一些局部的运营机制创新只能起到有限的效果。

当前，应尽快适应国家文化体制改革的总体要求，明确政府管理权限和职责，明确博物馆权利和责任，推动博物馆建立科学规范的法人治理结构。湖南省博物馆在新的一轮运行机制改革中，试图以实现运转高效、协调有序、职责权限清晰为目标，探索建立以业务为核心的“大部制”。“大部制”将围绕博物馆收藏、研究、展示、教育功能，将博物馆内设机构分为公众服务部、典藏研究部、行政保障部等大部门。公众服务部负责开放接待、社会教育、公共关系以及一切直接面向公众的服务工作；典藏研究部负责与藏品有关的保管、研究、策展等工作；行政保障部负责行政、人事、财务、后勤等工作。每个部门由一个馆级领导兼负责人，部门内再分小组。通过这种部门划分进一步理顺工作机制，明确职能分工，减少跨部门的协调工作，解决管理机制过于扁平化、效率低下等问题。

目前美国博物馆内部普遍分为两大部类：业务部类和经营管理部类，博物馆的内部机构可以由馆长根据需要随时调整，在选择部门主任时，馆长的意见具有决定性作用，选择业务主管以及以下人员，则主要根据部门主任的意见。这一制度的优点是把博物馆各项业务工作有机地联系起来，形成整体，责任明确。同时，各部门职位设置具有一定的灵活性，可以根据工作需要和经费状况进行调整。例如大都会艺术博物馆有 61 个部门，1500 多名雇员以及大量志愿者。博物馆在董事会领导下，在文物收藏、保管与管理方面有一整套严格而完整的制度，不同部门既各司其职，又互相监督，实行交叉管理。除专业保安部门外，亚洲、埃及等各分馆负责文物研究和展览策划，目录部负责文物明细目录的管理，文物保存与维护部则根据馆藏文物特点分为器物、绘画、纸制品、纸品 4 个部门。

我国博物馆运行机制改革的重点是以有利于实现博物馆功能、使命、宗旨为前提，按照精简、统一、效能的原则和确保全面履行职能的要求，整合内部资源，优化组织结构，规范岗位标准，健全管理制度。进一步深化人事制度改革，完善激励机制，加大用人制度、分配制度改革力度，激发内部活力，增加服务项目，创新服务形式，提升社会影响力和社会贡献率。同时要积极采取有效措施，创造有利条件，最大限度地动员社会各方面力量支持、参与博物馆建设，建立政府主导、法律规范、社会参与的博物馆管理体系。博物馆内部组织机构和部门设置，应体现博物馆作为非营利的社会公益机构的组织性质，强化其社会职能，将博物馆自身发展置于社会发展的大背景和大趋势之中，确保博物馆与外界的交流与沟通，确保博物馆的组织特色和在社会中的位置。

博物馆管理的首要目的是为了实现博物馆的宗旨和目标，使内部组织机构设置有利于整体目标的实现。作为常设的公益性机构，博物馆内部组织机构设置，既要有一定的稳定性，以保障各项活动的正常运作；又要有一定的动态性，以适应不断变化的外部环境和社会需求。博物馆的内部组织机构设置应因馆而异，不同类型、不同地域和不同规模的博物馆，面临着不同的管理问题，博物馆员工、资源和技术等因素也不尽相同，因此，不能要求不同的博物馆采用同样的内部组织机构模式，而应根据内外部条件的变化适时调整。总之，一座博物馆应当采取何种内部组织机构，完全依据该博物馆的目标定位及资源状况而定，而不存在一个统一的最优模式。

博物馆的决策机制即博物馆重要决定的形成机制，是博物馆运行机制的中枢。决策机制运转失灵，博物馆的整个运行机制就会受到严重制约。博物馆决策机制改革的首要内容是决策权的分配，主要是在集体决策与个人决策之间的分配。集体决策的优点在于能发挥集体智慧，但是缺点也同样明显。一方面是决策成本高、决策效率低，即集体决策的财物成本和时间成本都显著高于个人决策。另一方面是不利于追究决策失误的责任，集体决策就意味着集体负责，集体负责又很容易导致个人卸责。个人决策的优缺点与集体决策正好相反。因此，博物馆决策机制改革的基本方向应当是保障决策过程的民主参与，通过民主决策实现科学决策。

在博物馆的运行机制中，馆长的选任及职能定位非常关键，仅就个人对博物馆的影响而言，博物馆馆长的作用十分突出。博物馆是一个国家或一个地区或一个民族的身份象征，反映这个国家、地区、民族的历史面貌、人文精神和发展方向。由于博物馆具有这种特殊的文化身份，就要求博物馆馆长必须有相应的专业背景、职业素质、管理能力和完成任务的执行能力。因此，在博物馆的管理体制中，博物馆馆长的产生程序、职责定位及作用发挥，始终是人们关注的重点。长期以来，我国博物馆在管理体制上一般实行馆长负责制，即馆长是博物馆第一责任人，受上级委派对全馆事务进行管理。

《国际博物馆协会职业道德准则》明确指出："管理机构对任命博物馆馆长负有特别重要的责任。"博物馆馆长的素养对博物馆的影响至关重要。作为博物馆的领导者，博物馆馆长必须熟悉博物馆工作的规律，具有较强的管理能力。同时，由于博物馆工作具有很强的专业性，博物馆馆长还需要具有对业务工作深刻理解和正确把握的能力。一般来说，博物馆馆长作为专业人士，应受过良好的专业训练，有比较好的理性思维，眼界比较开阔，考虑问题比较周全，能够较快适应职责要求。同时，由于博物馆员工大多是专业人员，由具有较高水准的专业人士担任博物馆馆长，具有比较高的信任度和影响力，有利于保障和促进博物馆各项任务目标的实现。

博物馆在历史发展过程中形成了鲜明的组织特性和业务特点，分析和解读这些特性和特点，有助于博物馆适应纷繁变化的工作环境，满足社会和公众的多元化需求。宋向光教授认为，博物馆事业在我国的发展，"深层次的问题是博物馆可持续发展的体制和机制，是博物馆作为社会公益文化教育机构的资源保障，以及博物馆自身发展能力的建设问题"[①]。博物馆运行机制改革的主要任务，是增强博物馆自主管理和自我发展能力，提高博物馆对社会的贡献。实际上，无论何种博物馆的内部组织机构形式，其目的都应当是为了发挥博物馆资源的最佳效果，"为社会和社会发展服务"。

2.3 博物馆的绩效评价体系

过去，博物馆的门票收入是一个受各方认可的硬指标，它较为客观地反映出社会公众对博物馆展览及服务的认可程度。但是，博物馆实施免费开放后，门票收入已经无法再作为博物馆的评价指标，免费开放制度在拔除了阻隔在公众和博物馆之间的经济藩篱

① 刘罡：《博物馆"免单"：有多少考验在等待》，载《北京日报》，2009-07-16（3）。

的同时，也废除了博物馆的观众流量控制机制和观众筛选机制。今天，能否对博物馆进行客观公正的评价，决定着博物馆可持续发展的成败。一个科学的评价体系，能有效解决我国博物馆管理水平的提升问题。因此，无论是在国家层面，还是在地方层面，均应抓紧制定博物馆评估和考核办法，实施有效监管。

随着博物馆事业的发展，博物馆的综合评价体系应逐渐由经验评估转向科学评价，由定性评估转向量化评价，由上对下的单向评估转向上下左右的全方位评价，由单一的整体工作评价转向对各个岗位及人员的细化评价。参考其他国家经验，我国博物馆的评价指标体系应包括观众人数、公众满意度、藏品保管、科研成果、展览陈列、文化产品、财政状况、场馆的硬件设施、制度建设、社会影响力和人力资源等主要指标。但是，目前这些评价内容和方法还处于初步探索阶段，博物馆的评价指标体系尚未普遍建立，评价指标及其权重的设定尚缺乏共识，评价程序的安排不尽合理，评价结果的应用有待规范，同时博物馆评价还缺乏制度保障，这些都影响了博物馆评价的科学性。

长期以来，我国博物馆缺少综合的评价体系、科学的评价标准和合理的评价机制，评价一座博物馆的好差优劣，往往仅以馆舍建筑、展厅规模、文物收藏、员工数量等作为评价标准。但是这些都仅仅表明博物馆拥有什么资源，而没有反映出博物馆实现了什么目标。评价一座博物馆的优劣，应以博物馆的绩效为标准，以对社会的贡献为标准。事实上，如果一座博物馆尽管拥有一流的馆舍造型、一流的展厅条件、一流的文物藏品，甚至拥有一流的员工素质，但是如果不能有效地发挥社会职能，不能很好地为观众服务，也不是真正一流的博物馆。

博物馆评价的目的在于帮助博物馆不断改进工作，提高服务水平。首先，应该确立博物馆评价的基本原则，即将科学规范、客观公正、广泛参与、社会公认作为评价体系的指导原则；其次，应该设置科学的评价指标体系，评价的内容包括公共项目评价、藏品管理评价、人力资源评价、行政管理评价、科学研究评价、硬件设施评价等各个方面；第三，应该确立科学的评价程序，每一步都有严格的规定，严格按照规定程序进行，以程序的科学公正保证结果的科学公正；第四，应该组织公正的评价主体，把自我评价、专家评价、同行评价、上级评价和社会评价结合起来，发动广泛的评价主体和社会公众的参与，确保评价结果具有社会公信力。同时，要将评估的结果与博物馆自身建设相结合、与问责机制相结合、与政府预算安排相结合，真正发挥评价制度的监督和促进作用。

博物馆评价的内容，主要是围绕博物馆的运营和博物馆功能的实现来设定。不同国家制定的博物馆评价内容并不完全相同。但是，总体来说特别注重以下相关方面的评价：一是战略发展和宗旨评价，目的在于通过评价确定博物馆的发展方向和发展战略。一座博物馆的发展政策至少包括使命、宗旨、战略目标、年度计划四项基本内容。二是机构建设和能力评价，包括博物馆的综合管理能力如何、基本陈列水平如何、内部治理机构如何、资金筹措状况如何等。三是业务水平和项目评价，目的在于通过评价促进博物馆各项业务水平及服务质量的提高。四是服务质量和社会评价，即以服务质量和社会满意度为主要内容，以社会公众为评价主体，通过这些评价，把以能力建设为中心和以实践结果为导向有机结合起来。五是社会责任和非营利性评价，此项内容的目的在于通过评价，监督博物馆是否履行其社会责任和促进其公信度的提高。

20 世纪 80 年代，来自企业组织的绩效管理理念开始进入博物馆管理领域，美国波士顿科学博物馆拟订了一系列评估项目，以及可以量化的绩效评估目标。随后越来越多国家的博物馆相继效仿，并结合自身特点出台绩效评估方法。但是，在实践中人们越来越认识到，博物馆与企业组织在本质上有着明显的差异。博物馆是为了社会公众利益而存在的非营利永久性文化教育机构；博物馆具有为广大民众提供学术专业服务的社会责任；博物馆是广大民众可以接近的终身学习机构。因此，要评估博物馆的运营是否成功，不能像企业组织一样注重成本效益，必须把握博物馆社会服务的价值观。

博物馆的运行评估不但以博物馆业务的绩效评估为主体，而且应该综合博物馆运行的其他方面，从使命定位、发展战略、公共关系、组织管理等维度进行全方位思考，构建合理的评估框架。目前在博物馆评估中最受关注的是博物馆运行评估，有的国家将其称为“战略计划或绩效指标评估”，主要针对博物馆的运行状况和业务目标达成度进行评估。许多学者对此开展了深入的理论研究，其中最具代表性的是“博物馆绩效评估理论”，新西兰、日本等一些国家的博物馆也积极开展博物馆运行评估实践，逐步建立和完善博物馆评价体系等行业标准，增强自身活力，满足不同社会群体的多样化需求。

1998 年英国政府开始引入公共服务协议，按照效果导向原则、分权原则、问责性原则、透明度原则，对包括博物馆在内的政府公共支出项目全面设置了可测度目标。同时，通过制定一系列非强制性的和鼓励性的建议，为博物馆机构提供一个政策框架，使它们在这个框架内运作，以实现其宏观管理意图。英国政府对博物馆进行操控的另一项重要措施是实行达标登记制度，登记制度包括自我评估、同行评议、定期复查、重新登记四个阶段的运作过程。博物馆登记制度的实行，为英国的博物馆界提供了共同的行为准则和基本标准，为博物馆的拨款机构和赞助机构提供了客观的依据，帮助博物馆解决了一些重要的发展问题，促使博物馆进行完善和提升，也促进了馆际的合作与交流。“它成为英国博物馆工作表现的一个指示器，也提供了一个准确的博物馆统计数据库”[①]。

法国政府为了将文化资源配置向地区倾斜，解决博物馆在不同地区发展不平衡的问题，在 2002 年颁发的博物馆法律中，规定向具备一定资质的博物馆授予“法国博物馆”的称号，为发展地区博物馆提供法律支持。该法律规定拥有文物藏品的机构或个人均可以提出享有“法国博物馆”称号的申请，在经过博物馆最高委员会审核之后，由法国文化部颁发该称号。一座博物馆必须拥有一定价值的文物收藏，拥有对文物藏品进行科学研究的计划，拥有使每位观众都能认知文物藏品并了解博物馆的政策，拥有与文物藏品匹配且符合观众需求的馆舍，才能被授予“法国博物馆”称号。拥有“法国博物馆”称号的博物馆要与国家签署协议，国家给予博物馆文物保护技术支持。博物馆内的文物藏品进行编号保护，不可转让。博物馆同时承担向公众开放，进行科学研究等相应责任。

经过近 10 年的发展，法国共有 1214 座博物馆拥有“法国博物馆”称号。这些博物馆分布在各大城市、乡村甚至海外属地，有的属于大区，有的属于省、市、镇、协会以及基金会，其中 82% 的博物馆隶属于地方政府[②]。授予“法国博物馆”称号的做法，使拥有文物藏品的机构在保护方面得到政府专业指导的同时，承担向社会民众展示文物藏品的义务，肩负进行相关科学研究的责任。同时，“法国博物馆”的文物藏品通过捐赠、

① 焦丽丹：《免费开放下的英国博物馆（上）》，载《中国文物报》，2009-12-16（7）。
② 教莹：《法国政府如何促进博物馆均衡发展——试析法国发展地区博物馆举措》，载《中国文物报》，2011-06-22（4）。

购买、遗赠等方式不断得到丰富，切实承担起传播文化的使命。法国博物馆界每年都由博物馆的上级管理部门组织政府官员、专家学者和社会力量以及市民代表、学生代表和议会议员等，对博物馆进行评估考核，不仅包括博物馆面向社会的各项展览和服务等，而且将社会公众对博物馆的满意度作为重要指标。

博物馆登记制度需要合理的评估体系予以支撑，而评估体系的建立涉及评估主体，由政府官员、专家学者和社会公众共同组成的评估主体，才能全面评价博物馆的优劣，而评估的实施最好由第三方牵头。一些国家由博物馆专业协会进行认定评估，目的在于维持或维护博物馆事业的品质及社会责任，进而确保社会对博物馆的信任度，从长期来看有助于提升博物馆的专业水准及社会形象。在博物馆专业协会方面，最具有影响力的是美国博物馆协会认证制度，其认证制度的认证程序分为三个阶段：自我评估、同行评估与认证委员会评估。

美国博物馆协会认证制度采用以核心问题为导向进行评估，分几个方面考察博物馆具体的业务运作：博物馆的组织架构与管理方式要可以有效地推动任务的完成；博物馆藏品要符合任务目标并进行有效率的管理、收藏、保全、建档与保存工作；博物馆的陈列展览与文化活动要有利于推动博物馆文化传播，要有合理的计划并适当创新，给观众提供学习欣赏的机会；博物馆的陈列展览与文化活动要以适当的研究来有效地呈现，要符合现有及潜在观众的特点与需求，要便于有效组织观众参与；博物馆要有效地评价其陈列展览与文化活动，与观众进行双向沟通；博物馆的研究活动要符合学术标准。

美国博物馆协会的认证项目，是美国同类项目中涉及面最广的国家项目，是为博物馆经营制定美国国家标准和最佳做法的有效途径。自 1971 年美国第一批 16 家博物馆通过认证以来，美国至今约有 778 家博物馆通过了美国博物馆协会组织的认证，但是其数量尚不足总数的 5%。通过此项认证能够说明该博物馆至少具备以下四个特征：符合美国博物馆国家标准和最佳做法、能够实现其使命并满足公众信托责任、充分展示自己作为公众信托资源优秀保管人的形象、致力于博物馆运行和机构持续发展的最佳状态。

与美国博物馆协会认证制度相比，日本的博物馆认证制度是一种由政府组织的博物馆认证制度。日本自 1951 年起实施的博物馆法规定，申请设置博物馆，需向当地都道府县的教育委员会申请登记。由于体制及隶属原因，日本博物馆认证制度的运行出现一些问题，全国成功登记为“博物馆”的数量偏低。为了以较为理想的标准去评估并且选择可认定的博物馆，日本文部科学省于 2001 年至 2002 年委托日本博物馆协会进行名为“有助于博物馆营运的活力化、效率化的评价方法”的调查研究，并于 2003 年发行报告《博物馆期待的样貌：与市民共同创建新时代的博物馆》。

该项调查重视对博物馆独特性的尊重，以所有博物馆为对象，设定了三项基本原则与九项约定，作为各馆自我评价并检讨改进的标准。三项基本原则与九项约定分别对以下三个方面做出要求。在使命与运营方面，以明确社会使命，对所有人公开营运为原则，约定事项包括使命与计划、设施的整备与管理、咨询的发布与公开、市民参与、组织人员及财务与社会资源等内容。在藏品方面，探求受社会委托的文物，以传递于下一代为原则，约定事项包括文物的收藏、保存与修复等内容。在研究、展示及教育活动方面，以与众人分享知识性的刺激与喜悦，创造崭新价值为原则，约定事项包括调查与研究、展示与教育普及活动。

在我国，2008 年 2 月，国家文物局印发了《关于开展首批一级博物馆评估定级工作的通知》，启动了全国一级博物馆的评估定级工作。根据《全国博物馆评估办法（试行）》的规定，各地博物馆按照《博物馆评估暂行标准》进行了自评申报。经专家评议确定，故宫博物院、上海博物馆、南京博物院、陕西历史博物馆等 83 家博物馆成为首批全国一级博物馆。此项措施旨在打破当前博物馆单纯依照行政隶属关系划分等级的传统格局，通过一系列服务标准的设定，对博物馆进行相应的等级评定，力图加强博物馆公共服务体系建设，规范博物馆行业管理，建立服务为核心的质量评价体系，提高博物馆的管理水平、服务质量和社会贡献率，促进博物馆事业科学发展。

评估定级重在分类指导，通过考评博物馆的工作效益和软实力，促进博物馆积极创造条件，在综合管理与基础设施、藏品管理与科学研究、展示教育与社会服务三方面达到相关标准，更好地履行博物馆职能。其中明确将“法人治理结构”“博物馆章程”“网络建设”“博物馆的数字化”“博物馆之友等群众组织”“文化产品开发”“社会资助”等现代博物馆管理制度引入我国的博物馆管理。2009 年全国文物系统又启动了二级、三级博物馆的评估，确定了全国 171 座二级博物馆和 288 座三级博物馆。至此全国一级、二级、三级博物馆共计 542 座，约占全国博物馆总数的 1/5。

国家一级博物馆代表我国博物馆发展的较高水平，具有重要的文化标志性、行业代表性和社会影响性，在我国博物馆建设与发展过程中具有重要作用。为了加强国家一级博物馆的管理，准确把握国家一级博物馆的定位，引导国家一级博物馆运行评估指标体系和评估规则的建设，国家文物局组织开展了国家一级博物馆运行评估研究，确定运行评估指标体系中定性评估和定量评估的主要指标构成，组织制定了《国家一级博物馆运行评估规则》，为国家一级博物馆运行评估的规范化、有序化开展奠定基础，并逐步建立起对国家一级博物馆进行动态评价、持续引导的机制。

从 2010 年 5 月开始，国家一级博物馆的 2008—2009 年度运行状况的评估工作正式启动，旨在通过运行状况的评估，继续维持并加强对于国家一级博物馆的监督和引导，提高国家一级博物馆运行质量，充分发挥国家一级博物馆的社会服务功能。《国家一级博物馆运行评估规则》规定了运行评估周期、评估相关主体的职责、评估流程等国家一级博物馆运行评估工作的重要事项，评估工作贯彻“公平、公正、公开”的原则，评估周期为两年。国家文物局主管国家一级博物馆运行评估工作，其主要职责是：制定评估规则和评估指标体系；认定评估专家资质，建立评估专家库；监督评估工作的实施并接受申诉；审核评估报告，确定并公布评估结果。

在开展全国博物馆评估定级工作的基础上，国家文物局会同财政部制定《国家级重点博物馆管理办法》，将部分省级博物馆确定为首批国家级重点博物馆，明确国家和地方政府的管理责任，通过中央财政加大投入，对其管理方式改革等进行重点突破，逐步创建一批国际一流水准的博物馆，并增强对区域内中小博物馆的辐射带动作用。国家级重点博物馆必须具备五个基本条件：一是博物馆文物藏品具有极高历史、艺术、科学价值，能形成完整体系；二是陈列展示与本馆使命、宗旨紧密契合，社会影响力强；三是专业技术力量雄厚，有较强的科研实力和良好的学术氛围；四是建立有完善的管理制度，并能有效地组织实施；五是制定并向社会公布科学的中长期发展规划。

国家级重点博物馆采取择优认定、定期评估、动态调整和稳定支持的原则，有计划、有重点地遴选和培育，每 5 年核定一次，予以总量控制。另外，列为国家级重点博物馆培育对象的，培育期限一般不超过 2 年。2009 年，通过对全国博物馆的文物藏品等级、陈列展示水平、社会教育能力、专业人员构成、科学研究成果等综合评估研究，确定评估排名前 11 位中的上海博物馆、南京博物院、湖南省博物馆、河南博物院、陕西历史博物馆、湖北省博物馆、浙江省博物馆、辽宁省博物馆等 8 座博物馆为首批国家级重点博物馆，重庆中国三峡博物馆、首都博物馆和山西博物院等 3 座博物馆为培育对象。

开展国家与地方政府共建国家级重点博物馆，是推进我国博物馆管理体制创新的重要举措，具有导向性和示范性的重要作用。国家与地方政府共建国家级重点博物馆确定后，由国家文物局、财政部和省级政府签订共建协议，明确三方责任和义务。国家文物局和财政部主要负责组织编制和实施博物馆总体规划和发展计划，制定相关政策和管理制度；组织审定博物馆年度计划和项目申请，合理安排专项资金；组织开展博物馆承担项目的验收和绩效考评；组织开展博物馆运行状况年度评估。省级政府主要负责指导及监督博物馆日常管理；落实地方支出责任，足额安排博物馆运行经费及事业发展所需项目经费；配合开展博物馆绩效考评与年度评估。

博物馆事业是一个复杂的巨系统，需要完善的管理体制。同时，博物馆是一个复杂的有机体，需要良好的运行机制。博物馆作为公共文化场所，占有大量的公共资源，首先应该明确博物馆的使命与宗旨，才能更好发挥博物馆的各项功能。博物馆认定评估和博物馆运行评估都应体现博物馆的本质属性，都应符合博物馆使命。因此，需要开展博物馆的基本属性与功能研究，对博物馆的使命与宗旨、任务与目标有清晰的认识，这既是博物馆合理设立的基础，又是博物馆科学运行的前提。博物馆的远期目标必须富有挑战性，服从于博物馆使命和远景的实现。进一步的目标分析就是确定博物馆明确的近期目标，转化为年度的任务和操作的行动，这些目标应该既可以衡量，也可以评估。评价一座博物馆的组织结构合适不合适，不能脱离开该博物馆的功能定位和资源状况，其评价的最终标准在于是否有利于该博物馆的功能实现。

博物馆评估工作应贯彻“定性评估与定量评估相结合”的原则。定性评估是对博物馆文物藏品的价值、研究成果的水准、陈列展览的质量、社会服务的效果、团队成员的素质和管理能力的提高进行综合判断；定量评估是对博物馆的藏品征集、科学研究、临时展览、教育活动、人才培养等可以量化的指标进行统计分析。定性评估和定量评估这两种方法各有所长，优势互补，绩效评价应尽可能地综合使用两种方法，从质和量两个角度把握被评价博物馆的各项功能作用，在此基础上做出符合实际的综合判断。在进行统计分析和综合判断时，应根据评价信息的特性和事物发展的阶段，选择最适当的定性与定量权重比例。企业组织的绩效评估常采用量化指标，但是博物馆最重要的社会服务职能，难以用定量的方式衡量其绩效，因此贯彻定性评估与定量评估相结合的原则，可以避免单独采用定性评估造成的主观臆断，或单独采用定量评估而导致的重量不重质结果。

近年来，博物馆领域开始组织研究制定“博物馆展示教育和开放服务绩效考核指标体系”，一方面引导和鼓励博物馆的展示教育和开放服务达到公认的专业标准；另一方面为政府主管部门提供一个衡量博物馆展示教育和开放服务业绩的专业标准。该评价体系将以为社会和公众服务为经营目标，以展示教育和开放服务的绩效为考核重点，涉及以下几个方面：一是举办陈列展览以及其他教育服务形式的数量、质量和效果；二是博物馆的延伸和扩展性教育活动及其效果；三是博物馆与学校教育机构的合作及其效果；四是博物馆所在社区的服务活动及其效果；五是博物馆展览教育活动的宣传和推广及其效果；六是博物馆藏品信息资料的社会服务；七是博物馆文化产品的开发经营及其效果；八是博物馆服务观众的硬件设施和人性化的观众服务设施和服务项目；九是突发事件的应急预案和应急处理机制；十是博物馆环境等，以此来提高博物馆开放服务的水平①。

绩效管理是一种广为运用的管理行为，博物馆引入绩效管理有着重要的意义。博物馆绩效评价是通过科学、系统、完整的博物馆评价指标体系，对博物馆及其员工的活动进行有规律的评价。国家可以将博物馆绩效评价的结果与预算挂钩，即把博物馆向社会

① 陆建松、厉樱姿：《我国博物馆展示教育和开放服务现状、问题和对策思考》，载《东南文化》，2011（1），9 页。

提供的公共文化产品的数量和质量作为决定财政投入力度的重要依据。博物馆也可以透过绩效评价发现问题，弥补缺失，提升能力。同时，国家应探索对不同类型博物馆实行不同的绩效管理办法，分步实施到位。事实上，只有建立科学合理的博物馆绩效评价体系，才能使博物馆管理更加重视成本效益，更加重视社会的需求，从而推动博物馆不断提高管理能力和服务水平。更重要的是，建立科学的绩效评价机制也是加强政府监管和社会监督、强化博物馆责任的重要途径。

目前我国一些博物馆在绩效指标体系设计、绩效评估程序和方法、绩效评估结果利用等方面进行了许多有益的尝试和探索，也取得了一定的成绩。但是仍然存在规范化程度低、评估分散、评估程序和方法不一致、缺乏制度化的评估标准、观念不统一、执行难度大、责任区分散、考核流于形式等问题，还需要进行不断的探索、实践和创新。绩效评价的根本目的在于了解博物馆实际运作状况，检讨博物馆规划措施，鼓励博物馆发展特色，提高博物馆管理水平，协助和促进博物馆追求卓越。因此，应进一步完善博物馆的绩效评价机制，合理调整博物馆绩效评价的主要内容和指标体系，建立政府、社会、媒体、公众代表相结合，对博物馆文化传播与社会服务实施监督，具有中国特色的博物馆绩效评价制度。

实际上，对博物馆的绩效评价主要体现在对博物馆管理人员及工作人员的评价。这种绩效评价主要分为两个层次：一是对博物馆馆长和管理层人员的评价，二是对博物馆各个岗位员工的评价。当前对于我国的博物馆而言，无论上述哪个层次的绩效评价，主要都是由上至下的评价和系统内部的评价，系统之外的同业评价及社会评价体系还没有被广泛引入，从而影响了博物馆绩效评价的公信力。为了深入了解观众目前和潜在的预期与满意度，应建立博物馆的信息反馈机制，使全面服务质量管理由静态转入动态，以有效推动服务质量的不断改进。信息反馈系统包括观众留言簿、讲解接待、观众调查、员工意见箱等，以及时搜集社会公众和博物馆员工提出的中肯意见和建议。同时，鼓励提倡换位思考，从观众的角度看博物馆，用观众的感知来完善服务。

2.4 博物馆的资源筹措机制

博物馆是公益性非营利组织。所谓非营利组织，是指具备法人资格、以公共服务为使命、享有免税优待、不以营利为目的、组织盈余不分配给内部成员的组织。博物馆事业是一项关系文化传承的神圣事业，功在当代，利在千秋。只有博物馆摆脱因为必要经费缺乏的困窘之后，才会将更多的注意力放在博物馆事业的发展和博物馆文化的传播方面，才可能真正成为为社会发展服务的非营利组织。因此，人力资源、物力资源、财力资源永远是博物馆的命脉所系，缺少这些资源，博物馆的专业化功能和社会化职能就难以发挥与实现，而建立资源筹措机制对于博物馆的发展至关重要。

博物馆的资源筹措机制，是指博物馆通过各种渠道筹集人力资源、物力资源和财力资源，投入博物馆建设和管理的机制，具体包括财政资源动员机制和社会力量动员机制。长期以来，我国政府性资金主要用于博物馆员工工资、正常的办公费用和少量按员工人数核发的事业费。这笔资金虽然在维持公立博物馆生存上发挥着决定性的作用，但是各级政府对于博物馆的经费投入，早已难以满足博物馆的实际需要，只能算作“差额拨款”。事实上，公立博物馆资金来源主要来自四个方面，一是国家预算分配的财政资金；二是博物馆有偿业务活动获得的资金；三是社会人士、团体、单位捐赠和赞助的资金；四是主管部门拨发的用于特定用途的各种专项资金。上述四个方面的资金来源在不同博物馆的经费构成中，比例有相当大的差别。

改革开放40年来，我国博物馆的财政投入体制几经改革。从20世纪80年代起，我国实行“划分收入，分级包干”，国家和地方“分灶吃饭”的财政管理体制，从而形成各级政府对博物馆分级投入的财政投入体制。1997年3月，国务院印发《关于加强和改善文物工作的通知》，强调要建立与市场经济体制相适应、遵循文物工作自身规律、国家保护为主并动员全社会参与的文物保护体制，要求各部门各地方做到将文物保护纳入当地经济和社会发展计划、城乡建设规划、财政预算、体制改革、领导责任制。上述“五纳入”的推行，进一步强化了地方财政对博物馆的投入责任。

2005年12月，《博物馆管理办法》发布实施，首次将非营利组织的概念引入法律规章，但是由于仅对博物馆的法律性质予以确认，并没有对非营利组织的概念进行界定，从而无法提供博物馆管理体制创新和运行机制改革所必需的法律支持。因此，博物馆非营利组织的法律定位，显然没有改变博物馆“资金以政府拨款为主，工作人员一般都是终身制，工资是政府全额拨款，事业经费基本上以工作人员数为标准核算；人事制度全国一致，干部上级委任，缺乏激励机制”的基本特征。近年来，尽管我国的博物馆在筹措社会资源方面进行过种种探索，但是总体而言，我国公立博物馆的资源主要依赖政府投入，博物馆的资源筹措机制缺乏活力，政府以外的资源筹措机制作用不尽如人意。

尽管近年来，从国家层面到各地政府对博物馆事业的投入大幅度增加，社会力量参与博物馆发展的环境空前改善，但是由于历史欠账过多，博物馆及其工作部门在国家和地方发展中相对弱势，人力、财力、物力等资源保障严重不足，仍然是制约我国博物馆事业发展的瓶颈。同时，由于目前博物馆管理体制改革缺少明确的方向和目标，一些地方政府片面理解有关政事分开的精神，将博物馆作为独立经营、独立核算的机构，并因此减少甚至终止公共资金对博物馆的支持。造成博物馆在资源筹措方面存在两难问题，一方面，博物馆长期面临资金的缺乏，一些博物馆经营收入不得不用于分配，致使非营利精神被大大突破；另一方面，博物馆由于长期依附政府拨款，难以培育出博物馆自身的资源筹措机制。

在此情况下，一些博物馆为了争取充裕的生存与发展空间，想方设法开展各类市场营销活动。但是各博物馆的文物藏品不同，功能定位不同，社会需求也有很大的不同，因此，很多博物馆的市场营销活动不能解决其生存发展的问题。由于一些博物馆对于市场营销活动的内容、收入比例以及用途等没有明确规范要求，市场营销收入大量转化为博物馆员工的收入和福利，使得原本应当承担社会公益职能的博物馆呈现趋利化倾向，突出机构和个人利益，为了忙于创收，而降低公共服务的质量，忽视甚至损害为社会和社会发展服务的目标，从而使很多基础性建设和公益性活动得不到重视，已经造成了严重的后果。

当前，就我国博物馆的财政投入制度而言，存在着明显缺陷，相关资源的空间配置效率及其使用效率不高，成为制约投入博物馆财政资源效益发挥的重要原因。一是从政府对博物馆的财政投入体制方面来看，财政拨款的支出期限和用途限制过于刚性，没有为博物馆的激励机制留出足够的空间，缺乏对经费结余的激励制度，即如果博物馆出现正常的经费结余，博物馆不仅不能从中受益，还会对其下一年度的预算申请造成负面影响。这一财政投入制度设置，无疑会影响博物馆节约开支成本的积极性，甚至出现在年底或项目结项之前突击投入的现象，降低政府投入博物馆的财政资金使用效率。二是财政拨款的年度限制过于死板，使财政拨款的时间周期经常与博物馆业务所需的经费支出周期相冲突，从而既影响财政资金的使用效益，又影响博物馆业务的开展。

博物馆发展与政府投入的关系在发达国家博物馆领域也是重要的问题之一。政府压缩经费以及不断施加对博物馆的影响，一度使博物馆在财政上捉襟见肘，使博物馆公开、公正的职业道德准则受到了损害。"处理财务问题是博物馆管理的重要内容，为实现博物馆的长期和短期目标，每个博物馆管理者都必须争取获得财务支持和保障"①。于是，在欧洲大陆尤其是在英格兰和荷兰开展了一场"博物馆独立文化运动"，其核心内容是明确博物馆与政府的分工，即政府负责博物馆收藏的属于国家所有的文物藏品的征集、保护及其实施这些行为所必需的资金、建筑、设施和人员方面的投入，而涉及博物馆文化传播、社会服务等方面的投入则由博物馆负责。这一运动的目的，在于弱化博物馆对政府的过多依附，使博物馆有更多的发展机遇和自主权，在文化传播和服务领域走向社会，保持博物馆的公正和中立，同时使博物馆文物藏品的保护得到最基本的保障②。

当前，政府对博物馆的财政投入制度改革，一方面要确保各级政府对博物馆事业的财政投入，另一方面要确保财政投入的资金使用效益，科学评估验收博物馆提供的公共文化产品与社会服务，保证日常运行的事权和财权相统一，对财政预算的执行情况加强监督审计，使公共财政发挥出更为理想的公共效益。在责、权、利清晰的条件下，政府只对公共文化产品的质量提出要求，对社会服务的实现过程和结果进行监督和评估。这样政府就从事无巨细的微观管理中抽离出来，主要进行宏观管理，从而赋予博物馆以应有的自主权，充分发挥博物馆的积极性。

各级政府对于博物馆的财政投入制度，应当适当地增加弹性，多给予博物馆一些自

---

① [瑞典] H. 马内比：《博物馆管理》，王奇志，译，载《东南文化》，2011（1），6页。
② 付文军：《博物馆：走在非营利的道路上》，载《博物馆研究》，2010（3），16页。

主决定资金用途的空间，并对博物馆的经费结余给予适当的激励。同时，各级政府应积极探索确保财政资金发挥其最佳效用的经费拨付办法，根据不同情况分别采取经费全额拨付、按照项目拨付、购买服务、适当资助或给予其他扶持等方式支持博物馆事业；政府应改变以人员编制拨付经费的传统做法，实行“以事定费”“以费养事”；对于可以由社会或市场提供的博物馆服务事项，可以通过公开招标、政府采购等方式，向有资质的社会组织“购买服务”，并根据社会组织提供服务的数量和质量，按照一定的标准进行评价后支付服务费用。

事实上，目前国家对博物馆的财物资源投入，不足以满足博物馆事业快速发展的需要。仅仅依靠国家兴办、国家所有、国家供养的模式，无法迅速改变博物馆事业发展滞后的局面。因此，如何建立和完善博物馆的社会资金筹措机制，是决定我国博物馆能否实现可持续发展的关键因素，也是当前我国博物馆所面临的重要问题和挑战。为了推动博物馆事业的可持续发展，吸纳更多的人力、物力、财力资源投入，博物馆必须建立健全社会资源动员机制，除了积极争取政府增加投入之外，还必须鼓励公民、企业和其他社会组织支持博物馆事业，广泛利用社会资源，拓展博物馆的多种投资渠道，减少博物馆对政府财政支持的依赖，使博物馆事业的发展形成多方参与、多方投入的局面，以弥补博物馆可持续发展所需资源的不足。

国家与地方政府共建国家级重点博物馆确定后，财政部、国家文物局制定《国家级重点博物馆管理办法》，规范国家与地方政府共建国家级重点博物馆工作。国家财政安排专项资金，用于支持国家级重点博物馆提升藏品保护、陈列展览、科学研究、人才培养、文化交流、社会服务等方面的能力水平。专项资金采取因素分配与项目管理相结合的方式。资金分配综合考虑博物馆馆舍面积、藏品数量、所处地区、经费保障、举办展览、观众数量、科研成果等因素，并分别赋予相应权重，根据上年度决算资料和实际工作情况核定对各博物馆的补助金额。各博物馆根据专项资金补助额度，结合自身发展规划和年度工作计划，按照规定的资金使用范围，提出具体项目经费安排建议，按程序报财政部、国家文物局批准后执行。同时，相关地方财政足额安排国家与地方政府共建国家级重点博物馆日常运转和事业发展所需经费，逐步加大投入力度，建立博物馆经费稳定增长机制。

博物馆的财物资源是国有资产的重要组成部分，是博物馆履行公共服务职能，促进博物馆事业发展的重要物质基础。要坚持“权属清晰、分类管理、风险控制、安全有效”的原则，加强博物馆改革中的国有资产管理。权属清晰是前提，要明晰各级各类博物馆资产产权关系；分类管理是核心，要按照不同类别博物馆的特点和要求采取不同的管理方式；风险控制是手段，要严格执行有关财政法规制度，切实防止管理体制创新和运行机制改革中博物馆资产的流失；安全有效是目的，要保证博物馆资产安全运行和有效使用。逐步形成权属清晰、配置科学、使用合理、处置规范、运行高效、监督严格的博物馆国有资产管理模式。

应充分发挥财税政策引导作用，落实支持社会力量兴办博物馆事业的财税政策，不断拓宽资金来源渠道，形成多渠道筹措资金发展博物馆事业的机制，丰富博物馆事业发展的实现形式。根据不同博物馆的具体特点，采取经费保障、经费补助、购买服务等不同的投入和支持方式，促进博物馆事业发展。按照国家有关政策和以事定费的原则，结合不同类型博物馆的具体特点和财力可能，科学合理制定经费标准并予以动态调整。对于博物馆的日常运营，各级财政应根据需要提供相应经费保障，对于博物馆开展的公益服务项目，各级财政应通过政府购买服务等方式予以支持。对博物馆向社会提供公益服务取得的收入，全额纳入单位预算，统一核算、统一管理，主要用于博物馆事业发展。

要鼓励和引导社会捐赠及社会力量参与博物馆的建设和管理，建立健全博物馆的社会力量动员机制和财物资源动员机制，鼓励社会力量对博物馆进行捐赠的积极性，并不断壮大“博物馆之友”、博物馆志愿者队伍。同时，要以研究解决免费开放对博物馆建设、运营所带来的问题为突破口，立足于博物馆事业社会化趋势，对于博物馆的保安保洁、陈列设计、物业管理等服务职能逐渐采取社会化方式，即由社会上相关有信誉的服务机构为博物馆提供优质服务，改变以往博物馆“小而全”的局面，节约成本，提高效益。

20 世纪初，在美国创立了卡耐基金会，其名言是“富人若不能运用他聚敛财富的才能，在生前将其财富捐献出来为社会谋取福利，那么死了也是不光彩的”。1969 年，美国制定颁布了税务改革条例，鼓励社会个人和企业捐助包括博物馆在内的社会公益性机构，此条例奠定了美国对支持社会公益捐助实施免税政策的基础，是美国博物馆获得大量社会捐助，最终形成独特美国慈善文化的重要原因。根据此条例以及随之建立的一整套免税实施措施，经过受益人和专业机构评估后，捐助者可以相应免交部分应交纳的税款，其涉及面十分广泛。“事实上，捐助者偏爱非营利性博物馆，因为那里的管理者侵占捐助者和消费者的利益可能性较小”。

美国博物馆运营经费的不足部分主要靠社会捐赠获得，即使是国立博物馆，国家财政支付的经费也只占所需费用的 70% 左右，州立博物馆的经费缺额更大，私人博物馆则全部靠自筹和社会捐赠来维系，因此，美国博物馆中相当一部分工作就是围绕筹措和争取资助而进行的。博物馆员工善于推销自己，对当地每个企业及企业家的情况了如指掌，与之保持密切的联系，主动争取支持，为博物馆赢得了大量的捐助和捐赠。美国有些博物馆甚至备有专业人员，经营捐款人未来可能赠送给博物馆的房产、股票等有价值证券，负责管理捐款人的人寿保险等，为其提供服务，共享收益，最终接受捐赠。

财物资源是博物馆事业发展的物质基础。没有资金、场地、建筑、设备及展示物品等财物资源，仅凭人力资源并不能推动博物馆事业的可持续发展。世界各国政府对博物馆的政策支持，主要体现在税收政策上，例如博物馆接受捐款，只要向税务部门提供合理说明，就可以兑现免税。博物馆内开设的商店，大多可以免交或少交营业税，同时，博物馆的土地税可以打折或减免。美国联邦和各州市政府一直在积极创造一个促进美国博物馆繁荣、发展并能对美国经济做出贡献的环境。联邦政府鼓励民众和企业捐助博物馆等社会非营利机构，并颁布相关法律保护捐赠者的利益，例如减免所得税、遗产税等，因此捐助博物馆成为美国的社会风尚和传统。

美国的博物馆大多有政府和各种基金的扶植以及相当数量的社会捐赠。洛杉矶盖蒂中心属于盖蒂基金会，基金会的资金来源是已故石油大亨保罗·盖蒂的遗产。美国法律规定，博物馆不得直接动用基金本金，只能使用基金本金所产生的部分利息或投资收益，而且基金利益或投资收益也必须按一定比例充实到本金中去，以保证本金稳定增长。同时，为了保证基金运作能够持续得到收益，美国博物馆的基金一般不是交给本馆的业务人员操作，而是专门外聘职业经纪人负责研究和推荐项目，以期得到专业的建议和管理经验[①]。

大都会艺术博物馆是政府支持的公益性私立博物馆，其收藏品的重要来源之一也是捐赠。名义上博物馆董事会决定博物馆一切活动，但是其文物藏品实际上已经属于社会所有，其活动受法规限制和社会监督。负责大都会艺术博物馆筹款业务的是发展部，该部门有 50 名员工。1994 年起，大都会艺术博物馆发起了 10 年发展筹款运动，筹款总额目标定为 6.5 亿美元。其中 2000—2001 财政年度，通过该部门为博物馆增加的收益总计近 5000 万美元，占博物馆各种收入中的 33%。为拓宽筹款渠道，发展部从博物馆活动中，设计出许多争取获得赞助的项目，对这些项目进行广泛宣传，以进一步吸引社会和捐助人的注意和兴趣。

大都会艺术博物馆争取获得赞助的项目包括，博物馆开展的形式多样的教育项目，出版、讲座、音乐会，艺术品收购基金、博物馆发展基金，展厅、库房设施增加和改建基金，图书馆设施改善，博物馆管理系统升级，博物馆观众服务设施改善，博物馆基础设施改善，博物馆建筑修缮，博物馆发展规划等。筹款创收的渠道和方法主要有，从以筹款为目的而成立的各种组织协会处获得筹款；从社会机构和个人争取各种捐款、捐物；争取各种公益性基金会捐助；博物馆基金的各种投资收益；博物馆各种会员会费收入；博物馆商店和其他经营活动。

在我国，由于国家财政对博物馆的资金投入不足，难以满足博物馆事业快速发展的需要，因此，为了推动博物馆事业的可持续发展，博物馆除了动员人力资源之外，还必须建立健全财物资源动员机制，动员社会财物资源投入博物馆事业。捐赠是利国利民的善举，特别是养成捐赠习惯是培育公民同情心和社会责任感的重要一环，有利于和谐社会的建立。同时，必须在国家层面，建立鼓励捐赠博物馆的税收政策，健全鼓励公民、企业和其他社会组织向博物馆实施捐赠的动员机制。

1949 年 10 月，中华人民共和国成立之初，北平历史博物馆更名为北京历史博物馆，社会各界人士纷纷向博物馆捐赠文物，总数达 16 962 件，极大地丰富了馆藏[②]。在我国

① 王小英：《美国私立博物馆的生存模式》，载《中国文化报》，2010-07-21（6）。
② 卫东风、曾莉：《改造与整顿时期中国博物馆展览活动案例分析》，载《中国博物馆》，2008（4），91 页。

博物馆事业上，两位老人的事迹感人肺腑。一是 1953 年年底，廖静文先生将徐悲鸿先生创作的 1282 幅遗作，以及徐悲鸿先生收藏的唐代以来历代名家书画作品 1134 件，还有各种珍贵图书、碑帖等 1 万余件，全部无偿捐献给国家。二是 1997 年 7 月 4 日，胡絜青女士代表老舍家属，将故居和部分文物藏品，包括文物藏品总数 1903 件，其中老舍先生原著 456 本，珍贵线装图书 524 本，字画 97 件等，一并捐献给国家。1999 年 2 月，正值老舍百年诞辰之际，经过精心修缮的老舍故居正式对社会开放。

上海博物馆在接受社会捐赠方面成果显著。从 1952 年上海博物馆建立至今，接受捐赠的文物已经超过了 3 万件，其中相当一部分是博物馆藏品中的精品。虽然上海地区通过考古发掘出土的文物数量不多，但是上海博物馆能够成为国内一流的博物馆，社会捐赠功不可没。一度上海博物馆内所有陈列展览的场地、报告厅、多媒体设施、研究室、高清晰度影视中心等，几乎都是由海外捐赠建设的。上海博物馆之所以在接受社会捐赠方面如此成功，与其建立的社会捐赠激励机制密不可分。上海博物馆不仅将接收社会捐赠的文物进行明确标注，并且妥善保管、广为宣传，使捐赠者对于捐赠行为和结果满意放心，尽量帮助捐赠者解决实际困难，例如帮助捐赠文物的华侨解决住房、医疗等方面遇到的困难。上海博物馆还建立了“征集奖励费”制度，对文物的捐赠者给予最高不超过文物市值 33% 的奖励①。

美国著名收藏家 A.M. 赛克勒（A.M.Sackler）曾提醒人们：“现代科学要求我们，如果要生存下去，就必须扩大人们之间的联系，这种联系不仅要把过去和现在的人们连接起来，还必须创造更有利于人们相互交流、理解和尊重的渠道，以便确保艺术、科学和人文科学的存在和不断进步。”正是在这样的文化理念之下，当他的私人藏品数量日渐丰富之后，便开始考虑如何使文物藏品最大范围地发挥影响，当赛克勒在美国先后建立了三座专题博物馆之后，他将热心投向东方文明古国。1984 年北京大学第一次听到了来自大洋彼岸的这个心愿，“愿我的捐赠能使一座现代化的考古学专题博物馆出现在北京大学，它将不但在展陈设计、温度控制、文物安全和教育功能上有最好的条件，而且能承担培养新一代考古文博学者的重任”。1986 年 9 月 8 日，考古与艺术博物馆在北京大

① 褚晓波：《迈向国际 提升专业 融入社会——宁波博物馆创新志愿者服务模式》，载《中国文物报》，2009-12-09（11）。

学举行了奠基仪式。然而赛克勒先生没有能够看到自己这一留在东方的心愿最后实现，1987 年 5 月他与世长辞。

宁波民众自古有收藏传统，而今天这一收藏传统演变为独特的“博物馆情怀”，原故宫博物院院长马衡、原上海博物馆馆长马承源等，众多宁波籍人士都对博物馆情有独钟，为博物馆发展贡献才智、捐赠藏品。宁波博物馆注意到这一传统，因势推动，将“动员海内外宁波籍艺术家、收藏家为宁波博物馆捐赠藏品”作为博物馆的重要工作目标，成立了“宁波博物馆发展基金会”，成为国内首家博物馆发展基金会[①]。香港著名收藏组织“敏求精舍”成员庄贵仑先生，祖籍宁波，在香港多方奔走，动员宁波籍人士为宁波博物馆建设捐款捐物。上海宁波籍当代著名版画家邵克萍先生，将毕生创作的原作木刻板、版画精品和手稿捐赠给宁波博物馆，并发动上海的宁波籍艺术家关心、支持宁波博物馆建设。北京大学宁波籍教授陈炎先生把自己收藏的 6000 多册图书和手稿悉数捐给宁波博物馆，也在北京学术界担当起宣传、研究宁波地域文化的志愿者角色[②]。

改革开放以来，在经济持续快速发展的条件下，我国富裕的企业和个人越来越多，在收藏热中拥有珍贵文物的企业和个人也越来越多，使我国博物馆有了获得社会捐助的条件。当然，捐赠应该成为全社会的“集体行动”，而不是少数富人的“专利”。今天，一些博物馆将与潜在捐赠人的沟通交流作为一项经常性的工作，在日常工作中与潜在捐赠人建立联系、培养感情。一些博物馆出台明确的制度，规范博物馆对捐赠款物的使用、保管、展示及处置，以取信于捐赠人及潜在捐赠人。一些博物馆建立对捐赠人的激励制度，尽量为捐赠人提供其所期望的回报，例如冠名宣传、经济奖励、病老抚慰、荣誉称号等。

在国家层面，正在推动出台鼓励向博物馆进行捐赠的政府制度，对捐赠人给予税收等方面的优惠。同时，各博物馆也应当借鉴其他博物馆的有效做法，制定和完善有关办法，鼓励社会和个人捐赠博物馆。2006 年末，傅抱石子女在其家人 1979 年捐献 365 幅绘画精品的基础上，再次将傅抱石写生画稿 290 幅、论文手稿 86 件（套）以及印章 71 枚捐献国家，珍藏于南京博物馆。为此，南京博物院专门设立了“傅抱石艺术陈列馆”，长期展示绘画大师的作品[③]。2008 年，荷兰收藏家倪汉克先生将珍藏三代的 97 件瓷器捐赠

① 孟建辉：《时代的新需要与博物馆的新价值——以宁波博物馆创新实践为例》，载《浙东文化》，2008（创刊号），1 页。
② 褚晓波：《迈向国际 提升专业 融入社会——宁波博物馆创新志愿者服务模式》，载《中国文物报》，2009-12-09（11）。
③ 夏宇璞：《中国首座大型博物馆的前世今生》，载《人民日报海外版》，2009-09-25（14）。

给上海博物馆。这批瓷器均为明清时期的外销瓷，其中96件为景德镇窑烧制的青花瓷[①]。

今天，博物馆文化已经逐渐进入人们的日常生活，博物馆的社会职能发挥已经引起广大普通民众的关注，博物馆在体制机制方面的弊端已经真正被置于公众舆论的聚焦之下，推动博物馆的体制机制改革也已经成为社会民众的呼声。公共财政应当采取行政、金融、税收、法律等多种手段，引导社会资金进行投入，例如在对博物馆的经营收入实行免税政策的基础上，出台社会捐助政策，将博物馆捐赠纳入慈善捐赠体系，设立公益奖励基金等。要开拓多元化经费渠道，努力建立起以政府为主导、全社会参与的博物馆多元化投入和筹资方式，畅通企业赞助和社会公益捐助等渠道，为博物馆的发展提供经费保障。

2.5 博物馆的综合管理能力

随着我国综合国力的明显提高，改革开放从关注经济建设到全面协调可持续发展，博物馆对社会全面进步的促进作用更为突出。博物馆是人类社会发展到一定阶段的产物，并受其制约和影响，博物馆自身的理论建设和它所运用的技术手段也处在不断完善之中，博物馆在不同社会发展阶段，管理理念和管理方式也不相同。因此，博物馆管理是一个不断变化的动态过程，应本着与时俱进的态度，依据时代变迁和博物馆发展实际，逐步完善管理内容。

2.5.1 博物馆的风险防范机制

风险是指因不可抗拒因素或其他因素导致的各种意外事故。博物馆是珍贵文物保护重地。由于博物馆管理对象的特殊性质和服务方式的开放性质，所以博物馆比一般文化机构和事业单位面临更大的风险，因此，博物馆更需要加强风险管理。从博物馆管理对象的特殊性的角度看，博物馆的保管对象和对外服务的物质基础主要是文物藏品，文物藏品一般具有历史性、唯一性和不可再生性等特征，管理好这些社会公众委托管理的文物藏品，确保安全是博物馆的首要任务。随着文物价值越来越受到社会的认可，收藏热

① 倪汉克：《捐赠人的话》，载《中国文物报》，2009-12-02（3）。

的急剧升温，以及片面追求文物艺术品市场价值的思潮影响，博物馆和文物藏品所面临的社会风险也随之加大。

博物馆的管理，分为常态管理和非常态管理。非常态管理往往是一种危机管理。任何一座博物馆在日常运营中，都可能出现某个突发事件、非常事件，这就要常备危机管理意识，做好危机管理预警。传统意义上博物馆管理中注重防火、防盗和防止文物损毁的管理理念和模式，随着形势的变化，也逐渐难以应对复杂的自然和人为风险。同时，博物馆免费开放政策的实施及观众维权意识的增强，也为博物馆的安全管理提出新的挑战和要求，博物馆面临的风险和危机事件也呈增加趋势。但是，我国许多博物馆的风险管理意识和管理手段还较为陈旧，风险防范及危机应对能力还较为薄弱，风险管理和应急机制有待加强。

针对博物馆出现的各种风险，必须增强风险意识，加强风险管理，建立健全博物馆风险管理和应急机制。博物馆的风险管理和应急机制，就是博物馆有计划地对风险进行

故宫博物院文物保护综合业务用房工程启动仪式（2013年12月24日）

识别、预测、分析、衡量，以准确地把握博物馆运营中的各种不确定性，并选择科学、经济、合理的方法来避免、抑制或减少意外事故的发生及其造成损失的管理运行机制。一般来说，博物馆风险管理的方法可以通过事前风险规避、风险保险和发生之后的应急管理来进行。博物馆应建立和完善风险责任制，做到责任到岗、人人有责，建立起对风险的全员防控机制，有效应对博物馆可能面临的各种风险。

首先，通过有效的风险规避可以完全避免某一种特定风险可能造成的损失，而其他的方法仅在于通过减少损失概率与损失程度，来降低各种风险的潜在影响，所以风险规避是对付风险最彻底的方法，特别是对于自然类型的风险，风险规避是更加有效的方法，例如可以通过适当选址、加大防震级别等避免风险出现。其次，是风险保险的引入。风险保险是博物馆进行风险管理的重要方法，也是转移风险的一种手段。在现实中，为了保护博物馆的利益，对潜在风险进行分解转移，博物馆应合理采用保险方式，对其中的一些风险进行保险，例如可以投文物运输保险、火灾保险、盗窃保险、观众责任保险、文物展览保险等，具体险种的确定，可以由博物馆向专业机构或风险专家咨询，有选择地进行。

博物馆应建立既能保障博物馆基础性和日常性业务正常开展，又能应对阶段性突击任务和突发事件的组织机制，尽量避免或降低各种风险给博物馆造成的损失。为此，博物馆应遵循预防为主的方针，通过加大投入和加强管理来消除风险隐患；对于博物馆可能面临的突发事件,博物馆应制定科学合理的应急预案,以利于突发事件的快速妥善处理。在博物馆管理工作中，除了应有相应的风险回避方法之外，还应该具有应急管理的意识。危机事件一旦出现，必须冷静思考，沉着应对，才能避免危机事件带来的损失。面对非常事态，博物馆馆长必须亲临现场，指挥若定，安排人力，控制局面，消除后果，保证观众安全，保证博物馆安全。

博物馆为了有效应对各种意外事故的出现，必须制定相应的预案和事故处理的大致流程，例如博物馆“防抢、防暴、防劫持”应急预案，博物馆发生蓄意闹事、人员伤亡突发事件应急预案，博物馆文物及设备人为损坏应急预案，博物馆要害部门停电期间保卫应急预案等。在免费开放之后，还要制定人流控制、开放过程中突然停电、发生火灾、文物盗窃、观众突发疾病等突发事件应急预案，保障免费开放后博物馆文物、公共设施和观众的安全。此外，博物馆必须建立相应的预警系统。通过对相应信息的收集，在出现紧急情况时，发布信号，引起注意，从而做到准确及时应对突发事件，把损失降低到最低程度。

2.5.2 博物馆的监督问责机制

博物馆的道德建设是博物馆事业发展的根本，作为公共文化机构的博物馆，伴随着社会的发展，它的价值也日益为社会认知，它的道德形象日益受到社会的关注，博物馆的职业道德是建立公众信任的基础，同时也表述了博物馆组织及工作者的相关行为采取的形式。博物馆的职业道德坐标是博物馆从业者自律的一种方法，它清楚地阐明了公众对博物馆行业可能有的合理期望。博物馆机构的道德责任明确了博物馆作为公共文化机构的行为方式，以及博物馆与社会公众之间的关系，构成博物馆和公众之间的开放式的契约。博物馆基于这一契约，履行服务公众的义务，公众可以通过这一契约获得更多参与博物馆管理的机会，从而为博物馆征集、保存更多的文化遗产[①]。

博物馆职业道德建设，既包括博物馆的内部监督问责机制，也包括博物馆的外部监督问责机制。在博物馆的监督问责机制中，监督机制和问责机制又有所不同。监督机制的功能在于发现问题，而问责机制的功能在于追究责任。无论是外部机制，还是内部机制；无论是监督机制，还是问责机制，其根本目标都是为了使博物馆全面忠实地履行博物馆使命。为此，博物馆要明确责任的主体，健全岗位责任；加强评估管理和工作绩效，严格责任考核；突出工作的重点，强化责任的追究。这种管理和服务方面的改变将大幅度提高我国博物馆服务社会公众的能力，使更多贴近实际、贴近民生、贴近生活的管理措施落到实处。

博物馆的外部监督问责机制，是指国家和公众对博物馆开展监督问责的机制，即委托人和受益人对受托人进行监督问责的机制。这种外部监督问责机制的直接目的，就是督促博物馆履行其外部责任，即博物馆对国家和公众的责任。在外部监督问责机制中，

① 徐松岩：《致力于社会和谐的〈上海宣言〉》，载《旅顺博物馆学苑》，2011，187 页。

监督问责的方式既包括国家机关的职权监督，例如文物部门及财政部门的监督问责，也包括个人基于其民主权利而开展的社会监督。为了确保博物馆全面忠实地按照委托人的托付履行其受托人义务，博物馆必须建立并完善监督问责机制。博物馆对于社会各界投入到博物馆中的资源应尽到管理之责，并在这些资源的基础上，对博物馆的服务对象尽到服务之责。

博物馆的内部监督问责机制，是指博物馆对博物馆从业人员开展监督问责的机制。这种内部监督问责机制的直接目的，就是督促博物馆从业人员履行其岗位责任，而这种岗位责任，实际上是博物馆外部责任在博物馆内部的分解。在博物馆内部的监督问责机制中，监督问责的主体，是博物馆的内部机构及内部人员；监督问责的具体对象，是博物馆各个岗位上的工作人员。而监督问责的方式，既包括有关机构和人员依据其岗位职责所开展的职权监督，也包括普通员工依据其民主权利所开展的民主监督。

博物馆是典型的公共信托机构，对社会公众负有保存、展示、利用及研究藏品的责任。这一责任的履行情况如何，既取决于博物馆全体员工的个人素质，也取决于国家及社会对博物馆的监督效果。因此，博物馆的监督机制对于博物馆功能的发挥影响极大。而且，就博物馆的监督问责机制的整体而言，外部监督问责机制和内部监督问责机制二者相互促进，缺一不可。没有了外部的监督问责机制，内部监督问责机制就失去了方向和动力；而没有内部监督问责机制，外部监督问责机制就无法落地生根、开花结果，就无法实现其督促博物馆全面忠实地履行其受托人义务的目标。

当前我国博物馆监督问责机制的改革，在建立并完善其内部、外部的监督问责机制的同时，还必须推动相互之间的衔接和协调。无论是建立健全博物馆的监督机制，还是建立健全博物馆的问责机制，无论是建立健全博物馆的内部监督问责机制，还是建立健全博物馆的外部监督问责机制，都要坚持权责统一、依法有序、民主公开、客观公正、有错必究的原则。强化博物馆对国家、公众及捐赠人的受托责任，建立起监督机制与问责机制相衔接、内部监督问责机制与外部监督问责机制相衔接的监督问责机制。只有这样，才能强化监督的效果，形成问责的合力。

2.5.3 博物馆的人才管理机制

在博物馆系统中，无论是藏品管理、观众服务，还是行政事务，都是围绕对人的管理，都是通过人力资源得以实现。人力资源是博物馆各类资源中最具活力的资源，是博物馆各类资源得以发挥其最佳效用的中枢资源，也是博物馆管理系统中最活跃的变量。博物馆最重要的资源是其员工，有效的员工策略是博物馆成功的重要因素。博物馆员工是博物馆各项工作中最基本、最关键的因素。员工数量充足、素质优秀、配置合理是博物馆可持续发展的重要保证。博物馆的用人机制，实际上就是博物馆人力资源的配置机制，具体包括人员选拔任用机制、激励机制、约束机制和淘汰机制。

博物馆只有具备优秀的管理人才，才能实现高水平的管理，才能充分发掘馆舍、设备、藏品、员工和经费等条件的潜质，促进博物馆的可持续发展。因此，博物馆馆长和管理层人员的素质和能力，对于博物馆的发展影响巨大。长期以来，我国博物馆一直隶属行政部门管理，馆长实行行政任命制。这一管理体制有一定的优越性，但是从建立服务型政府的要求来看，博物馆政事不分、管办不分、管控过死过细，博物馆缺乏自主权和发展活力，事业法人地位难以保障，内部决策机制、执行机制及监督机制行政化，已在一定程度上影响了博物馆职能的发挥。为此，对于博物馆馆长和管理层人员的人选，应引入竞争机制，可实行直接聘任、社会公开招聘、推选聘任、委任等多种方式，建立健全领导班子任期目标责任制，实行绩效考评，并将考评结果与任用、奖惩挂钩。

随着社会需求的不断变化，博物馆对自身人才素质、队伍结构的要求也发生了明显变化，尤其是藏品保护、展览策划、社会传播、信息技术等方面的专业人才，正日益成为博物馆走向现代化、专业化最迫切、最急需的人才。没有博物馆人才的现代化，即使博物馆拥有最先进的馆舍、设施与装备，也只能是徒有其表，仍然谈不上博物馆真正意义的现代化。现代化的博物馆人才，应具备现代知识结构，具有较高科学素养；注重获取新的知识，注重吸纳前沿理论；尊重客观存在事实，尊重新的实践成果，及时通过科学管理和文化成果，使博物馆文化更多惠及社会民众，唯有如此，才能从根本上保证博物馆在现代化的轨道上不断创新[①]。为此，当前我国的博物馆应当通过推行聘用制度和岗

---

① 王德玮：《试论博物馆现代化》，载《旅顺博物馆学苑》，2011 年，179 页。

位管理制度等制度创新，进行用人机制改革。

在博物馆的选人用人制度方面，应建立全国性博物馆人才和要素配置市场，使专业技术人员能够在全国进行自由流动，实现人力资源的优化配置，赋予博物馆在用人、设岗、奖惩方面的主动权；真正建立起能上能下、能进能出、有效激励、严格监督、竞争择优、充满活力的用人机制，特别是注重跨城市、跨单位、跨部门选择人才。博物馆应制定从业人员的准入标准，从资质、资格方面严把从业人员的门槛。应建立公开招聘和公开考试的博物馆选人用人制度，增加选人用人的透明度，在人事制度上引入社会监督机制，从而防止通过非正当途径向博物馆安排人员，确保优秀人才能够走上博物馆的工作岗位。

在博物馆的岗位设置制度方面，以岗位为重心规范博物馆的人事管理，是实现博物馆人事管理规范化、科学化的必然要求。岗位管理的基本要求是按需设岗、因事设岗，同时明确每个岗位的职责、聘任条件、权利义务和分配待遇等，并按岗位职责要求选人用人。目前一些博物馆从工作性质、业务特点出发，将岗位设置划分为管理岗位、专业技术岗位和工勤岗位，对于三种不同岗位的人员，采用不同的管理方式和用人机制。对于博物馆中的管理岗位，建立体现管理水平、业务能力、工作业绩、资格经历、岗位需要的等级序列；对于博物馆中的专业技术岗位，建立职业资格注册管理制度，实行职业准入制度；对于博物馆中的工勤岗位，建立岗位规范，规范工勤人员“进、管、出”等环节的制度。

在博物馆的资质认证制度方面，由于长期以来由于缺乏专业人员的基本条件和准入制度，导致员工队伍普遍存在年龄偏大、学历偏低，专业技术人员较少、行政后勤人员较多，以及高级专业技术人才、事业急需人才难以引进，人才流失现象明显，人员素质较低的现象。为此，应将博物馆明确界定为知识密集型科研教育机构，比照高等院校、科研院所的相关政策，推动博物馆改革，优化人员结构，提高博物馆的科研能力和科研水平。应依据博物馆属性，重新核定公布博物馆岗位设置管理办法，提高博物馆在编人员中的专业人员比例；提高专业人员岗位中的高、中级专业技术岗位比例。应设立博物馆职业资质认证制度，研究出台博物馆专业人员准入办法，逐步实行持证上岗。

2.5.4 博物馆的绩效激励机制

没有激励就没有管理。在博物馆中进行激励机制改革，建立健全激励机制，其必要性不言而喻。博物馆的激励机制与博物馆绩效评价机制密切相关，而且，激励机制通常以绩效评价机制为基础。由于绩效评价机制尚处于探索阶段，当前我国博物馆的激励机制也存在着相应问题。一是博物馆的激励机制还较单一，过于依赖职位激励和薪酬激励的局面还没有改变；二是激励的力度及激励的科学性还不能适应新形势的发展需要，还不能充分调动博物馆员工的工作积极性和主动性，致使大多数博物馆在相当程度上还存在着分配上的“大锅饭”现象。这不仅导致博物馆出现养懒人的现象，还使博物馆难以引进甚至留住优秀人才，从而形成人才的逆向淘汰。

博物馆通过国家增加投入和自身持续发展，不断增加员工工资福利待遇，对于留住人才，培养人才，发展博物馆事业至关重要。近年来，尽管博物馆在收入分配机制上进行了不断的改革探索，但是受传统观念的影响及博物馆可支配物质资源匮乏的制约，我国博物馆在收入分配制度上还存在着收入分配不合理、不利于激发员工努力进取的弊端，存在着收入分配标准不科学、不利于鼓励员工进行探索创新的弊端。为此，博物馆必须改革分配制度，以完善工资分配激励机制为核心，健全符合博物馆特点，体现岗位绩效和分级分类管理要求的博物馆员工收入分配制度，推进收入分配激励机制的改革，逐步实现博物馆员工收入分配的科学化和规范化。

对于博物馆事业的发展而言，应贯彻按劳分配、效率优先、兼顾公平的分配原则，扩大博物馆内部分配自主权，在博物馆内建立健全物质激励机制，通过员工考核与薪酬管理相结合的手段，达到奖励优秀、淘汰落后等目的，从而有效地调动员工的积极性、创造性。同时，健全符合事业单位特点、体现岗位绩效和分级分类管理的工作人员收入分配制度。事业单位绩效工资分为基础性绩效工资和奖励性绩效工资两部分。奖励性绩效工资主要体现工作量和实际贡献等因素，根据绩效考核结果发放，采取灵活多样的分配方式和办法。绩效工资分配要向关键岗位、业务骨干和做出突出成绩的博物馆员工倾斜。

上述这些物质激励机制固然重要，但是也具有局限性。一方面，物质激励机制受制于博物馆的可支配收入，在博物馆的可支配收入不足的情况下，物质激励机制的实施效果有限。另一方面，物质激励机制存在着边际效用递减的趋向。特别是在社会经济收入水平普遍提高，同时国家社会保障水平逐渐提高的情况下，物质激励机制的激励效果更会逐渐降低。因此，博物馆在建立健全物质激励机制的同时，还应当积极探索建立健全精神激励机制的途径和办法，使物质激励机制与精神激励机制相互配合、互为补充。

敬业是一种高尚的品德。表达出对所从事职业的热爱、珍惜和敬重，不惜为之付出和奉献，从而获得一种荣誉感和成就感。敬业精神，与兢兢业业、精益求精的工作态度联系在一起，与诚实守信联系在一起。敬业精神是博物馆员工对自己所选择职业的高度认同和热爱，在博物馆的平凡岗位上，人们热爱本职，任劳任怨，表现出神圣的使命感和强烈的责任感。人们从自己所从事的平凡工作中得到了满足，因此也就有了坚持做好博物馆工作源源不断的精神动力，这是社会责任感的具体化，因而也是发自员工内心的持久动力，是良好职业素质、职业精神的表现，是爱岗敬业的高尚境界。

与其他一些行业相比，博物馆工作岗位相对清贫，但是博物馆员工却管理着国家最珍贵的文化财富，要做到不见异思迁，不以专业知识和经验牟取私利，在物欲横流中安贫乐道，就要达到很高的道德境界，就要甘于敬业奉献。在实践中，我国对博物馆员工的精神激励方式主要包括授予劳动模范、先进员工等荣誉称号，进行公开表彰，提名推荐人大代表、政协委员等社会职务安排，这些精神激励的方式在实践中都得到较好的激励效果，但是还很不够，需要创新实践。应当深入研究员工的心理需求和精神需求，结合博物馆的实际情况，探索出符合本博物馆员工实际需求的精神激励的新方法、新途径，使博物馆的精神激励机制更有实效。

2.5.5 博物馆的合作共享机制

博物馆的合作共享机制，是指博物馆与其他博物馆或组织机构相互合作，以实现彼此资源共享的机制。从合作主体看，这种合作共享机制分为与其他博物馆之间的合作共享机制和与其他组织机构之间的合作共享机制。目前，博物馆间的交流与合作机制尚不健全。就任何一座博物馆而言，文物藏品数量再多，类别再丰富，其所拥有的资源也毕竟有限。由于博物馆及文物收藏机构的文物藏品合理流动机制尚未真正建立，一些博物馆及文物收藏机构的大量文物藏品长期保存于库房之中，基本无缘与社会公众见面，耗费大量保管成本和使用空间。但是，博物馆无法将这些长期无法展出的文物藏品提供给其他博物馆使用，也很难从其他文物收藏机构获得自己急需的文物藏品，因此，文物藏品资源的配置不能发挥最佳效益。

通过建立文物藏品资源的合作共享机制，可以使博物馆之间的文物藏品得以交流，使其他文物收藏机构的文物藏品能够为我所用，对文物资源进行更为有效的配置，实现文物藏品资源的共享。例如通过博物馆与考古研究单位合作，实现出土文物的合理分配，尽可能使出土文物能够充分发挥科学研究和文化传播的作用。文物藏品资源合作共享的具体方式包括借展文物藏品、交流文物藏品信息等。应推动博物馆的馆藏文物目录向社会开放，并应创造条件尽量满足其他博物馆对本馆文物藏品的借展要求。尤其是有较多文物藏品长期无法陈列展出的博物馆，更应努力实现文物藏品在不同的博物馆间流动起来，充分发挥博物馆藏品的社会效益，并逐渐形成一个良性循环系统，为全国各地博物馆之间的交流，统一协调管理程序、管理方法、管理目标创造条件。

任何一座博物馆都有其独有的资源，例如独有的文物藏品、独有的展示场所、独有的宣传推广渠道等。但是仅凭自身拥有的资源进行文化传播，必然受到局限。如果博物馆能够建立健全合作共享机制，就能够打破自身资源的局限，推动博物馆更好更快地发展。例如通过多个博物馆的合作与交流，实现文物藏品科学组合，推出主题鲜明的大型主题展览，可以取得理想效果。2008 年北京奥运会期间，在首都博物馆有《中国记忆——5000 年文明瑰宝展》等 5 项专题展览同时展出了包括来自全国 27 个省市的 70 余家博物馆的文物精品。可以说没有博物馆之间的资源共享，就不会有这些陈列展览的成功举办。

博物馆之间只有加强合作，才能取长补短，实现博物馆之间的资源共享，推动博物馆事业的共同繁荣，为观众提供更加优质的社会服务。鼓励博物馆之间的合作共享机制，还应建立健全人力资源的合作共享机制，即通过与其他博物馆之间的人员交流，使其他博物馆的人力资源能够为我所用，实现人力资源的共享。推动博物馆之间的人员交流，推动各地的重点博物馆加强对邻近地区中小博物馆的业务指导，实现博物馆间管理经验及人力资源的共享。

今天应该倡导拥有经验和实力的博物馆在人力、物力、财力等诸多方面，对相对弱势的博物馆实行对口支援。例如南京税务部门创办了一座税务博物馆。虽然拥有可供陈列展览和研究的文物资料，也拥有办馆资金，但是缺乏博物馆的专业人才。于是税务博物馆与南京梅园新村纪念馆达成托管协议，由梅园新村纪念馆派人对税务博物馆实施管理。税务部门每年支付纪念馆一定数量的托管费，纪念馆则派出工作人员进行管理，并达成协议规定的相关效益指标。这一“托管制”的做法，即由一个有经验的博物馆受托去管理另一个博物馆，充分利用现有博物馆的人力资源，注重各种资源的合理有效配置，提高资源的利用效应，以弥补新建博物馆的不足，开创了博物馆与其他行业合作的新模式。托管博物馆打破了博物馆人才单位封闭的模式，对博物馆人才的成长和自我实现，具有重要意义[①]。

博物馆还应与其他组织机构之间建立合作共享机制。社会上众多企业、事业单位、民间组织等机构，拥有能为博物馆所用的大量资源，例如资金、场地、设施、人员、网络渠道、营销模式等。为了使这些资源能够为博物馆所用，博物馆应建立健全与这些组织机构的合作共享机制，促进博物馆的展品资源、人力资源、管理经验及其他资源的合作共享，提高资源的使用效率，使合作双方能够取长补短，各取所需，实现双赢。物业管理是博物馆现代化管理的组成部分。近年来，越来越多的博物馆努力改变以往博物馆后勤部门工作效率低、服务意识不强和专业能力较弱的状况，采取公开招标的方式，在社会上招聘具有相应资质并具备专业经验的物业公司，实现专业化、社会化的物业管理，提高服务质量，保障各类设施正常运行，为博物馆提供安全保证，为参观者提供舒适、整洁的参观环境。

① 李艳：《东南地区博物馆调研纪行》，见《博物馆观察：博物馆展示宣传与社会服务工作调查研究》，38 页，北京，学苑出版社，2005。

第三章
博物馆馆舍建设质量的提升

当前我国正处于博物馆发展的重要机遇期。在当前乃至今后较长一段时间，博物馆馆舍建设仍将呈现持续快速增长的形势。博物馆数量的增加和质量的提升，有利于更多的珍贵文物得到保护，拓展博物馆资源利用途径，使更多的民众享受到博物馆文化权益。为此，关注博物馆馆舍建设中存在的突出问题，探索新时期博物馆建设的理论和方法，提高我国博物馆建设水平，是现阶段我国博物馆发展进程中的重要任务。

3.1 博物馆建筑发展历程

当今世界上的博物馆，不但主题内容无所不包，而且建筑形式也千差万别，留有许多时代的特殊词汇，构成历史信息的文化符号。我国的“博物馆热”不应仅仅是“博物馆建设热”。在广大民众文化需求日益增长，对传统文化价值日益认同的今天，作为人类文明的“记忆殿堂”，博物馆建筑文化不应被边缘化。相信在不远的将来，在相关学科的共同努力下，在各个城市和地区，会不断创造出新的博物馆建筑文化。

3.1.1 博物馆建筑文化的早期形成

专门的博物馆建筑晚于博物馆的出现。直到 19 世纪下半叶，才开始出现博物馆的专门建筑。埃及国家博物馆创建于 1858 年，被称为是世界上第一座专门以博物馆为使用目的而建造的建筑[①]。该博物馆位于尼罗河畔的开罗市区，是世界上收藏古代埃及文物最重要的博物馆之一，收藏有古代埃及珍贵文物约16万件，著名的展品包括图坦卡蒙墓出土的珍宝和拉美西斯二世木乃伊等。为了这些珍贵文物的妥善保存和展示，埃及国家博物馆在建筑设计上注意到展览空间、采光照明、空调通风、分区功能等方面的特殊功能。

19世纪60年代，英国阿什莫林艺术和考古博物馆，成为世界上第一个在建筑设计时即考虑向公众开放的博物馆，其具有的西方建筑史上延续千年的宫殿庙宇建筑特点，几乎成为此后相当长时期博物馆建筑的共同特点。例如斯麦克（Smirke）设计的大英博物馆新馆所采用的就是当时流行的希腊古典建筑形式。此后，世界各地的传统博物馆建筑，总是力图突出馆舍的象征性意义，使人们产生博物馆建筑与文物藏品在时间上相互呼应的感受。

1870年建立的美国纽约大都会艺术博物馆，拥有酷似罗浮宫庄重、典雅的建筑造型，直到1926年，大都会艺术博物馆具有新印象派建筑风格的博物馆馆舍才建成并投入使用。在我国，19世纪末和20世纪初，开始出现一些近代形态的博物馆建筑，主要包括两种类型。一类是在西方列强侵略的背景下，由外国人创办的博物馆，其建筑形式主要受到西方建筑的影响。但是，其中也有一些博物馆建筑借鉴了中国传统的建筑风格。另一类是我国一些有识之士和实业家开始实施，并在辛亥革命后开始成为政府行为的博物馆建筑。由于西方博物馆的示范作用，以及西方建筑技术与设计思潮的传播，中国人自己创办的早期博物馆建筑也不可避免地受到西方建筑的影响。但是，这些博物馆建筑在吸取西方建筑技术的基础上，也力图采用体现中国传统文化特色的建筑符号，有的甚至完全采用中国传统建筑形式，成为中国近代"传统复兴式"建筑的典型[②]。

由此看来，这一时期的博物馆建筑既有体现浓郁中国传统特色的博物馆建筑，也有体现鲜明西方新古典主义风格的博物馆建筑，还有采用中西合璧形式的博物馆建筑，充分体现出中西建筑文化在博物馆建筑文化中的相互交融。这一时期的博物馆虽然大多藏品有限，规模不大，但是在建筑上已经开始体现出满足博物馆功能的努力，例如现存的南通博物苑建筑、济南广智院建筑、成都华西协和大学博物馆建筑等，均是这方面的典

① 崔波:《与君初相识 犹如故人归——中国博物馆建筑感怀兼论宁波博物馆建筑》,载《中国文物报》,2008-06-13(6)。
② 项隆元：《中国博物馆建筑的百年回顾与分析》，载《浙东文化》，2008（创刊号），57页。

型例证。

南通博物苑是中国人创办的第一座博物馆，也是中国人关注博物馆建筑的开端，作为张謇先生博物馆学理论和实践相结合的产物，值得我国博物馆界永远珍视。在博物馆建筑理论方面，张謇先生具有独到见解。他认为博物馆应建在交通便利且便于开拓的地方，整个建筑要考虑到文物标本的储藏和陈列的要求，“宜少辟门径，以便管理者视察”“庋阁支架，毋过高毋过隘，取便陈列，且易拂扫”；要美化周围环境，“隙地则栽花木，点缀竹石”，馆中贯通之地“宜间设广厅，以备入观者憩息”。这些主张在其兴建的南通博物苑中得到了体现。张謇先生除个人出资建馆外，还亲自选址、规划和参与建设。

南通博物苑位于旧城东南隅，北边和东边是宽阔的濠河，美丽风光给博物苑大为增色，形成园中有馆、馆中有园、园馆结合的城市园林式综合性博物馆。南通博物苑建筑与园林相结合，形成自身的风格和艺术特色，整体布局既严谨又活泼，每栋建筑均按照博物馆功能要求进行设计，主体建筑东、西、南、北、中五馆体量均匀适中，但是平面、立面形式各不相同，周边广栽花木，点缀竹石，堆山凿池，建亭筑榭，并配以庭院式的动、植物园，园林气息十分浓厚。“把博物馆筑在庭院之中，让每一个参观者都能占有一个有益于自己的生理和心理的环境”[①]。在园林建筑布局上，采用中轴对称和几何图形。

济南广智院是反映 20 世纪初中西建筑文化交融的典型实例，1904 年由英国传教士所建，1910 年竣工。建筑设计既有中国传统庙宇特色又有西方建筑特长，融合了西式建筑的平面和结构形式，以及中式建筑的外观和内部装修等，集中西方建筑文化元素于一体。同时，作为集布道与展示于一体的建筑，设计上更多地考虑了博物馆的展示功能，开阔的展厅，宽敞的玻璃窗户，通顺紧凑的展线安排等，反映出建筑设计者对展示性建筑实用功能的关注。

成都华西协和大学博物馆是一座具有浓郁中国传统风格的博物馆建筑，1919 年博物馆正式成立。博物馆主体建筑由英国著名建筑师 F. 朗曲（F.Rowntree）设计，没有照搬西方建筑模式，而是在建筑外观上着力表现中国重檐歇山式的大屋顶建筑特色，铺以黛色板瓦，白灰抹缝的青砖墙体，表现出古朴的东方美，体现出西方建筑师通过汲取中国

① 凌振荣：《论南通博物苑建筑》，载《中国博物馆》，2006（1），62 页。

建筑文化营养，力图借用中国传统建筑形式来满足现代博物馆功能要求的可贵尝试。

1933 年，“国立中央博物院筹备处”在南京成立。按既定计划，中央博物院分为自然、人文、工艺三馆，规定总建筑面积为 25 550 平方米，建筑形式在不妨碍“近代博物院建筑之需要，并力求朴实及最大面积”的原则内，“须充分采取中国式之建筑”。经过逐个方案研究，留学归国的建筑师徐敬直的具有“复古主义”风格的建筑设计方案中选。他根据入口地形狭长的特点，将建筑主体布置于狭长入口的中轴线上，营造出庄严雄伟的气派。梁思成先生亲自指导修改完善设计，将博物馆大殿屋顶改为仿蓟县独乐寺山门的辽代建筑形式，内部结构按宋代《营造法式》建造，细部装修采用唐宋风格，建筑结构使用钢筋混凝土材料，使之成为当时采用新结构、新材料建造仿古建筑的典范。

中央博物院主体建筑坐北朝南，面阔九开间，进深五开间，庑殿式屋顶，台基、屋身、屋顶的三段式构成十分明显，黄瓦红柱，飞檐斗拱，显得古朴大气，既遵循中国古典建筑的体量和整体轮廓，又力图保持古典建筑细部特征。博物馆内展厅、库房、图书馆、行政办公室等安排合理，通风采光、人流线路、物流线路等也有充分考虑，并且在建筑的中心部位设置可供残疾人和文物运输的垂直升降的客货两用电梯，这在当时非常难能可贵。该建筑被视为 20 世纪上半叶较成功的“复古主义”风格的建筑作品[①]。

上海市立博物馆是具有“折中主义”风格的传统复兴式建筑。该馆不是着力于合乎传统建筑程式和法式的“复古”，而是在现代博物馆建筑中加入中国传统建筑特征的元素，以体现传统复兴的设计理念。博物馆内部空间功能明确，门厅、衣帽间、大厅、图书馆、讲演厅、陈列室、办公室、研究室、储藏室等用房配备齐全。为最大限度地满足博物馆的功能需求，设计者对室内采光照明、空气流通、冷暖气调节等都有相应的考虑，在当时博物馆建筑中实属少见。从上海市立博物馆建筑的外观形象与内部空间来看，是中国建筑师在吸取中西方建筑文化的基础上，力图以混合的建筑形态，创造出具有民族风格博物馆建筑的一次有益的尝试。

这一时期建设的南京国立美术馆（1935—1936）、中央地质调查所陈列馆（1935—1937）等，是“折中主义”博物馆建筑的成功范例。另一方面，在我国利用历史建筑作

① 注：1936 年蔡元培先生主持了中央博物院的奠基式，但是不久抗日战争的炮火就打破了中央博物院三馆并举的规划，直到 1948 年，人文馆即今天的南京博物院历史陈列馆才大致竣工，前后经历 10 余年时间。

为博物馆馆舍，也有较长的历史，例如 1927 年利用开封前法政学校校舍而建立的河南省博物馆，1929 年利用杭州孤山之阳的王阳明祠、文澜阁、圣因寺罗汉堂等古建筑而建立的西湖博物馆等。

3.1.2 博物馆建筑文化的初步发展

中华人民共和国成立之初，随着博物馆事业的发展，各类博物馆相继开始筹建，但是由于受当时经济发展水平的制约，无力新建博物馆馆舍，作为权宜之计，一些博物馆利用历史建筑改造而成。经过长期探索，利用历史建筑改建的博物馆，在博物馆总数中占较大比重，其中有相当部分属于已经列入文物保护单位的建筑，这种方式除经济上的考虑之外，一些博物馆选择历史建筑作为馆舍，在于这些历史建筑本身与博物馆的主题有所关联，或具有较高的历史价值和观赏价值，博物馆利用这些建筑适得其所。

当时，博物馆利用的历史建筑类别多样，既有宫殿、官府、寺院、庙宇等官式建筑，例如 1955 年建立的首都博物馆利用国子监街上的孔庙建筑；也有宅第、民居、祠堂、会馆等民间建筑，例如 1959 年建立的自贡市盐业历史博物馆选址于西秦会馆。既有古代建筑，例如 1950 年重建的广州博物馆馆址为创建于明代洪武十三年（1380 年）的镇海楼；也有近代建筑，例如 1959 年筹建的青岛市博物馆，馆址原是青岛道院和世界红十字会青岛分会旧址。既有综合类博物馆，例如 1953 年建立的山西省博物馆位于太原市东南隅的文庙内；也有专题类博物馆，例如 1956 年筹建的上海自然博物馆，选择了 1923 年建造的原华商纱布交易所旧址。

这一时期，在博物馆建筑设计上出现两种倾向，第一类是按照苏联式建筑风格建造的博物馆。20 世纪 50 年代初，博物馆学的理论研究和建筑设计思想转而向苏联学习，出现了安徽省博物馆（1956 年）、北京自然博物馆（1958 年）、中国人民革命军事博物馆（1959 年）等带有苏联式建筑风格的博物馆建筑。中国人民革命军事博物馆是新中国成立 10 周年“首都十大建筑”之一。方柱式的门廊，浅黄色的外墙，金黄翠绿的屋檐，在很多方面也体现出中国传统特色。一些博物馆建筑除了外观借鉴苏联式建筑风格外，建筑内部也往往按展览馆的功能需求进行设计，高空间、大展厅，在空间布局上并不适合博物馆使用，难以为陈列展览合理组织人流路线。建筑内装修中雕饰等过多，干扰展览效果，库房面积不足，建筑条件也不符合藏品保管要求。

第二类是按照传统建筑形式建造的博物馆。20 世纪 50 年代，在“现实主义”和“民族形式”的口号下，出现了内蒙古自治区博物馆（1957 年）、中国革命博物馆和中国历史博物馆（1959 年），以及之后的中国美术馆（1962 年）等具有古典主义风格或新古典主义风格的博物馆建筑。1957 年召开的全国纪念性博物馆工作座谈会，明确了纪念馆的发展方向，即“纪念性博物馆一定要搞好原状陈列，决不能追求规模、气魄”。

中国革命博物馆和中国历史博物馆是当时新古典主义风格的典型建筑范例，由著名建筑师张开济先生设计。建筑外貌气势雄伟，表现出建筑物的纪念性意境，通过内院式的“目”字形平面布局把整座建筑平分为南北两部分，既满足了与相对的人民大会堂均衡体量的要求，也为安排参观流线、陈列空间、通风采光等提供了便利条件，空间布局具有良好的流线，展览、保管、研究等各种用房功能分区明确，既有分隔又有联系。正面方柱、空廊的设计，不仅在尺度、轮廓上与人民大会堂基本一致，且与人民大会堂的圆柱、实廊形成和谐的对比。但是由于陈列室过高，窗户过大过多，为空调供暖降温带来许多问题①。

中国美术馆是当时具有典型古典主义风格的建筑之一，由著名建筑师戴念慈先生等设计。在建筑形式方面，主要考虑了三点，一是反映鲜明的民族风格；二是反映美术创作的繁荣；三是与附近的故宫、景山等传统建筑相互呼应。整座建筑用传统的亭台楼阁形式组合而成，构图优美，富有中国古典建筑的气息。在对于传统文化的继承上，既侧重于对内在精神的理解，又不是形式上的生搬硬套，既不是“传统”的翻版，也不是“历史”的移植，而是站在现实社会和文化发展的角度，对于传统文化进行重新审视。

在探索民族形式建筑的过程中，一些建筑师还把目光投向了地方建筑风格，从中汲取营养并运用到博物馆建筑的设计之中。1956 年上海鲁迅纪念馆在鲁迅公园建造了新馆舍，纪念馆建筑为 2 层楼房，由著名建筑师陈植先生等设计。设计借鉴了江南民居的建

① 项隆元：《中国博物馆建筑的百年回顾与分析》，载《浙东文化》，2008（创刊号），57 页。

筑形式，采用庭院式布局，青瓦白墙、马头式山墙、毛石勒脚，风格简洁朴实、明朗雅致。1964年建成的韶山毛泽东旧居陈列馆，位于距毛泽东旧居500余米的引凤山下，背负群山，与旧居及其环境融为一体。这些博物馆建筑地方特色鲜明，其造型又切合博物馆主题，因此得到广泛赞誉。

在国际上，1959年10月，别具一格的古根海姆博物馆新馆在美国纽约第五大道落成。这座白色圆形建筑，外观犹如一根宽宽的白色缎带由北向南展开，继而又从容地由低向高漫卷上去，就像纽约中央公园附近的一座巨大花坛，在周围那些方方正正的建筑物簇拥下，显得格外与众不同。建筑师F.L.赖特（F.L. Wright）为博物馆构思了新奇的建筑设计，除了优美的建筑外观，博物馆螺旋式结构的内部圆形大厅，展示出艺术殿堂的神圣与美丽。尽管古根海姆博物馆独特的建筑造型在早年间屡遭非议，现在却被誉为里程碑式的建筑，成为纽约的标志性建筑之一①。

我国改革开放初期，伴随博物馆事业的快速发展，利用传统建筑创办的博物馆不断增长。例如1986年开馆的青海省博物馆，馆址原是马步芳生活起居的宅邸；1983年建立的厦门市博物馆，利用鼓浪屿岛上的八卦楼作为馆舍；1985年开馆的新烟台市博物馆，馆址为原福建会馆；1985年开馆的襄汾丁村民俗博物馆，利用丁村明清民居建筑群而筹建；1986年开馆的苏州民俗博物馆，位于苏州古典园林狮子林东侧古宅内；1987年建立的舟山市博物馆，利用了定海区城关镇祖印寺内的晚清建筑等。据1995年出版的《中国博物馆志》统计，我国的博物馆、纪念馆中，利用纪念建筑改建的博物馆、纪念馆占博物馆总数的55.4%，而专门建造的博物馆建筑只占44.6%，国外的情况亦大致如此②。

法国的一些城市在对旧址巧妙改造利用后，作为博物馆对社会开放，不乏很多成功的范例。有的是利用旧址旧宅进行改建，有的是利用工业遗址进行改建或实施保护性再利用。改建中的再创意，以及实用性与艺术性、装饰性的统一，无不给参观者留下深刻的印象。例如坐落于巴黎市中心塞纳河左岸的奥塞博物馆，其前身是竣工于1900年的奥塞火车站，是里昂至巴黎铁路的终点站，是一座设计优良的火车站，但是在第二次世界大战前被弃用。20世纪60年代，巴黎市政府开始讨论奥塞火车站被重新利用的可能性。1986年，经过成

① 吴云、胡盛梅：《为了明天的艺术》，载《人民日报》，2009-07-10（15）。
② 王莲芬：《浅论博物馆建筑造型与博物馆功能需求的和谐统一》，载《中国博物馆》，2006（1），56页。

功改造后的奥塞博物馆落成，焕发出新的活力。今天的奥塞博物馆建筑与其中收藏展示的印象主义艺术作品相得益彰，被誉为“欧洲最美丽的博物馆”。奥塞博物馆的成功得益于保护工业遗产并加以合理利用的进步理念，这一理念成为这座建筑再现辉煌的起点。

没有超越就没有文化。博物馆建筑也应表现非凡的创造能力，努力实现超越。20 世纪 80 年代，法国政府对罗浮宫进行了大规模整修后重新开放，建造了华裔建筑师贝聿铭所设计的玻璃金字塔入口，与古老的宫殿形成鲜明的对比，成为巴黎城市显著的标志之一。在美国，洛杉矶的盖蒂中心，是世界上收藏最丰富的艺术博物馆之一。这座坐落在洛杉矶西北小山坡上的博物馆，是一座少有的现代风格艺术馆，集艺术、建筑、景观为一体。整体建筑群呈淡淡的米白色，镶嵌于蓝天碧海的城市背景之上[①]。

3.1.3 博物馆建筑文化的时代进步

改革开放以来，博物馆建设逐渐得以恢复，在吸收国外现代博物馆建设经验的同时，开始走上探索中国现代化博物馆建筑的道路。特别是 20 世纪 80 年代以后，博物馆面貌有了显著改观，新建、改建、扩建的博物馆层出不穷。伴随博物馆的数量快速增长，其建筑风格呈现多元化的发展趋势。并且对博物馆建筑的功能要求逐渐受到更多的关注，出现了一些既受到建筑界推崇，又得到博物馆界首肯的博物馆建筑。例如南京雨花台烈士陵园纪念馆，整个建筑群沿着一条南北中轴线排列，全长达 1000 多米，合理利用原有的自然地形，建筑与周围的山岗共同构成一个富有情感的纪念空间。

同时，还出现了一些侧重地域文化挖掘与展现的博物馆建筑，强调地方特色和民族风格，建筑形式与反映地域文化内容的主题相结合，达到既切题又美观的效果。例如 1986 年建成的上海陶行知纪念馆，整组建筑布局吸收了中国江南园林小中见大的手法，空间隔而不断，园中有院。单体建筑设计则以江南民居为蓝本，青瓦白墙，造型小巧精美，朴实明朗。始建于 1986 年的大理白族自治州博物馆，建筑布局采用以大门、石拱桥、客厅、照壁和中心展厅为中轴的对称布局，院落之间以长廊相连，建筑造型、建筑材料、装饰手法都借鉴了白族建筑传统，以突出地方民族风格。

---

① 武斌，《服务·文化与审美：体验海外博物馆》，载《中国文物报》，2009-09-09（5）。

这一时期，一些博物馆建筑设计注重传统建筑形式的借鉴。20 世纪 80 年代，陕西历史博物馆被列为国家重点建设项目开始启动，明确要求建筑设计“应有浓厚的民族传统和地方特色，并成为陕西悠久历史和灿烂文化的象征”，张锦秋先生主持设计，博物馆建筑运用“轴线对称，主从有序，中央殿堂，四隅崇楼”的传统建筑形式，吸收唐代建筑博大豪放的气度、浑厚质朴的韵味，扬弃宫殿建筑雍容华贵的浓丽色彩，以唐式建筑的台基、屋身、屋顶为基础构图，以质朴的黑、白、灰、茶色为主体色调，展现了既恢宏又典雅的唐风古韵。博物馆建筑注重环境设计，功能分区明确，展览流线合理，各种用房面积分配适当。

1991 年陕西省历史博物馆落成之际，吸引了来自世界各地参观者的目光。作为西安古城的标志性建筑，该馆建筑实现了艺术形式与文化功能的统一，被视为“新唐风”建筑的代表作。其设计思想由对博物馆收藏、研究、展示的功能实现，扩展到对于文化场所的整体思考，对博物馆建筑现代化、民族化做出了有益的探索。这一时期，还有一些博物馆以民族传统建筑形式作为基本格调，例如 1988 年奠基的南阳汉画馆、1990 年建成的唐华清宫御汤遗址博物馆、1993 年扩建竣工的浙江省博物馆新馆、1995 年开工建设的潍坊市博物馆、1997 年建成的汕头市博物馆新馆、1999 落成开放的西藏博物馆等。

象征性手法是古今中外建筑设计中常用的手法，也是这一时期博物馆建筑设计者所热衷运用的手法之一。1989 年建成的潍坊风筝博物馆，其建筑造型模仿潍坊龙头蜈蚣风筝。1989 年开放的西汉南越王墓博物馆整体布局以古墓为中心，古墓上盖覆斗形钢架玻璃防护棚，象征汉代帝王陵墓覆斗形封土。1991 年建成的沈阳“九一八事变”陈列馆，建筑取形于台历的造型，正面后倾，底面三分之一埋于地下，墙上弹痕累累，犹如一座城门的废墟。1993 年建成的自贡彩灯博物馆，其主体建筑造型犹如放大了的彩灯。1995 年建成的上海博物馆，建筑造型采取中轴对称，平视如中国古代的青铜宝鼎，俯视则上圆下方寓意“天圆地方”，展示一种天地均衡之美，实现了博物馆建筑的实用性与观赏性的有机结合。

改革开放以后，除了国际上各种建筑理论被大量引入我国博物馆建筑设计领域之外，一些海外建筑师的博物馆建筑设计作品也频频在国内出现。1986 年落成的北京大学赛克勒考古与艺术博物馆的建设，得益于著名收藏家 A.M. 赛克勒（A.M.Sackler）的慷慨捐赠。设计师对建筑形体低调处理，且与周边已有传统建筑形式协调，以避免对燕园的古典景致造成影响。同时，博物馆建筑采用典型院落空间布局，体现中国传统建筑的精髓。观众在整个参观线路上，都可以从向心的槅窗，获得放置有太湖石的庭院的陪伴，带给观众安静沉稳的参观体验，与馆内的文物展品气质相得益彰。

中国哲学中的“天人合一”思想，是人类社会最早的自然观和生态观。今天，一些历史性城市在经济社会快速发展的同时，各类建设活动与自然环境保持和谐关系，体现出独具的文化特色。从“建筑是石头的史书”“建筑是凝固的音乐”等对建筑的比喻中，人们可以发现，建筑本身就是人类文化的一种表现形式，用建筑表现文化一直是社会的共识。1994 年建成的敦煌石窟文物保护研究陈列中心位于戈壁沙漠，与莫高窟遥遥相望。为了不破坏大漠风光和文化景观，在设计上选择了高 5 至 6 米的平缓沙丘作建设用地，并把 2 层高的陈列中心的大部分埋入沙漠之中，使建筑与环境、地形融为一体，并且能保证地下空间具有良好的封闭及节能效果，以适应沙漠地区的特殊气候条件。

自法兰西第五共和国成立以来，几乎每一位法国总统都会在其任内启动至少一项影响颇为深远的大型文化工程建设。伴随这些大型文化工程项目的相继落成，往往赞誉和争议也随之而来。蓬皮杜现代艺术中心的建造，正经历战后重建的繁荣时期，这一项目的确立无疑是出于对振兴城市历史城区的考虑。蓬皮杜总统认为巴黎已经有了一座罗浮宫，但是还缺少一座现代艺术中心，即“在衰败的波布高地需要一个能够带动地区焕发活力的建筑，希望它能在波布和中央市场之间形成一个艺术和文化区域”。蓬皮杜现代艺术中心自动工之日起，质疑便一直没有停止过，引起是在“建设巴黎”还是“毁灭巴黎”的争论，关于“是否应该在城市中心位置建造如此有个性的现代建筑”的争论甚至今天还在继续[①]。

20 世纪 90 年代出现的众多博物馆建筑中，位于西班牙北部城市毕尔巴鄂的古根海姆博物馆无疑格外引人注目。美国建筑师 F.O. 盖里 (F.O.Gehry) 设计的这座博物馆建筑，

① 中国驻法使馆文化处供稿：《法国历史博物馆：“总统工程”难落户》，载《中国文化报》，2010-06-15（3）。

于 1997 年正式落成启用，从与公众见面开始，就成为世界媒体关注的焦点，成为西班牙的文化地标。它以新奇的造型、特异的结构和新型的材料举世瞩目。整个建筑由流畅的双曲面块穿插组合，建筑表面由钛金属贴片拼贴而成，随着河水与光线的变化展现出丰富的景观效果。几年后，世界建筑界评价毕尔巴鄂古根海姆博物馆"属于最伟大之列，与悉尼歌剧院一样，它们都属于未来的建筑提前降临人世，属于不是用凡间语言写就的城市诗篇"。

毕尔巴鄂古根海姆博物馆以其独特的魅力，激发了一座城市的活力，演绎了"毕尔巴鄂效应"的城市发展传奇[①]。之所以称为"传奇"，在于此前人们没有想到，一座博物馆具有如此巨大的文化潜力。这座"如同火焰在燃烧"的博物馆建筑所展示出的文化力量，竟然使毕尔巴鄂脱胎换骨，变成一座充满魅力的文化城市，产生令人瞩目的综合效益。古根海姆博物馆落成后第一年，就吸引了 136 万人来到这座人口仅 35 万的城市参观，其中 84% 的人都是为这座独具特色的博物馆而来，由参观博物馆所带来的相关收入，占城市财政收入的 20% 以上。

3.1.4 博物馆建筑文化的创新实践

新的世纪，我国迎来了博物馆建设新的高潮，全国各地、各行业相继新建、扩建和改建博物馆。一方面，经过 40—50 年的使用，大多数建设于中华人民共和国成立初期的省级博物馆，都出现了与发挥博物馆功能和满足民众文化需求不相适应的状况，于是各省、自治区、直辖市纷纷进行省级综合性博物馆的新建或改建工程，建设目标直指现代化大型博物馆，例如近年来四川博物馆新馆、内蒙古自治区博物馆、广东省博物馆、山东省博物馆、广西民族博物馆、浙江自然博物馆新馆等省级博物馆相继竣工开放，每年都有一批博物馆开始筹建、一批博物馆正在建设、一批博物馆建成开放，几乎所有的省级博物馆都经历了或者正在经历新建、扩建和升级改造。

另一方面，地市级和一些县级博物馆建设也进入了快速发展时期，纷纷被各级政府列入重点文化建设项目，得到从政策到资金方面的有力支持，带动全国博物馆建设呈现"方

① 朱永安：《一个馆可以改变一座城——美国古根海姆博物馆荣休馆长托马斯·克伦斯谈"规划未来"》，载《中国文化报》，2010-08-03（10）。

兴未艾”的态势。例如浙江省除杭州市内的各类博物馆建设外，各市、县也掀起建设博物馆的高潮，温州、湖州、宁波、嘉兴、衢州等中心城市相继改建或新建了综合性博物馆[①]。同时，中国文字博物馆、中国妇女儿童博物馆、中国科技馆新馆、中国农业博物馆新馆、中国航空博物馆新馆等国家级博物馆的新建或改扩建工程先后竣工，并向社会开放。

2002 年 7 月，吴良镛教授为张謇先生创办的我国第一座博物馆——南通博物馆百年庆典工程做新馆设计。南通博物苑原址占地 7.2 公顷，其中北部 2.5 公顷为全国重点文物保护单位的核心保护区，因此，保护历史环境成为新馆建筑设计构思的前提。同时，博物馆位于濠河岸边，需要处理好与濠河的关系。既能从濠河上领略博物馆的建筑美，又能在建筑群中最大限度地领略自然环境美也是设计的重要要求。为此在新馆选址和规划布局方面，既避开旧馆，又不截然分开，新老建筑巧为结合，浑然一体。在总体原则方面，突出两条南北向轴线，一为原有旧馆的北馆—中馆—南馆，作为东轴线，一为濠南别业轴线向南延伸，作为新馆的建筑中轴线。这样新老建筑互为交织，相得益彰。

苏州博物馆新馆由美籍华人贝聿铭设计，采用传统庭院和园林的要素，以及假山、池水、曲桥、亭台、漏窗、松竹等传统符号，“古韵悠悠的苏州城是唐诗的故土，宋词的家乡；苏州园林的飞檐翘角，是吴门烟水的最佳载体”。因此，苏州博物馆新馆建筑不与周围历史环境和文物建筑争高，避免体量和造型过于粗重高大，灰白色调与粉墙黛瓦相协调，体现出轻巧、灵便、精致的特征，与相邻的世界文化遗产拙政园，既浑然一体又相互借景、彼此辉映；既符合历史建筑环境的要求，又具有相对独立性。

宁波博物馆建筑倡导的是一种新乡土主义的风格。馆舍的外墙由“瓦爿墙”和“竹条模板混凝土”混合构建而成。“瓦爿墙”使用了上百万块宁波城市房屋拆迁中回收的历代旧砖瓦，主要有青砖、龙骨砖、瓦，还有打碎的缸片，年代多为明清至民国期间，经 50 余名工匠历时 200 余天的手工砌筑，为博物馆“披”上了一件纹理清晰、式样别致的外衣，也“将宁波历史砌进了博物馆建筑”。“而‘竹条模板混凝土’把竹子纹理留在外墙上，更突显了江南人文中的自然清新风格，无疑比用大理石、外墙漆更节约、更环保，也更有情调”[①]。由于宁波博物馆在馆舍建筑中大量使用当地材料，表现出因地制宜的特色，

① 杨建新：《博物馆：浙江公共文化服务体系的重要环节》，载《国际博物馆》，2006（2），112 页。

在整体风格上与周边环境相融合，具有浓郁的地域风情。

2006 年 2 月，江宁织造博物馆开工建设。在吴良镛教授看来，“现在所进行的江宁织造博物馆建筑设计，应该将这些历史背景、建筑功能、艺术表现、建筑造型有机地统一起来，进行整体的创造，以体现这座建筑的独特意境”。江宁织造博物馆占地面积 1.8 公顷，建筑面积 3.5 万平方米。在造型方面，博物馆建筑北高南低，其形体的轮廓呈现“山水立轴”的整体空间意象，林木花草与山石点缀在建筑与湖池之中，构成一组“都市盆景”。通过屋顶绿化平台，为城市和市民提供了全新的城市公共开放空间。“相信江宁织造博物馆应该能够成为南京市的一座新地标，负载深沉丰厚的历史，以简率现代、清淡素朴的姿态，置身于闹市凡尘之中，却能绿意盎然，光彩照人，引人入胜”。

2008 年对外开放的良渚博物院，在建设之初就摒弃过分追求博物馆建筑外观造型、刻意追求建筑象征性的思路，而强调建筑功能和空间的适应性和适宜性。建筑设计采用“一

江苏江宁织造府博物馆奠基仪式（2006年2月24日）

① 崔波：《与君初相识 犹如故人归——中国博物馆建筑感怀兼论宁波博物馆建筑》，载《浙东文化》，2008（创刊号），51 页。

把良渚玉锥撒落在大地上”的理念，着眼与环境的紧密结合和良渚文化元素的有机融入。建筑外墙全部用黄洞石砌成，远看犹如玉质般浑然一体，具有精致、大气、厚重、简洁的特点，并与周边环境形成强烈视觉对此。同时，通过恰当的造园手段，使内外空间自然过渡，内景外景互相呼应。在每个长条形建筑物的内部安排有内庭院，内庭院设水面并种植花草树木，采用天然采光，这些内庭院既是参观环路的一部分，又是连接各展区的过渡，形成外部错落有致、内部互联互通的空间形态。

广东海上丝绸之路博物馆的设计创意，紧扣“海”的主题，功能、结构、形式、文化内涵方面力求协调统一。建筑造型呈现五个不规则的大小椭圆体，连环相扣，远远望去犹如大海边的起伏海浪，通过简洁、大气，且富有张力的设计，辉映出“海上敦煌”的繁荣历史。在南海海底沉睡了800多年的“南海Ⅰ号”如今作为镇馆之宝，安放在二号展区的“水晶宫”里，展厅内形成注满海水的水池，将“南海Ⅰ号”浸泡其中，以海水为介质，通过模仿沉船的沉没环境对“南海Ⅰ号”进行水体保护。

中国国家博物馆的建设格外引人注目。最初的争论在于是将原有建筑全部拆除后新建，还是在保留原有建筑的基础上进行扩建。所幸经过专家们的呼吁，最终选择保留了北面、西面和南面的建筑立面和外侧建筑的方案，使原有馆舍的历史信息和建筑形象得以保护。虽然在现有博物馆附近新建国家博物馆的长远规划未能实现，但是这种保留外部立面，内部实施改建、扩建的做法，在国际上也比较普遍。“这更多的是一种价值观和态度的问题，让建筑更具有生命感，把不同历史时期建筑的信息都展现出来，让你感受到一种传承和生长”①。同时，改扩建方案设计注重了与原建筑风格保持协调一致。

2003年6月，埃及政府向全世界公布了埃及国家大博物馆的建筑设计方案，博物馆位于著名的吉萨金字塔以北约2公里处，未来将容纳10万件馆藏文物。建筑设计方案从城市设计的角度，将博物馆看作由城市转向金字塔区域的标志，即将金字塔与开罗之间的区域全部纳入视野。通过博物馆“将金字塔与开罗之间的空地变成了具有雕塑感的空间”，一望无垠的沙滩中，简洁优雅的楔形形体极富力度感，将金字塔与开罗城、历史与未来紧紧相连，三角形的母题与呈射线分布的轴线关系，抓住了金字塔文化的表象特

---

① 张际达：《从新国博看建筑如何承载文化》，载《中国建设报》，2011-04-12（4）。

埃及国家博物馆新址（2010年10月12日）

征，向历史与环境表达了最高的敬意，充分满足了在时间与空间上“建立一种美学关系”的要求[①]。

由于西方在科学、经济以及社会制度方面的强势影响，西方建筑以直接或间接的方式，对世界各国的建筑产生了巨大的影响。“在上世纪30年代，西方所谓‘国际式’建筑思潮兴起时，就有人针锋相对地提出了‘地域建筑形式’的主张。此后两种论争此起彼伏直到今天”[②]。进入新的世纪，为了吸引更多参观者，国际上出现一些超现代的博物馆建筑，在建筑设计上采用极其夸张的手法。例如Z. 哈地特（Z.Hadid）在罗马的二十一世纪艺术国家博物馆，D. 利伯斯肯特（D.Libeskind）的丹佛艺术博物馆扩建项目，C. 韩姆布路（C.Himmelb（l）au）在里昂的汇流博物馆等。这些建筑师都以前卫的建筑风格闻名于世，“设计极尽天马行空，视觉上超越世纪”，一些地方邀请他们设计博物馆，就是要博物馆成为城市标志，起到吸引更多游客的作用。

坐落于奥地利格拉茨市穆尔河畔的现代美术馆为英国建筑师P. 库克（P.Cook）的作品。整个建筑以蓝色的塑料玻璃拼贴而成，属于典型的流体建筑，即外形呈流线形或有机物形状的现代建筑。被当地人称为“友善的外星人”的这座造型怪异的超现实主义建筑与

① 张谨：《沙漠中的宝石——记埃及国家大博物馆》，载《世界建筑》，2004（7），66页。
② 吴良镛：《岭南建筑科学文化的价值》，见石安海《岭南近现代优秀建筑》，序，北京，中国建筑工业出版社，2010。

格拉茨红顶尖塔的古堡、钟楼形成了强烈的反差，成为该市的标志景观[①]。然而，对博物馆的新设计也有人持保留态度，认为除了长期的财政负担外，还要顾及建筑与展品的关系。也就是说，博物馆建筑如太喧宾夺主，便会使展品失色。博物馆的建筑设计，也要考虑日后的运营问题，不能一味追求设计，追求吸引。

备受关注的希腊新卫城博物馆在历经了30年的规划建设后，于2009年6月正式对公众开放。博物馆与帕提农神庙的直线距离仅350米，这一距离对于博物馆建筑设计是巨大考验，而更为困难的是，不能伤害博物馆施工后新发现的古希腊村落遗址，并使其纳入博物馆陈列。新卫城博物馆建筑由底层、中层和顶层3个结构块层叠。底层有可以直接看到考古遗址现场的通透玻璃地面；中层展示空间，安排了独特的展览方式，大多数展品具有独立展位，人们可以全方位地参观展品，实现参观者与艺术品的近距离对话；顶层是以“帕提农”命名的长方形长廊，人们在长廊中具有360度的视野，展示长达160米的帕提农神庙的大理石浮雕，并完全按照原状复原，展品全部陈列在自然光线之下，古代神庙和现代城市通过环绕的玻璃外墙尽收眼底。

3.2 博物馆建设存在问题

近年来，大规模的博物馆集中建设，有效改善了博物馆的基础设施和文化面貌。但是在博物馆建设中也存在诸多令人忧虑的问题。归纳起来包括重数量发展，轻质量提升；重领导意志，轻科学论证；重施工营造，轻使用要求；重重点项目，轻基层改善；重建设速度，轻功能保障；重馆舍规模，轻长远发展；重新奇造型，轻地方特色；重建筑工程，轻陈列展览；重硬件投入，轻管理支撑；重表面文章，轻人文精神等，这些问题的存在，严重影响了博物馆社会作用的有效发挥。

3.2.1 重数量发展，轻质量提升

当前，博物馆热辐射到社会各个领域，不少城市增加了在博物馆建设方面的投入力度，甚至将博物馆作为地方文化名片加以“打造”。于是大兴土木，急欲通过建造更多

① 司林：《奥地利格拉茨现代美术馆》，载《中国建设报》，2011-07-11（4）。

"地标性建筑"的博物馆，来表现文化发展，张扬经济成果。但是，一座城市能否在短期内集中建设数量众多的博物馆，在短期内大规模建设的博物馆在质量方面能否达到应有标准，能否保证正常运营，对此，人们心存疑问。有的城市甚至提出"采取先挂牌运行，再规范发展、重点培养的方式"，有明显"操之过急"之嫌，效果有待实践检验。

2009 年 10 月，《中国文化报》在《建设博物馆之城是不是大跃进》一文中指出，"在每年巨大的运营成本和较少的收入压力中，此类长期无人问津的博物馆生存状况堪忧"[①]。事实上，博物馆建设工程是一项复杂的系统工程，不仅涉及面广，而且专业性强。博物馆建设不能凑数量、赶进度、走形式、图场面。如果仅以城市决策者的主观意志为转移，寄希望于在短短 5 年内，"打造"拥有上百座博物馆的"博物馆之城"，在人力、物力、财力的需求方面难度之大，可想而知。

3.2.2 重领导意志，轻科学论证

新一轮博物馆建设高潮的动力，在很大程度上来自城市政府的积极性，同时，城市政府往往赋予博物馆建筑以多方面的期待，除传统的博物馆功能之外，还希望博物馆建筑能够成为彰显政绩的文化地标。一些城市认为博物馆建筑要有气派，才能体现出本届政府对于文化事业的重视。因此，博物馆建设项目成为当地政府的重点工程，受到城市决策者的高度关注，亲自审查和确定建筑设计方案。在博物馆建筑设计和陈列展览设计中，强加"长官意志"，严重影响博物馆业主方和专业设计人员的思路，扼杀了不少创意理念。

由于在建设之前，没有对博物馆的功能定位、展览主题以及日常运营等方面进行充分论证，在建设过程中，用行政命令取代正常的专业规范和应遵循的科学程序，结果造成博物馆建成以后不能发挥应有的社会作用，不仅浪费了大量建设资金，而且有损博物馆的社会形象。大量博物馆建设的实践表明，行政的过分介入，使不少建筑师一直在看领导的脸色进行设计。凡是政府领导干预过多的博物馆建设工程，问题往往就多；反之，由博物馆业主主导的博物馆建设工程，情况就会好得多。

① 乔欣：《建设博物馆之城是不是大跃进》，载《中国文化报》，2009-10-27（8）。

3.2.3 重施工营造，轻使用要求

近年来，一些地方博物馆建设采取委托代建方式，实施所谓“交钥匙工程”，即将博物馆建设视为普通公共建筑，或由各相关部门的人员组建临时代建机构，或依照行政命令由工程建设部门主持建设，或直接委托政府下属的投资公司代为建设，建成后再交给博物馆业主使用。但是，由于工程建设部门不了解博物馆建筑功能的需求，而博物馆业主又往往在“交钥匙”之前没有话语权，结果导致建设与使用需求脱节，博物馆在竣工后不能满足使用的需要。同时，这些由建筑施工企业主导的博物馆建设，不可避免出现严重的质量问题。

例如在博物馆室内工程招标中，忽视博物馆陈列展览工程的特点和要求，致使一些根本没有做过博物馆陈列展览工程的装潢装修公司也加入了投标的行列，盲目承接项目，严重影响博物馆工程的质量与效果；有的企业暴露利益最大化的经营思想，盲目压缩供货方的正常采购费用，导致采购产品不能保证质量；有的企业转包工程项目，层层扣减管理费用和利润，最终将造成的资金缺口转嫁到工程施工质量上；有的企业违背行业规范，允许不合格的施工队伍挂靠经营，收取违规的管理费用等。

3.2.4 重重点项目，轻基层改善

20 世纪 90 年代以来，随着我国城市化进程的加快，建筑业迎来前所未有的发展高峰。但是，大多数城市建设都是在拆了建、建了拆的怪圈中反复，在这一过程中，博物馆建筑也未能幸免于难，一些建成不过几十年甚至仅有十几年的博物馆，就在爆破实施中轰然倒塌，结束其原本可以长久存续的生命。但是，在各省级和重点市级的大型博物馆建设资金和经费投入持续增长的同时，广大中小博物馆建设与维护资金则十分短缺，形成鲜明对照。尤其是经济欠发达地区，不仅缺少博物馆的建设资金，而且缺少博物馆的正常运营和管理经费。

不少地方现有博物馆馆舍常年失修，设施简陋，陈列陈旧，日常维持十分艰难。“联想到现在动辄上千万元的大制作，对于许多中小博物馆来说，它们的一个展览所用的经费，

可以顶得上几十家甚至上百家小博物馆展览经费的总和”。“那些身处经济欠发达地区而本身又没有什么特色的普通中小博物馆只能用一、二万元钱甚至几千块钱办一个展览的博物馆，并不在少数”。[①]调查表明，大多数地县级博物馆，展览面积不过1000~2000平方米，更有1/5的博物馆展览面积在500平方米以下，难以发挥博物馆应有的社会教育职能。

3.2.5 重建设速度，轻功能保障

由于一些博物馆不重视前期策划和规划设计，在可行性论证不充分、准备条件不成熟的情况下仓促上马；在建设的过程中又缺少时间保障，一旦领导做出决定，就要求速战速决，或要求赶在本届领导任期之内建成开馆，或要求赶在某个重要的节日庆典来临之前建成开馆，或要求赶在某位领导参加剪彩的日子之前建成开馆，人为规定竣工时间。为了服从行政命令，博物馆业主方和施工方不惜违背博物馆的正常建设规律，按照非常规程序和进度运作，盲目追求建设速度，全然不顾应遵循的合理工期，甚至一再要求提前竣工。

在博物馆建筑设计阶段，往往建筑方案的设计周期设置过短，有时甚至只有1至2个月，由于时间要求紧迫，建筑设计人员没有时间深入观察不同地域文化特色，甚至连建设场地也来不及详细勘查，就匆匆拿出设计方案，致使建筑设计草率而粗糙。同时，没有充足的深化设计时间，施工设计尚未完成就催促匆忙进入施工阶段，人为压缩工期，结果造成博物馆建设质量存在严重问题，而且随着时间的推移这些缺陷不断显现，导致博物馆长期承受急功近利行为所造成的恶果，从一开始就给博物馆可持续发展埋下了隐患。

3.2.6 重馆舍规模，轻长远发展

当前，高投入、高标准成为博物馆建设的一个特点。一些城市在博物馆建设过程中，存在着盲目跟风、贪大求新的倾向，看到其他省、市建设大型现代化博物馆，就想方设法建设面积更大、规模更气派的博物馆，由于这种攀比心理作祟，在博物馆建设规模上，

①李文昌：《中小博物馆展示与开放基本情况调查》，见《博物馆观察——博物馆展示宣传与社会服务工作调查研究》，69页，北京，学苑出版社，2005。

不顾当地经济社会发展水平和财政实力，也不顾博物馆的藏品数量和实际使用需求，不惜投入巨资，动辄上亿元，甚至十几亿元，攀大比新，追求轰动效应，却较少考虑今后的可持续利用，结果造成材料、资金的铺张浪费，堪称劳民伤财。

同时，一些设计单位为了迎合业主求新、求大的心理，不顾国情、市情，片面追求规模和档次，本来可以采用简洁明快的博物馆设计方案，却人为搞得异常复杂，人为增加施工安装难度，仿佛只有复杂的造型才能显示出建筑设计水平，导致博物馆建设浪费大量建筑材料和建设资金，盲目提高工程造价，违背经济、实用、美观的建筑设计原则，结果使一些博物馆建筑空间大量浪费，造成能源耗费巨大，日常营运不堪重负，自然经不起时间的检验。同时，一些博物馆盲目追求所谓“大制作”陈列展览，也使博物馆运行经费大幅增加。

3.2.7 重新奇造型，轻地方特色

目前，在建筑领域“时装风”“克隆风”盛行，一些地方政府和建设单位在建筑形式上盲目追求新、奇、特、怪、洋，认为在设计方案招投标中有外国设计公司参与才有水准，一味追求“时尚”的异样形体，片面营造视觉冲击。在这一背景下，一些博物馆建筑设计将更多的功夫放在外观造型上，强加上一些与功能结构完全无关的造型，认为高层钢结构、大规模玻璃幕墙才是现代博物馆不可缺少的重要元素，使建筑设计华而不实，给博物馆建筑结构带来潜在隐患，建成后难以维修和保洁，增加了使用成本，忽略安全、环保等建筑基本要求。

同时，一些博物馆建筑刻意表达所谓象征性，设计出许多观众根本感觉不到，无法体会，也没有实际意义的所谓仿器物的建筑形式，在某种程度上造成建筑空间浪费；一些博物馆将所谓流行的建筑模式，引入到位于不同环境的博物馆设计之中，或拼凑、或嫁接、或抄袭，造成各地博物馆建筑设计的相似和雷同，使博物馆建筑变得同质化、模式化，也使城市的原有肌理、建筑风格受到严重的侵蚀，逐渐失去地方性和家乡感。一些地方博物馆建设盲目模仿国家或省级大型博物馆的形式，而忽视地方博物馆应体现的地域文化特色。

3.2.8 重建筑工程，轻陈列展览

由于博物馆业主方与建筑设计方和施工方沟通不畅，博物馆建筑功能面临的问题，往往集中在建筑内部空间布局和分配的不尽合理。一方面，博物馆业主方不能向建筑设计方提供更为详细的信息，另一方面，建筑设计方对博物馆业主方的需求倾听不够。有些建筑师出于个人的喜好，片面追求空间形体变化，将博物馆的建筑内部空间设计成圆形、三角形、梯形、多边形甚至球形等异型空间，虽然丰富了形体，但是牺牲了功能，造成空间的浪费，将本应连贯的室内空间，人为加以切割，既不实用，也不美观。

博物馆建筑的室内空间，应充分考虑陈列展览的内容设计、形式设计。但是一些博物馆在建设过程中，不遵守博物馆建设的科学程序和规范管理要求，造成先建造博物馆建筑，后考虑陈列展览，陈列展览大纲往往产生于建筑设计之后，严重滞后于实际需要，而建筑一旦竣工就难以改变，博物馆陈列展览只能被迫适应，不仅严重影响博物馆日后业务活动的展开，而且使博物馆陈列展示的空间布局、结构安排、参观流线、采光照明等各项功能受到制约。同时，一些博物馆把建设资金大量用在馆舍建筑上，而对于陈列展览经费的预算却捉襟见肘。

3.2.9 重硬件投入，轻管理支撑

博物馆建筑具有独特的功能和职能，但是往往在项目论证、规划设计阶段，忽视博物馆建筑的特殊性，普遍存在博物馆建设就是建造博物馆建筑的错误认识。不少博物馆在开工建设之前，没有对博物馆的使用功能，以及建成后的正常运营进行充分的论证，更没有考虑建成后的博物馆采取何种管理体制、需要多少部门、多少员工、多少运行经费等，导致虽然博物馆的躯壳被建造起来，但是在使用方面往往不尽如人意。甚至出现博物馆建筑获奖，而博物馆功能难以发挥的奇怪现象。

一些博物馆过分强调馆舍的豪华和气派，追求设备的时尚和高档，大量建设资金集

中用于建筑安装工程，不少博物馆的设施设备采用国际先进标准，硬件装备完全可以与当今发达国家的博物馆水平相媲美，然而在对建筑形式格外关注的同时，对更为重要的使用功能则缺乏深思熟虑的思考。例如由于没有充分考虑文物藏品、展品对建筑的要求，缺少预留发展空间；由于服务观众设施不配套，公众停车场、公共卫生间等严重不足，导致开馆以后博物馆建筑功能适应性差，相关设施不配套。

3.2.10 重表面文章，轻人文精神

目前博物馆馆舍规模越来越大，设施越来越先进，但是社会服务的理念、模式、机制却相对滞后，忽视科学运营机制的建立和人性化服务制度的完善。例如博物馆展厅往往选择密闭空间，甚至将现代化陈列展览等同于封闭式“黑暗展厅”，无论展示主题如何均依靠灯光照明，结果造成设计手法千篇一律，观众在较长的参观过程中与外界环境隔绝，容易产生视觉疲劳。同时，博物馆内部管理缺乏时代精神和创新意识，存在重硬件建设，而轻公众服务的倾向，博物馆的社会职能作用未能得到充分发挥。

近年来，纪念馆建设中也出现了一种值得注意的现象，在改扩建工程、陈列展览更新工程、周边环境整治工程和历史建筑保护维修工程中，由于缺乏对于历史信息保护的正确理念，纪念性设施越来越气派，陈列展览内容“大而全”，展示技术不断追求“声、光、电”，特别是在环境整治工程中，动辄征地几百亩，财政投入数千万、甚至上亿元，但是，通过一系列美化、绿化、亮化的实施，建筑原貌变得真真假假，周边环境变得似是而非，改变了当年的历史环境和岁月痕迹，逐步丧失了历史记忆的真实性[①]。

2007 年 1 月，国家有关部门联合发布的《关于加强大型公共建筑工程建设管理的若干意见》指出，“当前一些大型公共建筑[②]工程，特别是政府投资为主的工程建设中还存在着一些亟待解决的问题，主要是一些地方不顾国情和财力，热衷于搞不切实际的‘政绩工程’‘形象工程’；不注重节约资源能源，占用土地过多；一些建筑片面追求外形，忽视使用功能、内在品质与经济合理等内涵要求，忽视城市地方特色和历史文化，忽视与自然环境的协调，甚至存在安全隐患”。

---

① 黄新发：《建筑因文化而恒久》，载《建筑与文化》（创刊号），2004（3），35 页。

注：大型公共建筑一般指建筑面积 2 万平方米以上的办公建筑、商业建筑、旅游建筑、科教文卫建筑、通信建筑以及交通运输用房。

陆建松教授曾撰文指出当前我国博物馆建设存在的九大弊端和误区[①]。他认为："各地博物馆建设中之所以存在上述令人忧虑的弊端和误区，究其主要原因，一是博物馆建造往往受到'长官意志'或'行政命令'的左右，政府领导说了算；二是受'政绩观念'的影响，急功近利。与其说建造博物馆是为了满足老百姓的精神文化需求，倒不如说是为了一届政府的'政绩'；三是博物馆筹建方不懂得博物馆建设的科学程序和管理要求，不能按博物馆建造的客观规律办事。"[②]

3.3 博物馆建筑文化理念

随着我国综合国力的持续增强和民众精神文化生活需求的日益增长，今后数十年，仍将是博物馆事业发展的黄金时期，也必然是博物馆建设的高峰时期。为了使每一座博物馆的建设质量得到保证，对于当前博物馆建设中出现的诸多问题必须给予关注，使博物馆建筑回归城市理想、回归历史责任、回归永恒价值、回归文化特征、回归科学精神、回归社会期待、回归生态理念、回归服务职能，使博物馆建筑真正实现为社会和社会发展服务的目标。

3.3.1 博物馆建筑与城市理想

每座城市都有属于自己的独特建筑，这是城市创造力和城市精神的表现。建筑是人的反映，也是社会的反映，有什么样的人，什么样的社会，就会有什么样的建筑，什么样的城市。城市建筑也是人们生活与工作态度的反映。人们在建筑中寄托着希望和理想，用建筑提升城市的文化品位。历史建筑见证了城市和社会的发展，如果没有历史上留存下来的建筑，历史就不会如此栩栩如生[③]。博物馆建筑不是时装，时装可以在流行过后被丢失，而博物馆建筑一旦建成，就应该存留几十年甚至几百年，未来世代将从这些博物馆建筑中了解 21 世纪博物馆人的理想和建筑师的抱负。因此，博物馆建筑设计应是建筑师对于未来建筑的设想、计划、构思，是使思维产品变成现实的过程，是建筑师思想升华的结果。

目前，在建筑设计市场空前繁忙的时期，很多建筑师忙于承揽设计业务、忙于经济

① 陆建松：《侃谈当前中国博物馆建设的九大弊端和误区》，载《中国文物报》，2006-03-31（6）。
② 陆建松：《侃谈当前中国博物馆建设的九大弊端和误区》，载《中国文物报》，2006-03-31（6）。
③ 郑时龄：《建筑应使城市更美好》，载《光明日报》，2010-07-28（6）。

效益回报，却缺少对真实生活的感受，忘记城市的文化追求，甚至为“政绩工程”“形象工程”等短见行为推波助澜。吴良镛教授指出，“20 世纪，经济环境深深影响了建筑师的创作观念，经济原则成为现代建筑的一个重要美学原则，它推动了建筑向预制化、标准化的方向发展。建筑开始了规模化生产，追求快速、低成本，使建筑失去了个性，建筑的面孔开始千篇一律”。“在这令人眼花缭乱的建设中，尽管各方面成绩很大，原有城市的特色却在逐渐消失。宜人的环境，十分满意的优秀作品，并不多见，这是当今普遍存在的问题”①。

随着建筑市场的蓬勃发展，我国的建筑设计已经发生质的跨越，立面丰富、色彩斑斓、造型各异的高层建筑物和大规模建筑群星罗棋布。然而，一个不争的事实是，尽管我国每年的建筑面积增加量达到数亿平方米，但是真正使人们印象深刻，能发自内心喜爱的建筑却并不多见。这一现象引发人们的深思：当代建筑能为后世留下多少值得称道的文化遗产？在此情势下，保存城市记忆，维护城市特色，应该成为城市文化建设的基本职能，也应该成为博物馆建设的重要责任。博物馆建筑代表着人们对环境、对未来的态度，反映出一座城市，乃至一个民族、一个国家的价值观，同时博物馆建筑又是时代的产物，应该成为文化的里程碑，代表进步的力量。

在我国，博物馆建筑应走中国特色的道路，在实现现代化的同时，应突出民族优秀传统与地域文化特色，而不是盲目地求新、求奇、求特、求怪、求洋，关键是与现代经济社会紧密结合的同时，不能忘记自己的文化血脉。崔愷先生表达了他对中国建筑文化的态度，“我希望在本土文化回归的过程中，要走创新的路，要表达我们这一代人对民族文化的思考和尊重，要让中国建筑文化的发展史在我们手中写下去”②。博物馆建筑在城市形象中往往独具一格，展现着一定时期的文化特征，代表着一定地域的审美特性，其中一些博物馆建筑已经成为所在城市的标志性建筑，例如具有辽代建筑风格的南京博物馆、具有秦汉宫苑气势的陕西省历史博物馆、具有青铜宝鼎造型的上海博物馆等，这些博物馆建筑展现出得天独厚的中华文化风采③。

海南有着与内地其他省份迥然不同的热带风情，“蓝天白云、椰风海韵”构成了一

① 吴良镛：《建筑文化与地区建筑学》，载《建筑与文化》，2004（2），7 页。
② 吴京辉、崔愷：《离开了大屋顶、四合院，我们还会表达建筑文化吗？》，载《中国不动产》，2006-05-09。
③ 崔波：《与君初相识 犹如故人归——中国博物馆建筑感怀兼论宁波博物馆建筑》，载《中国文物报》，2008-06-13（6）。

幅幅绚丽多姿的优美画卷。因此，海南省博物馆在设计上引入“浮游之岛”的概念，阳光大厅、水景庭院、热带园林等，与展览空间和谐共生，穿过厚重的墙体将室外景观空间引入到博物馆建筑中来，营造出宁静沉稳、高雅清新、文化气息浓重的氛围。建成后的海南省博物馆，三条间接的矩形体量平行展开，水面穿插其中，水体与建筑实体互为映衬。博物馆内陈列展览，通过特色馆藏文物，采用生动、互动、趣味的方式，再现海南历史风貌、民族风情和自然风光。2008 年 4 月，在纪念海南省建设经济特区 20 周年的“十大建设项目”评选活动中，经过广大民众踊跃投票，海南省博物馆以其沉稳、高雅、清新的建筑风格获选，由此可以看出人们对这座建筑的喜爱①。

我国城市正处于高速发展过程之中，大量存在的平庸和形态相似的建筑物，使得“千城一面”的城市发展问题日益严重。因此，着力培育新的地标性建筑，具有文化进步意义，也符合城市建设的基本规律。地标性建筑应能在人们长久的日常生活中，潜移默化地产生价值认同感，实现人、建筑与环境三者之间的互动与激励，形成良性循环，孕育场所精神，产生情感依赖。地标性建筑可以宏伟高大，也可以平缓疏朗；可以是一座建筑，也可以是一组建筑群。好的城市地标性建筑不一定有多么大的规模，有多么高的体量，有多么炫目的外观，而在于必须使广大民众产生强烈的归属感，能够认同其内在精神价值。

目前，每年都有上百座新建或改扩建的博物馆相继开工，相继竣工，这是令人鼓舞的发展形势，兴奋之余，还应冷静观察和理性思考。30 余年间，我国新建的数以千计的博物馆建筑中，有多少能够真正融入公众的记忆，成为不朽的经典。博物馆建设的根本目的不在于是否成为地标性建筑，而在于拥有独具特色的文化底蕴。只有将博物馆建筑与社会发展、自然环境、历史风貌融合在一起，跳出所谓的“打造”地标性建筑情结，博物馆才能真正成为人们尊重并喜爱的“精神的家园”“文化的绿洲”和“城市的客厅”。因此，一座博物馆建筑既不能只凭长官意志来建造，也不能由建筑师的兴趣所决定，社会公众的愿望一定要得到重视。

吴良镛教授认为博物馆建筑设计，通过馆舍建筑的物质环境，在满足建筑功能的同时，必须要表述“历史背景”“艺术表现”和“建筑造型”等方面的意图，即“必须要解决

① 崔波：《琼崖文化的新风标》，载《中国文物报》，2008-12-05（6）。

的三个难题——历史难题、艺术难题和建筑难题”。江宁织造博物馆的设计方案，前后经过六轮反复修改完善，而后开工建设。使博物馆建筑设计成为基于“历史精神、艺术精神与建筑精神”三项原则的综合体现，把握历史与当代、形式与内容、实体表达与意境营造等关键问题而开展。因此，一座城市的标志性建筑不在于它的高度和体量，而在于能否在身处的环境中显示出独特的气质。今天，判断博物馆的价值越来越多地不是看建筑本身，而是看它能够为城市、为人们的文化生活带来什么。

博物馆建筑是一个时代的反映，当今科学技术日新月异，新材料、新技术、新结构和新工艺广泛应用，新思想、新理念正在改变人们的空间观念和生活模式，使博物馆建筑创作进入一个新的时代。博物馆建筑创作要适应当今时代的特点和要求，要用自己的建筑语言来表现当今时代的设计观念、思维方式和科学技术特征。归根到底，应该由时代精神决定博物馆建筑的主流风格。建筑师在构思过程中，应按项目的性质、用途、时间、地点和条件进行统筹考虑，创造出具有丰富文化内涵和鲜明地方特色的作品。同时，博物馆建筑设计与建造是千秋大业，不应追求流行，不应以时尚博取业主欢心，而要对社会与历史负责。

3.3.2 博物馆建筑与历史责任

近年来，虽然人们逐步意识到保护传统文化的重要性，希望在博物馆建筑设计中能够继承和发展传统文化，但是往往对于传统文化的认识和理解过于肤浅，认为中国建筑中的传统文化就是大屋顶、高台阶、红柱子等建筑符号，或沉醉于“手法”“式样”“主义”，而对传统建筑文化中的风格、比例、材料等文化特点较为忽视，使传统文化在博物馆建筑设计中没有得到真正意义的弘扬。“中国建筑在形体上到此已开始呈现庞杂混乱的现象，且已是崇外思想在建筑上表现出来的先声”①。“不同建筑之间没有自己的建筑个性，不同城市之间没有自己的城市特色，不同地域也没有自己的地域特色，整个国家没有自己鲜明的民族特色。这在我国的建筑史上，是无法估量的一个损失”②。

在西方的传统观念里，人工建筑物一直享有面对自然的独立地位，而在我国的文化

① 梁思成：《古建序论》，见《梁思成文集（四）》，北京，中国建筑工业出版社，1986。
② 吴焰：《豪华设施，建得起用不起》，载《人民日报》，2007-02-09（11）。

传统里，建筑只是自然山水中的一部分，自然的地位高于建筑的地位，人们尊重自然，不断学习如何适应自然，并努力使生活回归接近自然的状态。这就要求各类建筑设计，应在自然环境中选择更加谦卑的姿态，在建筑材料方面自觉地选择自然材料，在建造方式方面力图尽可能少地破坏自然。吴良镛教授在设计南通博物苑新馆时，考虑到“旧苑及人民公园及南通图书馆部分共有各类树木约 500 株，新的规划设计中均最大限度予以保留，包括花竹平安馆、迟虚亭、象禽阁、荷花池、国秀坛、谦亭、葫芦池、苑表门等，细节则需统筹处理。在博物苑进门入口处有一高耸的有 500 年树龄的银杏树，规划布局之初即考虑将之作为建筑群不可分割的组成部分，在浓荫下将形成难得的入口庭院”。

20 年来，西方建筑师“占领”中国高端设计市场已成为一道世界罕见的奇特风景，他们的作品以及大量跟风而上的仿制品充斥大江南北，千篇一律与中国特色的缺失已引起愈来愈多的关注[①]。与此相对应的是对中国文化缺乏足够的自觉和自信。当今社会，生活观念、文化观念、价值观念都发生了很大的变化，建筑文化也呈多元化发展。尽管随着中国经济的崛起，在建筑领域持续讨论“中国特色”，但是依然是赶时髦者众，认真思考者寡。同质化的文化导向和低俗的审美趣味，使得一些有抱负的建筑师在创作中步履艰难。在这种社会背景下，有些建筑师认为只有建筑形式引起人们的惊奇时，设计方案才有生命力。但是，博物馆建筑不是纯艺术作品，一味强调“视觉冲击”，博物馆建筑就会失去应有的功能和价值。因为杰出的博物馆建筑设计是长期积累成熟的文化硕果，不是唾手可得的抄袭模仿。

吴良镛教授认为，“博物馆属文化建筑，无论造型布局都应具有文化内涵”。因此他所设计的南通博物苑新馆，整个建筑面积适度，不以体量取胜，建筑风格朴素大方。庄子云，“朴素而天下莫能与之争美”，是美学之重要原则。南通博物苑新馆平易近人、力戒浮华，并根据现有条件而加以发挥。在建筑造型与环境设计方面，以简朴严谨为原则，采用黛瓦灰墙为基调，以砖石为基础，间有木材装修的明亮色彩相衬，亦不抢夺原有环境之本色，还将张謇先生亲笔写的咏博物苑诗篇刻于白石墙面，作为博物苑母题。他认为“西方每以建筑、绘画、雕刻为综合艺术，文艺复兴以‘三艺’称之；中国书法艺术，

① 程泰宁：《寻找中国建筑精神》，载《人民日报》，2011-090-8（24）。

与诗咏结合，为独立于世界之特色，今在南通博物苑新馆，突出地加以发挥，当亦为发掘中国传统艺术文化，弘扬建筑特色之举”。

经典的博物馆建筑应该是具有恒久生命力的建筑，它们超越了一般建筑的使用功能。文化理想赋予博物馆建筑更多的审美内涵，历史责任使博物馆建筑获得灵魂，并且拥有经久不衰的生命力。从更深的层次上看，博物馆建筑体现着城市和社会的理想、信仰、制度、伦理和价值观。日本建筑师黑川纪章认为，“文化的力量在于持续地创造前无古人的奇迹，文化来源于对历史、传统的研究、学习、发展”。历史是漫漫长河中的点滴积累，是各个时代的尖端技术、前卫思维的叠加。今天的优秀博物馆建筑，在 50 年、100 年之后，也将成为后世的文化遗产。前辈为当代人留下了包括博物馆建筑在内的珍贵文化遗产，而创造代表新时代的传世佳作，则是当代人义不容辞的责任。

在新的时代，建筑师面临着经济一体化的挑战，同时，伴随文化的交流呈现出多元、自由、灵活的特点，需要博物馆设计在趋同中找到差异。博物馆建设应当不排除传统的材料和施工以及地方技术。良渚博物院通过内庭院和室外展示，连接展区的建筑总体布局，满足观众调节参观情绪、缓解视觉疲劳的参观需求，同时也可以适时地对展厅进行通风和采光。同时，博物馆依山面水，在建筑样式上，既体现当代先进的建筑设计理念，又体现出良渚文化内在精神在时空上的延续；既有鲜明的个性特点，又完全融入自然山水之中，与周边环境进行得体的对话。建筑设计师认为“这个建筑并不是要让人们去惊叹、去瞻仰，相反，它引导人们在一种自由、放松的心情下去沉思、去感悟”[①]。

吴良镛教授在谈到设计江宁织造博物馆的体会时指出：“在这全球化、跨文化的大时代，国际建筑师纷纷到我们东方来抢滩，作为历史文化名城的南京，我们为什么不能够尝试运用一点新时代的、中国的、具有地方主义与历史主义的中国元素结合西方现代建筑理念，通过这种前所未有的新模式，来立足于这一国际化的跨文化的形象世界之中呢？”为此，吴良镛教授在设计江宁织造博物馆时，“并没有像其相邻建筑那样，以硕大的体量或高耸的形式而挤压城市空间，反而为繁华都市平添了一掬绿色”。“从内容到形式都是立足于南京本地的历史地理条件，以地方固有的文化内涵作为创作之契机，

① 李艳：《良渚博物院——中华五千年历史文明的宝盒》，载《中国文物报》，2010-11-03（15）。

旨在既切合主题，当新则新；又不怕被人指为‘泥古’，其风格所尚，是在现代建筑的意蕴之上，运用历史主义的手法，表述地域主义的话语”。

如今，博物馆不再是一个孤立的空间，城市及其生活实际才是真正的展览对象。博物馆建筑社会化，就是要将其功能丰富，从设计角度去帮助它们完善职能。博物馆建筑应从人文视角出发，以关注社会民众的生存价值和文化权利为创作视点，更加尊重市民生活情趣，更加关注人们值得回味的美好记忆，让城市回归社会公众的情感认同。人们通过博物馆更好地解读并融入城市文化，体味幸福生活。安徽省博物馆走过半个多世纪的风雨历程，记载着博物馆创业的足迹和成就，博物馆建筑历经沧桑，留下丰富的岁月痕迹，如今这座博物馆建筑已经成为文物保护单位①。

我国作为有着悠久文化传统的民族，博物馆建筑更应展示出得天独厚的中华文化风采。今天无论在南通博物苑、苏州博物馆、宁波博物馆，还是在汉阳陵博物馆、良渚博物院等，几乎所有的讲解人员，都对本馆建筑做出引以为自豪的介绍。这些博物馆建筑本身也成为博物馆展示的重要部分。在博物馆设计与建设中，应充分体现以人为本、服务公众的理念，在功能定位、馆址选择、规划设计、建设施工、展览策划、管理模式等重要决策过程中，广泛征求社会各界的意见，既注重科学性，又具有前瞻性，确保博物馆建成后能够满足社会公众的文化需求。事实上，一些杰出的博物馆设计，并不是通过建筑师闭门苦思冥想得以实现，而是通过深入研究博物馆文化特色，倾听博物馆专家意见和社会公众愿望后加以创作，使博物馆建筑成为令人满意的文化空间。

3.3.3 博物馆建筑与永恒价值

今天，应该创造出更多具有灵魂、拥有长久生命力的博物馆建筑。博物馆建筑应成为增添城市特色景观，彰显城市文化气息的传世杰作。博物馆是一座艺术殿堂，走进博物馆人们首先感受到的应该是艺术的享受，而许多博物馆建筑本身，就是精美的艺术品。“在中国，博物馆无论是最初的仿古建筑还是后来的仿文物器型，都在‘仿古’风格和理念上做文章。当前新建、扩建博物馆的热潮遍及全国，各地都想要把博物馆建成当地

① 夏宇璞：《中国首座大型博物馆的前世今生》，载《人民日报海外版》，2009-09-25（14）。

的城市标志性建筑，这就要求博物馆建筑充分体现外在造型与内涵文化的独特性，以及历史、自然、现代三种元素的统一性"[①]。如果一座博物馆建筑，既拥有完善的实用功能，又具备良好的艺术气息和文化氛围，那么，不但使博物馆建筑拥有更长久的生命力，而且使博物馆本身的存在价值得到提升，还将使整座城市的社会环境更加和谐。

1981 年，世界建筑师大会《华沙宣言》指出："建筑学是为人类创造生存空间的环境的科学和艺术"。有了《华沙宣言》这样强烈的环境意识观念，在规划城市、设计建筑时，以追求环境的科学和艺术质量为标志，就会大大提高城市规划、建筑设计的水平。《华沙宣言》所倡导的是衡量当代建筑观念的标尺。也就是说，按照当代建筑学的观念，建筑学应该是环境的科学和艺术，所以要达到现代建筑学的标准就必须达到相应的环境科学的高度和环境艺术的品位。黑川纪章指出："在当今建筑设计和都市规划中有着追求技术化和表面潮流的设计趋势，设计中缺乏思想。我认为建筑和都市应该是时代精神的体现，没有思想的设计是不能成为文化的，只有表现出时代的作品才能代表时代、成为后世的文化遗产，才能得到保留"。

保留文化遗产是一项重要而艰巨的任务，而创造将来能够成为文化遗产的优秀建筑，更是一项不容忽视的挑战。埃及政府将正在建设的埃及国家大博物馆视为埃及文化的永恒象征，埃及文化部长 F. 胡斯尼（F.Hosni）在新闻发布会上指出，一定要把这个博物馆建成一个庞大的文化宫殿，使其成为一面永恒的旗帜。1992 年，埃及国家大博物馆项目正式启动以来，来自世界各国各个领域的专家学者分工协作，对项目进行全面细致的分析研究，制定出未来的发展计划，并将这些成果汇集成可行性研究报告，集中体现出博物馆发展的战略目标。在埃及国家大博物馆实施的前期研究、项目策划、组织管理、建筑设计等各个阶段中所持的国际视野、科学态度与发展观念，充分体现出从社会发展战略高度对博物馆建设的认知。

事实上，我国早期一些重要的博物馆建筑设计方案，也经历过慎重的决策过程。例如国立中央博物馆在蔡元培先生的倡议和主持下，从设计伊始就对博物馆建筑蓝图予以清晰的描绘："自然馆中，求能系统扼要地表示自然知识之进展，并求其利用中国材料；

① 涂师平：《历史艺术的视觉盛宴》，载《浙江文物》，2008（12），24 页。

人文馆中，求能系统地表示世界文化之演进，中国民族之演进；工艺馆中，表示物质文化之精要，尤其是关于实业及国防者，用以激励国人。”在筹建过程中，众多文化精英参与其中，例如傅斯年先生担任首任筹备处主任，翁文灏、李济、周仁分别担任拟建设的人文、工艺、自然馆主任。围绕中央博物馆建筑方案征集评选，也曾有过一场紧张激烈的方案竞赛。梁思成先生等 5 人组成的“建筑图案审查委员会”对应征的设计方案慎重研究。杨廷宝先生的设计方案虽然没有被中选，但是其仿辽代建筑的设计构思，为博物馆建筑造型的确定提供了借鉴①。

实践证明，伟大的建筑在任何时代都会受到人们的精心呵护，并长久地传承下去。此后南京博物院在历次改建、扩建中，尊重早期博物馆的设计意图，使不同时期的博物馆建筑协调相处、相映生辉。世纪之交，南京博物院有了快速发展。1999 年 9 月，与原有建筑风格一致的南京博物院艺术陈列馆落成开馆，设立了 11 个专题陈列，同历史陈列馆一起共同构筑起具有中华文化气息的艺术殿堂②。如今，不同时期的建筑统一协调，见证着从原国立中央博物院到南京博物院，70 多年走过的风风雨雨。目前，南京博物院新的一轮扩建工程正在进行，人们对此充满期待。

博物馆建筑具有双重性，既是科学技术的产物，又是文化创作的成果。建筑设计只有从地域文化中提取特色，从历史文脉中挖掘基因，并与现代科学技术相结合，才能使现代建筑地域化，地域建筑现代化。一些欧洲的历史性城市，往往由于拥有杰出的博物馆建筑，通过不同时代建筑语言的合理利用，创造出各具特色的文化空间，阐述着城市丰富的文化理想，震撼每一位来访者的心灵，实现博物馆建筑的永恒价值。博物馆建筑应该是具有独特内涵、与陈列展览和谐共生的公共文化建筑，并与环境共同创造出赏心悦目的文化景观。

吴良镛教授在南京江宁织造博物馆的设计构想中谈道，“从南望北建筑叠叠高起寓意一幅山水画。层层殿阁楼台，其高远处为‘楝亭’，其平远处寓意为西园之湖面，而以萱瑞堂为全园之中心；最南端，设下沉式广场，作为博物馆的南入口；设计之初，在立意上即以‘都市盆景’为‘云锦饰面’，至此已朦胧可见”，“使这组‘盆景’既与

① 夏宇璞：《中国首座大型博物馆的前世今生》，载《人民日报海外版》，2009-09-25（14）。
② 夏宇璞：《中国首座大型博物馆的前世今生》，载《人民日报海外版》，2009-09-25（14）。

历史世界相关联，也与艺术世界相呼应”。通过博物馆建筑设计使城市、自然、建筑和诗歌、绘画共同构成一种不可分割的文化景观和文化空间。江宁织造博物馆“留给南京的不仅仅是一个优秀的设计精品，更加重要的是它探索并成功地将历史的素材化为今天的文化财富，把历史的资源作为当代人居空间、社会生活塑造的一部分，这对于南京这座历史文化名城的未来发展有着极为重要的指针意义”[①]。

建筑设计必须在一定的文化语境中展开和完成，反映出不同的价值观和审美观念，体现出某一时期文化的风貌。在历史的长河中，大多数平庸的建筑在完成其历史使命之后就逐渐消亡，而一些杰出的建筑却被持续地有效利用。“伟大的建筑物可以变旧但永远不会过时”，因为它们凝结着人类非凡的创造能力，在任何时代都会给人们以智慧启迪。保护杰出的建筑是艰巨的任务，而创造将来能够成为杰出的经典建筑，同样是巨大的挑战。在今天的城市建设中，这种杰出的经典建筑实在难以寻找。人们需要享受记忆。因此应该爱护经历千百年发展演变的城市，爱护历史性城市中杰出的经典建筑，尊重不同历史时期的文化创造。

当前大规模的博物馆建设活动，不仅扩大了博物馆使用面积和改善了博物馆社会形象，同时也是改变博物馆建设理念，推动博物馆管理体制和运行机制变革的机遇。“用令人满意的公共目的界定城市和建筑，在竞争性的全球化经济环境中，正变得日益重要”[②]。当代博物馆的建设不仅仅是一个建筑过程，也是一个文化过程，一个社会过程。当代博物馆对经济、文化，乃至社会进步有着重要的促进作用。因此，博物馆必然超越其传统意义，成为城市复兴的推动力量，而新时期博物馆的设计与建设应该体现出这些理念的深刻变革。在这一过程中，博物馆应努力跟上时代发展步伐，成为当代城市发展格局中的重要组成部分。

3.3.4 博物馆建筑与文化特征

博物馆建筑总是扎根于具体的环境之中，受到当地社会、经济、人文等因素的影响，也受到所在地区地理气候条件、地形地貌环境的制约。国家文物局主编的《中国博物馆

① 周岚：《历史文化名城南京的积极保护和整体创造》，清华大学工学博士学位论文，2010 年 4 月。
② 弗雷德·肯特：《“标志性建筑”批评》，载《中国建设报》，2010-12-08（7）。

学概论》强调指出：“博物馆应处于地势高爽、交通方便、环境幽静和空气清新的地方。最好离开喧嚣的闹市区，周围不应有工厂或作坊一类的建筑，以避免各种环境污染。”我国博物馆选址方式有五种：“建在城市的广场四周；闹市中心或城市交通干线附近；城市公园之内；接近市郊边缘地区；遗址或遗址所在地。”博物馆专家认为，第三种选址方式最为合适。南通博物苑最先创造了这一选址方式，是在城市公园之内选址建设博物馆的典范。我国有不少博物馆的选址也是采用这种形式，例如上海鲁迅博物馆建在虹口公园，湖南省博物馆建在烈士陵园，福建省博物馆建在福州市洪湖公园等。

在博物馆选址方面，博物馆建筑是博物馆的主要标志，也是博物馆活动的主要场所。一座博物馆的选址是否科学，不仅关系到文物藏品的妥善保护，而且会影响社会公众的合理利用。博物馆需要安静而安全的环境，而环境有大环境和小环境之分，二者既有区别又有联系。贝聿铭曾从现代建筑设计理念的发展态势出发，提出“建筑必须创造一种环境，而这种环境又必须适应时代。体现这种时代特点的，除了建筑的外立面之外，更为紧要的是一种建筑内部功能与外部环境之间的和谐”。因此，博物馆建筑在注重建筑造型与功能需求完美统筹时，还必须对其微观与宏观、环境与生态、知识与信息、赏心与悦目、趣味与动感等方面进行统筹兼顾，使观众参观博物馆后，不仅能够获得知识性的信息，而且能够进而引发生活态度的提升。

四川“建川博物馆聚落”规划设计朴实自然、返璞归真、不铺张、不奢华、不追求外在的尊贵华丽，而宁愿内在的平易近人。“整个花园花木繁茂，郁郁葱葱，甚至还有一大片菜地、几个人工小湖。已经建成的15个馆舍，多为两层建筑，设计图均出自著名建筑师之手，造型各异、错落有致，但外观均朴实无华，与绿树水色相辉映，不失田园风光，与宁静的小镇相和谐。馆内陈设绝无豪华的序厅，绝无耀眼的光电，绝无奢侈的包装，有的只是普通的墙面，普通的照明，普通的台柜，灰砖的地面，一切都那么平易近人，与陈列内容相和谐，与周围环境相和谐。陈列展览力图原原本本地保存历史、还原历史、尊重历史，把最常见又最典型的历史场景再现出来，让观众体验、回味”。“朴素，是一种自然美、内在美、和谐美，是美的最高境界，也是最难得的，应该大力提倡”[①]。

在博物馆建设方面，除选址、面积、环境等因素外，建筑造型的赏心悦目与功能需求的和谐统一也显得越来越重要。国际博物馆学专家 K. 赫德森（K.Hudson）曾经说过，任何一类博物馆建筑的质量都取决于其外观是否被人喜爱，它在什么程度上迎合了使用者的需要，但几乎没有太多的博物馆建筑能同时满足这两个标准，大多数博物馆甚至连一个标准都不能满足[②]。一座完美的博物馆，其建筑造型必须体现博物馆特有的文化气质，必须具有博物馆鲜明的个性。一方面博物馆的建筑造型能够体现出特有的文化内涵，而被当地民众和前来参观的社会公众所喜爱。另一方面博物馆的内部构造能够充分满足各项功能需求，同时在一定程度上实现空间的灵活转换和面积的充分利用。

现代科学技术的发展，推动着建筑设计和施工技术的进步，不断创造着人类建筑史上新的奇迹。伴随大量现代建筑拔地而起的同时，也引发人们的诸多文化思考。国际建筑界有这样一种说法，设计一座博物馆是每一位建筑师的梦想。因为博物馆建筑具有经典性、纪念性和永久性特征，往往成为建筑大师的代表作。没有其他的建筑类型在象征性和重要性上能与博物馆相提并论。但是，长期以来建筑师追求的是让人们首先体验建筑的艺术，然后进入艺术的建筑中更好地欣赏艺术品。实际上，在文化坐标的意义上，博物馆具有无可比拟的优势。“建筑设计中的流线、照明、装置和空间品质都是为了人们更好地体验建筑，更好地欣赏艺术作品”。

T. 格里布（T.Greub）在《二十一世纪初的博物馆：思考》一文中，介绍了国际最新的博物馆建筑发展的潮流，总结现今博物馆建筑发展的方向，并分析了博物馆建筑形式与藏品展示和参观者三者之间的关系，同时讨论了博物馆建筑在今天社会上的功能和博物馆角色的演变。他指出“博物馆建筑本身，建筑物所在的城市环境，与行政的运作空间等一起，必须做到建筑物和艺术品、建筑和使用者（博物馆人员和参观者）之间能沟通对话。”[③]他在评价称为“新透明”的建筑潮流时，谈到有刻意透明的博物馆建筑，追求的是一种开放的态度，减低馆内外空间的差异，例如使“艺术跨出屋外，而街外的走进门来”。

由于工业化和城市化进程的加快，环境污染日益严重，文化景观和自然景观正在丧失原有的秩序感和稳定感。同时，快节奏、高负荷的工作使城市中的人们感到紧张与疲惫，

① 阮家新：《百姓视角下的历史——访建川博物馆》，载《中国文物报》，2009-12-02（5）。
② 王莲芬：《浅论博物馆建筑造型与博物馆功能需求的和谐统一》，载《中国博物馆》，2006（1），56 页。
③ 傅玉兰：《博物馆建筑新潮流与博物馆角色的演变——兼评泰利 • 格里布〈廿一世纪初的博物馆思考〉》，载《中国博物馆》，2008（3），53 页。

渴望拥有宁静自然的生活环境，在更加和谐的环境中恢复身心的平衡。在这一背景下，极少主义的设计手法受到社会各界的关注，对当代建筑设计产生了实质性的影响。一些建筑师开始在不同程度上追求空间的纯净和场所的精神力量，由于这些设计符合现代社会人们追求简单、轻松、自由和开阔的审美需要，而更加符合时代的潮流。例如日本建筑师安藤忠雄就尝试创造性地使用混凝土、玻璃和钢材。他指出并不需要高价或稀罕的材料，因为任何一种材料只要正确运用就能取得良好效果。他坚持高质量的加工工艺，例如将混凝土运用得洗练而优雅，使人们充分领悟到材料运用背后所表达的文化内涵。

近年来，国际各种设计理论先后传入我国，并影响建筑设计实践，这一时期，我国正处于城市化快速发展阶段，一些建筑师积极探索各种设计手段并应用于建筑工程设计，但是由于缺乏深入的思考和精准的把握，经常出现过度烦琐、过度造作的方案。不少新建的博物馆，对于城市特色没有深入研究，对于功能定位没有深入思考，对于文物藏品没有深入分析，就唐突地坐落于城市之中。目前，一些引人注目的博物馆设计虽然具有震撼力，有令人肃然起敬之感，但是人们还是不免产生疑问，这些夸张的几何造型在生态环境中是否合理，与城市传统文化、地域文化是否和谐，作为博物馆建筑所表达的含义是否准确等。这些疑问表明，人们普遍认为，博物馆建筑不应为追求外在的形式美，而忽略自身的特殊性。

今天，人们更多地认为，博物馆应成为吸引广大民众的公共场所，应为城市的社会生活带来活力，应为城市中的广大民众带来荣誉感。博物馆建筑不应是建筑师为满足个人创作欲望而设计的标志性建筑，也不应该是城市决策者的政绩工程，而应该努力成为城市的文化客厅，成为社区的文化中心。但是，人们也发现，当社会民众将博物馆视为城市的文化客厅、社区的文化中心时，“博物馆界与建筑界的心理准备、知识准备、理论准备、实践准备如此不足，就像一场不期而至的邂逅”[①]。鉴于长期以来，在博物馆的建设与发展中，公众参与的重要性被忽视和贬低。因此，应加强博物馆界与建筑界的沟通，加强博物馆界与社会民众的沟通，鼓励更多的社会民众参与博物馆的建设与发展，支持专家学者对博物馆的建设与发展进行持续的专业评估。

① 王莉：《中国博物馆建筑批判》，载《文物天地》，2002（1）。

3.3.5 博物馆建筑与科学精神

根据《辞海》对建筑的定义，建筑是工程技术和建筑艺术的综合创作。在任何建筑中始终存在着造型与功能这一矛盾统一体。建筑造型是指建筑师通过设计创造出的建筑形象。一些现代建筑师进一步解释道："建筑，是文化的背景，其形象特征应该首先在文化氛围上闪光。伟大的建筑，铸造不朽的建筑文化、不朽的建筑群体，竖起了城市的品位、城市的风采、城市的光辉。"建筑物不仅是人类居住、工作和从事各种活动的场所，也是民族文化和地域文化的重要载体。在博物馆建设过程中，要通过精雕细琢，在建筑布局、建筑造型、建筑空间、建筑装饰等方方面面，体现出博物馆建筑的文化特点。冯纪忠先生倡导"缜思畅想"和"重理倾情"的建筑设计理念，即建筑师需要在精通现代建筑技术和尊重文化传统的基础之上畅想、创新，要注重理性，又要投入激情[①]。

一般来说，博物馆建筑是特指专门为博物馆工作设计建造的建筑，它既可以是包括满足博物馆各项功能的一栋综合性建筑，也可以是由陈列展览用房、办公用房、藏品库房等多栋建筑构成的一组建筑[②]。进入 21 世纪，人们对博物馆建筑形式的期望和审美评判，已经完全超越了博物馆是陈列展览场所的传统认识，要求博物馆建筑造型必须体现博物馆特有的文化内涵、满足博物馆功能的需求，甚至使博物馆自身也成为特别的展品。观察国内外博物馆建设，任何一座成功的博物馆，其建筑造型与内部功能需求的结合必然高度完美、和谐统一。这就要求博物馆建筑设计具有审美的眼光，通过调动造型、色彩、材料、工艺、装饰、图案等审美因素，进行构思创意、优化方案，既满足博物馆的使用需要，又满足人们的审美需求。

注重建筑的象征性意义是建筑设计中一种惯用的手法。一些博物馆建筑通过强化外观造型，或追寻历史文脉，或象征博物馆主题，或隐喻展示内容，或烘托环境气氛，或展现个性化的设计理念等，这些努力不仅允许，而且值得提倡。但是，有些博物馆建筑为了达到外部造型的某种象征性效果，而不惜牺牲内部空间的合理性则不可取。博物馆建筑不应仅仅关注外部形象，外观造型不应仅仅停留于对某种器具的简单模拟。博物馆

① 姜泓冰：《所有的建筑都应是公民建筑》，载《人民日报》，2009-12-14（11）。
② 王莲芬：《浅论博物馆建筑造型与博物馆功能需求的和谐统一》，载《中国博物馆》，2006（1），56 页。

建筑首先应以满足博物馆基本功能为前提，否则有可能成为浅薄化的建筑设计实验场，不仅在财力上造成浪费，而且对博物馆建筑功能带来损害。因此，博物馆的建设必须注意适用性，以创造舒适、优雅、安全的文化空间为主要目的，而不是过分讲究建筑外观造型和体量高大气派。

一座城市在做出建设博物馆的决定时，应该首先考虑博物馆的功能定位和建设目标，做好前期的可行性研究和论证。设计之初就要充分考虑博物馆现在已有的和未来可能拓展的功能和内容，以务实的态度来考虑博物馆建筑硬件的设计。实践证明，博物馆建筑并非规模越大越好，而应根据其具体功能、用地性质、服务规模、使用效率等相关因素来确定，只有适当的规模才能发挥积极的文化作用。有关统计资料表明，在美国的上万座博物馆中，有 75% 是小型博物馆，而真正成规模的博物馆只有 2000 多座，与我国大致相当。在英国有 2000 多座博物馆，但是具有一定规模的博物馆也只有 500 余座。一座好的博物馆建筑，除了令人赏心悦目的建筑外表以外，还应该服从于它所期望的目的，使博物馆的各项工作在其中有效地进行，使博物馆的各项功能得以有效的施展。

建筑能够创造出充满文化气息的景观和环境。文化景观和文化环境一经形成，就成为人们生活、交流、娱乐种种行为的舞台，规定着人们的行为模式，影响着历史的进程和速度。因此，建筑不仅要满足人们衣食住行的物质需要，也要体现经济、政治、科学、技术、哲学、宗教、艺术、美学观念等精神方面的要求，还要满足不同时代、不同地域、不同民族的生活方式、生产方式、思维方式、风俗习惯、社会心理等的需要。这种综合性使建筑成为人类每个历史阶段发展水平最重要的标志[①]。正如梁思成先生所指出，“总而言之，建筑的创作必须从国民经济、城市规划、适用、经济、材料、结构、美观等等方面全面地综合地考虑。而它的艺术方面必须在前面这些前提下，再从轮廓、比例、尺度、质感、节奏、韵律、色彩、装饰等等方面去综合考虑，在各方面受到严格的制约，是一种非常复杂的、高度综合性的艺术创作”[②]。

博物馆建设是一项造福于民众和社会的长远事业。博物馆建筑的文化内涵与文化品位，决定其设计水平的高低，文化是博物馆建筑创作的核心和灵魂，博物馆建筑设计的

---

① 顾孟潮：《建筑文化的特征及价值》，载《中国建设报》，2009-04-13（3）。
② 梁思成：《建筑和建筑的艺术》，载《梁思成文集（四）》. 北京，中国建筑工业出版社，1986。

成败，说到底就是对于文化内涵把握的成功与否[①]。同时，建设一座理想的博物馆，需要一系列良好条件的保障，并不是仅仅有足够的资金投入就可以立即开工，迅速建成。因为博物馆是集多学科知识形态于一身的文化设施，它的建设离不开两个重要支撑点，即学术研究成果基础和文物藏品积累基础。没有扎实的学术研究成果和一定的文物藏品积累，难以建成一座理想的博物馆。与一般建筑相比，博物馆建筑是多种学科的综合产物，吸收人文科学、自然科学、技术科学的最新成果，交叉融汇到博物馆建筑中去，才能实现博物馆建筑文化创新，而这种创新拥有广阔的天地、不竭的资源。

在众多博物馆建设过程中，往往采取先建设馆舍，再设计陈列展览的方式。由于在建筑设计时没有充分考虑陈列展览的特殊需要和具体要求，这样就很容易造成博物馆的建筑空间布局与陈列展览要求不相适应的问题。例如有的博物馆参观线路紊乱，观众缺少方向感，人流相互影响；有的博物馆的展厅中间建造多根柱子，对观众视线形成严重遮挡；有的博物馆展厅高度、宽度、纵深尺度，与展板、展柜、展品缺少合理比例。所有这些问题几乎都与建筑设计和陈列展览设计缺少衔接有关。良渚博物院在进行建筑设计阶段，聘请博物馆建筑设计专家担任顾问，参与建筑设计过程。同时，在室内空间设计阶段，聘请博物馆专业人士介入其中，指导建筑设计更适合良渚文化的陈列展示，满足博物馆今后的实际需求，做到了建筑设计与陈列展览设计策划同步进行，有效避免了博物馆建设当中普遍存在的“交钥匙工程”所导致的建筑不能满足功能的尴尬现象。

应提倡建设量体裁衣的博物馆建筑，博物馆建筑应与博物馆功能更加紧密结合。面对一些地方公共设施建设一味追求巨型化的浪潮，博物馆界专家呼吁，应该重新体会适度规模和现存博物馆建筑的价值。事实上，一些投资较少、规模适度的博物馆建筑，只要很好地与民族传统和地方特色相结合，同样可以取得成功，真正起到宣传地方特色文化、满足民众文化需求的作用。国家有关部门联合发布的《关于加强大型公共建筑工程建设管理的若干意见》强调，大型公共建筑工程的数量、规模和标准应与国家和地区经济发展水平相适应。参与投标的设计方案必须包括有关使用功能、建筑节能、工程造价、运营成本等方面的专题报告，防止单纯追求建筑外观形象的做法。同时强调“政府投资

① 关其方：《文化：建筑设计的核心》，载《广东建设报》，2007-05-19（4）。

的大型公共建筑，建设单位应立足国内组织设计方案招标，避免盲目搞国际招标”[①]。

虽然博物馆建筑也可以作为一种“展品”，供人们欣赏，但是这件“展品”不应与博物馆陈列展览等基本功能发生冲突，其表现应该适度。博物馆建筑毕竟是具有实用性功能的公共建筑，如果外在形象彰显与内在功能发挥不协调或发生冲突，那么，即便在建筑艺术方面获得极高的赞誉，仍然是一个不成功的或者说是不适用的建筑设计。柏林犹太人博物馆由著名建筑师 D. 里伯斯金德（D.Libeskind），以独具匠心的解构主义流派理念进行设计，呈现出不同凡响的外在表现力，在国际设计竞赛中获得金奖。然而，2005 年博物馆馆舍建成并布展后，种种不合乎博物馆功能的因素开始凸显，不协调的建筑空间，无法理顺的参观路线，不合理的窗户配置等，既使参观者感到迷惑与不解，也使博物馆管理者感到无奈和遗憾。由此成了一座建筑界“叫好”，而博物馆界“叫苦”的博物馆建筑[②]。

3.3.6 博物馆建筑与社会期待

新时期兴建的许多博物馆已经成为地方的标志性建筑。一批新建、在建的博物馆功能齐全、各具特色，集中表现了追求传统文化与现代文化气与韵、形与意、神与魂的有机结合，充分体现民族传统、地方特色和时代精神，成为一个国家、一座城市或一个地区的最具特色的文化设施。所谓国际化，是指能够跨越国度、跨越本土，为世界各国所接受的内容。所谓本土化，是指能够适合本土、凸显本土文化特色的内容。因此，二者互为前提。具体到博物馆建筑设计，应该立足本土，放眼国际，以国际化的视野来重新审视具有本土特色的博物馆建筑，并致力于凸显其文化价值。“在这个意义上，可以说，唯有最具本土特色的，才能成为最具国际共享价值的”[③]。

在西方传统文化观念中，建筑属于视觉艺术的范畴，建筑因此与艺术具有难解难分的亲缘关系。梁思成在西方建筑史学的影响下，将建筑学与历史学、美术学领域的知识结合进行考察，并用以整理与解释我国传统的建筑语言。此后半个多世纪，随着学科的发展越来越专业化，建筑与历史、艺术等学科分属于工科和文科，造成“鸡犬之声相闻，

---

① 翟立、郑培：《国家加大对大型公共建筑建设管理力度》，载《中国建设报》，2007-01-11（1）。
② 冯倩等：《博物馆建筑功能性的外在表达与内在规范——以宁波博物馆建筑为例》，载《东方博物》（37 辑），100 页。
③ 夏寸草、魏巍：《杭州话语：现代设计》，载《建筑与文化》，2004（10），66 页。

老死不相往来"的局面，曾经完整的知识体系失去了应有的光泽和张力。近年来，经过不懈努力，人们逐渐认识到，确实存在着与西方建筑体系迥异其趣的中国特色建筑体系。在我国，从不同地区、不同城市的实际出发，把民族审美理念与现代功能需求紧密结合起来，探索本土文化的内涵，形成独树一帜的中国特色建筑设计体系，才是新时代建筑设计的发展方向。

对于建筑的理解，人们有各自的观点，有的强调建筑的审美效果与艺术风格，有的强调建筑的适用材料和实用技术，有的强调建筑的功能布局和结构特点。"博物馆建筑要符合广大观众的审美接受心理，这在客观上是很难实现的。由于人们的价值观、审美观不尽相同，文化素质各有高低，因此，统一的标准几乎是不存在的。然而，作为博物馆建筑的主导者和实施者在主观上必须要有这样的精品意识"①。只有表现出民族传统、地方特色和时代精神的作品，才能成为传承后世的建筑文化遗产，才能长久地保留在人们的生活里和记忆中。建筑文化遗产应该是一个时代的公共表达。今天，建筑领域与文化遗产保护领域应启动共同的创新实践，需要拆除学科之间的樊篱，将建筑与文化、艺术、历史、科学技术以及其他人文科学与自然科学再度融合②。

宋新潮先生认为"其实博物馆用不着总是建设成殿堂、标志性工程，而是需要放下姿态，以更开放的心态融入百姓生活，使公众能够在街头漫步之余轻松走进博物馆"③。以往对博物馆建筑的理解，仅视作为公共文化设施的硬件建设。然而现代博物馆建筑最本质的意义，不仅仅是提供物质性的博物馆设施和场所，而是要为人们营造一个可以充分体现城市文化内涵的氛围和环境，为人们提供文化表达的有效途径，满足人们文化交流的需要，即博物馆建筑应具有公众参与性。因此，要更多地从满足社会公众文化表达和文化交流需要的角度出发，更多地从"以人为本"的角度出发，更多地从城市文化建设与和谐发展的角度出发，来思考和解决博物馆建筑创作与发展问题④。

由于城市发展的需要，许多城市都把博物馆的建设作为城市文化建设的一项重要内容，把博物馆作为一个展示城市魅力、提升城市形象的重要窗口。今天的博物馆建筑应努力成为时代的艺术品，使它们长久存在，并且在未来成为建筑遗产，向后人昭示当今

---

① 崔波：《与君初相识 犹如故人归——中国博物馆建筑感怀兼论宁波博物馆建筑》，载《中国文物报》，2008-06-13（6）。
② 单霁翔：《建筑文化遗产：一个时代的公共表达》，载《中国建设报》，2009-10-27（7）。
③ 吕天璐、乔欣：《博物馆的首要功能是教育》，载《中国文化报》，2009-07-21（6）。
④ 虞瑛、史楠：《从涂鸦看公共文化空间》，载《光明日报》，2007-06-14（6）。

时代的文明和非凡的创造力，带给未来社会取之不竭的精神力量和物质财富。但是“当前有些建筑师追求‘时尚’的异样形体，要打破几何体、几何线条，认为这是建筑发展的趋势。其实创造各式各样的空间形态只是手段，而不是目的。其目的最终是要创造出不同地域的优良生态空间环境，满足物质和精神的功能需要，单纯追求形态的异样会走入片面追求形式的误区”①。

张锦秋教授判断当代城市建筑艺术具有多元性和多层次性，因而应当格外强调“和谐”这一特质。她指出：现在的某些建筑一味地追求“新、奇、特”，打着“现代建筑”的旗号，但是实际上是“唯形式建筑”，通过标新立异来留名。甚至一些大学生刚毕业，就急着要表现自我，而当城市总体规划上有一些限制，就抱怨影响了建筑设计的发挥。目前，国际社会在城市规划和建筑设计中，有着追求技术化和表面化的设计潮流与趋势，而唯独缺乏文化理念与时代精神。在我国，伴随着房地产业的蓬勃发展，一些建筑师变得急功近利，在大规模的低级抄袭、模仿之后出现了严重的审美疲劳，目标仅定位于拿到更多的设计合同和节约更多的设计成本。“伴随着全世界一半水泥的消耗量，艺术上和文化上的追求只能在速度要求和经济利益面前退居二线”。“建筑创作也就变成了建筑表现”②。

通过实践与思考，张锦秋教授提出了“和谐建筑”的理念。她认为这一理念的第一个层次是“和而不同”，提倡不同因素的协调，反对相同因素的一律，即主张吸纳百家优长，兼集八方精义；第二个层次是“唱和相应”，说明不同的因素怎样才能达到“和”的境界，即音虽有高低不同，只要有主次、有节奏、有旋律地加以组织，就能奏出和谐的乐曲。“先人的智慧给我们以启迪，有助于我们建筑师开阔设计思路，提高创作境界。在国际化的浪潮中，一方面勇于吸取来自国际的先进科技手段、现代化的功能需求、全新的审美意识，一方面善于继承发扬本民族优秀的建筑传统，突显本土文化特色，努力通过现代与传统相结合、外来文化与地域文化相结合的途径，创造出具有中国文化、地域特色和时代风貌的和谐建筑”。

建筑是城市的历史，是民族的语言。当代建筑文化遗产应该包括：见证国家、地区、

① 张祖刚：《走向自然 节能环保 传承文化 服务大众》，载《中国建设报》，2009-10-27（7）。
② 老王：《建筑苦旅》，载《中华建筑报》，2009-11-21（7）。

城市、社区发展历程的重要建筑；见证不同历史时期重大历史事件的典型建筑；见证文化、教育等不同领域发展的重要建筑；成为体现城市特色风貌的代表性建筑；在建筑科技方面具有世界领先地位的建筑。在任何国家和任何时代，建筑从来都是文化复兴最重要的表现途径。黑川纪章认为："历史与传统的共生不应该是简单地复制历史，更不应以单纯的经济利益而生产没有思想的建筑，来堆砌经不起时间考验的城市。建筑是文化，城市是文化。"无论是建筑设计还是城市规划，都应该体现一定的文化理念与时代精神，没有思想的设计不能成为文化，更不能成为建筑文化遗产。

博物馆建筑用自己独有的形象语言记载着一座城市，甚至一个民族的文明历史。一座新的博物馆不应简单模仿过去的建筑形式，一味模仿只能是一种意识形态的倒退，是缺乏时代精神的表现。国际博物馆领域积极倡导博物馆建设文化。早在 1948 年，就根据国际博物馆协会理事会的章程，设立了国际建筑与博物馆技术委员会，成为国际博物馆协会的专门委员会之一，在博物馆规划、设计、建设、重建和规划等方面，为协会成员提供专业知识、经验和思想交流的平台，并关注专业之间的合作与交流，传播科学知识，提升职业水准。世界各地博物馆界也采取多种方式，推广博物馆建设的正确理念。欧洲博物馆年度奖由欧洲博物馆论坛于 1977 年设立，只有在过去的两年中，进行了大量的现代化改造、扩建、重组或重新诠释的老博物馆，以及首次对外开放的新博物馆，才有资格参加评选。

3.3.7 博物馆建筑与生态环境

走向自然是博物馆建筑发展的方向。博物馆设计应充分体现以人为本，包括为观众提供生态的绿色环境、典雅的参观环境和惬意的休憩环境，增加馆舍环境的健康性和舒适性，消除建筑对自然环境的不利影响。博物馆建筑设计还要充分考虑节能环保，结合自然条件，并充分利用自然条件进行被动节能设计，例如在建筑设计中注重利用太阳能，在自然采光系统、自然通风系统以及后期管理等方面探讨可持续途径。作为传播科学理念的博物馆，也应该是节能、低碳、绿色、环保等科学理念的积极践行者，博物馆建设过程中应充分循环利用自然资源，尽量使用本土材料，并运用最新技术，减少能源消耗和浪费，恢复自然生态，减少碳排放量。我国博物馆建筑也应逐渐向绿色建筑转变，不能再一味地无视建筑材料的浪费，来满足“政绩工程”和“形象工程”的需要，应该对整个人类的未来负责[①]。

当前，世界面临逐渐增多的自然挑战，设计绿色建筑的呼声与日俱增。绿色建筑是近年来兴起的设计思潮，影响着21世纪建筑设计方向，促使“环境设计”“健康设计”“人性化设计”等新的概念崛起。所谓绿色建筑，就是指在建筑的寿命周期内，最大限度地节约资源，通过节能、节地、节水、节材等措施，保护环境和减少污染，为人们提供健康、适用和高效的使用空间和与自然和谐共生的建筑。在绿色建筑思潮的影响下，人们将天然材料的应用当作室内外设计的重要手法，强调环境设计中天然材料的肌理，着意显示这些材料的本来面目[②]。日本的美秀（MIHO）博物馆选址于山中，通过隧道和斜拉索吊桥进入馆内，为了尽可能地保留自然环境，博物馆馆舍大部分都建在地下，谦虚地隐蔽在万绿丛中，是一种向往自然的回归。

在北欧，如今风能、太阳能、地热能等自然能源的利用，已经进入普通建筑领域，并且在建筑设计中特别强调对房屋朝向、墙体厚度、外墙颜色等细节的关注，在环保方面注重建筑材料的更新，加强新型可回收建筑材料的应用，避免建筑在建成和拆毁时可能出现的大量建筑垃圾[③]。目前，越来越多的博物馆建设将绿色设计作为首要的设计前提。著名建筑师F.L. 赖特（F.L. Wright）认为，“建筑应生于土地，沐于阳光”。在美国，加利福尼亚科学院的研究机构，使用光伏板和节能板进行太阳能吸收，展示厅的屋顶则是一种可循环使用的纸箱，它们可以分解到土壤当中，由此可以看出，现代技术的应用可以使博物馆建筑变得十分自然和环保[④]。其中自然采光、建筑遮阳、围护结构热工性能控制、节能空调与通风、高效照明、雨水回收、中水利用、智能控制等技术已经成为越来越值得推崇的设计方向[⑤]。

在美国丹佛市，一场利用新能源的浪潮正在悄然兴起。拥有一百多年历史的丹佛自然科学博物馆就是其中的代表。美国总统奥巴马于2010年2月16日，特意选在这个博

① 李先军：《品味中国建筑的“五味瓶”》，载《中国文化报》，2008-07-08（8）。
② 郭萍：《“古代中国陈列”形式设计之思考》，载《中国文物报》，2009-03-20（6）。
③ 刘伟：《芬兰，用行动贯彻低碳理念》，载《中国建设报》，2010-04-12（4）。
④ 章迪思、梁建刚：《自然博物馆：重建中的若干可能》，载《解放日报》，2009-11-30（5）。
⑤ 金磊：《如何看待新中国建筑作品与建筑师的影响力》，载《中国建设报》，2009-10-27（7）。

物馆签署了国会通过的7870亿美元的振兴经济法案，奥巴马之所以选择这座博物馆签署这个历史性的法案，与他想借助绿色能源推动美国经济的想法有关，因为博物馆采用的太阳能发电系统，正是经济刺激计划所支持的利用新能源的一个范例。丹佛自然科学博物馆的这套太阳能发电系统总投资72万美元，每年发电量约134 500千瓦时，大致相当于美国30~35户家庭一年的用电量。目前太阳能供电还不到整个博物馆总用电量的20%，博物馆计划未来安装更多的太阳能电池板，增加太阳能热水系统，并建造节能的科学教育中心，使整个建筑最终实现碳排放量为零的目标。

2010年欧洲提出了三个增长，即智能增长、可持续增长、包容性增长。很多国际组织也纷纷提出绿色新政和绿色增长，“绿色低碳”正成为越来越多国家的选择。低碳建筑是当今世界最瞩目的课题之一，而恒温、恒湿、恒氧、低噪、适光，成为低碳建筑的核心价值。低碳建筑不仅表现在材料上，更是一个系统工程，表现在风能、太阳能、地热能、生物能等可再生能源的广泛运用上，也是国际认定的未来建筑发展趋势。随着我国经济快速增长，资源环境的约束日趋加大，作为国民经济重要产业的建筑业，成为节能减排最重要的领域之一。目前，我国每年20亿平方米新建面积，接近全球年建筑总量的一半，成为世界上每年新建建筑量最大的国家，建筑能耗占全国总能耗的27.5%，未来这一比例将继续提高，建筑节能潜力巨大①。

近年来，我国城市化的加速进程，伴随着“大拆大建”“短命建筑”不断增加。一些城市决策者认为，拆旧建新不但可以让城市面貌日新月异，而且还可以拉动内需，这是看得见的“政绩”②。于是，在城市改造过程中，原有建筑物的价值往往被低估，只要新建筑的市场价值高于拆迁和建设成本，拆除旧建筑在经济上就是合算的，无论原来的建筑物有无保留价值，一律列入拆除之列，往往拍脑袋、想当然地大搞劳民伤财的“形象工程”和脱离实际的“政绩工程”。今天建，明天拆，重复建设，“这可以说是导致中国建筑‘短命’的重要原因”。一座建筑动辄需要花费数千万乃至上亿元，消耗大量资源。“短命”建筑还会产生大量的建筑垃圾，给生态环境带来巨大的威胁。从宏观上看，“短命建筑”与可持续发展、低碳经济相背离，造成资源的极大浪费，对人类生存环境

① 李建：《以“绿色文化”引领低碳建筑发展》，载《中国建设报》，2011-02-22（8）。
② 李兆汝：《“短命建筑”何以假“规划”之名》，载《中国建设报》，2010-04-06（3）。

构成威胁。

按照我国《民用建筑设计通则》的规定，重要建筑和高层建筑主体结构的耐久年限为 100 年，一般性建筑为 50—100 年。但是仇保兴副部长曾表示，我国建筑的平均寿命只能维持 25—30 年。而英国的建筑平均寿命达到 132 年，美国的建筑平均寿命也达到了 74 年①。刘志峰副部长归纳我国建筑使用寿命短的主要原因：一是城市规划变更频繁，朝令夕改，一任领导一轮规划，规划调整导致大量建筑被拆除；二是建筑维护不及时，损毁严重，影响使用寿命；三是有些建筑材料耐久性差，有的施工质量不高影响使用寿命；四是对使用空间和功能不能满足新要求的建筑，大都一拆了之。实际上一些问题出在文化理念，以及不理性、不科学的规划实施。“更深层次的原因是，一些地方在城市建设指导思想上急功近利，重速度、轻质量，大拆大建，政绩工程和开发商的商业利益相结合，造成不该拆的房屋大量拆除”②。

一个有品位有魅力的博物馆，必然注重生态环境建设，将自然因素引入其中，解除工业化带来的对自然的围困和遮蔽。这就需要从可持续发展视野出发谋划博物馆馆舍设计，科学合理地发挥自然资源的作用。降低消耗、节约能源、促进环保是新形势下博物馆义不容辞的责任和必须履行的义务。在博物馆选址安排、建筑设计、工程建设、陈列展示、运行管理、维修保护等各个环节，都要严格控制规模、降低成本、减少物耗，发挥社会资源的最大效能。绿色建筑并不代表昂贵的建筑。根据对国内绿色公共建筑的统计，目前，绿色建筑的增量成本为每平方米 100—300 元。随着绿色建筑技术的成熟和产业化的发展，绿色建筑的增量成本还将会持续下降。博物馆有责任通过运用现代建筑科学技术改善建筑设计，减少对环境的影响，这将会大大减少碳排放量。

当代建筑设计要在高新技术与传统技术之间做出判断，不以技术高新或传统论成败，而是选择最适宜的技术，在更高层次上满足当代人们对于生活与消费的需求③。2009 年 9 月，中国科技馆新馆向社会开放，博物馆建设中体现了“新设计理念、新建设管理模式、新技术应用”的特点。新馆是一个单体的正方形，建设利用若干个积木般的块体相互咬合，使整个建筑呈现为一个巨大的“鲁班锁”，反映出对知识和科学渴求的寓意。新技术的

① 徐徐、王炜：《“短命”建筑折射错位政绩观》，载《人民日报》，2010-04-07（11）。
② 牛建宏：《中国建筑呼唤“百年老宅”》，载《人民政协报》，2010-07-31（B2）。
③ 金磊：《如何看待新中国建筑作品与建筑师的影响力》，载《中国建设报》，2009-10-27（7）。

应用在新馆建设中也有很好的体现。例如新馆外墙通过适宜材料的应用，充分满足大体量单体建筑的隔热保温和采光需求，减少对空调的使用，达到降低能耗的效果；建筑内部采用全空气系统和自然通风系统相结合的方式，使室内空气在不同季节进行自动调节。建筑还采用雨水收集与利用系统、中水利用系统、冰蓄冷系统，并局部安装太阳能发电系统、风力发电系统等，体现节能环保理念①。

3.3.8 博物馆建筑与服务职能

城市首先是人们居住的地方，市民不仅希望自己生活的家园更加美丽，也希望能与美丽更加亲近。一个宜居的城市应该既有城市的宏伟气魄和壮美景观，更有居民与生活空间的身心契合。这样，城市品质才会得到真正的提升。在当代社会生活中，博物馆是新的城市文化中心，是公众交往的重要场所，更是对外交流的窗口和展示的舞台。公共空间的开放性、共享性与个性特色是衡量博物馆水准的主要标尺之一。因此，要在博物馆建筑的设计建造中，使参观者与博物馆更亲近，成为市民乐于到访的地方，增强人们对于博物馆的认同感，使博物馆不仅具有物质的、外在的形象，更包括丰富的、人性化的文化内涵。只有将具有现代感的博物馆建筑与城市文化有机结合，将使用功能与市民生活有机结合，才能建造出有灵感的博物馆建筑。

博物馆是对人类文化瑰宝进行收藏、保护和展示的公共设施，博物馆建筑是公共服务使命的最好象征。蔡元培先生认为，博物馆馆址和建筑“所在之环境有山水可赏”“设清旷之园林”，建筑物都是“美术家的意匠构成”，要使人一走进博物馆就有接触美术的机会，起到美化人生的作用②。创造各具特色的博物馆建筑空间，目的是形成不同地域的优秀文化环境，满足社会公众不断增长的精神文化需求。实现博物馆建筑设计的科学管理，最为重要的是完善决策程序，在决策过程中尊重社会民众的参与愿望，尊重博物馆业主方的管理诉求，尊重建筑设计方的专业知识，鼓励社会各界广泛参与建筑设计方案的选择。只有如此，广大民众才会真正感受到自己是博物馆发展的利益相关者，而博物馆建设与自己的生活息息相关。

---

① 李艳：《2009 年：博物馆建设的主调与和弦》，载《中国文物报》，2010-01-13（5）。
② 宋伯胤：《博物馆：学校以外的教育机构——蔡元培的博物馆观》，载《东南文化》，2010（6），6 页。

博物馆对滋养社会的灵魂、启迪民众的智慧，起着不可估量的作用，博物馆对前来参观者的思维方式和生活态度也将产生重要影响。因此，一座博物馆筹建之初，应明确发展定位，对于文物藏品特色、陈列展览内容等进行认真研究，搞好馆舍建设方面的策划和设计，为规划设计博物馆和投资建设博物馆提供决策参考和实施依据。我国在博物馆建设方面，需要采取更加生态的建设方式。目前，一些城市在开始重视博物馆建设的同时，首先想到的是“拆除老馆，建设新馆”，并要求新建设的博物馆要“国际先进，国内一流”，要成为城市的“地标性”或“标志性”建筑。“一些陈列展览规划缺乏论证，定位不准，追求‘假大空’的大制作，形式与内容脱节，滥用多媒体技术、幻影成像、人工造景等，场景化、影视化、虚拟化倾向严重，喧宾夺主，忽视对文物展品内涵和展览主题的发掘、展示，既对观众产生了误导，也造成了很大的浪费”[①]。

人性化设计对博物馆建设提出更高的要求。要求建筑设计体现人文关怀精神，能够自觉关注以前设计过程中经常被忽略的因素。例如关注社会弱势群体的需要，关注残疾人的需要。无障碍环境是人道主义和良好社会风尚的重要标识之一，是社会文明进步的标志。无障碍博物馆是世界范围内现代化博物馆建设的重要内容之一，是建设无障碍社会环境的一部分。有关统计表明，我国大约有6000万残障人，其中听力和言语障碍者占34.3%，智力障碍者占19.7%，肢体残障者占14.6%，视力障碍者占14.6%，精神残障者占3.8%，多重残障者占13%。所谓无障碍环境是指为保障以上残疾人，以及老年人、孕妇、儿童等弱势群体的安全通行、便利使用、顺利交流而设立的各种设施和提供的各种服务，其中包括交通无障碍、建筑无障碍、信息无障碍和文化无障碍等[②]。

博物馆建设应该视为长效投入，不能追求短期效益。博物馆自身也要转变观念，当前需要转变计划经济时期形成的思维方式，即只要能争取到新建博物馆或改扩建博物馆的政府立项，不管建设规模是否合理，建筑布局是否适用，规模越大越好，投资越多越好，开工越早越好，竣工越快越好，建好以后再说。今天，博物馆建筑大大超出一般建筑的功能，负载着保护历史与文化信息的作用。随着博物馆事业的发展，要求不断完善博物馆建筑的功能，而这种发展必须建立在审慎、负责的态度之上。传统的博物馆功能，一般包括

① 王文章在全国博物馆纪念馆免费开放工作会议上的讲话。

② 王裕昌：《博物馆无障碍设施建设的理念与思考》，载《丝绸之路》，2009（24），87页。

六大功能区域，即藏品库房区、陈列展览区、业务科研区、综合服务区、办公管理区以及后勤设备区。博物馆的功能区域划分，应充分考虑人们在博物馆中行为活动与心理需求，以及博物馆未来发展需要，使观众的参观过程舒适而充满乐趣，也为博物馆在运营中各种功能的正常运转提供保证。

2000 年，国际建筑师协会的《北京宪章》明确提出“全社会建筑学”的概念，不仅提出建筑师要参与人居环境建设的所有层次的决策，而且提出应让社会公众更多地参与整个建筑设计过程，这种双向的全面参与无疑将成为新世纪人居环境建设的基本设计模式。2009 年 12 月，在阳江海陵岛的十里银滩，承载“南海 I 号”古代沉船及船上文物的广东海上丝绸之路博物馆正式开馆。中间最大椭圆体为保存“南海 I 号”古沉船的“水晶宫”是博物馆的核心所在。“水晶宫”建设了水下透明视窗观光廊和水下文物考古发掘工作平台，参观者可以近距离观察“南海 I 号”在水中的情况及考古队员的水下考古工作，亲身见证“南海 I 号”精美文物的出水瞬间，并通过大量珍贵实物，了解海上丝绸之路相关的中外经贸、文化、宗教、科技和航海历史。作为公共文化设施，广东海上丝绸之路博物馆从馆舍建设形式到陈列展览方式，都体现出为社会公众服务的精神。

博物馆建筑应该是具有精神追求的建筑，更多地体现人们在精神方面的需求，善于将我国传统的建筑艺术和现代的科学技术有机结合，在现代建筑的共性中突出地方个性，寻求传统文化与当代文化的结合点，从而创造出有文化品位的新时代博物馆建筑。博物馆建筑应该创造更为个性化与艺术化的空间与环境，体现博物馆文物藏品特色，注重人性化理念的表达，既要防止平淡、乏味和说教，又要摒弃贪大贪洋、求全求最的建设心态，防止片面追求外观形象，真实反映社会历史和时代精神，追求美的造型艺术和视觉效果，从而最大限度地满足观众的参观要求和舒适体验。

博物馆建筑首先要求具备一般建筑的共性，服务于功能，特别是服务于博物馆自身的收藏与展览功能。但是，近年来在国际博物馆领域出现在收藏与展览空间之外，增加公共教育空间和公共服务空间的趋势。在公共教育空间方面，包括各种配合展览的小剧场、讲演厅，各种为观众体验和查询而设置的探索角、发现屋，以及各种为儿童教育专设的学习教室、体验馆和实验室等纷纷出现，许多博物馆结合展览内容，安排了各种用于参与、操作、互动的空间。在公共服务空间方面，包括接待咨询、存包服务、餐饮休息、纪念品商店，还需要设有儿童活动空间、轮椅空间、残疾人停车区等。上述内容在博物馆建筑总面积中所占比例不断增大。相比之下，在我国目前的博物馆建筑总面积中，专用的公共教育空间和公共服务空间所占比例较小。

现代博物馆一般由“人”“物”和“空间”三个要素组成，其中“人”是特指观众与博物馆员工；“物”主要是指博物馆所特有的文物藏品和资料；而“空间”则主要是指观众得以思考与休息的区域、博物馆员工的活动区域以及为此服务的相关区域。近年来，博物馆更加注重观众休闲区域的作用，将博物馆接待观众的过程，不仅是看作向观众提供高品位、高质量的陈列展览与传播知识、传播信息的过程，同时还是向公众提供文化休闲与优质服务的过程，这是新时期博物馆服务理念发生的重要变化。因此，博物馆需要考虑营造高雅的人文景观与优美的生态环境，为观众参观过程中思考问题、探讨交流提供舒适的空间环境，使观众在宽松的空间氛围中，完成博物馆特有的知识之旅。

新中国的博物馆建筑文化，就是具有民族传统、地方特色、时代精神的建筑文化，走出了一条中国特色的博物馆建筑创作道路。回首60余年来我国博物馆建筑，在设计思想方面的每一次变化，都会激起人们对博物馆建筑设计前辈们的无比敬意。近年来，随着城市面貌的巨大变化和一座座新建筑的拔地而起，如何延续并创新本土建筑特色的问题，日益凸显出来。今天，之所以要探索中国特色的博物馆建筑文化理论和实践，是因为人们认识到更应关注曾经充满自然山水诗意生活世界的重建。博物馆建筑必须在继承中创新，以适应现代化发展的需要。同时努力保留传统文化中有价值的内容，创造性地把建筑设计与传统文化结合起来，才能做到自然和谐。

第四章 博物馆藏品保护环境的提升

文物藏品是博物馆的生存之基、发展之本，是实现博物馆使命与目标的保证，保护好文物藏品是博物馆的社会责任，也是博物馆功能发挥的出发点。今天将“人类及人类环境的物证”作为博物馆的收藏对象，使博物馆的收藏具有更广泛的社会意义和社会使命。由于文物藏品是博物馆各项业务活动的物质基础，保管环境的好坏不仅直接关系着文物藏品在陈列展览、科学研究等方面作用发挥，也直接关系着文物藏品的寿命。

4.1 文物藏品保护的重要职能

博物馆对文物藏品的收藏保护功能，是以实物为载体传承文化的重要基础。文物藏品是实现陈列展览、社会教育和科学研究的实物资料。博物馆藏品具有实物性、科学性和教育性三大特征。首先是博物馆藏品的实物性。自 1683 年英国贵族 E. 阿什莫林（E.Ashmole）将其私人收藏捐献给牛津大学，建立了第一个具有近代博物馆特征的艺术和考古博物馆以来，让整个社会感受到通过博物馆藏品的实物性所带来的丰富信息，包括人类活动和自然变迁的种种信息。因此实物性是博物馆藏品的主要特征，也是博物馆区别于其他教育机构的根本特点。其次是博物馆藏品的科学性和教育性，即通过对文物藏品的诠释和解读，来了解人类及其生存环境所提供的最直接、最可信、最具有说服力的证据，通过博物馆藏品服务于社会，满足社会公众的教育需求①。

欧洲早期博物馆的文物藏品收藏致力于世界性、全球性，例如罗浮宫艺术博物馆、大英博物馆、大都会艺术博物馆、俄国艾尔米塔什博物馆藏品，都以包容世界各国文化而闻名于世。大英博物馆办馆宗旨是从世界各地收集不同历史时期的文物藏品，从而对比反映人类在不同地区、不同环境、不同背景的信仰、宗教、政治及文化生活。19 世纪末，美国的企业家和金融家聚积了巨额财富，他们开始大量、迅速收藏欧洲艺术品，这些收藏日后逐渐成为各博物馆藏品的来源。美国国家自然博物馆以"地球"为主题，收藏人类和自然环境资料，共拥有各类标本达 1.26 亿件，堪称世界第一②。而大都会艺术博物馆以其包括"世界上每个地区、每个时代、有记载的每种文化、任何已知质地、任何艺术类别"的博物馆藏品而自豪。

我国地域辽阔、人口众多，不同地区、不同民族都拥有独具特色的地域文化，因此，可供博物馆收藏的文物也必然千姿百态、丰富多彩。早在 1905 年，张謇先生创办南通博物苑时，就主张藏品收集的范围"纵之千载，远之外国"。为丰富文物藏品，张謇先生率先将家藏文物捐赠南通博物苑，开创了个人向国家捐赠文物的先河。他为南通博物苑制定文物征集方针，亲自撰写《通州博物馆敬征通属先辈诗文集书画及所藏金石古器启》征集启事，利用一切机会丰富博物苑藏品。1910 年清廷在南京开南洋劝业会，张謇任审查长，闭幕后他征集或购买了大宗展品，例如动物、矿物标本及艺术品，使南通博物苑的藏品有了显著增加。其中较为珍贵的有他以 300 多两白银与日本人争购的露香园《昼锦堂记》字绣长屏十二幅③。

早在南通博物苑创建之初，张謇先生就考虑通过建立藏品档案加强文物藏品保护。1914 年张謇先生为《南通博物苑品目》所作的序言中写道：仰闻公法战所在地，图书馆、博物苑之属，不得侵损，损者得索偿于其敌。世变未有届也。缕缕此心，贯于一草一树之微；而悠悠者世，不能无虑于数十百年之后。对于南通博物苑，张謇先生不仅考虑了当前，而且想到将来。因此，他将南通博物苑文物的总账印刷出版，公布于众，使全社会都知

① 曹兵武：《关于博物馆的核心价值》，载《中国文物报》，2007-12-28（6）。
② 续颜：《21 世纪博物馆藏品与社会责任》，见《21 世纪博物馆核心价值与社会责任》，99 页，北京，科学出版社，2010。
③ 凌振荣：《张謇博物馆思想的特点》，载《博物馆研究》，2010（3），3 页。

道南通博物苑所藏的文物。南通博物苑共有展品 2973 号，所有文物均对外展出。事实证明，张謇先生的担心不无道理，1938 年春日本侵略者占领南通，南通博物苑成为日军兵营。除了少数馆藏文物被转移外，大部分文物藏品被日本侵略者毁坏。战争毁坏博物馆和馆藏文物之事，不幸被张謇先生言中。忆及此事，不能不佩服张謇先生的深谋远虑，也为他呕心沥血保护文物藏品的努力而深深感动。

中华人民共和国成立前夕，著名学者郑振铎先生大声疾呼："我们应该以全力来对付这种文化上的卖国人物！堵住了大门，阻止他们无穷无尽的倒卖、偷运的行为。"他曾悲愤地写道："我们读着史坦因、莱柯克诸人的考古报告书，仿佛目睹他们的掠夺，在发掘，在私自廉价收买，在剥切壁画而装入箱中，满意地运载而去，如入无人之境，不禁愤愤于当时边疆和政府官吏们的昏庸无知！"郑振铎先生指出："殷墟、周城、汉冢、唐墓，久已在私自发掘着。所发掘出来的东西，有许许多多我们是见不到的。这四五十年来，陆陆续续被私卖出去的古物、古文献，简直数也数不清。"当他听到"预料将来研究中国史学与哲学者，将不往北平而至华盛顿以求深造"的话，认为"这是民族之奇耻大辱！"于是他急切地呼吁："我们必须及时地挽救民族文化的厄运，堵住了大门，不能听其流散出去。"为此，郑振铎先生身体力行，奔走呼号，做了许多有益的工作[①]。

1949 年新中国诞生，郑振铎先生担任新中国第一任文物局局长，积极推动阻止珍贵文物流失国外，在半年左右时间里，中央人民政府即于 1950 年 5 月 24 日，连续颁布两项命令，公布实行《禁止珍贵文物图书出口暂行办法》和《古文化遗址及古墓葬之调查发掘暂行办法》，开创了依法保护祖国珍贵文物的新纪元。1956 年 4 月召开的全国博物馆工作会议，提出博物馆的基本性质是科学研究机关、文化教育机关、物质文化和精神文化遗存以及自然标本的收藏所。而 1979 年 5 月，各省、直辖市、自治区博物馆工作座谈会通过的《省、市、自治区博物馆工作条例》中明确规定博物馆是文物和标本的主要收藏机构、宣传教育机构和科学研究机构。该条例将科研、教育、文物标本收藏的旧顺序，改为文物标本收藏、教育、科研的新顺序，将文物收藏放在第一位，更加突出了文物收藏的地位。

① 马自树：《保护是永恒的主题》，见《文博余话》，169 页，北京，紫禁城出版社，2011。

1978 年 10 月，联合国教科文组织第 20 届会议通过《关于保护可移动文化财产的建议》，其中将“可移动文化财产”定义为人类创造或自然进化的表现和明证，并具有考古、历史、艺术、科学或技术价值和意义的一切可移动物品。同时指明这些可移动文化财产，包括属于国家或公共机构的或者属于私人机构或个人的物品。同时，博物馆藏品既是展览的基础、研究的基础，更是一座博物馆不断向前发展，并立于社会的基础，而现代社会赋予博物馆更宽泛的收藏功能，这种功能带有永久性和公益性的特征。今天人们普遍认为，无论是人类生存的物证，还是生存环境的物证，都应该是博物馆收藏、保管、保护和研究的对象，是博物馆陈列展览的内容，是博物馆进行社会教育与文化传播的载体。因此，如何科学地保管好博物馆藏品，无疑是博物馆管理与发展的重要内容。

文物藏品清理是博物馆的基础工作，故宫博物院的清宫遗物数量巨大、种类繁多、储存分散，彻底摸清文物藏品家底是历代“故宫人”的不懈追求。早在 1934 年，故宫博物院马衡院长在呈行政院及本院理事会的报告中就曾明确地指出，文物藏品整理“非有根本改进之决心，难树永久不拔之基础”[①]。事实上，只要工作秩序正常，故宫博物院的文物清理就一直没有停止过。历史上，故宫博物院曾在 1924 年至 1930 年、1954 年至 1960 年、1978 年至 20 世纪 80 年代末，以及 1991 年之后，分别进行过 4 次文物清理工作。近年来，故宫博物院又开展了第 5 次文物藏品清理，也是更为全面的一次文物清理工作。经过几代故宫人的努力，故宫博物院文物藏品基本上做到了管理制度健全、账物相符、鉴定准确、档案完善、备案及时、保管妥善、查用方便。

国际博物馆协会在 2007 年维也纳大会上提出：“博物馆正面临威胁和放松对藏品的关注，然而藏品依然是与博物馆相关的知识、职能和价值的核心。”因此，深入发掘博物馆藏品的文化内涵和精神价值，从根本上提高博物馆社会认知度和竞争力，最大限度地服务于社会民众，成为博物馆事业发展的永恒主题。任何一座博物馆，不但在它建立之初需要积累一定数量的文物藏品，而且在持续发展的过程中，需要不断地补充和丰富藏品。博物馆的文物藏品来源一般主要有以下几个方面：旧藏的文物；文物部门无偿调拨的文物；田野考古发掘的文物；从海关、公安、司法等执法机构调拨查没的文物；通

① 郭桂香、冯朝晖：《这是我们这代人的责任》，载《中国文物报》，2011-02-25（5）。

过馆际交流采用交换展览或有偿借展形式获得的文物；无偿接受社会各界团体及个人捐献的文物；文物合法拥有者在博物馆付给一定奖励经费后捐赠给博物馆的文物；与文物合法拥有者进行协商而采取购买方式取得的文物；有偿征集的文物；流失海外或民间而回归的文物等。

博物馆藏品是国家宝贵的文化财产，博物馆各项活动的正常开展都离不开文物藏品。只有不断补充和丰富文物藏品，才能保证博物馆事业的发展和社会效益的发挥。长期以来，人们逐渐达成共识，即博物馆应根据本馆的性质和任务搜集藏品，藏品必须具有历史的或艺术的或科学的价值。《中国大百科全书·文物 博物馆》一书中提出："藏品搜集的一个基本原则就是各类型的博物馆都必须根据自身的性质、特点和具体任务，有目的地制定本馆的收藏范围、搜集方针，并公布于众，以便不断地选出能充实馆藏空白的有收藏和陈列价值的文物、标本资料，使其得到妥善保护，并有利于提高陈列和科学研究水平。但各博物馆在搜集藏品时，必须注意遵守国家的规定，不得搜集违禁文物和破坏自然环境的有关标本，还必须注意不得搜集博物馆没有能力保护或无法陈列的文物。"

不断增加博物馆藏品是博物馆事业永恒的任务，为了博物馆的展览、研究和发展而增加文物藏品，为了昨天、今天、明天而收藏历史，这些理念十分重要。博物馆征集文物藏品的理念要不断更新、与时俱进。在我国，近现代文物是指 1840 年以来的社会历史遗存，最多不过一百多年，涵盖了经济、政治、军事、文化及社会生活的各个方面，相对于古代文物而言，近现代文物的保存量十分丰富。据有关资料显示，目前我国有 400 多座博物馆、纪念馆收藏展示 1840 年以来的近现代文物，共征集保管近现代文物 50 多万件[①]。国家文物部门制定的《近现代文物征集参考范围》和《近现代一级文物定级标准》强化了近代文物的标准界定。使人们认识到现当代文物也是人类在社会活动中所产生的"遗迹和遗物"，是新中国成立至今反映我国社会变迁、时代进步的实物资料。

近年来，国家文物部门和文物收藏机构不断为增加博物馆文物藏品做出努力。2003 年 11 月，国家文物局发布《关于将"文留"文物全部移交国有博物馆的函》。为了博物馆免费开放后有更多文物藏品和陈列展览呈献给观众，武汉市将武汉市博物馆与武汉市

① 陈卓：《博物馆如何收藏和展示"今天"》，载《中国文物报》，2009-08-05（3）。

文物商店合二为一，武汉市文物商店的众多保留文物成为武汉市博物馆的馆藏文物，这是武汉市博物馆有史以来的最大一宗“文物征集”活动[①]。同时，馆际之间交流与合作是促进文物藏品收集的一个有效途径，既可以促进各博物馆资源优化配置，又可以充分发挥文物的社会价值和作用。但是由于目前相关政策的不完备，通过馆际之间交流征集的文物数量有限，文物行政部门对此应加以研究，不断加强博物馆相互之间的协作、藏品资源的共享，建立博物馆之间互补、协作的良性互动。

事实上，不收藏或终止收藏与本馆定位不相匹配的文物藏品，既节约了管理成本，又能将之充实到其他更适合的博物馆，这不仅能够充分地利用文物藏品，有效地发挥文物藏品应有的作用，更重要的是有利于在一定范围内形成富有特色的、系统的、完整的博物馆收藏体系，也使得博物馆的收藏具有更高的学术价值。因此，应鼓励博物馆之间进行正常的馆际文物交流，探索在政策法规允许的前提下，经过文物行政部门批准，本着双方自愿和互利的原则，采取多种方式，交换或调剂一方博物馆藏品中内容重复较多，或与本馆任务性质、主题特色不相适应，而又为另一方博物馆所需要的文物藏品，很好地解决博物馆藏品中的某些缺环，使文物藏品有更多陈列展示和合理利用的机会，更好地发挥文物藏品的作用。

《国际博物馆协会职业道德准则》强调，“鉴于为未来完整地保存那些组成博物馆藏品的有意义的物品是博物馆之首要责任，因此通过研究、教育工作、长期陈列、临时展览以及其他专业活动并利用藏品开拓与传播新知识是博物馆的职责。这些活动应根据博物馆既定方针及教育宗旨予以执行，既不应有损于藏品质量，也不应有损于藏品的保管”。过去一些考古研究机构作为博物馆中的重要部门而存在，在正常情况下，经过考古发掘的文物在修复整理后，可以直接入藏博物馆，由于这一文物收藏重要渠道的畅通，有效保障了馆藏文物数量增加和质量提高。今后，应建立发掘文物定期向博物馆移交的长效机制，促进考古发掘—文物收藏—科学研究—文物展示—服务社会的良性循环。提倡博物馆与考古研究单位合并，例如湖北省文物考古研究所与博物馆重新合并就是这方面的成功范例。

---

① 刘庆平、宋亦箫：《武汉博物馆免费开放后的实践与思考》，载《中国文物报》，2010-01-13（7）。

博物馆应确立以保存社会记忆为核心的收藏政策，将系统收集反映人们生存状态与社会变迁的文物作为自己的职责，加强对主题性和系列性藏品的征集，提高文物藏品的有机性和整体性。“收集今天就是对明天的历史负责”。从某种意义上讲，博物馆应注重收集现当代文物，因为现当代文物真实地记录了当今时代的巨大变化，具有重要的文物价值和收藏意义。现当代文物存在于社会生活之中，范围广泛。博物馆应尽可能地利用有限的资源，把现当代文物的收藏面放宽，让文物在博物馆中沉淀。如今，博物馆藏品的质地种类繁多，体积参差，大到航天飞机，小到微型雕刻，只要具有历史、科学、艺术、教育价值的都可能成为博物馆藏品。事实上，“没有任何一个机构能像博物馆这样保存自然与人类历史的足迹，从过去到现在到未来永续不断。正是为此，国际博物馆协会的博物馆定义中写上了‘永久性机构’的属性”[①]。

但是，长期以来现当代文物征集在我国博物馆界未能引起高度重视。在科学技术日新月异、生产工具和生活用品不断更新换代的今天，大量具有重要文化价值和纪念意义的现当代文物，往往还来不及被界定为文物就很快消失。主要原因是，现当代文物产生时间不久，没有经过历史沉淀，有些仍在使用过程之中，其潜在的价值很容易被忽视。因此，博物馆应调整文物征集策略，增强征集现当代文物的意识，准确把握现当代文物的外延，将这些珍贵的实物资料收藏保管，避免在今后的博物馆研究和陈列展览中缺失这些重要内容。为了更好地保管和利用文物藏品，对于现当代文物藏品可以分为正式文物藏品和暂存文物藏品，分别进行管理。并定期对暂存现当代文物藏品进行整理研究，不断发现和认识文物藏品的价值，及时进行编目，办理正式入藏手续，转为正式文物藏品。

文物藏品的内容决定博物馆的性质，而博物馆藏品的质量和数量直接影响博物馆的社会效益发挥。随着城市建设进程的加快，“旧城改造”和“危旧房改造”使许多文物遭到破坏，甚至消失。为了及时保护、抢救城市建设中亟待抢救的文物，需要博物馆积极地通过各种途径进行文物征集。博物馆人员应主动地深入社区进行文物调查和征集工作，征集那些散落民间濒临流失或损毁的文物资料。这就要求征集人员既要有文物研究和鉴定的能力，又要有高度的使命感、责任感，确保文物征集的质量。博物馆还应通过

① 苏东海：《博物馆物论》，见《博物馆的沉思：苏东海论文选（卷二）》，42 页，北京，文物出版社，2006。

广泛的文物保护宣传，向社会公众普及文物保护知识，宣传博物馆文物征集意义，说明博物馆文物征集内容，依靠社会各界提供线索。如此，有利于拓宽文物藏品信息渠道，使博物馆文物征集工作顺利开展。

近年来，在博物馆工作中出现了是应该"以物为中心"还是应该"以人为中心"的讨论。对此苏东海先生指出，"博物馆的研究是从对物的研究开始的。离开了物，博物馆就变成了无根的浮萍，不知漂向何处"。"博物馆对人的关注与对物的关注并不是相互排斥的。如果'专注'于人又忽视了物，则是一种新的偏颇了"[①]。段勇先生也认为，"值得关注的是，在一些博物馆的实际工作中，已经出现了片面理解'以人为本'，不适当地利用藏品、忽视藏品保护、导致藏品受损的不良现象"。"总之，在博物馆工作中，应该坚持统筹、协调、可持续的科学发展观，把握好'以人为本'与'以物为本'的平衡。在藏品保护领域应秉持'以物为本'的理念，同时兼顾合理的利用需求。在为观众服务领域应弘扬"以人为本"的思想，但要以必要的保护为前提，二者不可偏废"[②]。

博物馆通过对文物藏品的保管、研究，通过系统化、主题性的陈列展示，对广大民众进行知识、技能和人文精神的教育。文物藏品是博物馆全部活动的物质基础，如果没有文物藏品，博物馆的馆舍再华丽高大，也不能成为真正的博物馆。苏东海先生认为，"事物处于不断消失的过程之中，这是事物新陈代谢不可更易的自然规律。只有博物馆可以留住在消失洪流中的一部分文物，使之永远存在下去。博物馆是幸存下来的文物的最后归宿"。"文物经历了大浪淘沙式的社会选择，经历了漫长的聚散历程，最终到达了博物馆。文物在博物馆里不仅得以存在下去，而且得以发挥其使用价值，使它活得有声有色。可以说博物馆不仅是文物存在的最后归宿，也是最好的归宿"。

文物藏品一般具有唯一性和不可再生性等特征，因此改善好社会公众委托管理的文物藏品保护环境，提升文物藏品安全管理水平，是博物馆的首要任务。文物藏品不仅是博物馆开展一切为社会和社会发展服务的物质基础，而且是长久保护、研究和管理的对象，对于人们认识人类社会和自然的客观规律，并促进当今社会的发展，具有重要的意义。文物藏品保护环境之所以至关重要，由博物馆是集中保护文物藏品场所的特性所决定。

---

① 苏东海：《博物馆理论研究的再出发》，见《博物馆的沉思：苏东海论文选（卷二）》，4 页，北京，文物出版社，2006。

② 段勇：《关于我国博物馆若干概念的思考》，载《中国博物馆》，2010（1），14 页。

改善文物藏品保护环境历来是博物馆工作的重中之重，也是博物馆各项工作永恒的主题和根本。馆藏文物的保护和管理是一项系统工作，涉及不同职能和多个领域、学科的部门。现代博物馆的概念在不断地扩大，各种类型博物馆的文物藏品包罗万象，准确理解和处理好博物馆藏品与博物馆功能的关系，有助于完善博物馆藏品保护、管理和利用，扩大博物馆的社会效应。

4.2 文物藏品保护存在的问题

博物馆从诞生之日起，安全就是最重要的议题之一。社会和自然环境的变化，使文物藏品遭受自然和人为损坏的威胁不断增加。同时，博物馆作为珍贵文物最密集的汇集地，也是文物犯罪经常发生的场所。文物藏品保管不善的状况，在世界各地引起博物馆界的广泛关注。其中，博物馆文物藏品的保护内容家底不清、保护资源渠道不畅、保护环境质量不佳、保护安全状况不利、保护管理水平不高等问题，长期困扰博物馆的可持续发展，成为迫切需要解决的关键问题。

4.2.1 文物藏品家底问题

在故宫博物院的文物藏品中，由于宫廷藏品及遗物数量巨大、种类繁多、存贮分散，以及故宫博物院成立以来历经多次社会动荡等原因，其文物藏品总数长期没有一个确切的数字。事实上，宫廷文物具有重要价值，原来众多不被重视的宫廷历史遗存、遗物也具有同样重要的意义，也是反映宫廷历史文化某些方面的实物见证。“近年来，人们对宫廷文化的兴趣与日俱增，一批曾经被‘忽略’的老物件被提拔为文物”[①]。由此可见，文物藏品家底不清的情况，在博物馆的管理中曾经十分严重，严重制约了博物馆各项功能的发挥。经过几十年来的努力，虽然这一状况大为改观。但是，目前在博物馆的文物藏品资源管理方面，仍然有一些突出问题亟待加以解决。有关专家指出，“现在对博物馆藏品的统计数据是不可靠的，一个重要原因是许多博物馆存在大量的‘非文物’‘参考品’，有的馆甚至多达数十万件”。

---

① 刘冕：《故宫150万件“家底”目录将公布》，载《北京日报》，2009-12-17（8）。

上海博物馆陈燮君馆长指出："作为国家一级博物馆的上海博物馆等级藏品 12 万余件，参考品 80 多万件。"[①]原中国历史博物馆也有从"参考品"中清理出一级文物的事例。这里等级藏品是指经过认定的文物藏品，参考品是指没有经过认定的"非文物物品"。在国家一级博物馆中尚且有如此大量的"非文物物品"，那么全国各级各类博物馆的"非文物物品"存量无疑十分巨大。事实上，在各级各类博物馆长期保留的"非文物物品"中，隐藏着大量具有历史、科学、艺术价值的文物，甚至是珍贵文物。但是限于过去的认识水平或其他原因，而将其搁置起来，成为博物馆中的另类藏品。由于"非文物物品"，没有合理的文物藏品身份，缺乏应有的法律地位，如果进入司法诉讼程序，只能以一般物品的经济价值来进行评估。

文物藏品资源状况不清，等级不分，管理混乱等问题的存在，对有价值的馆藏文物的保护构成潜在的威胁，甚至会引发盗窃、走私的发生，而肇事者得不到应有的严厉惩处。2010 年，土耳其文化部公布了专家组对于安卡拉国家油画及雕塑博物馆的清查结果。结果显示，自 1980 年以来，这座建立于 1927 年的博物馆，作为馆藏文物的土耳其大师画作中，有至少 400 幅被替换为赝品或干脆消失得无影无踪，占馆藏画作总量的 1/10。"此次失踪的画作中包括土耳其著名画家 H.R. 力萨（H.R.Riza）的，H.R. 力萨共捐给国家 441 幅画作，可如今只有 56 幅仍然在册"[②]。但是据报道，这并非该博物馆文物藏品首次出现问题，早在 1996 年对其进行的一次清查中，就发现已有 313 幅绘画作品失踪或被赝品取代。然而，并未引起足够的注意。

在我国，2003 年 11 月，中央电视台《焦点访谈》报道了江西省景德镇陶瓷历史博物馆文物流失的案例，该馆 1989 年统计记录有 7800 件文物藏品，而到 2003 年，却只有 900 件文物藏品，加上已从该馆分离出去的 1000 多件文物藏品，与当年的统计记录相去甚远，很多重要的文物不知去向[③]。一些博物馆藏品管理不规范。例如"去年藏于重庆市铜梁县博物馆的国家一级文物银盒突然在博物馆中失去踪影，经过 13 天的紧张搜索，文物执法人员翻遍了博物馆库房内的上万件文物后，最终才在一个陶罐里找到了满是灰尘的银盒"[④]。始建于 1561 年的宁波"天一阁"是我国现存最古老的家族藏书楼。长期以来，

① 自庶：《文物认定：博物馆要先行》，载《中国文物报》，2009-09-23（7）。
② 周依奇：《失职三十年 土耳其博物馆终食恶果》，载《中国文化报》，2010-04-01（3）。
③ 宗禾：《流失受损的文物档案》，载《中国文化报》，2010-01-22（2）。
④ 宗禾：《"保险箱"有点不保险》，载《中国文化报》，2010-01-22（2）。

博物馆对于文物藏品实施严格规范的管理。但是，不久前在对珍贵文物库房搬迁、文物清点的过程中，工作人员仍然意外发现了 11 片之前从未见过的甲骨，11 片甲骨上共有 200 多个字迹清楚的文字[①]。

在馆藏文物分类方面，不同博物馆分类标准不统一，由于缺少文物分类方面的行业标准，往往同一类别的文物在不同的博物馆内，被归入不同的类型。在馆藏文物定名方面，不同的博物馆使用不同的定名方法，由于文物定名的随意性较大，同一种馆藏文物，可能出现多种定名的情况。在馆藏文物编目方面，不同的博物馆在编目项目、格式、书写形式等方面都互不相同，即便是同样登录卡，在项目、格式书写上差别也很大。在馆藏文物描写方面，不同的博物馆要求不一致，在实际操作过程中，描写过于简单、笼统，造成同一种文物，由于具体管理人员的理解程度不同，掌握宽严尺度不同，形成不同的描写。一些文物藏品保管人员没有经过专业知识培训和教育，专业技能不强，同时缺乏文物养护相关科技知识。

4.2.2 文物藏品资源问题

由于历史的原因，我国博物馆藏品数量与一些国家博物馆藏品数量相比差距较大，对此谢辰生、彭卿云先生认为："关于馆藏文物的数量，同国外相比，我国现有的藏品简直小巫见大巫。仅有 200 多年建国史的专门收藏世界文物的美国博物馆馆藏品总数量不知要超出我国博物馆藏品多少倍。美国史密森博物馆集团共有藏品 1.3 亿件，美国国家历史博物馆 1700 万件，纽约大都会博物馆 1500 万件。这两个博物馆所藏，分别为我国馆藏品总量的 1 倍半以上。著名的大英博物馆现有藏品 500 万件，为我国最大的博物馆故宫博物院的 5 倍。俄罗斯的冬宫博物馆所藏品为 300 万件，圣彼得堡艾米塔什博物馆 270 万艺术精品，堪称世界之最。意大利全国共有馆藏文物品 5000 万件，平均每人 1 件，而我国 12 个人不到 1 件。仅凭这些简单的数字对比，'中国文物匮乏''博物馆贫血'之说决非戏言，'文物大国'危机亦可见一斑。"[②]

当前，作为影响博物馆藏品增长的原因，一方面，20 世纪 80 年代以来，城市基本建

① 严红枫：《天一阁发现 11 片商代甲骨》，载《光明日报》，2011-07-17（1）。
② 谢辰生、彭卿云：《文物大国的危机》，载《中国文物学会通讯》，2001、2002 合订本，15 页。

设项目日益增多，在许多抢救性的考古发掘中出土了大量珍贵文物。但是，这一时期考古研究机构已经基本上与博物馆相分离。受现行文物博物馆体制机制的约束，多数博物馆藏品来源的考古发掘渠道被截断，由于博物馆并不直接参与考古发掘工作，而且考古发掘的出土文物在一定时期内很难入藏进博物馆收藏，大量出土文物保存在相关的考古研究机构内，导致馆藏文物数量增长缓慢，成为制约博物馆藏品充实完善的障碍之一。例如甘肃省博物馆“自从博物馆考古部分离出去以后，考古发掘的文物不能移交博物馆，发掘成果在博物馆的陈列中很少展示，加之博物馆收购文物经费有限，这样博物馆的文物数量由以前的每年增加 2000 多件，到现在的每年只增加 200 多件，且质量还难以保证”[①]。

另一方面，过去社会上的文物市场还没有普遍形成，主动捐献文物给博物馆的情况较多，即使一些珍贵文物也可以通过合理价格进行征集。近年来社会民众生活水平不断提高，“盛世收藏”得到凸现。然而客观上“收藏热”造成民间收藏与博物馆收藏形成竞争，目前除一些国家和省级博物馆有一定数量的文物征集经费外，其他博物馆几乎没有固定的文物征集经费，因此在这场竞争中博物馆往往处于劣势，对具有收藏价值的社会流散文物，尤其是成系列文物的征集更为困难[②]。调查表明，2009 年全国 83 座一级博物馆共征集藏品 50 718 件，征集最多的吉林省自然博物馆为 10 000 件，几乎占了全国一级博物馆征集藏品总数的 1/5。然而征集藏品数量少于 100 件的有 40 座，更有 5 座一级博物馆征集藏品数量为 0 件，大多数一级博物馆的馆藏文物年增加量不会超过其藏品总数的 1%。“作为博物馆的国家队，在文化遗产资源变化迅速的当下，这个数字实在令人汗颜”[③]。

我国博物馆的文物藏品总量与作为历史悠久的“文物大国”的地位严重不符。“造成这个结果的原因很多，其中一个最重要的原因，恐怕就是落后的藏品观念”[④]。长期以来，我国博物馆体系的骨干是省市的地志性博物馆，而这类博物馆的文物藏品特色以历史艺术类居多，文物藏品主要来源于传统收藏和考古发掘出土文物。文物收藏范围的狭窄，广泛地影响着博物馆藏品数量的增加和质量的提升。当代一些博物馆的藏品征集政策过分囿于文物市场的价值观，热衷收藏高审美价值和高经济价值的物品，而忽略了博物馆社会记忆保存的使命。其具体表现为：重视古代的文物，忽视近现代的文物；重视高雅

① 米玉梅：《试谈博物馆搜集工作的几个问题》，载《丝绸之路》，2009（24），90 页。
② 郭继斌：《国有博物馆藏品来源的再思考》，载《中国文物报》，2009-09-16（3）。
③ 中国博物馆协会：《国家一级博物馆运行评估报告》，载《中国文物报》，2011-06-22（3）。
④ 郭长虹：《社会发展与博物馆社会服务观念的变革》，见《博物馆观察：博物馆展示宣传与社会服务工作调查研究》，132 页，北京，学苑出版社，2005。

的艺术品，忽视日常的生活用品和民俗物品；重视贵重金属制品，忽视普通材料制作的物品；重视制成品，忽视生产过程中的原材料、工具、半成品与次品；重视反映精英人物生活的物品，忽视反映普通人生活的物品。

这样的收藏政策，会将文物藏品局限在狭隘的历史时段或狭隘的社会生活方面。也有一些博物馆热衷于通过拍卖收购等方式，征集一些与本地区历史文化无关的“高档次作品”。这类文物藏品虽然具有良好的欣赏价值，但是对于一座城市的博物馆而言，如果它们没有实证城市历史演进的功能，与应讲述的城市故事无关，即使有很大的收藏数量，或具有很高的审美价值，都无法建立起系统、翔实和丰富的历史叙述。目前一些博物馆的文物藏品资源利用率不高，部分文物藏品由于博物馆展示场所有限无法展出，更多的是博物馆对文物藏品研究不足而不能轻易展出。同时，博物馆藏品缺少馆际交流。尽管不少博物馆的文物藏品数以万计，但是真正面世展出的文物藏品数量较少。

埃及国家博物馆有着辉煌的历史，但是在经历了百年沧桑后，原先设计 5000 件文物的展出空间不敷使用，使得多数重要的文物藏品只能沉睡在地下室和仓库中。有的文物藏品几乎没有对外展示的机会，甚至博物馆的工作人员，也无缘看到本馆的一些藏品，似乎文物藏品研究只是博物馆少数参与者的事，馆内外针对文物藏品合作研究的项目极少开展。现在很多文物藏品被称为“死亡式地收藏”，也就是说博物馆的管理和经营停滞在收集—入库—优先展出，有没有人参观无所谓。“这样就使博物馆不能被公众充分地使用，也不能处于公众的广泛监督之下”[①]。另一方面，博物馆藏品也存在不合理利用的问题。奥地利联邦审计署对维也纳科技博物馆、维也纳艺术史博物馆、奥地利美景宫国家绘画馆和维也纳阿尔贝蒂纳版画收藏馆开展了审计工作。据奥地利联邦审计署的工作报告称，上述博物馆在联邦博物馆改制至今仍没整理出应属国家财产的藏品清单。针对这些问题，奥地利联邦审计署加强了对这些博物馆的审计[②]。

4.2.3 文物藏品环境问题

当前，博物馆藏品保存环境质量控制方面存在较大问题，环境控制设施简陋、空调

① 宗禾：《“保险箱”有点不保险》，载《中国文化报》，2010-01-22（2）。
② 王娟：《奥地利加强博物馆审计》，载《中国文化报》，2010-02-23（4）。

设施使用不当、空气净化技术应用较少、光环境普遍不规范等，加剧了温度、湿度、光照、各种空气污染物、虫害、霉菌等自然环境因素对文物藏品的损害程度和速度。另外，由于材料污染或使用不当，直接或间接对文物藏品造成危害。“十五”期间，我国首次开展了“全国馆藏文物腐蚀损失调查”。调查结果表明，共有 50.66% 的馆藏文物存在不同程度的腐蚀损害。其中处于濒危腐蚀程度文物 29.5 万余件（组），重度腐蚀程度文物 213 万余件（组），中度腐蚀程度文物 501.7 万余件（组），分别占全国馆藏文物总数的 2.01%、14.52 % 和 34.13%，文物腐蚀损失状况相当严重。

“全国馆藏文物腐蚀损失调查”显示，由于目前文物藏品库房面积严重不足，库房中文物集中叠垒密集堆放的现象十分普遍，造成人为损害，致使病害在文物藏品间相互传播，病害发生率相当高。例如青铜器和铁器的粉状锈比例高达 16.53%；再如在纸质和纺织品文物的各种病害中，折痕病害发生率最高，分别占 81.93% 和 47.65%。在博物馆藏品的保护环境中，温、湿度的控制非常重要，在许多场所，因为湿度所引起的文物藏品霉变、脆化十分严重。特别是我国江南地区因空气湿度较高，问题尤为突出。目前，大多数市县级博物馆展示空间的文物藏品保存环境不达标，一些博物馆内恒温恒湿、空气净化等文物保管专用设施几乎完全空白，展示空间内温度和孳生性菌类过高，对文物藏品造成损害，尤其是丝织、纸张等有机质文物藏品面临恶劣的展示环境，自然损毁日益严重。

虽然，大部分博物馆通过空调或者恒温恒湿设备来解决博物馆的文物藏品环境温、湿度控制问题，但是由于传统设备对于湿度的控制难以达到理想要求，并且缺乏针对不同文物藏品的有效解决方法，对于文物藏品保存环境的湿度控制效果不佳。一部分博物馆针对文物藏品陈列，研究改善陈列柜内的小环境，研制了文物环境调湿剂，对于基本密闭的小型陈列柜可以起到较好稳定的作用。但是，大部分博物馆的大面积文物展柜和文物库房仍然存在着文物环境湿度控制问题。此外，文物的光线受损也是陈列过程中的主要问题之一，不适宜的辐射常常使有机质文物开裂、分解、褪色、变色。如何在尽可能减少光辐射对文物损害的前提下向观众提供良好的视觉效果，也是博物馆面临的迫切需要解决的问题。

目前大部分中小博物馆的文物藏品保护条件较差。一方面，长期以来没有标准文物藏品保管空间，文物库房建设时未考虑文物防火、防震、防雷、防虫、防潮、防光和防尘等方面的因素，达不到文物藏品保护的要求。另一方面，保存设备设施老化，缺少文物藏品专柜，甚至一、二级珍贵文物既没有保险柜存放，也没有适用的囊匣加以保护，一般文物藏品更是就地堆放，未采取应有的保护措施。同时，文物保管人员缺乏经常性的业务培训，专业技术能力较差。一些博物馆或位于地震多发区、洪水多发区、台风多发区；或位于环境污染严重的工业区等，而这些博物馆在馆舍选址，以及建筑结构、防雷设施、抗震性能、防洪能力、污染防治等方面的安全设防，未能达到相应标准，存在严重安全隐患，一旦外部灾难突发，就会对博物馆藏品造成严重危害。

博物馆是公众文化活动场所，安全与方便是馆舍规划和空间设计首先需要考虑的基本问题。过分强调建筑外观的华丽和结构造型的奇特，都不符合博物馆功能设计的本质要求。同时，只注重建筑外观和结构造型而忽略安全因素更是博物馆规划设计的大忌。实践证明，建筑设计中出现任何违反博物馆建设规律的问题，对于开放状态下的博物馆而言，都会造成一定的安全隐患。文物创造不易，文物保护更难。博物馆藏品的脆弱性、不可再生性、可枯竭性的特点，要求人们要善待文物、珍惜文物、尊重文物、敬畏文物，要求博物馆将保护文物藏品的存续放在主导一切的优先地位。例如对于珍贵文物应贮存于柜、箱、盒、匣、囊、袋之中，进行封闭保存；对于大体量文物藏品应根据材质采取防尘、防潮、防震和避光措施；对于陶瓷、玉器、泥质、玻璃等易碎易损文物藏品要采取防振、减振措施；对于珍贵有机质地的文物藏品应选用除氧充氮密封的特殊设施保存等。

当前我国迎来博物馆建设的新高潮，各种展览异彩纷呈，但是与其共生的却是不可忽视的安全隐患问题。一些博物馆片面追求高、精、尖设施，热衷于大投入、大制作、大手笔，对文物藏品和展览场地过度包装，以大量的声光电和场景制作追求视觉效果。甚至为展示一件珍贵文物，不惜营造一个富丽堂皇、美轮美奂的场景，以烘托气氛，如此不但制作成本成倍增加，而且不安全因素也成倍增加。一些专家指出，在一些世界著名的博物馆里，从未看到过这样过于奢华的声光电、多媒体视频动漫等，更很少见到过专门为文物展品制作的大型场景。如今在不少博物馆的厅堂内各种装饰材料大量堆砌，各种电气大量使用，电源线路密如蛛网，易燃材料随处可见，给陈列展览和文物展品本身，乃至博物馆造成巨大的安全隐患，一旦发生火灾及其他问题，后果不堪设想[①]。

4.2.4 文物藏品安全问题

在我国，由于博物馆管理疏失，而导致文物藏品丢失的案例屡见不鲜。例如 2001 年江苏盐城市博物馆在迁址后统计遗失了 91 件文物藏品；2002 年甘肃古浪县博物馆临时文物库房房顶瓦片被犯罪分子揭开，存放文物的 6 只大木箱的锁被撬，其中的 79 件文物和资料品全部被盗，博物馆藏品精华被洗劫一空；2004 年山西大同市博物馆的文物仓库 4 次被盗，丢失钱币 6500 枚，以及法帖、经书、料珠、骨饰等其他文物 96 件，而作案者竟是几名初中生[②]。2008 年仅在甘肃省就有 15 件馆藏文物失窃，包括一级文物 2 件。其中 2008 年 8 月，敦煌市博物馆展出的国家一级文物魏晋时期的铜镜，在展览过程中被盗[③]。

文物的安全保护在很大程度上取决于管理人员的责任心和严格遵守操作规程上，由于管理人员安全意识淡薄，致使馆藏文物损毁事件时有发生，使馆藏文物的安全在很大程度上无法得到保障。同时，在博物馆的文物藏品管理中，监守自盗问题也应引起重视。2001 年新疆维吾尔自治区博物馆 27 件馆藏文物失踪一案告破，竟然是由该馆考古部原副主任黄小江做内应，以“借”为名，倒卖给文物贩子[④]。2002 年 10 月，香港佳士得拍卖行在秋季拍卖会上推出“皇家信仰——乾隆朝之佛教宝物”专场拍卖。国内一位文物专家在参观中发现两件标有故宫文物藏品标签的文物。经查这两件文物已在 20 世纪 70 年代调拨承德市文物局外八庙管理处。调查得知这些涉案文物交接暨侦破成果展览文物是被外八庙管理处文物保管部主任李海涛利用职务之便监守自盗。李海涛在任职期间，先后盗窃馆藏文物 30 件，涉案文物达 100 多件[⑤]。

20 世纪 90 年代以来，博物馆安全案件呈现反弹趋势。例如从 1994 至 2002 年，全

① 张立胜：《文物陈展必须确立安全第一的原则》，载《中国文物报》，2011-09-07（8）。
② 宗禾：《流失受损的文物档案》，载《中国文化报》，2010-01-22（2）。
③ 宗禾：《“保险箱”有点不保险》，载《中国文化报》，2010-01-22（2）。
④ 宗禾：《流失受损的文物档案》，载《中国文化报》，2010-01-22（2）。
⑤ 宗禾：《“保险箱”有点不保险》，载《中国文化报》，2010-01-22（2）。

国曾连续发生7起暴力抢劫博物馆案件，累计造成博物馆工作人员3人死亡，近10人受伤，41件馆藏文物被抢。1995年7月6日，犯罪分子窜入福建将乐县博物馆盗窃文物，该馆廖国华副馆长与歹徒顽强搏斗，被扎31刀，壮烈牺牲，馆藏文物无一受损。1996年8月8日，犯罪分子撬门剪锁潜入甘肃省永昌县博物馆，将值班人员用断线钳击昏后捆绑塞嘴，致使值班人员窒息死亡。罪犯盗抢文物15件后逃离，其中三级文物13件，一般文物2件。2002年7月21日，一伙歹徒以观众身份进入新疆伊犁州博物馆，打伤值班人员，抢走文物8件，值班人员经抢救无效死亡。2011年1月28日，3名犯罪分子闯入湖北省黄冈市博物馆内，剪断监控设施线路，持刀将值班员砍伤，抢走战国时期的青铜器3件，其中二级文物1件，三级文物2件，引起社会各界广泛关注。

盗窃或丢失是我国大部分博物馆面临的最大、最普遍的风险。2011年，故宫博物院发生的斋宫展品被盗案成为社会舆论热点。2011年5月8日晚斋宫临时展览展品被盗，虽然在案发后58小时内被公安机关侦破，嫌犯也已经抓获归案，被盗的9件展品追回了其中6件。但是，在故宫内发生展品被盗，嫌犯成功逃脱，暴露了故宫博物院安全保卫存在的问题和薄弱环节。针对这次盗案的发生，故宫博物院认为在四个关键环节出了问题。一是闭馆时拉网式清场有疏漏。二是当监控系统报故障时，中央控制室值班人员误以为是天气原因所造成，未能及时处理。三是发现可疑人踪迹后，未能做出可能与重大作案有关的预判，措施力度不够。四是过于相信紫禁城城墙的阻隔作用，未能及时对城墙布置防控，痛失抓获的最后机会。社会公众认为，新中国成立以来故宫已发生过多起失窃案件，反映出故宫安全保卫存在漏洞，应认真迅速地在故宫开展排查隐患工作。

在巨大的经济利益驱动下，一些不法之徒往往把犯罪之手伸向博物馆的珍贵文物，使馆藏文物被盗案件居高不下。公安部张新枫副部长指出，当前中国古代艺术品在国际国内市场上价格持续走高，国内文物“收藏热”“投资热”不断升温，2011年5月1日正式实施的《刑法》修正案，取消了对盗掘古墓葬犯罪死刑的规定，在这些因素的影响下，可以预见，盗掘古墓葬、盗窃、走私文物违法犯罪活动将会更加突出。张新枫透露，当前，我国文物犯罪的突出情况主要表现为：文物犯罪大、要案件时有发生，文物安全不容乐观，文物犯罪团伙职业化、集团化特征日趋明显，销赃渠道隐蔽；文物犯罪作案手段日益智能化、专业化和现代化；地下文物交易活跃，交易行为十分隐蔽[①]。同时，无论是旧址博物馆还是新建博物馆，都面临着火灾风险的巨大威胁，并且火灾一旦发生，顷刻之间可以使历史化为乌有，所造成的损失难以弥补。

4.2.5 文物藏品管理问题

在博物馆中，无论是文物藏品储藏的库房条件、温湿状况、照明设计、展柜展具的安全性能，还是对文物藏品的日常维护等，都对文物藏品安全至关重要。事实上，传统的博物馆管理中注重防止文物损毁的管理理念和模式，随着形势的变化，也逐渐难以应对复杂的自然和人为风险。博物馆还面临来自其他方面的风险，例如火灾、爆炸，参观者不良行为的影响，以及恐怖分子的故意破坏等突发事件的风险。四川汶川地震发生后，笔者在甘肃礼县博物馆，看到在震灾中共有 13 件文物受损，其中一级文物 3 件，二级文物 1 件，未定级文物 9 件。这些文物藏品受损的原因，主要是保管条件不善，文物杂乱堆放在一起，没有正式的囊匣保管。同时，随着文物藏品价值越来越受到社会的认可，博物馆观众的数量明显增加，博物馆藏品所面临的风险也随之加大，危机事件开始增多。

调查显示，由于历史原因和保管条件恶劣，英国部分馆藏文物存在不同程度的损毁。据收藏英国作家 C. 狄更斯（C.Dickens）数部原著手稿的英国维多利亚与艾尔伯特博物馆介绍，由于手稿酸性纸质腐烂情况日趋严重，狄更斯的 3 部作品现在急需资金进行抢修工作。近日，为此特别发起了一项筹款活动。在其官方网站上张贴的“捐款动员令”中，人们只要点击“立刻捐助”的图标，就能在线上为修复狄更斯手稿出一份力。“动员令”号召英国民众：“25 英镑能换来 5 大张特制碱性衬托纸；150 英镑能聘请一位修复专家拆解 20 页手稿；500 英镑就可以购买一个恒温保护盒装置。您的捐助不管多少，都将帮助保存这些旷世名作流传后世，让我们的子孙继续领略到它们的魅力！”[②]

长期以来，国家对省级以上博物馆安全防范的重视和支持力度较大，有效防止了文物安全案件的发生。但是省级以下博物馆的文物安全防范能力堪忧。部分地市级重点博

① 金明大：《文物安全形势严峻》，载《瞭望东方周刊》，2011-05-19，34 页。
② 李鹤琳：《英博物馆动员民众抢救狄更斯手稿》，载《中国文化报》，2010-11-16（4）。

物馆安防设备老化，存在文物安全的隐患。县级博物馆更是缺乏必要的安防、消防设施，甚至普遍缺少视频监控系统，对馆藏文物的保护停留在死看硬守，文物安全事故频繁发生。同时，由于文物藏品保管设施不完善，文物库房没有合格的柜架和囊匣，造成的文物损坏现象屡见不鲜。例如笔者曾在一个县级文物保管单位看到，出土文物存放在一个 14 平方米的地下库房里，靠墙一排保险柜，里面竟保存有 9 件国家一级文物，几十件二级文物，但是整个库房就像是一个菜窖。保管人员告诉笔者，每天库房出入口盖上板，保管人员睡在上面，并宣誓“人在文物在”。

同时，随着博物馆参与国内和国际交流活动日渐增多和频繁，文物藏品被移动、搬运和运输的次数也明显增多，其中任何一个环节都会对文物的安全造成隐患。特别是在国际交流展览中，除了远距离运输自身的风险外，意识形态、政治动乱、文化差异等因素，都会对文物展品构成巨大的威胁，造成文物藏品损毁。当前，数量巨大的国内外馆际交流展览，普遍缺乏保险措施。由于国内在文物保险领域尚未发展成熟，保险公司缺乏文物保险的相关专业知识和经验，无法为文物安全提供有力保障，同时高昂的保险费用也使诸多资金匮乏的博物馆无力承担，有限的经费只能勉强应对筹备、设计、制作展览，根本不可能为文物展品支付高额的保险费，大大增加了文物在运输和展览过程中的风险。

目前，一些博物馆内部管理制度不健全，缺乏一套对文物保护和管理的科学管理制度，藏品登记分类混乱、入库排架无序、编目统计不清、建档内容缺失等现象严重，既没有统一管理标准，也缺乏标准管理规范，势必造成不同环节各行其是，不同部门各自为政，不同层级无法沟通，不可避免地产生互不统一、互不衔接、互不配套的混乱现象，在客观上出现安全风险。一方面，大多数博物馆的文物藏品日常养护经费严重不足，保护修复技术经费占博物馆业务经费的比例不足 5%，相对于急需抢救的馆藏文物来说是杯水车薪，一些市县级博物馆甚至没有用于文物藏品日常养护的预算。另一方面，馆藏文物保护修复科技人员数量严重不足、队伍综合素质不高、年龄结构配备不齐、专业结构严重失衡、文化程度普遍偏低、整体科研能力不强。

在博物馆的文物藏品保护管理中，预防性保护理念的缺乏，导致定期检查和跟踪监测等预防性保护措施不健全，日常养护管理严重缺位，造成“重馆舍建设、轻库房改善；重文物征集、轻保管养护；重被动修复、轻预防保护”的不利局面，大多数博物馆的库房面积不足或设施陈旧，无法调控保存环境指标，保护性能低下，不适宜保管保存文物藏品，包括藏品或展品保管条件欠缺，藏品接收、登记、移交、借用、出库手续不完备，日常清洁、维护、搬运中的过失，藏品保存、展品保护设施质量不合格等日常管理中的风险。一些博物馆虽然拥有先进设施，但是对掌握安全设施的部门和人员疏于管理，值班人员责任心不强，为文物藏品安全留下隐患，甚至造成文物被盗、文物损毁等事故。虽然，一些博物馆在安全保卫方面，形成人防、技防、物防和犬防四道防线，但是，安全措施不落实，应急处理能力不足，仍然在安全保卫方面出现漏洞。

4.3 文物藏品保护的科学途径

博物馆文物藏品是国家宝贵的科学、文化财富，是博物馆发展的基础。不断增加文物藏品数量和提升文物藏品质量，是博物馆义不容辞的责任。然而，对于文物藏品的保护管理，又是一项艰苦复杂的长期工作，必须通过持之以恒、锲而不舍的坚守，才能做好这项工作。馆藏文物是博物馆其他功能发挥的物质基础，博物馆认定评估和博物馆运行评估都应对文物藏品的清理建档、社会征集、环境改善、安全措施、预防管理等提出具体要求。

4.3.1 文物藏品的清理建档

1914 年，在张謇先生的主导下编成《南通博物苑品目》，分上下二册，上册为天产部，共 1870 号。下册为历史、美术、教育，四部合共 2973 号。自然类收藏物品共占 62.9%。《南通博物苑品目》相当于现在博物馆的总账册[①]。联合国教科文组织《关于保护可移动文化财产的建议》指出，应“鼓励按照专门为此目的制定的方法，尽可能详细地对文化财产系统编目和分类。这样的目录在需要确定文化财产损坏和退化时是有用的”。国际博物馆界公认，文物藏品登记著录是指博物馆根据有关标准、内部规章及惯例，对新征集或

① 李让、李文昌：《博物馆的记忆与想象》，130 页，北京，学苑出版社，2005。

原有藏品做出恰当记录的行为。《国际博物馆协会职业道德准则》规定："确保博物馆临时或永久接受的一切物品得以恰当地、全面地做出记录，以利于证明出处、鉴定断代、记录状况并进行处理，是一项重要的专业职责。"准则强调"尤为重要的是此类档案记录应包括每件物品的来源及博物馆接收该物品时的状况"。

国际博物馆协会登记著录委员会（CIDOC）认为，没有完整登录的藏品不是真正意义的"博物馆藏品"。2002 年法国颁布的《博物馆法》中明确规定，文物藏品清点、核对每十年要进行一次，博物馆所有文物藏品都要由清点专家或专员进行清点、登记，纳入收藏目录中。博物馆藏品的登记著录是博物馆的一项基本职责。通过合理、有效的登记著录，加强对文物藏品的管理和利用，一直是我国博物馆工作者不懈努力的目标。1978 年 1 月国家文物局公布的《博物馆藏品保管试行办法》中就明确规定了博物馆藏品总账和藏品档案的登记方法。1986 年 6 月文化部发布的《博物馆藏品管理办法》，又对博物馆藏品的登记著录规则进行了细化。其中总则第三条规定："保管工作必须做到：制度健全、账目清楚、鉴定确切、编目详细、保管妥善、查用方便。"

我国绝大多数博物馆都建立了相对完整、细致的藏品总登记账、藏品分类账和藏品编目卡片。其中藏品总登记账作为国家科学、文化财产账，各博物馆均设专人管理，永久保存。按照规定，全国博物馆的藏品总登记账实行统一的格式和登记标准，对于藏品的定名、计件、计量单位、时代、现状、来源等信息，严格按照文物行政部门制定的规范进行记录，逐项登记。在博物馆藏品管理中，文物藏品编目被视为一项枯燥的工作，实际上是一门专门学问。例如已故南京博物院宋波胤副院长在其《论藏品编目》《论四部四项藏品分类》中，从博物馆藏品分类的工作实际出发，提出了著名的"四部四项十进位分类法"，其方法对于博物馆藏品管理的规范化具有指导作用，对于博物馆藏品管理的数字化进程也有积极推动意义①。

1991 年 11 月，国家文物局印发的《藏品档案填写说明》是规范著录工作的最基本依据。《说明》对档案填写的格式、文物定名、鉴定、文物总登记号、文物分类号、档案编号、时代、作者、数量、质地、色泽、用途、尺寸、重量、形状、入藏日期、征集

① 刘毅：《关于博物馆学研究对象的思考》，载《东南文化》，2010（1），83 页。

经过、流传经历、修复、装裱、复制记录、现状记录、照片拍照等方面都做出了具体规定。并要求各博物馆根据各自的馆藏文物实际，按照统一的定义进行完善和整理，使之统一分类、统一格式和内容。在文物藏品纸质档案登录管理方面，我国博物馆界有一套较为完善的规则。国家文物部门自 1992 年起组织专家组，对全国博物馆等文物收藏单位的一级文物藏品展开巡回鉴定和确认，共对 1417 个单位的一级文物 25 775 件（不含书画）进行确认，并完成了 231 个文物收藏单位的馆藏 21 823 件一级文物的登记、备案工作，以此为契机，推动博物馆藏品保护管理更加科学化和法制化。

2002 年《中华人民共和国文物保护法》修订后，规定了馆藏文物档案的备案制度，并要求国家文物部门建立一级藏品档案。其中第三十六条规定：博物馆、图书馆和其他文物收藏单位对收藏的文物，必须区分文物等级，设置藏品档案，建立严格的管理制度，并报主管的文物行政部门备案。2003 年全国馆藏文物保护工作座谈会，对馆藏文物保护、利用和管理工作进行了系统的梳理，部署以馆藏一级文物建档备案为突破口，加强文物资源调查建档工作，同时大幅度改善文物藏品保存条件，推进科技保护和现代化管理，确保文物藏品安全，促进博物馆藏品管理水平的提高。2004—2005 年，国家文物部门实施了全国一级藏品建档备案项目，共完成全国文物（文化）系统博物馆 46 630 件（套）一级藏品的纸质档案备案。

随着信息时代的来临，越来越多的博物馆纷纷将数字技术与藏品管理相结合，开展数字化的藏品登记著录工作。20 世纪 90 年代，我国博物馆界在延续纸质档案管理的同时，利用信息技术开展数字化藏品登记著录的尝试，故宫博物院、敦煌研究院等单位陆续建立了藏品信息管理系统。2001 年国家文物局发布了《博物馆藏品信息指标体系规范（试行）》，包括 3 个指标群、33 个指标集、139 个指标项，涵盖了与文物藏品本体、管理和研究信息相关的各个方面。实践证明，信息化为博物馆的文物藏品保护、管理和利用提供了更为便利和有效的方式，为实现博物馆藏品科学管理提供了重要途径，这不仅是新时代博物馆事业发展的必由之路，也推动了博物馆在管理理念、管理手段等方面的深刻革命。2001 年，国家文物局与财政部经过认真调研，决定利用信息化手段在全国文博系统开展文物资料调查工作，建立文物系统人、财、物综合数据库和信息网。

“文物调查及数据库管理系统建设项目”是一项由国家文物局、财政部共同主导，以摸清馆藏文物家底、提高文物管理水平为基本目标，以调查馆藏珍贵文物资源、采集文物基础信息为基本形式，以数字化的影像采集技术、数据存储技术和网络技术为基本手段的博物馆领域的一项数字化基础工程。该项目在山西、河南、辽宁、甘肃4省试点后，逐步向全国推广，覆盖了全国31个省、自治区、直辖市。“文物调查及数据库管理系统建设项目”自2001年启动，经历10年艰辛努力，终于取得了丰硕的成果，并于2011年6月结项。作为一项覆盖全国的馆藏文物资源调查工程，实施10年来在采集馆藏文物数据、推进博物馆信息化建设等方面都取得了丰硕成果。

在数据采集成果方面：文物调查项目共完成1 660 275件/套馆藏珍贵文物数据采集，其中一级文物48 006件/套，二、三级文物1 612 269件/套，拍摄照片3 869 025张，录入文本信息3.05亿字，数据总量15.16TB，此外，还采集馆藏一般文物数据137万余条，建立了国家、省、收藏单位三级分布式文物信息存储体系。在标准建设成果方面：为保证数据采集质量及项目实施的规范化、科学化，结合行业信息化发展需要，项目执行机构研究编制了《博物馆藏品信息指标著录规范》《博物馆藏品二维影像技术规范》《馆藏珍贵文物数据采集指标项及著录规则》等10多项数据标准和技术规范，建立了以文物数据采集、管理为中心的适合数字化技术要求的标准规范体系。各地结合自身情况，编制了项目工作规章制度和实施标准，既确保了项目进展，也为项目成果的推广利用奠定了基础。

“文物调查及数据库管理系统建设项目”是新中国成立以来第一次由国家文物、财政部门联合组织，文物系统国有文物收藏单位参加，针对馆藏珍贵文物，利用数字化手段开展的大规模文物基础资源调查。该项目在全国范围初步形成了以文物数据资源目录和文物身份统一标识为核心，以文物数据交换平台、数据管理为手段的基础数据架构和运行体系，在填补国家博物馆行业基础数据空白的同时，也为大规模数据管理与应用奠定了基础。在项目现有的基础上，可以进一步构建以文物本体为核心的文物知识库、全文检索、统计分析应用服务，为政府提供专业支撑，为保护科研提供科学依据，为社会公众提供信息检索服务。在文物调查项目的组织方式、工作模式、运行机制等方面，摸索出了一条符合我国博物馆工作规律、适应博物馆行业实际的文物数字化国情调查之路。

全面清理文物藏品是掌握文物藏品情况、了解文物藏品现状的有效途径，同时明确文物藏品的制作材料、工艺、目前保存的条件、适当的保存条件等情况，才能有的放矢地做好保护工作。进入新的世纪，故宫博物院制定全面清理文物藏品规划，从2004年至2010年，集中7年时间，对全院文物藏品及所有库房、宫殿进行全面彻底的清查和整理。此次清理文物藏品是故宫博物院历史上第5次清理文物藏品，也是最为彻底和全面的一次。故宫博物院藏品85%以上为清宫旧藏文物和遗存。此次从原定为“非文物”“文物资料”中清理出了大量文物，使故宫博物院的文物藏品总数从过去的近百万件增加到1 807 558件，其中珍贵文物1 684 490件、一般文物115 491件、标本7 577件。摸清文物藏品家底的过程，也是文物信息化的过程。故宫博物院同时完成了文物藏品资料的数字化处理工作。

分析故宫博物院新增加的文物藏品，主要是把大量具有历史文物价值的资料纳入文物藏品系列。例如22 703件清代帝后书画作品，之前认为艺术水平不高而未系统整理；过去只重视皇帝后妃的成衣，对于相当数量的衣鞋纸样和衣盒则未纳入文物藏品；还有反映清代官员觐见皇帝制度的近万件红绿头签、反映皇宫警卫制度的上千件腰牌等，过去对于这些清宫旧藏重视不足，但是这些物品也是清宫文化的重要组成部分。此外，在此次文物清理中，首次将古籍、古建筑类藏品纳入文物管理。故宫博物院收藏约40万件古籍、善本，原来虽然得以妥善保存，但是并未纳入文物藏品系列进行管理。现存的明清抄、刻本，包括内府修书各馆的编纂过程中产生的稿本，呈请皇帝御览、待刻之定本等，品类丰富，数量众多，具有较高的史料价值。

一件文物一旦通过鉴定，并决定征集进入博物馆收藏序列后，就要进行登记建档，成为公众的文化财产，从此刻起，这件普通意义上的文化物品，就上升为文物藏品，它的保护与管理就要纳入博物馆规范管理的正常轨道。故宫博物院将对新纳入博物馆藏品范围的各类文物，进行文物等级的认定。并将编制《故宫博物院文物藏品总目》《故宫博物院藏品大系》，通过电子本和纸制本两种形式向社会公开。其中，《故宫博物院藏品大系》精选最具典型性和代表性的文物15万件，按照陶瓷、绘画、书法、碑帖、青铜、玉石、珍宝、漆器、珐琅器、雕塑、铭刻、家具、古籍善本、文房用具、钟表仪器、宗教文物等分为26编，总规模预计500卷。在文物管理系统中，文物藏品的收藏位置数据和文物档案影像等信息，得到了进一步充实完善，实现了馆藏文物的全面信息化管理。

综上所述，全国文物系统博物馆集中开展的“文物调查及数据库管理系统建设项目”与故宫博物院等单位独立开展的文物藏品清理与数字化工作，互为补充，丰富了我国博物馆藏品信息管理体系，积累了有益的经验。2009年8月，文化部发布了《文物认定管理暂行办法》。文物认定是实施文物保护、管理、利用的前提和基础，是文物保护的重要举措。文物的科学有效管理，首先需要弄清家底，使文物保护的法律规定，具体落实到每一处、每一件文物。在文物藏品档案数字化建设中，应遵照标准化、规范化的准则，制定统一的采集、处理、存储、传输、服务等标准，提高文物藏品信息的兼容性及共享性。随着信息时代的到来，利用现代化技术手段管理博物馆藏品成为可能。高效便捷的文物藏品信息化管理越来越受到博物馆领域的关注。

所谓文物藏品信息化管理，就是在利用文物藏品管理软件完成文物藏品信息数据库建立的基础上，以网络为技术平台，进行博物馆藏品的管理和应用。利用文物藏品管理软件来管理文物藏品具有多方面的优点。一是可以方便快捷地进行文物藏品检索，当需要了解文物藏品的具体情况时，即可按其名称、时代、质地等任意指标选项或任意组合选项进行检索，瞬间便可完成。二是利用文物藏品管理软件可实现文物藏品信息的资源共享，使查阅者不受时间和空间的限制，即时查找所需资料，有利提升文物藏品信息的利用价值，使其更好地为社会服务。三是利用文物藏品管理软件可以方便地完成文物藏品信息的更新、维护，相对于传统手段来说简单快捷①。

文物藏品从接收开始便纳入了管理的范畴，各项环节的操作均应该是规范的、准确的，而不应该是随意的、粗略的。例如馆藏文物登记，由于文物藏品种类繁多，性质各异，没有科学规范的操作就很难保证文物藏品登记的真实可靠。每一个栏目，每一项内容都

① 刘翔：《博物馆藏品的信息化管理》，载《中国文物报》，2010-05-05（6）。

来自管理人员对文物藏品状况的认识与内涵的把握程度，登记内容准确与否，直接关系到文物藏品的妥善保护，以及文物库房人员的岗位责任等问题。凡是进入博物馆的文物，都必须经过严谨的接收登记的过程，这是搞好文物藏品管理的第一步。首先应进行科学鉴选，按照馆藏文物的标准，对文物藏品进行初步鉴定，确定其真伪、年代、质地等，划分等级，明确是否列入馆藏序列的鉴定意见。之后应及时做好整理移交工作，正式办理移交入库手续，还将进行文物定名、文物分类、文物编目和文物描写等，并在此基础上建立起文物藏品的档案，随时记录文物藏品动态。

馆藏文物定名，是科学分类、编目的前提，直接表述文物藏品的主要内容、特征，文物定名要求观点必须正确，鲜明地反映文物外在形式和本质特征，还要考虑检索要求，便于查对取用。馆藏文物分类，是文物管理标准化最重要的内容，即根据文物藏品的固有属性，依据文物管理与使用的特点，按照一定的原则和现行定名方法，对文物进行科学的分类，以便分别收藏。馆藏文物编目，是在鉴定的基础上按照规定的登录样式，对文物的内涵及外在特征诸方面所做的科学表述，做出翔实记录的全部过程，文物编目要求清楚地填写鉴定意见，科学记录摘要和流传经过。馆藏文物描写，是文物档案的重要组成部分，是衡量文物是否妥善保管的基本依据，文物描写要求术语使用准确规范，概念清晰，使人们从中可以确切了解、掌握文物的现状和损坏的程度。

博物馆藏品具有永久保存性和管理的不可间断性。永久保存性是指，一般含义上的物品管理，都有一个物质保管的期限和管理的终结，即便是档案保管，也有永久保存和定期保存之分。但是，文物藏品的管理则不同，只要文物藏品的身份确定后，就具有永久保存的概念，它的个体身份永远不会被取代。管理的不可间断性是指，文物藏品的保护管理依据不同的质地以及不同的价值，对所需的环境、条件、设施有不同的要求，因此在日常管理保护过程中，需要通过观察、测试、分析，用科学技术手段来加以控制，无论是在库房，还是在陈列展厅，每当文物藏品保护环境发生变化，都需要进行不间断的跟踪监测和保护。文物档案对于文物具有考察使用价值，是科学管理文物藏品和进行文物藏品研究必不可少的参考材料。因此，必须对文物档案的收集范围、立卷原则、分类方法、管理要求制定出统一标准。

2008 年 11 月，美国大都会艺术博物馆颁布了《文物收藏与管理规定》，根据该规定博物馆文物保存与维护部和各分馆共同负责文物藏品的技术检查和维护，并联合制定文物藏品养护的具体措施。制定文物藏品明细账目是保证文物藏品安全的重要环节。大都会艺术博物馆不仅设有专门的目录部，而且账目由各分馆和行政事务部门交叉管理，以避免监守自盗。《文物收藏与管理规定》对文物藏品目录有细致严格的要求。不仅所有文物藏品都要有详细的登记，还要记录文物位置、保存条件、参展情况、借出及归还时间、文物状况、研究和维护情况等项内容。大都会艺术博物馆要求各分馆每日清查重点文物藏品情况，每年对所有画廊、展厅和储藏室的文物藏品进行一次彻底清查，大规模的文物藏品库房每 1 至 5 年进行一次全面清查，根据清查结果制定明细账目表以书面形式向部门主管报告。

全国可移动文物普查具有极其重要的现实意义。鉴于全国可移动文物普查的艰巨性和复杂性，可以先从国有可移动文物普查开始。国有可移动文物普查应实行全国统筹规划，统一部署，实施标准化管理。普查对象为我国境内公立博物馆（纪念馆、美术馆）、档案馆、图书馆等文物收藏单位，考古研究机构、文物科研机构、文物保护管理机构，以及政府机关、企事业单位、部队、院校、驻外机构等收藏、保管文物的单位收藏、保存的国有可移动文物，全面掌握有关可移动文物的数量和分布、文物的本体特征、人文信息及其保存情况。普查预期成果主要包括建立全国国有可移动文物编码系统、建立全国国有可移动文物信息管理系统、编制全国国有可移动文物普查档案、公布全国国有可移动文物名录、编制全国国有可移动文物统计评估报告、编制全国国有可移动文物普查工作报告。

4.3.2 文物藏品的社会征集

对于博物馆的可持续发展而言，文物征集工作是补充博物馆藏品，并使之有序增加的主要途径之一，是博物馆重要工作职能，也是博物馆发展的动力源泉。但是，对于文物进行系统征集、规范整理、深入研究，在大多数博物馆都没有得到普遍的重视。事实上，文物征集是博物馆利用社会和经济手段增加文物藏品的一种方式，是国家保护文物标本、汇集博物馆藏品必不可少的手段。博物馆应不断总结文物征集工作的经验，研究行之有效的方法、措施和手段，不断扩大博物馆藏品的来源及收藏途径，提高博物馆藏品的数量和质量，为博物馆发展提供更丰富、全面、翔实的文物藏品，使博物馆更好地服务于社会公众。特别是面对当前民间收藏升温和文物走私猖獗的情况，应鼓励有条件的博物馆恢复深入社会各个阶层主动征集文物的优良传统。如此，一方面能够以正常价格使较多的文物标本进入博物馆收藏，而且能够更好地宣传国家的文物保护法规和政策。

专题征集收藏是博物馆为了学术研究、陈列展示需要，针对特定内容的文物标本，主动、深入地进行征集，有计划地补充一定主题文物的一种征集方式。例如近年来，在中国妇女儿童博物馆、中国文字博物馆等博物馆的筹建过程中，国家文物行政部门向全国文物系统发出征集相关文物的通知，对征集文物的内容、渠道、方式等均做出详细的规定。随着社会的发展，许多传统习俗正在被现代观念所代替，与传统习俗相关的物品也日趋减少，搜集、挖掘、抢救这些珍贵文物，是博物馆应担负的历史责任①。例如中国徽州文化博物馆的文物收藏，除有陶瓷、青铜器、玉器、杂项、古籍图书等之外，歙砚、徽墨、徽州三雕、新安书画、徽州文书等各种文物数以万计，成为该馆的特色文物藏品。因此，中国徽州文化博物馆始终注重这些特色文物藏品的汇集。

20 世纪 90 年代以前，社会各界民众发现出土文物等，主动送交博物馆的情况比较普遍，博物馆里用于征集文物支出的经费都是具有奖励性质；90 年代以来，随着社会经济的快速发展，人们的经济收入迅速增长，“收藏热”日益高涨，各地艺术品市场蓬勃兴起，社会民众送交文物数量急剧减少，加上博物馆经费投入明显不足，博物馆征集文物数量较少。近年来，博物馆加大了经费投入，征集人员主动寻找重要文物线索，所征集的文物藏品不但数量多，珍贵文物藏品的比例也明显上升。陕西历史博物馆自从落成开放之际，就在保管部下设立文物征集科，负责对社会流散文物进行征集，同时对征集来的文物进行分类、登记，制作藏品档案。2005 年机构改革，该馆又专门成立了文物征集处。现有约 37 万件文物藏品的陕西历史博物馆，20 年来通过征集方式增加了 1.2 万多

① 黄琛：《漫谈博物馆宣教服务体系建设》，载《中国文物报》，2008-07-04（6）。

件文物藏品[①]。

文物资料浩如烟海，但是并不是所有的实物都能成为博物馆的藏品。每一座博物馆都应该科学界定文物藏品的征集方向，制定适合本馆性质、特点和实际情况的征集目标，形成独具特色的文物藏品核心序列，建构具有典型性的文物藏品体系，从而提升博物馆文物藏品的整体质量。不加选择地征集文物藏品，对于任何一座博物馆的财力人力都难以承受。因此，任何博物馆的文物藏品征集都应掌握适当限度，不能仅以数量取胜，避免收藏数量过多、收藏范围过宽，这样不仅有悖于博物馆的性质和任务，而且会造成与其他博物馆之间不必要的竞争以及文物资源的浪费。不征集和收藏与本博物馆性质和任务无关的文物藏品和资料，不与其他更加需要文物藏品的博物馆竞争，是每一座博物馆均应遵守的职业道德[②]。

文物藏品的特质和品质，以及是否具有一定的体系，决定着博物馆的发展方向与自身特色。巴黎是享誉世界的浪漫之都，也是名副其实的博物馆之城，众多各类博物馆犹如珍珠般散落于巴黎的大街小巷。一座座或大或小、或综合或专题的博物馆精彩独特，令人流连忘返。纵观巴黎的博物馆群，给人们感受深刻的还有每座博物馆均有明确的藏品收藏范围。法国博物馆十分注重谋求整体发展布局的系统性与多样性，发挥优势，挖掘潜力，合理有效利用文物藏品资源，使每座博物馆均呈现出不同的风貌。正是由于定位清晰，征集方向明确，博物馆不仅能够集中有限的资金收藏最适合本馆发展所需要的文物藏品，而且可以集中人力、物力、财力做好文物藏品的保护与研究工作，据此组织特色鲜明的永久性陈列展览和丰富多彩的临时性陈列展览。经过不断发展与调整，经过长期的积累与充实，众多的巴黎乃至法国的博物馆更具魅力。

如今，经过几次对博物馆藏品或分离或合并的有效整合，在巴黎全市几乎没有内容重复的博物馆。例如在 20 世纪 60 年代末期，多数巴黎人提出罗浮宫艺术博物馆的展览应以古典艺术作品为主，蓬皮杜艺术中心的收藏应以现代作品为主，但是众多法国 19 世纪的油画、雕刻却没有一个专门的收藏、展示场所，因此向政府建议建立一座专门展示 19 世纪艺术品的美术馆。1971 年，奥塞博物馆成立，文物藏品的一部分自罗浮宫艺术博

① 杨彦：《寻觅散落世间的记忆》，载《人民日报》，2011-08-23（12）。
② 安莉：《谈博物馆近现代文物收藏原则和标准》，载《中国博物馆》，2006（2），38 页。

物馆转来，印象派作品则由印象主义博物馆捐赠。这样奥塞博物馆的收藏范围从1848年巴黎二月革命起到1914年第一次世界大战前止，包括绘画、雕塑、海报、服饰配件在内的多种美术品，足以展现19世纪法国艺术的发展轨迹及成就。再如于2006年6月落成的巴黎盖布朗利博物馆，是将巴黎人类博物馆、非洲和大洋洲博物馆两个馆的藏品整合在一起，成为主要展示亚洲、非洲、美洲、大洋洲有关人类生产、生活、宗教、艺术等方面用品的博物馆①。

关于"罗浮宫收藏《八骏图》"的争议曾引起关注。2006年9月，一位青年画家准备在北京举办画展，背景材料介绍其作品《八骏图》2005年8月被罗浮宫艺术博物馆收藏。但是，就在画展开幕的前一天，罗浮宫艺术博物馆发表公告，声称该画在任何时候都不会被该馆收藏，罗浮宫艺术博物馆从未将画作提交收藏委员会进行讨论。"鉴于作品永远不可能在罗浮宫展出，如果想收回作品的话，画作者对该画仍具有处置权，罗浮宫已做好归还此画的准备。"原来，该青年画家持自己的画作来到罗浮宫艺术博物馆，表示要捐给博物馆收藏。接待他的博物馆有关部门负责人告知罗浮宫艺术博物馆不收藏亚洲艺术品时，画作者提出要把画作送给馆长。当该部门负责人代收画作，并出具收条时，严肃指出画作"在任何情况下都不能被视作罗浮宫的收藏品"。但是，此后10多家媒体未经核实，就发布了"罗浮宫收藏《八骏图》"的消息，罗浮宫艺术博物馆不得不正式发表公告，予以澄清②。

联合国教科文组织《关于保护可移动文化财产的建议》指出，"可以在采取一切应有预防措施的情况下向负责对付盗窃、非法贸易及赝品流通的国家和国际机构提供必要的情报"。并指出"视情鼓励利用当代技术提供的谨慎方法对文化财产进行标准化鉴定"。在我国，自古以来就有仿古工艺，宋代更有了成规模的仿制，到民国时期形成高潮，但是从来没有像今天这样普遍。虽然仿古工艺品有其存在的合理性和价值，例如对于博物馆无法收藏的珍贵文物进行仿造展示，可以起到普及知识的作用；可以避免一些传统工艺技术的失传；可以满足部分喜爱文物又没有经济能力购买文物的普通民众。但是，制作仿古工艺品，如果是为了冒充文物，充当赝品，就没有任何文化意义，而是牟取商业

① 隋立新：《法国文化遗产保护与利用的理念与实践》，见《中国国际友谊·第七卷》，134页，北京，文物出版社，2010。
② 马自树：《文博余话》，北京，紫禁城出版社，2011。

暴利的造假行为。对此博物馆必须要保持警惕，防止赝品进入收藏序列。

1994 年夏天，北京潘家园旧货市场出现一批陶俑，经专家初步鉴定为距今 1500 多年前的北魏时期珍贵文物，对于研究古代先民审美情趣和习俗变迁具有重要价值。为了不让这些珍贵文物损毁散失，专家们建议申请专项拨款及时收购。于是，短短几个月内，博物馆从潘家园旧货市场和各种渠道收购了数百件“北魏陶俑”。“一家博物馆买了三次，花了 80 万元，另一家博物馆买了两次，花了大概 10 万元”[①]。但是，当专家重新对这些陶俑进行集体鉴定时，鉴定意见出现了分歧。后经文物部门与警方配合，对此事进行调查。调查结果原来这些所谓“北魏陶俑”，其实是河南孟津县农民制作的仿古工艺品。由此可见，博物馆必须保持文物藏品的真实性，既要尽可能地征集保护不断出现的文物珍品，同时又不能让赝品混入博物馆库房，以保持文物藏品的纯洁性。

2006 年 2 月，丹麦警方在哥本哈根的一栋私人住所查获一批疑似出土的中国古代文物。丹麦警方随后向我国通报了相关情况，并请求协助查明这批文物是否为中国的被盗文物，以及被盗的时间、地点等情况，以便对持有者审判定罪。为了鉴定这批文物，我国专家专程赴哥本哈根，最终认定这批文物共计 156 件，包括我国新石器至元、明不同时代墓葬的随葬品，其中 1/3 以上属于珍贵文物。从文物的特征判断其主要来源于陕西关中或山西晋南两个地区，也有部分文物可能出土于河南和四川等地。其中陶牛尊、陶象尊两件陶质文物上有楷书“寄寄老人”的文字，为查找具体的被盗地点提供了难得的线索。于是专家赴陕西、山西核查 2000 年以来博物馆藏品的被盗案件，并对博物馆等收藏机构的同类文物进行考察。在西安博物馆调查时，发现该馆收藏的 4 件元代陶器也有“寄寄老人”陶文，与丹麦警方查获的陶牛尊、陶象尊上的陶文一致，这一发现证实了这批文物的确切来源，使这批文物得以顺利从丹麦追回[②]。

当前，越来越多的博物馆基于多角度的深入研究，经过不断探索、实践和创新，从实际出发，开拓文物藏品科学保护和有效汇集的渠道。为了加强青岛市文物藏品管理，提升文物管理水平和能力建设，由青岛市文物局组织邀请的国家文物鉴定委员会专家组，于 2011 年 7 月对青岛市博物馆、中国海军博物馆、青岛啤酒博物馆等 14 家文物博物馆

① 李婧：《博物馆也有“瞌睡”时》，载《文化月刊》，2010（11），19 页。
② 宋新潮：《“寄寄老人”考》，载《文物》，2011（10），77 页。

场馆共七大类近1000件文物进行评审、鉴定和定级工作。全市共定级珍贵文物483件，其中一级藏品44件。中国海军博物馆101号驱逐舰、245号鱼雷快艇、轰侦5型82025号等17件军事文物被定为一级文物。青岛啤酒博物馆的糖化锅、发酵桶、德国啤酒厂厂房图纸等6件工业遗产类藏品被定为一级文物[①]。

文物收藏单位之间经过主管部门的批准，通过调拨、交换、借用等方式调剂藏品，并适当给予提供方合理的补偿，补偿费用完全用于保护工作，这在实践中被证明是一个比较可行的办法，对有效改善馆际交流、促进文物的合理利用和改善文物收藏条件，具有一定的积极作用。青岛市文物商店在市场经济环境下，为青岛市博物馆保留了一批具有较高价值的珍贵文物，实现了文物保护成果为全民共享。2011年8月，322件珍贵文物从青岛市文物商店出库，成为青岛市博物馆的永久收藏。其中，202件文物为国家三级以上文物，包括5件一级文物和42件二级文物。这些文物绝大多数于20世纪60—70年代进入文物商店库房，由于其价值珍贵，青岛市文物商店始终没有投入市场进行流通。此次是近20年来青岛市文物商店藏品首次成批移交青岛市博物馆[②]。

接受捐赠文物是增加博物馆藏品的一个重要途径之一。应积极倡导社会团体或个人提供各种文物捐赠渠道，鼓励社会团体或个人向博物馆捐赠、送售或捐售文物。博物馆应根据其文物价值，合理予以经济补偿，而对于向博物馆捐赠文物的社会团体或个人，予以表彰奖励，并颁发“捐赠文物荣誉证书”，在媒体上予以宣传报道，还要建立专门的文物捐赠档案，总结征集文物的成果，并举办专题展览。这些既是对社会的回报，也是对捐赠者的感谢和尊重。例如2010年5月首都博物馆举办的“收获·十年——首都博物馆征集、接受捐赠文物展”，展出的是从该馆10年来征集、接受捐赠的3万件（套）文物藏品中精心挑选出的150多件（套）典型文物，是对十年来首都博物馆所征集、接受捐赠文物藏品的回顾展，对于展出的捐赠文物，明确标出了捐赠单位、团体的名称或捐赠人的姓名等信息，以示纪念和敬意。

近年来，伴随我国的综合实力与日俱增，许多流失海外的珍贵文物陆续回归。从2002年开始，国家财政第一次设立了“国家重点珍贵文物征集专项经费”，对于流失海

① 毛公强：《青岛：近千件文物重新定级》，载《中国文化报》，2011-07-26（2）。
② 毛公强：《青岛：文物商店珍宝安家博物馆》，载《中国文化报》，2011-08-18（2）。

外或民间的珍贵文物进行重点征集。例如2002年以2999万元购回散佚日本多年的北宋米芾的行书《研山铭》，并在故宫博物院存放保护，这是国家设立重点珍贵文物征集专项经费后收购的第一件文物珍品。2003年故宫博物院以2200万元购回散佚民间的故宫旧藏《隋人书出师颂》。2003年引起海内外广泛关注的书法国宝《淳化阁帖》最善本四卷被上海博物馆以450万美元从美国收藏家手中购回。上海博物馆一直致力于海外珍贵文物的抢救回流，特别是在青铜器、竹简、明代家具等方面令人瞩目。

21世纪，科学技术突飞猛进地发展，应成为提供博物馆藏品最为丰富的世纪。伴随水下文化遗产保护和考古发掘工作的展开，珍贵的水下文物不断呈现。例如明万历年间，一艘满载着瓷器的商船，沿古代海上丝绸之路航线至南澳岛附近海域时突遇风暴，沉没于27米深的海底。2007年5月，这艘沉睡了460余年的明代古沉船得以发现，成为古代海上丝绸之路上又一实物例证。其中船载文物主要为明代粤东或者闽南及江西一带民窑产青花瓷，数量在万件以上，是一座罕见的海底宝库。此后，水下考古队员详尽掌握了"南澳Ⅰ号"沉船附近海底地貌的平面和剖面。2009年10月，"南澳Ⅰ号"明代古沉船打捞正式拉开帷幕，按照水下考古作业流程，逐层进行考古清理、测绘、摄影和文物提取工作[①]。

文物藏品的完善是一个动态的过程。由于科学技术转化为生产力的周期不断加快，现代物品的消失极为迅速，出现了时代越近，物品的淘汰率越高，文物的幸存率越低的现象，这就提高了现代物品收藏的紧迫性。目前，越来越多的博物馆将文物保护的目光伸向可持续发展的未来。与欧洲博物馆大多数都拥有历史积累不同，美国有很多成立时间不长的大型博物馆，虽然资金充足，但是文物藏品缺乏，主要途径就是通过市场化的大量购买，通过古董商和拍卖行的渠道增加收藏。早在20世纪50年代末，当现代派绘画遭冷落的时期，古根海姆精心收藏现代派绘画作品，并为这些作品找到了归宿。这些往事折射出古根海姆博物馆是为了明天的艺术而努力，为了艺术的创新而发展。如今纽约古根海姆博物馆，已不仅仅是狭义的现代艺术博物馆，更成为国际文化交流的中心和艺术教育的机构，而它所秉持的鼓励创造性艺术的理念，却始终没有改变。

① 李刚：《海底宝藏460年后被唤醒》，载《人民日报》，2009-10-23（6）。

首尔历史博物馆设立于2002年，作为一座年轻的博物馆，确立了有别于综合博物馆的城市博物馆的定位，集中展示首尔的历史和城市发展史，并从2009年开始实施“博物馆再诞生”计划，一是不仅关注文物本身，更关注文物的生产、流通和利用的空间、社会和文化脉络；二是关注生活的所有过程和环节，不仅是文化艺术，而且生活、消费和流通的所有环节都是关注对象；三是不仅关注稀有性和卓越性，作为生活的证据，其真实性成为判断尺度。不仅是较遥远的过去，而且不久前的过去也都成为尊重的对象，为后代记录和保存现在，也是重要目标。另外，所关注对象也不仅是特别的、别出心裁的东西，而是日常的、与社会民众的日常生活息息相关的一切，就使生活史也成为博物馆所关注的对象。因此，首尔历史博物馆收集文物藏品的范围和对象不断扩大，积极收集近现代资料，提出“现在就是历史的现场”的宗旨和“未来文物”的概念，收集刚刚过去的近一段时期的遗留物和现在产生的各种资料①。

林徽因教授曾说，“我们今天所叫作‘生活’的，过后它便是‘历史’”。过去，在很长的历史时期，博物馆主要是收藏古物，与人们现实生活联系不大。而如今博物馆类型和收藏内容都已发生了重大变化，人们不仅要“为今天而收藏昨天”，而且更多地关注人类的“今天”，“为明天收藏今天”。通过建立一系列反映近现代历史的博物馆，可以拉近博物馆与民众的时空距离，增强亲和力。例如河南省文物局发布《关于开展当代文物征集工作的通知》，在全省范围内开展当代文物藏品征集工作。首都博物馆注重收集1840年以来北京城市发展方方面面的实物资料，这也是现在为未来保存历史。当夏利出租车出现在北京市场时，首都博物馆收藏了一辆全国劳模于凯驾驶过的夏利出租车，目前已经先后收藏了骡车、人力车以及“黄面的”，这些藏品勾勒出一幅北京城市交通发展的立体图景，也使普通市民参与到博物馆的收藏工作中来。

今天，人们不仅仅对帝王或贵族生活好奇，而且更希望了解社会生活的全貌，了解普通民众的喜怒哀乐。2008年春节期间，首都博物馆联合媒体，面向北京市民征集北京的“城市记忆”物件，从家具、生活用品、书籍、服装，到照片、录像、录音、绘画、手稿、日记、论文等实物。经过海选胜出的市民家庭，将有机会带着这些实物和故事，走进首

① 康泓彬：《首尔历史博物馆的“再诞生计划”》，载《中国文物报》，2010-09-22（6）。

都博物馆的展览大厅，展示自己家庭生活的变迁，以及与生活的这座城市息息相关的情结。这样的征集活动具有更广泛的参与性和娱乐性。索鹏一家就是首都博物馆的热心观众，“索家在北京居住了 16 代、共 360 多年历史，积累了很多的文物”。“我们的老宅在两广大街，当时拆迁时看到很多东西瞬间化为尘土，很心疼，总觉得应该留下些什么。左思右想，他们选择将这扇有代表性的院门留存下来，并毫不犹豫地捐给首都博物馆”[①]。

4.3.3 文物藏品的环境改善

馆藏文物保存环境，亦称为博物馆环境、文物微环境，是收藏与展示各类可移动文物的相对独立的空间，包括文物库房、展厅、展柜、储藏柜（箱、盒）等空间。随着科学技术发展，时代赋予博物馆文物藏品更多的文化内涵。为加强文物藏品保管工作，应建立起卓有成效的文物藏品管理和利用制度。《关于保护可移动文化财产的建议》指出：“文化财产由于不良的存放、展览、运输及环境（不利的光线、温度、湿度、空气污染）条件而易退化，长此以往，可能具有比意外损坏或偶然破坏行为更为严重的后果。因此应保持适宜的环境条件以便确保文化财产的物质安全。负有责任的专家应在目录中列入物品物理状况的资料及关于必要环境条件的建议。”

文物藏品被破坏的原因是多方面的，除自身的结构、质地不稳定外，还受人类因素和自然因素的影响。博物馆藏品虽然看似保持静态，但是实际上本身始终进行着微观变化，容易导致藏品不同程度的外部变形或是内部结构损坏。其中人为损坏包括战争、盗窃、火灾、随意触摸、不适当的利用、保护方法不恰当等因素，使文物藏品衰败，例如金属腐蚀、石雕风化、壁画褪色、书画虫蛀霉变、织物粘连、木质干裂糟朽等。自然破坏包括地震、洪水、火山喷发等灾害性的因素，温湿度、光辐射等物理性的因素，灰尘、有害气体污染等化学性的因素，微生物、昆虫、动物侵蚀等生物性的因素。这些均需要分析研究文物藏品的损害原因和质地材质，采用传统文物保护技术与现代科学技术相结合的方式，运用不同的手段加以修复。

“全国馆藏文物腐蚀损失专项调查”是针对国有文物收藏单位开展的第一次全国

① 司晋丽：《博物馆：生活可以更深沉》，载《人民政协报》，2010-05-21（C1）。

性博物馆藏品文物腐蚀损失的科技基础工作专项调查，历时3年时间，通过系统内外近5000名工作人员的共同努力，采用普查、重点调查、抽样调查、专题调查、访谈调查、抽样检查等多种调查方式相结合，对全国各省（自治区、直辖市）的2803家各类国有文物收藏单位的1470余万件（组）馆藏文物进行了调查，基本掌握了我国国有馆藏文物的现状。针对馆藏文物腐蚀损失专项调查结果的系统分析和深入研究，表明馆藏文物腐蚀损失的6个方面主要原因，探索出解决和改善馆藏文物腐蚀损失的8项主要对策与建议。

通过“全国馆藏文物腐蚀损失专项调查”的实施，较为全面地了解和准确掌握全国国有文物收藏单位馆藏文物的腐蚀数据，基本掌握了馆藏文物腐蚀原因，初步建立健全长效、动态的馆藏文物腐蚀损失调查机制，完成了馆藏文物及其腐蚀损失经济价值估算数学模型的初步设计，首次将经济参照系概念及测算方法引入馆藏文物管理领域，切实加大了馆藏文物分区分类指导力度，明确了馆藏文物保护的科技攻关目标和经费投入方向。“全国馆藏文物腐蚀损失专项调查”是博物馆领域率先采用信息技术手段、引进统计学原理，组织跨学科、跨行业、跨领域、多单位共同协作的大型专项调查项目，是文物藏品科技保护的一项基础性工作。

科学保护文物藏品，合理修复受损文物藏品的目的，都是为了延长文物藏品寿命，延缓文物藏品的老化。但是，从另一个角度来说，博物馆藏品保护与修复是对文物本体的人为干预，使文物藏品所拥有的某些特性发生一定的改变。为了尽可能保留文物藏品在保护与修复工作前所拥有的原始信息，必须要在对文物藏品实施保护与修复前，对文物藏品原状加以描述，同时由于保护与修复过程中的人为干预会造成文物藏品特性的改变，应对文物保护与修复的过程，以及修复后文物藏品的状态进行详细的描述和记录。这些对文物原状的描述与修复过程的记录资料就是文物保护与修复的技术档案。

文物保护与修复的技术档案，既保存了文物的原始与目前的各项信息，也有助于文物保护与修复工作的总结、归纳与提高。更重要的是，为今后文物藏品的研究、保管、利用提供重要的文化信息[①]。在我国，尽管文物修复有较长的历史，但是文物保护作为一门学科，起步较晚，文物保护修复技术档案的建立还未能引起人们的足够重视。例如很

① 宋纪蓉、刘舜强：《完善文物保护修复档案的几点思考》，载《中国文物报》，2008-02-22（8）。

多文物藏品在修复的过程中没有进行详细记录，没有清晰地描述文物原貌，对操作过程记录简单，在记录中缺少足够的影像、图片资料，在修复结束后没有综述性的修复报告。这些问题的存在将对今后的文物资料检索、文物的保管利用与研究、文物的再保护修复带来很大的困难。

当前，亟待加大科学研究力度，有效遏制馆藏文物腐蚀损失。包括加强馆藏文物保护修复科技应用技术基础研究，进行各类材质馆藏文物在不同环境中的劣变原因及防治对策、馆藏文物保存环境和保护修复材料工艺评价标准的研究；实施关键技术攻关，加大应用技术研发力度；加大馆藏文物保护科技成果转化和推广力度；加强馆藏文物保护修复科技基础条件建设。针对保存环境控制、库房建设、日常养护、基础技术标准规范等诸多与馆藏文物保护有关的问题，需要增加馆藏文物保护科研经费、保护修复经费、日常养护经费的投入。同时，组织全国的科学技术力量，在博物馆领域开展博物馆藏品抢救性保护修复专项工程，首先抢救已经处于重度腐蚀以上的珍贵文物，特别是濒危易损的珍贵文物，例如纺织品、竹木漆器、纸质文物、金属类文物等严重腐蚀的珍贵文物藏品，保障馆藏文物永续保护。

实践证明，选择最有利于文物收藏、管理的区域作为文物藏品区域，是确保藏品安全的首要问题。库房是收藏、保护、管理文物藏品的重要场所，博物馆应拥有专门为收藏文物藏品而建立的具有防盗、防火、防震、防潮湿、防干燥、防污染、防灰尘、防光辐射、防虫蛀、防霉菌、防腐蚀、防糟朽、防变色、防老化等功能的库房。传统的博物馆库房管理理念认为，文物库房设在地下室或进出不太引人注目的区域比

故宫博物院文物藏品修复保护（2013年5月29日）

较安全。但是，近年来一些国家的博物馆遭遇飓风洪水、地下室珍贵文物遭受严重损伤的情况时有发生，这些情况的出现，严重冲击了传统的文物库房区域理念。新建博物馆的内部空间划分中对文物藏品区域的设定，必须在考虑文物安全的同时，注意文物藏品的取用方便、展收自如及文物藏品的防霉、防潮特别是防水等问题，真正实施科学管理，确保文物藏品的绝对安全。

博物馆建筑类型多样，既有古代建筑，也有现代建筑，它们在建筑材料、结构形式、设备装置等各方面存在一定的差异。现代博物馆在建筑设计时就要重点研究展厅和库房的建筑环境，展厅陈列室、库房及其他业务用房面积的适当分配，文物、标本保护温度、湿度的参数及各项相应的装备、设施等。利用古代建筑作为馆舍的博物馆亦应在保持建筑物原貌的前提下装置设备，尽量改善博物馆建筑内部的环境。对于文物藏品的保存环境，空气的温度和湿度最为重要。博物馆内的温度、湿度会随着室外气温的波动和观众流量的多少而变化，通过在展厅内安装智能化控制系统，可以防止外界不利因素的影响，保持有利于文物藏品保护的温湿度。

应立足于博物馆环境现状，针对博物馆库房、展厅的温湿度环境控制问题，开展博物馆环境控制技术及设备研发。主要内容包括：一是馆藏文物库房环境的调控技术及设备研发。在对现有馆藏文物环境问题进行专门分析的基础上，开展适应于地域环境的较低能耗和低成本的文物库房环境湿度控制技术及设备研发。二是馆藏文物微环境控制技术及设备研发。针对我国自主研发微环境控制基本设备短缺的现实问题，开展馆藏文物微环境控制技术研发，设计并研发具有自主知识产权的除湿类恒湿机，为博物馆的陈列场所提供微环境控制解决方案。三是博物馆展厅的光环境综合研究。针对博物馆展厅“光污染”问题，开展博物馆展厅光环境综合研究，研发新的光源技术。四是研究并完善传统消防技术，研究新型阻燃材料，更替旧有的易燃或不阻燃材料，增强门窗、楼面及屋面的耐火等级。此外，展厅还应配备有防尘、防震和空气净化过滤系统。

文物藏品能否长久保存，依赖于它的存放环境，有效地控制收藏环境可以延长文物藏品的寿命。同时，保护和管理文物藏品是一门技术性很强的综合性边缘科学，涉及多学科和多项先进技术，例如地质学、矿物学、纺织学、气象学、化学、物理学、古生物学、生物学、微生物学、环境保护学等。2002 年以来，国家文物局在全国部分省市博物馆进行“文物库房环境保护达标试点工程”，获得良好的效果。例如旅顺博物馆经过此次“试点工程”，文物库房实现了恒温恒湿自动化系统、空调通风自动化系统、消防报警自动化系统①。在文物藏品库房的各项管理工作中，文物藏品出入库的管理是一项非常重要的工作，各博物馆利用馆藏文物组织对外展览、临时展览等各项业务活动，文物藏品经常会被提取出库，文物藏品安全易受到威胁，文物藏品动态化管理就成为博物馆管理中重要的一环。

保管部门严格规范文物藏品的出入库手续，成为文物藏品安全的重要保证。文物藏品如果不采取任何消毒措施就进入库房，不但这些文物藏品会因携带许多细菌、虫卵等继续受到侵害，而且还会影响到库房内原有文物藏品的安全。因此，文物藏品入库之前，文物保管人员应将其送至相关的科技保护部门进行消毒，并提交一份具体消毒情况的报告。文物保管人员在文物藏品入库时，应认真验核消毒情况的报告。有些严重损坏的文物藏品，入库前须进行必要的技术处理，例如除尘除垢、防锈、熏蒸、修复等。同时对文物藏品进行实测，记录其图像资料、尺寸、重量、成色、完残情况等。入库时，文物保管人员应对照文物藏品，认真核对藏品号、藏品件数及藏品现状，检查藏品卡片上注明修复的具体部位、藏品描述用词是否准确、全面。完成以上工作后，由相关人员一起进行核查清点，正式办理入库手续。藏品在入库后，还需要对其科学地进行分类保管。

长期以来，国家立法机关，各级文物行政部门，为文物安全工作制定了一系列法律法规，各类博物馆也不同程度地制定规章制度，采取多种措施并以大量的人力和物力投入文物藏品保护环境的改善。“馆藏文物保存环境应用技术研究”是“文化遗产保护关键技术研究”的课题之一，主要基于文物预防性保护原则，立足博物馆文物藏品实际状况和潜在需求，针对馆藏文物保存微环境的主要危害因素，分 6 个专题开展综合研究，建立了基于洁净概念的文物保存微环境评估体系的理念和内容框架，形成具有自主知识产权的博物馆微环境采样检测、连续监测、材料评价、湿度调控、空气净化、集成控制等系列技术及相关应用产品。

① 王德玮：《试论博物馆现代化》，载《旅顺博物馆学苑》，2011 年，179 页。

馆藏文物保存场所应该具备适合文物藏品长久、稳定保存并能有效控制延缓其自然损毁，防止人为破坏的环境条件。博物馆的文物藏品种类繁多，有多种分类方法，包括按文物藏品质地、用途、年代、制作工艺、来源等分类方式。但是由于不同质地的文物藏品，对保存环境的敏感情况各异，因此宜按材质分类保存，可以分为青铜器、陶瓷器、玉器、书画、织绣等不同的文物藏品库房，或是分为无机材质、有机材质、复合材质的文物藏品库房。另外，也可以根据文物藏品的珍贵程度加以区别，一级文物藏品应设专库或专柜收藏，重点保管。博物馆的文物保管人员应详细记录每天馆藏文物的环境变化情况、文物库房温湿度等信息和文物保存状况，及时了解掌握馆藏文物的保存状况。

当前，应从改善博物馆藏品的预防性保护现状入手，达到减缓馆藏文物劣化的速度，使文物藏品得以长久保存。"博物馆的物不能没有昨天，因为人需要通过博物馆的物感知昨天。我们继承了前人的历史遗产又为我们的后人准备了他们将要继承的历史遗产。没有哪个行业比博物馆更直接地为后人工作着，没有哪个行业比博物馆更具有历史与未来的直接衔接与统一"[①]。虽然现代环境科学和技术获得了飞速发展，但是当前我国馆藏文物预防性保护管理意识淡薄，博物馆环境质量不高，基础研究不足。污染物浓度普遍较高、温湿度波动幅度较大、环境监测和控制技术手段缺乏等问题，已经成为馆藏文物遭受劣化损害的主要原因。因此，迫切需要引进新的理念，研究建立适合行业特点的环境监测方法、评估体系、调控技术和控制指标。

文物藏品保护包括日常养护和修复处理两部分内容。为了避免自然环境及其他因素造成文物藏品的损坏，必须采取相应的措施，科学有效地防止、延缓各种不利因素的侵害。主要对策是防潮、防虫、防尘、防污染和防机械性损伤等，对于需要处理的文物藏品，则要采取清洗、消毒、加固、复原等技术性措施。由于文物的材料质地、制作时代、造型纹饰、埋藏环境等差异很大，因此，即便是同一类文物也不应千篇一律地用同一方法进行养护处理。博物馆藏品中有一些有机质地制品，它们对湿度的要求相对无机质地制品更为严格，相对湿度过高会造成霉菌的滋生，意味着文物腐朽损坏，相对湿度过低会造成文物的脆裂、翘曲变形。调整控制的尺度掌握在多少为合适，这就需要通过监测

---

① 盘福东：《多维视野中的博物馆文化作用——桂林博物馆为例》，见《21 世纪博物馆核心价值与社会责任》，124 页，北京，科学出版社，2010。

来划定一个较为理想的范畴，达到保护的目的。

几十年来，全球变暖和自然灾害频发，使得人类逐渐增强了自身的危机意识。面对风暴、暴雨、地震等灾害的频繁出现，一些灾害多发的发达国家，都制定出适合自身的防灾预案，力图在灾害来临之际，将生命和财产的损失降低到最小。我国是世界上遭受自然灾害最严重的国家之一，需要在生产、生活等各个领域都牢固树立防灾意识，作为公共文化机构的博物馆更应如此。文物藏品是不可再生的文化遗产，风沙、洪水、海啸、冰雪、地震、雷电、泥石流等自然灾害都可能对文物藏品造成损害甚至损毁。对于如何提高博物馆防灾减灾能力，建立科学的防灾减灾工作机制，是重大自然灾害对文物藏品保护工作提出的新课题。

为此，应牢固树立博物馆藏品安全的忧患意识和危机意识，有意识地将文物藏品保护置于可能发生的各种自然灾害状况中，有计划地采取科学、有效的措施，有预案地主动避免自然灾害可能对文物藏品的损害。首先，要对博物馆所处的地质地貌和天文气候等自然地理环境进行科学研究和分析，明确可能危害博物馆安全的主要自然灾害，为采取科学有效的防灾措施，提供科学依据。其次，与气象、地质、地震等相关部门保持经常的联系与沟通，及时取得和掌握自然地理和气候变化的准确信息资料，为防灾减灾工作提供依据。再次，做好增强灾害防范意识的宣传教育，使博物馆员工牢固树立防灾意识，提高全员防灾能力[①]。

我国博物馆系统在灾害应对问题上，还存在着明显不足。例如应急管理理论体系尚不成熟、风险评估和预警机制尚不健全、灾后快速评估体系尚不完善以及综合性应急救援网络体系尚未形成、民众参与型应急管理体系有待建立等。特别是在已建成现代化博物馆，安全设施日趋完善之后，思想上有所放松警惕。应对突发性灾害工作预案的制定过程，是根据现有物质技术条件，将各项防灾救灾措施、方法、手段系统化、条理化、组织化的过程。预案应具备针对性、协调性、可操作性，内容包括组织、指挥、协调系统，信息报告宣传系统，监督检查系统，人力物力配备状况，防灾救灾措施、程序、技术、方法、手段等内容。

---

① 常金国：《牢固树立防灾意识 科学制定应急预案》，载《中国文物报》，2008-06-20（3）。

4.3.4 文物藏品的安全措施

张謇先生在南通博物苑营建之初，就将自己的意愿刻在博物苑东馆前的石坊横额上：“愿来观者，各发大心，保存公益若私家物，无损无阙。”南通博物苑是公共文化机构，为使博物苑内财物不受损坏，他希望前来参观者能自觉地爱护公物。张謇先生还为南通博物苑拟定了《博物苑观览简章》，规范观众的行为，言明参观者必须履行的程序、要求和注意事项，以及违章后的处罚办法。倡导树立文明之风，培养社会公德，使南通博物苑得到有效保护①。对于博物馆藏品保护而言，最关键的是加强基础工作。基础工作不完善或者长期存在漏洞，是文物藏品安全的重要隐患，其危害在发生突如其来的灾害时尤其突出。加强基础防范工作，首先要在对文物藏品实施各项基础性保护措施时，将灾害防范作为一项重要内容加以考虑。在文物藏品管理过程中应时时树立防灾意识，处处采取防灾措施，做到有备无患。

在国际领域，为加强博物馆藏品保护，制定了一系列国际公约和建议，例如 1954 年的《关于发生武装冲突情况下保护文化财产的公约》，1964 年的《关于禁止和防止非法进出口文化财产和非法转让其所有权的方法的建议》，1976 年的《关于文化财产国际交流的建议》。1978 年 10 月，联合国教科文组织大会第 20 届会议在巴黎举行，会议“注意到对于文化财产的兴趣正在世界范围内表现为众多博物馆及类似机构的创建、展览数目日益增多、旅游者持续不断地日益涌向收藏品、纪念物和考古遗址以及文化交流的加强”“考虑到公众要求了解、欣赏任何源地文化遗产财富的日益增长的愿望，却加剧了文化财产由于特别易于接触或保护不当、运输中的风险及在一些国家重新兴起的私自发掘、盗窃、非法贩运及野蛮破坏行为所正经受的各种风险”。会议通过了《关于保护可移动文化财产的建议》。

针对博物馆藏品保护管理法规建设滞后，文物藏品保护管理技术标准亟待建立和完善的状况，进入 21 世纪以来，国家文物行政部门制定并发布了一系列管理规定，例如 2000 年的《关于加强陈列展览文物安全的通知》，2001 年的《出国（境）文物展览展品运输规定》，2002 年的《文物出国（境）展览管理规定》，2005 年的《关于加强和改进

① 凌振荣：《张謇博物馆思想的特点》，载《博物馆研究》，2010（3），3 页。

馆藏文物保护管理工作的意见》，2006 年的《关于加强和改进博物馆工作的意见》等。同时制定了针对博物馆藏品保护的一系列专业标准和规范，例如 2001 年的《文物藏品定级标准》《文物拍摄管理暂行办法》，2002 年的《文物系统博物馆风险等级和安全防护级别的规定》，2003 年的《近现代文物征集参考范围》和《近现代一级文物藏品定级标准（试行）》等，这一系列部门规章和管理标准的颁布实施，有力促进了博物馆建设的专业化、规范化和科学化进程。

由于博物馆管理对象的特殊性和服务形式上的对外开放性，所以博物馆比一般的文化机构面临更大的风险，因此，比其他文化机构更需要加强风险管理意识。博物馆收藏有珍贵的文物藏品，以及众多参观者和员工，造成博物馆的安全保卫工作内容异常繁杂。从博物馆管理对象的特殊性角度看，博物馆的保管对象和对外服务的物质基础主要是文物藏品，但是文物藏品一般具有历史性、唯一性和不可再生性等特征，所以管理好社会公众委托管理的文物藏品安全是博物馆的首要任务。博物馆应通过运用人工安防力量、实体防范、科技手段等，对博物馆的外部环境和建筑物的安全加以保卫，对馆藏文物和各类设施加以防护，并在馆舍改扩建和维修过程中，将完善监控中心功能，更新先进的安防设备、消防设施列为工程的重中之重。

《中华人民共和国文物保护法》明确规定，“文物收藏单位的法定代表人对馆藏文物的安全负责”，“博物馆、图书馆和其他收藏文物的单位应当按照国家有关规定配备防火、防盗、防自然损坏的设施，确保馆藏文物的安全”。此外，《博物馆安全保卫工作规定》《国家文物局突发事件应急管理办法》《文物系统博物馆安全防范工程设计规范》等规章、规范，对博物馆安全管理做出了一系列具体规定。在我国，拥有 1 万件以下文物藏品的博物馆为三级风险单位；拥有 1 万件以上和 5 万件以下文物藏品的博物馆为二级风险单位；而国家级或省级博物馆为一级风险单位。

对于一级风险单位应按照整体纵深防护体系的要求，建立技术防范系统，应建立专业保卫队伍，在防护区或禁区内设立报警监控中心，中心控制室应配备自卫器具、通信工具。同时，文物藏品、展品所处房屋、厅、室的门窗均应设置报警装置，位于一层的窗户还应有实体防护栅栏或安装防弹玻璃。作为一级珍贵文物的字画、丝织品等文物藏品，在展示时均应有防弹玻璃制作的专用框架或装有报警装置的展柜对其进行防护。为保障馆藏文物的安全，国家规定凡没有安装报警设施的单位，不得展出文物；没有达标的单位，不得展出三级以上珍贵文物，文物库房不得存放三级以上珍贵文物；不具备安全保管条件单位的三级以上珍贵文物，由各省、自治区、直辖市文物主管部门指定安全达标的单位代为保管。国家文物部门要求对于达不到《文物系统博物馆风险等级和安全防护级别的规定》的博物馆，在达标前一律不得对外开放。

历次文物安全事件的教训表明，麻痹大意和疏忽松懈是文物安全的最大隐患。自从博物馆在世界各地普遍建立以来，文物藏品盗窃案就一直没有停止过，即使一些世界级博物馆，也不断发生文物藏品的失窃事件。早在 1911 年 8 月 21 日，就从罗浮宫艺术博物馆里传出一个震惊世界的消息，著名绘画《蒙娜丽莎》被盗。两年之后，当这幅名画幸运地失而复得时，人们发现偷盗者原来是一个普通的油漆匠，他将画作简单地藏在衣服里就逃过了所有的安全防卫设施和保卫人员的眼睛。如今《蒙娜丽莎》放在一个有特殊装置的容器里，上面覆盖着两块彼此相隔 25 厘米的防弹玻璃，但是谁也不敢保证这样就可以高枕无忧。

近年来，在巨大的经济利益驱动下，一些觊觎文物的不法之徒铤而走险，将犯罪之手伸向珍贵的博物馆藏品，致使盗窃或丢失成为大部分博物馆面临的最严峻、最普遍的风险。例如英国大英博物馆 2004 年连续两次发生中国文物失窃案件。在对公众开放的时间内，15 件中国珠宝首饰艺术珍品不翼而飞。警方怀疑这两次盗窃可能受到某位私人收藏家的指使，但是事隔 6 年，此案仍在调查中。大英博物馆馆舍面积庞大、文物展品众多，但是安全保卫人员的数量有限，每个展室内也只能安排 1 到 2 名工作人员，负责回答参观者的问题，于是盗贼便有机可乘。大英博物馆的发言人说："展厅内有灵敏度很高的报警系统，在盗贼撬开锁的时候，本应立刻报警，但是不知什么原因，报警器并没有响。"

埃及的博物馆作为重要文物景点，有力支撑文化旅游的发展，但是也屡屡出现安全问题。2000 年，埃及国家博物馆的失窃案震惊世界，随后的调查发现，无论是展室还是展柜都没有安装任何报警装置。据埃及中东通讯社2010年8月23日报道，埃及总检察长当日发出羁押令，宣布对失窃案中玩忽职守的5名相关工作人员实行为期4天的调查和羁押，其中包括埃及文化部副部长穆罕默德·穆赫辛（Mohammed Mohsen）。此前埃及政府宣布，位于首都开罗的哈利勒博物馆收藏的价值至少5000万美元的凡·高画作《罂粟花》，被人从画框中切割后盗走。这件珍贵文物藏品失窃的主要原因，是博物馆内安全防范不到位，“博物馆内虽然共安装了43个摄像头，但是被盗事件发生时，只有7个摄像头在工作，而且也未良好运转”[①]。

据美国艺术品失窃登记处的总经理表示，近年来，登记失窃的艺术品超过25万件，并且数量正在逐年增加，更为可惜的是，只有约5%的失窃艺术品可以被找回。“至今全世界博物馆丢失的东西加起来恐怕超过了任何一家博物馆的收藏”。据2010年的最新报告，自1976年以来，英国是全世界艺术品失窃最多的国家，共有53 709件艺术品遭盗窃，美国位居第二位，有21 079件失窃艺术品登记在案，法国、意大利分别列为第三位和第四位。2010年5月，法国巴黎现代艺术博物馆文物藏品失窃，失窃的作品中包括毕加索、马蒂斯、布拉克等著名画家的重量级博物馆藏品。巴黎市负责文化事务的官员称：“这是侵犯人类遗产的严重犯罪行为。”事后，法国媒体用“独行贼”形容该盗贼，而人们认为“独行贼”的所为讽刺了该博物馆如“纸”一般脆弱的安全保卫系统[②]。

还有一些博物馆馆藏文物被盗的原因，属于监守自盗或内外勾结的犯罪。俄罗斯国立艾尔米塔什博物馆，于2006年发现200多件馆藏文物失踪，随后发现该馆馆长存在监守自盗的问题，虽然馆长已经在一次博物馆例行文物调查期间暴毙，但是她的丈夫被法院裁定盗窃罪名成立，被判入狱5年。被告承认与妻子合谋，在过去数年内偷盗博物馆内珠宝及银器，其中大部分已经被他的妻子非法走私到俄罗斯境外，而警方只能寻找到其中的30多件[③]。美国联邦调查局的一项研究显示，80%的文物被盗案是内线作案或有内线策应。为了加强博物馆员工的文物藏品保护意识，美国博物馆协会制定了《博物馆工作人员道德守则》，要求博物馆员工具有比法律规定更高标准的道德自律，所有员工都应对文物藏品实行最高标准的保护和维护。美国博物馆在招聘工作人员时，对应聘者的背景审查非常严

① 王雨檬、冯倩：《博物馆藏品缘何屡失窃》，载《中国文化报》，2010-08-26（2）。
② 王雨檬、冯倩：《博物馆藏品缘何屡失窃》，载《中国文化报》，2010-08-26（2）。
③《艾尔米塔什博物馆馆长监守自盗偷走200件馆藏》，见《文博资讯参考》，2007（4），40页。

格。博物馆对所有的员工和访客均进行犯罪记录和严重失职记录等信息查询。

一般来讲，博物馆在招聘工作人员时，即使是招聘志愿者也要审查其背景。审查根据每个职位是否需要接触展品、是否需要接触博物馆其他贵重物品，以及与公众的接触程度三个安全级别进行。并且博物馆会对“什么人有权利进入什么地方，以及允许进入的时间”规定访问权限。同时严格执行文物库房日常管理制度，是防止文物受损或被盗的重要保障。例如单人不可进入库房工作，文物总账和文物分类账不可由同一人管理，建立严格的文物进出库登记制度，每年一次对文物账物进行核查盘点等，都是防止麻痹大意和监守自盗的有效制度。所有博物馆员工都要接受相关安全保卫知识和技能培训，以保证熟悉博物馆的最新安保系统。对博物馆警卫进行培训更是保证博物馆安全的重中之重。博物馆警卫需要做到对周边环境时刻警惕，一旦发现有异常情况立即向相关部门报告，不得擅自离岗。

2011 年 5 月 8 日晚，故宫博物院诚肃殿展厅展出的香港两依藏博物馆部分文物被盗。国家文物局于 2011 年 5 月 10 日向各省、自治区、直辖市文物局发出“关于切实加强文物安全工作的紧急通知”，要求各级文物行政管理部门、各文物单位务必吸取教训，引以为戒，切实加强文物安全工作。一是树立安全意识，时刻警钟长鸣。二是加强设施建设，提升技防水平。三是健全机构队伍，提高人员素质。四是完善应急预案，加强安全管理。五是开展安全检查，严打文物犯罪。对此故宫博物院决定修改并完善夜间应急处理预案，增加巡逻力量和班次。加强夜间警卫值班管理。加强应急预案的演练，使工作人员熟悉处置突发事件的程序和步骤，提高应急处置能力。同时，加快已有安防系统的升级改造，改善硬件设施，提升防控能力，消除防控盲点，延伸安防范围。

故宫展品被盗事故发生后，有关专家接受记者采访时指出，在内部安全防范工作中，不能过度依赖技术设备，也应重视“观念预防”“人防物防不如心防”。故宫内部安全防范应从三方面加强。首先，应对现有的安全防范系统进行评估和规划、升级改造。故宫现有的安全防范设备从 1988 年开始建设，其间历时 10 年，存在规划不统一、设备新旧不齐等问题。要杜绝再发生类似事件，应对现有安全防范设备进行认真摸排，并按照统一标准进行规划和升级。对故宫整体安全防范系统的评估，不但要报喜，更要报忧。其次，对故宫内部安全保卫人员应加强培训和优化组合，解决部分人员年龄偏大、对职责认识不清等问题，切实将人防与技防高效结合，使其发挥最大作用。第三，建立有效的内部安全防范方案和应急预案。同时指出，除建立主动防御的安全预案外，还应该建立发案后的快速应对预案。

当前，中国古代艺术品在国内外市场上价格持续走高，国内文物“收藏热”“投资热”不断升温，2011 年 5 月 1 日实施的《刑法》修正案取消了对盗掘古墓葬犯罪死刑的规定，在这些因素的影响下，可以预见，盗掘古墓葬、盗窃、走私文物违法犯罪活动将会更加突出。目前一些盗窃、盗掘文物团伙逐渐发展成集团式，在盗窃、盗掘文物过程中不仅使用高级汽车、现代化通信设备等，有的团伙还实现了盗窃盗掘文物、运送、销售文物和走私文物出境，即盗、运、销、出境一条龙。很多盗墓团伙带有暴力行动，有的备有多种冷兵器，有的拥有自制枪支弹药等，伤害文物保护人员甚至公安干警的案件屡有发生①。

为集中严厉打击文物犯罪，遏制蔓延势头，2009 年 12 月，公安部和国家文物局在山西、内蒙古等 9 个省份部署开展“全国重点地区打击文物犯罪专项行动”。共侦破文物案件 541 起，打掉犯罪团伙 71 个，抓获犯罪嫌疑人 787 人，追缴文物 2366 件（套）。打击文物犯罪专项行动痛击了犯罪分子的嚣张气焰，一大批犯罪团伙被绳之以法，一些地区文物犯罪高发势头得到遏制，良好的文物管理秩序得以恢复。为巩固 2010 年打击文物犯罪专项行动成果，将专项行动推向纵深，2011 年 5 月，公安部、国家文物局联合部署在全国 17 个重点省份开展打击文物犯罪专项行动，其中保障博物馆安全成为重要议题，认真安排部署，并取得了阶段性成果。公安部张新枫副部长指出，今后凡是发生盗掘全国重点文物保护单位和省级文物保护单位古文化遗址、古墓葬，盗窃珍贵文物，倒卖国家禁止经营文物的“三类大案”，一律列为公安部和国家文物局联合挂牌督办案件。

博物馆事业是一项具有开放性的公共事业，博物馆的安全仅靠文物部门和博物馆无法完成，需要社会的多方面力量积极参与。特别是在重大事件面前，更应当统一协调整合各方面的力量实施文物保护。2011 年 5 月，经公安部和国家文物局批准，“全国文物

① 王蔷：《死刑没有了 盗墓更狂了》，载《北京晚报》，2011-09-14（38）。

犯罪信息中心”挂牌成立，成功研发“全国文物犯罪信息管理系统”，并在公安网正式开通运行，协调各省公安机关录入文物案件、涉案人员、涉案文物信息。目前该系统运行安全稳定，在打击、防范文物犯罪工作中的信息研判与情报支撑作用已初步显现。同时，公安部和国家文物局联合在西安举办“全国文物犯罪信息管理系统”数据录入工作培训班，培训各省、自治区、直辖市打击文物犯罪负责人员。尽管专项行动取得了辉煌成果，但是打击文物犯罪行动必须长期坚持。

有效的危机管理机制对于博物馆安全至关重要。博物馆应具备高效率的早期预警系统和严格的管理措施，保证能够迅速有效地对突发事件做出反应。大都会艺术博物馆的《文物收藏与管理规定》要求其职能部门保证文物被置于一个安全、适当的环境中，所有文物都应该在安全有效的监控之下。同时，事实证明研究出现问题后的处理措施，是文物藏品预防性保护的重要组成部分。尽管对处于各种情况下的文物藏品预先采取了各种保护措施，但是，博物馆的特殊性和开放性使其不可避免地面临众多的风险，一旦出现问题，启动事先研究、制定的处理方案，可在最快的时间内将损失控制在最低程度。

文化遗产具有民族专属性、普世价值性和历史传承性等特点，对流失文物，应当尊重民族的专属权利，承认普世的价值特性，坚持交流的道德标准，正视历史的传承经历。毫无疑问，流失海外的文物理应回归故里。对于历史上被盗窃、被掠夺的文物，原则上都应该通过追索行动实施返还。但是在具体操作上，必须通盘考虑、统筹规划，大处着眼、小处着手，尽量避免过于情绪化的认识和过于简单化的处理。一方面应按照国际公约的规定，由政府发挥主导作用，以公约和相关国家的国内法律为依据，通过外交途径积极进行追索。另一方面可以充分发挥民间机构的积极作用，以道德为依据，以舆论为后盾，寻找机会、创造机会、把握机会，宜持之以恒，个案处理。

4.3.5 文物藏品的预防管理

自 1930 年在意大利罗马召开的关于艺术品保护国际研讨会上，首次提出博物馆藏品的“预防性保护”概念以来，已经在国际范围内，达成了预防性地从源头上保护珍贵文物的共识，即通过对博物馆环境的有效监测与控制干预，在不危及文物藏品真实性的前提下，对可能会出现的种种损坏文物藏品的情况进行科学的预测、研究、分析，通过研究的数据，制定科学的解决方法和采取必要的措施，最大限度地防止或减缓环境因素对文物藏品的破坏作用，达到长久保存珍贵馆藏文物的目的。到了20世纪90年代，预防性保护的理念日趋成熟，逐渐为许多国家的博物馆所采用。博物馆藏品的预防性保护是指为文物藏品提供一个稳定、安全、洁净的保存环境。由此可见，预防性保护的目的是以尊重文物藏品的真实性为前提，其着眼点是主动性、全面性与综合性。

开展预防性保护工作要研究文物藏品可能面临的各种风险，变被动保护为主动保护，构建和落实馆藏文物保存环境控制和日常养护的长效机制。包括通过实施保存环境控制关键技术攻关，有效治理文物藏品保存环境；增加文物库房面积，分类保管文物藏品；加强辅助保护管理设施研发，增换文物藏品保管囊匣、柜架、微环境控制等设施，以利于安全保存易碎易损文物。博物馆除了选址安全外，所选择的建筑结构、所使用的建筑材料、所制定的装修标准、所配置的设备设施，对于博物馆的安全均具有重要影响。例如文物库房，要求建筑坚固、防震、防潮、防火、防盗、易于搬运文物、易于日常工作。要满足以上条件，需要建筑设计师熟悉博物馆工作规律和安全知识。无论是文物藏品的出入库空间，货运电梯的位置及通道；还是文物库房与保护修复中心、拍摄工作室、展览厅之间的搬运通道等，设计内容均须科学合理，都将是直接影响博物馆日后安全运营的基础环节。

美国大都会艺术博物馆的文物总账登记区，被设计成一个有机整体，从文物进入博物馆的通道，就可以实现工作流程的每一个环节，大型的集装箱式汽车可以直接开进这个区域，并在此进行文物箱体的装卸和文物点交登记工作。同时，这个区域与各主要部门的库房区，可以通过电梯直接送达文物，前往文物保护中心和拍摄工作区的通道十分便捷，工作人员无须上下台阶即可以方便地搬运任何文物，文物始终处于安全运送的状态中。各部门的文物藏品库房与陈列展区之间，有直接的电梯可以安全运送文物展品，并方便运送辅助展品和各类布展工具。这套体系也已经被世界各地许多博物馆所采纳。

人们认识到，博物馆建筑设计的安全极具专业性，绝非建筑设计师可以自由发挥的作品，涉及文物藏品的妥善保护，因此具有深远而重大的历史责任[①]。

博物馆的核心是文物藏品，博物馆的使命就是使文物藏品得到永续保护，并在社会生活中发挥出应有价值。罗浮宫艺术博物馆目前馆藏42.2万件艺术品，其中3.5万件艺术品常年展出。2010年罗浮宫博物馆全年参观总人数达850万，连续5年保持了800万以上的参观人次。如何保障文物藏品安全是罗浮宫艺术博物馆面临的首要挑战，也是所有博物馆面临的共同问题。罗浮宫艺术博物馆现有的2000多名员工中，半数是安全保卫人员，他们负责“接待、巡查和库房清点”。每名安全保卫人员负责300到800平方米的区域，这要求他们每时每刻保持警惕。罗浮宫艺术博物馆现有展览面积6万平方米，接待空间2万平方米，必须保证250人同时在场执行安全保卫任务。同时，罗浮宫艺术博物馆一周开放6天，每周还有两个夜场，闭馆期间也会安排一些临时参观活动，因此必须配备1000名安全保卫人员，才能保证正常轮换。

《国际博物馆协会职业道德准则》强调，“博物馆必须要有足够的建筑，包括工作人员之设施，以完成其既定方针内的收藏、研究、存放、保护、教育及陈列等基本职能，并应遵守一切相应的有关公共安全及工作人员安全的国家法律。无论昼夜，终年都应提供适当的保护标准，防止偷盗、火灾、洪水、破坏及蜕化等各类危险”。在国际博物馆协会大会上，专家认为博物馆安全技术防范经历了从狭义预防向广义预防，现在正在向损失预防迈进。光照、温度、湿度、空气污染、微生物、动植物等，都可能对博物馆的文物藏品造成损坏。《博物馆藏品管理办法》中明确规定，文物藏品应有固定的专用库房，应有专人管理，库房建筑及保管设备要求安全、坚固、适用、经济。

文物藏品管理区域，往往包括藏品库房、藏品登记室、藏品研究室、藏品修复室、藏品观赏室等区域。特别是一些新的文物库房要严格按照防震、防雷、防虫、防潮、防光、防尘、防火、防盗等要求进行设计，增加保护设施，购置恒温、恒湿设备，尽可能创造一个适宜和稳定、恒定的保存环境。同时，文物存放设备、运输包装设备、清理修复设备、鉴定化验设备、拍照复制设备等，涉及文物藏品安全的各类必要设施设备，都要添

① 黄雪寅：《关于博物馆安全问题的思考》，载《中国文物报》，2011-08-24（7）。

置和加强，使文物藏品始终处于安全的环境中，购置移动密集藏品柜及囊匣，增强文物安全系数，以质地等级分库、分柜保管。对一些经济价值较大的文物必须用保险柜存放。加强库内文物藏品的安全保护，必须认真记录库务日志，减少文物藏品自然损坏。同时，文物藏品保管人员要绝对实行安全操作，杜绝文物藏品的人为损伤。

按照国家安全行业标准规范，区域性文物中心库房属于一级风险防护单位。因此，应严格按照规范要求，建立视频安防监控系统、门禁系统、入侵报警系统、电子巡查系统和集成式安全防范系统等安全管理系统，以及智能报警灭火系统等消防安全管理系统。文物装具应具有高抗震功能，在文物中心库房硬件建设时，应依据文物藏品的质地、体量，量身定做内外结构能够承受相当压力的囊匣，发挥囊匣等在保护馆藏文物方面的重要作用。同时，采用封闭式、轨道式金属质密集柜，在地震等灾害中可以有效防止柜体倒塌，起到防止文物损毁的作用。例如绵阳博物馆文物中心库房内共有 249 组密集柜，分 5 到 6 组构成一列，10 到 14 列构成一阵，共组成 4 个阵列，分别安置在三条滑动轨道上。汶川地震发生时，密集柜阵列形成了一个可以滑动的整体，以滑动和位移来抵消地震的水平震动加速度，起到防震的作用①。

在我国，一般地市所辖县市区少则 3 到 5 个，多则 10 余个，每个县都拥有数量不等的可移动文物，根据目前的财政状况难以做到每个县都建设达到国家标准的现代化文物库房，因此结合博物馆馆舍建设区域性文物中心库房，实行文物代管制，是现阶段可行的文物藏品妥善保护措施。对于部分由于博物馆藏品保管条件有限，安全防范设施不健全，运营管理经费严重不足，博物馆正常业务不能有效开展，难以发挥社会效益的县级博物馆或地方博物馆，应根据当地实际情况，整合文物藏品的科学保管，合理利用资源。省级和地市级博物馆可以代为保管其文物藏品，并创造条件合理利用。这样通过整合文物藏品资源，不仅扩大了省级和地市级博物馆的社会效益，减轻了县级或地方博物馆的文物藏品保管压力，而且使文物藏品得到合理利用，使更多的社会公众共享博物馆资源和服务。

2011 年 9 月，为预防和减少文物、博物馆单位火灾危害，规范文物消防安全检查，提高消防安全管理水平，国家文物局发布了《文物消防安全检查规程（试行）》。博物

① 王锡鉴、都云昆：《从“5·12”地震论西部地区区域性文物中心库房建设》，载《四川文物》，2009（2），91 页。

馆消防安全应贯彻“预防为主、防消结合”的方针和“从严管理、防患未然”的原则，切实增强检查与消除火灾隐患能力、组织扑救初起火灾能力、组织人员疏散逃生能力、消防宣传教育培训能力和馆藏文物抢救能力。新建博物馆在投入使用前，消防设施、设备须经公安消防部门验收。要检查博物馆内部装修与布置展览工程现场防火措施情况；展柜、展台、展墙等展具和装饰材料防火性能情况；展厅照明灯具、音响、闭路电视、电动模型、放映机等电器设备的使用与管理情况；用于陈列展览的电动图表、模型、沙盘、布景箱和装在壁板上的灯光箱、显示图表箱等设计、安装是否符合防火要求等情况。

近年来在国家财政支持下，我国的博物馆防火系统不断改善，但是总体投入仍然不足。现代化的博物馆的安全防范系统，应包括火灾自动报警及消防联动系统。同时，防火报警系统、自动灭火系统等现代信息处理技术、传感技术、自动控制技术和网络通信技术的监测、防范设施，是博物馆中不可缺少的重要设施，并且每项系统之间相互联动，合成统一的安全防灾管理系统。博物馆的陈列展览和文化活动必须确立安全第一的原则。例如在文物展览的形式上，原则提倡展柜展出，适度使用声光电和场景制作，对过度使用声光电的现象加以限制，坚决禁止易燃易爆等易燃材料使用于陈列展览，并对有必要使用的声光电进行安全评估，对展览中使用的各种材料严格按照消防规定进行把关和审核，并办理消防部门认可的相关手续。

科学技术一直是博物馆安全的有力保障，一座现代化的博物馆必然是高科技装备的智能化建筑。1960 年 1 月，我国第一台声控防盗报警器就安装在故宫博物院的珍宝馆内。如今许多博物馆采取了在防护区和禁区内采用三种以上不同控测原理的探测器构筑安全防线。以往被博物馆奉为看家护宝利器的“三铁一器一犬”等安全手段，必将被现代化、信息化的先进安全防范设施所取代，以防火、防盗、防破坏为中心的博物馆安全防范必将不断升级。由于博物馆的各项活动都要在馆舍内进行，因此，博物馆馆舍及设施设备的安全是文物藏品和人员安全的基本保障。现在博物馆的安防系统主要以视频监控为主，通过管理人员查看电视屏幕上的图像来发现紧急事件。然而在现实工作中，一方面工作人员不可能时时刻刻盯着电视屏幕，另一方面，现在博物馆规模越来越大，监控点数越来越多，不可能将所有的监控点同时显示在电视屏幕上。同时大多数博物馆的安防系统还不能和公安系统、消防系统有效联动。

因此，博物馆安防系统随着外延的不断扩大，科技手段也应与时俱进，不断调整研发适用技术和设备，提升博物馆安防系统的有效性，例如设置监视系统、报警系统、门禁系统等多层面保护文物藏品安全的安防系统，努力使博物馆内的每个角落，都在监视器不同角度的监视之下。在四川省博物馆，文物库房区域内使用了名为“微波报警”的技术，“这种设备可以形成肉眼无法看见的微波墙，即便一只苍蝇飞过都会触发警报。同时这些安保设备与 110 报警系统进行了联动，如果有人触发警报，警方也会在第一时间得到消息”。在烟台市博物馆，进入库房的人员首先会被库区通道的振动探测器发现，图像也将回传到主控制室。如有入侵者，则会第一时间向监控室发出报警信号并确定位置。文物库房安装了双重技术合一的双鉴探测器、红外探测器、微波探测器三种技术手段的探测设备。

在首都博物馆，安防系统以入侵报警及出入口控制系统为核心，辅以电视监控、声音复核、照明控制、停车场管理、防爆安检、无线通信等系统，运用计算机控制技术、网络技术、图像处理技术等手段，将多个独立系统融为一体，构成了一道科技的“铜墙铁壁”，时刻守卫着文物展品的安全。一旦出现入侵者，不论采用何种手段和方式，中央控制室和分控制中心都能接收到实时报警，同时系统还将报警部位的报警信号、声音复核信号和图像复核信号实行自动切换，打开辅助灯光，以及自动录音、录像，并且随时显示报警信息，值班人员可根据同步的三种信号显示，做出准确判断，快速做出反应。此外，公共区域的部分照明与安防实行联网，当安防系统报警后，该区域的系统灯光自动打开，为首都博物馆的安全防范提供更有力的保障①。

馆藏文物的安全、人员的安全、馆舍及设施设备安全等，是紧密相连、相辅相成的有机整体。首先博物馆是集中收藏、展示文物的重要场所，文物藏品的安全必须首先得到保障，否则博物馆就失去了生存的基础。其次博物馆是文化开放单位，观众数量众多、人员密集，因而人员的安全至关重要，没有安全感的博物馆不可能赢得观众的喜爱。2008 年下半年，全国文物系统进行了为期 50 天的文物安全检查，完成了 58% 的重点博

① 侯丽、彭超：《“防”网恢恢，能否疏而不漏？》，《中国文化报》，2011-05-30（5）。

物馆的安全检查，其中被调查的246家重点博物馆中，防盗、防火设施的达标率分别为55.28%和50.41%。重点博物馆尚且如此，其他博物馆安全防范设施配备情况可想而知。目前，一些博物馆所设置的电子防盗监控报警系统和自动消防系统，利用高科技手段对监控目标实施监控，具有监控范围广、节省人力、受人为因素干扰少、报警准确、可靠性强等优点，国家财政还应继续加大博物馆安全防范设施的配备。

健全文物藏品养护修复技术是博物馆实现现代化的重要内容，也是衡量博物馆综合实力的重要指标。文物藏品的修复并不是一个新的课题，在人们有意识地收藏文物艺术品时代就已经出现，世界各个民族都有自己传统的工艺修复，但是大多只局限于修补旧的损伤。19世纪，随着科学的进步发展，博物馆对文物藏品的维护有了新的认识，将化学、物理学、生物学等自然学科的理论和研究方法应用于文物藏品的维护，在对文物藏品材质检测、分析的基础上，进行材质质变机理的研究、预防性的保护和保护修复技术的研究。文物藏品所蕴含的历史信息和展示的现象丰富而复杂，历史变迁使文物藏品在其制作出来时的原始状态发生变化，如果不经养护修复，很多文物藏品可能只是斑驳陆离的碎片，损失了所储存的大量信息。

文物藏品的日常养护和修复处理是阻止、延缓各种因素损坏所做的工作，是博物馆藏品管理的一个重要工作内容，运用传统修复工艺和现代科学技术手段对文物藏品进行科学保护、保养、分析和检测，是文物藏品延长保存年限的重要方法，有助于文物藏品的宣传展示。数年前，笔者访问了建成不久的埃及国家大博物馆文物藏品保护设施，这里根据文物藏品性质设置了8个文物保护修复实验室，包括石质物品、木质物品、陶瓷、纸草、织物皮革、金属、玻璃以及有机物实验室。这些实验室与开架库房一样，可以使观众看到博物馆的“幕后工作”，激发观众对博物馆工作的热情，更多参与博物馆的活动，并提高观众的满意度，发挥博物馆的社会服务功能。

文物藏品养护修复时必须遵循一定的原则，不能任意改变其形状、颜色、纹饰，要保持文物藏品的原状，也不是简单机械地回复文物藏品最初的原始状态。对于文物藏品处理的范围和程度越小越好，达到减少干预，实际上是使文物藏品延年益寿而不是“返老还童”，切勿急于求成、草率处理，必须慎重对待。因此在文物藏品养护修复时，应贯彻最小干预原则和可逆性原则、不改变原状原则、消除隐患原则、保存和再现历史信息遗存原则和可辨识原则。此外，在文物藏品修复前做好影像记录，修复过程中对配方、用料、工艺过程等记录同样重要。文物藏品具有不可代替性和不可再生性，必须采取安全的测试和处理方法减少文物藏品养护、修复出现的疏忽和失误，避免造成不可弥补的损失。

从事文物藏品日常养护和修复处理的专业技术人员，必须具有崇高的职业道德和严格的专业训练，才能在进行文物修复保养的过程中，不会造成对文物藏品的损害或者破坏。长期以来，一方面基层博物馆由于缺少保护资金和专业人员，大量易腐蚀的文物藏品得不到专业科学保护，遭受着病害侵蚀，一些残损文物藏品也无法得到及时修复。另一方面在实际工作中，由于过失和不负责任导致文物藏品损毁的事件却屡屡发生[①]。事实上，近年来在我国博物馆系统，多次出现馆藏一级文物因人为操作不当而损毁的情况。一次次安全防线、专业水准和文化责任的失守，提醒博物馆必须进一步强化公共文化资源性质，不断提高公众文化服务水准。

安全防范体系是综合性的防范体系，概括起来是人防、物防、技防相结合，在上述“三防”中人的因素是第一位的，因为科学技术毕竟不是万能的，设备再先进，也要靠人来操作，一个有效的博物馆安保系统，除了高科技之外，“人防”至关重要。只有人防与物防、技防有效结合，安全保卫人员及时发现情况，果断处置，才能真正发挥技防作用。否则，再先进的设备也发挥不了应有的作用。文物藏品管理中博物馆员工的素质是最重要的因素，是馆藏文物安全的重要保障。同时，每一座博物馆都配备安全保卫人员，他们对博物馆的结构、周边环境和运行情况都有系统的了解，日常工作主要是维护公共区域的安全秩序，对馆内情况的巡视检查，排查馆内各部位的安全隐患以及夜间值班备勤等任务，是应对处理突发事件的重要力量。

① 张立胜：《当前博物馆文物安全工作问题与对策》，载《中国博物馆》，2008（4），36 页。

第五章 博物馆科学研究成果的提升

今天，博物馆事业发展进入从“数量增长”走向“质量提升”的重要时期，科学技术的发展速度和预期空间将超过以往任何时期，博物馆领域孕育着一场重大变革。只有着力解决制约博物馆科学技术发展的诸多主要矛盾和瓶颈问题，才能实现博物馆事业的可持续发展。因此，必须将科学技术真正摆在博物馆事业优先发展的战略地位，深刻理解和科学把握博物馆科学技术的发展，既要符合博物馆事业发展的规律，也要符合博物馆科学技术发展的自身规律。

5.1 博物馆科学技术发展历程

人们很早就具有收藏古物的意识，正是由于收藏行为具有漫长的历史，因此不同时代人们对于收藏的理解不尽相同，也随着时代的发展而产生变化。在我国，自宋代起古物收藏日趋丰富，内容主要包括铜器、玉石器和书画等，参与收藏者也开始由皇室、士大夫阶层扩展至民间。同时，对于古物藏品的研究初显规模。因此可以说，“两宋时代的博物馆早期形态已具有收藏、研究这两种职能的分野。它与同时代欧洲的收藏活动相比，显得更为成熟”[①]。

① 白文源：《论藏品研究在博物馆学研究中的重要地位》，载《中国博物馆》，2010（1），20 页。

在欧洲，丹麦国家博物馆汤姆森（Thomsen）馆长曾通过对该馆杂乱无章的文物藏品进行研究，提出了著名的石器、铜器和铁器前后相继的三期说，并根据研究成果重新调整文物展品，对外陈列开放。1836 年出版的丹麦国家博物馆参观指南《北欧古物导论》及 1848 年出版的英译本《北欧古物指南》风靡欧洲，其研究结论被学术界普遍接受，使得汤姆森的研究成为一项划时代的成果[①]。

随着地质学、人类学、考古学、生物学等学科的成熟和发展，使博物馆拥有解读文物藏品的新理论和新方法，文物藏品得以科学分类，陈列展览得以体系化。从此，具有共同知识体系的博物馆学开始萌芽[②]。杨钟健先生早年参观纽约自然历史博物馆之后，曾感慨道："可见一陈列馆，不只是弄些标本，供人浏览，要做主要的研究工作，才能在世界上取得地位。"

在 1946 年国际博物馆协会成立之初，就把专业培训列为优先考虑的任务，甚至作为国际博物馆协会的"一个基本原则"。此后，专业培训一直是历次国际博物馆协会全体会议不断强调的重要任务。1965 年在纽约召开的国际博物馆协会第 7 届全体会议的主题是博物馆培训，会议细化了"博物馆人员培训"的工作，推进了博物馆专业化的进程。1968 年 7 月，在科隆和慕尼黑召开的国际博物馆协会第 8 届全体会议的主题为"博物馆与研究"，会议指出"博物馆本质上是一个科学机构，因而任何博物馆都必须推进、鼓励、承担或开展基于其收藏和计划的科学研究工作"。同时会议强调"应把博物馆视为真正向研究开放的机构，而不是一些传统的'堂皇的隔绝'理论的支持者，或是一种私人领域"[③]。

在美国，史密森学会不但是全世界最大的博物馆群，也是具有影响力的教育和研究机构，拥有科学研究中心，各博物馆还分别设立研究部门。对于美国史密森学会而言，博物馆如何日臻"人性化"是它不断研究探索并永恒追求的命题。英国自然博物馆馆长 M. 迪克森（M.Dixon）则指出，"传统上，大多数公众认为博物馆是一个教育和休闲娱乐的地方，却没认识到博物馆背后的科学支撑"[④]。

近代博物馆学传入我国之后，博物馆得到了迅速发展。特别是中华人民共和国成立之后的 60 年间，我国的博物馆学理论也随之深化，而对于文物藏品研究的重视则是其突

① 白文源：《论藏品研究在博物馆学研究中的重要地位》，载《中国博物馆》，2010（1），20 页。
② 黄春雨：《博物馆的社会化与专业化思考》，载《中国博物馆》，2008（3），19 页。
③ 苏东海：《国际博物馆理论发展中两条思想路线札记》，载《中国文物报》，2010-06-16（6）。
④ 章迪思、梁建刚：《自然博物馆：重建中的若干可能》，载《解放日报》，2009-11-30（5）。

出特色。其中“三性二务”论可以说是对博物馆学研究的一项重大贡献。不论是在旧的“三性二务”论，还是在新的“三性二务”论中，博物馆藏品的科学研究都处于重要的位置。

中华人民共和国成立初期，根据博物馆建设和馆藏文物保护的需要，科学技术人员继承和发展传统保护修复技术，大批有价值的文物藏品得到抢救性保护，并在博物馆中妥善收藏保管。20 世纪 60—70 年代，国家制定了《1963—1972 年文物保护科学技术发展规划》，成立了文物保护科学技术研究所，各地博物馆和文物收藏单位也相继建立了文物保护实验室，同时积极开展文物保护科学技术的国际交流。一批科学技术专家投身文物保护事业，为博物馆科学研究发展奠定了良好的基础。

这一时期，一系列重大的考古新发现极大地促进了文物保护科学研究工作。例如 1972 年长沙马王堆汉墓发掘与出土文物的保护，首次集中了全国最高水平的考古与科学技术保护专家联合攻关，攻克了许多科学技术难题，完成了对帛画、简牍、丝织品、漆器的提取和保护，抢救了一批珍贵文物，丰富了博物馆藏品，成为当时全国瞩目的文物博物馆工作重大成果，其中 1978 年，碳 14 测定文物年代的科研成果获得全国科学技术大会奖。

改革开放以来，博物馆科学研究不断进步，初步建立了一批科学研究机构，形成了专门队伍和有效运行机制，完成了许多具有重要影响的科学研究和技术应用项目，为博物馆事业发展做出了重要贡献。1979 年公布的《省、市、自治区博物馆工作条例》中规定，“博物馆应积极开展博物馆学和有关的专业学科的研究工作。专业学科的研究，应从本馆的性质和任务出发，以藏品为基础结合文献资料进行，研究成果主要体现在陈列展览上，也可以编写学术专著”。“加强藏品研究，是博物馆工作的重要内容，是博物馆一切业务活动的基础，是推动博物馆开展各项业务活动的中心环节”。

长期以来，博物馆事业和博物馆工作的进展都与文物藏品研究紧密相连。我国博物馆的装备及设施越来越现代化，高科技手段在博物馆中的应用也越来越普遍，博物馆事业的科技含量显著提升。随着历史学、考古学等学科的发展，我国学者逐渐拓展博物馆学的研究。通过对各类可移动文物所开展的持续的价值评估工作，研究提出了博物馆藏品定级标准。通过多种现代科学技术应用于传统材料、工艺的分析研究，多学科合作，拓展了对博物馆的认知范围和对文物藏品的保护手段。对于文物藏品研究的重视，也造就了一批成就卓著的博物馆学者，取得了丰硕的研究成果，留给今天丰富的学术财富。

20 世纪后半叶，世界各国对文化遗产保护均给予了高度重视，在人力、物力和资金投入等方面都有了很大提高，许多国家将文化遗产保护提升到国家战略高度。博物馆科学研究也成为世界各国博物馆发展的主流，人们认为博物馆不仅是“艺术的殿堂”，还应该是“科学的殿堂”。同时，伴随现代科学技术的发展及其在文物藏品保护中的应用，新的保护理念得到普遍接受，即文物保护中尊重文物真实性、实现保存修复可逆性和秉承对文物最小干预的基本原则。

进入 21 世纪，我国推动博物馆科学技术研究的力度不断加大。2000 年，《全国文物、博物馆系统人文社会科学重点课题暂行管理办法》公布实施。2001 年，国家科学技术攻关计划项目“文物保护技术研究与中华文明探源预研究”立项实施。2002 年，新修订的《中华人民共和国文物保护法》及其实施条例，对文物保护科学技术工作做出明确规定。国家文物局颁布了《文物保护科学和技术研究课题管理办法》等五项部门规范性文件，发布了《历史文化遗产保护领域科学和技术研究课题指南（2004—2005 年）》。

国家文物部门相继组织开展的国家一级文物藏品档案的建档、馆藏文物调查及数据库建设、全国馆藏文物腐蚀损失调查等一系列博物馆文物资源调查和整理工作为博物馆科学研究项目的实施奠定了良好的基础。2004 年，全国文物保护科学技术工作会议召开，全面总结经验，分析发展中的问题，对当前和今后一个时期的文物保护科技工作进行部署。2005 年 12 月，《国务院关于加强文化遗产保护的通知》对新时期文物保护科技工作提出了更高的目标，要求“加强文化遗产保护科技的研究、运用和推广工作，努力提高文化遗产保护工作水平”。

我国的文物保护修复传统技术与工艺种类繁多、技艺精湛、成就卓著。其中书画装裱、青铜器修复、瓷器修复、髹饰修复、丝织品修复、木作维修、瓦石作修复等方面的传统技术与工艺，至今仍然发挥着重要作用。在继承我国传统文物保护修复技术的基础上，博物馆注重引进、推广和合理运用现代科学技术成果，运用多种科学方法和技术手段，对金属、纸张、漆木、丝织类文物和动植物标本等进行有效保护，其中有不少保护修复技术已居国际领先地位。

与此同时，现代科学技术和传统工艺的结合得到进一步的重视，例如青铜文物保护传统工艺科学化研究、木结构建筑保护传统工艺科学研究等取得了阶段性进展。在秦始皇陵铜车马修复、秦俑彩绘保护、法门寺出土丝织品保护、饱水简牍和漆木器脱水保护、纸质文物保护、出土铁器脱盐保护以及地震仪的复制等方面，现代科学技术都发挥了突出的作用，馆藏文物保护环境应用技术研究为预防性保护理念的实现提供了技术支撑。

几年来，国家先后启动实施了“中华文明探源工程”“文化遗产保护关键技术研究与开发”“大遗址保护关键技术研究与开发”“古代建筑保护技术及传统工艺科学化研究”“石质文物保护关键技术研究”“指南针计划——中国古代发明创造的价值挖掘与展示”等一批重大科研项目。通过联合攻关，在系统揭示文化遗产价值、探究中华文明形成与早期发展的特征与规律、现代科学技术在考古领域中的应用、大遗址的保护与管理、馆藏文物保护修复技术与材料、馆藏文物保存环境的监测与控制、传统工艺技术科学化、不可移动文物保护、文物保护集成装备等方面取得了一批具有自主知识产权的共性和关键技术研究成果，文物保护科学技术水平显著提高，若干制约文物事业发展的重点、难点和瓶颈问题得到了解决。

全国各地在积极组织力量参与国家文物保护重大科学技术项目的同时，立足于本地区的发展需求，组织开展具有地方特色和优势的创新活动，一些省市还增设了科学研究专项经费，用于支持改善本地区科学技术基础条件和解决文物保护工程实施过程中的科学技术问题，初步形成了国家与地方互为促进、互为补充的良性发展模式。白鹤梁题刻原址水下保护工程研究与实践、“南海Ⅰ号”整体打捞及保护、文物出土现场保护移动实验室等一批优秀科学技术成果，以及优秀科学技术工作者获得国家级和省部级科学技术奖励。许多科学技术成果在可移动文物保护、馆藏文物保存环境改善、博物馆展示提升等重大工程和重点工作中得以应用，有效提升了文物保护的科学技术含量，取得了显著的综合效益。

伴随着三峡工程而提出的“白鹤梁题刻原址水下保护工程研究与实践”项目，由中国工程院葛修润院士担纲，采用“无压容器”原理兴建，集成文物、水利、建筑、市政、航道、潜艇、特种设备等多专业、多学科的技术，实现了白鹤梁题刻的原址原样原环境保护和观赏。三峡库区正常蓄水位提高到175米后，白鹤梁题刻将永远淹没在长江水下。为此保护工程于2003年2月开工建设，由水下保护体、交通及参观廊道、地面陈列馆三部分组成，工程不仅富有创意，技术创新性也极强。“无压容器”方案提出的原址原样原环境保护理念，克服了以往有关白鹤梁保护与展示方案存在的重大技术问题和经济问题，使白鹤梁题刻原址保护“绝处逢生”。2009年5月，白鹤梁水下石刻博物馆建成开放，成为世界上唯一水深40余米处的遗址博物馆。该项目不仅为水下文化遗产的原址保护提供了成功的工程范例，同时也为遗址博物馆建设创造了经验。

“南海Ⅰ号”保护科学技术攻关，通过工程力学、海洋学、环境学、考古学、测量学等多学科的配合研究，形成整体打捞方案，首创钢沉箱法，将巨大的古代沉船、船载物以及周围沙石和附属物，按原状固定在特制的钢结构箱体内，一次性平安地整体打捞出水。广东海上丝绸之路博物馆的“水晶宫”主要用于“南海Ⅰ号”考古发掘、出水文物保护和陈列展览。人们可以现场观看水下考古工作，见证珍贵文物的出水过程。水体采用循环利用的方式，利用沙井对引入的自然界海水进行沉淀，经消毒后再注入“水晶宫”内。注满海水的巨大水池，将“南海Ⅰ号”整体浸泡其中，通过模仿沉船的沉没环境，利用人工设施控制水体温度，进行有害菌类的监控和预警，进行水体保护。“南海Ⅰ号”整体打捞，以及在博物馆内以水陆结合的方式对沉船进行考古发掘的新理念、新思路，是世界水下考古史上新的里程碑。

在以往的考古过程中，出土文物都是在实验室里进行整理修复，但是当文物出土瞬间，如果没有获得及时保护处理，将对后续保护工作带来很大的难度，甚至日后难以弥补的损失。为了攻克这一技术难题，我国自主研发出首辆“文物出土现场保护移动实验室”，结合考古现场的实际需求，提出了科学试验室前移现场并服务于考古发掘、信息提取和应急保护的理念，通过设备集成、装备研制、软件开发和标准研制，成为我国首个文物出土现场具有综合功能的技术支撑平台。这个“移动实验室”一方面方便科学技术人员及时对出土的文物进行抢救性的保护处理；另一方面对抢救和保护方案的确定提供必要的技术支持。

伴随国家文物保护重大科学技术项目的实施，全国文物博物馆系统的科学研究机构数量快速增长。目前文物博物馆单位、高等院校、科学研究机构所设立的区域性、专题性文物保护科学技术中心已发展到 80 余家，共建成科学研究实验室近 500 个，科学技术基础条件得以改善。在加强自身建设的同时，部分科学研究机构积极参与本区域的大型科学仪器协作共用网，科学技术资源共享程度得到进一步提高。

2010 年 9 月，在几十位专家学者的共同努力下，深受文物博物馆系统广泛关注的国家文物局文物保护科学和技术创新奖评选活动圆满落幕，脱颖而出的 9 项创新成果，既反映了“十一五”期间文化遗产科技保护的最新水平，也代表了文物保护科学和技术不同方面创新发展的方向。其中既有配合国家重点建设工程而开展的“白鹤梁水下原址原貌原环境保护工程”，也有首批国家支撑计划课题“馆藏文物保存环境应用技术研究”；既有展示考古发掘与保护新模式的“南海Ⅰ号”整体打捞及保护，也有馆藏文物保护的马王堆古尸“整体—细胞—分子”三级保护模式的建立与运用。

2010 年 12 月，由国家文物局主办，首都博物馆承办的“百工千慧——中国文物保护科学和技术成果展”举办。国家科学技术支撑计划首批启动文物博物馆行业的 4 个项目 15 个课题，取得了一批具有自主知识产权的共性技术和关键技术研究成果。这些成果不论在考古研究、文物保护，还是在博物馆展示等方面都得到了广泛应用，若干制约文物博物馆事业发展的重点、难点和瓶颈问题得以解决。为了便于观众的理解，展览通过大量实物、图片、模型和多媒体等展示手段，重点展现科学技术在文化遗产保护中的广泛应用。百般工巧，千种智慧，表明现代科学技术已成为保护我国数以亿计珍贵文化遗产的重要手段。在展出实物中，精心选择经过现代科学技术修复和维护过的文物本体，体现科学技术和文物博物馆领域已经成为不可分割的整体，相互融合、彼此促进、共同担当，搭建起社会公众对于文物博物馆领域科学和技术关注的桥梁。

近年来，文物保护科学技术管理工作通过深化体制机制改革，完善文物保护科学技术的管理体制、工作机制、评价机制和奖励机制，激发科学技术创新的活力，以体制机制创新为动力，推动文物保护科学技术工作的可持续发展。逐步形成了依靠法规强化管理、依靠规划引导管理、依靠标准规范管理和依靠技术手段辅助管理的科学技术管理模式。行业科学技术管理制度体系初建完成，涵盖了行业科学研究课题、科学研究基地、科学技术成果、科学研究奖励和专家管理等方面的规范性文件及指导意见先后出台，科学研究管理水平显著提高。特别是在重大科学技术项目管理中引入第三方评估咨询制度，探索并实践科学技术评估咨询活动由“自然人”行为向“法人行为”的转变，实现了科学技术项目管理制度的重大创新。

国家文物局在博物馆与社会文物司的基础上，进一步明确了科技司的职能，文物保护科学技术行政管理能力得以加强。同时，文物保护标准化技术委员会正式成立，一批基础性的文物保护技术国家和行业标准相继颁布，积极参与国家标准化体系建设工程，“文化遗产领域走向国际化，建立文化遗产保护国际标准化组织”已成为我国标准化国际突破的重点支持对象。文化遗产保护科学技术平台、可移动文物保护管理平台和文化遗产保护科学技术备选项目库的陆续开通运行，提高了管理的效率和透明度。

为了解决文物保护领域科学和技术研究面临的基础设施建设薄弱、运行机制和管理体制落后、地域发展不均衡、科学技术成果推广不力等基础性问题，促进文物保护科学技术工作健康发展，国家文物部门推动“开放、流动、联合、竞争”的运行机制的建立，更好地促进跨学科、跨领域、跨部门、跨行业的联合攻关，依托文物博物馆单位、高等院校和科研院所分 4 批设立古代壁画保护、陶质彩绘保护、出土木漆器保护、砖石质文物保护、馆藏文物保存环境、文化遗产保护规划、空间信息技术在文化遗产保护中的应用、文物建筑测绘、古陶瓷科学研究、金属与矿冶文化遗产研究、博物馆数字展示、古陶瓷保护等 17 家行业重点科研基地。这些重点科研基地作为行业的科学技术创新和人才培养平台，重点解决文物保护面临的难点、热点技术问题，使博物馆藏品保存、修复技术等方面取得了重要进步，在科学研究、成果推广等方面也发挥了重要作用。

同时，中国文化遗产研究院实现改所建院，创新活力和创新动力不断提高，并向着国家级文物保护科学技术中心平台的方向迈进。“古代壁画保护国家工程技术研究中心”正式成立，并在相关省份设立工作站，有效扩大科学技术成果的辐射范围，成为整合文物保护及其他相关领域创新资源、培育创新人才、开展科学技术攻关和学术交流的重要平台。

通过体制机制创新，建立和完善多元合作机制，利用社会优质资源，加强博物馆科学研究组织机构建设，使国家级科研机构实力不断增强。例如通过文物博物馆单位与科研院所、高等院校合作组建专业性创新联盟；通过国家和地方合作组建区域性创新联盟等方式，推进专业、区域等多种形式创新联盟的健康快速发展，完善行业创新联盟建设和运行机制；通过培育国家重点实验室或国家工程技术研究中心，组建行业重点科研基地，搭建以国家科研院所为核心，联合行业重点科研基地，扩大基地发展规模，优化基地功能布局，提升基地科研基础条件和科学研究能力；通过建立开放合作的文物保护和博物馆科学技术创新平台，加大和深化部门间、机构间的联系与沟通。

近年来，国家文物局与中国科学院、中国社会科学院、中国工程院积极探索全方位的具有建设性和实质性的战略合作，针对文物博物馆事业重大需求，着力建设考古调查与发掘、古代建筑保护、大遗址保护、水下文化遗产保护、馆藏文物保护、博物馆环境控制、文化遗产展示传播等技术创新平台；与中国科学技术协会开展战略合作，利用其全国专业技术协会的资源优势，推动文物博物馆科学技术研究和科学普及工作。

与此同时，积极加强基础条件平台建设，促进科学技术成果推广。通过强化文物保护修复科学技术的综合研发能力，依托文物博物馆单位、高等院校、科研院所，认定一批服务于文物保护修复基础研究和应用技术研发的分析测试实验室，构建大型科学仪器设备共享平台；通过建立包括金属器、陶瓷器、纺织品、纸质文物和壁画等文物的科学技术标本库、分析检测数据库和科学技术文献数据库，初步建成适应文物科学技术创新和事业发展的科学技术基础条件平台支撑环境，形成以共享机制为核心的管理体制，与平台建设和发展相适应的科学研究机构体系，为广大文物保护科学研究人员提供更加开放、高度共享的科学技术资源。

通过依托国家级文物保护科学研究机构、工程技术研究中心、行业重点科学研究基地、专业创新联盟、区域创新联盟，实施重大科学技术成果推广示范项目。考古学的迅速发展扩大了博物馆藏品的来源，也造成了博物馆学术观念的变化。包括开展文物出土现场保护移动实验室、土遗址保护、铁质文物保护、石质文物保护、壁画保护、古建筑油饰彩画等保护技术成果的推广及示范；开展金属器、陶质彩绘文物、竹木漆器、纺织品、纸质文物等保护修复技术的成果推广及示范；开展馆藏文物保存环境监测与调控技术成果的推广及示范。

目前，我国文物保护科学技术的总体发展状况与国际先进领域相比，与国内其他行业相比，与文物保护的重大需求和繁重任务相比，仍然相对落后，科学技术的有效支撑和引领作用仍显不足。与此同时，也应该清醒地看到，随着经济全球化趋势和现代化进程的加快、工业污染和环境恶化导致的文物自然侵蚀加速，我国的文化遗产及其生存环境受到严重威胁。不少地区仍然存在文物保存环境简陋、科学技术基础条件落后和人才队伍发展较慢的问题。

由于历史原因和认识局限，我国博物馆的科学研究目前存在着两种封闭：一是博物馆研究资源的封闭，二是研究课题的封闭。博物馆研究与其他相关学科研究往往各有所专，而不能协调发展。同时，体制机制亟待完善。科学技术宏观管理仍然薄弱，工作重点需要进一步向战略研究、规划和政策制定、环境建设等方面转变；学科壁垒、条块分割，以及结构性、体制性障碍，阻碍了满足文物保护战略性需求的团队合作研究模式的形成，特别是体制机制方面，跨学科、跨领域、跨部门、跨行业的合作尚未形成，社会科学技术资源分离、分割、分散的矛盾没有得到解决，国际合作交流的深度和广度不够。

伴随文物博物馆领域的科学研究组织规模迅速扩大，多元化、结构化的科学研究体系和发展模式逐渐形成。为了推动文物博物馆事业的发展，满足保护科学技术的巨大需求，国家文物部门组织开展“文化遗产保护领域科研联合体建设机制研究”，通过对国内外有关案例的深入分析和系统研究，提出了国家文化遗产保护科技区域创新联盟的概念，并明确了其内涵，即“在一定区域范围内，由文物博物馆单位、科研实力强的高等学校、科研院所和相关企业共同建立的跨学科、跨领域、跨行业、跨部门的技术创新战略合作组织”，以制度引导合作机制不断完善，从最初的“打破封闭、实现开放”，上升为“优化合作、完善机制”，有效整合和充分利用国内外的优质资源，建立资源共享、风险与成本共担、优势互补的战略合作伙伴关系，以及实体研发组织与虚拟研发组织相结合的新型科学技术创新组织模式。

经过多年实践，浙江省在文物博物馆新型合作模式和合作机制方面积累了丰富的经验。浙江省博物馆等文物博物馆单位在积极加强自身科研能力建设的同时，不断探索新的发展模式。通过与高等学校、科研院所等系统外单位开展项目、课题合作，有力整合了社会优质科学技术资源，在一些关键技术方面实现了重要突破，并初步形成了良好的合作关系。经过不断完善，形成集文物博物馆单位、高等学校、科研院所和企业于一体的、辐射全省的多元化区域性合作组织。在此基础上，国家文物局与浙江省政府联合启动实施国家文化遗产保护科技区域创新联盟试点建设项目，有效整合和发挥国家与地方在政策、组织和技术等方面的优势。

区域创新联盟的建立，就是要打破条块分割，在文化和价值的共识与追求的基础上，实现组织和技术上的通力合力，促进各类资源的开放、流动、整合与共享。强调创新联盟各成员单位在研究资源、人才资源、仪器设备资源和信息数据资源等方面互为支撑、互为补充，实现资源利用效益和效率的最大化。例如浙江省博物馆作为国家一级博物馆，是浙江省内集收藏、陈列、研究于一体的最大的综合性人文科学博物馆；中国丝绸博物馆是国家级纺织类专业博物馆，同时是中国古代纺织品保护鉴定中心。浙江大学、浙江理工大学等高等学校，拥有先进的科学研究仪器设备、优越的科学研究试验条件、大量的科学研究成果储备、雄厚的科学技术教育资源。区域创新联盟以重大需求为导向，以行业共性、关键技术研发为主线，从战略性、前瞻性的高度，规划重点领域、确定优先主题、凝练重点专项；联盟内优化组合、分工协作，不断提高技术协作能力和研发水平。

今天，面对博物馆领域繁重的研究任务，博物馆科学技术发展需要加强顶层设计，正确处理好近期与远期、局部与整体、现代与传统、理论与实践的关系，努力做好战略规划的持续研究工作，从全局性、战略性和前瞻性的角度出发，积极开展科学技术体制创新，加快行业创新体系建设，将全面提高博物馆科学技术创新能力摆在战略高度予以部署，使一个真正的、成熟的博物馆学科体系和博物馆创新体系，在博物馆事业发展中不断巩固和完善。

总体来说，今天博物馆研究缺少战略性、前瞻性的整体思考和系统谋划，不利于博物馆学科体系的完善和科学技术研究的纵深发展，难以避免科学技术资源利用效率低下和科学研究低水平重复等问题。一方面，一些博物馆缺乏学术研究氛围，长年没有科学研究成果，致使博物馆陷入日常事务，影响了博物馆使命的发挥。另一方面，一些博物馆急于出科学研究成果，忽视扎实的基础工作和理论研究，不重视科学技术理论学习和提高，工作态度浮躁肤浅。

苏东海先生认为，从可持续发展的观点看，人的研究、物的研究以及人和物结合的研究，对博物馆的持续发展至关重要，也是今后博物馆研究的一个基本出发点。面对博物馆发展中出现的新情况、新问题，需要努力培育博物馆的科学精神、科学思想和科学态度，推动博物馆行业的技术创新、组织创新、制度创新。以增强博物馆整体创新能力为战略目标，以提升自主创新能力为战略重点，以培育科学创新能力为战略储备，以优化创新服务能力、整合科学技术资源为战略支撑，以实施若干重点科学技术攻关为战略突破。

根据发展规划，在未来几年，我国将基本形成以技术体系建设为核心，以组织体系建设为支撑，以制度体系建设为保障的行业创新体系，进一步提高博物馆领域的技术识别、获取、扩散和应用能力，力争在若干重点领域取得重大突破和跨越发展；着力解决影响发展全局的机制性和结构性问题，形成较为合理的组织框架和发展布局；营造良好的政策环境，进一步完善与博物馆科学技术发展要求相适应的法规、标准体系，提出满足现代博物馆功能要求的技术支撑体系框架，明显增强博物馆行业可持续科学技术创新能力，有效支撑和引领我国博物馆事业健康发展。

在博物馆战略研究方面，应加强博物馆基础理论和学科建设，即通过对博物馆科学基本理论与方法的研究，建立起跨学科的博物馆理论框架体系，针对博物馆学科的范畴、内涵、特征、理论体系和研究方法进行系统研究，依据博物馆事业发展规律，剖析博物馆学科重点领域和凝练学科方向，提出博物馆学科建设的战略布局和构架，研究博物馆领域人才培养的有效方式和途径，提出学科建设的发展规划。

加强博物馆科学技术发展路径研究，即针对我国博物馆科学技术研究缺乏前瞻、技术研发被动和各类高新技术进入缓慢的状况，通过对博物馆科学技术需求的系统分析和技术预见，识别行业所需的关键技术和技术差异，研究长期支持博物馆科学发展的政策制定、关键项目选择、技术发展导向、社会资源参与的博物馆科学技术发展架构，确定长远发展科学技术重点领域和优先主题，规划中国特色的博物馆科学技术发展路径。

加强博物馆科学技术贡献率研究，即针对我国博物馆长期以来科学技术投入不足、科学技术对博物馆事业发展的推动作用缺乏充分认识，从而影响我国博物馆事业整体发展的状况，开展博物馆科学技术贡献率研究，从宏观上研究科学技术与博物馆发展的关系，客观反映科学技术进步对博物馆事业的贡献作用，并以此为重要参考依据，指导我国未来博物馆科学技术投入、科学研究结构调整和管理政策制定等宏观决策。

积极开展学术研究是博物馆科学技术发展的必要途径，研究成果是博物馆科学研究绩效的直接体现和重要产出形式。但是，目前文物博物馆系统，尤其是基层博物馆单位基础设施条件薄弱、人才力量不足，相对于文物博物馆领域繁重的科学技术保护任务以及其他研究任务来说，仅靠自身力量，文物博物馆领域难以实现科学研究目标。因此，文物博物馆系统迫

故宫研究院成立大会（2013年10月23日）

切需要与高等院校、科研机构等开展开放交流与合作，促进跨学科合作，加快人才培养进程，推动体制、机制创新，推进博物馆科学研究工作的进程。

要加强组织协调意识，强化统筹协调能力。切实将科学技术研究放在博物馆事业优先发展的战略地位，把加快行业创新体系建设、全面提高科学技术创新能力作为重要内容。文物行政主管部门组织制定文物保护科学技术发展战略和中长期发展规划，指导、推动和监督各年度计划的执行，研究解决重大专项和重点任务实施过程中遇到的组织管理问题。要积极争取中央和地方财政在文物保护科学技术领域的投入，以及国家科学技术计划等专项经费的持续支持，充分体现法定增长的要求，提高和扩大用于科学技术工作的经费比例和经费规模，同时，积极吸引和鼓励社会资金的投入。

要健全科学技术管理制度，营造优化政策环境。逐步建立健全以组织管理、开放合作、成果转化、评估评价、人才培养、监督调控等组成的文物保护科学技术管理制度体系。完善重大项目、经费使用、咨询评估、成果推广和奖励等管理制度；加强专业和区域技术创新联盟、行业科研基地制度建设。营造和优化有利于提升行业基础研究水平、加强科学技术基础性工作、改善科学技术基础条件、强化成果转移与扩散能力的政策环境，完善决策议事程序，推进决策的科学化和民主化，保障行业重大科学技术计划和项目科学有序的实施。

要健全知识产权体系，深化标准战略措施。鼓励和支持科研成果获得自主知识产权，提高科研机构和其他创新主体的知识产权管理水平，健全和完善文物保护科技领域知识产权保护机制。尽快制定科学合理的文物保护事业发展的标准体系框架，指导行业标准化工作有序开展，加大技术标准的研究制定力度，加强技术管理标准规范的建设，建立并逐步完善我国文物保护标准体系，推进文物保护技术管理和技术实施的科学化、规范化。

要加大宣传普及力度，促进成果转移扩散。依托文化遗产保护科技平台和社会媒体，加大文物保护科技成果的宣传力度。建立和实行科技成果评价制度，认真做好科技示范试点工作，定期发布重点科技成果转化项目指南，设立科技成果推广示范专项资金，支持科技成果的转移扩散。鼓励科研单位、文物收藏管理单位参与科技成果推广和转化。

建立科技成果推广服务工作站，促进文物保护科技成果快速转移与扩散。

要紧跟重大科技需求，建立实施动态机制。建立健全规划实施协调机制，制订各项重点项目和任务的实施计划；建立健全技术预测机制，跟踪重大项目和任务的实施情况，为规划的动态调整提供依据；制定和完善评估指标体系，规范评估程序，提高评估的公开性与透明度，定期评估规划内容的执行情况，公布评估结果，建立规范的评估与动态调整机制。

5.2 博物馆科学技术创新实践

中华文明历经五千多年的发展，创造了光辉灿烂的历史文化，留下了丰富多彩的文化遗产。这些弥足珍贵的文化遗产不仅是中华民族悠久历史的见证，也是人类文明的瑰宝。历史是一条奔流不息的长河，中华民族创造的灿烂辉煌、精美绝伦的文化遗产令人感动和惊叹。改革开放以来，我国博物馆的装备及设施越来越现代化，高科技手段在博物馆中的应用也越来越普遍。我国文化遗产保护科技事业硕果累累，日益成为引领行业发展的核心力量。

同时，与国际博物馆先进科学技术相比，我国还有明显差距。一方面，战略研究相对滞后，较为完整的学科体系尚未建立。针对文物博物馆领域发展不断提出的新要求、新挑战、新战略，科学研究支持能力不足。针对文物保护的要素、类型、时间尺度、空间尺度、性质和形态等发生的深刻变化，原有的技术体系和方法体系难以适应文物保护和博物馆发展的需求，急需扩展与完善。目前，学科体系建设仍处于初期阶段，基础科学层次、技术科学层次和工程技术层次中包含的各分支学科的界定和相互关系尚需明确，制约了文物保护科学技术的发展。

另一方面，技术供给总量不足，创新成果转移与扩散不力。科学决策的辅助手段匮乏，保护、管理、利用等方面的综合分析和宏观决策的科学技术支撑能力薄弱。实验室成果向现实生产力转化的中间环节缺失、手段单一、机制不健全，标准体系尚不完善、科学技术成果集成度不高、缺乏对科学技术成果示范的支持，众多科学技术成果难以直接转化为显性效益。文物保护科学技术投入的长效机制尚未建立，投入总量不足、区域性失衡和结构性失调问题突出，一些地区的科学技术基础条件依然十分落后，针对文物保护的科研标本、实验数据、科技文献等科学技术基础性投入急需加强。

中国博物馆协会的国家一级博物馆运行评估报告表明，全国 83 家一级博物馆两年的定性一级指标的得分率中，科学研究最低，得分率仅 43%。代表性研究成果平均得分率则更低，只有 27%，是所有评估项目中最低的得分率。即使就国家级博物馆来说，科学研究也仍然是具有瓶颈性质的制约性弱项。2008 年到 2009 年国家级博物馆在五个定性一级指标中藏品管理、陈列展览与社会教育、博物馆管理与发展建设得分率高于 80%，科学研究得分率则仅略高于 60%，其中尽管在学术活动方面得分率达到 85%，而代表性研究成果得分率相对较低，不高于 50%，是唯一不及格的三级指标。科学研究工作的淡化，势必造成藏品诠释和社会服务、能力建设的脱节，空有服务等热情，却缺乏服务的能力和针对性[①]。

故宫古建筑修缮研讨会（2013年7月18日）

① 中国博物馆协会：《国家一级博物馆运行评估报告》，载《中国文物报》，2011-06-22（3）。

目前，在我国博物馆事业发展领域，科学技术的总体能力不强，贡献率较低；科学技术工作中还存在许多瓶颈问题亟待解决，主要包括：由于我国博物馆科学研究工作起步较晚，科学技术意识相对淡薄，重视不够；博物馆基础研究薄弱，科学技术资源布局不合理，博物馆科学技术人才队伍的发展，远远滞后于博物馆建设的速度和规模；学科交叉融合不够，新兴学科发展速度缓慢；科学技术投入不足，受“头痛医头、脚痛医脚”观念的影响，造成基础条件薄弱；应用技术科学研究成果匮乏，并且多数应用技术属于个性技术，缺乏共性技术的总结，成果推广应用体系不健全，尚未对馆藏文物保护提供强有力的全面支撑；科学技术体制机制还存在诸多弊端，博物馆科学技术分工合作的长效机制尚未建立，学科交叉融合不够。

新技术革命的来临，促使人们对文物保护科学技术进行重新审视与定位。我国科学和技术在文物保护领域的重要作用日益凸显，文物保护科学技术进入前所未有的活跃时期，从宏观到微观，从广度到深度，都有较快的发展。根据国家“提高自主创新能力，建设创新型国家”的战略部署，文物保护科学技术工作以体制机制创新为先导，以制度创新为保障，以跨学科、跨领域、跨行业、跨部门合作为纽带，以重大科学技术计划为载体，使文物保护科学技术成为国家创新体系的重要组成部分。

近年来，博物馆发展注重引进和合理运用现代科学技术，各项业务活动的科学技术含量不断增加，越来越多的新技术、新方法、新产品得以广泛应用，有效提升了藏品保护、文物修复、陈列展览、安全保障、社会服务和运营管理的整体水平。例如现代科学技术的引进和应用，拓展了文物保护科学研究内容，元素成分分析技术，碳 14、热释光等测年技术，电阻率法、电磁法和卫星定位等现代勘测技术，为文物本体保护、考古勘探调查等研究提供了新的理论和方法，科学技术手段更加先进，科学技术含量显著提升。

同时，科学技术的发展极大地拓展了博物馆领域。一批近年来新建的博物馆设施先进，管理科学，功能完善，成果丰硕，备受社会关注。故宫博物院、敦煌研究院、上海博物馆、南京博物院、湖北省博物馆等研究机构分别成立了一批区域性、专题性的科技中心，有效地发挥着科学技术支撑和辐射、带动作用，科学技术成果在文物保护中的推广与应用，有效遏制了文物腐蚀损毁的速度。通过几年的实践，人们欣喜地看到，博物馆行业的创新能力和承担重大项目的能力得到了很大提高。同时，博物馆技术与相关产品博览会的成功举办，为博物馆、科学研究单位和企业间搭建起信息交流平台。

多年来，秦兵马俑博物馆在陶质彩绘文物保护、修复、土遗址加固、遗迹防霉、小气候环境研究等方面做了大量探索性工作，并取得了开创性的研究成果。通过对遗址本体进行必要的防护加固，对已发掘或试掘且不进行揭露展示的遗址实施回填保护，清除深根植物，种植适宜改善园区生态环境的植物，防止水土流失，完善排水系统，防止遗址受雨水侵蚀等。同时，与国际开展多项文物保护方面的技术性合作，大幅提升了文物保护技术力量，培养了一批高素质的文物保护修复专业人才。

宁波保国寺大殿是长江以南现存最为古老、保存最为完好的木结构建筑之一，是我国传统建筑文化和营造法式的重要实例。2006 年 12 月，宁波市确立将保国寺文物保护所升格为古建筑博物馆，将科学技术保护理念作为保国寺古建筑博物馆的发展定位。经过几年的实践，保国寺的延续保护利用完成从“修”到“养”、从“治”到“防”、从“抗灾损”到“控灾损”的理论转换，进而启动了防病于未恙的千年大殿保护系统工程。同时，综合考虑宁波的气候环境特点，在对大殿的“健康状况”做出准确评估预测之后，采取最有效的保护利用措施，为以后维修制定相关技术标准，提供丰富的实践经验和理论依据，为文物建筑的“延年益寿”保驾护航[①]。

敦煌莫高窟的监测经历了一个从无到有、从简单到复杂、从直觉判断到使用仪器、从被动到主动的过程。监测的内容包括对敦煌莫高窟环境监测、洞窟文物本体监测、莫高窟安全防范监测、游客调查与监测等内容。科学的监测结果为莫高窟的保护、管理起到了积极的推进作用。近年来，莫高窟观众数量增长呈加速态势，观众参观呈一年中季节性强、一天中时段性强的特点，莫高窟面临着保护和利用的双重压力。为此，莫高窟开展了观众承载量的研究，准确、及时地掌握观众的变化以及观众组成的动态信息，为制定合理的观众管理措施提供可靠依据。同时，通过利用不同时期的卫星图片进行比对，监测莫高窟保护范围内植被、人为建设活动的变化，以求为保护莫高窟生态提供依据，

① 余如龙：《探索文保所转型博物馆的成功之路》，载《中国文物报》，2010-10-20（7）。

敦煌莫高窟保护利用工程（2014年9月10日）

控制人为建设活动[①]。

自 2001 年起，多学科联合攻关的“中华文明探源工程”开始启动，以充分揭示早期中华文明的丰富内涵，回答中华文明形成的时间、地域、过程、原因和机制等基本问题，并探讨中华文明与周边地区文明进程的互动关系，通过与世界其他古代文明的比较研究，总结早期中华文明的特点及其在人类文明发展史上的地位。中华文明探源工程及相关文物保护关键技术研究，针对中华文明起源与早期发展这一重大科学问题，在系统总结已有研究成果的基础上，重点揭示长江、黄河、辽河流域的文明形成及早期发展的背景、环境、特征和历史脉络，研究中华文明的形成机制和早期发展特征，总结中华文明在人类文明发展史上的地位，丰富人类文明起源理论。

同时，该工程开展中华文明探源工程相关现代实验技术和方法的应用研究；开展空间技术、物探技术、数字化测绘技术在考古研究中的应用；研究建立考古探测技术可控试验场；开展基于文物出土现场移动实验室的出土文物应急保护技术体系研究。当前，

① 樊锦诗：《基于世界文化遗产价值的世界文化遗产地的管理与检测——以敦煌莫高窟为例》，见《世界遗产保护·杭州论坛暨 2008 国际古迹遗址理事会亚太地区会议论文集》，2008，10 页。

考古资料的实验室分析研究得到迅猛发展，并逐渐形成一种多学科密切合作的研究模式。利用碳 14、热释光、铀系和电子自旋共振等测年技术初步建立起中国旧、新石器时代的绝对年代框架；在体质人类学、分子生物学、环境考古、动植物考古，以及对玉石、陶瓷和金属器等进行化学分析和微观组织分析等方面取得重要进展。依托国家科技支撑计划项目“中华文明探源工程”等，我国加速器质谱碳 14 测年技术水平得到了提高。

“中华文明探源工程”的重要目标之一就是及时展示、准确宣传研究成果，促进研究成果的社会化应用。2009 年，在京举办了“早期中国——中华文明起源展”，这是我国第一次以陈列展览的形式向社会公众宣传、展示中华文明的起源历程。在此基础上，国家文物局继续会同有关省市和部门举办该主题的系列展览，在整体介绍中华文明起源研究成果的同时，有重点地介绍早期文明相关地域的发展历程，通过陈列展览进一步表明多元中存在着相互关联，即多元一体，从多元走向统一，统一中又有多元，是中华文明的活力和魅力所在。例如辽河文明的研究是中华文明探源工程的重要组成部分。《辽河寻根 文明溯源》展览，通过辽河流域出土和相关的大量珍贵文物，展示辽河流域由古国—方国—帝国的文明起源与发展历程，旨在让广大观众了解和认识辽河流域独具特色的早期文明及在中华文明起源中的地位和作用，了解我国悠久灿烂、多元并蓄的文化传统。

为了通过深入挖掘我国文化遗产的价值，传播和传承我国优秀传统文化，复兴民族创新精神，2006 年国家文物局在各有关部门的支持和协助下，组织开展“指南针计划——中国古代发明创造的价值挖掘与展示”重大科学研究项目。“指南针计划”以实证我国古代重大发明创造的文物为研究对象，利用现代科学技术，组织跨学科、跨领域、跨部门、跨行业的力量，制定中国古代发明创造的价值挖掘与展示工作总体规划，重点围绕农业、水利、矿冶、轻工、纺织、食品、营造、人居环境、交通、机械仪器、军事技术、医药技术、文化传播、材料与加工制造技术、仪器与工程器械等领域，开展系列文化遗产专项调查，系统地掌握具有重大意义的我国古代发明创造的基本概况。

“指南针计划”采用文献学方法、考古学方法、实验室方法、工程模拟方法、国际对比方法，以及多学科交叉渗透、多重证据相互印证的方法和系统综合方法，揭示古代发明创造的工艺、原理、技术发展脉络以及产生的机制、背景和环境；开展博物馆展示理论和技术的综合研究，推出一批反映中国古代发明与创造的系列展览、实物复原模型、虚拟现实复原模型、科学普及著作和数字影视作品；开展古代发明创造的整理与研究，采用现代科学和技术，开展博物馆的展示理论、技术及研究与示范工作。

通过“指南针计划”项目的实施，科学揭示中华民族自古以来非凡的生命力和创造力，探明我国古代发明创造的起源与发展脉络以及其产生、传播、衰落的内在规律，研究其与当今实施的科学技术创新战略的关系，全面提升祖国珍贵文化遗产的科学技术价值，促进文化遗产保护领域科学研究和展示水平的整体提高。“指南针计划”是一项时间跨度长，涉及范围广，工作任务重，涉及文化遗产、科学技术、国民教育等诸多方面的国家重大科学研究项目，是以促进国家自主创新和文化遗产保护为目的，重点突破带动整体全面提高的战略性引导性项目。“指南针计划”在研究制定标准规范的基础上，逐步建立“指南针计划”基础数据库，确定命名首批《中国古代发明与创造国家级名录》。

同时，通过“指南针计划”成果，实现文物藏品价值的深入挖掘，对于提升博物馆的展示水平，丰富陈列展览的内容与形式，实现学术性、知识性、趣味性、观赏性相统一。2008年北京奥运会期间，国家文物局主办了“奇迹天工——中国古代发明创造文物展”。并且通过举办专题陈列展览，开设门户网站，编撰出版“走进中国古代发明与创造”科普系列丛书，“指南针计划”进校园等多种形式，推动了最新研究成果的快速传播与扩散，从而在全社会形成崇尚科学、自觉弘扬民族文化的意识，增强民族自信心和凝聚力，激发民族创新能力。

近年来，以“加强原始创新、集成创新和引进消化吸收再创新”为主旋律，坚持“不求所有，但求所用”的原则，积极吸收行业内外优势科研资源，开展跨学科、跨领域、跨部门、跨行业的合作，根据文物博物馆事业发展中的重大需求，确定工作目标和重点任务，集中有限资源，在文物博物馆事业发展的瓶颈问题和关键领域取得重大突破，共同攻克影响文物保护和博物馆事业健康发展的关键技术问题，并取得一系列重要成果。文化遗产保护领域国家科技支撑计划课题的完成，不但使一大批新技术、新产品、新装置得以研发并实现成果转化，而且培养出一大批专业技术人才，为文物博物馆事业提供了强有力的科技支撑。

通过“文物保护风险预控技术体系研究与示范”项目的实施，研发馆藏文物微环境高效调控技术及博物馆环境监测系统解决方案，初步建立博物馆环境质量评估、监测和调控技术支撑体系。应用空间信息技术、图像分析技术、环境监测技术、物联网技术、海量数据存储与分析技术等，建立基础地理数据库、环境监测数据库、文物状态数据库、图像存储信息库、安全防范数据库等，形成文物预防性保护及辅助决策的技术支撑体系、标准规范体系和信息管理系统平台。

通过“文物保护传统工艺科学化研究”项目的实施，围绕青铜器、陶瓷器、纺织品、漆器修复及书画装裱等传统工艺，揭示材料组成与性能、专用装备与工具、工艺流程与技法的科学原理；改良传统文物保护修复材料、工具和工艺，满足当代文物藏品修复需求，建立现代科学技术与传统工艺结合的博物馆藏品保护方法，提高保护的安全性、可靠性和科学性。

通过“文物保护修复专用装备研发”项目的实施，针对馆藏文物保护修复专用装备缺乏、适用性差、集成度低等问题，重点开展智能探测设备、快速检测分析仪器设备、脆弱文物应急保护、提取及保存装置的研发，开展馆藏文物专用清洗和加固装置、专用修复设备与成套工具、保存环境监测与调控装置等研发，初步构建博物馆藏品保护修复技术装备体系。

现代科学技术的发展，为文化遗产的保护管理提供了高效快捷的技术手段。随着空间信息技术、地球物理勘探技术、年代测定、分析检测等高新技术的引入，文物古迹考古信息的收集、记录和管理更为科学、规范和便捷。例如“马王堆古尸保护模式的建立与运用”项目，提出古尸类文物整体—细胞—分子水平三级保存的理念，研发成功“稳态分子调控技术”，采用现代技术维持古尸保存大环境、局部环境和微环境的相对稳定。通过“云冈石窟凝结水监测研究”项目，我国第一台岩面凝结水测量仪研制成功，并准确测量了云冈石窟洞窟内部岩壁上的凝结水量，建立了洞窟环境监测系统。“东周纺织织造技术挖掘与展示——以出土纺织品为例”项目，进行东周时期纺织物材质、织造技术及各种类型织机的复原研究，形成一套完整的工作思路和研究方法，揭示自然科学技术在文物价值挖掘方面的巨大空间。

近年来，我国文物博物馆科学技术体制机制不断创新，人才队伍持续壮大，创新激励成效显著，完成了众多具有影响的科学研究，一批高新技术和科研成果在具体实践中得到广泛应用。例如馆藏纺织品文物以丝织品为主，丝织品由丝蛋白纤维制成，易受环境因素影响而遭受各种污染并发生生物、化学和物理降解，产生腐烂、板结、粘连、脆化、断裂、糟朽、变色以及黄化和理化性能劣变。近年来，我国研发了应用于丝织品文物清洗与保护修复的生物—化学技术、丝蛋白复合体系仿生加固技术，部分恢复丝织品的物理性能，实现丝织品文物的长久保存与展示利用。

目前，文物保护科学技术的研究和应用，已经成为有效保护文物的重要前提和保障。例如秦兵马俑由于受埋藏或保存环境中有害因素的影响，表面的彩绘已经严重损失。再加上出土后的温湿度变化，导致彩绘失水收缩，引发龟裂、起翘、卷曲、脱落等病害。通过现代科学技术手段，采用抗皱缩剂和加固剂联合处理的保护方法，使秦兵马俑的彩绘层得以保留，使人们得以看到它们的本来面目。出土于湖北荆州谢家桥的西汉荒帷是高等级的绢地乘云绣制品，保护和修复工作难度大，文物保护科技人员采用现代生物加固技术和传统针线修复法使之得以完好保存，体现了现代高科技与传统修复工艺的完美结合。

四川省文物考古研究院科技人员采用竹木漆器脱水加固的新技术，成功脱水保护了出土于汉代墓葬的饱水木器 250 余件、饱水漆器残件 200 余件和大型漆木马 74 件，使之完好如初。馆藏壁画以墓葬揭取壁画为主，历经地下埋藏和考古发掘、异地搬迁和修复等干预过程，在现有馆藏环境条件下容易出现壁画霉变、起甲、脱落、空鼓、酥碱、变形以及遭受表面污染、附着钙质土垢等病害。陕西历史博物馆收藏的仕女侏儒图和托盘仕女图，修复前都存在着不同类型和程度的病害，经过清洗、加固及失效支撑体更换等技术保护，重新焕发出美丽容颜。

近年来，我国水下考古工作迅猛发展，旁侧声呐、浅地层剖面仪、水下无线通话设备、实时差分定位系统等技术装备的应用已很普遍，而多波束声呐、超短基线定位系统和水下机器人等高技术装备也开始投入使用。在发现大量珍贵水下文物的同时，出水文物的脱水、脱盐及防腐等问题成为急需解决的技术难题。近年来，文物保护科技人员从研究影响水下古陶瓷器保存状态的水文地质、海洋地理、海洋附着生物等因素出发，经过对出水陶瓷器的制作材料及海洋沉积物等的分析测试研究，探索出静态去离子水浸泡、超声波加速、流动水冲洗等遭受海水可溶盐侵蚀陶瓷器的脱盐方法，并得以初步应用。

实现博物馆科学技术的提升，需要通过博物馆建设工艺设计、陈列展览新技术应用、数字博物馆建设、数据库平台建设，整体提升博物馆的科学化水平。以全面提升博物馆陈列展览文化与艺术表现能力为目标，研究适合于博物馆陈列展览需要的现代技术、虚拟现实、人机交互、知识工程和新媒体技术等现代技术应用体系理论和方法，开展博物馆陈列展览适宜技术支撑体系研究与示范；运用人工智能和知识库技术，整合、制作加工博物馆数据资源，构建博物馆馆际交流网络平台与统一规范的博物馆信息管理平台。

针对文物保护材料应用和评价方面基础薄弱的状况，依据材料特性和应用功能，开展保护材料分类方法和分类体系研究；重点针对金属文物、纸质文物、纺织品、漆木器、石质文物和土遗址，采用材料科学、现代分析测试和模拟试验技术，开展保护材料主要评价指标研究，开展保护材料应用的理化特征、力学行为、作用机制和后效评价方法研究；制定保护材料应用效果的评价标准和规范；建立文物保护修复材料应用数据库，构建文物保护材料应用效果评价体系，提高文物保护修复材料应用的有效性和安全性。

博物馆藏品保护的重点应从以修复为主，转向以环境控制为主的日常维护，变被动的抢救式保护为以预防为主的主动防护。应立足我国博物馆实际和潜在需求，针对当前博物馆文物藏品保存环境质量普遍较差等问题，从环境监测与评价技术、净化与控制技术等方面，开展综合研究，建立基于洁净概念的文物保存微环境评估体系的理念和内容框架，为文物藏品微环境提供稳定、洁净的环境条件，提升馆藏文物预防性保护能力。通过揭示传统技术与工艺的科学内涵，实现技术与工艺的不断优化与提升，从以往的口传身授到科学定性、定量，实现将文物修复工匠的传统经验上升为科学理论，进而全面推动现代科学技术和传统工艺的有机结合。

科学是一定条件下物质变化规律的总结，是运用范畴、定理、定律等思维形式反映现实世界各种现象的本质和规律的知识体系。同时，科学是人类智慧分门别类的学问，是讲求证据，逻辑严密的人类认知。科学的基本任务是认识世界，有所发现，从而增加人类的知识财富；科学要回答“是什么”和“为什么”的问题，科学成果一般表现为概念、定律、论文等形式。技术是指根据生产实践经验和自然科学原理而发展成的各种工艺操作方法与技能。技术回答“做什么”和“怎么做”的问题，技术成果一般则以工艺流程、设计图、操作方法等形式出现。博物馆文物保护是指针对馆藏文物价值的调查、研究、评估、认定、记录、展示、利用和传承，对文物本体的保存、维护和修复，以及对相关环境的控制与整治等。

科学技术创新是原创性科学研究和技术创新的总称，是指创造和应用新知识和新技术、新工艺，采用新的生产方式和经营管理模式，研发新产品，提高产品质量，提供新服务的过程。科学技术创新可以分成三种类型：知识创新、技术创新和现代科学技术引领的管理创新。原创性的科学研究或知识创新是提出新观点的科学研究活动，并涵盖开辟新的研究领域、以新的视角来重新认识已知事物等，而技术创新的核心内容是科学技术的发明、创造和价值实现。

有关研究表明，未来 5 到 10 年，将是文物保护科学技术发展的关键时期，主要表现出以下趋势：一是被动地“抢救性保护”正在向主动地“系统性保护”转变；二是自然科学与人文社会科学不断融合，使建立文物保护科学的理论体系成为可能；三是基础学科与应用学科、技术科学与工程技术、自然科学与人文社会科学之间相互渗透不断深入；四是现代分析技术和科学研究装备不断进步，文物保护的安全性和可靠性不断加强；五是新材料、生物技术、空间技术、信息技术等高新技术的广泛应用，极大地丰富文物保护的方法与手段；六是文物材质劣化机理与防治等方面的定向基础研究不断深入，引发文物保护技术的重大突破；七是现代科学技术的全面介入，实现传统工艺技术的继承、扬弃与创新；八是战略科学家、复合型科学技术人才、工程技术人才和科学技术管理人才成为可持续发展的核心资源；九是多元化多维度的合作网络的形成和完善，将成为文物保护科学技术全面提高的有效途径。

伴随博物馆领域科学技术创新理念的形成，新时期发展目标得以凝练。一是重点突破博物馆藏品保护修复关键技术瓶颈，健全馆藏文物保护修复技术标准，大幅提高可移动文物保护修复的科学化水平。二是显著提高博物馆藏品风险预控能力，建立风险评估指标体系，初步建立基于风险管理理论的馆藏文物监测和辅助决策技术体系。三是在馆藏文物分析研究以及保护修复装备方面取得重要突破，初步建立与博物馆保护技术相配套的专业化装备体系。四是在提升博物馆陈列展览文化与艺术表现能力的适宜技术方面取得进展，在数字博物馆建设的关键技术和标准方面取得重要突破。五是显著提升博物馆基础研究能力与水平，初步构建馆藏文物保护科学技术基础数据库。六是加强和完善科学技术制度体系建设，形成布局合理、功能齐全、装备先进、运转高效的博物馆科学研究组织体系。

我国博物馆的数字化建设多肇始于藏品管理信息系统，之后扩展到文物影像管理信息系统、文档资料管理信息系统、多媒体展示系统、票务管理系统、办公管理系统、资产管理系统、网站资源管理系统等，基本可以划归为文物信息资源管理平台、内部事务管理平台和展览展示管理平台三个方面。随着各级政府对博物馆建设投入的明显增加，以及计算机、网络及影像技术的迅速提高，博物馆为提高知识传播效果，数字展示传播技术的应用越来越广泛，数字展示已在各地博物馆中得到不同程度的应用，增强了陈列展览的知识性、趣味性、观赏性。开展博物馆数字化建设，建立以藏品为核心的数字化管理体系，逐步发展并升华为数字博物馆，是博物馆未来建设与发展的重要方向。

同时，还有博物馆馆舍信息化处理工作，这项工作的资源是舒适性控制设备，例如中央空调系统、电梯系统、照明系统、给排水系统等；安全性控制设备，例如安全监控系统、消防控制系统等，以及通信控制系统。博物馆数字化可以为博物馆专家或专业人员提供有关学术成果、专题资料的共建共享交流平台。同时将博物馆的信息管理系统与互联网络联结，让国内外学者通过互联网络查询相关资料，既可加强与国际间的学术研究与交流，还可以提高博物馆在国际上的地位和知名度。同时，博物馆人才教育培训项目也可以充分运用互联网和现代远程教育等手段[①]。

"博物馆是多种性质的复合机构。博物馆是收藏机构、教育机构、科研机构三者的统一体，缺少其中任何一种都不是博物馆。只有三者同时存在，成为一个相互作用的完整的有机体，才是博物馆"[②]。对于科学技术工作来说，一项重要任务就是减少和矫正科学技术手段滥用所造成的消极后果。针对我国馆藏文物劣化机理研究薄弱，制约保护技术进步的现状，重点开展馆藏金属文物、纸质文物、纺织品和竹木漆器的材质劣化影响因素、腐蚀产生、腐蚀过程研究，科学揭示文物劣化过程的物理和化学原理，为文物保护修复提供理论依据。

为此，需要及时开展可移动文物保护修复关键技术提升计划，例如开展可移动文物无损或微损分析技术和应用规范研究；开展金属文物深层有害锈转化关键技术研究；开展脆弱陶质文物快速脱盐及加固材料与工艺研究；开展生物技术清洗、加固和显微修复关键技术及材料研究；开展木质纤维微结构修复、整器加固定型和漆层回贴加固关键技术和工艺研究；开展生物技术修复和加固关键技术研究；开展油画的空鼓、开裂、变色等保护修复的关键技术研究；开展近现代文物病害专题调研和保护修复技术适用性研究。同时，在已有关键技术成果的基础上，开展保护修复技术规范化研究，实施科技示范工程。

当代博物馆藏品管理的工作对象不再局限于实物保管，已扩展到文物藏品信息和涉及文物藏品保护与利用的各项工作。今天，博物馆应该通过现代信息技术的应用，改变博物馆藏品的展示方式，使文物藏品可以在虚拟空间中供人观览。例如通过现代信息技术，提高人与人之间的沟通效率及人对信息的处理效率，从而使我国博物馆的管理水平有明显提升；通过自动化温度湿度控制技术的应用，改善我国博物馆藏品贮藏条件；通过高科技消防及防盗系统的应用，提高博物馆藏品的安全保障；通过多语种自动讲解系统的应用，使我国博物馆对国内外游客的服务能力有明显提高；通过先进影像技术的应用，使博物馆藏品的建档及推广工作更加方便。

---

① 张小朋：《博物馆信息化标准框架体系概论》，载《东南文化》，2010（4），104 页。
② 苏东海：《什么是博物馆——与业内人员谈博物馆》，载《中国博物馆馆刊》，2011（1），140 页。

博物馆藏品管理工作还通过向需求者提供其所需要的相关信息，减少对实物的直接使用，更有效地保护文物藏品安全。应进一步整合社会资源，在博物馆之间应用多种方式，并借助高等院校和科研单位的力量，开展博物馆藏品的深度研究，鼓励出版文物藏品研究成果，实现成果共享。博物馆不仅出版具有一定研究水平的论文和专著，还要出版展览图录和分门别类的文物藏品图录，特别要鼓励出版科普读物。另外，要利用博物馆的网站平台，公布文物藏品图片、学术研究成果和科学普及信息。同时，博物馆逐步采用现代化的科学技术，实现博物馆藏品信息资料数字化，使博物馆的文物藏品得到更快捷、更广泛的传播和利用，最大限度地为公众服务。

博物馆科学研究是博物馆所有工作的灵魂，要加强博物馆科学研究，提高博物馆对发展资源的认识水平和整合能力，使博物馆的运行目标切实建立在对博物馆工作规律、结构功能、内部与外部条件的综合分析与把握上，使运行目标的实现建立在科学的工作方法上。因此，既要加强博物馆文物藏品的研究、博物馆文物藏品保护和修复的研究，还应加强与博物馆发展直接相关的问题研究，例如博物馆教育、博物馆展览及信息传播，以及博物馆学的研究等，产生具有创新性和影响力的科学研究成果，提高科学研究成果的应用价值。

近年来，我国博物馆科学研究的成果表明，无论在博物馆的研究对象、研究方法方面，还是在博物馆学科的综合性、交叉性特征要素的呈现方面，均取得了可喜变化。今后要继续推进建立具有中国特色的博物馆理论与管理、运行方法体系，既能促进博物馆整体的健康发展，又能指导每一座博物馆的科学运行。博物馆不仅为国家保藏宝贵的科学文化财富和通过举办陈列展览等活动，向社会公众传播科学文化知识，进行社会教育与服务，同时还承担着科学研究的任务，既包括博物馆本身的科学研究，也包括为其他自然科学和社会科学的研究工作提供以实物为主的资料、信息和咨询，后者也是博物馆科学研究的重要目的。

今天博物馆的科学研究是一个开放的复杂巨系统，是人文社会科学、自然科学、技术科学、工程技术和软科学等一切与文物保护相关的科学和技术相互渗透融合的交叉学科，其主体不仅是博物馆从业人员和高等院校博物馆学专业师生，而且涉及众多相关学科的研究人员。新时期我国博物馆事业要有大的发展，就必须要有面向未来的前瞻性学术眼光，更加重视学科的渗透、融合，注意交叉学科的研究，在博物馆构建起跨学科、跨领域、跨部门、跨行业的科学研究平台，更大范围促进各学科之间的融合和交叉学科的发展，进一步推动学术创新，提升我国博物馆的整体研究水平。博物馆的物质研究资源是社会的财富，不但应该做到博物馆领域共享，而且应该创造条件实现社会共享。

5.3 博物馆科学技术能力建设

新中国成立初期，历史和地方史志博物馆专业人员主要是来自高等院校考古、历史、美术等专业的毕业生。在新中国的高等教育史上，考古学专业诞生较早，北京大学历史系从 20 世纪 50 年代就开办了考古学专业;70 年代以来，吉林大学、山东大学、南京大学、武汉大学等 10 余所高等院校相继开设了考古学专业，为文物博物馆行业培养了大批人才。改革开放以后，随着文物博物馆事业的快速发展，考古学专业已经不能覆盖文物博物馆行业涉及的所有专业领域，诸如流散文物鉴定、地面文物保护、博物馆藏品管理和展示设计等方面的问题，均突破了考古学范畴。

在 1982 年《文物保护法》颁布实施以后，博物馆人才培养进一步提上日程，专业培训扩展到了文物系统以外，包括与高等院校合作开办博物馆干部进修班，解决博物馆管理人才的学历问题，成为博物馆人才培养的一项重要内容。从 1984 年至 1989 年，国家文物局委托高等院校举办博物馆干部专修班，招收在职博物馆系统管理人员参加学习，学制一般为 2 年，合格者获得大学专科学历，提高了一批博物馆管理人员的基本素质。同时，还加强了对高层次博物馆人才的培养，与高等院校合作开展包括研究生教育在内的高层次专业人才培养。例如 1986 年 9 月，国家文物局委托南开大学举办博物馆学研究生班，学制 3 年。1989 年 3 月，国家文物局和复旦大学共同筹建的复旦大学文物博物馆学院正式成立。这一时期，高等教育的相关学科建设取得了一些进展。从 1980 年开始，南开大学、上海大学、复旦大学、杭州大学等著名大学的历史学系相继开办文物与博物馆学专业。

但是总体来说，在我国的高等院校教育中，博物馆教育及相关专业的设置严重不足，绝大多数高等院校都没有开设有关博物馆的课程，甚至那些设有考古或文化遗产相关专业的高等院校也很少开设博物馆教育的课程。高等院校无疑应在博物馆教育活动中承担更重要的使命，并发挥更大的作用，成为博物馆人才培养的主要渠道。自从我国恢复学位制度以来，在教育部系统学科分类中，历史学既是门类名称，也是一级学科名称；而"考古学及博物馆学"为历史学之下的二级学科。在教育部分管的本科专业名称中，"考古学"专业和"博物馆学"专业则是单列和并存。

在我国的高等院校里，聚集着数以千万计的优秀青年学子，他们毕业后会成为社会各行各业的栋梁之材，有的还会进入各级教育机构和政府的管理决策部门，青年学生对博物馆的了解和认知程度，就博物馆事业而言，具有长远的意义和价值。因此，在博物馆人才培养方面，适应新形势和新任务的需要，逐步发展文物与博物馆学专业，提升办学水平，为博物馆事业发展提供智力支持和人才保证。经过多年的发展，一些博物馆专业的毕业生，包括部分硕士生和博士生，逐步充实到博物馆岗位，使博物馆的知识和人才结构趋于合理。

这一时期的业务培训与博物馆业务工作结合更加紧密，更有针对性。其中，开展岗位培训始终是博物馆人才培养的重点。例如 1994 年中国革命博物馆举办了 3 期全国讲解员岗位培训班。1998 年 10 月，故宫博物院又举办了 4 期古陶瓷鉴定高级研讨班，其中一期专门为台湾地区专业人员举办。1998 年 4 月，国家文物局和北京大学联合成立北京大学考古文博学院暨中国文物博物馆学院。此后，国家文物局对于学院在经费、项目、基础设施建设方面给予支持，使学院办学条件有了很大改善，也使国家文物局在人才培养基地建设方面迈出新的一步。

1990 年，国家重新启动职称评审工作，并将职称评审工作转入正常化轨道。1992 年初，国家文物局成立高级职称评审委员会，针对文物博物馆方面三个系列的专业技术职务任职资格评审，在全国范围内进行指导和规范，使一大批博物馆专业人员获得了文物博物馆系列高级职务任职资格，大批优秀的高级专业技术人员的工作条件和生活待遇得到了改善，激发了他们献身博物馆事业的积极性，作为文物博物馆事业的骨干力量，活跃在博物馆等各相关领域，使博物馆界不断涌现高水平的研究成果。大部分省、自治区、直辖市文物部门也成立了独立的文物博物馆系列高级职称评审委员会，在促进专业领域学术发展、理论研究、技术进步，促进青年专家成长等方面发挥了重要的作用。

在 2002 年召开的全国文物工作会议后，国家文物局从事业发展的战略高度，将加强文物博物馆人才培训列为文物事业的四项重点基础工作之一，提出大力开展教育培训，在项目安排和经费预算方面给予保障，逐步实施资格认定、持证上岗制度，培养更多的高素质文物博物馆专业人才和管理人才。此后，全国文物博物馆系统专业人才和管理人才培训得到明显加强。特别是在教育培训的模式方面有所创新，在总结以往培训实践的基础上，国家文物部门不再沿用自办培训中心模式，转为依托高等院校、科研机构的教学平台，开展教育培训，充分发挥高等院校教师、设施等教学资源优势，学习环境也更加优越，教育培训质量有所提高，教育培训的教学思路逐步清晰。

2003 年以后，国家文物局与北京大学、清华大学、复旦大学、南开大学、四川大学、西北大学和中国文物研究所等高等院校和科研机构密切合作，连续 6 年举办了全国省级文物局局长、博物馆馆长、考古研究所所长、古代建筑研究所所长专业管理干部培训班，共培训省级文物博物馆管理干部 440 名，达到应参加培训人员的 80%。在此基础上，推动博物馆人才教育培训向基层深入，积极指导各省、自治区、直辖市文物部门，开展地市县博物馆馆长和专业人员的培训工作。同时，一些博物馆以及中国博物馆学会和其他学术团体，也积极组织专业人才培训。

伴随着文化遗产事业科学发展，博物馆人才教育培训体系不断完善，国家文物行政部门和地方文物行政部门形成统一领导、分级负责、通力合作、运转高效的有效机制，使人才教育培训更加规范化、科学化，继续健全博物馆教育培训机构，稳定师资队伍。以杰出人才为主体的博物馆学科带头人队伍逐步形成，博物馆中科学技术人员的数量大幅增长，学历结构、专业结构、年龄结构得到改善，骨干人才队伍得到充实，科学研究实力和学术水平得到提升，自主创新能力和竞争实力得到显著提高。

同时，一些重点博物馆加大从业人员教育培训投入，创造条件，积极鼓励支持在职人员参加学历教育和继续教育培训，并在培养、引进和使用人才方面制定了专门的管理办法，在岗位设置、专业技术职务晋升、评审与聘任等各个环节进行合理规划，既严格各项标准和要求，又不拘一格，为博物馆从业人员设计合理的职业发展生涯。通过持续开展的博物馆人才教育培训，博物馆系统内文物保护科研人员数量较以往大幅增加，高素质科技人才比例快速提升；博物馆系统外科研人员大量涌入，人才队伍得以充实壮大。一批行业领军人物脱颖而出，一些科技专家进入国际科技组织工作。以优秀创新人才为主体的科研团队建设初见成效，逐步成为推动文物保护科学技术进步的核心力量。

当前，制约文物保护科学技术发展的因素，既有历史遗留问题，也有发展过程中产生的新情况、新问题和新矛盾，其中科学技术人才仍然匮乏，科学技术投入有待加强的问题突出。科学研究人员在行业从业人员中比例偏低、总量严重不足，能够把握国际文化遗产保护科学技术发展前沿、站在国家发展高度思考重大科学技术问题的战略科学家，既了解文物保护需求、又懂得科学技术的复合型科学技术人才，以及具有大局意识与统筹协调能力的科学技术管理人才严重短缺。基于自主创新的科学技术人才队伍建设需进一步加强，创新人才的成长环境尚需优化。

科学技术人才队伍建设是文物保护科学技术工作的根本。应通过科学技术项目引进人才，培养人才；与高等院校紧密合作，争取开设更多的文物保护科学技术专业，通过学历教育造就人才；与相关国家级科研院所以及国际知名文化遗产保护机构建立交流互访制度，提升高层次人才的培养档次等方式，积极推进人才的培养和创新团队建设。为此，博物馆系统内外科技工作者之间的屏障必须打破，建立起充分信任和稳定深入的合作关系，形成规模化、结构化的科学技术创新人才队伍，培养出博物馆学术带头人和复合型科学技术人才。

博物馆复合型科学技术人才是指熟悉博物馆工作规律，具有较强的科研能力和学术水平，创新意识强，或掌握多种专业知识和技能，并能够在博物馆工作中与不同专业领域的人才保持良好的沟通和专业合作，从而成为博物馆工作中的领军或核心人物的科学技术工作者。同时，需要顺应事业发展趋势，加强创新型人才培养环境建设。逐步建立学校教育和实践相结合、国内培养和国际交流合作相衔接的开放式培养体系。依托重大科学技术专项、重点科研项目、行业科研基地以及国际交流合作项目，培养高层次创新型科学技术人才。重点培养一批博物馆科学技术战略人才、学术带头人、复合型人才，加强创新团队建设，基本形成开放、灵活、多元、高效的科学研究组织机制，形成结构合理的人才队伍。

目前，我国博物馆从业人员 6 万余人，学历结构、知识结构和职称结构，都与博物馆的专业化要求存在较大差距，与国外发达国家博物馆机构中专家云集、类似高等院校和科研院所的情况形成鲜明对比，提升博物馆从业人员的整体水平迫在眉睫。为此，一方面鼓励高等院校的博物馆专业发展，目前已有 30 余所高等院校设置了文物与博物馆学专业，比开设考古学专业的高等院校还要多。另一方面，专业技术培训项目和中外合作人才培养项目持续开展。与世界上其他博物馆以及学术研究机构建立良好的合作伙伴关系，并与之开展实质性的研究成果交流和资料共享，是博物馆加强科学研究水平的有效方式。为此，近年来扩大国际交流与合作，在项目实践中培养骨干人才。

从 2002 年开始，国家文物局结合文物博物馆工作实际，陆续举办了包括博物馆藏品定级以及馆藏书画、纺织品、古代家具、青铜器、石质文物等保护修复专业技术培训班，利用高等院校和科研院所教学条件，通过在职培训、学历教育、师承制传授等多种途径，培养保护修复人才，造就大批具有创新意识和能力的高素质科技人才，建立起完善的馆藏文物保护人才培养模式。并通过开展馆藏文物保护修复领域重大课题的共同研究，一批专业技术人员业务水平得到迅速提高，成为各个博物馆机构的业务骨干，逐渐形成馆藏文物保护修复人才队伍的基本力量。

就我国当下的博物馆事业来说，不仅要注重人才的引进、培养和锻炼，更重要的是改变人才的观念，加大在人力资源方面的投入，克服体制、编制、人才使用机制等方面的局限，提高人才的使用效率，包括提高人才的待遇。博物馆的特殊性决定，博物馆不仅需要独具特色的专家学者，例如文物鉴定专家、文物修复专家、文物保护技术专家等。还需要博物馆专业技术人员整体上有较高的水平，即优化的群体结构，这包括专业技术人员队伍的年龄结构、学历结构、职务结构、专业结构等。

我国博物馆界专业人员偏少，特别是缺少知名专家，缺少重要学科带头人。博物馆工作者如何通过博物馆的文物藏品，利用有效的手段，使不同时代的历史得以呈现和揭示，使不同地域的文化得以交流与融合，使不同民族的遗存得以认知与探索，这些将是博物馆最值得深入研究的内容。管理理念的落后，人才队伍的匮乏，必定制约博物馆事业的发展。因此，在专业结构上，要从博物馆知识覆盖面广的特点出发，聘用多学科的专业人员。作为一名现代博物馆科学技术人员，应当努力成为本专业的专家，要具有创新的意识，要跟上时代的步伐，努力调整自己的知识结构。

随着研究领域的扩展与深入，博物馆的科学研究方法不断扩展与更新，需要将不同知识背景和专业背景的研究人员整合到博物馆的科学研究平台上，通过博物馆与科学研究机构、保护管理机构制定战略合作协议等方式，打破原来各自学科的分隔壁垒，在人才培养、学术活动、项目实施、国际交流等各方面积极开展合作。博物馆拥有丰富的科学研究资源，需要博物馆人员研究，也需要社会人士参与研究。由于一般博物馆缺乏研究人才，因此在学术研究方面应坚持开放性原则，动员社会力量，特别是科研机构、高等院校参加和支持与博物馆有关的学术研究工作，借助专家的力量来提高研究水平。博物馆要开放研究空间，吸引更多的社会人士参与科学研究，才能提高整体科学研究水平，实现多出研究成果，多出学术人才。

博物馆应成为科学研究和知识普及的重要平台。不仅要建设一支理论研究队伍，有效整合理论资源，还要创造良好的学术氛围。例如南京博物院重视营造浓厚的学术氛围，着力培育专业素质好、知识水平高的研究队伍，全院员工每年平均在各类期刊发表论文200余篇，在国内外学术研讨会进行学术演讲近50人次。博物馆丰富的文物藏品和文化遗址，需要一代甚至数代人不懈的潜心研究。所以发挥专业人才科研优势，加强科技保护，把分散、残缺的文物信息尽可能还原成连贯的历史文化链条，挖掘文物藏品所蕴含的深层内涵和价值，进而就相关古代文化、艺术、科技等重大专题展开研究，解开历史的谜团，传承优秀基因，达到古为今用的目的，让社会公众更多地了解博物馆，让博物馆更加充满活力。

深入浅出的研究成果和普及教育，攸关博物馆的影响力和吸引力，一方面，高等院校在建筑、艺术、教育、传播以及资讯管理、财务管理、商业管理等学科课程中普遍开设博物馆学概论，有益于学生未来接触博物馆与文化遗产专业知识。另一方面，从青少年时期开始培养对博物馆的参与习惯，这是普及教育的基础。同时应重视中小学教师的博物馆知识教育。在中小学校的基本教育与社区亲子教育中加入博物馆的学习课程，也是大众终身学习教育的基础。

国际博物馆协会的博物馆专业人才训练委员会（ICTOP）成立于 1968 年，20 世纪 70 年代之后，在国际博物馆协会提出博物馆专业培训课程纲领之后，各国的高等院校相继成立博物馆学研究所并推出各种专门与专修课程，目前，该委员会提出一系列博物馆专业发展课程指南，致力于专业人才培育，针对今天的博物馆发展与未来的变革，将研究与提供培训课程的结构与内容纲要作为建议。具体目标包括：增进不同国家在博物馆领域的相互了解，传播各国发展成果，介绍各国博物馆政策和成功做法，让更多的人认识博物馆与文化遗产问题。通过向学员传播博物馆发达国家的文物保护技术和博物馆管理经验，促进和加强发展中国家博物馆事业的发展。

苏东海先生认为博物馆的科学研究可以区分为三类：一是学术性研究。这是一种严格科学意义上的具有科学探索价值的研究。这种学术性研究存在于博物馆专业学科的研究、博物馆学的研究以及文物藏品研究之中，学术研究的成果最终通过公认的论著发表等途径传达给社会公众。二是普及性研究。博物馆的许多业务研究属于学术成果的运用而不是学术研究本身，即是一种普及性研究，普及性研究也是一种创造性研究，具有很高的社会价值。三是服务性研究。这里指的是科学研究服务的某些研究工作，例如编制文物藏品检索系统，编写出版文物藏品目录，以及提供学术研究动态资料等。

我国的博物馆事业处于一个前所未有的繁荣发展时期，作为研究博物馆发展基本规律和方法的独立学科，一方面博物馆学研究应该与时俱进，为博物馆事业的繁荣发展提供智力支持；另一方面无论博物馆事业在适应社会需求中如何变化，其以收藏、展示、研究物质文化为主要对象的性质不会有根本的改变。因此新观念、新思想、新方法、新手段等只是以往研究、探索的深化。今天，博物馆必须保持较高的科学水准和较好的科学形象，才能在文化领域中保持应有的文化地位。因此，科学研究是博物馆发展的后劲，而研究内容包括藏品、展览、管理以及博物馆学的各个方面。

博物馆科学研究是以服务社会、传播知识和教育观众为己任的一项公益性工作，博物馆发展需要科学研究功能提供重要的支撑作用。在科学研究功能的基础上，可以增进人们对博物馆及其藏品的认识深度和兴趣，持续地发挥博物馆的综合功能。因此，要自觉地把博物馆作为真正意义上的研究对象，提倡科学思想、科学精神、科学理念、科学方法、科学态度，努力使之成为一门有理论表述与体系框架的学科。随着社会环境的演变，博物馆为了应对新的社会需求，励精图治，踏实践行，积极以公众需求为导向，在文化传承的基础上，探索科学技术支撑，以面向现代社会发展；强化学术研究攻关，以突出文化纵深认知；重视公众文化教育，以拓展社会横向联合。

博物馆的文物藏品来源大致分为两大类，一类是考古挖掘工作结束后经过整理移交的出土文物，一类是社会上的收藏并经过征集入藏的传世文物，当然也还包括捐赠等其他渠道和方式进入馆藏，但是主要是前两类。不论是出土文物，还是传世文物，进入博物馆之后，都有一个继续深入研究的任务，这是因为人们对事物的认识都有一个从感性到理性不断深入和完善的过程。随着社会的发展和各学科之间的相互渗透、相互影响的关系不断加深，必然会促进各学科原有基础上的研究进一步深入，进行新的探讨与反思，以达到研究的不断深化和认识的逐渐正确。

博物馆管理的每一件文物藏品，都必须经过科学鉴定，在肯定其历史的、科学的或艺术的价值之后，才能作为博物馆的正式收藏品，鉴定工作既是挖掘文物自身价值的过程，又是通过研究加深理性认识的过程。因此，只有通过科学研究，才能辨其真伪，确定其价值，进而为文物藏品的保护与收藏提供科学的依据。同时，由于科学研究信息分享和文物安全保护的需要，必须建立和健全文物档案，科学研究还为文物档案的建置提供了准确的资料。

加强博物馆藏品研究，是博物馆事业发展的重要保证，也是博物馆学发展的重要基础。我国博物馆的文物藏品异常丰富，应充分利用博物馆藏品的优势，开展以文物藏品研究为核心的博物馆学研究，发展和构建独具特色的博物馆学体系。不仅历史类博物馆应该加强文物藏品研究，任何类别的博物馆都有各自的文物藏品研究任务，均应结合各自博物馆实际，对不同时代、不同地域、不同材质、不同器类、不同制作工艺的文物藏品特征进行深入透彻的研究，以文物藏品价值的研究、保护、传播利用为核心，重新认识文物藏品在博物馆学研究中的重要地位。

现代博物馆学要求在研究文物藏品的过程中，不仅要关注文物藏品本身，还要把文物藏品放在人类知识所能了解的已逝年代文化背景下，去观察、探讨、诠释文物藏品赖以产生和存在的环境状态，解读它所承载的历史文明信息，进而认识社会历史的真实及其沧桑变迁，从而揭示人类社会发展的客观规律。博物馆藏品作为一种可移动文化遗产，通常由物质形态和文化意义两部分构成。所谓文物藏品研究，其本质是将文物藏品中蕴藏的文化意义揭示出来。这些文化意义，就是陈列展览应该向观众传播的有效信息，也是观众在博物馆希望通过学习获得的各种知识。

目前，从我国博物馆陈列展览的总体状况看，普遍缺乏针对文物藏品的系统而且目标意义指向明确的深度分析研究，缺乏必要的学术支撑，这是影响陈列展览质量的重要原因。为此，加强博物馆对相关主题及文物藏品的研究，应该是目前博物馆界的重要任务[①]。博物馆的文物藏品研究，应从社会联系和历史变化的角度，探讨一系列文物藏品之间流转变化的逻辑与原因，掌握其流变的轨迹，以了解自然、社会及人类观念的变迁。同时，通过加强对文物藏品背后非物质因素的研究，使观众得以透过文物藏品的物质性，了解文物藏品制造者和使用者的精神世界。

丰富的文物藏品是任何一座博物馆得以生存、发展的基础与前提。文物藏品研究是保护管理工作职能的一个重要方面，对文物藏品进行研究的广度和深度，体现了专业工

① 严建强：《信息定位型展览：提升中国博物馆品质的契机》，载《东南文化》，2011（2），7 页。

作者的业务素质与研究造诣。随着研究的深入以及科学技术所提供的技术手段愈多，对文物藏品价值深层次的认识也会愈来愈多，通过检测可以分析出文物藏品的材料来源、产地、制作工艺以及文物藏品的化学成分、物质结构、绝对年代等数据，分析的结果是文物藏品鉴定和养护技术的可靠依据，促进文物藏品的科学研究，并为人们提供认识和评价文物藏品价值更加科学的凭证。

博物馆专业人员对文物藏品的征集、鉴定、归档、保管以及展示等，均需要科学研究成果的支撑。因此，长期以来所说博物馆具有研究功能，一般是指对于文物藏品的研究，即通过揭示文物藏品的文化内涵，以更好地为陈列展览服务，为社会公众服务。不可否认，文物藏品为科学研究提供实物基础，是博物馆科学研究的重要课题。今天应该下大力气，自觉地以当代的眼光阐释文物藏品的历史意义与当代意义，在注重研究文物藏品内涵的同时，增加文物藏品与当代社会生活的关系研究，要在文物藏品的文化内涵与博物馆观众的文化需求之间建立联系，通过深入研究，使文物藏品在现代生活中发挥不可替代的作用。

通常说博物馆具有三大功能，即收藏、研究、展览。如果说文物收藏功能是基础，

加拿大魁北克文物预防性保护中心（2013年4月7日）

陈列展览功能是功用，那么科学研究工作就是解析文物藏品信息、指导陈列展览的承上启下的重要环节。英国自然博物馆馆长 M. 迪克森（M. Dixon）认为，“传统上，大多数公众认为博物馆是一个教育和休闲娱乐的地方，却没认识到博物馆背后的科学支撑”。实际上，博物馆质量提升与博物馆的学科建设、博物馆的科学研究密不可分。博物馆的科学研究内容十分丰富，既有围绕文物藏品为中心的器物研究、考古研究，又有围绕陈列展览为中心的研究，更有围绕人为中心的研究。

博物馆根据规模和性质设置技术工作区，社会科学类的博物馆设有文物保护科学实验室、文物修复室、文物复制工场等，自然科学类的博物馆设有标本制作室、化石修理室、模型制作室，还要有适当的科研经费，先进的分析检测仪器、修复技术设备和有高素质专业技术的人才等客观条件。博物馆藏品的概念不断扩大，文物藏品的价值和作用也在不断提高，不只限于作为博物馆业务研究的物质基础，也要向公众展示更多信息，博物馆是开放的公共文化机构，应该积极创造条件，利用文物藏品体现其社会职能，这也是文物保护管理和科学研究的目的。

今天，信息技术的发展，使人们对科学和技术状况的了解变得比以往任何时候都更加容易。但是，当一些博物馆纷纷借鉴或仿效各种游乐手段，努力向休闲娱乐场所转型之际，英国的博物馆则将博物馆的视野延伸到科学领域，致力于揭开博物馆幕后的秘密，建立公开的交流平台，公示收藏和研究这一博物馆的核心功能，实现内部实验室向公众开放，让公众了解支撑博物馆展览教育活动的科学内容，鼓励更多公众参与内部的科研过程，并通过专家讲解、标本制作、三维特效互动式电影播放等方法，让人们更容易理解接受，体验发现奥秘的快乐，以此扭转博物馆作为娱乐场所的形象，并将公众理解科学深化为公众理解收藏，公众理解研究，公众理解未来[①]。

新形势下衡量博物馆发展的标志不仅是文物藏品不断地增加和良好地保存，更重要的是如何提高文物藏品利用率，充分有效地利用以满足公众和社会的需要，也是探索博物馆发展新型的运作模式。浙江省博物馆于 2010 年 12 月举办了中国古琴国际学术研讨会，同时举办了馆藏唐代雷琴演奏会。来自海内外的琴学专家以及古琴藏品丰富的博物

① 章迪思、梁建刚：《自然博物馆：重建中的若干可能》，载《解放日报》，2009-11-30（5）。

馆代表参加了此次活动。在博物馆古琴作为文物研究和保护的对象，重视其历史文化的价值，但是古琴往往失去了作为乐器的本身属性和主要功能，其生命似乎在进入博物馆时就被宣告“死亡”。博物馆对于馆藏古琴的研究，也偏重于器形、题刻、断代、鉴赏等，而古琴的音色，则不在研究和保护的范围之内。同时，在多数情况下，对于馆藏古琴不主动进行修复，不上弦，也不做技术修复处理，以保持入馆原貌为原则。

浙江省博物馆认为需要重新唤醒古琴作为乐器的本身功能，应使古琴在博物馆里继续为社会民众发挥更多的价值。因此，演奏会的推出引起各方的关注，专家学者对于博物馆能够深入发掘古琴的历史、文化、艺术价值，开创馆藏古琴作为乐器演奏的先河，尝试改变馆藏古琴“只见其形，不闻其音”的状态，探索馆藏古琴“活化收藏”途径，唤醒沉睡多年的馆藏古琴，弹奏出古香古色的唐宋清音，无不表示赞赏。加拿大博物馆学家威特林说：“任何机构如果根本不利用物品，或者没有把藏品用作主要的信息传达工具，不论其性质如何，都不是博物馆。”[①]事实上，古琴在安装上琴弦以后，就能保持力学上的平衡，就不至于散架。因此，对于馆藏古琴的保护，需要更多地赋予它生命活力[②]。

中国人民抗日战争纪念馆研究部提出“研究部也是服务部”的口号，强调研究工作要为博物馆各项工作提供学术服务，要为社会大众提供学术咨询服务。鉴于陈列展览要“见人、见物、见事、见精神”，在实现“见人、见物”的基础上，通过研究人员对陈列展览的细节开展深入细致的研究，挖掘抗日战争文物背后的故事、抗日战争照片背后的故事、抗日战争人物背后的故事，实现“见事、见精神”，给观众留下清晰、深刻的印象。该馆努力建设“抗日战争史料征集和研究中心”，汇集和挖掘散落在全国各地图书馆、档案馆、民间收藏家手中的资料以及港澳台和海外的抗日战争资料，还从英国、美国、俄罗斯、日本等国家和中国香港、澳门、台湾地区收集相关史料，形成有一定规模的抗日战争资料中心。抗日战争史料征集和研究中心建成后，逐步向社会开放，为社会研究提供平台和服务[③]。

科学研究是博物馆服务社会公众的重要组成部分，也是博物馆文化传播的基础，例

① 苏东海：《什么是博物馆——与业内人员谈博物馆》，载《中国博物馆馆刊》，2011（1），140 页。
② 陈亚萍：《博物馆古琴活化收藏与保护》，载《中国文物报》，2010-12-29（5）。
③ 罗存康：《纪念馆研究工作与服务社会大众》，载《中国纪念馆》，2011（1），81 页。

如一项陈列展览的学术水平与思想深度，与该博物馆科学研究的质量息息相关。但是，目前博物馆普遍缺少对于陈列展览的细节研究。蔡元培先生曾经提出“拿我们的观察，拿介绍的态度”的观点，这一论述实际上就是指博物馆科学研究的内容和所持的态度。博物馆各项业务活动的基础是科学研究，但是它的主要内容是对于文物藏品和宣传教育的研究，研究成果要体现在陈列展览上，“陈列展览就是一篇不是用文字写成的研究论文”①。同时，博物馆的科学研究不仅包括临时展览研究、固定陈列研究、展览主题选择、展览策划探讨等方面的研究，而且包括博物馆的安全防范、开放服务、馆舍管理等方面的研究，可以说博物馆研究是极为宽泛的概念，研究对象丰富多彩、千变万化，各个博物馆依据自身特点，选择研究对象，侧重点又有所不同。

任何一门学科的发展都有赖于其他相关学科的相互渗透、借助和补充。“学科分类的精细化是社会分工日益精细和人类活动社会化程度不断趋强的反映，是科学的进步；但是，如果不适当地在学科设置和研究工作中构筑壁垒、设置鸿沟，就会妨碍学术的发展”②。博物馆的科学研究具有很强的综合性，需要与社会科学和自然科学中的许多学科之间建立密切联系。因此，博物馆学的研究方法，也必然呈现多元化和综合性，必须引入其他相关学科的理论和方法，从不同的学科角度对博物馆诸多问题进行立体的、综合的考察研究，这样才能实现对博物馆诸多问题较为全面的、本质的认识。

博物馆的研究应当加强与社会各界的联系，积极为社会科学研究提供有效的资料和素材，为社会科学研究提供客观的历史见证物。博物馆还应积极开展博物馆学有关的专业学科的研究工作，使博物馆的各项业务活动，都在科学研究的基础上进行。专业学科的研究，应从本馆的性质和任务出发，以文物藏品为基础结合文献资料进行，研究成果主要体现在陈列展览、研究论文和学术专著等方面。博物馆的活动及展示要以适当的研究成果来有效呈现，研究的主题要符合博物馆发展的核心策略，并具有开放性。

一座博物馆要成为研究型博物馆，需要在更广阔的视野上，对博物馆的各项工作进行全方位的研究。例如博物馆与考古学、考古遗址的关系；博物馆与文化遗产和自然遗产的关系；博物馆与工业遗产、农业遗产、当代遗产的关系；博物馆与物质遗产和非物

① 宋伯胤：《博物馆：学校以外的教育机构——蔡元培的博物馆观》，载《东南文化》，2010（6），6页。
② 江蓝生：《追求融通与交叉的学术境界》，载《人民日报》，2009-08-07（7）。

质遗产的关系；博物馆与社会文物、民间收藏的关系；博物馆与数字信息化、网络化、新媒体传播的关系；博物馆与旅游业的关系等。社会的发展，公众的需求，是一个动态的过程。全方位融入现实社会的博物馆，还应密切关注正在发生的、与博物馆有关的社会热点问题，及时地将它们纳入研究范围，作为研究的对象。

研究型博物馆是博物馆可持续发展的不竭动力。博物馆学是一门研究和指导博物馆事业发展的学科。作为一门逐渐形成的新学科，博物馆学符合“优势突出、特色鲜明、新兴交叉、社会急需”的学科设置原则，具有明显的跨学科性、综合性和交叉性特征，并且这些特征贯穿于博物馆学研究的过程之中。今天，“博物馆的学术研究有越来越狭小化的倾向。相对于研究所或者大学，博物馆的研究视野相对狭小、研究层次相对较低”[①]。这种“狭小化”的学术视野必然影响博物馆科学研究的广度、深度和质量。因此，博物馆科学研究必须拥有跨学科的思维，采取跨学科的研究路径，运用跨学科的研究方法，才能取得跨学科的研究成果。

国际博物馆协会致力于培养博物馆专业人才，主要培训对象包括来自发展中国家的以下人员：从事文化遗产和博物馆保护和利用的管理工作者；从事博物馆业务工作的中级以上专业人员；不同类型博物馆的馆长和专业技术人员；生态博物馆、民族村寨博物馆所在社区的管理者和居民代表；从事文化遗产旅游项目的研发人员和市场推广人员；高等院校遗产科学、博物馆学等专业的假期研修生或课题研究人员。通过为期 10 年的项目合作，达到提高受众国家和地区的博物馆和文化遗产管理的专业化水平，促进文化遗产和博物馆理论研究，推动发展中国家博物馆和其他遗产管理机构对文化遗产加以有效保护和可持续利用的目的。

随着我国综合国力的不断提高，博物馆领域对外合作交流日益增多，在提高博物馆的国际化、现代化水平方面发挥了独特作用。同时，我国博物馆学的发展在国际上仍显滞后，这主要反映在我国博物馆学领域缺少新的思想和新的理论，在学术领域缺少国际领先的研究成果，博物馆学的发展滞后于博物馆的发展。进入 21 世纪以来，博物馆的内外部环境发生了巨大变化，如何适应这种变革，为博物馆的发展探索可持续发展之路，

---

① 郭长虹：《社会发展与博物馆社会服务观念的变革》，见《博物馆观察——博物馆展示宣传与社会服务工作调查研究》，132 页，北京，学苑出版社，2005。

已经引起广泛的国际关注。我国博物馆的快速发展，赢得了国际博物馆界的高度赞誉，国际博物馆协会等国际专业组织对与中国开展合作表现出浓厚的兴趣。

多年来中国博物馆协会与国际博物馆协会合作的深度和广度不断拓展，我国计划发起组建国际博物馆协会培训中心（ICMS）。2010 年 5 月，“5・18 国际博物馆日”期间，笔者在广州会见了国际博物馆协会总干事安弗伦斯（J.Anfruns），向国际博物馆协会提出在我国建立一个国际博物馆协会培训中心的建议，并就双方合作的基本原则提出了想法，希望此项合作能作为 2010 年 11 月在上海举办的国际博物馆协会第 22 届全体会议的一项重要成果。鉴于中国、亚洲太平洋地区及世界上其他地区博物馆的快速增长，考虑到所有博物馆学科领域日益增长的能力建设及恰当的研究与发展的需要，以及国际博物馆协会亚洲太平洋地区组织提出的全世界范围内的广泛参与式接触的相关建议，安弗伦斯总干事对在我国建立国际博物馆协会培训中心的提议给予了积极的回应。

根据国际博物馆协会亚洲太平洋地区组织、国际博物馆协会中国国家委员会的提议，作为 2010 年国际博物馆协会大会及全体会议的成果之一，2010 年 11 月 12 日，国际博物馆协会第 22 届全体会议原则通过《关于建立国际博物馆协会国际博物馆培训中心的决议》，即在中国建立国际博物馆协会国际博物馆培训中心。2012 年 7 月国际博物馆协会 M.H. 辛兹（M.H.Hinz）主席访问北京，就在故宫博物院建立国际博物馆协会培训中心相关事宜达成共识。2012 年 9 月，国际博物馆协会中国国家委员会秘书处向巴黎国际博物馆协会总部提交了《关于合作建立国际博协培训中心协商会议的报告》。

2013 年 1 月，中国博物馆协会与故宫博物院签署国际博物馆协会国际博物馆培训中心委托合作框架协议。故宫博物院作为实际运行机构，为培训中心的运转管理和项目实施提供必要的人力资源。国际博物馆培训中心的目标是：研究并集合世界不同地区关于博物馆发展研究的学术动态；促进不同文化及区域博物馆情境中参与社区文化事务的模式；基于区域及国际合作促成能力建设项目，在推进博物馆现代化及专业化的过程中发挥作用；促使所有国际博物馆协会会员，特别是来自低经济指标国家的会员能够参与所有项目活动。

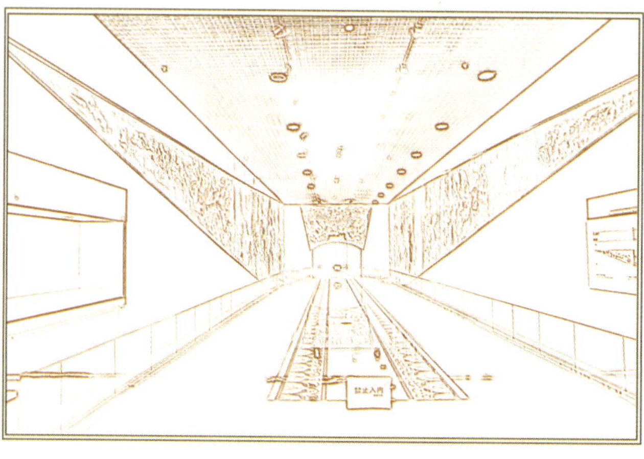
禁止入内

第六章 博物馆陈列展览内涵的提升

陈列展览是博物馆的中心工作，是文物藏品保护与研究成果的体现，是实现博物馆文化价值和核心功能的基本方式，也是博物馆直接服务民众的重要手段。陈列展览包括设计与制作、展览与开放、交流与服务等方面，体现出一座博物馆的管理与服务水平。博物馆的陈列展览应提倡精品意识，适时进行调整，增加文化内涵和科技含量，力争达到历史性与时代性、思想性与观赏性、科学性与艺术性、学术性与趣味性、知识性与通俗性的完美结合。

6.1 尊重陈列展览的特殊规律

陈列展览能够全面反映一座博物馆的文物藏品数量和保存环境质量、展厅设施条件和展览设计水平、学术研究成果和综合管理措施、社会服务意识和文化传播能力等。博物馆通过文物藏品的组合陈列展示，传播历史、艺术、科学知识，履行社会教育和服务职能。由于博物馆以独特的方式传播知识和信息，使博物馆能够以鲜活的形象存在于社会公众的现实生活之中，从而凸现出博物馆相对于其他公共文化教育机构的优势。

浙江余杭良渚博物院展览陈列（2009年6月11日）

四川成都市金沙遗址（2009年8月14日）

内蒙古元上都博物馆（2011年7月26日）

四川雅安博物馆（2011年8月20日）

6.1.1 实现陈列展览的丰富性

1956 年，国家文物局在山东省开展博物馆陈列展览试点，山东省博物馆作为综合性博物馆，陈列展览主要包括自然部分、通史陈列、专题陈列。这一试点成功后，全国博物馆系统学习山东的经验，学习的重点主要是通史陈列的模式，展示内容涵盖“从猿变成人”的过程，社会进程则直至中华人民共和国成立。当时，全国博物馆的陈列展览普遍存在过于强调形式，而忽视文化内涵的问题，也给此后“千馆一面”的陈列展览模式埋下了伏笔。长期以来，众多博物馆的基本陈列展览通常采用编年组织结构、线性陈列线路的展示体系，但是，这种展示体系对于展厅规模较大、文物展品较多的博物馆而言，容易造成观众疲劳，也不利于突出陈列展览的主题。

这一时期，众多市、县级博物馆的陈列展览，基本呈现两种模式，一种模式是由考古发掘出土文物，加上部分传世文物组成的文物展览；另一种模式是按照历史教科书结构安排的地方通史陈列。一方面，这些陈列展览内容传统，文物展品说明过于专业，大量采用普通观众不认识的生僻字，而缺少适当的科普意识，缺乏相关的信息服务，影响观众的参观体验效果。另一方面，这些陈列展览往往不是以观众需求为主要出发点，没有突出社会教育的实效性，陈列展览的手段单调、面貌陈旧、内容枯燥，不少博物馆的基本陈列展览多年不变，更新时间达 7 至 8 年，甚至更长，因而失去对社会公众的吸引力。

1996 年上海博物馆新馆落成开放，青铜器展厅等专题陈列展览水平大幅度提高，给人们耳目一新的感觉，成为具有国际水准的博物馆陈列展览范例。近年来，随着一批设施先进的博物馆陆续建成开放，陈列展览有了更加广阔的空间。随着博物馆免费开放的实施，走进博物馆的观众日渐增多，陈列展览的重要性更加突出。目前，每年全国博物馆举办的各类陈列展览 1 万个左右，博物馆陈列展览的影响日益广泛，社会功能的发挥日益显著。同时，博物馆陈列展览的主题内容、表现形式、科技含量和艺术感染力都有较大提高，涌现出一大批引起社会广泛关注和反响的陈列展览精品。

2002 年 12 月上海博物馆、故宫博物院、辽宁省博物馆联合举办的“晋唐宋元书画国宝展”在上海博物馆展出，引发前所未有的文化轰动。“看一次书画展要排 5 个小时的长队，奢侈了吗？不值得吗？ 5 个小时排队，何尝不是 5 个小时情绪酝酿；5 个小时等待，何尝不是 5 个小时心境净化。”《解放日报》记者写道，“一座崇尚精品文化的现代化国际大都市，这样的长队是必须的、优美的，是最动人的城市风景线。”2007 年湖南省博物馆、国家博物馆合作举办的“国家宝藏”大展，同样观者如潮，取得了显著的社会效益和良好的经济效益，也成为轰动一时的城市文化事件。

博物馆的文物藏品是人类历史自然发展的实物遗存，向人们展示历史文化和社会文明，传达人类社会的变迁信息。陈列展览是博物馆面向社会的主要传播媒介，是面向公众传播文化信息的独特语言，即在一定空间内，以文物藏品为基础，配以适当的辅助展品，按照一定的主题序列，采取适当的艺术形式，进行直观教育和信息传播。其中“展”，就是指博物馆应将文物藏品提供出来展示；其中“览”，就是指博物馆应将社会公众吸引过来参观。长期以来，博物馆专业人员，针对不同年代、不同质地的文物藏品进行科学研究、学术鉴定、整理修复、分类保存，揭示文物藏品丰富内涵和历史科学艺术价值，成功举办各类陈列展览。

但是，现实中博物馆的陈列展览往往不尽如人意，存在一些普遍性的问题，例如一些博物馆的陈列展览主题提炼不足，平铺直叙，内容枯燥，缺乏创意；一些博物馆的陈列展览信息繁杂，结构混乱，缺乏逻辑，不易为观众所接受；一些博物馆的陈列展览注重外在装饰华丽，忽视展示内容的思想性、科学性和知识性。事实上，博物馆能够提供什么陈列展览，什么陈列展览能够吸引更多的观众，需要博物馆付出更大的努力。只有综合藏品研究和社会调查的成果，博物馆才能推出具有吸引力的陈列展览。今天，博物馆应该是文化教育中心，而不应该仅仅是文物收藏中心，同时，应该成为让人们流连忘返的地方。

在法国，多项调查表明，在不常来博物馆参观的人群中，由于“门票价格因素”仅占4%至10%，而“没有自己想看的东西”和“博物馆令人感到厌倦”则分别占到了41%和21%。罗浮宫艺术博物馆的调查结果表明，观众不常来博物馆参观的原因中，价格因素仅排在第五位，前四位的分别是“住得太远”“不懂欣赏”“工作太忙”和“馆内观众过多”。陈列展览是博物馆的核心文化产品，是博物馆与社会沟通的渠道，是联系观众的纽带。事实证明，如果缺乏主题鲜明、内容丰富、形式新颖、精心制作的陈列展览，博物馆将难以得到社会公众的支持。因此，陈列展览不仅是博物馆发展的应有内容，而且其重要性应该更加强化。

目前，一些国家级的博物馆在拓展博物馆的工作领域和发展空间上做出表率。展览项目包括世界文明、边疆文明、考古发现等为主题的展览系列，选题的视野扩大到世界范围，选题的角度也逐渐由综述型、精品型向专题型、纵深型发展。策划出融古汇今、兼具中西的优秀展览，向公众传播各种不同的文明和文化，不仅荟萃中华民族的悠久历史和文化艺术，记录中华民族百年复兴之路，而且还展现世界文明成果。让观众看到中国与西方截然不同的文化形态，通过对比深入了解中华文明的特点。

我国边疆地区文化底蕴浓厚，历史内涵广泛，遗存遗迹丰富。但是由于地处偏远，文物藏品分散，内地民众难以直观了解边疆少数民族的悠久文化。自 2000 年起，国家博物馆推出了边疆地区古代少数民族文化系列展览，例如敦煌、西藏、内蒙古、新疆、云南等地的古代文化展，受到了社会的欢迎，特别是“敦煌艺术展”和“契丹王朝展”，参观热情较为高涨。高峰时段，购票队伍达百余米，峰值 8000 余人。为满足多元群体的社会需要，2004 年，国家博物馆又举办了“古埃及国宝展”“日本文物精品展”“古罗马文明展”“古代希腊：人与神”和“古刚果艺术展”，这些陈列展览使社会民众足不出国就能领略传统的异国文化风情，吸引了众多百姓的观赏。

博物馆应在深入研究文物内涵的基础上，积极探索观众的接受能力、欣赏习惯，从便于观众理解、接受和欣赏的角度，将专业性、学术性和知识性、趣味性、观赏性有机结合起来，使不同文化层次的观众都能各得其所。英国广播公司（BBC）曾指出，国外博物馆能把二流藏品形成一流展示，中国的博物馆是一流藏品三流展示①。虽然这一说法并不为博物馆人士所接受，但是，我国博物馆发展状况与所拥有的文化遗产资源不相适应。这种不相适应既体现在陈列展览的数量上，更体现在陈列展览的质量上。

经过近年来的努力，我国省级以上博物馆以及部分地市县级博物馆的展示服务水平有了显著的提升。2005 年底，国家文物局和财政部先后在广东、江苏、山东、河南等 10 省的 21 个县级博物馆启动了“全国县级博物馆展示服务水平提升项目试点”，并在此基础上编制了《全国县级博物馆展示服务提升“十一五”规划》，通过国家财政和地方财政的配套支持，从基础设施条件、经费投入、管理观念等方面入手，力争实现 200 座左右县级博物馆在陈列展览水平、服务设施水平等方面获得普遍的改善和提高，在社会服务和文化传播方面的整体水平获得显著提升，从而大大拓展博物馆服务广大民众的能力和领域。

每一座博物馆都有自己的收藏目标和办馆宗旨，具有独立的文化特质。博物馆中的文物藏品是人类文明发展成果的实物证明，每一件都独具特色，所有这些构成了博物馆

① 陆建松、厉樱姿：《我国博物馆展示教育和开放服务现状、问题和对策思考》，载《东南文化》，2011（1），9 页。

的独特优势，越是处于瞬息万变的社会里，博物馆的陈列展览越应该坚持自己的文化特质。“时至今日，博物馆应使得那些经典和优雅的藏品免于沉寂，博物馆应该转变为各种不同且杰出的思想汇集的殿堂”[①]。宋向光教授指出：“博物馆陈列的核心特性在于意义沟通。”博物馆应体现人文关怀，陈列展览设计应站在观众角度上，努力作用于人们的情感世界。“博物馆陈列是能动的，不同的陈列方案可以传达不同的思想情感，进而可以影响公众的认知行为、知识结构、情感指向和价值判断”[②]。

现今社会，人们欣喜于城市环境迅速提升，同时又担忧文化记忆的丧失。保护文化遗产就是保留城市的灵魂。普通民众生活是城市发展最直接的印证，不同时期生活状态和物品遗存组成了城市记忆，而城市记忆又演绎着民族文化的传承。例如上海世界博览会园区中有一个展馆叫作“掘出来的梦”，展品是 377 件上海市过去年代遗留保存下来的日常生活用品：竹躺椅、樟木箱、“三五牌”座钟、“永久牌”自行车、9 寸黑白电视机、call 机、大哥大，甚至还有马桶。这个展馆人们看了会感到亲切怀旧，会感慨岁月的流逝、生活的巨变，会感悟昨天、今天和明天的关系，会提示人们如何去看待历史[③]。在一次文物展览的通信部分，展示出一对夫妻 30 年前的 150 封书信，这些书信在他们看来是过去生活的美好追忆，但是在展览中与电报、电话、互联网的发展陈列在一起，就直观地反映了社会通信的飞速发展，特别是让现在的中小学生真切感受了 30 年来通信手段的不断变化。

近年来，珠江三角洲社会经济迅速发展，房地产建设、旅游开发对文物环境保护带来巨大的压力和冲击，孙中山故居周边环境也不断发生质的转变。孙中山故居纪念馆意识到失去了周边的耕地，将意味着纪念馆品质的严重下降，由此引发出保护环境的创新思维，并付诸实践。为了对孙中山故居周边环境进行有效抢救和保护，设立了“翠亨农业展示区”，开创博物馆“种田”之先例。展示区是紧邻纪念馆的一块耕地，面积约 60 亩（约 4 万平方米），其中 2 亩（约 1333 平方米）多地是孙中山先生和他的父辈曾耕耘过的田地，从中可以感受到清末孙中山先生在家乡活动时期翠亨村的旧貌。

翠亨农业展示区根据不同的季节时令，种植不同的农作物，例如各种菜、豆、薯、瓜、

① 程乾宁：《“非线性”的逻辑》，载《东南文化》，2009 年增刊，38 页。
② 付建中：《构建博物馆与公众社会的互动》，载《中国文物报》，2010-08-04（4）。
③ 费钦生：《博物馆与世博会》，载《中国文物报》，2010-07-28（5）。

茄，以及香蕉、木瓜、杧果、荔枝、龙眼等果树，四季瓜果满园。同时，在鱼塘基种桑，桑叶养蚕，蚕粪喂鱼，鱼粪肥塘，塘泥肥桑，循环过程的每一环节均有产出，使桑、鱼、蚕三者互为促进。展示区内还饲养了鸡、鸭、鹅、鸽、猫、兔、猪等禽畜，在这里可以观察禽畜的活动，了解它们的生活习性，并感受珠江三角洲乡村的氛围。展示区内有“水稻传统耕作展览”，展示水稻耕作的全过程，并展示200多种当地水稻耕作农具，例如犁、耙、锄、铲和秧盆、水车、打禾桶、风柜以及加工粮食的各种工具等。除农业展示外，还设置了观众实践区域，让观众体验过去的劳动生活。

孙中山故居纪念馆通过“种田”，扩大了保护和管理的资源，丰富了生存和发展的空间，充实了陈列和展示的范围，突破了一般名人故居、纪念性博物馆传统的旧居复原加辅助陈列的二元模式，改变了展品—展柜—展墙的传统形式，在近10万平方米的范围内，形成了以孙中山故居复原陈列、孙中山生平史迹陈列、孙中山亲属与后裔陈列、翠亨民居展示区、翠亨农业展示区等，以“孙中山及其成长的社会环境”为主题，多位一体、独具特色，兼具历史纪念性和民俗性，立体的、多元化的陈列展示体系。特别是通过农业展示区域，使青少年一代了解农村、了解农民、了解孙中山出生成长的社会历史环境，并实现了博物馆与观众的良性互动。实践证明，观众对这一区域的兴趣、热情与感受，并不亚于纪念馆新建的数字化、智能化、自动化装备的现代化展馆。

博物馆是一个非强制性的教育机构，个人的兴趣和愿望对于是否进入博物馆至关重要。无论博物馆馆舍多么豪华，文物藏品资源多么丰富，“如果不能激发观众的兴趣，不能挽留观众的脚步和视线，那么一切都将变得没有意义”[①]。只有观众对陈列展览发生兴趣，才可能停下脚步仔细观察，面对文物展品认真思考。博物馆陈列应该以培养审美情趣、陶冶人文情怀为己任。宜人的色彩、柔和的光线、雅致的造型、与展品格调水乳交融的场景，加之展品本身散发出来的艺术气息，共同构成高品位的文化场所。观众置身其中，能够经历一种别有情趣的审美体验。

一个好的博物馆不仅是参观的场所，而更应与观众充分交流，为文化的繁荣做出贡献，它就像一盏明灯，能够照亮人们的内心。位于纽卡斯尔的发现博物馆历史并不长，文物

① 严建强：《从展示评估出发：专家判断与观众判断的双重实现》，载《中国博物馆》，2008（2），71页。

藏品也不算丰富，作为地区的博物馆，能展出的只是反映城市发展的一些生活物品或工业产品。在陈列展厅中有些墙面留给了观众，观众可以在上面留下想说的话，留下他们的童年经历甚至是梦想等，非常温馨。而在一些供观众休息的角落，提供一些老市民的采访录音，戴上耳机便可以听他们讲述这个城市的历史。整座博物馆的展览似乎是为每个人所准备的，让人产生一种非常亲切的归属感。

6.1.2 实现陈列展览的实效性

博物馆的陈列展览功能一般由基本陈列和临时展览等组成，它们具有各自不同的功能和特点。基本陈列是一座博物馆功能定位的集中体现，具有广泛和持久的影响力，因此一座博物馆的文物藏品特色和个性，往往通过基本陈列得到体现，在保障民众文化权益和服务于国民教育方面发挥着不可替代的重要作用。而临时展览是一座博物馆是否具有活力的标志，是满足社会公众不同需求，适时回应社会需要的保证。在博物馆事业发达国家，除了基本陈列、常设陈列外，一般博物馆每年都要举办十几个甚至几十个临时展览，以满足观众的不同需求。

在我国，除了基本陈列展览外，一般博物馆每年平均只举办 4 或 5 个展览，大部分中小博物馆举办的临时展览更少，甚至几乎不举办临时展览，同时基本陈列展览的面孔也长期不变。一些博物馆的基本陈列，热衷于珍贵文物的集中展示，而不注重陈列展览主题的提炼与深化，疏于探究文物展品信息的内在联系和传播意义，忽视观众的文化需求和实际效果。一些博物馆的临时展览，不注重联系社会生活实际，对广大民众普遍关心的热点问题缺少呼应和反映。事实上，“紧跟历史步伐，把握时代脉搏，博物馆就不能不关心、不贴近、不反映社会生活中热点问题，焦点问题”[①]。

博物馆展览是文化、知识、信息、审美和思想的传播媒体，又是博物馆履行教育功能的主要形式和手段。博物馆不能忽视社会公众的需求和愿望，应不断推出能丰富民众文化生活的陈列展览，通过宣传使社会公众了解这些陈列展览的信息，并产生兴趣。近年来，首都博物馆不仅仅停留在对古代文物的重视上，开始记录北京城市发展进程，在

① 马自树：《关于博物馆社会服务问题》，载《中国博物馆》，2006（2），42 页。

北京工业遗产调查、北京声音调查与展示、北京地区非物质文化遗产保护与展示等方面，发挥着一座城市博物馆应有的作用。由此进一步丰富了陈列展览手法和形式，以现代时尚元素诠释神秘而悠远的古代文明，令人产生耳目一新的感觉。

要使更多的观众走进博物馆，实现博物馆服务社会的最大价值，就必须提供具有吸引力的精品陈列展览，并且要不断更新展览内容，使陈列展览更加贴近民众现实生活，让更多不同生活背景的观众能够接受陈列展览、喜欢陈列展览。要发挥省级以上大型博物馆和国家一级博物馆的龙头作用，整合现有文物藏品、陈列展览、技术力量、人才资源等，加强馆际交流与协作，设立陈列展览专项经费，支持各地博物馆特别是中小型博物馆的陈列展览和服务水平提升，推动博物馆资源共享，发挥群体优势和整体效益，提高陈列展览的更新频率，通过多样化的博物馆活动，吸引观众经常走进博物馆。

博物馆陈列展览应该以最易于接受和理解的形象化手法，启迪不同年龄、不同文化修养、不同职业的人们的思维，激发他们的探索精神和创造灵感。美国纽约自然历史博物馆重视馆藏文物的教育实效性。自 1978 年美国阿尔文号载人潜艇在东太平洋中脊发现

福建中国闽台缘博物馆（2007年3月30日）

海底黑烟囱后，该项研究成为当时全球海洋地质调查最重要的科学成就。为了取得更加详细的资料，进行更加深入的研究，该馆于 1997 年和 1998 年成立了两个远洋科考队，对海底黑烟囱进行全面研究，同时采集了 4 个重达几吨的海底黑烟囱，于 1999 年对外展出了 3 个海底黑烟囱，并配合海底拍摄的声像影视片全面展示出深海环境。该展览及时满足了社会公众对海底黑烟囱的了解需求，教育传播效果明显[①]。

多项研究报告指出，一些结合社会热点话题或突发事件的临时展览，往往比固定陈列更具吸引力。这种现象符合公众的求知心理，人们总是会对新的事物更具好奇心，更希望亲临其境探求真相，而时间会让这种心理慢慢减弱。因此，博物馆要有效发挥功能、承担社会责任，必须在注重本馆藏品性质和特色的基础上，发挥博物馆的社会化职能，适应和满足社会需求和环境需要，提高博物馆教育的实效性。近年来，营口博物馆每举办一个临时展览，都对宣传进行精心筹划，做好展前铺垫、展中介绍和展后跟踪，并根据展览的内容和观众群体，选择适宜的宣传媒介。

每一座博物馆均应深入发掘文物展品的文化内涵，将其置于社会文化生态之中、历史背景环境之中。由于基本陈列更新周期较长，博物馆增强吸引力的一个主要手段是加强馆际交流，引进临时展览。博物馆之间也可以通力合作，调集各馆的文物藏品共同举办具有社会影响力的专题展览。例如美国的一些现代艺术博物馆收藏有某一画家不同时期的代表画作，它们经常联手将该画家分散于不同博物馆的藏品，通过合作展览的方式组织起来集中展示，并在这些博物馆间轮流展览，使观众对这一画家的作品和艺术风格有深入全面的了解[②]。

博物馆陈列展览的内容就是人类生活本身，是人类自身的文化创造。博物馆陈列展览中的每一件文物展品都与人类生活息息相关，因此，无论是反映物质生活还是精神世界的文物展品，都是人类历史的见证。苏东海先生曾回顾新中国成立初期我国博物馆在陈列展览方面的反复变化，“我们 1959 年建新馆、建基本陈列时，虽然一度强调‘文物说话’，但很快又强调反对‘文物挂帅’，接着又强调‘一条红线’。所谓‘一条红线’，无非是思想挂帅。我们在 1959 年至 1961 年的基本陈列探索中，从强调‘文物说话’到

---

① 续颜：《21 世纪博物馆藏品与社会责任》，见《21 世纪博物馆核心价值与社会责任》，49 页，北京，科学出版社，2010。

② 邓健：《论博物馆如何通过陈列展览吸引观众》，载《东南文化》，2010（1），100 页。

反对‘文物挂帅’又到‘思想挂帅’，经历了这个反复，不是更博物馆化了，而是更教科书化了”[①]。

如今，博物馆通过在社会生活中的角色，树立博物馆的文化形象，从而产生深远的文化影响力，对一个国家、民族起到重要的作用。这是博物馆所要承担的责任，也是更具难度也更为艰辛的事业。首都博物馆推出的《中国记忆——5000 年文明瑰宝展》正值 2008 年奥运会这一重大国际盛事举办期间。展览汇集了全国各博物馆所保藏的各个历史时期最重要、最具代表性的文物，使中外参观者看到了一生中难得一见的中国瑰宝。中华文化的精彩瞬间凝结于一件件文物本体，通过展览沉淀到人们的记忆深处。外国观众通过展览可以领略到中华文明的悠久灿烂，国内观众通过展览可以认识本国文化的内在价值，增强民族文化的认同感和自信心。

博物馆作用于社会和服务于民众主要通过陈列展览活动来实现。近年来，一些博物馆在举办临时展览方面，突出特色，形成系列。例如秦始皇兵马俑博物馆举办“秦文化系列”“帝王及帝王陵墓文化系列”“重大发现及重要中外文化交流系列”等主题临时展览；上海博物馆举办“古代人类文明系列展”“边远省份和文物大省文物精品展”等系列临时展览。为迎接 2008 年奥运会，全国博物馆系统协作举办了“奇迹天工——中国古代发明创造文物展”“世界瑰宝——中华人民共和国外交礼品展”“中国记忆——中国古代文明瑰宝展”“长江文明展”等。

众多博物馆的展览大多以历史文物、艺术品为主，所展示的实物年代跨度大，或为文物重器，或为名家之作，距离人们的实际生活相距甚远，因此人们往往靠解读文字了解展品的来龙去脉，想象当时的历史面貌。但是，文物展品与观众之间缺少足够的交流，因此观众往往仅会用一种崇敬而好奇的眼光看待这些稀世之宝[②]。湖南省博物馆深知以社会需求为导向，才能发挥最大的活力，因此在管理和运营中，根据社会和观众的需求设置各种展览，举办各种活动，即从对文物藏品本身的重视，转向对观众的重视，提出不但要让观众满意，并且要让观众愉悦，将服务观众摆在首位。通过分析、了解观众的需求，进行社会分析，确定目标观众。所举办的每一个临时展览都会针对不同的目标人群，

① 苏东海：《什么是博物馆——与业内人员谈博物馆》，载《中国博物馆馆刊》，2011（1），140 页。
② 黄琛：《漫谈博物馆宣教服务体系建设》，载《中国文化报》，2008-07-04（6）。

制定详细的宣传方案，充分利用媒体的力量，取得了很好的成效。

由于博物馆的临时展览小型多样，经常更换，文物展品选择余地较大，因此成为博物馆基本陈列之外十分重要的业务活动。但是，一些博物馆往往认为临时展览展期较短，而不重视展览质量。但是对于观众来说，并没有固定陈列和临时展览之分，对他们而言，博物馆的每一个陈列展览都代表着博物馆的专业水平，代表着博物馆的社会形象，具有同等重要的意义。因此，博物馆应该从观众的角度出发，强化临时展览的精品意识，做好每一个临时展览。2007 年，浙江省博物馆从意大利引进“庞贝默认——源自火山喷发的故事”大型考古文物展，在 87 天的展期内，有近 21 万观众冒着酷暑排队争相观看展览；同时，配合展览推出了“庞贝城的最后一天”专家讲座，组织了“庞贝记忆——2007 青少年暑期走进庞贝有奖系列活动”，以及浓情小说博客大赛等与观众紧密互动的系列活动，使该展览成为具有一定影响力的城市文化事件[①]。

浙江中国财税博物馆开馆（2004年11月8日）

① 陈浩：《浙江省博物馆免费开放启示录》，载《中国文物报》，2008-03-28（6）。

今天，对于一些大型博物馆，临时展览的“大手笔”“大制作”“高投入”屡见不鲜。但是，精品展览不一定只有通过大制作与高投入才可以实现，同样可以出现在小规模与低成本的陈列展览中，而且应该成为当前博物馆临时展览的主流。这种精品展览体现在陈列内容的选择，严谨精心的制作，体现科普化和大众化特点。与固定陈列展览相比，临时展览的内容更加丰富多彩，形式更加灵活多样，也更加具有时效性的优势，为博物馆的社会教育提供了更为广阔的平台。四川汶川大地震后，建川博物馆在较短的时间内，创建了地震博物馆，用于记录 2008 年 5 月 12 日至 6 月 12 日的地震灾区实况，对社会公众免费开放后，每天接待 7000 多观众。陈列展示大量来自地震中遇难者的遗物，参观者无不动容，博物馆墙上贴满观众留言，其震撼效果为此前任何文字宣传效果所不能及。

由于某些原因，目前许多博物馆只注重于体现人类历史的展览，而忽视甚至排斥体现现代文明的展览，这就从一定程度上限制了博物馆功能的发挥[①]。在新中国成立 60 年大庆之际，首都博物馆推出“城市记忆——百姓之家”专题展览，以北京城市生活为背景，展现 60 年来社会生活的变化。“城市记忆——百姓之家”是反映普通民众生活的展览，以艺术的角度和手法来提炼、升华生活中的平实，让相似的经历来勾起深藏在心底的记忆。这些看似平淡无奇，伴随百姓生活几年、十几年、甚至几十年的老物件，存留着美好而难忘的生活记忆，真正让观众感受到家的温暖与变化。“城市记忆——百姓之家”带给社会公众的启示还在于，通过博物馆保护文化记忆，而留住精神家园的行动从珍惜、收藏这些老物件开始[②]。

“城市记忆——百姓之家”专题展览的“我家叙说”部分，以 60—70 年代、80—90 年代、当代三个阶段为背景，恢复不同时段的生活场景，以“家”的变化来叙说城市生活方式的不断改善。“家”里的每一房间陈设都是人们曾经熟悉的，那木桌长凳所在的地方曾经既是餐厅又是书房；洗衣盆里还留着未洗完的衣物；纸筐内装着补过袜子的针线和纳过鞋子的工具；写字台上红白两键的台灯又伴随过多少人考大学的梦想。“岁月留痕”部分，用近百件生活用品，讲述不同时代北京人家庭生活环境的改善和提高。这些为人们熟悉的小人书、和面盆、台灯、录音机、收音机、黑白电视机等，让观众在引

① 莫意达：《打造城市之心 走向大千世界》，载《中国文物报》，2010-08-25（7）。
② 穆红丽：《让城市不要失去记忆》，载《中国文物报》，2009-09-23（12）。

起共鸣的同时，也同样重构起自己过去的生活片段。

深圳博物馆是我国首个以改革开放历史作为核心内容的博物馆，在全面反映深圳的古代、近代、当代历史及民俗风情的同时，重点展示深圳改革开放的历史、特区建设的成就与国际大都市的风貌。展览用大量的实物和图片证明，这一成就主要靠数百万深圳移民共同努力取得。20 世纪 80 年代中期以后，深圳重点发展外向型经济，数百万打工者从四面八方来到深圳特区，用他们的肩膀扛起了深圳建设的半边天，展览展出了他们的学习和生活用品，各种书籍、家信、日记、工资条、皮箱、板凳，每一件展品都记录着打工者经历的真情实感和五彩生活，更传达出他们在艰苦的劳动环境中对美好生活的追求，这些珍贵的实物无不见证数百万打工者对深圳建设做出的贡献。这个展览展出后，引起了很大的轰动，许多当年的建设者携家带口前来参观，展览不仅给了他们温馨的回忆，也增加了他们作为城市主人翁的自豪感[①]。

成功经验表明，对于市县博物馆来说，只有紧紧抓住地域特色，体现地域文化个性，强化博物馆展览地域文化特色的理念，才是当前陈列展览发展的正确思路。地域文化特色集中反映一个地区文化与自然遗产的特质，也是当地自古至今人文精神的集中反映，蕴含深刻文化意义，带有浓厚个性色彩，是一个地区区别于其他地区的显著标志。地域文化特色是当地独有的文化资源，博物馆的陈列展览唯有把握地域文化特色，发挥自身文化特点，才能使博物馆在文物藏品数量和质量方面优势突出，变得强大而有意义，在共性之中呈现出鲜明的个性，从历史和社会文化的角度，丰富和深化陈列展览的内涵，方能在众多博物馆中脱颖而出。

博物馆在陈列展览的创意、设计、制作等方面，应不断引进新的理念，做保护生态环境的绿色使者，自觉走向低碳生活。例如位于慕尼黑的布兰德霍斯特博物馆，选择了极少主义的内部展示空间，所有展厅的材料都采用白墙和橡木地板，为馆内的艺术品展示提供了最纯粹的背景，灯具在自然采光系统引入展厅后被完全隐匿，甚至连空调系统的出风口也被减弱为墙根地板处的一排细长格栅孔，远看似有若无，墙面的各类插座及开关被全部抹去，只留下一片纯净的白色，凸现出那些悬挂于墙面或摆放于地上的艺术作品魅力。

---

① 姜蕾：《创建数百万移民共同的精神家园》，载《中国文化报》，2010-06-30（7）。

6.1.3 实现陈列展览的专业性

博物馆展览工程是一项面向大众的知识、信息和文化传播工程，是一项思想性、科学性和艺术性很强的艺术工程。实践证明，成功的陈列展览共同特点是设计严谨、构思独特、材料适用、造价合理、施工精细。虽然，博物馆最主要的教育形式是陈列展览，但是陈列展览的重要性在一些博物馆往往受到轻视或忽视，甚至成为一些博物馆发展的薄弱环节，存在着“重博物馆前期资金投入，轻博物馆后期管理服务”“重陈列展览形式设计，轻陈列展览内容更新”“重高新科技手段点缀，轻本馆主体文物展陈”“重陈列展示策划制作，轻社会公众广泛参与”等倾向。一些博物馆在陈列展览的设计施工中，一味求新求洋，结果是高成本、低质量。

确立一个陈列展览项目并非易事。陈列展览的策划、创意、设计有着必备的条件要求，以往博物馆的陈列展览设计只注重三个主要环节，即陈列大纲、陈列内容设计和陈列形式设计。目前，国际上一些大型博物馆，在上述三个主要环节之前，再加上一个策展环节，也就是陈列展览的前期策划，策展的深入开展可以使后续环节更为顺畅。策展研究报告是陈列展览的可行性研究，包括研究常设展览和临时展览的内在联系，选题整体规划和独立项目之间衔接，主题确立的社会意义和预期效果，叙事线索的纵向延伸和横向展开，以及重点文物展品的描述、展厅气氛营造的设想、周边环境状况的掌控和社会宣传活动的展开等。

策展研究报告和陈列展览大纲同等重要。策展研究报告的内容主要有拟定博物馆陈列展览的基本构思，包括展示结构、展示内容、展示形式、展示特色、展示品质五个方面的内容。拟定博物馆陈列展览基本构思的同时，还要做观众群体的调查研究，包括面向社区群体、学校群体、专业群体、旅游群体以及特殊群体，了解不同社会群体对博物馆陈列展览的需求，以及对博物馆陈列展览的运行成本和管理进行评估[①]。陈列展览大纲内容包括展览主题、结构框架、基本内容及其主要展品等。博物馆展览水准的高低，一个重要因素是策展研究报告和陈列展览大纲，没有高质量的策展研究报告和陈列展览大纲，就不可能创造出高水准的博物馆展览，而忽视两者的作用，是制约我国博物馆展览

① 李让：《浙江自然博物馆新馆——当前博物馆建设的一种模式》，见《博物馆观察——博物馆展示宣传与社会服务工作调查研究》，60 页，北京，学苑出版社，2005。

水平提高的一个瓶颈。

在创作陈列展览内容设计文本之前，首先要构思它的结构组成。不同的展览有着不同的选题，同一选题的展览也可以有不同的角度和立意。针对不同的目标观众可以采用不同的表现手法。因此，每一个展览的内容设计都应该是独一无二的，没有固定的模式可以套用，必须在深入研究的基础上确定主题和立意，按照一定的逻辑主线有针对性地搭建框架、安排节奏、组织展品。将陈列的内容和创作意图融合在陈列展览内容设计文本之中，才能创作出符合陈列展览主题和传播目的的陈列展览内容设计脚本，才能准确地将信息传递给以后的各个环节，以至整个工作团队，用于指导展览各个环节的工作，最终将展示内容和情感有效地传递给目标观众。

邓健先生认为，要做好博物馆的展览，必须做好以下各个方面的工作。一是组织专门的班子，收集、整理和研究与展览主题、内容有关的学术资料，便于展览建立在客观、真实的学术研究基础之上；二是展品、辅助展品等形象资料的收集和整理；三是做好展览内容文本策划设计；四是做好展览空间规划与设计；五是做好展览形式构思与设计；六是做好展览的制作与布展；七是保障展览的筹建资金；八是尊重展览工程合理的时间进度，留有充裕的时间来完成展览工程，避免因筹建时间严重不足而存在各种各样的问题；九是按照展览工程的规律进行科学规范的运作。

只有真正做好上述九个方面的工作，才能把陈列展览做好做精，确保陈列展览内容的思想性、科学性和知识性、趣味性，陈列展览形态的艺术性，制作工艺和布展的严肃性，展览造价的合理性和展览技术的安全性[①]。陆建松教授则根据博物馆陈列展览工程的一般规律，提出十大支撑条件，以提升未来博物馆陈列展览的水平和质量。包括展览相关学术资料准备；展品形象资料收集和整理；科学规范的工程运作；展览内容文本策划设计；展览形式创意设计；展示空间规划与设计；展览设计、制作与布展控制；展览筹划资金的保障；展览工程的时间保障；选准人选好队伍[②]。

博物馆展览体系的探索是一个大量收集资料、多方考察研究的过程。制定合理的博物馆展览体系，首先要明确博物馆定位，博物馆定位决定博物馆展览体系的走向，而科学、

① 邓健：《论博物馆如何通过陈列展览吸引观众》，载《东南文化》，2009 年增刊，100 页。
② 陆建松：《做好博物馆展览的十大支撑条件》，见《国家一级博物馆馆长培训班通讯》，2009，4 页。

严谨的博物馆展览体系的构建，必须经过全方位多角度的思考。首先要深入分析博物馆自身的文物藏品资源状况，同时还要对科学研究水平、专业人才结构、地域环境特点等进行深入广泛的分析。例如上海博物馆是艺术类型的展览体系，各展览之间既相互独立，又有相互补充。从历史文物精品展示的角度展现我国古代辉煌的成就，并同时举办世界各地艺术精品展，展示人类文明的发展进程。

博物馆应积极探寻各自的展览体系，没有合理规范化的展览体系，博物馆的陈列展览特色必然难以体现。体现时代精神、树立精品意识是博物馆今后发展的必由之路。所谓的“精品陈列”是指一个完整成熟、主题鲜明、特色突出、形式新颖，并且思想性、科学性、艺术性达到一定高度水平的陈列展览。专家认为，一个受欢迎的陈列展览，一是要选题恰当，立意鲜明；二是要定位准确，设计合理；三是要制作精细，力求新意；四是要强化服务，注重效益。精品陈列既不是纯粹的“明星文物”罗列铺陈，也不是传统的教科书形式。而是能够给社会公众讲述一个耐人寻味、令人思索、使人流连的完整故事，给专业人士展示一个有所启迪、有所借鉴、有所收获的文化空间。

一座博物馆的陈列展览成功与否，不仅体现在所获得的观众数量上和宣传报道数据上，更为重要的是通过开展一系列服务和教育活动，把对历史的思考深度、对美的追求方向传递给社会公众，满足其日益增长的文化需求。公众参观陈列展览，是为了寻找一种文化体验，寻求一种身临其境的感受。因此，营造陈列展览的特有氛围至关重要。高质量的陈列展览远远不是简单的形式和技术问题，而是牵涉到博物馆的各个环节，包括文物藏品的保管质量、研究深度、讲解水平、服务能力及合理有效的组织管理等。

“陈列设计是一种创造”，博物馆陈列展览强调内容与形式的统一，主题鲜明的陈列展览内容设计，要靠新颖的形式设计和精致的展览制作传递给观众。不论是历史展览、艺术展览、人物展览，还是科技史展览、自然史展览，都是一项集思想、学术、文化、知识和审美于一体的大众传播载体。陈列展览设计必须对内容文本及其学术资料、文物标本进行深入研究，通过对展览主题和陈列内容以及特定展示空间研究的基础上，对文物展品和材料进行取舍、补充、加工和组合，运用形象思维，鲜明、准确地表达展览主题思想。

随着我国博物馆事业的快速发展和博物馆陈列展览工程的社会化，陈列展览的设计施工市场规模不断扩大。目前，博物馆陈列展览的内容设计一般由博物馆自身完成，而形式设计及制作布置普遍借助社会力量，往往通过政府采购招标确定承担单位。但是，由于在博物馆陈列展览工程管理方面缺乏从业基本条件，缺乏行业标准和技术规范，缺乏设计施工管理制度，导致陈列展览设计施工市场较为混乱，严重影响博物馆陈列展览工程的质量。很多博物馆的陈列展览由普通装潢装修公司承担，设计施工单位对于陈列展览工程的特殊性缺乏认识，经常混同于普通建筑装饰工程，难以达到令人满意的效果。更有一些设计施工单位由于对博物馆藏品的价值缺乏了解，漠视文物展品的安全，违反基本的操作规范，甚至在陈列展览施工过程中或竣工后，因质量问题发生文物展品损毁事件。

博物馆陈列展览的设计不同于其他展览设计，有着特殊的规律和独特的语言，要突出文物展品而不是突出装饰装潢。任何一个优秀的陈列展览都应该是内容和形式的完美统一。判断一个陈列展览设计方案的优劣，主要是看它是不是全面、准确、生动地反映了陈列展览的思想性。如果偏离了陈列展览内容，即使形式再新奇，感官冲击力再强，也不可能取得预期效果。然而，传统陈列展览设计模式，往往是内容设计人员主要负责编写陈列大纲，形式设计则由陈列展览公司的设计人员进行，但是陈列展览公司的设计人员由于受到文化知识结构等因素的制约，在短时间内对陈列展览内容难以正确把握和深刻理解，陈列展览设计就很难实现内容与形式的统一，也就难以达到预期的效果。

为了解决这一问题，必须将内容设计与形式设计紧密配合，双方人员积极互动。一方面，负责形式设计的人员必须在内容设计人员的指导下，吃透陈列展览大纲，掌握陈列展览主题，努力使陈列展览的创意和手段能够全面准确地反映陈列展览内容；另一方面，陈列展览的重点不能由负责形式设计的人员随心所欲地确定，而应该由负责形式设计的人员和负责内容设计的人员，以及其他方面的专家集体进行研究、讨论、评审，根据陈列展览的主题和文物展品的历史、科学、艺术价值，最终予以确定。因此，负责内容设计的人员必须参加形式设计方案的论证，明确每个展示重点必须表现的思想内容，就如何使陈列展览更加突出主题提出修改意见。

陆建松教授详细分析了博物馆展览工程与普通建筑装饰工程的异同。两者之间在性质和目标方面、在工程内容和工作规律方面、在艺术和技术含量方面、在工程量中艺术创作比重方面，均存在很大差异。普通建筑装饰工程主要是环境美化和装饰，而博物馆展览工程是以学术研究资料和文化标本为基础，展示设备和技术为平台，辅助艺术形式为突破，高度综合的、专业性和前沿性极强的工作。因此，博物馆展览工程是一项基于博物馆学、传播学和教育学的设计和创作活动，有着自己独特的工作语言和工作规律，是一项兼具学术性、知识性和科学性的艺术创作活动。

同时，陈列展览工程不仅仅是文物展品的合理摆放，而且需要善于处理文物的安全环境。与普通建筑装饰工程不同，博物馆展览工程不是市场上可以购买到的普通用品，而是为实现陈列展览的艺术效果，专门进行形式设计和研究制作的专门用品，往往是独特的或唯一的。一般普通建筑装饰工程中大部分是基础装饰工程，主要是展示空间的吊顶工程、地面工程、墙体基础装饰工程以及展览的基础电器工程，而艺术创作内容较少。但是，博物馆展览工程的绝大部分工程量是艺术工程，包括各种艺术辅助展项和科技装置及其软件的研发[①]。

以前，我国在博物馆展览工程管理方面的规范和标准严重缺位，由此给博物馆展览工程管理造成混乱，严重影响了博物馆展览工程的秩序和质量。为了改变这一无序状态，尤其是为了保障博物馆展览工程的质量，制定博物馆展览工程管理规范和标准，通过这些管理规范和标准，切实加强博物馆展览工程的行业规范管理，使博物馆行政主管部门、展览筹办单位、设计施工单位等均有章可循和有法可依。

因此，必须尊重博物馆展览工程的特殊性和内在规律，对博物馆展览工程采取不同于普通建筑装饰工程的管理，包括博物馆展览设计和制作机构资质管理、展览工程的委托方式、展览工程的质量控制、展览工程的验收标准、展览工程的造价审核等。在博物馆展览工程的委托上，不能以普通建筑装饰资质作为入围的必要条件，将博物馆展览工程委托给普通建筑装饰公司，而应该委托给具有博物馆展览工程实际设计和施工能力的

① 陆建松、郑奕：《博物馆展览工程与普通建筑装饰工程有何不同》，载《中国文物报》，2009-11-25（4）。

机构。否则，将严重影响博物馆展览工程的质量，甚至造成博物馆展览工程的失败，埋下文物展品的安全隐患。

今天是否选择低碳生活方式，将决定人类在未来的发展。作为承担生态文明和可持续发展教育责任的博物馆，如何更好地承担起向社会公众宣传低碳生活理念、传播低碳生活方式，推行低碳生活的社会责任，是一个新的课题。例如采用声光电等技术、设备时，应适应陈列展示要求，避免带来噪声和环境污染。展具的面料应尽可能使用绿色、优质、环保的木、石、棉、麻等天然材质，以更好地体现历史、沧桑、自然、永恒的文物陈列展览内涵，尽可能减少异味、辐射等有害物质的排放，既有利于文物展品保护，又有利于观众及展厅工作人员的身体健康。

6.2 坚守陈列展览的正确导向

博物馆的陈列展览是在一定空间内，以学术研究资料和文物标本为基础，以展示空间、设备和技术为平台，按照一定的主题、序列和艺术形式进行组合，实现面向大众进行知识、信息和文化传播，具有高度综合性、专业性和前瞻性的工作。当前博物馆的陈列展览理念，需要更加注重通过文物展品之间的相互联系，构成明确的思想主题，以解读文化为线索、空间规划为载体、形式语言为手段、艺术表现为辅助，深入揭示历史的演变规律，关注人类发展的前瞻问题。

6.2.1 实现陈列展览的思想性

今天，博物馆不能仅满足于举办多少陈列展览，更重要的是陈列展览的质量如何。质量才是决定陈列展览价值高低的尺度，才是赢得社会效益的关键。博物馆应该具有精品意识。博物馆推出的陈列展览应该成为精品之作，才能与博物馆的性质相一致，与博物馆的文化品位相符合。那些缺少思想内涵、设计制作粗糙的陈列展览，对于社会公众的文化生活没有吸引力。要持续推出精品陈列展览，需要有熟悉文物藏品的专家团队，能够不断从文物藏品的文化内涵中提炼出好的陈列展览主题，深入研究采取何种设计手段使文物展品恰到好处地表现陈列展览的主题，根据陈列展览的内容设计，精心挑选文物藏品，然后通过好的形式设计将文物藏品组织成内涵丰富的精品陈列展览。

由此可见，如同科学研究项目一样，优秀的陈列展览是精心研究的结果。那些“原始质朴的石器陶片，精致典雅的商周铜器，凝重生动的秦砖汉瓦，色彩艳丽的漆木瓷器，流畅沉着的碑刻书画以及优美新奇的纹饰图案，精巧别致的器物造型等，足以让人们心动，让人们目不暇接，让人们幽思不息”[①]。人们面对令人荡气回肠的历史画卷，面对跨越历史长河保留至今的文物珍品，情感得到净化，心灵得到陶冶，精神得到升华，进一步认识到人生的意义和价值，从而树立社会责任感，情操更加高尚，人格更加完美，努力开创更加美好的未来。

宋向光先生认为，如今陈列展览的内容设计工作面临新的挑战，“怎样在中华民族历史背景下表达当地社会历史文化特色，能否在历史发展的因果链条中凸显本地社会人文的亮点，如何将如地火潜藏般的地域历史发展脉络与当地建设辉煌成就有机结合，如何协调严肃的学术题材与轻松的休闲需求，如何统筹线性的内容线索与交织的多元信息。在信息化和学习型社会的背景下，在文化产品成为市场新宠的环境下，博物馆陈列内容的选择和设计是否仍要坚守学术的严谨，是否仍要坚持对民众的教化，对这些问题的思考，并不是要求我们在历史与现实之间做出选择，也不是要评判正误，而是要正视它们对陈列的影响。将这些新的思考包容到博物馆陈列中来，并在应对挑战的努力中创造博物馆陈列表达的新方式”[②]。

陈列展览的思想主题内容与陈列艺术形式之间的关系，一直是人们关注和探讨的一个热点话题。不同历史时期存在着“重内容、轻陈列”或“重陈列、轻内容”的不同倾向，而目前“重陈列、轻内容”的倾向比较突出。实际上，思想主题内容是博物馆陈列展览的灵魂，陈列艺术形式必须服从于陈列展览所要展示的思想主题内容。文物陈列展览是一项科学性很强的系统工程，包括展览策划、内容设计、形式设计、展厅安排、展览制作、展品布置等多项内容。其中内容设计是陈列展览的灵魂和核心，包括遴选文物、提炼主题、拟定展名、撰写文案等各个环节。更为重要的是，要将思想主题贯彻始终。

① 李让、李文昌：《博物馆的记忆与想象》，北京，学苑出版社，2005。
② 宋向光：《在陈列的瓶颈期》，载《中国文物报》，2009-12-02（6）。

博物馆的陈列展览并非简单意义上文物的叠加与组合，而是一个复杂的艺术创造的过程。利用工业遗产建筑筹建的明孝陵博物馆，基本陈列颇具特色，以朱元璋与明孝陵为主线，内容上分为天、地、人三个元素。即朱元璋由平民成为皇帝或者说“天子”，这是从“人”到“天”的过程；而由皇帝到“驾崩”，葬入孝陵，则是从“天”到“地”的过程。陈列展览抓住这一人、天、地的变化主题，通过展示空间中高度的抬升和下降，得到了很好的展示效果。展示空间从平面到登基场景，形成高度的抬升，随后展示空间转入下沉，通向模拟地宫，形成高度下降。好的陈列展览是观众到博物馆的理由，观众能用心、动情参观才是好的陈列展览。

好的陈列展览应集思想知识内涵、文化学术概念和现代审美标准于一体，既反映真实生活，又生动可读感人。作为博物馆工作的核心内容，博物馆通过对文物藏品的组合陈列展示，传播知识，履行社会教育和服务职能。每一个展览都不应该是简单的文物展品排列与组合，而应该为观众营造良好的欣赏展品的氛围。陈列展览中的所有元素之间应相互作用，形成整体，将孤立的文物还原到当时历史的文化体系之中，让观众充分理解其独特的价值，在一定范围内产生预期的效果，拉近观众与文物展品之间的距离。

大英博物馆于 2003 年完成了第一展厅的改造，以“启蒙运动”展览对公众开放。展示空间和陈列展览内容经过精心改造和设计，保留了最为传统的 19 世纪博物馆的状态。陈列展览沿用了以前大英图书馆的老展柜，尽管这些没有内部照明的老式展柜展示效果并不理想，但是文物展品却连同展柜一起讲述着历史，观众能够从中感受到启蒙运动的意义。展厅内文物展品仿佛没有严格进行分类，只有笼统、简单的文物展品说明。恰恰可以和其后的 100 多个展厅形成反差，“代表着现代文明的起点”。陈列展览设计者精心构建这样一个“启蒙运动”时期的语境，就是希望启发观众自己寻找历史线索，自己组织知识结构，按照自己的方式理解文物展品，从而带给观众深刻的参观体验。虽然有人认为大英博物馆的陈列展览方式原始，但是它在提示人们空间环境对于观众理解陈列展览和文物展品的重要性。

博物馆举办展览应注重关注社会，关注现实，关注民生，关注“人文精神、艺术哲学、科技美学”等要素的结合与体现，着重研究个性化、差异化、感知化、人本化的设计理念。陈列展览工程虽然包含普通装饰内容，例如展示空间的吊顶工程、地面工程、墙体基础装饰装潢工程以及陈列展览中使用的基础电器工程，但是从总体上来讲，陈列展览工程应该是一项兼具学术性和科学性的艺术工程。费钦生先生认为，“我们面临着大、中、小的陈展空间，高、中、低的陈展经费，面临不同内容、不同性质的展览，都要倾心去设计，不是只有场景，只有声、光、电才是好的设计，而是要认真做好陈展空间的整体，每个细节的设计要为主题服务，并且做到人文关怀”①。

因此，必须坚持博物馆陈列展览的工作目标，遵循陈列展览的工作规律和业务规范，实现学术成果与实物展品的有机结合、知识内容与视觉表达的融会贯通、社会教育与自主学习的协调配合、文化传播与大众休闲的相得益彰。“一个优秀的博物馆，不在于馆的大小及豪华程度，关键在于是否有思想。一个没有思想，只有文物陈列的博物馆，实际与文物仓库或文物商店并没有什么区别。没有思想的博物馆，等于没有灵魂，只是城市点缀风景的花瓶，具有观赏性，但缺乏启迪社会的作用”②。

博物馆的未来正在朝着集历史教育、艺术欣赏、公众参与、文化传播和娱乐休闲一体化的方向发展。博物馆陈列展览的特点主要通过思想主题、题材结构、表现视角等内容方面的特点，以及信息呈现方式、视觉表达手段、传播媒介类型、艺术表现风格等传播方面特点反映出来。当代博物馆陈列呼唤多样化。社会公众对博物馆陈列的需求趋向多元，希望看到更多不同题材、不同视觉表达方式，给人们以创新启迪和审美愉悦的陈列展览。各类博物馆也希望通过陈列展览突出本馆特色，陈列内容的多样化呈现，有助于使文物藏品以更加深刻的内涵呈现在观众面前，有助于观众在比较中获取更多的文化信息，在比较中深入思考。

当代博物馆陈列展览应该鼓励创新，鼓励创建具有鲜明特色的陈列风格。正如加拿大康宁玻璃艺术博物馆馆长所说：“我的使命就是让人们对玻璃感到兴奋。”这句话直观地解释了有趣的博物馆对于观众的影响③。陈列展览形式的多样化表达，可以更加有效地激发观众参观兴趣，改变观众过去在博物馆的视觉疲劳感，实现愉快的参观体验，使

① 费钦生：《博物馆与世博会》，载《中国文物报》，2010-07-28（5）。
② 张浩：《博物馆不应是花瓶》，载《北京日报》，2010-08-08（8）。
③ 冯好：《浅谈博物馆的公共形象》，载《沈阳故宫博物院院刊》，2008（6），27 页。

观众多维度地接触展品信息，在愉悦的参观体验中丰富知识、技能和学习能力。使观众在博物馆里不仅能以愉悦的心情学习知识，还能得到身心的放松和文化的享受。

突出功能是现代主义的准则，主张“形式服从功能”“功能就是形式”。在博物馆陈列设计方面，现代主义认为只要能完美地表达展示功能的设计形式，就是好的陈列展览设计，人们就会理解接受，以此作为评价陈列展览设计是否最佳的重要标准。但是形式仅仅表现单纯的功能，不是设计真正的全部内涵。上海博物馆绘画馆的窗格、竹子、假山石，它们的真正用途与绘画作品的内涵本无多少关系，而是为营造一种展厅氛围，传达一种江南地域文化、审美情趣，使观众产生美感和对美的追求、向往，这种文化气息浓郁的氛围是一种有趣联想，一反过去单调疲乏的功能性的设计[①]。

因此，在陈列展览设计时既要符合基本功能的构成规律，又要克服现代主义对功能理解的局限性。也可以说，既要否定现代主义片面反对传统和装饰的做法，又要反对忽视甚至损害使用功能的矫揉造作。以展板上的装饰布为例，除了要阻燃、吸音、结实以外，在设计时还要考虑美观，创造出富有视觉感染力的陈列效果。展柜放置文物安全是最基本的功能，但是在设计时还要注意款式的美观，与陈列展览内容、展厅整体效果相协调。所以，陈列展览设计是包括了人的生理、心理、物质、精神等诸多方面因素的综合性设计，其中有意义的氛围营造，不仅反映陈列展览内容和观众审美需要的真实感受，而且折射出设计功能的丰富层次。

中国历史博物馆的“中国通史陈列”，自原始社会开始，至清朝灭亡结束，结合中国历史发展特点划分历史阶段，其特征是以考古发掘及传世文物为基本展出材料，力求全面、系统地展现中国历史，这不仅在世界上独一无二，也是我国博物馆事业历史上具有划时代意义的重要陈列[②]。“中国通史陈列”展览模式，在相当长时期内，影响了全国的省级博物馆，甚至市县级博物馆，很多陈列展览都是以每个朝代、每个时期的政治、军事、经济、文化四大部分进行划分，形成固定的陈列展览模式，造成很多博物馆应有的特色难以突出，也影响了观众参观博物馆的兴趣。

20 世纪 90 年代上海博物馆新馆落成，作为一座艺术性博物馆，陈列展览突破以往

---

① 江涛：《博物馆陈列设计风格的多元化问题》，载《中国博物馆》，2006（4），40 页。
② 卫东风、曾莉：《改造与整顿时期中国博物馆展览活动案例分析》，载《中国博物馆》，2008（4），91 页。

惯例，取得创新性效果，获得普遍赞扬。于是很多博物馆又争相学习上海博物馆的陈列展览形式，同样往往忽视了自身的特色，走向另一个极端。“有人讲要让文物自己说话，其实文物自己是不能说话的，还是要靠我们的展陈工作者通过内容设计和形式设计把文物内在的信息揭示出来，展示给观众”[①]。但是，目前陈列展览内容中必要的文字说明和辅助材料太少，只是简单地描述文物名称、时代、出土地点等基本信息，过于简单笼统，普通观众往往看不懂陈列展览希望表达的文化内涵，兴趣索然，如此博物馆的陈列展览难以抓住观众。

美国媒介批评理论家 N. 波斯曼（N.Postman）继《童年的消失》《娱乐至死》之后，又推出《技术垄断：文化向技术投降》。针对美国一切形式的文化屈服于技艺与技术统治的弊端，他不无忧虑地告诫世人，“我们容许一种技术进入一种文化时，就必须要瞪大眼睛看它的利弊”。在我国，尽管高科技尚未在博物馆这种文化体中生根，但是我们也必须密切关注、冷静分析其利弊得失。今天，当一些博物馆出现娱乐化倾向之时，当有人倡导博物馆要“尽可能地满足观众的娱乐性需求”，要“与真正的娱乐一样，本身必须具有足够的娱乐性、刺激性和发现性”，应该“与其他娱乐形式或娱乐设施相结合”时[②]，博物馆专家们对此应予以高度关注。

苏东海先生强调，娱乐固然是文化的一种重要功能，却不是文化的核心价值。文化的根本意义在于提高人类的精神境界，满足人类心灵上的需要。应当指出，虽然审美与娱乐存在着内在的关联，但是绝不能将二者混为一谈。审美过程虽然可以使人愉悦，但其终极追求则是“善”与“美”。如果陈列展览设计过分追求消遣、娱乐，充其量也只是迎合了一些人寻求刺激和娱乐的浅层次需要，就会放弃审美追求，降低艺术品位，最终沦于低级趣味。思想性和艺术性是博物馆不可放弃的基本追求，陈列展览的目的不应该转归于寻求感官刺激和世俗娱乐。

免费开放后，博物馆观众呈现出新的特点，低收入人群、劳动阶层人群和离退休人群的比重显著提高，家庭群体观众也有明显增加，参观活动的“休闲”色彩更为浓厚，观众在博物馆中表现出更大的自主性，学习和文化休闲成为观众的主要需求，而且学习

---

① 李让：《博物馆就是要最大限度地利用自己的资源为时代进步和社会的发展服务》，见《博物馆观察——博物馆展示宣传与社会服务工作调查研究》，112 页，北京，学苑出版社，2005。
② 侯春燕：《博物馆陈列艺术与技术的界阈约论》，载《中国博物馆》，2008（1），70 页。

与休闲的结合更为紧密。观众在博物馆中的学习，不再会满足于单纯的记忆，而希望享受发现、推理和验证的乐趣。因此，应该改变以往博物馆给予观众枯燥、单调的印象，尝试通过多样化的科学普及方法，使参观者在博物馆得到“休闲式”学习体验。观众喜欢参与互动的体验，娱乐性应该成为观众在博物馆体验的一部分内容。

6.2.2 实现陈列展览的学术性

作为知识和思想传播的载体，陈列展览首先要符合展览传播的需要，即它们的创作必须服从展览传播目的、展览主题和内容表现的需要，必须要有学术支撑，要符合现代人审美的需要，即要有较高的艺术水平或相当的技术含量，还要有较强的艺术感染力。当观众进入博物馆的展示空间，参观活动主要包括阅读文字、聆听讲解、欣赏展品、观看视频、亲身体验和动手操作等。因此，陈列展览应该力求造型简洁、语言鲜明、色调和谐、创意新颖、特点突出。今天，应当重新审视、估价博物馆所拥有的文化资源，并将其整合、转化为博物馆文化赖以深化的资本，通过各种新颖、多样的展示内容和手段，经常更新文物展品，展示历史文化的内涵与魅力，使博物馆保持长久的吸引力[①]。

湖南省博物馆定位为历史艺术类博物馆，特别强调自身拥有的马王堆馆藏文物资源在历史性、艺术性方面的重要地位，形成以马王堆汉墓展览为核心、辅之以青铜、陶瓷、书画、考古发现等常设展览，向社会提供独具特色的陈列展览，赢得了普遍的好评，逐渐形成引人注目的业绩。博物馆陈列展览水平的高低，取决于科学研究质量的高低，其中对文物藏品的研究，往往不局限于对一座博物馆的个别馆藏文物的研究，更要对相关文物藏品整体进行深度研究，只有对文物藏品的特点进行长期不懈的探索，发掘其文化内涵，提炼出具有鲜明特色、使观众耳目一新的选题，才能为举办高水平的陈列展览创造必要的前提和基础。

文物展品既是观众到博物馆参观的主要对象，也是实现博物馆文化传播的主要途径。“走向盛唐展”是近年来举办的规模最大、规格最高、展品最丰富的展览之一，也是学术和社会影响较大的展览。自 2004 年 10 月开始，先后在美国、日本以及中国香港等地

① 沈岩：《从免费开放反思当前博物馆教育的改革》，载《中国文物报》，2010-02-24（7）。

的 6 家博物馆展出，取得了空前成功，观众总数达到 127 万人次左右。“走向盛唐展”具有鲜明的主题与丰富的展品，其思想的精深、艺术的精湛、展品的直观形象，不仅给人们以美的享受，而且通过所蕴含的和谐之美，向观众揭示出一个多元、开放、包容的辉煌时代。

2004 年初，国家文物局决定启动河南博物院功能提升工程，从陈列展览、服务设施、藏品保护、数字化建设等方面实施整体功能提升，在展示艺术和表现手法上寻求新的突破，注重高新技术和材料的合理运用，探索新思路，尝试新模式，积累新经验。其中“中原古代文明之光”基本陈列，在对中原地区的历史进程、博大精深的文化内涵以及文物特征进行综合研究的基础上，以河南出土文物和考古资料为依托，通过丰富的文物藏品和知识信息，力图表现中原地区在我国文明进程中的核心地位，表现各重要历史阶段的文化面貌和文明成果。

历史考古类博物馆展示的是过去的历史，是对人类文明发展历史和文化遗产的研究、认知、保护和再诠释，有着更多的历史厚重感，明显地透射出凝重、庄严和悠远的深层文化内涵。长期以来，出土文物对于历史学家、考古学家而言，其价值的重要性极为清晰和毋庸置疑。然而对于社会公众来说，理解和认识出土文物的价值，则存在着明显的困难，这种理解和认识的困难，成为文物藏品资源转化为文物展品资源，实现文化传播功能的主要障碍。消除这种障碍不仅有赖于人们文化素质的提高和历史知识的积累，更需要博物馆认识、理解这种社会需求，用科学普及的方式，更为主动地向社会公众阐释出土文物的综合价值。

博物馆中的出土文物展品，由于年代久远，损毁严重，完整器物较少，往往仅局限于一些质地普通但是不易腐朽的石质、陶质、玉质等器具，更由于受社会生产力发展水平的制约，其审美价值与艺术价值相对较弱，虽然这些文物展品的学术研究价值珍贵，然而对于普通观众而言，其重要意义却不易理解，所隐含的一些文化内容甚至容易引起争议。为此，陈列展览设计必须借助田野考古发掘报告中的第一手资料，通过对内容枯燥的考古发掘报告的细致释读，归纳其中的内容，详细介绍文物藏品来源、文物分类、出土地点、收藏时间、历史背景等文化信息。

良渚文化距今4300—5300年，是中国新石器时代晚期的一支重要的考古学文化。良渚遗址位于杭州市北郊良渚镇一带。20世纪80年代以来，遗址区内祭坛和贵族墓地、大型建筑基址等遗址的考古发掘，引起世界性的轰动。良渚遗址区内保存的诸多大型遗址点及其周边环境以及通过考古发掘出土的数以万计的精美玉器、石器、陶器、漆器、木器和骨器等各类器物，共同构成了良渚遗址丰富的内涵，揭示中华文明起源进程的重要历史，成为中华五千年辉煌文明的实证。良渚博物馆的展览主题，注意用文化时空坐标阐明良渚文化在人类文明史上无法取代的崇高地位以及良渚文化对中华文明的起源探索所起到的巨大作用。

良渚博物馆展览主题为"良渚文化实证中华五千年文明"，从良渚文化的考古研究、良渚古国的再现、良渚文明的揭示三个方面，向公众传播发现良渚遗址、认识良渚文化、确立良渚文明的考古历程，以及良渚文明在中国和世界同时期或同类文明中的重要地位。陈列展览的内容和形式，均以遵从科学性、学术性为前提，无论是前言、说明等版面，还是对环境氛围的把握和艺术形象的表现，都依据考古发掘报告所提供的科学信息，尽量减少不必要的考古学术描述和历史资料铺陈，而充分利用出土文物本体特色，展示文明的魅力。同时，在陈列展示过程中，运用多样化的方式和手法，来弥补内容枯燥的缺陷。以一个又一个的良渚文化之谜发问形式，引导参观者去探寻良渚文化未解之谜，感受良渚文化和良渚古城的魅力，体会良渚玉器的杰出成就，理解良渚文化"文明之光"的文化特征。

同时，良渚博物院对基本陈列不断地进行充实，注意吸收新的学术研究成果，对文物展品进行适当的更换和调整，增加新的内容。例如2007年发现的良渚古城，是目前我国所揭示的同时期营建规模最大、配置级别最高、出土文物最精美的古城遗址。为此，良渚博物院对此前已经基本定稿的陈列展览策划文本，及时做出重要调整，对展览目标重新定位，增加良渚古城的陈列展览内容。目前，良渚古城的地位和价值从博物院前厅到第三展厅、尾厅，都有充分、连贯的反映和体现。例如在第一展厅，把有关古城发现的社会历史文化解读，作为良渚文化70年探寻道路的重要一步来加以展示，也相应地推出了遗址—文化—文明三个递进式的概念。通过良渚博物院这一平台，不但把良渚文化的专业知识尽量准确地表述出来，并且让观众既看得懂、又爱看，获得“一座可观、可玩的博物院”的美誉。

我国农业历史悠久漫长，有着自身的发展规律，如果以历史朝代横向展开，无法清晰地展现农业发展变化的脉络，而且文物展品本身也往往不是随着朝代而出现。但是梳理万年农业历史，不难发现我国古代农业对世界文明的贡献突出地表现在四个方面：一是物候的利用，二是作物育种，三是生产工具的发明与传承，四是水的治理与利用。这是我国农业文明的核心价值。因此，中国农业博物馆的“中华农业文明”陈列，坚持选取上万年农业历史中的文明点纵向延伸，而不是采用以往通史陈列的手法横向展开。例如生产工具的发明与传承部分，没有全面展示各式各样的农具，只选取了犁、锄、镰、磨四种。犁是耕种工具、锄是中耕工具、镰是收获工具、磨是加工工具，四种工具大体上概括了我国古代农业生产的主要方面[①]。

目前，陈列展览设计制作有两种模式，一种模式是设计与制作分别由不同的单位承担。另一种模式是设计与制作由同一个单位承担。一般推荐后一种模式。因为陈列展览设计与建筑设计不同，建筑设计公司一般只搞设计，不搞施工。而陈列展览是要选择不仅陈列展览设计水平高，而且制作能力也很强的单位统一实施，以便于组织协调。一般来说，陈列展览设计制作的单位主要负责展览的总体设计、结构设计、版面设计和版面制作，至于油画、雕塑、多媒体景观模型等内容，大多是委托其他专业公司和艺术家进行设计制作。因此，即使由同一个单位承担设计与制作任务，也需要通过适当方式，将各方面的优质力量和优秀人才吸引进来，实现既定的目标。

博物馆的陈列设备是为陈列服务的工具，它的设计思路，关系到文物的安全，使用的便利，与观众视觉效果也有着直接的关联，同时还要与博物馆的性质、建筑风格融为一体。同时，陈列设备本身又是艺术的造型，不能只注意实用而忽略了美观，也不能只顾美观而忽略了实用。应贯彻经济、实用、美观的原则。陈列设备对华丽图案的追求，

① 中国农业博物馆陈列部：《“中华农业文明”陈列的靓与新》，载《中国文物报》，2009-11-18（8）。

以及烦琐的雕刻、沉重的装饰的使用，都会起喧宾夺主的作用，吸引观众的视线，因此应当避免。陈列设备的材料并不是价格越昂贵越好，有时珍贵的文物展品配以朴素的展具也会相得益彰，关键在于运用得当，能够突出文物展品的形体美、色彩美、质地美，并形成色彩层次，增强陈列展览的艺术气氛和效果。

目前，我国博物馆陈列展览的精品意识普遍不强，推出的高质量精品之作不多。博物馆陈列展览水平不高的原因，往往是因为没有将陈列展览看作一项综合性很强的文化创造。一些博物馆的文物藏品征集和研究等基础工作，与陈列展览工作脱节，缺少明确的思路和目标，直接造成陈列展览中的文物展品缺乏系统性和内在联系，难以形成专业性的展示主题内容，或展示主题内容缺少专业研究成果的支撑，导致博物馆的陈列展览缺乏鲜明个性和地方特色，其结果必然失去观众的参观热情。

在我国，陈列展览设计不应失去中华文化千百年来形成的文化积累，应具有鲜明的艺术个性和时代特征。例如我国古代文物展品的文化内涵非常丰富，具有特殊性，无论是纹饰、色彩、器形、铭文、质地等，都能从不同的角度展示文物展品的特色和个性，给人们以历史的感悟、科学的启迪和艺术的享受。但是，古代文物展品与现代人们生活之间往往存在着较大距离，需要必要的文字说明给予帮助。通过通俗易懂、生动优美、简洁流畅、富有趣味的文字说明，将陈列展览的内容主题、时代特征、文化寓意以及学术观点等清晰描述，这样可以使观众能够准确、快捷、方便地获取博物馆文化信息。

实际上，要达到博物馆陈列展览内容通俗易懂，并不意味着陈列展览设计和制作的水平和质量不高，反而对陈列展览的各个方面提出更高的要求。通常在博物馆展柜中，呈现在观众面前的各种器物，是孤立的终结制成品。对于这些文物展品的原料成分，制作过程采取的工艺和技术，使用过程中所承载的文化信息，陈列展览的介绍和说明中往往并不涉及。应通过鲜明的陈列展览主题，将文物展品的生命历程和社会联系串联起来，揭示其所反映的传统生活方式与技艺、蕴含在文物展品中的情感与智慧，共同叙述文物展品生动的背景故事，将文物展品置于与之相关的“人”“自然”和“社会”环境之中。

此时“文物实物展品不再仅仅是欣赏的对象，也不再是博物馆展览中唯一的陈列要素，而成为故事叙述系统中的要素之一，扮演着故事叙述中物证的角色”[①]。如此，文物展品才能成为陈列展览的传播重点，成为观众最关注的内容。面对这样的要求，文物展品研究就不能再囿于物质的层面，而应努力揭示其背后的精神因素。将文物展品研究纳入整体文化背景下，强化文物展品研究与相关领域学术研究的关联，例如陈列展览设计与文物展品布置要取得良好的传播效应，还应当熟悉认知心理学、教育行为学和人体工程学等相关知识，使观众以自然轻松的心态，在良好的情绪环境中参观。

由故宫博物院主持研发，微软亚洲研究院、北京大学提供技术支持的“走进《清明上河图》”数字展示项目，是一项全新的历史文物数字化展示项目，技术应用与内容诠释结合得非常紧密，堪称国内具有较高水平的历史文物数字化展示项目。该项目利用三维声音定位技术，复原《清明上河图》诸多场景中的人物对话、背景声音等，使观众了解画面中人物的身份、行为，从而较为准确、细致地理解《清明上河图》所表现的社会生活面貌。当观众参观时，可以看到鲜活生动的展示方式。当画面以原尺寸放映时，画面缓缓移动，并播放背景音乐；当放大某一局部时，背景音乐减弱，在这一局部画面中人物的对话响起，宛如电影的一个片段。

“走进《清明上河图》”数字展示项目中的对话共有700多段，全部由故宫的研究人员依据画面中人物的衣着、动作进行考证、分析，撰写出符合这些人物身份、性格、环境的对话，并具有一定的故事性。这一项目在充分尊重历史文物完整原貌的前提下，利用现场感很强的声音，使表现宋代社会生活面貌的这一著名历史画卷，呈现出令人身临其境的效果。这种对观众的信息展示，强调通过视频、音频等多种媒体形式，使观众能够在参观陈列展览的同时了解更多的知识，并且通过使用观众能够参与其中的多媒体手段，增强互动性，从而加深观众的理解和记忆。

6.2.3 实现陈列展览的知识性

当前，博物馆陈列展览处在从传统工作模式向信息化与个性化、学习型与服务型的模式转换过程中。要尊重陈列展览工作的客观规律，坚持陈列展览为博物馆发展服务，

① 严建强：《信息定位型展览：提升中国博物馆品质的契机》，载《东南文化》，2011（2），7页。

坚持“以人为本”原则，关注陈列展览的社会效益，根据陈列展览内容和观众接受程度，选择适宜的视觉表达方式和信息传播设施，为广大观众奉献丰富多样的优秀陈列。同时，创意在博物馆陈列展览活动中占有重要地位。好的创意要在文物展品与观众之间产生共鸣，不仅给人以耳目一新的感觉，也会在情感上、艺术上、文化上触动观众的心灵。

20 世纪 80 年代后期，中国农业博物馆曾开展家庭育林活动。活动的材料由加拿大方面提供，每份包括一个有再生纸制成的可折叠纸盒。一包营养土，几粒林木种子，一张记录表。活动对象主要是小学团体观众。活动先由博物馆组织观众参观有关森林的展示后，分发材料，每人或每几个人一份，由专家讲授怎样在家中育苗。然后，学生回家按专家讲授的要点及纸盒上的提示，将纸盒撑开，装上营养土，洒上一定量的水后，在土里埋好种子。在春天温暖的日子里，大约经过一周时间，种子萌发长叶，再过几天，长出几片叶子，就成为一棵树的幼苗。整个期间，学生在记录表上认真填写，学校老师随时了解、检查，并和博物馆联系。经过若干时日后，学生们带着自己的“家庭作业”再次集中到博物馆，经过检查、评比，所有合格的小苗，连盒集中移植到博物馆一块预置的土地里，这里就是该学校班级的林木苗圃，学生们可以随时前来观察和参与照顾。

河南博物院每年推出的“青少年系列暑假活动”，主要针对 8~12 岁的青少年，通过专业人员的培训辅导，在掌握一定历史和文物知识的基础上，独立编写一件文物的讲解词，并用自己的方式加以介绍，从而间接培养了孩子们的自主性、创造力和与人沟通的能力。其他的适时短期形式，例如结合临时展览，举办征文比赛、绘画评选或专门为孩子们设置工作室，模拟考古或文物修复的现场等，通过一系列的灵活形式，为青少年创造动手参与和实践的机会，让孩子们在娱乐中学到知识。这类主题鲜明、内容多样的活动，适合青少年天性活泼、好奇、体验、求知等特点，深得孩子们和家长的喜爱。

对于博物馆来说，如何用非专业人士能听明白的方式进行传播，使他们兴味盎然地参观展览，并获得对该领域的理解最为关键。“只有那些能将专业知识用非专业的方式进行成功阐释的博物馆，才有可能获得传播上的成功”[①]。对文物展品的研究，不仅重视对物品性状的研究，更要重视对人的研究。人是文化创造、享用、保管、传承、发展的

① 严建强：《论博物馆的传播与学习》，载《东南文化》，2009（6），100 页。

主体，文物是人们生活状态的反映，文物展品所蕴含的人文精神，应是研究的重点。从展览教育方式上看，传统的博物馆以文物展品陈列为主。而现代博物馆注重启发式教育，提倡和吸引观众参与互动体验，力图使观众从被动的受教育者的地位，变为主动的知识的探索者，使到博物馆的观众，都可以根据自己的需要和爱好，在知识的海洋中自由地、主动地摄取知识营养。这一深刻变革使得博物馆发生了质的变化[①]。

从某种意义上讲，博物馆是各学科、各行业与外部世界沟通与交往的窗口，肩负着让社会了解本学科、本行业的责任。对于绝大多数观众而言，他们进入博物馆意味着他们进入到一个新的领域。湖北省博物馆的“郧县人”陈列展览，没有停留在仅仅将“郧县人”介绍给观众，而是在展览的序幕中，建立了一个人类发展的坐标体系，将世界各地发现的古人类化石标注在坐标体系之中，直观地展示“郧县人”在人类发展历程中的位置。湖北省博物馆的文字馆在展示中国书写文字发展历程时，对比陈列和诠释同时期古埃及、古希腊、古巴比伦、古印度等国外文明的文字、书写载体等各种实物资料，做到了陈列信息与世界文明的衔接，引起广大观众特别是青少年观众的极大兴趣。

深圳博物馆的陈列展览中，将新中国第一张股票、深圳第一家“三来一补”企业合同、土地拍卖“第一锤”、股票市场开市钟、深圳首批无偿献血者登记卡、邓小平视察深圳时乘坐过的汽车，以及早年投入特区建设的基建工程兵集体转业名册等作为珍贵文物展品，与观众见面。陕西历史博物馆购置了一批自动语音导览器，内有中文、中文学生版、英文、日文、韩文和法文等不同版本和语种的内容，中文版请全国著名的播音员，外语请各国本土播音员录音，听讲效果很好。同时还购置了团队讲解器，凡是听讲解的观众每人佩带一台接收器，讲解员用平时说话的音量即可进行团队讲解，为营造无声博物馆做出了有益尝试。

作为社会公益事业，博物馆在陈列展览选题上应注意根据时代需要、社会热点等多方面开拓选题，为社会和社会发展服务。2006 年 4 月，南水北调文物保护工程全面展开，其中中线总干渠河北段长 463 公里，途经河北邯郸、邢台、石家庄、保定 25 个县市，所经区域为太行山前古文化埋藏的核心地带，文化遗存十分丰富。至 2010 年 9 月完成全部

① 《湖北省博物馆免费开放经验的调研报告》，见《博物馆免费开放调研报告汇编》，2009（6），13 页。

田野考古发掘工作，33 家考古科研机构共同参加的这场文物保护大会战，共完成 97 处考古发掘工作，发掘面积 27 余万平方米，出土文物 2 万余件（套），发掘出土了一批文化内涵丰富、文物价值较高的重要文化遗存。一段时间以来，了解南水北调文物保护成果成为社会公众的文化需求。

为此，2011 年 3 月，河北省博物馆举办“河北省南水北调工程文物保护成果展”，通过 500 件文物、200 余幅图片，全面展示河北省南水北调工程文物保护工作的丰硕成果，所有出土文物均为最新考古发掘成果，所有图片均为首次公开展出，引起社会较大反响，观众络绎不绝。此次展览主题明确，不仅是出土文物展，也不仅是考古资料展，而是既反映出考古和文物保护工作的严谨与艰辛，又反映出考古发掘成果的丰硕与多样，因此，陈列展览淡化学术性，强化观众感兴趣的考古知识和出土文物，增强吸引力，使整个展览简洁大气，重点突出又富于变化①。

随着国家考古新成果的不断涌现，一些遗址博物馆内的陈列展示也将以“动态”代替“静态”，以“进行时”代替“过去时”，使古老文明对话当代科技，在实体与虚拟的对接中，传统与传播共同推进博物馆社会化的进程。四川成都金沙遗址博物馆，在考古遗址的探方内相应放置了多幅图片介绍发掘场景，并在主要文物出土地点播放电视短片，由考古学家介绍发掘时的场景。由于新技术的引进，满足了观众参与互动的心理，也使那些曾经让人觉得晦涩难懂的历史知识和厚重沉闷的陈列展示环节，变得生动、有趣、亲切、丰富，更容易被人们接受和记忆，将文物展品体现的“历史”转换成某种可以“体验”的内容，成为与参观者沟通交流的结合点。

考古遗址博物馆以考古发掘文物展示为特色，专业性很强，更需要做好普及知识的工作。巴登—符腾堡州考古博物馆为了培养儿童从小就喜欢追溯历史、探究奥秘的兴趣，将考古发掘现场做成模型，用各种卡通人物在现场进行发掘工作。这种展示方式故事性强，表现力强，将深奥的考古学成果转换为新的表现形式，找到严谨的考古专业和儿童兴趣的结合点②。随着人们在博物馆中由被动的受教育者转变为主动的参与者，博物馆的“寓教于乐”理念渐渐深入人心，参观博物馆的过程成为令人身心愉悦的艺术与知识体验，

① 张红霞：《河北南水北调文物保护成果展特色谈》，载《中国文物报》，2011-09-07（8）。
② 黄鲁闽、陈同乐：《视觉“全天候”》，载《东南文化》，2009 年增刊，176 页。

也丰富了博物馆的活动内容，增加了博物馆的吸引力。

“今天的观众，获取知识、信息的方式已和过去不同，他们再也不会耐心地去阅读所谓系统的、干巴巴的知识传授了。他们喜欢听故事，希望从情节中去获得知识和信息。因此，展览首先要让观众耳目愉快，要感染观众，在观众爱看之后再把知识、信息传达给他们”[①]。设在澳大利亚维多利亚博物馆中心位置的森林展馆，除了有大量典型地展示维多利亚地区树木状况的树种，还有各种各类的活鸟在其中自由飞行，也有蛇等其他动物，有趣的展示手段和恰当的人文故事，成为连接观众与科学之间的桥梁[②]。

英国国家海滨博物馆的陈列展览，不仅仅停留在简单的展品摆放与文字说明，而是通过种种科技手段让历史重现，将 300 多年前工业革命时期威尔士人的生活，动态地展现在参观者眼前。博物馆内有 100 多件视听展品，其中 36 件可以与观众进行互动。在博物馆的人文展厅中，有斯旺西的电子街道图，点击一条街道，屏幕就会将观众引向该街道上现存的传统老屋。随着踏在石板地上的马蹄声和嘶鸣声，镜头在这座老屋前停下，随后会带观众踏上阶梯进入房屋，屏幕上也显示出工业革命时期房屋的主人、仆人以及他们的具体工作、健康状况。如果需要进一步了解主人去世后的住户情况，可以继续点击。在风景展厅中，参观者可以通过点击屏幕上的地图，了解该地段当时街道的情景和污染状况[③]。

严建强先生认为“展览中的实物展品，远离自己的文化坐标和使用场景，以孤立、静态的方式呈现在现代材料制成的容器中。巨大的时空间隔使当代观众难以与它们对话，理解它们在生活中的意义。虽然我们强调采用博物馆语言来阐释它们，但要把它们复杂的背景、丰富的内涵与深刻的意义充分揭示出来，并非一件容易的事”[④]。要让观众看得懂，获得更多的知识，在大多数情况下都要借助文字说明，做出系统深入的叙述与解释。因此，陈列展览的各层文字说明，成为文物展品和陈列展览的必要导引，成为陈列展览重要的中介手段。文字说明同时还具有引导和激发观众思考，引发兴趣，沟通情感，产生共鸣等多重作用。

“中国文字发展史陈列”是中国文字博物馆的基本陈列，在前期设计准备阶段，就

---

① 黄琛：《漫谈博物馆宣教服务体系建设》，载《中国文化报》，2008-07-04（6）。
② 章迪思、梁建刚：《自然博物馆：重建中的若干可能》，载《解放日报》，2009-11-30（5）。
③ 《英国威尔士地标建筑极具特色》，见《参考清样》，2007 年 1 月 15 日。
④ 严建强：《从展示评估出发：专家判断与观众判断的双重实现》，载《中国博物馆》，2008（2），71 页。

对空间高度、展板大小、室内色彩、展品灯光等方面做了严密的论证工作，使陈列展览形式适应观众的感觉系统特性及观众心理需求，充分考虑观众的感受。此外，展览的六个展厅中，都设计有互动项目，通过动手选择甲骨、金文图形，利用汉字计算机输入体会汉字从古到今的发展演变历程。特别是推出互动影像厅，充分开发文字与观众的互动，设立字谜竞猜、练习毛笔字、文字名片设计、雕版印刷等项目，其中材料工具与书法展区，观众可以通过多媒体设备，进行互动游戏，体验不同书写工具、书写方式对不同书写材料的不同书写效果。

中国文字博物馆的这些互动项目设置使观众在轻松、愉悦的环境中动手动脑，体会文字的魅力与趣味，更好地传播文字文化的知识。在创新陈列展览手段上充分发挥场景直观生动的特性，丰富展示效果。例如利用动画剪影的手法介绍内容，串联文物陈列。此外，陈列展览按照文字演变的时间顺序，设计制作了原始制陶、青铜铸造、造纸术、照排技术演示等与文字有关的场景。这些场景的设置，突出了陈列展览的主题，让观众感受古代的生产生活氛围，了解文字诞生及演进的过程。同时，配合陈列展览制作 4D 影片《甲骨文》，利用先进的科学技术，把原本深奥的甲骨文专业知识展示得栩栩如生，让观众了解甲骨文的产生、发展和演变[①]。

通俗易懂的文字说明是连接博物馆与观众的重要媒介之一，必须做到深入浅出，才能使观众通过文字说明了解陈列内容，增加对陈列展览的理解，使参观者有所收获。但是，传统的文字说明多强调文物来源，最常见的说明内容一般为：出土时间、出土地点、文物的时代、文物的质地，有的还标明文物尺寸，文字说明信息量较少，上述内容具有一定的资料价值，但是却不是大多数观众所关注的内容。要使观众愿意阅读，文字在内容编排和艺术设计上都要做出精心的安排。陈列展览对于文字撰写人员有较高的要求，必须熟悉相关的专业，必须有很好的写作技巧，必须具有用简洁通俗的方式表达复杂专业内容的能力。

博物馆通过陈列展览，可以让人们直观地看到历经沧桑遗留下来的文化与自然遗产结晶，从直观到感性更加全面地认识历史变迁。浙江自然博物馆为适合更多参观动机与

---

① 张俊梅：《体验中国文字之旅 探寻中华文明之源》，载《中国文物报》，2011-03-23（5）。

知识背景不同的观众群，新馆展示采用双二元配置结构。仓储式标本展示主要满足专家和学生的需求；常规展示主要适应一般观众要求。允许观众更多地了解文物藏品在博物馆中如何被保存与维护，允许观众认知文物藏品客观存在的生命过程，以及博物馆人员如何开展日常工作，意味着赋予观众更多尊重和权利，使观众在博物馆中的参观体验更加丰富多样。

浙江自然博物馆在展示内容安排上，以探索人与自然的关系为视点，将自然、自然史和自然与人类三重内容融为一体，将观众引向对生物多样性及重要性的思考，增进对自然环境的兴趣与责任感。在展示手法上，强调异质、立体和复杂的空间构造，营造随和、亲切的自然气氛。力求克服同质、线形和平面化的展示空间导致观众参观疲劳和漠然。

在展示特色上，注意自然科学知识传播与人文关怀的结合。同时，新馆的陈列展览希望能在一定程度上打破自然与人文的人为隔阂，把自然科学知识的普及与人类的生存状态有机结合起来，促使观众形成环境与人类生存息息相关、人类必须与大自然和谐共存的观念①。

6.3 改善陈列展览的社会形象

博物馆要很好地为观众服务，其陈列展览必须要以观众为中心，不仅仅考虑“我能给观众什么”，而且要考虑“观众需要什么”。吸引公众参观是博物馆发挥传播与教育职能的前提。今天的观众获取知识与信息的方式已经和过去有很大不同，人们往往并不需要在博物馆里接受系统的知识传授，而希望了解文物展品背后的故事，期盼从从未有过的体验中获得知识和信息。因此，陈列展览首先要让观众充满好奇，要激活观众兴趣，使观众参观之后回味无穷。

6.3.1 实现陈列展览的观赏性

19 世纪 50 年代之前，一般平民对参观博物馆几乎毫无兴趣，不仅对内容看不懂，而且视觉上也感到疲劳和不适。英国著名的工艺美术家 H. 寇尔（H.Cole）首次提出要把

① 李让：《浙江自然博物馆新馆——当前博物馆建设的一种模式》，见《博物馆观察——博物馆展示宣传与社会服务工作调查研究》，60 页，北京，学苑出版社，2005。

工艺美术与陈列展示内容有机结合，例如通过油画、水彩画、雕塑、木刻等帮助观众了解陈列展览内容及重点，减少疲劳，还可以在身心愉悦中得到美学享受。此后，陈列展览的理论与技巧不断创新，博物馆领域也出现了专职的陈列展览设计人员，极大地改变了陈列展览形式设计水平，影响着博物馆的公众社会形象①。今天，博物馆的陈列展览向着艺术化、人性化、数字化等方向发展，努力寻找更符合现代博物馆陈列展示特点的传播手段。

随着科学技术手段的发展，陈列展示形式远远超越了传统的图文展板的静态展示，例如模型演示、景观再现、视频展播、幻影成像、主题剧场、互动体验项目等各类动态展示，通过视觉的新颖性和冲击力，很容易激发公众主体参与意识，唤起共鸣。陈列展览技术在博物馆的合理应用，依托于文化创新的设计理念，实现陈列展示功能需求与新技术、新材料的合理把握，陈列展览设计与艺术表现形式的相互渗透，陈列展示空间与自然环境的和谐共生，体现出博物馆专业人员与展览设计与施工制作等方面的高度协调配合。

每一个陈列展览都应具有独特的品质，审美风格应当与展示内容相呼应，绝不能因为盲目追求形式美，而伤害陈列展览的思想性和科学性。反之，如果陈列展览所表达的视觉感受、所营造的环境气氛与展览主题和内容设计互为表里，就可以使陈列展览的主题、内容、信息、知识与形式、视觉、环境、感受相映生辉，使陈列展览的思想性、学术性和知识性，伴随观赏性、趣味性和互动性，浸入观众的脑海心田，给观众留下深刻的印象。“那么这种审美不仅有利于观众理解展览内容，甚至美本身就成为参观学习的动力”②。

茶叶博物馆通过环境整治，将周围的户外场所作为展览的辅助空间，有效地创造出活泼有趣、生机盎然的景观。“龙井茶，虎跑水”是杭州的“双绝”。首先，博物馆充分挖掘茶文化内涵，展示出100多种千姿百态的茶树品种，对各种茶树品种的产地、名称、类别详细说明，营造出内容丰富的室外展区。观众不仅可以看到常见的灌木型茶树，还可以观赏5米多高、自然生长了50多年的大茶树。其次，博物馆做足“水”的文章。通过环境整治工程引西湖活水，采用深潭蓄水、分层筑坝、涌泉、山涧、溪滩等手法，对水系进行处理，营造多种水景，形成室外品茶区域。通过种种努力，茶叶博物馆拓展

① 甄朔南：《世博会与博物馆》，载《中国文物报》，2010-04-14（4）。
② 严建强：《论博物馆的传播与学习》，载《东南文化》，2009（6），100页。

了博物馆文物收藏、公共展示、旅游休闲、美育启智等多方面的功能[①]。

近年来，一些博物馆结合自己的地域特点，构建突出自己特色的陈列展览的同时，不断推出新的陈列形式，应用先进科学技术手段，摆脱过去以展板为主的说教式的展示形式，加入多媒体技术，对灯光、温度进行运用调节，采用可操作模型、触摸屏等动手参与项目，使观众在轻松愉快的活动中学到知识。秦始皇兵马俑博物馆不断探索陈列展览形式创新，通过现代科学技术的合理应用，增加观众的文化体验。在展厅中设置了多媒体演示系统，展示秦始皇陵区的航拍录像、俑坑发掘过程、俑坑结构的三维动画图、兵马俑修复过程等，这些都有助于观众了解秦始皇陵的全貌，有助于深入理解与秦始皇兵马俑相联系的深层文化内涵[②]。

浙江自然博物馆新馆的“自然・生命・人”基本陈列较多地运用景观和高科技手段，但是并没有给人们留下过度的印象。“地幔对流”“高仿真达尔文机器人剧场”“抛物线观测仪”等与陈列展览内容相得益彰，有力地支撑了努力追求体验、探索和发现的设计目标。“绿色浙江”的山地、湿地和海岛等生态系统景观，都是组织专业技术人员赴实地考察，择取生态系统景观信息并进行模拟设计，高仿真翻模制作而成。这种通过对于细节精益求精制作，维护博物馆真实性、科学性和直观性特征的做法，值得提倡。

在博物馆的复原陈列中，通过选取某一历史现象的场面或某一自然生态的场景实现“情景再现”，深入挖掘真实的历史氛围和生动的生活情景，挖掘特定人物有血有肉的精神世界内涵，通过文物与环境组合、文物与模型组合、文物与图像组合等方式，在不改变文物原状的基础上，对展示空间进行技术处理，恰如其分地再现历史氛围，恰到好处地模拟历史情景，强化时空中的历史真实感，摈弃脸谱化、符号化的表现模式，改变传统陈列展览呆板、单调、静态的方式，通过各种表现手段的应用，丰富陈列展览的艺术语言，达到内容设计与形式设计的和谐统一，在带给观众视觉享受的同时，使之能够更好地感悟陈列主题。

营造博物馆内不同区域的光照亮度，是陈列展览照明设计中常用的一种方法。L.I. 卡恩（L.I.Kahn）说过：“光是一切存在的赐者。”一般而言，亮度分布比较均匀的环境会

① 杨建新：《博物馆：浙江公共文化服务体系的重要环节》，载《国际博物馆》，2006（2），112 页

② 王德玮：《 试论博物馆现代化》，载《旅顺博物馆学苑》，2011 年，179 页。

令观众感到愉快，使参观者视线集中，如果亮度差别过大，就会引发观众视觉疲劳，甚至会造成不愉快的心理感觉。但是如果亮度过于均等，则会使观众产生呆板、单调和漫不经心的负面情绪。因此陈列展览设计应更加注重研究观众在参观过程中的心理活动规律，灵活运用照明环境艺术，用光照亮度的科学合理变化来增强陈列展览和文物展品的观众亲和力。

在欧洲部分传统建筑的博物馆展厅中，可以看到进入陈列展厅的自然光同时与灯光配合使用。布兰德霍斯特博物馆顶层的展厅设计，将光从顶棚上方引入室内，通过用半透明纤维材料制成的天花板过滤，使明亮的顶光均匀地播撒于展厅内，参观者可以在静谧与光明的展厅里，欣赏和探究文物展品背后所隐藏的故事。同时，下面一层展厅的采光方式，通过吊顶上方侧墙上的窗口，将光线引入室内，再经过白色百叶，把从顶部折射下来的自然光线柔化，并散布于展厅内的各个区域。另外，部分补充的人工光源也是必需的，特别是在天气不好的情况下。统计表明，经过一段时间的运行后，50% 至 70% 的开馆时间，可以单纯使用自然采光系统而无须耗费一度电，这不仅为艺术品提供了最理想的光源，也节省下了一大笔博物馆的电能费用①。

希腊典雅的新卫城博物馆 2009 年 6 月竣工开馆，蓝天是这个博物馆的设计概念之一。博物馆展厅环绕着明亮的自然光线，这里用于展示雕塑的光线，不同于用来展示油画和素描的光线，从博物馆展厅里可透过玻璃幕墙看到不远处的帕提农神庙。在陈列展览中，采光与色彩的定位应由陈列展览的主题内容所决定，陈列内容是环境设计的基础，采光与色彩设计是表现形式，来烘托和表现陈列展览的主题，传达陈列展览的韵味与氛围。例如“云南文明之光——滇王国文物展”所采用的明亮效果，给人耳目一新的感受。

博物馆陈列展览不是任意的艺术创作行为，而是受到博物馆使命、博物馆学理论、博物馆藏品、陈列展览主题和博物馆观众的制约。尽管如此，博物馆陈列展览的创造空间并不狭小，涉及专业领域众多。例如在陈列艺术方面涉及博物馆学、历史学、建筑学、艺术学等；在实际操作方面，涉及空间设计、平面设计、电气设计、结构设计、多媒体设计等，在制作工艺方面，涉及装饰装修工艺、摄影印制工艺、雕刻油漆工艺、绘画雕

① 陈立超：《色彩斑斓的“珍宝盒”》，载《a+a》，2009（5），32 页。

塑工艺、金属制造工艺、文物保护技术、安全防卫技术等。所有设计、工艺和技术都为陈列展览的完成而服务，也构成了陈列展览的综合性。

在陈列展览场所，各类展柜、展具、灯光、音响、视频设备以及其他多媒体展示设备，在展览设计中必须精心地进行配置，才有可能取得良好的展示效果，并有助于表现陈列艺术的感染力。例如陈列展柜设计必须遵循实用与审美相结合的原则。陈列展柜直接服务于文物展品，是博物馆藏品公开展出时的保管器具，因而必须满足安全防范的各项要求，诸如防盗、防火、防虫、防尘、防潮、防光害等。同时，陈列展柜必须具有良好的展示功能，各个部位的尺度比例均须符合人体工程学的原理，使得观众参观时感觉舒适；陈列展柜的开门方位、开门方式、构造亦须要符合使用方便性的原则，以利工作人员提高效率。

此外，陈列展柜是决定整个陈列艺术形象主要因素之一，结合陈列展厅内部装修，创造出博物馆环境特有的艺术气氛和气质，提高文物展品的表现力，给观众以美的享受。展具是文物陈列中文物与展台对接的部分，是观众视线最敏感的部位之一，往往需要特殊的工艺制作，展具的首要功能是保护文物安全，而后是美观精致，不影响文物展品的美感，不影响观众的观赏。灯光不仅是满足人的视觉功能需要和照明的主要条件，也是创造空间、美化环境的基本要素。灯光可以构成空间，改变空间，美化空间，但是也能破坏空间。因此，博物馆陈列展览照明灯具的选择和运用，直接影响展示空间设计的效果。

形式设计和技术运用的终极目的都是张扬文物展品的文化个性，而不是为形式而形式，为技术而技术。应该信守博物馆陈列的基本理念，避免不顾主题特性，背离艺术规律，混淆艺术和技术，盲目追求高科技手段，从而降低陈列展览的文化与艺术品位的问题出现。博物馆陈列是由多种展示要素构成的，其中包括文物、图片、艺术品、模型、蜡像、道具、建筑、景观、影像、符号、文字、声音、灯光、多媒体等。一方面，陈列艺术寓于技术要素之内，前者要通过后者来展现，另一方面，艺术效果也不是技术要素的简单堆砌。在博物馆的陈列展览中，技术从属于文化艺术，而不能僭越或替代文化艺术。[①]

“20 世纪 80 年代，外国博物馆学家评论我们的陈列是挂在墙上的教科书。这是一针见血地指出了我们陈列的弊端”[②]。当前，博物馆事业正在迎来空前繁荣的时代，为陈

① 侯春燕：《博物馆陈列艺术与技术的界阈约论》，载《中国博物馆》，2008（1），70 页。
② 苏东海：《什么是博物馆——与业内人员谈博物馆》，载《中国博物馆馆刊》，2011（1），140 页。

列展览提供了更加广阔的平台。但是，我国目前的博物馆陈列设计的现状，仍然是喜忧参半，喜的是伴随蓬勃发展的博物馆事业，优秀的陈列展览设计不断涌现；忧的是量大面广的陈列展览，出现形式和风格的相似、雷同，缺乏理论研究和新的探索。身处博物馆展厅之中，仔细观察不难发现，大多数参观者属于走马观花式的浏览，参观活动结束后很多人对展出内容依然只是一知半解，这样不仅使展览的效果大打折扣，博物馆的教育功能也没能得到充分发挥。

目前，不少博物馆的陈列展览仍然缺少个性和特色，许多陈列展览往往选题没有新意；主题提炼不足，平铺直叙，面面俱到；内容枯燥乏味，学究气浓，通俗性不足；展览结构混乱，逻辑性不强，多为教科书的翻版，展览表述过于理性，感性不足；展览信息安排繁杂混乱，不易为观众接受[①]。在我国传统的陈列展览理念与实践中，一般是强调思想性、学术性、知识性等，观赏性问题长期得不到重视而很少提及。有时甚至将其置于被排斥的地位，将观赏性与思想性等对立起来。缺乏空间变化的陈列展览，不仅使人们感到压抑，而且令人感到乏味，无疑大大妨碍了人们对陈列展览观赏性的认识和营造。

早在1936年上海市博物馆馆长胡肇椿就曾指出，“博物馆是完成文化艺术使命的机关”。1947年中国博物馆学家韩寿萱也在一次演讲中强调，“陈列的本身就是一种艺术”。他在介绍欧美博物馆时说道：“他们的陈列，是先选定一个展览目的，然后根据这个目的，去收集实物，研究实物，再创造适当的环境，陈列其中，使陈列品更有意义。而最重要的，是他们的陈列，能将高深的学理，通俗化、具体化，使人易于了解。或者把杂乱无章的实物，整理出个系统，看出了异同，鉴定了时代，使参观的人们可以了解历史上的演变和文化上的进步。”这样的博物馆陈列“有意义、有系统、富于美感、易于领受”。

造成我国博物馆展览水平不高的一个关键原因是陈列展览规划与设计不到位。事实证明，一个陈列展览精品的形成，并非仅仅取决于好的题材立意与高科技手段，更为重要的是取决于内容和形式的统一和协调。例如上海博物馆的青铜器陈列给参观者以深刻印象，展示空间选用类青铜色织布作展墙基色，其上还镶嵌了体现金属特性的金线条，并在展柜台座上设计了仿古装饰纹样。与展品的艺术风格相映成趣、互相衬托的陈列形

① 陆建松、郑奕：《中国博物馆学应加强博物馆建设研究》，载《中国博物馆》，2008（3），56页。

式以及造型别致、各具千秋的一件件艺术珍品，共同成就了一个颇具古雅、凝重艺术气质的陈列展览。

6.3.2 实现陈列展览的趣味性

博物馆的动态展示技术最早起源于世界博览会。受 1851 年伦敦博览会启示，英国伦敦科学博物馆最早将动态陈列运用到展览中，将展品进行动态展示，使观众能够多方位、多角度地观看展品。此后，一些科学与工业博物馆仿效这种做法。20 世纪早期，德意志科技博物馆就以提倡观众参与而被称为“按电钮式博物馆”，可以说是以注重教育为基本属性的科技博物馆现代流派新起源。“在那一时期由美国 F. 奥本海默 (F.Oppenheimer) 所创建的‘探索馆’，成为体现这种教育思想的样板。他设计了介绍科学原理和应用并让观众探索、实践、亲自动手进行参与、互动的大量展品，独树一帜，其匠心可贵，使科技馆的教育思想，得到了辉煌灿烂的发展，赢得了社会广泛的认同。从此，开创了科学中心的新时代”[①]。

在我国，建于 20 世纪 70—80 年代的博物馆，陈列展览手段往往比较单一，基本以文物、图片、雕塑、绘画等为陈列展示的主体。20 世纪 80 年代北京科学技术馆第一次将高科技运用到陈列展览中，它的基本任务是向公众普及科学技术知识，传播科学思想和科学方法，提高公众的科学文化素质，培养创新精神。随着社会生活的变迁，我国博物馆的陈列展览概念发生了巨大变化，在科技博物馆、自然博物馆等博物馆实践中收到良好效果的基础上，高科技手段逐渐从科技类博物馆进入到以文物藏品为主的社会历史类博物馆，在各类博物馆展示中得到广泛的应用，已经成为陈列展览中不可缺少的组成部分。

今天，广大民众的文化需求呈现多样化发展，文化传播形式不断创新，所有的文化信息都有可能被纳入博物馆文化之中。随着高科技的迅猛发展，如今世界已经进入电子信息的时代，计算机和网络技术正日益进入公众生活之中，作为一种有效的信息化手段，能够更全面、更直观、更有效地传达信息，人们尤其是青少年接受知识的主要途径，往

---

① 李象益：《当今博物馆创新理念及其发展态势》，载《浙东文化》，2008（创刊号），19 页。

往依靠电子媒介等形式。博物馆以普及知识为使命，以陈列展览为传播手段，而现代科学技术正是当今有效、也容易被大众所接受的传播方式，可以使观众获得全新的参观体验。

河姆渡遗址博物馆陈列展览内容的设计，力求将专业性与趣味性紧密结合，在每一个部分设计1到2个亮点，营造气氛，增强展览的观赏性，以达到雅俗共赏的目的。通过播放制作的动画短片《我的家园》，动态演示河姆渡文化先民营建干栏式房屋的过程，包括砍伐树木、裁截木料、开板取材、劈削加工、挖凿榫卯、挖坑垫木、立柱架板、铺盖茅草等建造干栏式房屋的各道程序，使静态的、不美观的木构件展品，通过生动的展示手段，加强陈列展览的观赏性，更深层次地传播中国传统建筑文化的知识。

陈列展览是一种信息传播的载体，要从观众的认知习惯和水平出发，科学合理地安排好展览的信息层次。随着当代博物馆陈列设计手段的日趋多样，应适当地借助现代科学技术的成果，直观地再现某些场景。在短短的十多年间，从讲解器到多媒体，从二维图像到三维展示，再到数字化博物馆，科学技术成果的应用和推广，使博物馆不断以更为新颖自然的手法，深入浅出地展现文物展品的博大精深与发展历程，精练地概述历史事件的起因、过程和结果，从而在普及知识的过程中寓教于乐，达到更佳的展示效果，显示出博物馆文化与科学技术的结合，也使博物馆愈加年轻鲜活起来。

今天，以数字化技术武装的声光电技术和电脑设计技术，促进了博物馆高科技项目的研发与更新，拓展了陈列设计思路，丰富了陈列设计语言，使陈列展览中有形展现、无形再现成为现实。通过文字记载影像化，让遥远的文化与自然共同创造得以重现，让观众有身临其境般的感动和震撼，获得“进入历史场景的感觉”。中国农业博物馆陈列展览中的“都江堰场景”，有根据地还原岷江分流的情景，利用声光电技术模拟展现水利工程的壮观，利用多媒体演示细解水利工程的原理，使参观者看到、听到、感受到两千多年前先人是如何使桀骜不驯的滔滔江水，驯服地服务于人类，并直到今天还造福于广大民众，体验中华文化的智慧与深厚。

“关于如何使博物馆变得有趣，这是不同博物馆根据自身特点见仁见智的问题。但可以肯定的基本原则是，博物馆不是高高在上向观众灌输、布道的古板教师，不是让观众看完就忘的枯燥课本。有趣的博物馆应当能满足观众的多种需求，能够令观众有所触动、有所思考、有所回味”[①]。如今博物馆普遍采用触摸屏、电子书、场景复原、电动图表、高清全息投影等多种手段，突出对重点内容的表现，更加深刻生动地揭示陈列的内涵，增强内容的表现力和视觉的冲击力，丰富陈列的艺术语言，并吸引观众参与其中。但是，场景模拟必须要有确凿的史实依据，切不可随意发挥，否则反而会误导观众。

任何现代科学技术的应用都必须有实体文物和相关资料的支撑。采用新技术，是对陈列展览思想性、学术性、知识性的强化，其中任何虚拟展示都应该尊重历史，严格按照陈列展览主题和内容设计进行制作和呈现。只有文物展品才是陈列展览中的主角，现代科学技术只能是博物馆展示中的辅助手段，仅仅为了使陈列展览在叙述上更流畅，在效果上更直观，在形式上更丰富，最后达到博物馆文化传播的目的。新技术的应用所带来的不应该只是感官或肢体的互动，而应该追求陈列展览和观众之间思维的互动。陈列展览的思想性往往寓意其中，含而不露，意在言外，而不张扬，让观众自己领悟，自己品味。

当前，应避免博物馆陈列展览的“千篇一律”。由于不同地区历史文化资源不同，陈列展览的主题与内涵理应存在诸多区别。因此，应保证每一个陈列展览独特的审美风格。国家博物馆的油画《开国大典》观赏性很强，画中的麦克风等又以实物展出，画、物组合，观众对隆重的开国庆典场面的观感自然就会更加强烈。在文物展品的背后往往蕴含着极其丰富的历史文化信息。任何一件文物展品都与当时很多事物有着密切的关联，绝非孤立存在，对前来博物馆参观的绝大多数人来说，最想知道的正是文物背后的故事，以及与其相关的文化信息。但是博物馆传统的陈列展览方式较少顾及观众的感受，提供给观众的信息单调而有限。

由于科技手段与新材料、新技术、新工艺的应用，博物馆陈列展览的信息传递变得直接、快捷、便利、集中、形象、生动，并由传统的静态展示转向动静结合，全面、有效地增强了陈列展览的视觉冲击力。科技的进步是永无止境的。随着科技的不断进步，陈列展览的观赏性前景将越来越广阔。实践证明互动和高科技展示手段恰当适度地运用，

① 黄琛：《漫谈博物馆宣教服务体系建设》，载《中国文化报》，2008-07-04（6）。

是对传统展示方式的有效补充与完善。例如汉阳陵博物馆的幻影成像，陕西历史博物馆的高清晰数字短片，从观众竞相观看的盛况可知，不仅没有冲淡文物展品本身的主题，影响陈列展览的科学性和系统性，反而调动了观众的参观兴趣和主观能动性，加深了对陈列展览的印象。总之，随着博物馆理念的不断更新，以广泛使用高新技术为表征的展览设计，日益受到博物馆界的重视。

20 多年来，博物馆界始终不渝地从诸多层面发掘着高科技的正面作用，例如拓展信息载体，弥补文物藏品不足的缺憾，增强视觉冲击力，满足观众的参与和娱乐需求。近年来，现代新兴科技如光纤、激光、全息照相、立体声、多媒体等技术，普遍应用在世界博览会，造成了强烈的视听觉冲击。随后电子影像、大型影像、多重影像、立体影像和虚拟影像、幻影成像等新技术也纷纷进入博物馆，大大提高了陈列展示的感染力。特别是上海世界博览会期间，中国馆的动画版《清明上河图》，设计者融合了动态投影和三维成像等技术，通过 12 台投影仪，将长 128、宽 6.5 米的《清明上河图》在投影墙上真实再现，使画中的人物和场景都变得可以活动，栩栩如生，超越了这幅画作原来平面静态的表现，给观众带来一种新颖的感官体验[①]。

采用现代科学技术必须着眼于实际效果。作为新型传播手段虽然具有不少优点，但是在具体运用时也需要注意博物馆陈列展览的特殊要求。目前，很多博物馆热心于新技术的运用，以为新技术应用得越多，应用的技术越高端，就会越吸引观众。但是现实的结果是很多新技术由于损耗大、使用率低、布局不合理，以及与展览内容关系不密切等原因，未能很好地服务于观众。实践证明，陈列艺术不是高科技的同义词，声光电等新技术也并非多多益善，要充分考虑必要性、适当性和综合性，高科技的运用也不能喧宾夺主，它的角色只能是衬托者，而不应成为主角。

由于高科技产品的出现与应用，丰富了博物馆陈列展览设计制作的方式方法，也为习惯于原有陈列手段的观众带来新的感受，而受到人们的欢迎。于是，近年来无论是新馆建设还是旧馆改造，必将高科技陈列展览项目列入其中，而且投入比重越来越大。一些博物馆甚至认为只有更多地使用现代科学技术手段才是求新、求变的最佳方式，认为

① 吕建昌、张宇：《上海世博会的后续效应》，载《东南文化》，2010（6），104 页。

高科技项目使用越多，越能推陈出新，越能显示经济实力，越能提升博物馆的档次，在陈列展览设计过程中，弱化传统陈列手法，片面追求所谓创新，在博物馆之间形成“互相攀比”“盲目跟风”的趋势，导致陈列展览重复模仿，展示手段千篇一律[①]。

宋向光教授指出“对博物馆陈列性质认识的分歧，陈列目标的异化和模糊，陈列内容的同质化和程式化，陈列展示的技术化和娱乐化，陈列形式的视觉及感官至上，陈列工作体制的市场化，这些新问题摆在人们面前”[②]。陈列展览通过对视频、音频、动画等媒体加以组合应用，可以创造崭新的参观体验，促进观众视觉、听觉及其他感官和行为的配合，扩大内容信息的传播，营造陈列展览的环境气氛。陈列展览需要观赏性，但是目的是通过观赏性，更好地表现思想性、知识性、艺术性，展现陈列展览的主题。决不可割裂观赏性与思想性等两方面的关系，不顾陈列内容适合与否，强行要求增添指定的高科技手段，造成展示形式对内容的误导。更不能本末倒置、喧宾夺主，为了追求展厅艺术效果，采用艺术品的堆砌取代文物展示，造成陈列展览效果的杂乱无章。“我们必须认真对待当代博物馆陈列表达的场景化、舞美化、影视化、虚拟化倾向”。[③]

正如苏东海先生所说“文物博物馆事业的现代化不是什么声光电的问题，而是紧追时代，赋予时代内涵的问题”。“我们不要把‘声光电’等同于现代化，不要以为‘声光电’就是现代化博物馆的标志”[④]。先进的科学技术手段应能更好地衬托文物展品，现代技术和新型设备应是表现文物展品文化内涵的工具，完美的陈列展览形式应与文物展品的文化内涵相统一，无论是场地、展柜，还是灯光、美工，以及辅助陈列等各种有效方式和手段，均应最大限度地展示文物展品的文化魅力，并给予观众美的享受。同时，应努力营造优美、洁净、高雅的参观环境，使观众进入博物馆就能沐浴在文化氛围之中。

在博物馆的陈列展览设计中，应注重最新研究成果和新技术、新工艺、新材料的引进，这既是社会发展和科技进步的必然，也是提高陈列展览质量和水平的需要。但是，高科技项目在现代博物馆的应用过程中，日益显现出一些弊端。例如高科技项目价格相对昂贵，一旦大量使用，势必过多占用有限的陈列展览经费；一些不是很成熟的高科技项目，由于缺乏维护经费和技术人才保障，在长时间、高频率地使用后，容易出现故障；随着

---

① 曾杰冈：《陈列中的高科技应用》，载《中国文物报》，2010-02-24（8）。
② 宋向光：《在陈列的瓶颈期》，载《中国文物报》，2009-12-02（6）。
③ 宋向光：《在陈列的瓶颈期》，载《中国文物报》，2009-12-02（6）。
④ 苏东海：《论博物馆的现代化》，载《中国博物馆》，1997（1）。

现代科技的发展，新产品不断出现，高科技项目升级换代频率加快，不断被动淘汰。

博物馆陈列展览的学术文化内涵和公众参与属性，要求博物馆在陈列展览中对新技术、新工艺、新材料有选择地适度加以运用。应用各种现代科学技术手段，目的是为了深化陈列展览内容、丰富展览展示形式，而不能将科学技术手段的应用，当作陈列展览是否创新的重要标志，不能将博物馆的陈列展览变成科技博览会，反而使文物展品变成了配角。面对陈列展览中出现的种种弊端，博物馆应该力求技术与艺术、内容与形式、继承与创新、审美与娱乐的有机统一，谨防对技术的盲目崇拜和无度滥用，自觉抵制业已出现的庸俗化和娱乐化倾向。

因此，要重视陈列展览艺术与陈列展览技术的统一。只有用文化理念驾驭技术要素，并将各个技术要素有机地整合起来，才能使陈列展览产生赏心悦目的艺术效果。“正确认识陈列艺术与技术的本末关系，从而在尊重二者各自规律的前提下，适度界定二者之间的阈限，有助于当今博物馆陈列在满足观众日益增长的个性化需求的同时，依然坚持自己的基本理念，永远不失自己的本质特征。也只有如此，才能使观众在欣赏陈列展览时沐浴高新技术之惠泽，产生温柔敦厚之美感，并在审美体验中使情感得以升华”[①]。

6.3.3 实现陈列展览的通俗性

公众参与是社会进步的重要标志。博物馆要把一成不变的静态知识变得生动有趣起来，就要从观众的角度出发设计陈列展览，以观众为中心提供各种相关服务，注重人文导向，使陈列展览人格化，服务人性化，使观众真正在博物馆里收获到悦目、悦心、悦智的享受。日本名古屋工业大学的研究室对日本 19 家博物馆观众满意度的问卷调查显示，展览中如果有 30% 的展品可供观众参与，观众的满足感会有很大提高[②]。日本江户东京博物馆内有一个大型微缩沙盘，展示东京桥的历史场景，而在桥的上面，有近千个表现人生百态、五行八作的小人雕塑，生机盎然，妙趣横生。为了使观众能够详细地观看雕塑的细部，博物馆在沙盘的四边设置了望远镜，体现出人性化的管理[③]。

博物馆应就陈列展览的内容和形式，不断征询观众的意见和建议，欢迎观众留言，

---

① 侯春燕：《博物馆陈列艺术与技术的界阈约论》，载《中国博物馆》，2008（1），70 页。
② 刘卫华：《信息时代博物馆价值与功能新解读》，载《中国文物报》，2009-09-23（6）。
③ 武斌：《服务·文化与审美：体验海外博物馆》，载《中国文物报》，2009-09-09（5）。

及时了解观众的心理动态和潜在需求。例如一项关于“当代大学生眼中的博物馆”的调查结果表明，针对“什么样的博物馆会得到当代大学生群体钟爱”的问题，排在第一位的是“历史民俗”类，占34.5%；“艺术”类位居第二位，占32.8%；而“军事”类和“名人故居和纪念馆”类所占的比例则很小，分别为3.4% 和1.7%。而在对中小学生的问卷调查中却发现，很多的中小学生把“军事”类博物馆列为首选，“名人故居”的被选比例也很高。由此可见，博物馆应该有针对性地认清自己的目标观众群体，在展览策划运营中才能做到有的放矢①。

加拿大魁北克市文明博物馆，在观众调查的基础上，确定陈列展览的内容和形式，并将陈列展览首先制作成小模型，到社会各层次的观众中去征求意见，哪怕是幼儿园的儿童也不漏掉，在大量调查摸底工作的基础上，再引进或投入制作，使每个陈列展览都具有不同的观众群体。连云港博物馆充分发挥馆藏文物的资源效应，不断丰富陈列展览内容。在四川汶川大地震发生后，为了及时向社会民众宣传防震减灾科普知识，博物馆及时与地震部门联系，举办防震减灾科普知识展览，并开展地震科普知识讲座和地震应急逃生演练，在相关媒体上进行提前宣传，许多市民前来参加咨询活动，在社会上引起良好的反响。

参观博物馆不同于在课堂上听课，观众在获得知识的同时还希望获得一份美感和享受。陈列展览就是要在人与物之间创造出一个彼此交往的中介，为人们提供一个具有美学属性的空间，让观众赏心悦目，疏解疲劳，放松情绪。由于珍贵文物不可随意触摸，一些青少年到博物馆参观时会感到枯燥。为此，中国科学技术馆通过大量可以让观众亲自动手实践的展陈设施，生动形象地展示了电磁、力学、机械、声光、信息、核技术等多种学科的基本原理和科技成果，特别是那些光怪陆离的辉光球，五颜六色的巨大肥皂膜，毛发直立的静电反应，都令青少年观众惊讶不已，加深了对相关原理的理解。

上海博物馆结合博物馆的书画、陶瓷、玉器等文物展品，对中小学生开展趣味墨拓、修复“唐三彩”、软陶制玉、扎染等手工体验活动，让参与者在石板上刻下文字或图像，然后制作拓片；把陶器、瓷器碎片分离，再修补完整；在白布上学染色；用软陶模仿古

① “加强博物馆展示宣传与社会服务”调研课题组：《当代大学生眼中的博物馆》，见《博物馆观察——博物馆展示宣传与社会服务工作调查研究》，11 页，北京：学苑出版社，2005。

代玉器形状，制作成玉蝉、玉龙、玉鸟等。他们还举办纸文化系列活动，包括艺术剪纸、手工制造宣纸、掌握木活字印刷技术和做套色水印信笺。让孩子们在动手制作过程中，感受传统，品味生活。当中小学生们亲手制作出一个个饶有趣味的艺术作品时，就会从中感受到成功，体验到自我价值。

博物馆的陈列展览和社会教育项目应该充分发挥体验性、互动性、参与性等特征。“让公众了解博物馆的工作人员在做什么，这实际上也是博物馆魅力的一个有机组成部分”[①]。新西兰国家博物馆就设有讨论室，观众还可以通过预约参观文物库房或与专业人员接触、交流。这些展厅以外的相关活动，能大大提高观众的满意度。博物馆既要成为文化信息中心，也要成为文化体验场所，利用陈列展览让观众直接参与，并成为互动体验，使文物展品的信息以生动的方式传递给观众，通过视觉、听觉、嗅觉、触觉等体验，获得难忘的感受，获取需要的知识。

在国际盲人日，罗浮宫艺术博物馆给北京带来一项独特展览，“触·觉——从罗浮宫到世纪坛”，参观者可以亲手触摸罗浮宫艺术博物馆所藏公元前 2 世纪至 19 世纪的西方经典雕塑的复制品，所有复制品都是由法国国立博物馆联合会模型工坊制作而成，观众可以通过触摸感受雕塑作品的力与美，使盲人也能感受到艺术家的表现和匠心。同时，在每一件陈列展品旁都放置了中文和盲文的两种介绍。浙江省博物馆“十大镇馆之宝”汇展及评选活动引爆杭城，杭州的各大新闻媒体对此作了一系列连续报道，激起了观众对博物馆文物的兴趣和激情，也成为社会公众关注的热点，观众积极参加投票评选活动，成为博物馆把馆藏文物精华更好地展示给社会公众的一次有益探索[②]。

博物馆陈列展览设计要善于调动观众的审美意识和审美情感，尽力缩小陈列展览与观众的空间距离和心理距离，寻求与观众的共鸣。日本九州博物馆的藏品仅有 2000 余件，但是参观人次却位居日本各大博物馆前列。究其原因，主要是该馆紧紧抓住了观众的心理，一切展示活动都以观众为中心。如果一个展品连续 6 天观众停留的时间不到 10 秒，就进行撤换。在日本九州博物馆的实验室，公众可以近距离观看或尝试实验操作，甚至公众可以透过保管文物藏品的库房开窗通道，参观库房里面的技术人员如何修复、整理和保

① 龚良：《博物馆，当我走进你的大门》，载《东南文化》，2009 年增刊，4 页。
② 崔波：《千树摇曳 万树花开》，载《中国文物报》，2010-01-13（5）。

管文物藏品，这些活动深受观众喜爱[①]。

在博物馆的陈列展览活动中，观众不应该是被动接受的一方，而应该是陈列展览的主动参与者。得州监狱博物馆是一家集展览、教育、旅游为一体的综合性慈善机构。该馆从囚犯和狱警的角度展示了 1848 年以来得州监狱系统的发展历程。陈列的展品以囚犯使用的物品为主，其中除生活用品、行刑工具、囚犯带入的违禁品及自制的越狱用品外，还有囚犯自己创作的绘画、雕塑等监狱“艺术品”。博物馆还别出心裁地设计了一个模拟囚室，游客只要花上 3 美元就可以穿上囚服在里面照相留念，体验一下当囚犯的感觉。

博物馆应千方百计地拉近观众与文物展品间的距离，着力考虑观众的心理需求，追求展示空间的机动性与可塑性，着力于展厅文化氛围的创造和展品文化意义的激活，通过陈列展览将观众带到特定的情境氛围之中，使他们深入地参与其中，达到在认知、行动、反馈等方面的全方位参与。垃圾博物馆坐落在美国斯特列福镇，是在垃圾分类处理厂的基础上扩建而成，作为环保教育设施之一，免费接待公众。在这里，游客可以了解到绿色的塑料瓶可造地毯、25 个汽水瓶可制作一件再生的短上衣、1 吨旧报纸再生使用可少砍约 17 棵树和节省 4100 瓦能源、利用废弃金属代替铁矿石生产新钢铁等。通过参观，人们不仅了解垃圾处理的过程，还可以增强环保意识[②]。

现代信息技术的应用，改变了博物馆藏品的陈列展览方式，也提高了人们对信息的处理效率，从而使我国博物馆的管理水平有了明显提升。多语种的自动讲解系统的应用，使博物馆对参观者的服务能力有了明显提高。良渚博物院的陈列展览，按照“雅俗共赏”的要求，解读和传递良渚文化的专业元素，让观众“看得懂、喜欢看”，并做深做透良渚之谜和良渚玉文化两篇文章，除了运用传统的文物展示、场景营造等陈列手段外，还采用声光系统、多媒体技术、4D 影院等现代科技手段，实现室内展示与室外体验相结合，提高博物馆陈列展览的可视性、可读性和参与度，给予观众更加清晰的印象和直观的感受。

在举办“天地经纬”展的过程中，河南博物院与国家地震局、国家博物馆、北京天文馆、中国社会科学院考古研究所、北京自动化研究所等多学科专家联合攻关，围绕古代科技成果的展示和利用、地动仪模型构造和基本工作原理，以及陈列架构、科技内涵延伸、

① 纪丽君：《活动开展项目如何满足观众需求》，载《中国文物报》，2010-04-14（4）。
② 陈同乐：《后博物馆时代》，载《中国文物报》，2010-01-13（6）。

环境创新、公众参与等方面，进行了诸多探索和共同研究。这一展览使人们在探索历史类博物馆如何通过现代技术手段展示古代科技原理的方式方法，探索陈列如何向观众传递和正确对待不断发展着的科学空间，探索如何让观众参与到陈列中并通过亲身体验来缩短陈列与观众的距离等方面，积累了一定的经验。

2010 年 7 月，黑龙江省博物馆举办了“生命起航——卵的奥秘”暑期特别展览，这是针对少年儿童参观群体，集趣味性、科学性为一体的陈列展览，通过展示鸡、鸭等的孵化过程，引导大众关注生命、探索自然。博物馆购进专用孵化设备，将传统的展板展示转变为活体互动，将原有的引导讲解转变为主动吸引，将整个孵化过程完全呈现在广大观众的面前。展览以鸡鸭等的孵化过程为载体，展示部分鸟类和爬行动物的诞生及发育过程。所有孵化卵面向少年儿童实行免费幼雏征名、领养活动。凡在指定时间内报名的少年儿童，均可以亲自挑选其中一枚孵化卵自己进行命名，博物馆对其指定的孵化卵进行特定编号，待孵化出壳、展览结束后免费赠予其领养，借此提高少年儿童对自然环境的保护意识[①]。

心理学家 M. 麦克卢汉（M.McLuhan）博士说“触摸行为对于电视机下成长的一代人来说是非常重要的课题。他们从孩提时代起，就已经接受了电视图像的透视，现在需要从深度方面来处理事物了。”博物馆的少儿教育应该受到应有的重视。中国科学技术馆新馆中，有一处“科学乐园”展厅，专门为 3~10 岁的儿童所设计。展厅面积近 4000 平方米，是目前国内最大的儿童专项展厅。展厅共分 9 个单元，如科学城堡、认识自己、山林探秘、欢乐农庄、戏水湾、安全岛、创意工作室等，包括认识自然、认识自己和身边、工农业交通、环境、防灾和趣味活动等，共计有展览项目 140 多项。

科学乐园的一切，都按照为儿童服务设计安排。展厅的设施和布置，都考虑到儿童的身体和认知特点，整个展厅色彩和谐温馨，各展区都用不同的颜色区分，背景音乐舒缓优美，各类提示亲切有趣，各展项的体量、高度，手柄的松紧度都符合 3~10 岁儿童的身材和体能。为保证小观众的安全，所有设施、器材都做了防电、防撞、防扎、防磕等处理。小朋友在乐园里就是玩和动，玩自己喜欢的项目，展厅中不仅有动手的项目，还

① 岳中彬：《卵的奥秘暑期特别展》，载《中国文物报》，2010-08-11（5）。

有动眼、动耳、动脚、动嘴、动鼻子的项目，在玩和动中激发兴趣，得到体验，获得知识，增长见识，发现喜好和特长，或者就是玩个高兴，玩个痛快。

美国波士顿儿童博物馆有一段脍炙人口的名言：我听了，可忘了；我看了，记住了；我动手了，明白了！中国古代诗人陆游也曾诗曰：纸上得来终觉浅，绝知此事要躬行①。香港太空馆有一项让观众亲自体验在太空翱翔的滑翔项目，观众可以乘着滑翔器，遨游于太空，有一种身临其境的感觉。“陈列展览的形式可以有多种多样，有的是质朴无华、素面朝天，有的则是五彩争艳、匠心独运，但无论是哪种形式，都有一个共同的出发点，就是要从观众的角度来看，以更好的和更有吸引力的方式让观众欣赏和观摩”②。

博物馆的陈列展览在内容上应科学高雅，在形式上应喜闻乐见，努力在大众化与专业性之间寻求平衡。在首都博物馆，除了设有专门的教育互动区，还在陈列展览的设计上注重参观者的感观感受，在展品、图片之外，还有多个多媒体展项，包括以声、光、电等现代科技的表现形式，以及参观者能亲身参与互动的展区，以强调“体验、感受、互动”的方式传递展示信息。在河北海盐博物馆，“天工开物——中国盐史”展览，系统展示与盐有关的历史、技术、文化，及其在国民经济中的重大作用，采用水墨淡彩风格绘制的二维动漫“熬波图”，采用动感手段，生动再现了元代海盐制作工艺，增强了感染力和吸引力。

陈列展览和公众教育在今天的博物馆中结合得越来越紧密，形式也更加多元化，尤其是更加注重观众的参与、体验，从而达到信息的双向传递，这正是现代博物馆与传统博物馆的区别。在大英博物馆，“日本传统手工艺展”期间，邀请了多位当代手工艺大师来做讲座，同时表演茶道和插花，并且在活动室里可以观看日本墙纸的制作过程，使观众与展示内容之间没有阻碍，实现最真实的接触，观众在这里感受到的是主动学习而不是被动接受。在维多利亚与阿尔伯特博物馆，介绍 19 世纪装饰风格的时候，设计师复制了那个年代的椅子，供观众亲手拆卸、组装。

① 楼锡祜：《博物馆少儿活动》，载《中国文物报》，2010-03-24（5）。
② 武斌：《服务·文化与审美：体验海外博物馆》，载《中国文物报》，2009-09-09（5）。

第七章 博物馆社会服务理念的提升

2000 多年前，古希腊的哲学家亚里士多德就曾说过：“人们为了活着而聚集到城市，为了生活得更美好而留居于城市。”没有家的感觉的城市不是一座美好的城市，没有家的感觉的城市人们不会生活得更美好。衡量一座城市健康发展和公民幸福的标准，绝非仅仅是国内生产总值（GDP），经济发展本身不是目的，得到幸福才是社会发展的最终目的。因此，城市应该成为社会公众美好的精神家园，作为城市重要的文化设施，博物馆理应承担重任。

7.1 从重“物”到“人”“物”并重

国际博物馆协会 1974 年博物馆定义所表达的“为社会和社会发展服务”的战略方向，将博物馆从自我封闭引向开放。其中明显地体现出博物馆从对“物”的关注中进一步解放出来，开始重视对“人”的关注。虽然，文物藏品是博物馆运营与发展的重要基础，但是不能“见物不见人”“管物不管人”，而应该使博物馆从一个侧重收藏、展示、研究的场所，发展为坚持“以人为本”的社会文化传播机构，即从重“物”转变为“人”“物”并重。

7.1.1 深化博物馆服务职能

在博物馆长期发展历程中，文物藏品曾一度被博物馆作为唯一的核心要素，加倍予以重视。针对文物藏品开展的征集、保护、研究等项工作，在特定的历史时期里，一直被定位为博物馆的中心工作。进入 20 世纪 80 年代，一些日本学者预言：博物馆已经进入由以“物”为核心向以“人”为核心的转变时期①。日本博物馆学者鹤田宗一郎提出，博物馆是“人与物之间的结合”，由此引发了博物馆从“物”向“人”转变的讨论。“博物馆不仅要关心物，博物馆更要关心人”逐渐成为博物馆界的普遍共识。1999 年，意大利出现了“没有藏品的博物馆”。这家位于保罗格纳的犹太博物馆没有一件藏品，因而又被称为是一座“空的博物馆”。

近些年，日益兴起的完全不具备实体特征的网络虚拟博物馆，也对博物馆的“物”的本质引发了争议。博物馆的两大核心可以定位为“人”与“物”。博物馆的“人”既包括博物馆工作者，又包括广大参观者。博物馆的“物”则是特指博物馆的文物藏品。笔者认为，无论时代如何发展，无论博物馆的专业化功能和社会化职能如何延伸与拓展，对于博物馆来说，文物藏品的极端重要性必须继续得到认同，文物藏品的征集、保护、研究与利用，作为博物馆的本质特征，必须被坚守。否则，博物馆同展览馆之间将没有区别，博物馆将失去特色与个性，缺少灵魂与底蕴。因此，应该不是提倡从重视“物”向重视“人”转变，而是从重视“物”，向“人”“物”并重转变。

2010 年完成的“国家一级博物馆运行评估报告”表明，尽管国家一级博物馆在质量提升方面做了大量工作，获得了社会的积极响应，但在公共关系和观众服务方面的得分率都仅略高于 60% ②。国家一级博物馆的状况如此，其他各类博物馆的公共服务能力状况显然不容乐观。近年来，社会各界对于一些文化单位动辄花费几百万，几千万，甚至上亿元制作一部电影，排练一台节目，举办一场活动，但是未能产生应有效果和反响，结果造成“评奖是最终目的，仓库是最终归宿”的现象十分反感。但是，目前在博物馆领域，或多或少也存在这种情况，一项投入经费很大的陈列展览，结果观众参观并不踊跃，参观者反映并不强烈，或者观众收获知识不多，参观质量不高。

---

① 安来顺：《当代博物馆的人文情怀与文化角色》，见《中国国际友谊·第七卷》，27 页，北京，文物出版社，2010。

② 中国博物馆协会：《国家一级博物馆运行评估报告》，载《中国文物报》，2011-06-22（3）。

从整体上看，今天博物馆仍然是比较封闭的机构，难以真正实现与社会的有效互动，与开放、共享的时代潮流不相适应。“更有一些博物馆由于无力开展活动，无法履行职责，仅靠严格的上下班制度来树立社会形象。有志者，上班读书、看报，或写写东西；无志者，上班喝茶、聊天。在民众的眼中，这些博物馆不是公共文化场所，而是更像一个人浮于事的‘机关’。以上现象表明基层博物馆在发展方面存在许多问题”[①]。面对博物馆社会地位的急剧变化，公众参与的迅速扩张，博物馆对于自身的社会角色、文化价值和时代使命需要重新认识。

国际博物馆协会前主席 A.S. 康明斯 (A.S.Cummins) 指出，“我们生活在一个非同寻常的快速变革的时代”“我们必须重新思考博物馆和博物馆人的角色应该是什么，超越博物馆是保存藏品的机构和博物馆人是藏品保存者、保护者和研究者的概念”。她强调，博物馆应“坚决为公众服务，认真关注社会和文化变革，帮助我们在一个不断变化的世界里呈现我们的身份和多样性”。美国博物馆协会在解释博物馆定义时，将“教育”和“为公众服务”并列为博物馆的两大核心要素之一，并强调“教育已经成为博物馆服务的基石”，非常明确地把“公共服务”置于当代博物馆体现存在价值的最核心与最前沿的位置。

“为社会和社会发展服务”，就是不断提高全社会的文明素养，不断增进社会公众的自由和幸福。“为社会和社会发展服务”在博物馆服务中的体现，则是以观众为本位，以观众为前提，以观众为目的。坚持以人为本的服务理念，贴近生活，贴近实际，贴近民众，向社会公众提供多种多样的博物馆文化，不仅反映博物馆的工作重心，也是顺应世界博物馆发展的趋势和潮流。博物馆作为社会大众的公共文化教育机构，既承载着历史文化的深刻内涵，又体现着鲜明的时代精神，在其众多的社会价值中，最重要最根本的是对观众的尊重，对观众的服务。

观众是博物馆的核心，为观众服务是博物馆工作的宗旨。以人为本的博物馆发展观，要求尊重观众、理解观众、关心观众，不断把满足观众的全面需求，作为博物馆工作的重点。博物馆在确保观众参观的各项基本需求得到满足的同时，还应该在服务中体现人文关怀。

---

① 凌振荣：《张謇博物馆思想的特点》，载《博物馆研究》，2010（3），3 页。

人文关怀往往体现在博物馆服务的各项细节方面，包括对儿童观众、老年观众和残障观众提供特殊的休息、安全和急救服务。博物馆在向人们提供精神动力、精神滋养的同时，还要关注社会变革和发展过程中的焦点和热点问题，为这些问题的解决提供自身经验，提供技术支持，提供对话空间。

以往社会公众对博物馆的印象是抽象的、模糊的、概念化的，在加强社会服务之后，博物馆呈现出具体的、清晰的、内容与形式有机融合的形象。博物馆的陈列展览既然是为社会公众而举办，就要贴近社会公众，吸引社会公众。近年来，一方面，我国经济迅速发展，财政收入大幅增加，政府有能力建立完善的公共文化服务体系，同时，随着民众生活水平的提高，对公共文化的需求也逐步增加。另一方面，当今社会"信息爆炸"、生活节奏加快、心理压力增大、人际关系疏远。因此，博物馆的社会教育功能大有可为，力争使广大民众通过接受博物馆文化，敬畏历史，重视文脉，关心社会。

在科学技术日新月异、新思维和新观念层出不穷的时代，人们的生存环境、思维方式乃至生活条件正在以始料不及的速度发生着深刻的变革，只有善于学习、吸收和创新才能发展和进步。美国博物馆协会首席执行官 E.H. 埃博（E.H. Able）认为："博物馆第一重要的是教育，事实上教育已经成为博物馆服务的基石。"[①]实践证明，博物馆相关教育凭借其内容独特、形式多样、过程全面、成本较低、效果直观以及教育背景可与时代主题相结合等诸多独具特色、不可替代的优势，可以全面、有效地完善国民教育体系，让每一个人都可以终生享受到博物馆文化的陪伴与熏陶。博物馆教育通过为观众自主学习提供服务，从观众需求出发，积极创造学习的氛围和互动、对话的条件，使观众主动参与博物馆教育传播的过程。

信息时代的到来，各种形式的文化娱乐方式都与博物馆争夺观众。一些博物馆过分强调休闲观光的功能，而忽略了其教育功能，追求展览的高度娱乐性并以此招徕观众，却很少考虑观众在文化教育方面的受益。"博物馆应该具有娱乐功能，但是博物馆决不是娱乐场所，正如幼儿园让儿童快乐度过每一天是其天职，但幼儿园决不是娱乐机构一样。即使博物馆的传播功能可以称之为'交流'，至少在社会发展的现阶段，称其为社会教

---

① 张健：《我国博物馆管理体制问题与对策建议》，见《中国国际友谊，第七卷》，北京，文物出版社，2010。

育机构更为恰当，因为这样才能规范博物馆的传播和服务方式，也更有利于社会大众利用博物馆”[①]。

在美国，芝加哥艺术博物馆教育部负责人认为，该馆除了拥有重要的文物收藏，更引以为骄傲的是可以为五岁儿童到博士学位设计艺术史课程。美国史密森学会亚洲艺术院经常面向一般公众和学生举办与亚洲有关的演讲、音乐、书法、茶艺等活动，每年与有关教师座谈 6 次，听取意见和建议，并邀请其参与编写教育材料，重视配合展览举办拓展活动，例如在 2002 年举办关于中国明清祖先画像的展览之前，博物馆组织了 17 名亚裔高中学生用 10 个月时间走访不同的亚裔家庭，调查其祭祀祖先的内容、形式及演变，并在展览开幕时将调查结果同时展示。

2007 年国际博物馆协会博物馆定义将“教育”调整到博物馆业务目的首位，同时人

“故宫知识课堂”活动（2014年8月1日）

① 陈建明：《虚拟的场景 真实的遗产——博物馆功能再审视》，载《中国博物馆》，2008（3），16 页。

们注意到，博物馆定义在表述时，将"教育"作为"征集、保护、研究、传播、展出"等项博物馆基本业务的共同目的，也就是说，博物馆各项业务活动都应贯彻"教育"的目的[①]。作为国家社会教育体系的一部分，现代博物馆破除了知识的等级，成为家庭与课堂教育的延伸，提供更加全面、优质的博物馆服务，帮助启迪民智，塑造身份认同。当年马克思在哲学、政治经济学、文学等方面所取得的成就，不能不归功于他在大英博物馆的学习，是博物馆培养了这位举世罕见的思想巨匠。同样伽利略、爱因斯坦、达尔文等，几乎所有的科学家，都离不开博物馆对他们的哺育。

博物馆被称为是离真理最近的地方，因为博物馆传播与展示的是人类和人类环境的"物证"，所以，具有客观和真实的特点。英国博物馆界普遍认为，博物馆与观众的关系不应该是施教者与受教者的关系，而应该是一种平等互动的关系。在这种理论和观点的影响下，许多英国博物馆向激发观众学习兴趣，引导观众进行学习的角色转换，即博物馆功能由教育向学习转变。为此，大英博物馆将教育部改名学习部。事实上，博物馆在英国被视为最重要的教育机构之一。博物馆如今已经取代教堂在英国社会的地位，成为绝大多数人一生中最重要的文化体验[②]。

社会教育是博物馆履行社会服务功能的重要方式和手段，直接面向公众，承担社会责任。在正常情况下，从小学到大学毕业，只有 16 年左右时间，即使有机会攻读研究生课程，也不过再加上数年，也就是还有数倍于学校教育的时间要靠自我学习，人们获得的大部分知识必然来自社会教育。因此，博物馆就像一座综合型的"社会大学"。博物馆教育有着多种多样的传播形式，包括围绕文物藏品和陈列展览开展的讲解、演示、出版以及咨询服务、演出、教学、讲座、学术研讨、专题鉴赏、座谈、家庭日活动、手工作坊、夏令营、知识竞赛、博物馆之友、电子网络服务等。

在当今世界各国的博物馆实践中，社会教育作为重要社会诉求得到空前重视和充分彰显，其中青少年教育依然是博物馆服务的核心内容之一。参观博物馆历来是英国中小学教育的一个重要环节。在伦敦的大小博物馆、艺术画廊里，人们可以经常看到学校组织中小学生到这里参观，或是在展厅里举办文化、历史、艺术等方面课程。在大英博物

① 陈建明：《虚拟的场景 真实的遗产——博物馆功能再审视》，载《中国博物馆》，2008（3），16 页。
② 纪双城：《向国外博物馆同行学"竞争"》，载《环球时报》，2011-04-22（13）。

馆里常常会看到老师带领学生置身其中，或参观，或临摹，或动手仿制展品。据统计，每年以班组为单位参观大英博物馆的儿童和中小学生将近 20 万人次。

柏林国家博物馆总馆长 M. 艾森豪尔（M.Eissenhauer）说："在博物馆，一个孩子可以观察、探索一个近在眼前的实物展品。而这些知识通常只能以理论的形式出现在学校的课本里。从这一角度来说，走进博物馆是补充知识的最佳途径。2010 年，柏林国家博物馆就接待了 34 万多名学生。"[①]在我国，杭州市共有 71 座博物馆承担着举办适合青少年成长需要的"第二课堂"的重任，中小学生每人每学年必须参加 6 次以上"第二课堂"活动。市财政每年安排专项资金兑付学生参观博物馆的"教育券"，这笔资金也是博物馆的发展资金。但是，中小学生对于将自己手中的教育券使用在哪座博物馆，有自己的选择权，这一措施对这些博物馆来说，形成了平等竞争机制[②]。

在美国，博物馆公共教育的理念由来已久。早在 1880 年，美国学者詹金斯便在其《博物馆之功能》一书中明确指出：博物馆应成为普通人的教育场所。美国博物馆格外重视展览的延伸和拓展教育。据统计，美国 88% 的博物馆为幼儿园至高中的学生提供教育项目，每年至少有 5000 万学生参加这个项目。博物馆每年用于学生教育项目的开支多达 1.93 亿美元，教育时间至少 400 万小时，70% 的博物馆专门有人负责教育项目[③]。大都会艺术博物馆教育部每年为观众举办的教育活动场次都达到 2 万场。对此，博物馆每年都有非常全面的数据统计，为其制订工作计划提供基本依据。

大都会艺术博物馆对外宣称："从 1870 年大都会博物馆创建以来，教育一直是我们的基本使命。"在这一使命下，博物馆承诺向所有人提供服务，从资深的艺术学者，到从未涉足艺术博物馆的人士；从带着儿童的年轻家庭，到独立探索视觉艺术的青少年；从沉浸于学校功课的学生，到正在寻求引入艺术课程的老师。在这样一种把教育作为博物馆基本使命，将教育界定为向所有人服务的理念下，大都会艺术博物馆的教育工作有着广泛的发展空间。基本上每位博物馆员工都负有教育使命，社会公众都可以享受博物馆的教育资源[④]。

---

① 纪双城：《向国外博物馆同行学"竞争"》，载《环球时报》，2011-04-22（13）。
② 杨雪梅：《打造国民教育的第二课堂》，载《人民日报》，2011-02-18（19）。
③ 张和清：《美国博物馆业概览》，见《中国国际友谊·第七卷》，141 页，北京，文物出版社，2010。
④ 果美侠：《大都会艺术博物馆教育工作述评》，载《中原文物》，2011（2），95 页。

7.1.2 提升博物馆服务质量

近百年来，我国博物馆一直致力于提升人们的文化素质，丰富人们的精神生活。郑振铎先生认为，“新中国的文物工作，应该有与旧中国完全不同的认识与方式。那就是不能把文物、图书看作‘孤立’的脱离人民群众的东西，而是必须把它们和人民群众的实际生活联系起来。不能把博物馆、图书馆办成静止的消极的文物、图书的保存单位，而是应该打开大门，面向群众，为他们服务，对他们进行宣传和教育”[①]。民族精神是民族文化的集中体现，是民族文化的灵魂，是一个民族赖以生存和发展的重要精神支撑。面对世界范围各种思想文化的相互激荡，必须把弘扬和培育民族精神作为文化建设极为重要的任务。

南通博物苑的实践不仅是我国博物馆最早的实践活动，而且是最经典的实践活动。无论是“纵人观览”的陈列活动，还是“并蓄兼收”的收藏活动，无论是将南通博物苑作为学校的后盾“为本校师范生备物理上之实验”，还是将南通博物苑作为社会服务的场所“为地方人民广农业上之知识”，都无不从一开始就契合了现代博物馆的本质和规律[②]。《国际博物馆协会职业道德准则》指出：“博物馆是公众信任的对象，其社会价值与其所提供的服务质量成正比”，因此，“博物馆受聘人员在一切活动中必须本着诚实的态度，按照最严格的道德准则以及客观现实的最高水平行事”，将博物馆办成最讲诚信的殿堂。

博物馆教育具有实物性、直观性、自主性、社会性、寓教于乐等特点。随着社会的发展与观众的需求变化，教育者和受教育者之间的关系也随之发生了变化，教育人员的单向传播过程不再是唯一的手段，受教育者自主选择权逐渐扩大，观众与博物馆的互动越来越受到关注。就青少年而言，大学生、中学生、小学生乃至学龄前儿童，生长在信息时代，思维活跃、崇尚技术、追求时尚，需求呈现多样化、个性化，以往单向传播的教育模式和资讯方式，已经远远不能满足他们对博物馆的需求，这就需要采取不同的传播内容，不同的教育方法，不同的工作语言，以适应不同教育对象。

陈列展览是博物馆发挥教育职能最直接也是最关键的途径，而我国大多数博物馆对

① 卫东风、曾莉：《改造与整顿时期中国博物馆展览活动案例分析》，载《中国博物馆》，2008（4），91 页。
② 李让、李文昌：《博物馆的记忆与想象》，184 页，北京，学苑出版社，2005。

于陈列展览的理解还停留在“单向灌输”的层面上，对于进入博物馆的参观者，主要的手段就是展示文物藏品，提供简单的文字解说或者人工讲解。这种消极的接待方式影响了文物展品信息传播的深度和广度，也折射出博物馆对于公众教育的懈怠态度，而这些最终都会损害博物馆观众的文化权益。今天，博物馆应该主要通过为观众自我学习提供服务而实现其教育职能，这一观念的提出要求博物馆树立起一种积极互动、启发引导式的教育理念，而这也正是我国博物馆教育工作较为薄弱的环节。

英国博物馆教育专家 A. 霍普格林希尔（A.Hopegreenhill）认为，博物馆的教育是特指博物馆的讲解，以及为成年人和儿童开发的一系列教育性活动[①]。因此，讲解是沟通博物馆与观众的桥梁，是社会教育工作中最直接、重要的环节。在传统的博物馆教育概念中，讲解始终被置于核心位置，成为博物馆教育的核心内容之一。由于博物馆是向社会开放的文化教育机构，博物馆讲解的基本任务，是以博物馆收藏的文化和自然遗产资源为依托对象，通过口头交流的方式，针对多样化的观众群体进行智力开发，并为之提供愉悦的体验，与社会公众之间建立起最为直接的联系。

免费开放政策的实施，使博物馆加快了融入社会的步伐，与社会各阶层建立起更加广泛的联系，与此同时，观众结构也发生了较大变化，呈现出多元化趋势，其中博物馆观众的认识、感悟、休闲、参与等现实需求，都应该成为博物馆改进讲解服务的动力。如今，每天博物馆打开大门的时候，讲解人员都会迎来不同知识结构、不同专业领域、不同经济条件、不同年龄阶段、不同民族地区的观众群体。其中未成年人、老年人、郊区农民、低收入者和外来务工人员参观博物馆的人数，较免费开放前有了大幅度增加，不少观众有生以来第一次走进博物馆，由于文化背景和生活习惯的差异，给博物馆讲解增加了难度。

在这一情况下，讲解人员要更加谦虚亲和，无论观众的社会背景如何，都要给予同样的尊重和人文关怀。例如外来务工人员多数从事建筑行业和服务行业，虽然自立自理能力比较强，但是受教育程度相对较低，对讲解中的专业术语理解能力较差，对文物展品说明和介绍资料不能完全理解，与以往博物馆观众在知识结构方面存在明显差异，增

① 张希玲：《关于创新博物馆讲解工作的几点思考》，见《21 世纪博物馆核心价值与社会责任》，71 页，北京，科学出版社，2010。

加了讲解的难度，这就需要讲解人员以更加通俗、生动的语言，更加平等、耐心的态度，加以交流沟通。同时，针对一些观众在展厅内大声喧哗、乱扔废弃物等不经意地暴露出来的不良习惯，也应该妥善加以劝阻和引导，避免影响参观讲解的环境和效果。

博物馆免费开放的调查表明，公众对博物馆的陈列展览内容吸引力评价较高，但是对于讲解员的讲解效果并不满意。一些博物馆对于讲解工作重视不够，对于讲解人员缺乏系统化、专业化的培训，缺少有针对性的专门教材，在知识结构方面缺少正确的引导。一些博物馆的讲解人员，对陈列展览的主题和文物展品的内容，缺乏深入的理解和研究，讲解往往仅限于对博物馆编写的讲解词背诵复述，因此，不能满足观众的求知需求；一些博物馆的讲解人员，由于知识结构和价值取向等方面问题，热衷于讲解一些轶闻野趣，使讲解内容过于浅薄，不能达到为观众增长知识的目的。

同时，一些博物馆的研究人员，对于讲解工作不屑一顾，没有将讲解作为研究工作的延续；一些博物馆的研究人员，虽然有直接为观众讲解的愿望，也具备为观众提供准确、详尽、权威讲解的知识储备，但是由于没有经过讲解的专门训练，存在用语生涩的现象，不能针对文物展品所包含的信息，将所研究的内容深入浅出地表达出来，影响观众对博物馆信息的接受。面对这一挑战，无论是提高讲解的专业化水平，还是创新讲解的传统模式，能力建设已经成为当务之急，需要博物馆讲解工作在继承传统的同时，努力探索符合时代要求、公众需求的理念和方法。

至 2014 年，我国有各类博物馆 3400 余座，从事讲解工作的人员超过 1 万人。这支队伍已经成为支撑博物馆教育的重要力量，在博物馆事业的发展中，发挥着不可替代的重要作用。但是，随着博物馆事业的快速发展，博物馆观众需求的多样化，对讲解提出了更高的要求，讲解工作的专业化水平问题也引起了社会各界的高度关注。近年来，讲解人员学者化已经成为博物馆界的共识，讲解人员学者化建设也成为破解讲解服务瓶颈问题的关键。但是，讲解人员学者化建设毕竟是一项复杂的、长期的任务，讲解人员能力和素养的提高是一个循序渐进的系统工程，既不能望而却步，也不可能一蹴而就。

由于博物馆的讲解效果不能充分满足观众的要求，看不懂仍然是许多观众在走出博物馆后的共同感受。“由于讲解词的千篇一律，一些常规展览中‘讲解员厌讲，观众厌听’已经成为一个带有普遍性的现象”[①]。观众在博物馆的参观感受往往是被动的、单向的。一些博物馆讲解人员水平参差不齐，难以发挥应有作用。一些博物馆讲解人员拘泥于讲解词，死记硬背，浮光掠影，浅尝辄止，苍白乏力，讲解时缺乏细致、生动的语言，令人感到照葫芦画瓢，缺乏对观众的吸引力，更不能满足观众多样性的需求。同时，由于一些博物馆讲解人员的数量有限，观众多时难以满足需求。

在讲解人员的岗位培训中，除了常规的个人形象、语言声音外，更注重培养他们的文化素质。按照专业化的要求，讲解培训内容应该包括以下方面。一是专业知识学习，包括博物馆教育和传播基础理论，例如博物馆学、教育学、传播学、公共关系学、市场营销学等；文物陈列展览以及相关学科的基础知识，例如历史学、考古学、哲学、美学、心理学、语言逻辑学等；与博物馆或文物相关的法律、法规、政策等。二是专业技能培训，着重对讲解内容的组织、讲解人员的沟通交流能力及讲解语言表达技巧进行学习和训练，包括有声语言表达，态势语言表达，讲解词写作，礼仪礼节等。

随着社会公众文化素养的不断提高，讲解人员提供的知识信息，应更具针对性、全面性和系统性，才能对观众的知识储备起到补充、深化、旁证的作用，才能对观众具有吸引力。博物馆讲解人员的人格力量具有不可忽视的作用。讲解人员只有首先热爱博物馆事业，热爱讲解工作岗位，才能做好本职讲解工作。当讲解人员直接与观众面对面进行沟通交流时，必然产生强烈的现场效应，观众在听取讲解的同时，也始终感受到讲解人员所表现出来的心态和气质。因此，讲解要获得理想的效果，除了需要讲解人员具有较高的文化修养，较强的表达能力，较好的心理素质外，还需要充满自信，需要真诚流露。

目前，一些博物馆为了使讲解服务更加全面，让相应的观众获得更多相关的信息，采取有针对性讲解策略。例如接待小学生参观，相应选派有幼教经验的讲解员，采用通俗、浅显的语言讲解，注重故事性和趣味性；接待初中生参观，相应选派有一定讲解经验的讲解员，用简明、准确的语言启发诱导式讲解，引人入胜，增加吸引力，增强学习效果；接待高中生、大学生参观，相应选派熟悉历史的专业骨干或具有中高级职称的专业人员

① 邓健：《论博物馆如何通过陈列展览吸引观众》，载《东南文化》，2010（1），100页。

山西博物院小小讲解员（2014年8月2日）

讲解，使参观者能接受有深度，有广度的知识。一些博物馆对于专业性较强、选题有特色的陈列展览，往往安排专家进行讲解，满足文化素养较高的观众需求。

南通纺织博物苑在讲解方案方面，提倡细化服务，讲解预案分为专家、领导、学生等，学生又分大、中、小、幼，其中大学生则又有专业与非专业之分，根据不同观众安排相应的讲解人员。例如讲解人员根据学校的教学安排，组织针对中小学生的专门讲解，在内容的取舍方面尽可能贴近学校的教科书。同时，发挥博物馆文化的优势，体现与学校教师不同的方法和内容，使学生们感受到博物馆知识，是对他们在学校所获得知识的印证、补充和延伸，体验到与学校教育不同的良好感受。使学生们通过在博物馆的愉悦经历，进而喜欢博物馆，并产生持续参观博物馆的愿望。

英国博物馆教育专家 G. 得宾（G.Durbin）和 S. 莫里斯（S.Morris）建议，讲解人员以为观众设定问题的方式，将实物展品的信息归纳为五大类，即实物的具体特点、实物的结构、实物的功能、实物的设计及实物的意义和价值。所设定问题包括四个方面，即“主要思考的问题”“具体的问题”“参观中得到的信息”和“值得深入探讨的问题”，引导观众在参观过程中找到答案。因此，博物馆需要给观众更大的自由度和自主权，讲解人员也不仅是知识的传播者，而重点是为观众创造相关知识整合而服务。在具体实践中，讲解人员应将自己视为观众群体的共同学习者，必须与观众始终处于真诚、平等和透明的交流对话状态之中。

观众从走进博物馆的时刻起，大量的文化信息就会扑面而来。“所谓博物馆学习，是观众以自己现有的知识、技能、态度等心理结构为基础，通过与博物馆进行的双向的相互作用来形成、充实或调整自己的知识、技能和态度的过程，而这种变化会对观众个体以及在相关情境中的活动的水平和方式产生影响。博物馆观众经由实物展品、辅助展品、说明文字、视听材料和其他相关活动等一系列的要素所激发的刺激反应，从而出现在认知、技能、情意诸方面出现的相应变化”[①]。对于博物馆来说，只要观众在博物馆学习中感到快乐，感到满足，那么博物馆实际上就已经达到了目的。

在博物馆中，观众在原有知识储备的基础上，动员各种感官，进行有选择的学习，并运用自己熟悉的语言、概念进行理解和分析，将新的知识与已有的知识联系起来，纳入自身知识结构之中。对于博物馆观众来说，学习的动力来自自我兴趣，学习的目的来自自我激励，学习的深度来自自我探索。没有人对博物馆学习效果进行考核与评价，观众之间也不具有竞争关系。同时，博物馆也是一个学习交流的环境，观众既可以浏览式地参观，也可以对自己感兴趣的陈列展示内容进行深入研究；既可以自己探索发现，也可以寻求讲解人员的帮助，在轻松的环境中完成文化信息的接受与传播，没有任何压力。

7.1.3 扩展博物馆服务效果

今天，博物馆正在融入新时代社会发展大潮，时代要求博物馆的文化遗产资源，转化为社会教育资源，发挥博物馆独特的文化作用，满足不同知识层次、不同文化背景观众的多样化需求。人类具有学习的自然倾向，获取知识是人类与生俱来的需求。博物馆发挥教育功能，应强调以观众为中心，激发观众高层次的学习动机，从而使观众能够自己教育自己。目前越来越多的博物馆观众，将参观博物馆视为一种自发的、有目的、有选择的学习过程。因此，博物馆应努力使观众能够在相当大的范围内，自行选择学习角度和材料，自行安排适合自己的学习情境，提出自己的学习问题，确定自己的学习进程，并评价自己的学习效果。

新时期博物馆是人们平等交流，是人们享受学习、探索发现、充满想象的地方。为此，博物馆应努力挖掘观众在学习能力方面的内在潜能，研究如何为这些观众创造良好的学习

① 李胜男：《人本主义心理学与博物馆教育功能探析》，载《博物馆研究》，2010（3），31 页。

环境，让他们能够在真实的情境中实现体验性学习，使观众的学习潜能得以充分发挥，将认知与情感结合在一起，从自己的角度认知陈列展览，实现对文物展品的深刻理解，达到自我实现的境界。博物馆通过引导观众自由讨论，鼓励观众研究展品，安排观众实际操作，使观众获得更多知识，激发新的创意灵感。同时，博物馆的陈列展览应努力揭示文物展品中对人类进步、社会发展具有普遍意义的内容。

实现与观众的成功沟通，是博物馆工作的重点，而博物馆社会教育工作中，与观众发生联系最多的人员就是讲解人员。因此，讲解人员的岗位性质非常关键，他们既担负着宣传和教育的职能，又要有效地组织和引导观众，成为一座博物馆的形象代言人。“如果说，典藏文物是博物馆的心脏，教育是她的灵魂，而讲解员则是掌握灵魂的人”[①]。博物馆讲解作为一门专业，有着自己的专业特征、研究对象、学术语言和教育模式。有人认为：讲解是知识和语言的高度综合艺术，其职业特点与一般导游有着根本的区别，而综合了教师、播音、演讲、话剧、表演等专业的技术手段，是专业性、知识性和艺术性的综合。

对于相当一部分观众，特别是成年观众而言，他们在来博物馆之前，已经根据以往的生活体验，对一些文物藏品形成自己的观点，博物馆讲解为他们提供的教育，不应是灌输各种知识，而是把他们原有的知识和将要获得的新知识加以整合，帮助他们在参观过程中提出问题并解决问题，实现认知能力的增长，有利于智力开发，为培养博物馆的忠实观众，培养未来合格公民做出贡献。由此可见，讲解人员的工作不是单纯追求某种学习的结果，也未必谋求某种共识，而是引发观众的思考，让观众在参观过程中通过观察、分析，自我求证得出相应的结论。因此，博物馆需要给观众更大的自由度和自主权。

博物馆是广大民众的终生课堂，也应该是讲解人员的终生课堂，讲解人员要有成为专家学者的强烈愿望，即在具备语言、礼仪和讲解技巧等方面基本素质的基础上，主动参与博物馆的科学研究工作，加强对历史学、考古学、博物馆学等专业书籍、报刊的广泛阅览和深入学习，努力具备良好的文化修养和丰富的专业知识，如此才能对陈列展览的内容设计大纲及文物展品内涵有全面和独到的见解，才能在讲解服务中游刃有余，运用得体。例如武汉博物馆的青年讲解员们善于总结和探索，依据多年工作实践，编辑了《律

① 刘启芳：《讲解员学者化——纪念馆宣传教育的可持续发展之路》，载《上海文博》，2008（4），78 页。

动的足音——武汉博物馆展览解读》一书，总结出独具特色的博物馆讲解经验[①]。

科技成果、文化信息的日新月异，要求讲解人员努力跟上时代步伐，在日常工作中有意识地强化自主学习，采取多种形式汲取更多的专业知识，并有兴趣地涉猎更广泛的非专业领域知识，学会对知识进行筛选、加工、整理，善于积累，使自己的自主学习能力、有效学习能力不断提高。博物馆的文物展品往往具有艺术价值，审美鉴赏是一项高雅活动，需要长期积累才能达到一定境界。通过提供优质的讲解服务，能够指导观众正确理解文物展品的文化内涵，是行之有效的博物馆文化普及方式，能在潜移默化中提升观众的艺术鉴赏能力和文化修养。

西方的博物馆学者认为，博物馆的目的并不在“教”，而在于帮助观众“学”。更有学者主张，应该用“交流”一词代替“教育”，认为“交流”更能反映当代博物馆教育活动的实质。我国的博物馆学者也逐渐意识到“博物馆是通过为观众自我学习提供服务而实现教育目的的”。因此，必须实现博物馆讲解创新，在多样化的社会教育形式中，摸索出一套富有博物馆自身文化特色的讲解方式和讲解方法，以实现博物馆的社会教育与现代社会的国民教育接轨。这里所说的博物馆讲解创新，包括讲解内容创新、讲解技巧创新、讲解情境创新和讲解角色创新等方面内容。

在讲解内容创新方面，尽管传统的讲解方式仍在博物馆普遍使用，但是讲解人员事先准备好的那些信息和结论，已经不能完全满足观众希望更多亲身体验的要求。博物馆的讲解不等于说明，而是需要深入透彻地去把握陈列展览、把握文物展品，讲解人员必须对陈列内容的复杂历史背景、对文物展品深厚的历史内涵有足够的了解才能胜任。讲解人员不但应熟悉、记住既有的讲解资料，而且应该做好提炼，应尽量改变“背诵演讲稿”式的讲解模式，推行双向交流式讲解。而且双向交流可以及时获得观众的反馈意见，对讲解人员来说也是难得的督促和鼓励。观众从不同角度提出的问题，可以为讲解人员提供新的思维方式。

在讲解技巧创新方面，博物馆要善于借鉴和利用现代教育心理学的一些理论成果，强调观众的高级心理活动在参观过程中的作用。通过博物馆讲解人员的努力，使博大精

① 刘庆平：《讲解员著书解读展览》，载《中国文物报》，2010-06-30（8）。

深的博物馆陈列展览变得鲜活生动，震撼每一位参观者的心灵，也赢得更加广泛的社会赞誉，使博物馆与观众的关系更为亲近，吸引更多的观众走进博物馆。近年来，博物馆陈列展览更加重视营造观众进行学习的环境，使观众不仅可以亲自动手参与操作，而且鼓励观众开动脑筋进行思考，从而真正地理解相关内容。在此背景下，博物馆的讲解工作应能根据观众的需要、兴趣及时调整，及时解答观众疑问，甚至与观众进行短暂的讨论。

在讲解情境创新方面，讲解人员应该能够结合讲解内容，观察参观现场的气氛，来营造出适当的讲解情境，使讲解获得最佳效果。当人们进入博物馆鉴赏文物展品，希望穿越时空的阻隔与历史对话，走进历史文化的真实，需要一种肃静、庄严、富有文化氛围的环境。因此，要考虑并满足观众的求知欲望、心理感受和生理需求，给观众以知识的涵养和文化的享受。这样有利于建立起讲解人员与观众的友谊，通过真诚的微笑、亲切的语调、信任的目光、包容的胸怀和恰当的方式，增加博物馆的亲和力，对于培养固定的观众群体，树立博物馆的良好形象至关重要。

在讲解角色创新方面，讲解人员应该具备不断转换角色的能力，在实际的讲解过程中，既要成为释疑解惑的教师，又要成为耐心聆听的学生，还要成为沟通心灵的朋友。这些不同的角色，常常需要快速调整情绪，在一次讲解过程中进行不断的转换。讲解工作是博物馆与社会联系的环节，讲解人员与观众的关系其实也是博物馆与观众的关系，如果博物馆都能从讲解人员开始与观众建立良好的人际交流，博物馆对社会公众的吸引力将会大大提高。因此，博物馆应该关心观众的价值与尊严，摆脱单纯说教者的形象，讲解人员与观众之间要建立起平等、民主、合作的关系，使观众获得更加愉快的参观经历。

由于在很多博物馆，讲解人员不得不面对内容广泛的陈列展览、类型复杂的文物展品，因此对于讲解人员进行系统的、专业的、科学的培训成为迫切的任务。博物馆应为讲解人员提供必要条件和充足时间进行学习。培训旨在提高讲解人员的专业基础知识、语言表达能力和服务技能水平。例如讲解人员通过研究博物馆藏品，深入研究这些文物藏品与观众需要和兴趣之间的关系，并以此为依据，制定针对不同观众的讲解内容和方法。一些博物馆为了使讲解人员培训富有实效，每年都制订周密的培训计划，在保留经典课程的同时，针对现实需要安排诸如考古新发现、文物保护技术、获奖陈列方案分析等实用课程。

秦始皇兵马俑博物馆每年冬季坚持利用两个月的淡季时间对讲解人员进行培训。培训内容围绕强化综合素质进行，重点突出讲解人员职业道德、仪容仪态、礼节礼貌、形体训练、语音语调、讲解技巧等，以及博物馆学、考古发掘、科研成果、文物保护技术等业务知识的学习，并重点掌握博物馆陈列展览内容及相关文物展品的背景知识。培训方式主要采用集中授课、分组研讨、观摩教学、现场示范、参观考察、交流汇报、讲解考核等形式，包括探讨讲解人员如何与观众进行互动交流，如何分析与把握讲解过程中观众的心理变化，做到学有效果，学以致用。

讲解艺术最本质的特征是知识和语言的有机结合，一方面，讲解人员需要学习和掌握各方面的知识，另一方面，语言运用好坏则关系到能否吸引观众。讲解人员的语言一是要真实。内容准确，观点鲜明，系统完整。二是要规范。发音标准，语言规范，口齿清楚，语速适中，语句连贯流畅。三是要简洁。表达语意明白简洁，尽可能用精练的语言传达最多的信息量。四是要生动。史物结合，注意声调和节奏，追求有亲和力、声情并茂的讲解效果，增强吸引力和感染力。五是要文明。谈吐文雅，适时运用礼貌语言。六是要科学。需要面对不同职业、民族、年龄、性别、文化水平的观众，针对特殊群体还需要使用外语、少数民族语言、方言或哑语讲解。

同时，讲解人员的服务态度十分关键。一是要主动，积极联系、组织观众，及时提醒观众注意事项，做好或协调讲解过程中发生的事项，不得无理拒绝讲解。主动了解观众信息，包括团队来源、组团名称或单位、参观时间、人数。特殊观众还应掌握对方姓名、职业或工作经历，以及不同国家、不同民族的特点等相关信息。二是要耐心，繁忙之中不急不躁，对事情不推诿；善于克制和忍让；认真答复、解决观众在参观中遇到的问题。三是要周到，想观众之所想，主动关心老、幼、病、残，体贴细致。四是要热情，面带微笑，自然适度，亲切和蔼，稳重端庄，落落大方。

博物馆讲解承担着神圣的文化传承使命，是面对面地将博物馆陈列展览和文物展品知识传递给观众的方式。因此，很多博物馆在对讲解人员进行选拔时，十分注意个人外表形象、语言表达能力、文化基础知识等方面的要求。讲解人员的仪态是在观众心目中最直观形象，包括讲解人员的仪容、风度、表情、姿势、举止、目光等。仪态无时无刻不在向观众传达信息，感染观众的情绪。仪态作为讲解人员内心修养的外在表现，实际上是讲解人员的综合形象，在很大程度上影响着讲解效果。因此，讲解人员在讲解过程中要仪态端正、情绪饱满、手势恰当、语言流畅，富于亲和力。

新的时代，对博物馆讲解人员提出了更高的要求、条件和标准，包括具有较高的文化素养和学习能力；具有系统的博物馆学知识，并有一定的博物馆工作经验；具有讲解所涉及内容的基础性专业知识；具有学校教育、社区教育的经验；具有当代传播技术的基本技能；具有一定组织、协调和管理能力；具有与不同领域人士沟通交流的能力；具有出色的语言组织和表达的能力和技巧等，这些对于博物馆讲解人员来说均至关重要。博物馆讲解人员不应仅给观众外貌年轻漂亮的印象，更应展现风度、修养和耐心，言谈举止、待人接物等均应体现出博物馆的特有文化，既具有亲和力，又富有感染力。

今天，不应将博物馆讲解工作视为“青春职业”或专门职业。从事讲解工作多年的讲解人员和年龄较大的志愿者讲解人员，往往可以给予观众知识广博的信任感。但是，一些人认为博物馆讲解职业过于平凡普通，甚至认为不能实现自身人生价值。“很少有人把讲解作为终身职业来发展，立足岗位成为专家型讲解员的人才较少”[①]。实际上，“我国有些老讲解员毕生担任讲解工作，职称评为研究员后，仍活跃在讲解第一线。他们反对‘讲解员是青春职业’的说法。这些应该被视为博物馆教育的精神财富”[②]。因此，要改变“讲解职业是青春职业”的观念，使博物馆讲解成为拥有尊严、令人尊敬的工作。

7.2 从服务“观众”到服务“公众”

新的形势下，博物馆发展越来越注重人的因素，强调“以人为本”，强调主体的参与性，强调为社会及社会发展服务等理念，这些都使博物馆走出传统模式，融入现代社会结构中来。今天人们认识到“物”不是博物馆的一切，博物馆对“人”的发现，是服务社会

① 田静：《探索讲解员业务培训管理的长效机制》，载《中国文物报》，2011-04-20（7）。
② 苏东海：《什么是博物馆——与业内人员谈博物馆》，载《中国国家博物馆馆刊》，2011（1），140 页。

理念的进步。但是，一直以来，博物馆对“人”的关注，更多地表现为对来馆观众的关注，如今应该更加提倡博物馆对社会公众的关注，实际上就是要求博物馆更加广泛地实现对“人”的关注。

7.2.1 巩固博物馆服务成果

在我国，2002 年，广东省湛江博物馆、番禺博物馆率先宣布常年免费对社会开放，受到好评。2003 年的“国际博物馆日”，杭州西湖周边的中国茶叶博物馆、南宋官窑博物馆、杭州历史博物馆、苏东坡纪念馆等，全部 15 座市属博物馆在全国率先宣布取消门票，免费向社会公众开放。意想不到的是，仅半年时间参观者就达到 120 余万人次，而以往半年的参观人数仅为 20 余万人次。2004 年 1 月，浙江省博物馆、中国丝绸博物馆也向社会宣布，除了星期一上午闭馆外，在其余工作日，包括节假日均对外免费开放，所有参观者都可以免票入馆。

浙江省博物馆是我国实施免费开放的第一座省级博物馆，而免费开放带来的门票收入损失，则通过浙江省财政予以补足。2004 年 1 月 1 日，在浙江省博物馆免费开放的仪式上，请来了三位社会人士剪彩，一位是 1929 年出生、与博物馆同龄的市民代表；一位是分管博物馆工作的省领导；还有一位就是博物馆馆长。这三位代表集中反映了政府与博物馆与市民的关系，即政府用纳税人的钱向博物馆购买公共文化产品，并无偿提供给社会公众，使社会公众的基本文化权益得到保障。

一石激起千层浪。当时在国内旅游景点纷纷涨价的情况下，西湖周边的博物馆却实施了全部免费开放，使杭州成为全国首个博物馆全部免费开放的城市，免费开放使杭州的文化氛围更加浓厚。过去，美丽的西湖曾留给人们许多遗憾。环湖沿线许多博物馆和文物景点单独收费，挡住了众多参观者的脚步。实施免费开放后，浙江全省博物馆观众人数明显上升，从 2003 年的 116 万人次、至 2004 年的 269 万人次、上升到 2005 年的 317 万人次。其中浙江省博物馆免费开放以前，年观众量 20 万人次，2004 年免费开放第一年，观众量即达到 105.6 万人次，随后 3 年均保持在 100 万人次以上①。

---

① 陈浩：《浙江省博物馆免费开放启示录》，载《中国文物报》，2008-03-28（6）。

实践证明，博物馆免费开放最大的受益者是博物馆所在城市。由于博物馆免费开放使人们滞留城市的时间得以延长，带动了旅游等相关收入的增长，在总体上增加了城市收入。免费开放后，游客在杭州逗留的时间比原来平均增加了 0.8 天，由此产生的旅游消费，对杭州市财政的贡献达到每年 100 多亿元。尽管杭州市和浙江省博物馆免费开放的举措赢得了社会的普遍赞誉和强烈反响，但是这一举措却在博物馆界引发了激烈的争论。2006 年参加在昆明举行的一个全国博物馆馆长论坛时，与会的大多数馆长明确表示不赞成现阶段实行免费开放。

当时馆长们的疑问包括：浙江省的博物馆免费开放得到了省财政充足的经费支持，然而全国其他地区的博物馆能否具备同样的优越条件？在公民素质还需要提升的时期，免费开放会不会对博物馆的文物展品造成伤害，服务和管理能否得到迅速提升？当时有专家公开声称博物馆将变成农贸市场。但是，浙江省博物馆陈浩馆长表示，“我们的想法倒是从来没有动摇过。在免费开放这件事上，我们知道什么是大方向，什么是必须坚持的，什么又是短暂的、局部的，可以通过努力改变的。服务设施不够可以增加，管理不到位可以逐渐改进，公众的素质可以逐步提高，就是不能走回头路，重新设立门槛儿”①。

2007 年 11 月开始，湖北省博物馆正式向社会免费开放，立即引起强烈反响，也带动了全国各地民众、媒体以及博物馆界对本地区博物馆是否免费开放的关注与思考。博物馆免费开放伊始观众如潮，大大超出了博物馆的正常接待能力。湖北省博物馆免费开放最初 30 天，接待观众 20.8 万人次，与 2006 年的全年观众 20 万人次基本持平，创造了湖北省博物馆日参观人数的历史最高纪录，被一些媒体称之为“井喷”“爆棚”现象。事实上，湖北省博物馆原设计的正常接待能力仅为日均 3000 人次。针对免费开放后的变化，湖北省博物馆对原有接待能力和可以挖掘的潜力进行了慎重的评估，得出每日 5000 人次为可承受接待能力的结果，因此决定，将每天的观众量控制在 5000 人次以内，以保证正常的参观环境，特别是观众和文物的安全。

为了更好地保障广大民众的基本文化权益，2008 年 4 月，《关于全国博物馆、纪念馆免费开放的通知》正式发布，确立了我国博物馆以免费开放为基本原则的制度，全国

① 杨雪梅：《打造国民教育的第二课堂》，载《人民日报》，2011-02-18（19）。

博物馆向社会免费开放工作正式启动。博物馆更加融入广大民众的社会生活，成为现代文化生活的重要组成部分，为博物馆纳入国民教育体系奠定了坚实的基础，增强了为民生服务的能力。根据《通知》要求，全国各级文化文物部门归口管理的公共博物馆、纪念馆以及全国爱国主义教育示范基地全部实行免费开放。

《通知》明确国家财政设立专项资金，重点补助地方博物馆、纪念馆免费开放所需资金，鼓励改善陈列布展和举办临时展览。其中列入免费开放名单的地方所属博物馆、纪念馆门票收入减少部分全部由国家财政负担，予以全额补贴，对于免费开放后新增的工作量及费用，即运转经费增量由国家财政分别按照东部地区 20%、中部地区 60% 和西部地区 80% 的比例进行补助。与此同时，国家财政还加大对博物馆、纪念馆陈列展览的投入，以提高博物馆整体陈列展览水平。事实上，国家财政设立的博物馆免费开放专项资金，随着免费开放工作的深入，及时予以调整，由 2008 年安排第一批专项资金 12 亿元，到 2009 年增加为每年 20 亿元，2011 年又增加到 30 亿元，地方财政也安排了相应资金，保障当地博物馆免费开放的经费需求。

鉴于我国经济社会发展的状况，实施博物馆免费开放，一方面采取“分类实施”的原则，即博物馆免费开放的内容主要为其基本陈列、使用公共财政资金举办的公益性专题展览，而独立于上述陈列展览之外的配套服务项目，例如相关纪念品等文化产品、展演活动、非定时讲解，以及博物馆按市场化运作，由国内外引进的特别展览、临时展览，可适当收取费用，以弥补博物馆经费之不足。另一方面采取“重点扶持”的原则，即对于位于东部地区、中部地区和西部地区的博物馆，根据当地经济社会发展状况，特别是对于位于贫困地区的博物馆，以及对于未成年人、老年人、现役军人、残疾人、社会低收入人群等社会特殊群体，采取重点扶持的政策。

国家关于博物馆免费开放的政策辐射作用十分明显，出现了全国联动的局面，社会反响良好，达到了政策实施所预期的社会效益。从地区情况来看，东部地区、中部地区和西部地区，分别是免费开放前 2007 年的 1.44 倍、1.71 倍、1.79 倍。这组数据表明，在经济文化并不发达的中西部，尤其是西部省区，门票是困扰广大民众走进博物馆的一个主要障碍，免费开放政策的实施，正是降低了这一有形门槛。从行政隶属级别来看，2008 年，66 座省级博物馆接待观众总数为 3710 万人次；241 座地市级博物馆接待观众总数为 5611 万人次；697 座县级博物馆接待观众总数为 6110 万人次；同比分别增长 1.91 倍、1.58 倍、1.47 倍。这组数据表明，省级博物馆地理位置好、馆藏资源丰富、服务设施配套、陈列展览水平较高等，在免费开放后发挥了重要作用。

博物馆免费开放发挥了博物馆服务社会的公共文化职能，吸引更多的人开始走进博物馆，改变了博物馆冷冷清清的局面。免费开放后博物馆观众结构呈现多元化趋势，其中未成年人、低收入群体、农民工、村镇居民、老人和儿童的参观人数较免费开放前有了大幅度提高，越来越多从来没有走进过博物馆的普通民众头一次欣喜地踏进博物馆大门，了解自己脚下这块生存之地，享受到获得文化权益的快乐，兴奋之情不言而喻。

针对博物馆免费开放的新形势，全国各地的博物馆积极探索有效方法，积累了很多宝贵的经验。例如天津博物馆总结的科学测算接待能力，预约参观、分时段领取参观票、人流量大时适当限流等引导观众有序参观的措施，被许多博物馆借鉴和深化；陕西省历史博物馆重新调整基本陈列，扩大展出面积，充实展示内容；上海博物馆制定了志愿讲解员制度，培育了一支较为稳定的志愿讲解员队伍，有效规范和提升了该馆免费开放后的讲解服务水平。同时，加强内部机构调整，对安保、保洁等后勤服务通过劳务协议由社会专业机构提供。这些有效做法和积极探索，为进一步做好博物馆免费开放积累了宝贵的经验。

免费开放拉近了公众和博物馆的距离。然而，“在这样的好事面前，也有一些不同的声音，主要来自两方面。一是来自一些老观众。他们常来博物馆参观、研究、欣赏，习惯于这里安静、清洁、宽松的氛围，对于免费开放后的观众人流，对于身上有烟味、衣着有尘土的外来务工人员的到来，对于一手提着菜篮、一手牵着孙儿的老奶奶的到来，感到不习惯了：博物馆是高雅神圣的殿堂，一下变成了闹哄哄的‘大市场’，‘馆将不馆’了，如何了得！一是来自一些博物馆管理人员。免费之前，观众稀少，按既定的规则管理，按部就班，得心应手。免费之后，观众流量一再突破，既定的规则不管用了，指挥不灵了，秩序混乱了，环境不洁了。‘都是免费惹的麻烦！’上述现象，的确存在。问题在于如何对待”[①]。

免费开放显著提高了博物馆的社会关注度，一时间在文化遗产保护的各项工作中，博物馆免费开放的公众关注度排名第一。2008 年，全国人大、政协两会期间，关于博物馆免票制度问题，再一次引起与会代表和委员的关注，一些委员希望以低票价政策取代免票政策，他们甚至担心，免票政策可能会让博物馆成为人们“冬天去取暖夏天去乘凉的地方”，担心国家投入到博物馆中的资源，越来越多地被前来消夏纳凉、会亲聚友、小憩消闲的人群所利用。这种担心，代表着一部分人的意见，而且不在少数。

博物馆免费开放这一公共政策的实施，无疑使弱势群体成为真正的受益者，特别是低收入群体、外来务工人员、未成年人、老年人等观众群体明显增加，取得了良好的社会效益。例如浙江省博物馆免费开放以来，观众结构发生明显变化：一是外地观众从原来的 1/5 变为“半壁江山”；二是社会低收入群体大量走进博物馆；三是未成年人群体不断增加[②]。不可否认，这些普通民众往往对博物馆文化缺乏了解，尤其是许多观众第一次走进博物馆，缺乏对陈列展览和文物展品的基本认识，不可避免地出现“逛展厅”“看热闹”的情况，难以取得良好的参观效果。在大规模的参观人流中，也会有一些不够文明、不讲卫生、不守秩序的现象存在。

但是，不应以此作为否定博物馆免费开放的理由。肖复兴先生认为“其担心是可以理解的，但这种担心是多余的，而且所表达的信息是属于精英对于普通大众的误解与隔膜。所谓低票价便无意之中而形成了一种居高临下的施舍，把文化平等与民主的问题降低于经济的平衡”。“即使退一步讲，大众的素质真的沦落为因博物馆免票成为他们‘冬天去取暖夏天去乘凉的地方’，这就更说明博物馆免票的必要性，因为我们确实需要从各个方面加强公民教育，而博物馆正是大众所需要并乐于接受的一种大众化的教育方式”[③]。

我国实施博物馆免费开放以来，全国免费开放博物馆的总数已达 1893 座，前 3 年共接待观众 13.4 亿人次，不少博物馆的观众增量达到免费开放前的数倍。目前，大多数免费开放的博物馆已经度过了免费开放之初的“爆棚”“井喷”期，观众人数逐渐趋于常量，

① 自庶：《让更多观众走进博物馆》，载《人民日报》（海外版），2009-01-16（15）。
② 余靖静：《浙江：博物馆免费开放打开服务社会之门》，载《中国文化报》，2011-05-20（1）。
③ 肖复兴：《博物馆免票比低价票好》，载《新京报》，2008-03-11（C02）。

其中大型博物馆基本保持在日均 3000 人次左右。博物馆免费开放在总体上呈现出安全、有序、平稳的态势，社会反响良好。实践证明，免费开放加快了博物馆融入公众生活的步伐，调动了社会公众参观博物馆的积极性，改变了许多博物馆冷冷清清的局面，充分地发挥了博物馆服务社会的公共文化职能。

随着整体经济实力的大幅度提升，国家财力有能力承受博物馆免费开放后的各种费用，基本解决了博物馆免费开放的后顾之忧，使博物馆发展呈现出了前所未有的良好形势，也使广大民众享受了自己应该享受的文化权益。国家财政对于免费开放博物馆的资金补助，在区域差别的基础上，还根据博物馆规模的差别加以区别对待。对于国家级、省级以上博物馆，加大国家和地方财政经费的支持力度，制定有关优惠措施引导和鼓励这些博物馆通过多种渠道筹措资金，增强博物馆自身的造血能力；对于中小型博物馆，适当增加国家和地方补助资金，对免费开放贡献进行绩效评估，予以奖励。

7.2.2 完善博物馆服务政策

“免费开放的博物馆确实引来了如潮般的观众，然而事实告诉我们，这种如潮的现象，只是一种暂时的现象。现在我们可以初步判断，前期进入博物馆的人潮，大多是在一种好奇、新鲜或更低一级‘占便宜’的心态下涌入博物馆的，博物馆收获了知名度，收获了社会的口碑，冷静地想，可不能妄自尊大。也就是说保证观众参观质量是博物馆免费开放后应该考虑的重点工作之一。提高观众的参观质量对博物馆人的工作提出了更高、更全面的要求”[①]。免费开放后尽管没有了博物馆的收费“门槛”，但是，如果博物馆的陈列展览和社会服务不能跨越“门槛”，得到提升，人们仍然会对博物馆敬而远之。

免费开放使博物馆服务对象从观众拓展到公众，引起了全国博物馆界对改革发展思路的深刻思考，有力推动了博物馆管理体制和运行机制的改革，各地博物馆通过改革传统管理模式，建立健全规章制度，完善内部管理措施，做到降低门槛但不降低服务标准和服务质量。实现免费开放的博物馆，立足本馆的资源、人才及设施设备的实际，以满足公众精神文化需求为目标，保证文物和观众安全为核心，改进管理服务为重点，合理

① 徐忠文：《走出博物馆免费开放后的迷茫》，载《中国文物报》，2009-02-20（6）。

控制观众流量为手段，充分发挥自身优势，采取多种有效措施，基本形成了保障安全、规范管理、控制人数、有序参观、提升展示、优化服务的良好运行格局。

特别是中小博物馆在国家财政专项补助资金的支持下，基础设施条件得到明显改观，安全防范能力得到显著增强，服务设施及内容得到显著充实，参观环境质量得到大幅提升，管理运行机制得到有效完善，陈列展览水平得到观众认可，博物馆各项业务工作呈现出全面发展的好势头。同时，全面免费开放促进了博物馆管理理念的转变，推动了管理措施的创新。例如采取多种方式引进临时展览，有效调动和发挥博物馆志愿者的作用，将展厅安保和环境保洁等后勤服务委托社会专业机构提供，加强与教育、旅游部门以及社区的协作，把收入分配与岗位贡献紧密结合等。这些富于探索和尝试性的做法，反映了全面免费开放形势下博物馆体制机制创新力度在加大。

针对博物馆免费开放所进行的专业调查表明，居住在城市的公众当中 46.9% 的民众曾经参观过免费开放的博物馆，而居住在城镇的公众当中这一比例为 31.3%，远远低于居住在城市的公众。调查发现，在不同受教育程度的社会公众当中，学历越高的公众参观过免费开放的博物馆比例越高。调查发现，在不同收入水平的公众当中，家庭月收入在 5000~8000 元之间的公众参观过免费开放的博物馆比例最高，而家庭月收入在 3000~5000 元之间和 8000 元以上的公众中，也都有半数以上的公众参观过免费开放的博物馆，而家庭月收入在 8000 元以上的公众认为免费开放的博物馆展览内容具有吸引力，家庭月收入在 1000 元以下的公众则认为展览的内容缺乏吸引力。

调查发现，一方面六成以上的公众参观免费开放的博物馆原因是增长知识、子女教育、文化旅游等，其中近五成公众是为了增长知识而去博物馆参观，另一方面近半数的公众是为了陪同亲友、团体组织、消磨时间、看到媒体宣传后的好奇心驱使，以及博物馆引进国外展览等原因而去博物馆参观，其中 25.1% 的公众是为了陪同亲友而去博物馆参观。调查发现，公众认为“博物馆免费开放”最急需改进的五个方面依次是：“延长开放时间”“增大宣传力度，让更多的人知道免费开放”“更新、增加展览内容”“增加博物馆的种类”“降低纪念品价格”。

如今，我国的博物馆已经进入免费开放时代。博物馆界也面临着一个世纪性的“大考”，如何完成博物馆发展史上的一次质的飞跃，找准博物馆新的定位，是每一座博物馆必须回答和践行的课题。博物馆免费开放是我国社会经济飞速发展后，在文化上实行惠民政策的重要体现，越来越多的社会公众走进博物馆、感受博物馆，并开始热爱博物馆。一方面，免费开放使社会公众的文化权益与博物馆的社会责任得到了空前有效的体现，博物馆的教育功能显著增强，社会影响日益扩大。另一方面，全国博物馆经历了对免费开放政策的学习、领会、实践、磨合、创新等过程，无论是在理念上还是在行动上都是一次升华，一次历练。

但是，博物馆免费开放的持续实施，必然面临一系列必须克服的难题，其中如何平衡加强管理与改善服务二者之间的关系，考验着博物馆决策者的智慧和魄力。博物馆免费开放不仅是事业发展的一次机遇，更是对博物馆能力和业务水平的一次挑战，为博物馆自身建设和博物馆事业整体发展，创造一个全新的平台。要实现博物馆向全社会免费开放制度的可持续发展，需要全国博物馆工作者的艰辛努力和创新实践，才能将这项利国利民的好事做好、实事做实。因此，必须从长远的、发展的、大局的眼光来看待这一政策。进入“后免费开放时代”，博物馆未来的发展任重而道远，还有许多课题值得深入思考与研究。

统计资料表明，2009 年全国举办陈列展览 14 057 个，比 2008 年增加 5577 个，增幅达 65.77%。安徽省列入免费开放的博物馆观众参观量由 2007 年的 164.6 万人次，增加到 2008 年的 652 万人次，2009 年则达到 1098.5 万人次。湖南省 73% 的博物馆不同程度对陈列展览进行了提升改造；浙江省的博物馆陈列展览数量由 2008 年的 400 个，增加到 2009 年的 780 个，增幅达 95%；湖北省 2009 年在重新提升 53 个基本陈列的同时，还推出了 171 个临时展览[①]。广东孙中山故居纪念馆将讲解工作作为免费开放服务观众的重要内容，2008 年至 2009 年共免费讲解 7273 场次，同时提供丰富多彩的社会教育服务，两年来共开展中小学教学活动 428 次，家庭教育活动 253 次，社区教育活动 807 次。

博物馆免费开放初期出现的“爆棚”现象，折射出社会公众对文化生活的渴求，也

① 周玮：《博物馆等免费开放 让人民群众共享文化发展成果》，载《中国文物报》，2011-02-23（1）。

对新时期如何更好地保障广大民众基本文化权益提供了有益启示。免费开放是以公众参与作为公共政策选择的出发点，目的就是调动公众参与的积极性，从而提高博物馆作为公共文化资源的使用率。从这个高度看待博物馆免费开放，才能触及博物馆功能与职能的本质。免费开放为博物馆在更广阔的范围内，实施和完成社会职能，提供了难得的契机，极大地增强了博物馆的社会亲和力，有效地培育了社会公众的博物馆情结。因此，要充分发挥免费开放博物馆的作用，改善博物馆的服务，向更多的公众传递博物馆免费开放的信息，让更多的人走进博物馆。

随着免费开放的博物馆数量的增加，普通公众接触博物馆、近距离接触文物展品的机会也越来越多。然而社会公众因为免费开放而走进博物馆，更多的是作为一种文化体验，实际上博物馆展览内容才是吸引观众的关键因素，不断增加和更新陈列展览内容才是社会公众对免费开放博物馆的期待。“在某种意义上说，对免费开放的博物馆的挑战，不是观众爆棚的压力，而是免费也无人问津的尴尬”，这一危险确实存在。不能仅仅满足于敞开博物馆大门迎接观众，关键是要保证质量提升、效果明显，以及持续发展。因此，如何能够持续地吸引观众走进博物馆，陈列展示无疑具有格外重要的意义。

长期以来，博物馆通过收费准入来对观众进行筛选，以保证博物馆文化资源能够真正为有博物馆文化需求的群体所利用。而在免费开放之后，收费准入的筛选机制被废除，博物馆的服务对象从热心观众，扩大到社会公众。同时，免费开放后观众构成发生了显著增加，低收入人群和劳动者阶层明显增加。“这提醒我们，当这些民众的兴趣满足以后，他们还会再走进博物馆吗？当笼罩着博物馆的神秘之光消散之后，人们还会对博物馆感兴趣吗？一些人担心，为吸引更多的观众，一些博物馆将增加陈列和社会活动的通俗性和娱乐性，淡化研究和教育的色彩，另一些人则担心观众需求变化会造成博物馆陈列与研究的分离，陈列和教育活动将失去科研的支持，逐渐流于表面化和形式化”[①]。

博物馆免费开放以后，虽然情况有所变化，博物馆的观众人数也有了大幅度增加，但是人们同时注意到，并不是所有的博物馆都取得了预期效果，虽然一些位于城市重点地段的大中型博物馆出现了前所未有的发展势头，诸如陈列展览、观众人数、服务活动

① 宋向光：《愉民育民 不辱使命》，载《中国文物报》，2008-04-25（6）。

等明显增加，不断刷新以往纪录。但是，一些陈列展览主题陈旧、服务能力较弱的小型博物馆，免费开放以后参观人数仍然较少，难以发挥应有作用[①]。事实上，当前博物馆的观众已经与过去有所不同，其中最重要的变化是多元化趋势日益显现。不同年龄结构、不同性别、不同经济收入，不同教育程度，不同地理位置，以及不同生活方式的观众，在利用博物馆方式上，利用博物馆目的上，以及对博物馆需求呈现出多样性。

免费开放制度对于我国博物馆的管理能力提出了更高的要求。如果博物馆的管理能力得不到提高，不仅人们对博物馆免费开放所寄予的厚望会幻灭成空，免费开放制度本身的合理性及可持续性也会受到质疑和非议。做好博物馆免费开放工作，首先必须做好各项保障措施。随着博物馆实行免费开放和观众数量增加，必然对博物馆的整体工作提出更高的要求，在确保观众及藏品安全的前提下，亟待解决基础设施的完善、经费的保证、陈列展示水平的提高和综合服务质量的增强等问题。免费开放使博物馆能够更好地融入社会生活，使博物馆人能够更好地实现自身价值，提高自身的服务水平和能力，也使博物馆受到前所未有的重视和注目。

为全面推动博物馆免费开放，财政部门实施了相应的专项经费补助政策。这一政策为博物馆免费开放提供了强有力的经费保障。但是从博物馆发展长远看，还存在着诸多不完善之处。一是由财政部门包揽博物馆免费开放后的门票补偿和运行经费增量，“旱涝保收”的结果，有可能削弱博物馆面向社会、自我提升的主观能动性。二是免费开放后博物馆经费来源，由原来的多渠道改为单一的政府拨款，许多博物馆出现了专题项目和业务经费有保障，而安全消防、设施设备更新和维护经费不足的现象。三是财政拨款中可供博物馆完全自主支配的部分较少，市场营销和文化产品发展受到限制。四是缺乏与资金使用审核管理相配套的评价体系和可供操作的行业标准，使展览、科研、服务等项目的绩效无据可评。

人们担心，博物馆“衣食无忧”，是否会失去竞争力和创造活力，是否会重新回到“等靠要”的时代。如果处理不好，替代博物馆门票收入的政府财政投入，也会在相当程度上消解博物馆的激励机制。同时，无法通过观众参观人数这一传统指标来对博物馆

① 曹兵武：《中小博物馆的振兴——中国博物馆展示与能力建设的重中之重》见《博物馆观察——博物馆展示宣传与社会服务工作调查研究》，124 页，北京，学苑出版社，2005。

的工作进行评价考核。因此，免费开放之后，博物馆面临重蹈当年“大锅饭”覆辙的危险。如何在没有传统的流量控制机制的情况下，确保博物馆观众流量在安全负荷之内；如何在没有传统的观众筛选机制的情况下，确保博物馆能与其目标群体对接；如何在没有传统的门票激励机制的情况下，确保博物馆争取观众的积极性，如果这些问题不解决，免费开放政策将难以实现其预定目标。

实行免费开放之后，尽管通过国家财政投入弥补了博物馆的门票损失，但是却容易使博物馆失去积极吸引观众的动力。显然博物馆仅仅通过免费开放吸引观众远远不够，应变被动为主动，不断推出新的形式、新的内容，建立与改革相适应的激励约束机制，促进提高公共服务水平。同时，制定博物馆工作条例，完善以博物馆运行状况评估为重点，以宣传展示、开放服务为核心的博物馆质量评价体系。对免费开放博物馆的管理运作效能、业务完成指标、资金效益指标、社会效益指标、公众满意度等进行评估，评估结果作为对博物馆实行动态管理的依据。

在免费开放的形势下，博物馆事业发展不仅需要政府创造良好的外部环境，更需要博物馆自身练好内功，重视解决存在的突出问题，激发内在活力，提高服务水平，加强能力建设，推进体制机制创新。博物馆免费开放是我国文化政策的重大调整，但是与之相适应的配套政策和措施尚未健全。当博物馆进一步向社会敞开大门的时候，一些涉及博物馆体制机制方面的深层次问题也随之浮现出来。免费开放要求博物馆提供高水平的展示、高质量的服务和高标准的管理，这就促使博物馆必须深化体制改革，不断创新机制。

为此，应将免费开放作为博物馆深化改革的良好契机，推动博物馆的自身改革，特别是体制机制改革的进程。要以深化人事制度改革为突破点，优化博物馆组织结构，整合内部资源，转变运营方式，增强创新能力、运转活力和服务能力，实现科学管理。应以博物馆免费开放政策为动力，优化博物馆的生存环境。鉴于我国博物馆类型的复杂和差异，应有针对性地分类采取不同的对策措施，完善免费开放制度，创新体制机制，增强发展活力。同时，结合博物馆实际，优化组织结构，改进内部管理，创新服务方式，提高运营效率。

7.2.3 强化博物馆服务措施

事实上，2008 年以来，我国博物馆实施免费开放的力度、作用及效果，在世界范围内史无前例。这一事件无疑将写进中国文化史，意义不可估量。全国各地博物馆陆续免费开放以后，虽然出现过一些复杂情况和局部问题，例如观众的目标性不够明确，参观人员杂乱拥挤，参观效果受到影响等，但是这些问题的出现，往往正说明博物馆实施免费开放的必要，只有让更多的社会公众走进博物馆，才能迅速有效地提升人们的博物馆意识，提高博物馆参观质量，提高博物馆作为国家文化资源的利用效率。至于免费开放中存在的问题，完全可以通过国家政策完善和博物馆自身努力得到有效解决。

实行公立博物馆向全社会免费开放，是以国家政策推动博物馆迅速融入现实生活和社会公众最有利、最有效的政策措施。免费开放政策更广泛更久远的意义在于国家博物馆政策的导向性力量。这一政策直接导致全社会高度关注博物馆事业，同时在实际工作中明显起到组织、号召、动员全社会重新认识博物馆文化价值，积极主动地参与博物馆建设。人们认识到，全国博物馆免费开放政策实质，是国家关注民生的重要体现。事实的确如此，博物馆免费开放政策实施以来，已经激发出各级政府、社会各界、广大民众对博物馆从未有过的热情，同时也给博物馆带来从未有过的压力与动力[①]。

今天，只有先让更多的社会公众走进博物馆，然后才谈得上如何提高全民的文化遗产保护和博物馆文化意识。美国学者 A.C. 丹托（A.C.Danto）博士有过“博物馆与饥渴的大众”的命题，他认为“窗户大门向优雅、饥渴的成千上万人敞开，最高级的知识将大放异彩，恩泽大地”。他甚至认为“博物馆是幸福生活的一个样板”。尽管不是每一个人都抱着受教育的心态前往博物馆，但是只要在充满文化氛围的博物馆展厅里流连，在丰富多彩的文物展品面前驻留，就必然会受到感动和熏陶，这一过程本身，就是一种潜在与无声的学习和欣赏，就一定会得到清新、安静和美好的享受，就会获得一种轻松愉快的休憩，而其满足和幸福的感受和情绪就会慢慢地生长[②]。

在我国，众多博物馆丰富多彩的活动成为中小学生的文化盛宴。上海博物馆就为青少年学生观众准备了丰富多彩的暑假活动，拓展与深化博物馆的社会教育和服务功能，

① 李文儒：《博物馆：展示历史，更要参与历史创造》，载《人民日报》，2011-05-06（24）。
② 向荣高：《博物馆增进幸福感》，载《中国文物报》，2011-07-06（3）。

使之更加多样，更加鲜活。例如趣味墨拓、修复“唐三彩”、扎染、印刻生肖、学画京剧脸谱、手工宣纸、木活字印刷、水印信笺等，通过这些活动，使学生观众对中华民族的传统文化产生浓厚的兴趣，也使博物馆达到预期的教育目的。近年来，不少博物馆积极调动青少年观众的主观能动性，创立了小小讲解员制度，由青少年自己为同龄人做讲解。还有一些博物馆举办亲子共同参与的动手活动，通过这些活动使亲子关系更加密切、更加和谐。

目前越来越多的博物馆注重设计形式多样，且适合青少年的教育项目。在法国格拉斯国际香水博物馆里，有专门的工作人员负责与学校建立固定的联系，并且负责接待学生。在到达博物馆以后，学生们会有充分的自由，自己动手体验香水制作的每一个过程，进一步直观地感受过去学习到的有关香水的知识与文化，最后他们可以将学习成果，各式各样的香水带回家，送给他们的父母和家人。在中国科技馆新馆里，儿童们可以直接与藏品进行接触，动手制作各种工艺品、进行绘画等。其中在“科学乐园”展厅的“欢乐农庄”内，儿童可以挤牛奶、收苹果、拔萝卜，体现动手操作的快乐。

在我国四川博物院“小小讲解员”系列活动自 2009 年暑假开展以来，在广大中小学生、家长、学校当中建立了良好的口碑，截至 2010 年 12 月，现有小小讲解员共 92 人，已利用周末时间为观众无偿服务 21 508 余小时。这项活动从自我介绍、普通话水平测试，以及才艺展示三部分，考察孩子们的综合素质，从中挑选出具备“小小讲解员”条件的优秀中小学生。凡选拔合格者均有机会在寒假期间接受为期一个月的培训，培训包括文物知识介绍、外在形体与礼仪、语言表达、讲解员基本素质、讲解技巧等全方位培训。培训结束并通过考核者最终获得“四川博物院小小讲解员”荣誉称号，并有机会参与各类社会教育活动①。

上海博物馆在社区内成立了博物馆之友和文物收藏指导站，博物馆派业务人员授课、指导，帮助居民制作小型展览等；在对展览的宣传与推广上，设立服务热线，主动与媒体和广告部门建立合作伙伴关系，不失时机地寻找和营造亮点题材；展览的布局、柔光的点缀、艺术的衬托，使陈列展览极具品位；建立多元化的讲解体系，根据实际情况，

① 窦钰萱：《四川博物院“小小讲解员”选拔活动圆满成功》，载《中国文物报》，2011-01-28（2）。

制订包括定时讲解、预约讲解和机动讲解相结合的讲解服务制度；古代器乐的演奏、现代影视的演映，更增添了博物馆的活力和视觉效果。

湖南省博物馆在实施免费开放以后，组织起一支具有较高专业水准的讲解人员队伍，并在全国率先创造性地实行为每一批观众免费提供基本陈列全程讲解的参观模式。在工作人员的引导下，观众分成30人左右一组，以3到5分钟为间隔进入“马王堆汉墓陈列”展厅。每一组观众都由一名讲解员带领参观，并作长达1个小时的免费讲解。这种模式实效明显、操作性强，不仅有助于对观众进行有效引导和组织，从而确保有序的参观环境，更有助于帮助观众对于陈列展览做出正确的文化解读，从而在提升观众参观质量上发挥不可替代的作用。

为确保观众激增后的参观秩序和观众、文物的安全，湖南省博物馆将参观环节设置为领票、候场、参观三个阶段，采取分时段领票、分批次入馆的观众组织方式；通过使用广播系统、电子显示屏、公告牌、宣传资料等引导观众参观；为老弱病残孕等特殊人群开辟绿色通道；为观众免费提供用水、简易急救药品及寄存服务；免费提供婴幼童车、轮椅、拐杖、雨伞；耐心细致地做好观众的解释与劝导工作，化解潜在矛盾。3年来，到湖南省博物馆免费参观的观众累计达到437万人次，观众的留言簿已有300余本，留言共计10万余条，对接待服务表示满意的留言占96%。

首都博物馆在新馆建设时充分考虑观众的各种需求。例如在场馆的入口处，设置自动寄存和人工寄存处，以方便观众寄存衣物，残疾人轮椅和童车的放置也满足特殊人群的参观需要，同时配有专业的咨询、导览人员为观众解答疑问。观众可以通过电话、网络等多种途径预定门票，并在入馆时感受到首都博物馆先进的售检票系统。进入礼仪大厅，观众可以乘坐自动扶梯、观光升降电梯、残障人电梯、无障碍通道到达各个展厅，展厅除有专业的讲解员进行讲解外，所有开放区域还配有先进的普通人使用的触摸屏15台、特殊人群使用的触摸屏6台，以满足不同需要的观众进行浏览、下载等互动式使用。免费开放后，观众人数成倍增长，博物馆原有编制与人员实际需求之间的矛盾日益突出，编制严重不足已成为所有大中型博物馆的突出问题。例如河南博物院编制192人，聘用非在编人员 295 人；湖南省博物馆编制 156 人，聘用非在编人员 106 人；首都博物馆编制 285 人，聘用非在编人员 301 人。目前大多数博物馆的展厅安全和保洁工作采取外包方式，这是目前缓解博物馆编制严重不足的有效方式。但是，也意味着与观众接触最多的人员不是博物馆员工，也不是博物馆志愿者，他们可能存在对博物馆文化缺乏了解，对博物馆管理理念缺乏认同，同时，对博物馆业务缺乏培训，这些问题的存在，必然影响博物馆的社会服务质量，甚至在与观众沟通时难免发生文化冲突。

今后，博物馆的服务设施将更趋多样化和具体化，社会教育设施、便民服务设施、文化休闲设施，以及良好的参观环境等将成为未来博物馆的主要建设与完善项目，完善的安全保障设施、弱势群体保障设施等基础设施将成为博物馆的必备设施。博物馆的内部环境和周边环境应以舒适、安全、整洁、便利、环保为基础，以传统文化和地域文化为背景的人文与艺术互融的环境，将成为博物馆的重要标志。观众在博物馆进行参观，既费脑力又费体力，需要增加休息的设备和场所。为此，博物馆应在周围设置与博物馆文化主题相关的广场、绿地、花坛、雕塑、水池、亭阁等附属设施，营造一种静谧、舒朗的博物馆氛围。

当代博物馆越来越重视为观众提供多元化、人性化的服务。面对城市的需要，观众的厚爱，博物馆应策划形式多样的活动，例如“家庭日”、夏令营、演讲比赛、征文、博物馆之友等，建立博物馆与观众的互动关系，激发广大民众参观博物馆的热情。韩国博物馆的一切工作都围绕文化休闲进行，以为人服务为目的。例如韩国的农业博物馆，展厅宽敞，实物、图片、辅助品相结合，特别是辅助陈列的人物、动物等形象逼真，亲切动人。而室外则有几百亩农田围绕馆舍，还设置了秋千、石碾等，观众可自由参与，真正与博物馆环境融为一体。

考察今天国际一流的博物馆，无不将强化公共服务意识，满足观众文化需求放在首位，将服务观众视为博物馆工作目标的核心内容，而得到重视和强调。博物馆发展的历史已经表明，不同时代对于博物馆社会化职能有着不同的需求。博物馆如果希望永葆生机，就必须适应时代的需求，强化和拓展相应的社会化职能。目前，我国已有的博物馆社会服务还缺乏科学的规划，未找到既符合博物馆发展要求，又符合博物馆优势发挥的准确定位，尚未形成完善的公共服务体系。尤其是将博物馆文化资源纳入国民教育体系服务于在校教育等，博物馆文化惠民的重要事项，还鲜有成功的典型案例，与国际先进博物馆的成功实践相比还有较大的差距。

近10年来，台湾博物馆的发展以地方中小型博物馆最为活跃，目前有400多座中小型博物馆分布在各县市乡镇地方或大都会商业区，占博物馆总数的95%。特别是分布在200多个乡镇中的地方小型博物馆，虽然多数缺乏经费与编制内的专业人员，但是却正在努力耕耘，鼓励地方乡镇的居民保存自己的文化历史与宣扬地方特色，并积极与社区民众对话，例如成立名人纪念馆、古农具文物馆、眷村文化馆和工艺展示馆等。近年来，博物馆推动社区居民实施“文化资产守护网”计划，指导地方居民调查与搜集历史对象，鼓励社区居民利用地方中小型博物馆进行文化学习。在这些相关政策引导下，台湾的地方博物馆成为民众日常文化活动中心，推动博物馆文化与社区文化发展相结合[①]。

在我国首批免费开放的博物馆中，县级博物馆占62.5%。但是，由于受地方财力、思想观念、专业人才和管理模式等多种因素的制约，县级博物馆在文物藏品保护、陈列展览质量、社会服务水平等方面普遍存在不足。至于中西部的县级博物馆，办馆经费相当困难，能够保障博物馆员工的工资发放已实属不易，由此造成博物馆的陈列展览往往存在三个陈旧，即内容陈旧、形式陈旧、设备陈旧。然而这些县级博物馆是重要的农村社区博物馆，是保护民族民间文化遗产、传播地域文化特色的基层窗口，面对着广大的农村地区，做好宣传展示和社会服务，对于提高基层民众的科学文化素质，意义重大。

在我国的博物馆大家族中，县级博物馆既量大面广，又是弱势群体。为此，国家文物局于2005年启动了“全国县级博物馆展示服务水平提升项目试点”，提高县级博物馆整体素质，强化服务意识和管理水平，提升博物馆的形象和地位。县级博物馆的受众群体主要是当地民众，尤其是中小学生，陈列展览应着重定位于普及地方文化知识。同时，县级博物馆由于所在地域文化传统、审美需求，以及馆藏文物资源、馆舍条件、经费来源、人员构成等方面存在较大差异，因此，应根据县级博物馆的不同特点，彰显文化特色，

① 陈国宁：《博物馆与社区的对话》，载《中国博物馆》，2008（3），46页。

提升服务水平。

伦敦艺术工会主席 G. 戈德温（G.Godwin）认为，“让一个工人了解艺术作品，可以使他变得举止高贵，富有自尊心，这对于维护社会的稳定，具有非同小可的作用。此外，还可以使他成为一个更好的工人，充满愉悦，超脱于自身的地位，达到灵魂净化和升华”。可见，博物馆在对外开放的同时，这些文物展品就已经与社会进行沟通、与人们进行对话，荡涤着人们心灵，震撼着人们灵魂。因此可以说文物的价值在任何时代都不过时①。目前，各国博物馆都在面临比以往更为激烈的争取观众闲暇时间的竞争。博物馆未来的生存，依赖于将各个阶层、不同背景的观众吸引到他们认为值得参与，有助于提升他们生活质量的活动中来。

7.3 从“服务民众”到“依靠民众”

宋向光教授指出“传统的博物馆学在谈到社会民众时，通常是将它们作为博物馆的工作对象，作为博物馆工作成果的表达工具，而忽略了民众在博物馆发展中的重要作用。如果基于博物馆是特定社会现象和社会需求的反映这一认识，我们就可以注意到，民众是博物馆实现其社会目标的重要力量，是博物馆工作的积极参与者”②。博物馆不仅要全心全意“服务民众”，而且要真心实意“依靠民众”，因为广大民众才是博物馆的真正主人。

7.3.1 增强博物馆服务精神

自 20 世纪 70 年代开始，发达的工业化国家陆续进入“服务经济”时代，服务理念与相关行动，对促进经济社会的发展发挥出全新而强劲的推动作用。这一时期，博物馆注重社会发展，与社会的关联度日益紧密，强化服务功能、构建服务体系、提升服务质量，逐渐成为博物馆所奉行的立馆之本，以及根植于社会并履行社会责任的重要手段。社会服务理念的确定与强化，使博物馆焕发出蓬勃的生机和无穷的魅力，社会各界与广大民众对博物馆表达出亲近与拥戴，改变了昔日众多博物馆“门庭冷清车马稀”的尴尬局面，

① 王智丽：《传承历史文脉 敢为时代先锋——浅议博物馆在和谐社会文化建设中的作用》，载《中国纪念馆研究》，2011（1），56 页。
② 宋向光：《从事博物馆学研究的点滴体会》，载《中国文物报》，2010-03-31（4）。

参观博物馆和参加博物馆活动，逐渐成为人们日常生活的组成部分。

我国于世纪之交，伴随经济社会发展，越来越注重博物馆的社会服务功能，也有学者认为从这时起，“中国博物馆进入服务时代”[①]。今天，博物馆成为公众了解历史、学习知识、陶冶情操的重要场所，同时也是人们组织亲友活动、开展子女教育、享受休闲时光的重要场所，文化媒体的热衷宣传，基本陈列的适时更新与临时展览的及时引进，也都成为吸引公众走进博物馆的重要原因。博物馆不仅在地区文化旅游中发挥出特殊作用，而且为当地居民增加了更多的就业岗位。因此，人们相信博物馆不仅承载着一个地区的历史，而且支撑着一个地区的文化活力。

一个城市的健康发展，不仅需要外在的良好形象，也需要丰富的文化内涵。改革开放以来，我国数亿农村人口进入各大城市打工谋生。背井离乡的“农民工”对于新居住的城市，不可避免地会感到陌生和冷漠，他们会感觉城市的繁华离他们很远，甚至时常产生这里是别人的城市的感觉。在这种精神状态下，人们不可能发挥出最大潜能和创造力。能否使每一位暂居者在城市中都能获得“家”的感觉，能否使他们像热爱自己的家乡一样热爱新居住的城市，这些关系到社会安定与可持续发展，作为公共文化设施的博物馆，应该为破解这些问题做出贡献。经过调查就会发现，绝大多数“农民工”每天的业余时间都在聊天、打牌和看电视的娱乐节目中度过，他们渴望城市文化生活。

2011 年 7 月，北京市东城区启动关爱农民工志愿服务活动，辖区内的 30 余座博物馆设立“农民工开放日”，让农民工走进文化场所，丰富业余精神生活同时，感受北京的文化底蕴[②]。同样，免费开放以前，人们发现在现代大学生眼中，参观博物馆与不菲的博物馆门票，对他们来说就是一种“鱼与熊掌”的关系。尤其是一些中低收入家庭的学生，门票的价格常常令他们对博物馆望而生畏。因此，问及他们对博物馆免费开放的看法时，他们都选择了十分赞同，并且表示以后会增加参观博物馆次数的愿望[③]。

博物馆相当于一个大众信息传播中心，应该使所有观众，包括有听、读等方面障碍的观众更好地享受博物馆。无障碍博物馆不仅包括建筑无障碍的建设，“还包括为视力、听力和学习等有障碍的人设计相宜的展览和教育项目”。目前，我国博物馆的陈列展览

① 崔波：《千秋丝路 从历史深处走来》，载《中国文物报》，2010-09-29（4）。
② 童曙泉：《30 家博物馆拟设农民工开放日》，载《北京日报》，2011-07-28（5）。
③ “加强博物馆展示宣传与社会服务”调研课题组：《当代大学生眼中的博物馆——来自北京地区部分高等院校的最新调研报告》，见《博物馆观察——博物馆展示宣传与社会服务工作调查研究》，11 页，北京，学苑出版社，2005。

多是文物展品加标签式，只适合正常视觉的人们欣赏，讲解服务也基本上是针对有正常听力的观众，这会使听力、视力有障碍的人士得不到相应的服务。实际上，无障碍博物馆包括更加全面的内容。例如作为公共活动场所，要求建筑无障碍；作为文化传播机构，要求信息和交流无障碍；作为公众性文化机构，要求文化无障碍；作为文明宣传教育机构，要求心理无障碍[①]。

在建筑无障碍方面，需要在博物馆中专门准备残疾人轮椅和儿童车，设置专门的残障人电梯，可以把行动不便的观众安全送到各个展厅，设置特殊人群专用的触摸屏和电话，使残疾人感受查询及交流的便利。在信息无障碍方面，需要为视、听障碍者提供特殊的声音或画面服务，印制盲文博物馆介绍、展览简介，使用盲文说明牌，盲人出版物，在展厅内准备放大镜，以帮助视力低的观众，使用嗅觉盒、凸凹版等，增加有声出版物的类型，选择一定特殊展品，让视力障碍者触摸，或者复制一些帮助他们感知体验的模型，对听力障碍者提供手语讲解。

在文化无障碍方面，法国是先导国家之一，20 世纪 70 年代就发起了“障碍与文化”运动，帮助多方面有障碍的人群享受博物馆的文化与艺术，例如对智力障碍者选择特定展品，提供特殊讲解服务。雅典光明之屋博物馆的负责人认为，盲人一样有权利欣赏伟大的艺术品，博物馆帮助盲人欣赏艺术、提升生活，让他们有机会用心代替眼睛感受艺术的精髓，是一种充满人文关怀的举措。伊利诺伊大学博物馆还将博物馆本身作为身心障碍者的训练场所，为他们提供在博物馆内工作、学习的机会，并对他们进行训练和评价。

随着社会文明程度的提高，文化平等权也成为文明进步的标志之一。当前，博物馆还应努力实现心理无障碍，就是要尊重所有前来参观博物馆的观众，让所有的观众都感觉受到热情的服务，诚心为需要帮助的观众提供服务。对弱势人群的服务，要体现博物馆对他们的关切，更重要的要体现对其尊严和个性的尊重。博物馆全部工作的核心和目的是“为社会及其发展服务”，因此必须依靠社会公众的积极支持和广泛参与才能生存和发展。在我国，一些边远地区的贫困人口，因为居住地域的影响，经济或者社会原因，而失去接受正常教育的机会，形成庞大的文化弱势群体，但是他们也有享受文化、欣赏

① 王裕昌：《博物馆无障碍设施建设的理念与思考》，载《丝绸之路》，2009（24），87 页。

艺术的权利。

大都会艺术博物馆提供残障观众多种服务内容，一是核心公共活动区有为残障观众提供必要的准备，例如助听设备、讲座的实时字幕、手语翻译、大字体标注等。二是针对视力障碍人士举办语言影像参观、触摸参观、录音参观、研讨和艺术活动等，此外博物馆专门设置很多可以触摸的展品。在博物馆外提供印刷和盲文材料等。三是对听觉受损或聋哑人定期安排活动，包括参观接待和讨论会，聋哑讲解人员给公众提供美式手语讲解，同时配有有声翻译为不同观众服务。四是博物馆内参观、博物馆外活动和远程会议活动也尽可能满足特殊教育班级和残障团体的需求[①]。

在遭受卡特里娜飓风袭击后，美国路易斯安那州儿童博物馆主动承担起儿童心理导师的职责，受到儿童家长的欢迎和好评。为了回报博物馆的工作，不少儿童家长慷慨解囊捐赠博物馆事业，至今已募集到数百万美元。美国博物馆协会将此作为一个成功的案例在金融危机发生后广为传播，启示博物馆界同人在困难时刻，积极转变角色，拓宽社会服务渠道。2008 年爆发的金融危机，使博物馆得到的捐款、政府资助和投资回报大幅缩水，博物馆的会员和观众开始流失。美国博物馆界人士认为，应将经济的衰退看作完善自身、塑造文化和服务社区的契机，在经济困难时期，博物馆更要强化社区服务与教育的功能，以抚慰心灵，满足人们精神上的需求[②]。

近年来，法国新建立的多个文化项目，包括法兰西历史博物馆计划在内，基本都集中在巴黎。同时，国家的资助也大量集中于巴黎的大型博物馆，而地方政府对地方博物馆的资助又十分有限。这样造成的结果就是：巴黎及其周边的博物馆参观者过于集中，外省居民参观高水平展览的机会相对较少。据统计，巴黎大区 26 座博物馆，2002 年共吸引了 49% 的公众前往参观，这一数字在 2009 年增加至 58%[③]。为此，法国审计法院指出，法国共有 1200 座博物馆。由于国家政策越来越向巴黎倾斜，造成了博物馆资源分布不均衡的现状。

世纪之交，我国实现了基本普及九年义务教育、基本扫除青壮年文盲，全民族的科学文化素质有了很大提高。但是，与发达国家中产阶级占多数的情况不同，我们社会处

① 果美侠：《大都会艺术博物馆教育工作述评》，载《中原文物》，2011（2），95 页。
② 钟玲：《博物馆怎样化危为机》，载《人民日报》，2011-08-26（23）。
③ 汪勤：《法国审计法院给博物馆界“挑毛病”》，载《中国文化报》，2011-04-21（3）。

于转型期，基层民众仍然占社会总人口的多数。他们经济基础薄弱，受教育程度不高，话语权不多，在很大程度上处于弱势地位。关注基层民众的权益，关注弱势群体的命运和发展，是政府的职责，是社会的良心。博物馆免费开放，许许多多从未光顾博物馆的民众欣喜地走进博物馆，这正是他们获得文化权益的快乐。只有从这个高度看待博物馆免费开放，才能触及本质意义。

在英国和新西兰，未来的小学教师或者小学校长都要接受博物馆教学的专门指导。在美国，无论大小博物馆都设有教育部门，在他们的服务项目中，大量的内容是配合学校教育，包括为学生设立专门的教室、实验室；开办专供儿童参观的陈列室或者“儿童博物馆”；提供有偿借用的幻灯、图片、标本、模型等；一些大型博物馆还专门编印教材，例如纽约大都会艺术博物馆编印“希腊艺术”“韩国艺术”“东南亚艺术”等系列专题材料，向纽约市的每所公立学校赠送一套。据2001年统计，现有88%的美国博物馆提供“K-12”（即从“幼儿到少年”）教育项目，全美博物馆每年为学生提供的服务时间高达390万小时。

“儿童博物馆”的概念诞生于美国。19世纪末，以儿童为本位的教育思想兴起，儿童教育受到重视。1899年12月，一些对现代公立学校的教育状况不满、怀着教育革新梦想的父母和教师，在美国纽约创办了世界第一所儿童博物馆，即布鲁克林儿童博物馆。“它是对传统博物馆的背离，对随后儿童博物馆的兴起影响很大”。美国博物馆协会定义，一个以服务儿童的需求以及兴趣为使命的机构，机构空间的陈列展览及活动都是以鼓励学习、激励好奇为出发点，那么它便是一个儿童博物馆。儿童博物馆协会解释，儿童博物馆是一个透过各有关陈列展览、文化节目及活动，去引发儿童好奇、探索和学习兴趣，满足儿童成长需要的中心。

20世纪20年代是儿童博物馆发展的一个重要时期。1913年8月，波士顿儿童博物馆作为第二家儿童博物馆向公众开放，如今它已被誉为世界上最好的儿童博物馆。1917年底，底特律公立学校协会儿童博物馆，作为第一家为学校建立的儿童博物馆诞生，成为博物馆与学校校际合作的开端，也是此后许多儿童博物馆的典范。1925年12月，印第安纳波利斯儿童博物馆作为世界上最大规模的儿童博物馆问世，强调在博物馆中提供儿童们亲自动手操作，从而获得愉快、喜悦的心情与成就[1]。

目前美国已经拥有 300 多座儿童博物馆，其中 44% 成立于 20 世纪 90 年代，呈现增长的趋势。美国还有大量相关儿童博物馆的书籍和儿童博物馆网站。有人形容美国儿童是在“汽车和博物馆里长大的”。纵观儿童博物馆发展的百年历史，儿童教育已经成为儿童博物馆服务的基石，对于儿童的重视带来社会教育理念的进步，培养了一代少年儿童的主动探索精神，积极创新思想，在一定程度上推动新的教育观念在全社会的普及，而且很多博物馆的慷慨捐赠者就是从小常去儿童博物馆，并对其教育充满感激的人[2]。

在我国，应试教育几乎充当了儿童教育的全部内容。考试升学仍然是一根无形的指挥棒，基础教育的质量仍然以升学率来体现，因此考试成绩的优劣成为衡量儿童学习好坏的标准。正所谓“素质教育的呼声‘轰轰烈烈’，应试教育的行为‘扎扎实实’”。2010 年，教育进展国际评估组织对全球 21 个国家的调查表明，中国儿童计算能力排名世界第一，创造力却排名倒数第五。第一和倒数第五反映出我国儿童教育的效果。对一个国家和社会而言，教育的最终目的是提高人的创造力，而不是考试分数的高低。在 21 世纪，只有具备创新意识的人才能引领社会经济发展的走向，无论是新行业的兴起，还是新产品的研发，都依赖人的创造能力。

目前儿童教育质量意识和质量标准的偏差，已经造成了严重的后果，包括教育产出和社会需求的不适应。传统博物馆常常忽视儿童观众，关注儿童的教育功能更是无从谈起[3]。我国博物馆儿童教育功能的实现手段单一，主要依靠文物展品和讲解服务来代替，而且陈列展览内容、文物展品的高度和展示手段，主要依照成人标准，不适用于儿童。同时，博物馆的儿童教育多是“请进来”，很少“走出去”，在博物馆外的儿童教育活动开展得还很不够，而且开展这一活动的博物馆，也大都缺乏制度化、经常化，活动方式还比较简单，活动效果也有待于进一步提高。

7.3.2 建立博物馆服务机制

观众调查是博物馆不可或缺的工作，观众调查数据的积累是博物馆发展的基础。从

① 周婧景：《我国发展儿童博物馆的重要性》，载《中国文物报》，2011-02-23（6）。
② 周婧景：《我国发展儿童博物馆的重要性》，载《中国文物报》，2011-02-23（6）。
③ 周婧景：《我国发展儿童博物馆的重要性》，载《中国文物报》，2011-02-23（6）。

国际博物馆事业的发展来看，观众调查是20世纪30年代以来出现的新举措，标志着博物馆社会化进入一个新的阶段，赫德森（Hudson）称之为"市场调查时代的博物馆"。"20世纪30年代，博物馆界开始力图摆脱'古董收藏所'和被束之高阁的'书斋'的桎梏，希望将自己转变为一个社会教育场所。与之相伴随，博物馆开始了世界上最早的观众调查分析，大学心理学家和博物馆专业人士联手，将博物馆陈列的人体工程学设计与观众参观疲劳之间的关系纳入了研究领域"[①]。

博物馆观众调查的基本方法有问卷调查、访谈调查、跟踪观察调查等方法，现有博物馆观众调查大多采用的是问卷调查方式。客观地说，我国的博物馆在观众调查方面还有很大的距离，开展观众调查的博物馆还不多，许多博物馆尚未组织过正式的观众调查，也有一些博物馆虽然开展过观众调查，但是所使用的技术与方法并不完善，存在积累的数据有限、样本偏少、持续性不够等问题，采取人工方式难免出现投入工作量大、所需经费多等问题，这些都影响着博物馆对观众的认识，尤其影响了博物馆对观众实际受益情况的了解，不能全面、系统、持久地了解、分析与研究观众的需求，从而使博物馆的工作质量判断缺乏依据，也使博物馆所作的努力缺乏针对性。

因此，博物馆应将开展观众调查作为一种制度设置，完善观众调查的技术与方法，将提升品质的战略目标建立在有效的观众调查基础之上。2002年以来，河北省博物馆面向市区大中专院校、中小学生等不同类型社会公众，采取口头调查、座谈会、赴馆外调查等多种方式、多角度组织了10余次大型观众调查。通过对目标观众群的调查研究，既与社会公众和受访单位拉近了距离、密切了联系，又得到了大量、客观的调查数据和信息，为博物馆有的放矢地开展社会教育活动奠定了基础[②]。

在我国，一项关于"博物馆的讲解工作"的调查中，针对博物馆的讲解方式提出问题，约有51.8%的孩子选择了"由讲解员讲解"；39.3%的孩子选择了"机器讲解"；另外还有8.9%的孩子选择"不需要讲解"。针对"博物馆举办的下列活动中，你最希望参加哪一项"的问题，在设置的4个选项中，62%的孩子选择了"参加模拟考古"，将近25%的孩子选择了"参加文物鉴定，和专家进行交流"；而选择"听历史与文物知识

① 安来顺：《当代博物馆的人文情怀与文化角色》，见《中国国际友谊·第七卷》，27页，北京，文物出版社，2010。
② 崔大伟：《博物馆开展社会教育工作的探讨与思考》，载《中国文物报》，2011-06-29（7）。

讲座”和“参观历史文物展览”的孩子则很少。受孩子们欢迎的前两个选项有一个相同的特点，就是可参与性强[①]。

在丹佛艺术博物馆，观众可以坐在非洲厅内，边看文物展品，边听播放器内传出的由居住在丹佛的非洲音乐家演奏的音乐。在视频站观众还可以录下他们自己关于某一艺术展品的故事。该博物馆首创的以对话口吻书写的“关联度”展牌得到了更广泛的应用，在许多展厅内都可以看见。丹佛艺术博物馆的观众，普遍对该馆在展厅内所作的努力持积极态度，但是2007年的调查结果也显示，仍有个别观众认为举办的这些活动有些花哨，他们只想纯粹地欣赏艺术[②]。

今天，博物馆应将服务观众摆在首位，不但要使观众满意，并且要使观众愉悦。在“当代大学生眼中的博物馆”的调研中，不少学生强调博物馆的文物藏品的确极富吸引力，但是在参观中又极易产生疲劳感，进而产生厌倦感。他们在参观展览结束之后，实际上基本没有什么收获可言。问及原因，大多数同学都认为，一是“博物馆里的东西距离我们太遥远了”，二是陈列展览形式过于死板，无法融入其中，“感觉自己完全是一个无关的局外人”。有的同学说“为什么我们可以长时间坐在电影院中而感觉不到疲劳？”“我们拒绝平庸和死板，我们希望得到鼓励”。

如何创造一个自由、随和、亲切和充满鼓励意味的“博物馆氛围”，如何让观众真正融入其中，是博物馆当前面临的重要课题。为了真实了解观众心理和观众取向的变化，2008年9月初至10月初，苏州博物馆对观众做了约1000份随机问卷调查。通过调查得知来馆观众主体为年龄在44岁以下的中青年人，约占观众总量的82.7%；大专和本科及以上学历水平者占75.8%；苏州以外观众占69.9%。在观众综合评价意见方面，观众对苏州博物馆总体满意度为80.72%，其中对参观环境满意度较高，达到90.5%。这样的观众问卷调查获得了一些有价值、有意义的参考数据，从而有利于检验和启发博物馆的工作目标与思路[③]。

日本北海道的中学生在校期间均要有组织地到东京国立博物馆参观。美国各地的学校也有类似的规定，要参观华盛顿的博物馆群。我国各地的中小学校有计划地组织在校学生

① 中央民族大学博物馆学专业课题组：《孩子：“六一”节你会去看博物馆吗？——200份北京西城与海淀中小学生调查问卷的抽样分析》，见《博物馆观察——博物馆展示宣传与社会服务工作调查研究》，19页，北京，学苑出版社，2005。

② 郑奕：《现代美国艺术博物馆及其观众》，载《东南文化》，2011（1），113页。

③ 卢永琇、刘芳菲：《成长夏天暑期快乐营》，载《中国文物报》，2010-08-11（5）。

参观博物馆，使学生们从小就生活在浓郁的历史文化艺术氛围里，接受人类文明成果的熏陶，造就高素质的未来公民。但是，由于社会治安和校园安全等因素，目前我国一些地区在校中小学生的课外文化活动有减少的趋势，在“事故责任制”的压力下，部分学校，特别是中小学校的教师担心学生的人身安全，不愿意组织学生离开学校参加各类社会活动，包括到博物馆参观，甚至有的中小学校居然形成明文制度，规定一般不准搞课外集体活动，这一做法严重背离了应有的素质教育理念。

博物馆的研究人员除了自己所学专业外，还应该努力掌握更多的博物馆学以及相关社会科学知识。2009 年，天津博物馆积极与有关方面联系，依托天津市区各级政府为社区民众建设了 200 余个市民学习中心、15 个社区居民终身学习服务中心以及 100 个社区青少年快乐营地，将精心准备的展览和高水平的文化讲座有计划、有步骤地送进社区，让居民足不出社区，就能享受文化服务。以社区教育为依托，天津博物馆还形成了文化服务网络，建立起社区文化互动的长期机制。

马自树先生认为“紧跟历史步伐，把握时代脉搏，博物馆就不能不关心、不贴近、不反映社会生活中热点问题，焦点问题。譬如，‘三农’问题，环境灾害（包括洪灾、旱灾、沙尘暴、荒漠化）、卫生灾害（艾滋病、SARS、禽流感）、工程事故（如矿难）、制假售假以及防腐倡廉、下岗待业、留学求职等等，这些实际生活中凸现出来的问题，如果能在博物馆里推出陈列展览，必然会给人以警惕，促人以励志，起到正本清源，传递信息，抑恶扬善，总结经验教训的效果。”他在文章中还多次呼吁博物馆要关注我国多数人群，例如农民、民工和一些弱势群体的命运①。

20 世纪 60 年代，联合国教科文组织通过的《关于博物馆向公众开放最有效方法的建议》，强调个人都有平等享受博物馆服务的权利，强调不分种族、性别或任何经济、社会差别。公共性是德国思想家 J. 哈贝马斯 (J.Habermas）于 20 世纪 60 年代在《公共领域的结构转型》中提出的概念。J. 哈贝马斯认为，公共领域是一个向所有公民开放的，公共意见能够自由形成的空间。公共性是近代以来博物馆的本质属性之一，博物馆的公共性植根于其赖以产生的公共文化需求，体现在政府对博物馆的管理和博物馆自身的服

① 马自树：《文博余话》，北京，紫禁城出版社，2011。

务工作之中。博物馆的公共性是评判博物馆制度的基准性价值，是博物馆制度分析的基本理念和核心精神。

在一百多年的发展历史中，我国博物馆经历了从无到有，从少到多，从具有一定规模，到形成完整的体系。但是，长期以来由于缺少博物馆产生和生存的文化背景，博物馆在社会生活中一直处于边缘化的地位，缺乏必要的社会关注和公众参与。而这种公共性的缺失，目前已经构成我国博物馆事业可持续发展的瓶颈。公众的知情权、参与权、监督权和受益权的实现，以公共性为基础。因此，博物馆制度的构建，必须保证普通公众享有充分的知情权、参与权、监督权和受益权，必须给予社会公众充分表达意愿的渠道、参与管理的机制、进行监督的方式，用社会民众自身的力量来维护公共利益。

政府对博物馆的管理，本质上是对公共事务的管理，所以要更多体现公共精神。2005年颁发的《博物馆管理办法》指出，“博物馆对公众开放应当遵守以下规定：（1）公告服务项目和开放时间；变更服务项目和开放时间的，应当提前7日公告。（2）开放时间应当与公众的工作、学习及休闲时间相协调；法定节假日和学校寒暑假期间，应当适当延长开放时间。（3）无正当理由，国有博物馆全年开放时间不少于10个月，非国有博物馆全年开放时间不少于8个月”。但是，仅仅做到上述规定，并未彻底解决博物馆的公共性问题，在很多方面还存在缺失。例如在博物馆的选址建设、藏品保护、运营管理、财务状况等诸多方面，缺少对公众公开的制度保障。

博物馆教育活动需要不断扩大场馆时空和受众群体，既可以在展厅内，也可以在讲座教室、多功能厅，还可以在藏品库房、研究室内，以及在博物馆外的各类场所；活动时间既可在正常参观时间，也可按活动需要安排在夜晚，扩大博物馆活动的时空。2009年国际博物馆日，宁波博物馆以7所高等院校社会实践学生组成的60多名志愿者，用40块图板、100多件复制文物和标本，以及音像、图书资料，组建了一个“流动博物馆”，坚持不懈地将“流动博物馆”送进了聋哑学校、福利院、部队、外来务工人员驻地、监狱等单位和社区，使更多不便来博物馆参观的特殊群体，能够共享到博物馆文化服务，架起了历史与现实、博物馆与社会联系的桥梁。

在中国宜兴古代铜镜学术研讨会上的讲座（2013年4月14日）

法国从2004年起，在一年一度的“博物馆之春”活动中，由法兰西博物馆局与教育部联合向儿童推出了“带着你的父母去看博物馆”的活动，有500家博物馆参加此项活动。在整整一个月的时间里，有40万法国儿童收到一封由活动主办单位发出的盛情邀请信，他们可以凭着这封邀请信，带着父母一起去参观博物馆，而且一切都是免费的[①]。蓬皮杜文化艺术中心设有两个儿童乐园：一个是儿童图书馆，存放的全部是儿童读物；另一个是儿童工作室，供孩子们学习绘画、舞蹈、表演。

1989年，由美国盖蒂博物馆牵头在11家艺术博物馆内开展的调查，证实在博物馆观众中存在的畏惧情绪，对于那些选择不参观艺术博物馆的社会公众尤其如此。调研结论写道，观众的“主要的障碍包括：对博物馆内容缺乏向导，提供的信息不充分，混乱的展品布局，令人却步的物理环境，令人生畏的员工以及未能传达此次博物馆参观的益处”。另一份同时期的调查结果也显示了类似结论，即博物馆观众通常认为自己缺乏足够的知识来享受参观之旅，因此希望专家能就他们参观的艺术品提供更好的阐释。

博物馆的任务与目的在于促进人的全面发展，一切着眼于人们的素质提升、着眼于

① 云自在：《中国博物馆怎样让人亲近？》，载《人民日报》（海外版），2010-11-05（15）。

人们的人格完善。当前一些博物馆管理者，开始重新思考博物馆在社会生活中的作用与定位。柏林国家博物馆总馆长 M. 艾森豪尔（M.Eissenhauer）认为“博物馆是人类的文化记忆。只有当我们了解自己的过去时，才能设计我们的未来，因此博物馆是当代社会的重要组成部分”[①]。美国博物馆协会组织的关于博物馆教育功能的讨论，将教育一词改为“交流”，主要是因为“交流一词比教育一词更能正确地反映博物馆与观众的关系，前者是双向的，后者是单向的；前者是一种平等关系，后者令人有居高临下之感”[②]。

今天，应努力建立和健全与博物馆相关的社会服务机构和体系，例如加强与博物馆文化研究与传播相关的行业协会、科研单位、高等院校和新闻媒体等机构的联系，加强信息交流、开展跨学科的学术研究，促进资源整合，开展联合行动；建立与博物馆相关的保险、安全保卫、运输、制作、财务、清洁等机构在内的社会化服务体系；建立与博物馆相关的专业化中介、评估、咨询机构等。这些组织机构作为对政府管理和服务的延伸和补充，将以更加客观、公正、高效的社会服务标准来满足博物馆的需求，衡量博物馆的价值，在博物馆与博物馆之间、博物馆与政府部门之间、博物馆与社会和公众之间起到桥梁作用。

7.3.3 探索博物馆服务方法

早在清朝末年，康有为、梁启超等有识之士就曾提出在中国设立博物馆的主张，将博物馆看作“开民智、悦民心”的重要公共机构。这是当时我国有识之士在文化共享和文化平等意识上的觉醒，同时也说明博物馆已经成为公共自由和文化平等的象征。公共博物馆产生后，其区别于贵族收藏行为的最重要的标志，是博物馆以教育为目的，并调动一切手段进行藏品研究、安排陈列展览、组织开放接待、出版资料图册、强化全程服务，通过其特有的教育形式，将各项工作转化为教育成果。博物馆体现的是建立在自由、平等、民主基础上的文化共享和文化参与，只有在真正平等、自由、民主的和谐社会里，博物馆才能成为一种社会公共文化空间。

服务观众是博物馆的重要责任与使命。目前，我国大部分博物馆的社会服务部门力

① 徐馨：《博物馆：近些，再近些》，载《人民日报》，2011-03-31（24）。
② 郑奕：《现代美国艺术博物馆及其观众》，载《东南文化》，2011（1），113 页。

量薄弱，缺乏理论与实践的经验，即便有相应的一些社会教育活动，大多也只停留在接待讲解的层面。与学校教育环境不同，博物馆是一个自由选择的学习环境，在这个环境中，观众可以选择自己感兴趣的学习内容，选择自己适合的学习方式。博物馆观众有着多样化的来馆动机、目的与诉求，或是为了兴趣爱好，或是为了学习研究，或是为了放松心情，因此，观众参观行为也是复杂的，具有相当大的自由度和自主性。同时，进入博物馆的观众都带有前来参观时就已经拥有的经验、知识和态度，有属于自己的观念、经验和故事。

博物馆所开展的特色教育活动，紧跟时代发展、满足公众需求，往往发挥出常规博物馆陈列展览难以实现的特殊作用。自 2005 年 4 月起，江户东京博物馆开始利用博物馆资源，创办以增进老年人身心健康和减少痴呆症风险为目的的活动，体现人文关怀。例如建立“地图制作活动”，由老年人和专业职员等工作人员组成小组，根据博物馆收藏的地图，陈述过去的生活，将听取的内容写进地图，然后作为“记忆的地图”进行展示和发表，参加者在活动期间内安装计步器，对步数和日常生活进行记录，目的是减轻老年痴呆症风险的因素。两年的时间内“地图制作活动”项目取得了一系列成果，参加者的效果由东京都老人综合研究所负责评价，老年人感情变得更加活跃，良性的感情明显提高[①]。

随着经济社会发展，当人们的物质生活不断得到满足之后，就必然将目光转向文化，转向休闲，转向人的自身全面发展。在这种情况下，博物馆面临着发展的有利机遇。丰富的博物馆资源能够满足人们的学习、欣赏需求，能够使人们找到人文关怀的精神家园。此时，博物馆的主要职能是对文物藏品负责，还是对观众负责，就成为现代与传统的重大区别。现代博物馆既实现对“物的关怀”，也实现对“人的关怀”，这一努力方向预示着博物馆工作在新世纪的发展趋势。对“物的关怀”与对“人的关怀”相辅相成，能够使博物馆真正成为社会公众生活中的朋友。

在一些社会公众的印象中，博物馆就是一排排冷冰冰的展柜和一件件没有生命气息的展品，再加上“请勿动手”“严禁入内”的警告，然而正是这样一副冰冷的面孔，使得博物馆本身及其陈列展览内容变得不可亲近，使博物馆与参观者之间存在着明显的信

① 小林淳木，等：《江户东京博物馆创办的“老年人健康项目”》，载《中国文物报》，2010-09-22（6）。

息传播障碍。而要改变这种状况，必须改革博物馆的文化传播方式。在陈列展览中应体现出对于每一件文物展品的尊重和理解，而每一件文物展品又应体现出对于观众的尊重和理解，处处为人们能够更好地学习创造亲切平等的氛围，这样观众的收获就不再是浅显的，而是深刻的，不再是短暂的，而是长久的。

知识教育与人文关怀相结合，可以使博物馆枯燥的内容变得生动形象，贴近生活，联系实际。青岛市博物馆依托资源优势，结合青少年的兴趣爱好，举办“奇妙博物馆”系列社会教育活动。2009 年首次举办的暑期公益培训班受到广大家长和学生们的欢迎。培训班中博物馆深挖馆藏文物资源优势，充分调动博物馆师资力量，为学生们带来“我是小小翻译家”“我是小小口才家”和“我是小小绘画家”三个主要方面的培训课程。培训班所涉及的授课内容均来自博物馆陈列展览。同时，开放式的教学方式、轻松愉快的课堂气氛与博物馆厚重的历史文化相结合，赢得了家长和学生们的喜爱。

2010 年暑期期间，青岛市博物馆经过前期调研、周密策划、细心组织，推出了首届文博夏令营。夏令营第一站就走进了新近发现的商周考古遗址。在青岛市考古研究所的安排下，小营员们第一次走进考古现场，目睹文物出土的过程，近距离接触祖先们用过的生活用具，了解 2000 多年前先民的生活状况，对考古常识也有了初步的了解。夏令营活动还包括带领小营员们外出参观市内其他博物馆及陶器制作现场，指导他们印制年画、彩绘扇面、捏制陶器造型等。夏令营的最后一天，小营员们向家长汇报展示所学课程，展示内容令在座的家长和授课老师深为感动。

博物馆是保存人类知识与经验的文化场所，也是带领人们探触自然、理解世界的文化空间，更是人们终身学习、促进社会发展的园地。正如古希腊哲学家柏拉图所说：“有理性的生活就是有道德的生活，是至善。”1966 年 12 月，联合国通过了《经济、社会、文化权利国际公约》，其文化方面的主要内容为：“人人有权参加文化生活，享受科学进步及其应用所产生的利益，对其本人的任何科学、文学或艺术作品所产生的精神上和物质上的权益，享受被保护之权利。”“公约缔约国为充分实现这一权利而采取的步骤应包括保存、发展和传播科学和文化所必需的步骤。”

新华社调研小分队调查显示，近年来，我国地区、城乡、行业、群体间的收入差距有所加大，分配格局失衡导致部分社会财富向少数人集中，收入差距已经超过基尼系数标志的警戒“红线”，由此带来的诸多问题正在日益成为社会各界关注的焦点。专家认为，当前我国收入分配已经走到亟须调整的“十字路口”，缩小贫富差距、解决分配不公问题十分迫切[①]。在这一背景下，伦理道德层面的文化失根、民族传统的断层现象相当严重。在世界上，如果到处是充满物欲横流、金钱至上的社会氛围，将导致一些人失去正常人固有的理性，甚至越过道德和法律的底线。

河南博物院的“历史教室系列活动”，是集历史教学、文物保护、实验观摩等活动为一体的综合性观众参与、互动和文化体验空间。以博物馆专家学者为主体，每周在历史教室举办科普讲堂，组织开展“中国古代建筑探秘”“文化遗产在我身边”等主题活动，观众场场爆满。结合精品展览和民族传统节日开展制年画、拼斗拱、剪窗花、做灯笼、泥条盘筑、五彩粽子等十多种手工活动，引起青少年观众的兴趣。同时，开设文物保护技术观摩室，让公众能够亲身感受和体验过去显得较为神秘的文物病害分辨和科技保护修复过程，并与文物保护专家进行面对面交流，既很好地普及了文物保护技术知识，又很好地唤醒了社会公众对传统文化、地域文化的记忆。

作为外国观众了解中华文化的重要平台，博物馆应尽可能提供不同语种的讲解服务。故宫博物院针对外国观众数量多的特点，提供包括英语、日语、韩语、俄语等40多个语种的语音导览服务，机随人行，每当观众驻足于文物建筑或文物展品前，自动开启讲解，很受国外观众的欢迎。南京博物院除进行日常的中文讲解服务外，也开辟了英语、日语和手语的服务。目前，有半数以上的讲解人员能够使用流利的手语为残疾观众服务。湖南省博物馆在“走向盛唐展”归国汇报展展出期间，展览简介及所有的指示牌，都采用了中、英、韩三国文字，使参观者更好地了解丰富的展览内容，受到外国观众的普遍好评[②]。

为满足广大民众欣赏优秀陈列展览的要求，充分发挥各博物馆资源的比较优势，带动中小型博物馆的发展。广东省启动“广东博物馆陈列展览协作交流网”，根据调研情况定出选题，帮助整合全省各地博物馆的陈列展览和各地的文化资源。参加网络巡回的

① 《我国贫富差距逼近社会容忍“红线”》，载《北京晚报》，2010-05-10（2）。
② 崔大伟：《加强外语在接待中的运用》，载《中国文物报》，2010-09-01（4）。

展览，一般选取普通民众喜欢、雅俗共赏的展览，不仅有历史类、艺术类的陈列展览，也有人物类、自然类的陈列展览，地方色彩浓厚。展览网络启动后，30 余家博物馆加入其中。每年精心组织 10 多项展览，在全省各地博物馆巡回展出，受惠人数达到 4000 万，其中覆盖的山区县人数达 1000 多万人，受到广大民众的欢迎，取得了良好的效果。同时，展览网络定期举办博物馆展览和讲解人员培训，有利于各类博物馆专业人才的培养和专业水平的提高。

M. 罗特（M.Roth）指出“博物馆的核心任务永远是收藏、研究、保护和展示。与此同时，博物馆是整个社会的黏合剂；它缩短了老人和青年人的距离，缩短了不同教育程度者的距离”[①]。2011 年 6 月，莫斯科市文化局官方网站公布《2012 至 2016 年莫斯科文化活动计划草案》，其中特别对移民文化活动做出规划。草案指出，在 2012 年至 2016 年期间，莫斯科将实施“移民参观莫斯科博物馆”项目。莫斯科多家博物馆将制订专题计划，并组织参观活动，讲述莫斯科的文化生活、传统和历史，旨在使外来移民融入莫斯科社会。预计这一计划将使莫斯科各博物馆的参观率提高 25%[②]。

博物馆的公益性质是其长久存在、不断发展的理由。英国的博物馆与社区居民常常展开交流与合作，诸如征集陈列展览主题、文物藏品等。英格兰的泰恩和威尔博物馆组织筹备的“文化震撼”计划就是这方面的典型案例。该项目面向英格兰东北部地区的广大市民，征集 1000 个数码影像故事，历时两年，最后评选出 100 个故事，放在专门为这个项目研发的网站上。该项目使公众亲身感受历史发展的脉动，不仅拉近了博物馆与社会公众之间的距离，而且拓展了博物馆的文化功能，使博物馆更好地融入社会生活，成为挖掘和传承公众历史记忆的重要平台[③]。

浙江省自然博物馆每年举办的中小学生大型书画比赛，已经成为该博物馆的一个品牌。中国丝绸博物馆的科普养蚕和手工制作活动，每年有 5000 多中小学生参加。一些博物馆推出“每月一鉴”活动，在组织得当的民间收藏鉴赏活动中，观众参与热烈，通过活动既服务社会公众，又加强专业人员的交流合作，促进业务人员专业能力的提升，也扩大了文物征集信息源，成为一举多得的有益活动。一些城市或地区博物馆，通过联合

---

① 徐馨：《博物馆：近些，再近些》，载《人民日报》，2011-03-31（24）。
② 迟润林：《莫斯科博物馆助移民融入社会》，载《中国文化报》，2011-06-16（3）。
③ 纪双城：《向国外博物馆同行学“竞争”》，载《环球时报》，2011-04-22（13）。

举办陈列展览，联合开展博物馆文化活动，联合推出博物馆套票，联合印制博物馆宣传品等，提高社会公众对积淀深厚的中华文化的解读、记忆能力，共同扩大博物馆的社会影响，提高综合效益。

近年来，各类博物馆都在积极举办临时展览，取得了明显的社会效果。但是，由于观众欣赏水平的不断提高和需求的多样化，对博物馆的陈列展览提出了更高的要求。因此博物馆在筹办陈列展览时，常常为文物藏品匮乏、不成系统，难以满足社会需求而苦恼，特别是要组织一项有分量的专题文物展览，仅凭一座博物馆自身力量难以实现。为了改变这一状况，通过相关博物馆联合，发挥文物藏品和专业人才的整体优势，能够取得圆满的效果。因此，如何加强博物馆馆际联系，组织文物藏品联展，将各博物馆的力量在可能范围内加以联合，显得尤为重要。

20 世纪 80 年代以来，世界各国的博物馆以前所未有的力度，加快融入社会生活的步伐。全球博物馆的建设发展高潮也持续至今，恰恰就是社会各界对博物馆独特价值的认可，对博物馆所付出努力的肯定与鼓励，从而赢得了社会民众的正面评价。博物馆教育区别于社会其他机构，尤其是学校教育，具有自身特殊的功能。从广度上讲，博物馆作为公益性机构，为全社会服务，要充分考虑到不同观众对博物馆服务的不同要求，保证服务的可获得性；就深度而言，博物馆在研究文物藏品、陈列展览的基础上，要充分利用自有资源，为社会提供尽可能多的服务内容。

目前，越来越多的博物馆采用触摸屏导览系统，为观众提供参观路线、通信、购物、研究资料等多种服务。观众喜爱的触摸屏导览系统，应达到屏幕画面的构图、色调、音乐、配音、动画及历史知识的介绍高度统一，使观众在动手触摸操作中增加参与兴趣，满足求知的需要。因此，触摸屏导览系统设计既要考虑观众构成的多层次性，又要考虑观众求知的多元性，使观众能够在触摸屏导览系统上随意获得希望了解的内容，并能灵活掌握所需的时间和内容。有了这些满足探索欲望和得到满意服务的条件，观众也就自然而然地被吸引而来。

西藏博物馆

第八章
博物馆文化传播功能的提升

文物传承古今，交流沟通中外。通过博物馆文化传播，可以使更多社会公众领略中华文明五千年辉煌历史，感受祖国的繁荣昌盛，增强广大民众特别是年轻一代对我国文化传统的认知和认同，提升身为中华儿女的自豪感和自信心。同时，博物馆领域对外交流是我国文化遗产事业的重要组成部分，在传播中华优秀文化、推动中外文化交流、满足各国民众文化需求等方面发挥着独特而重要的作用。

8.1 净化文化生态环境

博物馆是保护、展示文化遗产和人类环境物证的文化教育机构，是一个国家、一个民族宣传其文明成就和发展水平的重要窗口。实际上，博物馆不仅是保存、研究、展示文物藏品的文化场所，更是人们感受历史、引发思考的文化空间。博物馆文化应该以更加丰富多彩的方式，进入社会公众的生活之中，成为人们日常文化生活的重要组成，如此，才能使博物馆文化的传播更加有效，使博物馆文化的影响更加深入。

8.1.1 文化自觉提升精神境界

人们生活在自然生态环境之中，也生活在文化生态环境之中。两种生态环境的优劣都直接关系到人们的生活质量。“实际上，自然生态不过是文化生态的物理显现而已，二者互为表里。文化生态，就是人们精神呼吸的空气，通过耳濡目染影响人的精神世界，影响人的行为”[①]。今天，在自然生态环境方面，人们正在忍受着生态破坏和环境污染带来的苦果，而在文化生态环境方面，也出现了诸多不容忽视的问题。对此，一位文化界人士指出：“一场经济危机，会影响三五年；而一场文化危机，会影响一代人！”[②]

从文化安全来看，国际思想界流传一句名言：“19 世纪靠军事改变世界；20 世纪靠经济改变世界；21 世纪靠文化改变世界。”联合国教科文组织曾统计，美国控制了全球 75% 的电视节目的生产和制作。美国的电影产量占全球影片产量的 6.7%，但是却占领了全球影片总放映时间的 50% 以上。在我国内地，每年引进 10 部美国电影就占据 60% 的电影市场。据统计，美国文化占网上信息资源的 90%，使人们一进入因特网就进入了美国的文化环境之中。美国全球化被形象地概括为“三片”：信息文化“芯片”，饮食文化“薯片”，电影文化“大片”。

美国杜克大学教授 F. 詹姆逊（F.Jameson）说：“美国的电视、美国的音乐、好莱坞的电影，正在取代世界上其他一切东西。”还有人说：“当孩子们吃着麦当劳，喝着可口可乐，穿着耐克鞋和牛仔裤，看着美国的畅销书、迪斯尼的动画片和好莱坞大片长大时，我们能指望他们具有什么样的价值观呢？”美国前国家安全顾问 Z. 布热津斯基（Z.Brzezinski）2004 年在《大抉择——美国站在十字路口》一书中写道：“毫不夸张地说，这种生活方式到处传播，潜移默化地起着重新定义的作用，它的穿透力势不可挡。没有任何一个大陆，也许没有任何一个国家能够抵御它的影响。”

“从 20 世纪 90 年代以来，个人主义、拜金主义、享乐主义、消费主义、功利主义、实用主义等的盛行和泛滥，逐步导致主体人格的分裂，出现了经济人与道德人、社会人与自然人的对立与冲突”[③]。如今，在一些城市中，奢华消费之风呈蔓延之势，豪华大厦、豪华别墅、豪华游艇、豪华汽车、豪华服饰、豪华套餐等，消费领域的奢华景象层出不穷。

---

① 张德祥：《改良我们的文化生态》，载《人民日报》，2010-06-29（24）。
② 詹勇：《媒体绝不可见利忘义》，载《人民日报》，2010-06-23（4）。
③ 邹广文：《过度市场化消解精神价值》，载《人民论坛》，2010（8），23 页。

这些奢华消费现象有着深层的社会原因。由于在过去的岁月中，人们的物质生活长期匮乏，因此一些“先富起来”的人群，产生出格外重视物质，甚至炫耀物质财富的心理，动辄比排场、讲气派，并往往进行商家炒作，媒体渲染，从而加剧物质崇拜的社会风气[①]。

王蒙先生认为“对于市场力量的片面接受正在使人们变得浮躁，一些文化产业事业人追求的只限于印数、票房、收视率、点击率，一些作品正在通过拳头枕头、陈腐迷信、八卦奇闻来促销谋利，使文艺日益消费化、空心化乃至低俗化，失去了思想与艺术的追求与积累”。“传媒的炒作与炒作背后的经济实力正在使文艺上高下不分，真伪不辨，黄钟喑哑，瓦釜雷鸣。急功近利的风气使本来大有希望的文艺人也在走捷径，宁要无知的起哄与人为的、速成的明星，不要伟大的经典，不要文学艺术与学术的深刻性、郑重性与创造性，更不要说文化创造上的艰苦卓绝与不应逃避的付出代价”[②]。

随着社会的发展和信息技术的不断进步，一方面，信息越来越丰富，人们在学习、工作与生活上越来越依赖信息，另一方面，信息超载也带来困扰。面对海量的信息资源，人们却又难以有效地获取自己所需的信息。信息的泛滥已经超过了人们注意力可以承受的负载，导致了普遍的注意力匮乏，这种现象使注意力成为一种稀缺资源。诺贝尔奖获得者 H. 西蒙（H.Simon）指出，“随着信息时代的发展，有价值的不是信息，而是注意力”。“注意力已成为一种比储存在银行账户上的钱更有价值的货币”[③]。

有关调查表明，在 1992 年，36% 的成年男子每天至少要阅读 30 分钟，到 1999 年，百分比下降到了 22%，而一个普通观众每天观看电视的时间却令人惊奇地达到了 3.5 小时。电视是人类历史上最成功的注意力获取技术，通过简短的解说、恰当的时间安排、鲜明的个性以及对用户的友好来获取注意力；而互联网和游戏，凭借其互动性，似乎有超过电视的势头。在这一情势下，很多博物馆的陈列展览模式已经越来越不适合当代观众的需求，不足以吸引他们的注意力。

正如 M. 霍尔（M.Hall）所说：“很多展览不够成功，是因为就他们的观众、物品与风格而言，其展览基本上可以称之为立体的书。为什么要求观众去读一本订在展厅墙上的书呢？”例如在美国芝加哥工业与技术博物馆中，整个一堵墙上密密麻麻的都是展板

---

① 杨亮：《透视炫耀性消费背后的文化心理》，载《光明日报》，2007-01-10（7）。
② 王蒙：《关于文化建设与文化发展的思考与建议》，载《参政议政咨询》，2010-06-12。
③ 唐贞全：《从信息传播到注意力传播》，载《东南文化》，2011（1），83 页。

和文字，一眼望不到边，除却令人“震撼”之外，更让人感到“望而却步”。这样的陈列展览设计显然不能吸引观众关注其具体内容。事实证明，只有经过精心整理的信息，才会获得注意力。正因为如此，博物馆在进行陈列展览策划时，必须将其内容与社会、与观众生活相联系，揭示文物展品对于今天社会生活的现实意义，否则就不能吸引观众的注意力，最终也无法实现博物馆的功能，发挥应有的作用。

英国文化部在2007年做过一次统计，在这一年中，只有35%的青少年参观过一次博物馆。因为博物馆对他们来说是“无聊”的同义词。博物馆如何与青少年建立长期好友的关系，如何根据青少年的年龄特点、理解能力和兴趣特点，推出适合他们的展览，是博物馆面临的一大挑战。目前博物馆需要与电脑游戏、便捷的通信技术争夺青少年群体。北京青少年研究所曾对北京市1000位在校学生进行调查，结果表明在日常生活中他们最喜欢从事的活动排序是：第一，约64.8%的学生喜欢朋友聚会；第二，喜欢听音乐、看电影、与家人一起、上网；只有7.8%的学生喜欢参观博物馆[①]。

吸引青少年走进博物馆，一直是各国博物馆关注的问题。在当前市场经济条件下，全社会竞争意识高涨，大多数青少年从小学时期开始，就进入应试教育的轨道，为上重点、考大学、读学位而竞争；进入社会，又要为生存、为生活、为晋升而拼搏，几乎没有时间探索人生理想，思考人生意义。巨大的竞争压力，甚至使一些人产生危机感、恐惧感，引发心理疾病，孤独抑郁、自我封闭，不关心他人，不关心社会，不善于与人交流。对这样一些人群，博物馆要给予特别的关心，并成为他们的精神家园[②]。因此，博物馆必须改变自己，积极探索青少年与博物馆展览紧密联系的契合点。

目前各种类型的博物馆通过提供形式与内涵极其丰富多样的陈列展览，用直观浅显的方式，向人们介绍社会科学和自然科学的相关知识，有助于人们将原有的文化视野加以拓展[③]。博物馆的陈列展览应追求精品意识，将精品意识体现于陈列展览的各个环节和具体细节，形成具有影响力的文化品牌。一个主题鲜明，富有思想性和现实针对性的优秀展览，不仅要求在文物展品、陈列方式上精心设计与筹划，而且还应从观众参观数量、社会影响程度以及综合效益发挥等方面进行评价。通过对于社会民众参观需求进行调查，

① 周婧景：《儿童教育活动是博物馆可持续发展的生命力》，载《中国文物报》，2011-07-13（6）。
② 马自树：《文博余话》，北京，紫禁城出版社，2011。
③ 国际博协2010年大会筹委会专家组：《国际博协第22届大会主题说明》，见《中国国际友谊·第七卷》，北京，文物出版社，2010。

并对观众心理进行分析，可以了解人们心目中博物馆的应有形象。

在构成陈列展览的诸多因素中，最核心的要素是文物藏品，“观念上要相信在知识爆炸的网络时代，真实、直观的特征将是博物馆作为社会文化教育机构独有的法宝，因为我们看到，在这个图像可以被轻易复制的时代，尽管‘蒙娜丽莎’的图像随处可见，但无数的人群还是从四面八方会集到罗浮宫，只为在她的面前驻足凝视三十秒”[①]。文物藏品永远是博物馆文化传播的核心内容，其作用与魅力是无法替代的。在博物馆的文物藏品中，蕴含着丰富的文化信息，将这些文化信息传播给更多的社会公众是博物馆的重要社会责任。

一部激动人心的电影，一首柔婉动人的歌曲，一幅别具特色的油画，包括一首诗，甚至一句话都可能对人们的生活产生重大影响。以图书为主体的博物馆出版物是博物馆教育与公众服务职能的拓展和延伸，也是博物馆树立形象、吸引目标观众群的重要途径。国外一些著名博物馆都有自己独立的出版部门甚至出版公司，大英博物馆在成立之初就设有自己的印刷出版部，大都会艺术博物馆曾刊行两本参考目录性质的出版物，用以介绍 1870—2005 年间由该馆发行的各类出版物，希望用优秀的出版物为观众开启一扇通向博物馆的大门，使观众通过参观博物馆收获更多的知识与启示。

目前，我国的博物馆图书包括展览图册、馆藏文物图录以及文物研究专著等，这些学术气息浓厚的图书为专家学者的研究提供了重要帮助，但是也往往因为过于专业化的语言，使普通观众难以接受。博物馆图书要实现博物馆资源社会效益最大化，除坚持正确的学术规范之外，还要适应不同年龄阶段、不同学识水平、不同文化层次的观众阅读需求。随着观众的文化需求以及购买力的不断增长，博物馆图书应该在品种较少、售价较高的现状中寻求突破，建立以不同版本、不同内容、不同价位、不同载体为支撑的体系，更大程度地满足广大民众日益增长的文化生活需要。

在欧美国家，参观博物馆是公众的一种休闲习惯，一种文化习俗。每逢节假日，各大博物馆都会游人如织。精彩的专题展览往往会吸引观众从四面八方赶来，使参观博物馆逐渐成为公众的一种生活方式，使博物馆真正成为培育公民素养的沃土，反映社会文

① 黄春雨：《博物馆的社会化与专业化思考》，载《中国博物馆》，2008（3），19 页。

明的窗口。“在美国颇具影响力的博物馆——史密森学会则沿着一条真正的朝圣之路发展。当 A. 库克（A.Cooke）提醒每一位电视观众，他们都有义务至少和家人参观一次史密森学会，当每年的确有千万人次的参观数量时，你才会相信这一现象的真实性”。

经过媒体传播功能，一些博物馆文物展品被社会公众广为了解，成为文化生活中的偶像，不仅为美国观众，而且被前来的国外观众所认可①。今天，博物馆与学校教育在德育、智育、美育等方面具有广阔的合作空间。事实上，任何一座博物馆的发展，都需要吸引年轻人的注意力。应倡导博物馆纳入国民教育体系，使博物馆文化进校园、进课堂、进教材。据统计，每年以班组为单位参观大都会艺术博物馆的幼儿园儿童和中小学生达 20 万。事实上，博物馆以本地的文化与自然资源作为教育内容，可以激发学生们对本地社区的兴趣，鼓励学生们投身于本地社区的建设，为它能拥有一个美好的未来而努力②。

文化生态关系到社会和谐与文明进步，在文化空气稀薄的社会中，人们难以获得健康的文化营养，这一状况应当引起高度重视。岁月沧桑使文化遗产不可再生而弥足珍贵，博物馆正是保留这些珍贵遗存的文化场所，唯有选择那些能够代表时代精神价值的文化遗产，从人性的角度去解析，用平等的视角去阐述，以艺术的手段去展现，才能真正走进社会民众的内心，让人们在欣赏与享受中自我升华，在春风化雨、润物无声中陶冶情操。博物馆中的文物藏品能够跨越时代变迁，默默地将它蕴藏的知识、沉淀的历史保存下来。因此在文物展品中有真正的知识、有精神的支撑，参观陈列展览就是品读社会、阅读人生。

每一件文物展品都有自身的特色，都有属于本身的故事。有的文物展品是在特定的历史条件下诞生；有的文物展品经过战火硝烟或政治动乱历程；有的文物展品经过精心修复后重放光彩；有的文物展品是在被盗窃后失而复得；有的文物展品是对外交往中的国礼精品。这些博物馆藏品在展出时，如能介绍出符合实际的感人故事，就能在文化认同中，升华人们的情怀，开阔人们的视野。珍视和传播文物藏品中的历史记忆，就是维护文物藏品的生命历程和应有尊严，使参观展览成为生活中最温馨、最充实、最难忘的时刻，使人们能够看到人类走过的沧桑历程，更能看到人类的智慧创造和追求向往，感受和体味文物藏品对于和谐的呼唤。

---

① 乔治·F. 麦克唐纳：《“地球村”的博物馆未来》，载《中国文物报》，2010-06-30。
② 玛吉·鲁塞尔-恰尔迪：《城市环境中以地区为基础的教育》，载《国际博物馆》，2006（2），71 页。

8.1.2 宜居城市培育精神家园

D. 格鲁考克（D.Grew Hancock）认为“城市生活和城市变迁在全球各个国家都各不相同，城市博物馆的功能角色当然也要适应各个地区的特点和形势”[①]。无论是物质资源还是文化资源，优势往往体现于稀缺性。当一座城市经历大规模建设改造后，人们开始怀着对历史的敬畏之心，精心呵护保存传统文化肌理的历史街区，承载丰厚历史信息的传统建筑，竭力补救所谓“旧城改造”“危旧房改造”对城市文化和文化遗产的破坏。因为，一个失去文化遗产的民族是一个漂浮的民族、一个丧失记忆的民族、一个没有根基的民族，就不会深刻洞察昨天，正确认识今天和科学把握明天。

具有不可再生性质的历史街区，是一座历史性城市最具文化特色，也是最能够凝聚人心的场所。人们在自己城市的历史街区中可以找到更多的心灵归属感。然而，在我国的众多历史性城市，显然还没有将留存下来的历史街区定位于活态的博物馆。当我国城市普遍将博物馆视为“形象工程”，作为城市的标志性建筑时，国际社会则开始强调博物馆的社区化，甚至无边界化，使更多的当地居民从历史街区的保护中受益，积极促进社区民众自治能力的培养，使博物馆文化更多地融入和谐社会之中，使当地居民都能感受到历史街区的体温和博物馆的情感，消弭社会中存在的价值断层与文化裂缝[②]。

美国历史学会前主席 C. 贝克（C.Becker）曾说过：“待在无人翻阅的书本里的东西，在世界上是没有用的。只有在世上起作用和在历史进程中发生影响的知识，才是活的知识。”[③]在广州，北京路的道路整治中，发现了北宋、南宋、南汉和明、清路面，经过考古发掘，层次分明，年代清楚，于是对“千年古道”采取了展示并加以保护，既不影响行人穿行，又增加了观赏价值，使人们能够同时在古代的和现代的道路上漫步。在西安，大明宫是一座 1300 年前的皇家宫殿，现在所能看到只是一片文化遗址，人们要想了解大明宫的过去，体会昔日的辉煌，仅靠文字表述则远远不够。通过影像还原，较为全面地展现盛唐时期大明宫内的建筑、景观、文化、政治甚至是社会形态。建成后的大明宫国家考古遗址公园，不仅是一项重要的保护展示工程，也是利用科技手段进行文化展示的舞台。

---

① 邓肯·格鲁考克：《城市博物馆和城市未来：城市规划的新思路与城市博物馆的机遇》，载《国际博物馆》，2006 年（2），32 页。

② 杨雪梅、曹玲娟：《三千学者为博物馆找“活”路》，载《人民日报》，2010-11-15（15）。

③ 王保纯：《文化遗产图书会成“遗产”吗？》，载《光明日报》，2010-08-30（2）。

在 2010 年的国际博物馆协会第 22 届大会上，美国旧金山艺术学院常务院长 O.恩威佐（O.Enwezor）曾表示，行走于欧洲大街，宛如走在一座鲜活的博物馆中，建筑和生活方式与一两百年前相差无几。那里的人们自己也觉得代表历史。然而行走在中国的一些大城市，如同进入一个巨大的工地，摩天大厦林立，到处都是现代化的景观，看不到传统文化留下的痕迹。五千年的华夏文明涵养了中华民族的厚重历史，一点不比欧洲国家逊色，可欧洲人懂得城市是一座偌大的博物馆，对其爱护有加，我们却认为博物馆是城市一座标志性建筑，里面陈设着琳琅满目的文物，这首先是一种观念的差距。

正是欧洲人把城市视为鲜活的博物馆，才有着强烈的珍爱古代建筑、传统文化意识，他们知道这些见证历史的建筑失而不可复得，决不能从其身上榨取经济价值。相比较，中国城市成了生产 GDP 的机器，一切为经济发展让路成为许多官员的惯性思维。这种发展观又与政绩观有着千丝万缕的联系，在一些官员潜意识中，文物保护不能出彩，城市现代化才显政绩[①]。在持续的大规模城市改造中，城市中留存的文化遗产越来越少，对于那些城市拆迁后所剩无几的文物构件，对于那些流离失所的文物资料，对于那些记录历史事件的标志性物品，博物馆成为它们新的家园，这是不得已的一种选择。

“对于传统与历史的关爱，以今人对前人而言，是一种尊重，以今人对后人而言，则是一种责任”[②]。这些历史街区往往有着与城市一样久远的生命，承载着城市的欢乐和悲伤，留存有不少感人故事。社区中的街巷、广场、建筑、雕塑、绿化、小品等，都构成了历史街区有形和外在的物态系统，作用于人们的视觉、听觉、嗅觉、触觉而直抵心灵。同时，它们又承载着历史街区中发生过和正在发生着的社区活动，正是这些千姿百态、生动有趣的活动，使历史街区富有充沛的人气和旺盛的活力。

人们生活在城市中，为城市的发展而创造，城市发生的每一项积极变化，都会在一定程度上激发人们对自己生活城市更加关爱，都会感受到城市发展与自己的工作和生活息息相关。今天，越来越多的城市认识到，虽然目前经济仍在持续高速发展，但是，城市未来可持续发展的强大动力，将来自于深厚的文化底蕴。因此，博物馆在城市文化建设中，应该充当更加积极的角色，承担更加重要的责任。对于大部分城市居民而言，一

① 尹卫国：《让城市成为闪耀历史光芒的博物馆》，载《中国建设报》，2011-03-28（4）。
② 孙翔、汪浩：《特征规划指引下的新加坡历史街区保护策略》，载《国外城市规划》，2004（6），47 页。

座理想的博物馆不仅仅是一般意义上的大众文化设施，而且是多元文化群体的精神家园，人们在这里能够寻找到生命的意义，能够感受到生活的多彩。

日本大阪拥有特殊的博物馆情结。无论在繁华的商业街还是在安静的居住区，随处可见各具特色的博物馆。对此，日本博物馆学者解释道：“大阪本是一座名城，战争曾使这里的建筑变成一片焦土，但是文化是不能埋没的，博物馆是再现历史保留文化的最好方式，所以成为博物馆化的城市，始终是大阪人的追求。”在这一理想鼓舞下，进入21 世纪后，拥有 880 万人口的大阪，仍在积极建立和发展博物馆，目的就是让世界知道大阪不仅拥有强劲的经济实力，同时也拥有深厚的文化底蕴，是一座过去与现代相容共存，经济与文化同步发展的国际城市，而博物馆真正肩负起了城市文化传播的责任。

首都博物馆的口号是“首都，我的博物馆”。通过一系列陈列展览，用鲜活的故事，留住被高楼、广场和车水人流淹没的记忆，启发城市建设者们在新的创造中应该注意保护城市文化特色。当代空间理论认为，空间并不是纯粹物理学或地理学意义上的客体，它具有社会性、历史性和文化性。博物馆正是这样一个包含着社会、历史、文化等多种元素的城市空间[①]。当快速的城市化进程，严重地影响到人们的居住空间和生活质量时，博物馆以其宁静、祥和的环境和设施，缓解着社会民众的生存焦虑，也使得日益被伤害的城市文化功能获得某种程度的弥补与修复。

城市让生活更美好，博物馆让社会更和谐。作为城市历史的记录者和展现者，博物馆一直以来既是城市文化的参与者，也是城市文化的推动者。博物馆作为一种全球性的文化设施，在国际化的浪潮汹涌而来之时，应该肩负起重要的使命，促进不同文化之间的对话，提倡各民族文化之间的尊重和理解，维护和保存文化的多元化、多样性。国际博物馆协会曾这样阐述博物馆管理对于社会和谐的作用：博物馆必须在世界文化快速变化中加强自己的文化意识，在国际化的国家体系中加强民族身份认同，并在全球性发展中，发挥自己特定的社会教育作用。

博物馆“致力于社会和谐”，因此，博物馆应充分体现公益性、基本性、均等性和便民性，坚守“精神家园”，完善综合功能，改进空间布局，提高服务水平[②]。今天博物馆建设的

---

① 周根：《博物馆与城市文化的空间生产》，载《东南文化》，2010（6），108 页。
② 陈燮君：《让不同文明成为知己》，载《人民日报》，2010-11-05（17）。

和谐理念，除了崇尚人与自然的和谐、人与人的和谐以外，还应提倡人与社会的和谐。以人类文明的成长智慧和先进理念，有效应对和缓和日益尖锐的各种矛盾，这些也是博物馆不可回避的社会责任。博物馆要想真正成为人们生活中不可缺少的一部分，必须要善于主动介入当代文化生活，以观众需要为博物馆的发展前提，以多种手段为观众服务，以独特鲜明的形象吸引公众的注意，在社会上树立起有自身特色的博物馆形象。

博物馆是人类培育高雅情趣，营造幸福生活的精神源泉。博物馆浓郁的文化氛围，含蓄的文物意境，引导人们从浮躁走向宁静，从现实走向理想，从思考走向行动。这里应成为没有高低贫贱，没有身份等级，没有理论说教，没有身心束缚，只有平等共享的精神乐园。正如法国地理学家 P. 潘什梅尔（P.Pinchemel）所说：“城市既是一个景观、一片经济空间、一种人口密度；也是一个生活中心和劳动中心；更具体点说，也可能是一种气氛、一种特征或者一个灵魂。”[①]只要人们仔细观察和深入研究，总能发现一座城市自己的气质、灵魂以及属于自己的故事。

在培养人们健康情趣，优化生活、美化环境、净化心灵以及诗化人生方面，博物馆的作用无与伦比。西方哲学家 D. 休谟（D.Hume）曾说过：“幸福与其说用任何其他方面，不如说是用感情这种敏感性来达到的。如果一个人具有那种能力，他由趣味的愉快中所得到的幸福，要比由欲望的满足中所得到的幸福更大。”[②]要实现博物馆的资源效益和文化魅力，在陈列展览和文化活动中，不能简单罗列重要事件和历史人物，而应该首先寻找和揭示这座城市的灵魂，寻找属于城市自己的故事，并提炼出最能反映地域文化特色的主题，通过这一主题将各种重要的文化资源加以整合，形成一个整体，从而使陈列展览具有特色和号召力。

古根海姆博物馆是世界闻名的艺术王国，其实它并不单指一处博物馆，而是一个始创于 1937 年的博物馆群，目前在世界各地的五处博物馆，分别位于纽约、威尼斯、毕尔巴鄂、柏林和阿布扎比。自成立之日起，古根海姆收藏基金会就一直在谋求扩张，建造更多的博物馆分馆、购买更多的文物艺术品，其连锁经营博物馆的理念至今都没有改变。古根海姆基金会以众多渠道实现国际文化交流合作的使命，例如陈列展览到欧洲、亚洲、

① 严建强：《从展示评估出发：专家判断与观众判断的双重实现》，载《中国博物馆》，2008（2），71 页。
② 刘庆平、彭建：《当代中国博物馆向何去》，载《中国博物馆》，2008（3），40 页。

澳洲巡展的同时，将欧洲、亚洲、非洲和南美洲艺术珍品，借到古根海姆博物馆展出，或在其他国家建立新的古根海姆博物馆等。

国际化发展的路线成为古根海姆基金会区别于其他艺术机构的最大特点。长期以来，古根海姆博物馆积极谋求全球战略的发展，从意大利、德国、西班牙、立陶宛、奥地利，到墨西哥、巴西、日本、新加坡等。其中，最值得古根海姆基金会夸耀的是纽约和毕尔巴鄂的古根海姆博物馆，它们都是将想象力付诸现实的成功范例。事实上，就毕尔巴鄂古根海姆博物馆来说，比其华丽外表更具有持久魅力的是，借助古根海姆的收藏系统和资源，营造开放的国际博物馆艺术平台，该馆在艺术项目策展、社会教育活动等方面的成就，使其迅速成为欧洲同行业的领先者。

世界上规模最大，而且是首次在发展中国家举办的世界博览会已经于 2010 年在上海成功举办。从历史上看，世界博览会与博物馆事业有着不解之缘，也是拉动博物馆发展的强力引擎，使举办城市的博物馆水平提高到一个新的层次。例如 1851 年最早的伦敦世界博览会，就催生了英国两个博物馆，即国立维多利亚和艾尔伯特博物馆和伦敦科学技术博物馆。此后，在全世界范围内，博物馆事业得到迅速发展，多元化功能的博物馆也给此后的世界博览会带来新的启示和借鉴，新的博物馆建设理论，有创意的陈列展示手法层出不穷，并出现了人性化的服务理念。

1855 年的巴黎世界博览会，由于增加了一系列艺术展览，在很大程度上改变了世界博览会的文化传播理念，以新产品发明陈列展览为主的世界博览会，增加了丰富的人文色彩和独特魅力，绘画、雕塑、音乐、建筑等人类文化创造，从此更多地融汇于世界博览会，无论是约翰·施特劳斯的《蓝色多瑙河》，还是罗丹的《思想者》，均与世界博览会密切相关。举办世界博览会最多的巴黎，留下的博物馆也最多，例如 1900 年巴黎世界博览会，促成“奥赛火车站”改建而成的奥赛美术馆。通过这些实践，以往人们认为世界博览会是一项经济活动，而今天世界博览会成为一项重要的文化活动。

上海成为 2010 年世界博览会的举办城市后，为我国博物馆事业发展提供了新的契机。上海世界博览会园区内约有 2 万平方米的历史建筑得以保留保护，超过 40 万平方米的工业建筑得到保护性再利用。由此，上海世界博览会实现了世界博览会有史以来“历史建筑保护面积之最”的成就。依据以往举办城市的经验，在世界博览会之后，将世界博览会建筑改建成博物馆，是一个普遍采取的重要选择。对此国际展览局秘书长 V.G. 洛塞泰斯（V.G.Loscertales）曾多次表示：上海世界博览会园区内部分历史建筑应在世界博览会期间改建为博物馆、公共文化设施，并在世界博览会之后做出后续利用，这是一个历史性的文化任务[①]。

8.1.3 文化权益保障精神生活

早期传统博物馆虽然设置了教育传播职能，但是其教育传播的对象，却只是少数的精英阶层，多数的社会公众难以有机会进入博物馆参观。这种情况伴随着时代的变迁、历史的进步虽然有所改观，但是不容置疑的是，传统博物馆核心要素是博物馆藏品，就是说博物馆的主要任务是照看好文物藏品，即使是向社会公众宣传、展示、普及，也还是以文物藏品为中心开展，很少顾及社会公众的需求与感受。博物馆的发展趋势表明，随着社会的发展和人们知识水平的提高，参观者已不再满足于只欣赏文物展品，而更多的是想探求文物展品背后所蕴藏的文化内涵，甚至将所喜爱的文化融入自身生活之中。

博物馆文化是对于人类精神需要的满足，是对于人类生活质量的提高，是对于人类文化理想的寄托，是对于人类历史文明的凝聚。观众在博物馆文化环境中，跨越时空探寻文明的足迹，博览人类历史文化的丰富内涵，减轻现代社会快节奏的压力，提高文化素质、提升精神境界。只有博物馆文化大众化，才能真正成为主流文化，才能成为历史的庄严、世界的光明和温暖的源泉。面对文化领域的平庸化、低俗化倾向，博物馆应牢记文化良心和职业操守，敢于扬清激浊，以敏锐的洞察力，将正确的价值观植入社会民众的日常生活，使之成为日常生活中的自觉选择。

每年的国际博物馆日，一些博物馆组织开放活动，邀请有兴趣、有困惑的人们进入博物馆，参观博物馆藏品库房、藏品登录工作室、研究室、藏品保存实验室、计算机机房、展览制作间等工作场所，看一看博物馆业务如何运转，与博物馆员工就工作状况交换意

① 陈燮君：《世博与文博的互动发展与共同守望》，载《解放日报》，2007-01-07（8）。

见[1]。山东博物馆作为全省综合性博物馆，目前馆藏文物13余万件（套）。为使广大观众了解山东历史，感受齐鲁文化，山东省文物局启动“观众最喜爱的山东博物馆十大镇馆之宝评选活动”。经普选和专家评选，最终由广大观众通过现场投票、登录山东博物馆网站投票、齐鲁电视台短信投票、齐鲁晚报邮寄投票等方式，评选出观众最喜爱的十大镇馆之宝[2]。

博物馆代表民族的文化经典，彰显民族文化创造的高度。今天，各具特色的博物馆大量涌现，作为了解历史、汲取知识、欣赏艺术及陶冶情操、交流信息、接受教育的文化场所，价值导向作用日益凸现。博物馆观众是动态的群体，随着时代的发展不断发生着变化。K. 赫德森（K.Hudson）认为“好的博物馆基本上是一个永不停歇的实验室，在这里检验的结果使人能以更充实的知识开始下一次的实验。反馈要有价值的话，必须是连续不断的，而且首先它必须转变为行动。这样，观众虽然也许并没有意识到，然而正是他们在创造着自己的博物馆。”[3]

针对博物馆观众，利用多种信息渠道，进行多种方式的调查，不仅可以为博物馆文化传播的开展提供依据，而且可以使博物馆活动更加贴近民众生活。构建博物馆与公众、社会互动的发展理念，是新时期对于博物馆的要求。21世纪是信息交流的时代，公众通过博物馆网站可以了解博物馆相关信息、活动和服务，可以留言和建议，打破时间和空间的限制，使博物馆宣传和教育产生历史性变革。博物馆与社会公众的信息交流已经不再是单向直线式传播，而是多级互动式传播。这就要求博物馆从人们的现实文化需求出发，注重文化传播方式的通俗化和大众化，增加互动和沟通的活动项目，完善人性化的服务设施。

社会成员是构成社会的基本细胞，博物馆通过努力帮助社会成员更全面、更和谐地发展，是其致力于社会和谐的重要方面。博物馆社区工作的开展，首先要研究分析城市中社区形态特征，通过相关分析得到较为可靠的丰富信息资源。根据社区功能布局、社区人口构成、社区面积指标等情况分析，形成博物馆社区工作实施计划和措施。博物馆的服务对象是整个社会的广大成员，不仅其服务对象具有广泛性，提供的知识内容具有

① 宋向光：《博物馆如何直面公众质疑》，载《中国文物报》，2011-09-07（5）。
② 汪海涛：《山东启动“观众最喜爱的山东博物馆十大镇馆之宝评选活动”》，载《中国文物报》，2011-01-28（2）。
③ 付建中：《构建博物馆与公众社会的互动》，载《中国文物报》，2010-08-04（4）。

多样性，并且服务方式生动形象。因此，需要针对不同的社区，采取不同的对策。

例如在企业集中的社区，企业文化成为社区文化的重要组成部分，需要深入到每一家企业，调查文化资源，建立网络化档案，以资源共享的模式把它们联合起来，帮助企业策划展览；在老年人聚居的传统社区，博物馆以家庭文化、老年文化为切入点，把握“老而思乐，老而思学”的脉搏，不断选择新的角度，适合老年人的身体特征，满足老年人的愿望，使老年人有一种“归宿感”和“认同感”；在进城务工人员聚集的城乡接合部社区，采取浅显通俗轻松的活动形式，发挥博物馆对文化的整合功能，把进城务工人员保留的乡村文化中的重精神、重礼仪、重道德，富有人情味和乡土气息的精髓发扬，同时，向他们传播城市文明的现代精神和健康的生活方式，提高人们的文化素质[①]。

博物馆发展是一个动态过程，是博物馆内部因素与外部条件共同参与作用，由博物馆和社会各界以及利益相关者共同推动促进的结果。“博物馆界应树立合作竞争的新观念。只有通过合作与协作，把自己的藏品或技术拿出来与别人的优势合作，才能在竞争中发现对方的优势与自己的劣势，从而更好地学习别人的经验、长处，弥补自身的不足和局限性。加强合作、强强联合将是博物馆未来发展的趋势”[②]。因此，在强调不断强化内部积极因素，发展博物馆事业的同时，还应该积极寻求来自社会各界的支持。为此，博物馆应广交朋友，重视公共关系对博物馆发展的影响。

博物馆实施免费开放，进一步拉近了博物馆与社会的距离，加速了博物馆融入社会的进程。博物馆要确立其存在的社会意义，就要与那些有利于和有助于博物馆实现工作目标的社会组织和社会民众，建立密切的联系。“那些在保护和传承文化传统和文化特性的目标下，与博物馆志趣相投、目的相同的社会组织和个人都是博物馆的朋友，那些希望和支持博物馆实现其积极的社会作用、从博物馆的社会作用中获得利益的社会组织和个人，即博物馆存在、发展、效益和成果的直接受益人、间接获益人和相关利益人，都可成为博物馆的朋友”[③]。

面对多元化的观众，博物馆要根据不同观众群体的特点和需求，提供多样性和针对性的教育活动。目前越来越多各具特色的巡回临时展览成为博物馆文化传播的手段。巡

① 蔡琴：《博物馆与建设社区：以浙江为例》，载《国际博物馆》，2006（2），120 页。
② 冯朝晖、雷亮中：《博物馆体制创新与实践创新》，见《博物馆观察——博物馆展示宣传与社会服务工作调查研究》，146 页，北京，学苑出版社，2005。
③ 李玫：《城市博物馆的空间拓展》，载《中国博物馆》，2008（3），91 页。

回临时展览可分为两类：一类是博物馆之间的巡回展览，例如国家博物馆的“国家宝藏——国家博物馆精品展”、南京博物院的“清代官窑瓷器精品展”等，在各地博物馆巡展，既促进了馆际文化交流，又带来良好的社会经济效益；另一类是深入社区的巡回展览，例如郑州博物馆 2006 年组织举办了“河南古代文明”“孔子故事展”等专题展览，深入校园、社区，受到青少年的喜爱和社会民众的广泛好评。

随着生活水平的提高，我国公众对文化的兴趣日趋增长，但是在很多地方，博物馆并未成为社会文化生活的热点，博物馆的社会影响力仍然有限。今天人们的生活节奏不断提速，但是人们的心灵却缺少营养。博物馆文化能够营养人们的心灵，而心灵获得营养，将会改变生活态度，对未来充满希望。博物馆宣传起到预期效果的关键，是要了解观众、研究观众、吸引观众、留住观众、服务观众。博物馆的宣传应充分利用社会各种资源和力量，尤其是发挥媒体的宣传作用。通过大众传媒的宣传，博物馆举办的一些临时展览和特色活动，成为当地的公共文化事件，为博物馆积聚高涨的人气，扩大社会影响力，获得良好的综合效益。

博物馆陈列展览是在一定空间内，以文物展品为基础，配合适当辅助展品，按照一定主题、序列和艺术形式组合而成，进行直观教育、传播文化科学信息和提供审美欣赏的展品群体。陈列大纲是针对陈列展览题目设计的指导方案，是展览的核心线索和框架结构，同时左右着展览形式和风格。临时展览的陈列大纲多种多样，没有固定的模式，原则在于清晰明了地展现内容，突出主旨。博物馆举办临时陈列展览的目的，是让尽可能多的观众前来参观，从中得到收获。博物馆应不断探索紧扣时代脉搏，特色鲜明的临时展览主题，使临时展览更具可操作性、创新性，防止展览内容与形式千篇一律。

日本博物馆的临时展览内容策划不完全由博物馆自身承担，博物馆之外的其他相关机构也可以根据各自需要，制定相应的临时展览内容策划方案。这其中与媒体机构的合作是最有日本特色的临时展览策划方式，也是日本临时展览策展过程中最为常见、所占比重最大的一种方式。媒体机构根据其掌握的观众信息，进行临时展览内容策划后，将方案提交给博物馆，博物馆经过讨论认为可行，就会与媒体机构反复磋商后付诸行动。

通常一个临时展览，新闻媒体机构为了能够达到赢利的状况，会采取各种方式进行广告宣传，而有效的宣传手段，能够为展览赢得更多的观众。

在这一合作过程中，博物馆的责任是，展览方案策划、展出形式设计、展览场地提供、专业技术支持、为协办方举办特殊参观和活动等；新闻媒体机构的职责是，参与展览方案策划，负责临时展览所需的所有经费，从展览所需国际旅费，到展品借用费、包装费、运输费、保险费、会场展示经费、宣传广告费、图录制作费、会场警备和清洁的人力费、暖气光热费等。事实上，日本博物馆的临时展览预算一直非常有限。与媒体机构合作的临时展览，由于媒体机构承担临时展览的大部分经费，无论从资金方面，还是从广告宣传角度看，都具有吸引力。因此，为了博物馆，尤其是公立博物馆的正常运营，与媒体机构合作举办临时展览的模式已经成为不可或缺、必不可少的方式①。

在广东，历经数百年沧桑的“南海Ⅰ号”，从成功出水，到进入博物馆对外展示，增强了阳江市民对这座城市的认同感和归属感。2010 年“五一”长假期间，“南海Ⅰ号”沉船和广东海上丝绸之路博物馆，吸引着社会各界的目光，3 天里，博物馆接待参观者达到 1.6 万人次。在“南海Ⅰ号”文化现象的带动下，海陵岛文化旅游更是大幅增长。2009 年，全年进岛游客首次突破 200 万大关，达到了 222.3 万人次，同比增长 30.7%；旅游总收入达到 10.68 亿元，同比增长 39.6%②。

在成都，“太阳神鸟”成为文化使者，衔着金沙遗址的古老文明，通过音乐剧、蜀绣、诗歌创作、城市雕塑，将金沙遗址所展示的文化信息传播至四面八方。一系列关于“金沙文化品牌”的宣传，迅速为金沙遗址博物馆注入深刻的城市文化，使考古遗址的文化力量影响到城市的经济、文化乃至生活。在重庆，红岩联线确定了自己的发展思路。对外增强吸引力、对内增强凝聚力。在这个发展思路的指导下，红岩联线建立了策划、设计、制作以及演出等专业队伍。并且研发出了展览、展演、报告、书刊、网站以及夜游等六大系列文化项目，以及红岩文化室、话剧《小萝卜头》、京剧《江姐》、书籍《红岩档案解密》等。

当前，博物馆的社会教育应与学校教育相结合，为学校教育提供服务。为此，博物

---

① 董丹：《中日博物馆特展策展比较》，载《中国文物报》，2011-03-23（8）。
② 张文兵、黄娟娟：《精心擦亮世界级文化名片》，载《阳江日报》，2010-05-14（1）。

馆要研究学校、教师如何更好地使用博物馆资源，直接为学校课堂服务。上海博物馆把自编的进修课程《博物馆概论》《文化中国》《文物学概论》挂到了上海市教育委员会的教师进修网上，并与相关部门协商设置了学分。教师登录后，修完课程，论文通过就能够得到学分，博物馆的文化资源得以更加充分地利用。同时，上海博物馆为中学教师开办研习会，为学校和老师提供新的教学资源，与很多中小学校找到了切合点[①]。

博物馆是公众的事业，无论是陈列展览、社会教育还是学术研究，都应该加强与公众的互动交流，公众的需求就是博物馆的追求。中国国家博物馆配合中小学教材，编辑《中国历史》《社会发展史》等教学幻灯片及中小学《历史教学挂图》等形象的教学参考资料。内蒙古博物馆为小学教学大纲所策划的“学生综合实践课”，设置了一整套教学方案，例如开设石器打制、青铜器铸造、陶瓷制作、蒙古包搭建、奶制品制作以及环境保护等课程。赣州市博物馆参与教育局主编《赣南历史》乡土教材，株洲市博物馆与株洲市景炎中学合作编写地方史校本课程，都将参观文物古迹和博物馆纳入课时。

8.2 传播先进文化理念

文化的价值和意义永远在于对人类社会的思想启迪、精神引导与道德提升。今天，在物质生活不断改善的同时，文化园地不应贫瘠，精神生活不应饥渴。在当前社会思想意识日益多元、多样、多变，文化领域庸俗、低俗、媚俗之风盛行的情况下，如何使历史在当代人手中真实地延续，如何使子孙后代在感受现代文化浓厚气息的同时，依旧有机会陶醉于传统文化的享受之中，沐浴中华文明的恩泽，需要博物馆重新审视自身的性质与功能，担当起文化传播的责任。

8.2.1 博物馆服务于社会生活

博物馆的出现与教育有着很深的历史渊源，教育事业的发展为博物馆的诞生创造了条件。当前，世界各国都在进行教育变革以适应社会不断发展的需要。教育是培养人的行为，教育的最终目的是提高人的素质，促进社会的全面发展，而博物馆正是除学校教

① 李艳：《东南地区博物馆调研纪行》，见《博物馆观察——博物馆展示宣传与社会服务工作调查研究》，38 页，北京，学苑出版社，2005。

育外，为青少年提供社会教育的理想场所。博物馆希望青少年观众通过参观和活动，体会到学校教育中无法充分满足的乐趣，并逐步培养参观博物馆的良好习惯。但是，目前国内相当数量博物馆的陈列展览，并没有与学校的教学内容做到沟通与互动，博物馆除了热情接待学生集体前来参观外，很少主动了解他们对于参观内容的需要，而学校也往往只将博物馆视为校外活动的场所。

在博物馆，经常遗憾地看到，学生们在教师的带领下，排着长长的队伍，围着各个陈列展厅转上一圈，然后或聚在一起聊天，或匆匆离开，有的学生甚至连所看过的展览名称都没有记住。目前，在博物馆与学校沟通与互动，最大限度地发挥博物馆教育功能方面，最普通的做法就是博物馆与学校等教育机构共建教育基地、实践基地等，这些基地的建立为博物馆发挥教育职能搭建起很好的平台，但是建立基地的真正目的是发挥作用，及时了解教育主题，主动配合学校教育，而不能停留于形式，宣传于表面，起不到应有的教育作用。

旅顺博物馆开展的“中学生与博物馆”活动，主要内容是结合中学生的历史教材，以讲座的形式讲解文物故事，向中学生传授历史知识。活动的形式包括两个方面，一方面，积极引导中学生走进博物馆，了解历史。另一方面，讲解人员主动走进校园，给同学们讲故事。讲解语言深入浅出，通俗易懂，有利于中学生理解。讲座中穿插的互动环节，更是激起中学生的兴趣。有的同学课后激动地说：“本来以为历史就是印在书本上的文字，就是枯燥地背下老师所讲的内容，现在看来，历史是活的、有意思的，可以这样学。”两年来，数百名中学生因为聆听大连出土文物故事会，使他们不但了解了大连的地方历史，而且感受到了历史的生动与鲜活[①]。

博物馆是社会教育环境中一个不可缺少的教育园地，它所拥有的文化信息是社会教育和学校教育的最好教材。提供丰富多彩的选择内容，是博物馆教育的手段，也是观众乐于接受的教育方式。国外许多博物馆中都设有活动中心，组织有少儿课堂，安排有让儿童观众从事更多探索性活动的场所。例如新西兰奥克兰博物馆的互动式“科学探索中心”及“古怪与神奇”活动室、“宝藏与神话”活动室，寓教于乐，受到儿童观众的广泛欢迎，

① 房学惠：《历史可以这样学》，载《中国文物报》，2011-02-16（4）。

家长可以和儿童们一起大显身手。在罗浮宫艺术博物馆拥有数十个集参观、讲解及自己动手，三者于一体的“艺术车间”，为学生提供亲身参与艺术活动的场所和机会。北京市“历史学习研究与教学对策”课题组的调查结果表明，学生更喜欢活动性较强、参与程度较高的教学方式，对于所提供的 8 种教学方式的选择，“配合教学到博物馆或遗址考察”列首位，占 69.4%。近年来，许多博物馆在实现博物馆教育职能方面做了不少创新性的工作，例如北京古代建筑博物馆依据自身馆舍的特色，利用半年多的时间，与共建基地的学校合作，设计出“先农坛文化与学科整合”课题，除语文、数学、体育课以外，其他各门课程都可以在该馆找到丰富课程内容的素材，使博物馆资源补充学校课程资源的设想得以真正实现①。

首都博物馆特别为儿童观众提供丰富多彩的动手互动活动，开设有教育互动区，在互动区里孩子充分发挥想象力和创造力，可以随时参与，体验亲自动手的乐趣。活动主要根据儿童认知发展的需求而设计，启发儿童探索的欲望，培养儿童动手能力，丰富儿童艺术想象力。其中七彩坊针对儿童观众的特点，设置形式各异的项目，包括年画套色、脸谱绘制、编中国结、扎风筝、儿童绘画、拓片等；陶艺坊也是动手区域，在这里儿童观众可以在工作人员的指导下进行陶艺制作，包括拉坯、泥塑和软陶制作，在听完有关陶瓷相关知识的讲解后，通过亲身参与，认识和了解陶器的制作流程，从而加强记忆。2011 年 3 月，“考古中华——中国社会科学院考古研究所成立 60 年成果展”在海南省博物馆开展。首日接待游客达 3800 人次，而配合展览设置的互动环节，让观众现场体验考古的乐趣。一把铲子、一个刻度尺、一把刷子，观众们在博物馆考古人员的带领下体验现场发掘。此后又在考古人员的指导下，进行“文物”清理，填写出土“文物”登记表，并郑重签上自己的名字，让观众在发掘的乐趣中认知考古学的意义。同时，博物馆特设“走进博物馆——寻找历史的印迹”有奖征文比赛，与观众共同分享考古学带给人们的惊喜与发现，而展览展出 365 件（套）文物，并配合制作了多个重要遗址复原模型，便于观众准确了解历史背景，堪称一次浓缩中华文明历史的高水平展览②。

欧洲议会文化遗产总干事 G.B. 德拉戈尼（G.B.Dragoni）曾提出，博物馆应该为人们

① 李枚：《关于青少年观众的思考》，载《中国博物馆》，2006（3），78 页。
② 黄晶：《“考古中华”首日接待游客 3800 人次》，载《海南日报》，2011-03-28（1）。

提供一个“休闲的共享空间”[①]。在欧洲，许多博物馆“请勿动手”的警示牌已经被拿掉。许多博物馆不仅具有传统教育职能，而且现在已经成为多种文化活动的场所。华盛顿的各大博物馆坚持为公众举办免费音乐会；国家艺术博物馆的花园每星期日晚 7 时举行免费音乐会，著名指挥家经常在这里指挥管弦乐队演奏；菲利普斯博物馆每星期日下午 5 时举办免费音乐会和朗诵会。美国的周末报纸常有博物馆及美术馆的文化活动专栏。地方刊物也可以查到博物馆的活动安排及可供参观的展览项目[②]。

英国南安普敦博物馆有纺织机展品，青少年观众可以操作它织出中世纪风格的土布。在博物馆里观众还可以自行设计，捏土并造型，筑起一个窑炉，把自己捏的泥质作品烧制成陶瓷，十分有趣。加拿大文明博物馆是 1989 年对外开放的现代化大型博物馆。“潜入过去”是模拟的海底世界，走入其中，可以看到海底的生物、沉船和遗物等。儿童们可以穿上潜水衣，模拟在黑暗的海底行走，探索逝去的文明。日本东京的 145 座各类博物馆中，拥有观众能够参与活动的就有 137 个。福冈市博物馆设置了一些不仅可供参观，而且能使人愉快学习的娱乐场所，例如学习体验室，备有亚洲各国的器材乐器等，可供观众自己操作练习[③]。

今天，应从重视陈列展览，向同时重视观众的文化体验转变，让博物馆成为世界多元文化的对话场所、城市中的休闲驿站，也使博物馆的角色由保存文物，发展到诠释文化，由静态陈列物品，发展到文化沟通与交流。北京市文物局发起的 2011 年“博物馆里过大年”春节系列文化活动在多家博物馆同时进行。其中老舍纪念馆举办的“老舍笔下的北京春节”展览，用“老舍说”的形式，图文并茂展示了腊八粥、过小年、办年货、除夕夜、拜大年、买玩意儿、逛庙会、闹花灯的传统内容。

2010 年底，500 多名出租车司机集体参观了首都博物馆，虽然几乎每天都在它旁边经过，但是他们中的绝大部分人还是第一次进来。全国劳动模范于凯曾经开过的出租车已经被首都博物馆收藏，这次特意摆放出来供司机们参观。首都出租汽车集团希望能以这种形式使每一位驾驶员都能够了解北京灿烂的文化、悠久的历史以及城市发展进程，更好地为乘客服务[④]。成都金沙遗址博物馆的“成都金沙太阳节”在春节期间举办，其重

① 吕天璐：《博物馆见“物”也要见“人”》，载《中国文化报》，2011-02-02（6）。
② 张和清：《美国博物馆业概览》，见《中国国际友谊，第七卷》，141 页，北京，文物出版社，2010。
③ 若初：《那些聪明的博物馆》，载《中国文化报》，2011-02-02（6）。
④ 王美玲：《企业也应亲近博物馆》，载《中国文化报》，2011-01-04（5）。

头戏之一的金沙文化主题灯展，延续了古蜀金沙太阳崇拜的核心主题，汲取世界范围内太阳崇拜文化的丰富内涵，由 20 余个中国及世界各地古老传说中的太阳神组成的太阳神盛宴灯组相当炫目。

四川博物馆将“流动博物馆”作为一个成建制的新部门进行运作。使“流动博物馆”拥有自己专门机构和队伍，有相应的规章制度和陈列展览设备，目的就是要把“大篷车”活动常态化，带着形式多样的展览，坚持每个月到各地巡回展览一次。流动博物馆展览的内容根据不同对象“量身定做”，展示的手段也尽可能多样化。在巴中老区带去的是“馆藏绵竹年画展”和“馆藏画像砖展”，经过装框的 60 多件不同时代的年画和 20 多块汉代画像砖，使老区民众大开眼界，当天就有上万人参观展览；在部队，为了使展览更贴近官兵生活，流动博物馆带去的 50 件馆藏精品文物中，就有 15 件西周、战国青铜兵器，使部队官兵不出营房，就能领略博大精深的古蜀文化。[①]

面对环境的变迁和社会的期待，博物馆不能拘泥于过去所形成的传统框架，不能再将博物馆的活动空间和影响范围循规蹈矩地限定在馆舍之内，而应该创建和拓展出更广阔的空间和领域。因此内蒙古博物院将宣传触角向更深的层次、更广的方面延伸。“流动博物院”走进呼和浩特的大、中、小学，蒙古族幼儿园，特殊教育学校等十几所教育机构，每年平均走入校园 40 余次。2008 年开始内蒙古博物院走出城市，使边远地区的学生都能享受到同等的文化权益。同时走进老年公寓、居民社区等，使社会教育进一步深入基层、深入需要的人群，进一步拉近与社会公众的距离，扩大社会影响[②]。

2011 年 7 月，“五味纷陈：半世纪的中国生活技艺”展览在香港历史博物馆开幕。展览汇集了 400 多件内地百姓十分熟悉的日常生活用品及旧照片，内容分为票证年代、生活杂拾、红色印记、婚姻大事、奔向小康五个部分，以实物陈列、照片展示、音像播放等形式，生动再现了我国内地在半个多世纪里生活面貌的变迁。朝阳区文化馆收藏老物件已有十几年的历史，目前共收集上百种、近 4000 件各式老物件。物件捐赠者以老年人为主，他们把先辈留下的具有浓厚感情的物品捐赠出来，使个人生活物品变成了社会公共资源。这些物件不但能激起人们对往事的回忆，更是年轻人追溯社会发展脉络的媒介[③]。

---

① 李大跃、张衡：《从“象牙塔”走进大千世界》，载《中国文物报》，2011-04-27（4）。
② 乌兰：《内蒙古博物院：塑造亲和力打造历史文化传播中心》，载《中国文物报》，2011-02-16（4）。
③ 汤晓辉：《老物件赴港讲述 50 年变迁》，载《北京日报》，2011-07-12（5）。

湖南省博物馆针对在校学生，不定期举办讲座和针对学校专门设计教学课程。为了充分发挥博物馆教育功能，经与教育部门沟通，将学生参观临时展览所获取的知识变为中考试卷中的题目。2006 年 7 月，湖南省博物馆与长沙市教育科学研究院的中学历史教师联合会首次合作，成立了“长沙市中学历史教师沙龙”，会员为积极关注博物馆发展的现任历史教员组成。教师沙龙的成立为社会教育工作带来了更大空间，针对沙龙会员，博物馆组织了观赏专场、讲座和参观考古遗址等丰富多彩的活动。沙龙会员也在教学中充分利用博物馆的文物资源，将博物馆针对中学生的系列讲座引进校园，积极推荐各种临时展览。

浙江省自然博物馆针对小学五年级学生推出“青少年科普小讲堂活动”，鼓励同学们将自己的科普知识、对自然探索的成果和发现与大家分享，参与的同学们需要精心准备讲稿，在众人面前大胆演讲，“小讲堂”实际上为他们提供了一个展示自我、分享成果、锻炼能力的平台①。北京大学举办“考古学与中学历史教学”培训活动，通过北京大学教师为中学历史教师讲授考古学知识和研究成果、参观博物馆和遗址、考古工地等实践活动，拓展了历史教师们的视野，再通过历史老师的教学，传达给学生们，有利于增进青少年对文化遗产的兴趣和保护意识，鼓励他们走进博物馆进一步学习。

博物馆通过与学校开展学教互助，可以使陈列展览与学校的教学活动建立一定联系。英国博物馆协会推出一个由 500 件展品组成的展览，由国家博物馆和地方博物馆共同支持完成，主办方是学校博物馆俱乐部，而这个俱乐部完全由学生管理，学生们在充分讨论的基础上提出展览计划，博物馆专业人员加以协助。在维多利亚和艾尔伯特博物馆、牛津大学自然历史博物馆和英国乡村生活博物馆的鼎力支持下，学生们与工作人员一起筹备展览，并有机会为这个在学校周边举办的展览挑选展品，学生们的主人翁精神也发挥到了极致。

近年来，西安碑林博物馆坚持开放办馆，在传统体制内探索管理模式、工作方式的创新，积极开展走进机关、走进军营、走进校园、走进社区、走进广场的“五走进”活动，在社会上引起积极反响。2008 年制定了《西安碑林博物馆纳入国民教育体系实施计划》，

① 李宏坤：《如何举办适合青少年的展览》，载《中国文物报》，2011-07-13（5）。

秉承“让地下的东西走上来，让书本上的东西走出来，让历史的东西活起来”的宗旨，发挥馆藏书法名碑的特长，传承中华传统文化，不断增强社会教育功能，有计划地将碑林文化纳入中小学德育课程和综合实验课程，在学生教材中增加碑林文化和书法知识教育。

8.2.2 博物馆贡献于社会发展

科学技术的快速发展不断带来文化传播领域的革命。1906 年慕尼黑德国博物馆开始在展览上采用影片、互动展示单位、虚拟实景、图片说明[①]。此后 20 世纪 50 年代彩色电视问世；60 年代计算机集成电路化；70 年代光导纤维投入生产；80 年代卫星通信投入使用；90 年代信息高速公路开通。所有这一切，又带来排版印刷、音像制作以及其他信息处理技术的飞跃，为博物馆文化的传播也开拓出一片广阔的天地。如今，通过数字化、信息化、网络化核心技术的集成创新，既能实现最大程度的文化遗产保护，又能支持最大限度的文化遗产价值发掘与利用，使馆藏文物与文化遗址能被人们更好地认识与理解。

数字化公共服务平台的研究与开发实施，是文物博物馆领域的一项具有开创性的重大探索。通过前期大量的调研与考察，国家文物部门选择部分城市作为文化遗产公共服务平台应用示范的备选城市。博物馆通过办公自动化信息系统，可以为用户提供一个信息管理与信息共享的平台，用户可以按照不同的性质对信息归类，然后通过信息管理系统将它们分别发布到相应的栏目中，实现信息交流与共享的目的。电子论坛系统是网上一种极为常见的互动交流服务，用于向人们提供开放性的分类专题讨论服务，将这种喜闻乐见、被公众广泛接受的交流形式引入系统内部，为博物馆业务人员提供一种网上交流的渠道和手段。

目前，数字化已经逐渐融入博物馆的各个领域，在陈列展览方面，多幕投影、幻影成像、虚拟现实影像、数字影片等多种多媒体展示项目打破了一些陈列展览的乏味与单调。在藏品保管方面，利用智能化技术，可以根据不同材质的文物库区提供不同的温湿度。在优化服务方面，不断完善设备设施，提高人性化服务质量，不仅拥有多语种服务咨询，还可以采用多语种的个人掌上电脑导航。同时，采用先进的自动取票、验票系统，建立

① 唐贞全：《从信息传播到注意力传播》，载《东南文化》，2011（1），83 页。

观众接待中心，制定集参观预约、团体参观接待、联系讲解、语音导览器租用于一体的观众接待服务流程和措施等。

近年来，大英博物馆建成英国最主要的影像在线资源中心，网站以图片和电影为两大主要类别，采用关键词、位置、主题等查询模式，并向学术研究人员和专业图片买家，提供高分辨率的图像下载渠道。纽约大都会艺术博物馆利用本馆藏品和资料，在原有展览基础上重新设计，并相应补充了有关的图片和文字资料，推出网络课时计划和网上教学节目，丰富访问者相关的历史知识。日本著名的数字博物馆计划是由 IBM 东京研究所与日本民族学博物馆合作的“全球数字博物馆计划”，主要是支持网络环境中数字典藏资料的检索，同时支持互动式的网络浏览、编辑，尤以博物馆教育为重点。

随着计算机技术及通信技术的进步，国际互联网络得到了长足的发展和迅速的普及，许多社会团体、单位和个人都走入了互联网络这一广阔的空间，博物馆需对此趋势做出新的审视和相应的改变，不断适应公众的需求，利用网络更好地发挥其传播的优势。今天越来越多的博物馆，从网络特性出发，利用多媒体等数字化手段来完成实际博物馆很难实现的一部分设想。在国外，有很多博物馆早已在互联网络上占据了一席之地。国内的博物馆虽然起步较晚，但是也有不少博物馆建立了网站，利用国际互联网络广泛的传播范围、快捷的传播速度，向全世界宣传自己。

同时，随着社会的发展和人们知识水平的提高，观众已不再满足于只欣赏珍贵的文物展品，更多想探求文物藏品背后所蕴藏的文化积淀，甚至渴望将某一部分特别喜爱的博物馆文化信息加以提炼，融入自己的生活之中。在这种形势下，如何利用互联网络这种新的信息传播手段，为大众提供信息服务，推动博物馆事业发展，就成为每一座博物馆都必须认真考虑的问题。博物馆要充分发挥现代传播网络的巨大作用，通过网上发布文物、博物馆知识、展览资讯、本地区历史文化介绍以及网上办展的形式扩大传播的辐射范围，使博物馆能够跨地域发挥作用，让更多的人能够通过网络了解博物馆的展览内容，获取各种知识，网络同时也是博物馆调整服务方式、延伸文化服务功能的良好平台。

网络技术是实现各方面教育资源数字化与整合的有效工具，它可以让所有学习者访问到个性化的信息。数字博物馆是现代教育观影响下的信息化产物，是指将博物馆信息数字化，以专题形式集成到网站中，主要是运用网站的形式保存、管理、修复、传播博物馆优秀的文化资源。数字博物馆不仅包含了博物馆的普遍教育意义，而且可以让千千万万的民众通过网络欣赏到高雅艺术的精美，饱览难以触及的文化遗产，体现网上博物馆的教育价值。同时，数字博物馆是一个以用户为中心的信息集散地，有助于人们分享社会进步带来的成果。

数字博物馆在资源的公开化、使用者的自主性以及展示手法的多元性等方面，突破实体博物馆的局限。现代社会紧张的生活节奏，限制一部分人不能经常性地走进博物馆。而数字博物馆不受时间和地点的限制。只要观众上网找到数字博物馆的地址，就可以进入博物馆参观，不必担心开馆和闭馆的时间限制，不会因专题展览和临时展览的时间短而错失良机。实践上的自由性与自主性吸引人们走进数字博物馆，同时也打破了地理意义上的距离，只需短短的几秒钟就可以浏览地球另一端博物馆的文物藏品，在家中、在学校或者办公室都可以尽情领略博物馆中的文物藏品。

实际上，数字博物馆不仅包括丰富的数字化资源库，而且充分利用图像、音频、视频、地图、动画，设计出具有高度亲和力的用户界面，促进资源整合和技术交流。然而，传统实体博物馆拥有的实物优势不容替代。人们在观看真实器物时所容易产生的认同感以及真实器物所带有的文化意蕴，也并非数字化的影音文字所能完全呈现。此外，在参观时，观众与讲解人员之间能够产生互动和交流，并由此引发进一步的参观兴趣和求知渴望，这些温馨服务的感觉，是冷冰冰的电脑屏幕难以带给观众的。

实体博物馆和数字博物馆在博物馆文化传播方面各具优势。因此，在新的时代背景下，实体博物馆和数字博物馆应该共存共荣。博物馆未来的发展方向，必然是实体博物馆和数字博物馆共同发展的局面。博物馆的信息化建设也应从实体博物馆的信息化建设、数字博物馆的建设两方面进行。在某些方面，两者之间应该互为补充、共求发展。例如博物馆的最新陈列展览、展示时间及地点等信息，可以由博物馆网络得到及时、广泛的传播。观众也可以通过网络更多地了解博物馆，产生参观博物馆的兴趣，以此增加他们的参观机会[①]。

---

① 王裕昌：《刍议虚拟博物馆与实体博物馆的关系》，载《丝绸之路》，2011（2），84 页。

2003 年，中国博物馆学会成立了以研究计算机技术、信息技术、网络技术在博物馆中的应用为目标的数字化专业委员会，宗旨是推动博物馆的数字化建设，专业范围是博物馆的信息化建设和智能化建设，主要任务是组织研究博物馆数字化的发展战略与标准规范，开展博物馆数字化的理论与工程实践的研究、探讨和交流。2006 年 6 月，中国文物学会成立信息化专业委员会，根据国家文物信息化发展总体规划，就中国文物行业信息化的发展战略、方针政策、法律法规、管理体制等方面的有关问题进行调研，积极参与文物信息化有关立法、信息标准化、信息安全、信息网络资源平台、公共数据库建设等方面的活动，为加强文物信息基础性工作服务。

现代社会是信息社会，人们被信息包围，又在重重信息里挑选对自己有用的信息，而媒体就是把信息提供给人们的重要的渠道。博物馆文化传播要取得良好社会效益，应该注重与大众媒体的合作，合理使用传媒工具。例如利用报刊宣传，不仅成本低，而且机动灵活，小到简讯，大到专版，翔实的报道和评析，具有较强的可操作性；随着听众和公交电台网络的发展，收听广播变得方便，因此广播成为博物馆扩大宣传的重要载体；电视以传播速度快、时效性强、生动直观而受到人们的欢迎，由于电视能够在画面中先期显示一些精美的展品，容易激发观众的参观欲望。

新兴媒体、新型技术的出现，也突破了传统媒体在国外落地的障碍和限制，成为展示中国形象、扩大中国影响力、提高中国文化软实力的重要平台和窗口。同时，科学技术的高度发展改变了信息的发布方式，让每个人平等地拥有了发布信息的权利。近年来，我国互联网飞速发展，“个个都是通讯社，人人都有麦克风”，数据显示，截至 2011 年 6 月底，我国网民总数已经达到 4.85 亿，互联网普及率达 36.2%，其中手机网民达到 3.18 亿[①]。在“13 多亿只麦克风”的舆论场内，我国社会舆论的形成机制、传播机制、干预机制、评价机制都在发生深刻变化[②]。

国家文物局组织策划的文化遗产数字化公共服务平台应用示范项目，通过沟通协调，已成功列入 2012 年国家科技部“信息产业与现代服务业领域数字文化专项”的优先启动项目，拟由浙江大学联合国内具有优势的博物馆、高等院校、科学研究机构和企事业单

① 张薇：《网络文化：提速中国社会发展》，载《光明日报》，2011-09-19（2）。
② 李舫：《“文化批评，我拿什么拯救你”》，载《人民日报》，2011-05-06（17）。

位共同承担实施，立足数字博物馆“五大尺度”（文物尺度、建筑尺度、遗址尺度、城市尺度、无限尺度）新理论，通过组织实施“平台项目”，以数字化形式与感知手段突破馆藏文物与遗址的物理空间隔离，实现文物与原生态环境结合、文化遗产与观众互动，最大限度地建立馆藏文物、文化遗址之间空间、时间、语义等关系，发掘并展现其文化、科学、艺术及历史价值，服务于文化创新、传播与教育。

国家文物局从三个方面组织该项目的实施，一是攻克制约我国基于数字博物馆的文化遗产公共服务平台发展的行业化核心关键技术和技术标准问题，研制文化遗产数字化专业成套系统与装备。二是构建开放的基于数字博物馆的文化遗产公共服务平台，向文物博物馆爱好者和观众提供虚拟参观、多媒体导览、行程规划、文物博物馆信息检索、互动体验等信息服务；推出数字博物馆官方网站系统、掌上数字博物馆手机应用系统。三是遴选具有丰富文化遗产资源的城市进行应用示范，促进形成文化遗产数字化公共服务与文化、旅游、影视、交通、商贸等城市现代服务行业协同发展的新业态。

随着技术的发展与人们需求的日益提高，人们正在从互联网走向“物联网”时代，专家、学者提出了智慧地球、智慧中国、智慧城市、智能建筑、智慧医疗、智慧物流等概念。物联网是在计算机互联网的基础上，利用无线数据通信等技术，构造一个覆盖世界上万事万物的网络。从技术上理解，物联网是指物体通过智能感应装置，经过传输网络，到达指定的信息处理中心，最终实现物与物、人与物之间的自动化信息交互与处理的智能网络。从应用上理解，物联网是指把世界上所有的物体都连接到一个网络中，形成“物”联网，然后“物”联网又与现有的互联网结合，实现人类社会与物理系统的整合，达到更加精细和动态的方式管理生产和生活。

物联网简单地表述就是“物物相联的互联网”。目前，物联网已经广泛应用到仓储物流、智能楼宇、环境监测、企业管理以及各种物流管理和安防系统等领域。对于博物馆领域而言，物联网还是一个新鲜事物。但是，从技术层面来看，部分成熟的物联网技术完全可以应用到博物馆，博物馆也非常需要物联网技术的参与和支持，才能更好地发挥它文化传播功能，才能更好地实现它的历史责任和社会使命[①]。针对不同性质的信息，信息管

① 刘春、彭黎明：《关于物联网技术在博物馆观众服务领域应用的思考》，载《文物保护与考古科学》，2011（3），84 页。

理系统可以提供信息发布、信息浏览、信息维护和个性化设置等四个基本功能。

今天，物联网技术已经可以基本满足大力提升服务观众的能力与效果，具备了在博物馆领域应用的一定条件，物联网技术在国内外其他行业已经广泛应用，为博物馆领域的应用提供了较好的参考与借鉴。从 2009 年起国家文物局就博物馆领域应用物联网技术进行了系列部署。利用物联网技术，更好地了解观众、组织观众、服务观众、满足观众需求，是建立博物馆观众服务应用系统的宗旨。例如博物馆观众服务应用系统由智能门禁、指示标识、多媒体导览、观众调查、环境控制等几个部分组成一个完整的体系，可以大力提升博物馆服务观众的能力与效果。

8.2.3 博物馆致力于社会和谐

有意识地开展博物馆公共关系活动起自 20 世纪 60 年代。在欧洲和美国许多博物馆设立了专门从事公共关系的部门。越来越多的博物馆认识到，博物馆要想取得发展，必须得到公众的广泛认可与支持，使公众参与到博物馆的各项活动中来，真正感到博物馆是一个为公众服务的机构，帮助博物馆是他们的一种责任和义务，这样公众才会帮助博物馆解决资金不足或其他方面存在的问题。反之，如果博物馆与公众失去了联系，也就失去了存在的基础。因此，开展博物馆公共关系活动是为了创造博物馆自身与公众之间的友好和信任。

加拿大 1400 多个博物馆中，大部分博物馆 85% 的经费来源于公众的资助，资助的范围包括资金筹措、藏品来源、志愿服务、建筑以及日常管理费用的支出等。但是并不是所有的博物馆都能得到公众的资助，资助的多少也各不相同，这主要看博物馆自身的专业化功能和社会化职能发挥的情况，以及有意识地开展博物馆公共关系活动的情况，只有那些知名度较高、观众十分熟悉的，而又颇受青睐的博物馆，才能得到较多的资助。相反，那些展览质量差或者不能很好地开展博物馆公共关系活动，以至于公众不能了解的博物馆，就得不到资助，可见开展公共关系活动对博物馆的重要性。

目前，我国的一些博物馆缺少与社会公众主动进行交流，即缺少开展有意识的博物馆公共关系活动。因此，社会上只有少数民众，特别是知识分子、学生等对博物馆有较多了解，而大多数社会民众则对博物馆了解不多。例如上海博物馆在没有搬迁到人民广场以前，有很多市民不知道博物馆的功能，甚至不知道博物馆的存在。在搬迁到人民广场后，上海博物馆通过报纸、电台、电视等大众媒体加强宣传，使公众不仅了解博物馆，而且还选择适合自己的展览去参观。

从上海博物馆开展公共关系活动的前后差别可以看出，有意识地开展博物馆公共关系活动，不仅能使公众了解博物馆，而且提高了博物馆的知名度①。志愿者制度在发达国家的很多博物馆已经开展多年，并取得了一定的成果。在1975年美国博物馆中个人工作的57%，就已经由6.22万人次的志愿者承担。1991年调查显示，美国5000多座博物馆中，有3000多座博物馆引进志愿者制度，在全美博物馆共有志愿者近38万名，志愿者全年为美国各类博物馆提供205亿小时服务，创造经济价值约合1760亿美元。其中大都会艺术博物馆有志愿者1400名左右，另有近2000份申请等待候补；克利夫兰艺术博物馆有1300多名志愿者；盖蒂博物馆也以拥有超过其员工2倍的志愿者而自豪；美国的许多小型博物馆基本上依靠志愿者维持它们的日常工作。

如今，在美国的博物馆界，活跃着数十万名志愿者服务人员，一些美国博物馆内的志愿者约为正式员工的3倍。社会公众普遍认为，到博物馆开展志愿服务，也是对博物馆进行捐助的有效做法。大部分博物馆都设有志愿者办公室，专门负责招募训练志愿者服务人员。美国博物馆志愿者的管理规范标准高，其征募工作实行长期与定期相结合、公告与行业协会推荐相结合的办法。录用标准越来越高，特别是各大博物馆，候补者多、录用难，一经录用，被录者顿觉无比荣耀，十分珍惜，因此队伍稳定，替补不易，日常管理主要是志愿者自行管理。

志愿者不仅可以将博物馆与社区很好地联系起来，而且同时可以为博物馆的发展提供各种帮助和支持。多年来，志愿者秉承“服务社会、提升自我”的宗旨，义务为来自世界各地的观众提供志愿服务，范围涉及多语种讲解和翻译、观众疏导、活动策划、问卷调查、文字录入等各个方面，形成和谐有序而又充满活力的工作氛围。但是目前就整

① 李让、李文昌：《博物馆的记忆与想象》，北京，学苑出版社，2005。

体而言，对于志愿者队伍的建设缺乏有效的引导和整体的规划，志愿者人数与博物馆发展需求相比仍然严重匮乏，社会民众对于博物馆志愿者的概念和职责仍然陌生，志愿者在社会上还不能得到充分的尊重和有力的支持。

实际上每一位志愿者都有自己的品位与追求，有自己的境界与底线，有自己的志向与抱负。应该为志愿者搭建更广阔的展示舞台，让他们通过博物馆公共平台，将博物馆文化更多地带给广大民众，使他们为博物馆发展做出无私贡献，让更多的社会公众知晓，从而感动并带动更多民众参与到博物馆事业中来。湖南省博物馆的志愿者队伍不断扩充，人员结构也由在校大学生的单一群体发展为由在校学生、在职工作者和退休老年人组成的综合群体。为了确保志愿者的服务质量，博物馆逐步完善志愿者管理档案，同时，加强志愿者的培训考核，培训内容不断扩充，培训形式更为新颖。

志愿者服务活动是以社会力量服务社会公众、提升公众参与意识、提高博物馆社会影响力的重要途径，也是博物馆实施开门办馆、完善服务体系的重要方式，为公众进行文化体验、发现历史记忆搭建了桥梁。博物馆志愿者的工作范围广泛，除了没有报酬外，几乎包括博物馆的所有工作，只要具备相关的行业知识、经验、兴趣和热忱，志愿者都可以参与其中，其工作岗位大多与正式员工完全一样[①]。河南博物院大力发展博物馆志愿者，基本队伍保持在300人以上，志愿者活动的内容与形式丰富多彩，且日趋国际化。由志愿者团队创办编辑的《蒲公英报》，向全社会解读志愿精神，传递志愿者资讯信息。志愿者服务已成为河南博物院服务体系中的重要力量。

志愿者对博物馆的生存与发展至关重要。在日本，志愿者制度是博物馆与所在地区进行合作的代表性制度。博物馆拥有大量志愿者，这些志愿者有公司职员、家庭主妇和大学生等。博物馆与志愿者之间关系表现在双方的互惠互赢，即志愿者们的基本想法是，以终生学习的精神不断提高自身的修养，为社会做出微薄的贡献，而博物馆也能够借此提高对外展示能力。博物馆根据志愿者的个人意愿安排工作内容。为给更多的人提供机会，日本江户东京博物馆规定志愿者“任期”不超过三年[②]。

为了更好地发挥志愿者的作用，吸纳更多的志愿者进入博物馆，博物馆应提高对志

---

① 丁福利：《大力推进博物馆志愿者工作》，载《中国文物报》，2009-11-25（4）。
② 黄汉青：《日本博物馆的兴旺》，载《北京日报》，2009-05-15（14）。

愿服务的重视程度，优化志愿者群体的人员结构，改善志愿者群体的知识结构，提高志愿者群体的专业技能，以改变志愿者队伍年龄结构偏低、服务岗位单一、流动性过大、专业性不足等缺陷，建立起适应博物馆实际需求，且具有较高专业水准的较为稳定的志愿者队伍。2007年2月，宁波博物馆首次面向社会公开招募志愿者。该馆从战略角度出发，在志愿者理念与服务模式上进行了一些探索性的实践，努力将志愿者队伍培养成为一支推进地域文化和多元文化传播、提升城市文明水准、促进社会和谐不可或缺的积极力量，帮助博物馆承担文化遗产保护、文明传播、国民教育的社会责任。

如今，志愿者服务是当代博物馆社会化的显著表征。但是，纵观我国博物馆的志愿者工作，目前还有不少亟待解决的问题，存在起步晚、队伍新、基础差、整体水平不高的现状。例如博物馆志愿者工作的开展还很不平衡，大部分博物馆这项工作还是空白；志愿者来源单一，年龄结构单一，不少博物馆的志愿者或主要由退休人员组成，年龄偏大，或主要由在校学生组成，年龄偏低；志愿者服务岗位单一，博物馆为志愿者提供的岗位主要局限在讲解、导览等岗位，既不利于志愿者的能力培养，也不利于志愿者的队伍稳定。

同时，许多博物馆的志愿者队伍主要由在校大学生组成，流动性较大，缺乏稳定性，不利于对志愿者的专业培训，也不利于保持志愿者服务的水平；志愿者的专业能力欠缺，许多博物馆对志愿者重使用轻培养，不愿意为志愿者提供学习和培训的机会，把志愿者服务看作免费的午餐，舍不得投入，其结果既挫伤了志愿者的积极性，也不利于博物馆服务水平的提高；志愿者自行管理机制不健全，主要依靠博物馆正式员工实施管理，缺少激励机制，措施不多，管理粗放；博物馆管理者对志愿者工作的认识、重视与支持不够，缺少人文关怀，缺乏统一、规范的引导、管理和保障。

博物馆志愿者的服务内容主要围绕博物馆的职能和日常工作开展。例如博物馆参观接待和讲解，包括为前来参观博物馆的公众提供路线引导、馆情介绍、展览讲解等，使公众对本馆的社会职能、馆舍分布、服务范围、陈列展览等有清晰的了解；环境整理，包括博物馆展厅等环境卫生清洁保洁等；观众活动支持，包括协助博物馆举办讲座、展览等活动的策划、人员联络组织、新闻宣传等；观众咨询，包括为到馆以及通过服务电话等方式进行博物馆服务职责、文物信息、展览信息等相关内容咨询的观众提供帮助。我国的博物馆志愿者尽管有了较快发展，但是从绝大多数博物馆志愿者章程和实际工作开展情况来看，目前志愿者服务内容还多是集中在宣传教育特别是义务讲解方面。

志愿者服务内容还包括更多方面，例如残障人士服务，包括协助到博物馆的残障人士进行参观、信息咨询等服务；社会调查，包括协助博物馆开展观众调查工作，了解观众对展览内容、种类的需求，以及对博物馆建设和服务的意见、建议，搜集反馈展览、讲座、文物收藏等信息，使博物馆能及时了解，适时引进相关展览、讲座以及进行民间文物征集等。另外，对于一些在自己的工作领域有所建树，并愿意利用自身专长为观众提供更深层次服务的志愿者，只要具备相关的行业知识、经验、兴趣和热忱，博物馆可以让志愿者协助承担科研课题研究等有较高要求的业务工作和观众服务工作[①]。

2007 年的 5 月 18 日是国际博物馆界第 31 个国际博物馆日。中央电视台联合制作推出“中国记忆——文化遗产博览月”大型电视媒体宣传活动，不少地方政府、宣传文化单位都参与其中。中央电视台直播 4 小时专题节目，内容包括故宫与克里姆林宫的文明对话，沈阳故宫宫廷仪式展演，世界四大博物馆的介绍，以及国家文物局推荐的 10 个博物馆的展示。这些活动使国际博物馆日由一个单纯的行业节日，变为全社会广泛参与的文化节日。近年来，国际博物馆日宣传活动的内容更由博物馆层面扩展到历史文化、历史传统层面，由国内扩展到国外，由展示层面扩展到解读对话层面，受到广大受众的欢迎。

“薪火相传——中国文化遗产保护年度杰出人物”评选活动，是经国家文物局批准，由中国文物保护基金会主办的全国性的文化遗产保护杰出人物评选活动，作为固定的连续性活动，于每年 6 月的中国文化遗产日期间推出。举办该活动的目的，是为了调动社会各界积极因素，通过推举各行各业为保护和传承文化遗产做出杰出贡献的人士，宣传他们的感人事迹，阐述他们保护文化遗产行为的巨大价值，弘扬他们的历史责任感和无私奉献的高尚精神，并以他们为榜样，进一步增强社会公众的文化遗产保护意识，提高全社会支持和公众参与文物博物馆事业的积极性。

在第二届“薪火相传——中国文化遗产保护年度杰出人物”颁奖会上，将流失海外

① 王清珍：《浅谈博物馆的志愿者服务》，载《中国文物报》，2010-12-15（7）。

珍贵文物呵护回家的功臣集体邓芳团队荣获“十大杰出人物”称号。2006 年年初，邓芳等人从国外一些销售网站上赫然发现了一批中国汉代陶俑。根据他们的学识和参观博物馆的经验，认为这批陶俑可能是从汉阳陵一带被盗掘走私出境。但是他们深知，从地下盗掘出去的文物，因为没有档案记录，很难通过法律途径追索，最有效的办法就是通过民间筹款的方式购得文物，然后捐送回国内。为此，他们先买了几件样品进行测试检验，又与国内专家反复研究，确认是真品，才下决心购买。

邓芳团队由 15 人组成，其中 12 位生活、工作在美国和加拿大，3 位在国内。他们大多是 20 世纪 80 年代以后大学毕业的青年才俊。为筹款，邓芳向同学、好友发出了倡议书。要“尽匹夫之责，送国宝回家！”正如邓芳《天若有情天亦老》一文所言：面对陶俑的身姿，看到了自己身形，“我们不正是一把黄土塑成的吗？千千万万个你和我，千千万万的陶俑，前身即此身，此身乃前身，更有同一颗从没有变过的心，那颗可鉴日月的中国心”。在 15 位人士的共同努力下，31 件精美绝伦的汉代陶俑很快便回到了祖国，现永久珍藏于陕西汉阳陵博物馆。

8.3 扩大对外文化交流

加强博物馆之间的资源共享，加强博物馆与社会各界的互动合作，加强与国际博物馆领域的文化交流，这些既是博物馆事业发展的需要，也是我国博物馆国际化进程的必然选择。博物馆通过深化与相关领域的交流合作，成为社会发展的推动者，尊重与维护文化多样性，促进和谐社会的实现。博物馆通过对外文化交流，展示国家文化形象，提高文化软实力，使我国博物馆界能够用世界眼光看待中华文明在人类发展历史长河中的地位，深刻认识和发挥在全球文化格局中的应有作用。

8.3.1 文物展览促进文化共享

新中国博物馆对外交流与合作，肇始于对外文物展览。1950 年 10 月，新中国首次对外展览“中国艺术展”在苏联展出，提供了 274 件包括中国画、油画在内的共 10 大类文物。此后又移至捷克斯洛伐克、罗马尼亚、波兰、匈牙利、德意志民主共和国和保加利亚等国展出。1954 年日内瓦会议期间，在中国代表团的会议室里就陈列了 12 件文物精品。20 世纪 50~60 年代，我国组织赴苏联、印度、波兰、日本等国的展览，均取得了很好的社会效果。其中对日本的文物展览对消除战后两国民众心灵的创伤，恢复传统友谊，实现两国关系正常化起到促进作用。

1971 年 7 月，周恩来总理批准了郭沫若先生提交的《关于筹办出国文物展览的报告》。经过近两年的艰苦筹备，新中国首项大型文物展览——“中华人民共和国出土文物展览”开始走出国门，展览精选了来自全国各省、直辖市、自治区的 400 余件文物。展览于 1973 年至 1978 年，先后赴欧洲、北美洲、亚洲、澳洲等 15 个国家和地区展出，获得了巨大成功，包括比利时国王博杜安、美国总统福特、日本首相田中角荣、澳大利亚总理弗雷泽等在内的各国国家元首、政府首脑出席展览开幕式，共吸引观众 650 多万人次。

会见美国皮博迪埃塞克斯博物馆馆长并签署两馆合作意向书（2012年11月13日）

“中华人民共和国出土文物展览”以表现中华民族悠久历史文化为主题，时间跨度从旧石器时代的蓝田人起，到17世纪的明代止。当时有国外媒体评论：“在我们看到这些艺术品和文物时，我们将记得中国过去的伟大，并预见到团结、和平与友好的世界即将来临，这个世界不再是以武力和暴力为基础，而是以相互尊敬和彼此赞佩为基础。”“文物展览为观众打开了通向一个陌生世界的道路”。“中华人民共和国出土文物展览”为实现我国外交的突破做出了历史性的贡献，被赞誉为“文物外交”。

1978年，我国进入改革开放和现代化建设时期，随着国际地位和影响力的提升，世界上越来越多的国家希望了解博大精深的中华文化，而我国也需要放眼国际世界，学习他国先进经验。这一时期，对外文物交流秉承优良传统，为推动我国文物博物馆事业的发展做出了特殊的贡献。出境文物展览数量从20世纪70年代末的每年2至3项，发展到1983年的近20项，举办了很多有影响的精品文物展览。例如1980年4月开始，在美国纽约、芝加哥等5座城市展出的“伟大的中国青铜器时代展”，观众130万余人次，厚厚的观众留言簿里，密密麻麻写满了美国观众的参观感想。

1980年开始在丹麦、瑞士和比利时等国家举办的“中国古代艺术珍宝展”，取得广泛影响。“秦始皇兵马俑展”在澳大利亚的参观人数达80万人次，在瑞典、挪威、奥地利、英国、爱尔兰等地的参观人数有65.5万人次，在日本的参观人数高达200余万人次。这一时期，赴境外举办的中国文物展览总计达到48项，观众近1000万人次，我国博物馆派出专业人员约400人次。出境文物展览不仅为改革开放初期的我国博物馆对外交流与合作，构建了宝贵的人员交往和学术交流的平台。更为重要的是，通过出境文物展览，使各地文物博物馆专业人员在对外交流中接受了锻炼，我国博物馆领域开始认识世界，世界也开始了解中国。

20世纪90年代，我国对外文物交流与合作日趋活跃，与发达国家、发展中国家和周边国家在博物馆领域的交流与合作也愈加密切，成为我国与许多国家发展双边关系的重点领域，我国博物馆的国际影响力也显著提高。1992年11月，国家文物局将中国文物交流中心职能扩展为“组织、协调全国有关文物展览、复制等交流、咨询、服务的各项经营活动，并且对这些经营活动行使一定的管理职能，进行业务指导”。我国对外文物交流在机遇与挑战面前，不断拓宽业务职能，积极加强与世界各国在文化遗产领域的交流与合作，努力向多层次、宽领域、全方位的方向迈进。

这一时期开始注重对外文物展览的学术水平，展览选题、内容、展品都通过论证会的形式，由专家学者审核把关，提高策划展览的科学性，不断营造研究氛围，开展学术活动，努力提高对外文物交流的综合能力，为开拓全方位的文物交流工作提供人才支撑和智力支持。一些文物交流展览无论从专业研究还是从观众欣赏的角度都可称为上乘之作，在世界范围掀起了中国文物交流热潮。例如“中国古代人与神展”于 1995 年 6 月至 1997 年 5 月赴德国、瑞士、英国、丹麦等 4 国展出，观众达 80 余万人次。其中位于西班牙北部的毕尔巴鄂市人口 30 余万，而前来参观中国文物展览的人数竟高达 53 万人次，被西班牙评价为 20 世纪最好的展览。

21 世纪初，中日关系处于低潮，我国博物馆界推出一系列文物展览赴日本展出，不仅展览本身获得了成功，同时为改善中日两国关系发挥了独特的作用。2005 年 5 月，“井真成墓志”在日本爱知世界博览会展出，数十万观众慕名前往参观，场面极其热烈。日本各界期待通过展览唤起政治、经济界对两国历史的全面回顾与反思；日本民众也开始思考如何改善与中国及邻国的关系。面对井真成这位中日文化交流先驱的墓志，不少有识之士纷纷发表缅怀文章，呼唤要“以史为鉴、面对未来”。新闻媒体配合展览举办了“围绕遣唐使井真成墓志——思考东亚文化交流”的大型研讨会。

近年来，我国博物馆国际交流与合作的形式和内容不断丰富，参与对外文化交流合作的博物馆数量不断增大，交流次数不断增多，交流规模不断扩大，对外文物展览在数量增长的基础上精品迭出，高潮迭起，不断引起轰动。仅 2002 年至 2007 年，我国赴境外举办的文物展览就达 346 项，观众数量以千万计。我国对外文物展览较好地配合了国家领导人出国访问、两国建交周年纪念活动，也成为“交流年”“友好年”“文化年”等国家双边活动中的亮点，形成体系，有序开展，架起了我国与世界各国沟通了解、相互学习、交流合作的桥梁，被誉为我国独具特色的“国家名片”。

无论是2003—2005年举办的“中法文化年”、还是2006—2007年举办的“中俄国家年”，我国文物展览都曾发挥重要文化影响。在法国的中国文化年期间，“四川省出土文物展”“孔子文化展”“康熙时期艺术展”和“神圣的山峰展”等四项展览相继展出，在中法文化交流史上写下流光溢彩的一章。塞纳河畔的中国文物展览不仅点燃了法国乃至整个欧洲对中国文化积蓄已久的向往、惊叹和热情，而且激发了法国社会对中国和中国民众的友好感情。据不完全统计，“中法文化年”的中国文物展览观众总人数近80万人次。其中“孔子文化展”创造了国家吉美博物馆自1882年对公众开放以来展览参观人数的最高纪录。

通过对我国悠久历史和灿烂文化的展示，使各国民众对中华民族的卓越智慧和创造才能赞叹不绝，从而为我国赢得了国际社会的尊重。2008年3月，在南非首都茨瓦内举办的“华夏瑰宝展”，是我国首次赴非洲举办文物展览，秦始皇兵马俑、金缕玉衣等近百件精美展品，见证了中华文明发展的轨迹，使南非观众首次从中领略到东方文明的丰富内涵和独特魅力。3个月的展期结束时，南非方面感觉意犹未尽，向中方提出到开普敦举办展览二期的强烈愿望。作为“友谊大使”的秦始皇兵马俑，自1976年3月首次走出国门至今，已经“出访”过30多个国家和地区，参加过100多个展览，使五大洲的2000多万参观者受到兵马俑的“友好接待”。

为了宣传我国少数民族政策，近年来，在美国、加拿大举办“成吉思汗故乡历史文物展”、在美国举办“中国西南少数民族服饰展”、在日本举办“中国西藏文化展”“西藏艺术与考古展”等，这些反映我国少数民族特有文化和生活面貌的展览，作为国际文化交流的使者，在扩大与各国民众之间的相互认识和交流方面发挥出重要作用。通过这些对外文物展览，向世界各国介绍我国的历史文化和积极向上的精神，有助于国际社会正确了解中华民族的文化价值观念和意识形态，有助于我国在国际社会中树立起负责任大国的国际形象。

改革开放以来，是我国对外文物展览最为活跃的时期，经历了规模从小到大、影响力从弱到强、覆盖面从少数国家到遍布世界五大洲的辉煌历程，博物馆对外文物展览在我国国际交往中扮演越来越重要的角色。据统计，新中国成立后至1977年，我国共举办出国文物展览约30项，而改革开放以来，我国已有1000余项文物展览，在数十个国家和地区举办，每年平均赴境外文物展览数量，从改革开放之初的不到3项增加到了目前的80项左右，观众逾亿。对外文物展览逐渐成为中外文化交流中最有影响、最受欢迎、最具特色的文化活动。

在我国出境文物展览数量持续增长的同时，为满足国内民众日益增长的精神文化需求和我国对外文化交流的需要，我国博物馆界积极与各国博物馆开展合作，有计划地引进国外博物馆的文物展览，向国内公众推介世界文明，开阔社会公众的文化视野。埃及文明、玛雅文明、希腊文明、罗马文明、印度文明等异域文化的典型展览源源不断地引入我国，相继在各地的博物馆展出，越来越引起我国民众的关注。这种双向互动，使人们感受到文物交流在加强世界各国民众友好交往，促进人类文化遗产的共享和不同文化的理解及尊重方面，具有不可替代的作用。

近10年来，我国主要城市的博物馆相继举办了来自英国、法国、意大利、希腊、日本、墨西哥、巴西等国家的历史文物展览，获得圆满成功。例如在北京、上海相继举办的"意大利前罗马时期文物展：伊特鲁里亚人的世界""古罗马文明展：罗马帝国的人与神""凡尔赛宫：太阳王路易十四展""英藏：亚述珍品展""失落的经典：印加人及其祖先珍宝精粹""世界文明珍宝——大英博物馆之250年藏品展"等国际著名博物馆的文物展览，为国人了解世界、开阔视野开辟了渠道，使尚未有机会出国访问的人们对其他国家和地区的文明有了一定程度的了解，也成为我国博物馆走向国际的重要措施之一。

文物交流展览是通过文物实物与现代展示手段，反映人类文明成果，注重文明的对话，文化的交流，对于促进人类文化的发展具有非常现实的积极作用。文物交流实现了世界各国民众的心灵对话和情感沟通，加强了我国与世界各国的交流合作，促进了我国外交工作。同时，文物展览成为近年我国与意大利、俄罗斯、比利时、印度等有关国家文化交流系列活动中的重点项目。例如"西天诸神——古代印度瑰宝展"作为中印友好年活动的重要内容，于2006年12月至2007年10月先后在我国4座城市成功展出，展览被中印双方认为是中华文明与印度文明跨越喜马拉雅山脉的一次握手，是两个古老文明友好交往史的延续。

在全球化日益向纵深发展的今天，不同文明间是固守文明冲突论，还是尊重不同民族、不同国家、不同文化的差异性，这不仅是文化选择问题，而且关系人类未来的命运。文化是一个民族共有的精神家园，他深深地熔铸在民族的生命力、创造力和凝聚力之中。文化的民族性，构筑了世界文化的多样性；正是文化多样性与差异性的存在，构成了人类文化生态。文化的差异是最根本的差异，不同文化的人，如何交往，如何对话，如何在同一地球村里和睦相处，共存共荣，是新世纪人们最关注的话题。

从任何意义上都可以说，人类文化多样性的存在是人类社会的福祉，也是人类生生不息的生机所在。中华文化就是在与不同文化的对话与融合中得以不断发展，早在先秦时期就有诸子百家的对话，以后又有汉民族文化与其他少数民族文化的对话以及与佛教文化的对话等。认同、尊重不同文化存在的合理性与合法性，既是对其他民族文化的存在权、文化个性表达权和文化发展道路选择权的充分理解与尊重，也是对其他民族文化特色的包容与欣赏。以健康的文化心态，尊重和承认世界文化的多样性，已经成为当今世界大多数国家所普遍接受的国际关系准则。文化多样性是对每个民族文化选择权利的尊重，这同时也赋予了他尊重其他民族、其他国家文化选择的责任。

8.3.2 文物交流促进文化对话

虽然改革开放以来，我国在对外文化交流与合作方面取得了很大的成绩，但是从服务综合国力不断增强、国际地位日益提高的要求来看，从不断提高对外文化交流的国际化水平看，我国文化领域在国际合作与交流方面仍然存在诸多问题。首先，对外文化交流与合作缺乏整体规划部署，指导思想不够明确，目的性和针对性不强。而目前绝大多数国家，不论是发达国家还是发展中国家，都在积极制定强有力的政策来促进对外文化交流，扩大自身影响。一部《阿凡达》风靡全球，创下电影票房新纪录，也触动了我国文化领域。这已不仅仅是技术和经济方面的问题，而更涉及我国的文化产品和文化实力。

相比之下，我国的文化产品出口少、进口多，严重入超。在文化的交往和互动上，还处于相对劣势的地位。人们甚至难以想象一些国家的民众对于中国的情况知之甚少。“如果在国外问一个路人对中国文化的了解，最可能得到的回答恐怕还是中餐和功夫，也许还会有姚明。但这些与博大精深的中国文化相比，流于表面”[①]。“经常走出国门的同胞们会有一个惊人的发现，那就是许多外国人对中国的了解竟然是那么惊人的贫乏？当国人对麦当劳、IBM 和东芝等早已烂熟于心的时候，欧美等国普通老百姓对中国的了解却是惊人的不对称”“我国正常发出的声音，不少却被误读或误解”[②]。

目前，我国博物馆在对外文化交流中，缺乏鼓励性的政策、必要的资金保障以及明细的法律规范；所举办的对外文物展览和相关活动，与文物科学技术保护成果、考古发掘成果、学术研究成果等方面结合不够。这些都表明我国博物馆对外文化交流与合作体系还不够完善，博物馆对外文化交流行动还没有融入国家整体对外文化交流系统之中，从而影响博物馆对外文化交流作用的充分发挥。目前，除少数国家和省级博物馆外，大部分博物馆国际交流较少，甚至没有任何交流。同时，我国博物馆与国际博物馆交流与合作的层次较低，多数交流局限在一般的对外展览、参观考察，缺乏在学术研究、保护技术和人才培养方面的深层次交流。

即使在文物展览交流方面也存在一些问题，全国博物馆举办对外文物展览的数量，还少于一些发达国家年均海外展览的数量。对外文物展览的国家和地区还不够广泛，特别是面向发展中国家的陈列展览较少；对外展览的内容还不够丰富，主要是青铜、瓷器、金银器、玉器和陶俑等文物专题展览，缺乏主题性展览；与对外文物展览相比，我国引进的国外文物展览数量较少，年均仅 20 项左右。因此，博物馆要增强国际交流合作的能力，通过整合区域藏品、展览、人才、技术、资金等资源，举办各类高水平对外文物展览和博物馆文化活动，并有计划地引进国外优秀展览，向公众介绍世界文明和多元文化。

哈佛大学考古学及人种学皮博迪博物馆于 1980 年制订了“收藏品共享计划”，并借助国家人文科学研究专款提供资金，与众多博物馆建立相互协作关系。在这一计划之下，有关的学术团体和文化机构均可以向该馆要求借出展品。皮博迪博物馆制定了文物藏品

① 吴清辉：《提高文化影响力，不能只靠 GDP》，载《人民日报》，2010-03-16（12）。
② 郑风田：《讲好自己的大故事》，载《人民论坛》，2009（11），4 页。

国际文物修护学会福布斯奖项颁发仪式（2014年9月22日）

的包装、托运、管理保险的一系列具体要求，与之协作的博物馆必须满足这些要求并提供必要的经费。“收藏品共享计划”提高了该馆的对外声誉[①]。相比之下，我国博物馆缺乏馆际展览主动交流的积极性，除了极少一部分展览赴外地展出交流外，大部分展览主要面向博物馆所在地观众，这不仅造成文化资源的浪费，而且影响其社会作用和社会效益的发挥。

为此，我国博物馆界不断加快融入国际博物馆大家庭的步伐，从单纯举办对外文物展览交流，到进一步拓展为更加广泛的博物馆文化国际交流，组织承办多种内容和形式的博物馆国际合作交流项目，例如举办国际学术研讨会和高层论坛，定期的或专项的学术交流和业务考察，交换出版物和信息资料，文物保护项目资助，文物保护和博物馆专业培训，参与国际博物馆领域重大活动承办等，文物交流范围已经延伸到文物博物馆领域的方方面面，为促进文物交流工作的全面进步提供了更为广阔的舞台。通过技术引进、学术交流、人才培训等有效方式，在更多的领域，加强与国际博物馆、民间机构和非政府组织之间的交流与合作。

① 陆建松、厉樱姿：《我国博物馆展示教育和开放服务现状、问题和对策思考》，载《东南文化》，2011（1），9 页。

随着改革开放的不断深入，国家文物部门开始选派博物馆优秀人才赴国外学习。例如 1991 年 5 月，国家文物部门开始选派留学生分赴英国、荷兰、德国进修博物馆管理和文物保护专业。同时，涉外人才培训得到重视，开始实施国际合作培训项目。1994 年 5 月，国家文物局、国际博物馆协会、中国博物馆学会、荷兰莱茵瓦尔德学院联合举办中国博物馆中高级管理人员国际研讨班，全国 47 名学员较系统地学习科学管理知识，了解当前国际博物馆管理发展概况。在文物博物馆人才培养合作方面，我国与国际组织和相关机构合作，培养了一批高层次的博物馆管理人员和专业技术人员，提高了我国博物馆从业人员的专业素养和国际眼光。

2001 年梅隆基金会启动了中国博物馆馆长培训项目，先后 6 期 19 位博物馆馆长参与培训，并于 2006 年与国家文物局合作，在北京召开了中美博物馆论坛，推动现代博物馆理念和实践在我国的传播，以及我国博物馆向现代博物馆的转变。2003 年至 2008 年，国家文物局与法国国家遗产学院合作，举办了 8 期中国博物馆高级管理人员培训班，邀请法国专家授课，274 人参加了培训，围绕博物馆的现代化管理与经营、民俗类和自然历史类博物馆管理等问题进行授课，为全国的博物馆馆长、专家学者及机构负责人了解国际学术焦点、借鉴国外成功经验搭建了交流平台。

故宫博物院自 2005 年起，每年接收美国耶鲁大学学生在院实习，成为我国第一次批量接受国外学生实习的博物馆。为进一步加强与发展中国家在博物馆领域的交流与合作，国家文物局于 2009 年 11 月举办博物馆高级管理人员国际研修班，共有来自 12 个国家的 23 名学员参加培训。与美国大都会博物馆合作，举办了“中国博物馆管理人员赴美进修项目”培训，通过选拔中青年管理人员赴美国博物馆考察调研、进修、实地体验和实践，提高了派出人员的专业素质和管理水平。通过文物保护修复人员培训、科技考古、壁画保护、石质文物保护、陶质彩绘文物保护、金属文物保护、纸质文物保护等合作项目的实施，提高了我国文物保护科技水平。

目前我国已与 30 余个国家和地区开展了文物保护科学技术交流与合作。通过柬埔寨吴哥窟周萨神庙、茶胶寺，蒙古博格达汗宫修缮工程等援助项目的实施，逐步形成新型的对外交流与合作模式，不断提升我国文化遗产保护的国际地位和实力，扩大我国文物保护科学技术的国际影响。近年来，在北京、上海、南京、广州等城市相继举办了国际博物馆馆长论坛，美国大都会艺术博物馆、法国凡尔赛宫博物馆、英国大英博物馆等馆长应邀发表演讲，介绍各博物馆情况，开展馆际交流，对于我国博物馆管理体制、运营机制、展览方式、社会教育、公共关系等方面都有一定启发。

在馆际协作交流方面，1997 年至 2005 年，中国博物馆学会与挪威合作开发署合作，在贵州建立包括苗族、布依族、汉族和侗族四个民族地区的生态博物馆群。故宫博物院先后与法国罗浮宫艺术博物馆、英国大英博物馆、美国大都会艺术博物馆和俄罗斯艾尔米塔什博物馆等世界级博物馆签署了全面合作协议，举办题为“紫禁城对话”的博物馆馆长高峰论坛。这些活动不仅使我国博物馆及时了解到国际博物馆的最新理念，同时也树立起我国博物馆的崭新形象，使我国博物馆赢得了赞誉和尊重。同时，通过国际交流与合作，对于促进我国博物馆的观念更新以及扩大我国博物馆的国际影响力，都产生了积极的影响。

在长期友好交流合作所建立起的信任基础上，我国博物馆与更多国家的博物馆缔结友好关系，或签订文化交流合作协议，或签署合作谅解备忘录。2008 年，汉阳陵博物馆与荷兰德伦特博物馆签署了友好馆协议；同年，南京博物院与加拿大皇家安大略博物馆签署了两馆文化交流谅解备忘录，拟共同策划展览及进行展览交流，在文物博物馆科研项目、观众服务教育等方面加强合作；浙江自然博物馆与加拿大自然博物馆为了进一步提高在合作研究、联合发表论文、收藏、展览和公众教育等方面的国际合作质量和效果，也签署了合作谅解备忘录；浙江杭州南宋官窑博物馆与韩国康津郡青瓷博物馆、周口店遗址博物馆与西班牙布尔戈斯人类发展博物馆等缔结友好博物馆。

世界各国十分重视博物馆文化交流。美国博物馆协会早在 1980 年就设立了国际博物馆基金项目，旨在建立美国博物馆与海外博物馆之间持久的关系。该基金项目成立的 30 年间，已经完成了同 90 个左右国家的博物馆机构的 300 余次交流活动。诸多美国基金会也争相为美国的博物馆国际合作项目提供赞助，例如美国学术团体理事会所属的现代艺术博物馆国际委员会致力于策划组织美国的艺术品到海外展出，同时协助世界许多国家的艺术品到美国展出。国际博物馆领域举办文物临时展览已经成为成熟的文化交流方式。例如罗浮宫艺术博物馆致力于使法国国宝级艺术品走出国门，与美国首次签订了3年合约，将展览送到多个美国城市进行长期展览。

近年来，在全球各国普遍受到金融危机的影响下，我国成为世界的亮点，开始完全平等地融入世界，越来越正常地参与国际事务，与周边国家、世界强国之间的关系正在发生着频繁、深刻、微妙的调整和变化。今日中国，已经成为世界第二大经济体。我国经济的未来10年仍然处于黄金发展期。但是，依据中国科学院中国现代化研究中心发布的《中国现代化报告2009——文化现代化研究》结果表明，我国的文化影响力指数在全世界排名第7，居于美国、德国、英国、法国、意大利、西班牙之后，而我国的文化竞争力仅居世界第24位。我国的文化软实力与文明古国的地位和经济实力不相匹配。

宁波博物馆从2008年12月开馆之日起，就以高起点策划，国际化运作，努力将博物馆建设成为“向世界展示宁波文明的窗口”和“宁波走向世界的桥梁”。宁波博物馆积极利用宁波国际友好城市资源，发起成立“宁波国际友好城市博物馆联盟”，与英国诺丁汉城堡博物馆、德国亚琛的博格兰肯贝格堡博物馆等9家博物馆签署了《宁波共识》，达成互换展览、学术交流等合作意向。从2010年开始，宁波博物馆组织文物展览到英国、德国、波兰等国家展出。通过展览互换，宁波博物馆不仅让宁波市民领略到了全球多样化的文明，也承担起了“文化大使”的重任。这些文物展览，不仅为博物馆的发展获得了国际资源，也将宁波地域文化不断推向世界，持续提高宁波文化城市的国际影响力[①]。

实践证明，文化交流对一座城市的影响，往往比经济或其他方面的影响力更持久、更广泛、更深刻。泉州是中世纪世界著名港口之一，也是东西方文明的重要交汇点。古代泉州港繁盛时期，多种世界性宗教汇聚于此，一座座代表不同文明的寺庙相继建立，留下了丰富的文化遗存。泉州海外交通史博物馆是目前我国唯一专门反映古代航海交通历史的博物馆，设有“泉州宗教石刻陈列馆”“中国舟船世界陈列馆”“阿拉伯—波斯人在泉州陈列馆”“泉州湾宋代古船陈列馆”等7个分馆，以中世纪东方第一大港——

① 《宁波博物馆一年回顾——四大亮点》，载《中国文物报》，2009-12-09（11）。

刺桐港，即泉州港的历史为轴心，以丰富而独特的航海交通文物遗存，生动再现我国古代悠久而辉煌的海洋文化[①]。

在我国，中医药有着五千年的历史，是世界上唯一有着完整文字记录的传统医学药学理论与实践。其中御生堂始于明代万历年间，迄今已有400多年历史。北京御生堂中医药博物馆是首家民办中医药博物馆。该馆积极参加国际文化交流，传播中医药文化。2008年7月，“御生堂中医药文物展”在位于伦敦市中心的英国皇家医学会举办，北京御生堂中医药博物馆提供的530余件珍贵丰富的文物展品，自商周至清代，历时3000多年，充分反映出我国中医药的悠久历史与神奇魅力，引起很多英国公众的浓厚兴趣[②]。

我国积极参与国际科学研究合作，鼓励并支持博物馆和科学研究机构参与或牵头组织国际和区域性合作研究，充分利用国际智力和科学技术基础资源，共享最新研究成果。同时，积极推动文化遗产保护标准化组织的建立，促进我国文物保护技术标准的国际化。国家文物局和国外重要文物博物馆机构签订协议，积极促成与意大利合作，先后在陕西西安和北京建立文物保护修复中心和技术中心；与德国合作，开展法门寺出土丝织文物保护工作；与加拿大文物基金会合作，为三峡水库文物测量保护提供仪器设备；与日本凸版印刷公司合作，开展故宫数字化虚拟三维录像工作。

8.3.3 文物合作促进文化创新

近年来，我国文物博物馆领域，不断加强与联合国教科文组织、国际博物馆协会、国际古迹遗址理事会、世界遗产委员会、罗马文物保护修复中心等文化遗产机构的沟通和联系，加强人员往来和信息交流，选派优秀人才到这些机构中工作。国际博物馆协会早在筹备之时就与我国建立了联系，并得到中国博物馆界的积极支持。我国也是国际博物馆协会成立时的发起国之一。中国博物馆学会1982年正式成立后，于1983年7月出席了在伦敦召开的国际博物馆协会第13届大会，正式宣布我国加入国际博物馆协会，并于同年建立了国际博物馆协会中国国家委员会，这标志着我国博物馆事业迈出了与国际接轨的新步伐。

---

① 尼松义、小路：《泉州海交馆见闻》，载《人民日报》（海外版），2009-08-14（15）。
② 郭林：《御生堂中医药文物展使伦敦人兴奋》，载《光明日报》，2008-08-01（8）。

20 多年来，我国通过联合举办地区性或专门性学术会议、出席国际博物馆协会大会以及合作出版等途径，与国际博物馆协会在不同层面上加强业务联系与合作，为推动国际博物馆事业的发展和进步做出贡献。2002 年 10 月在上海召开的国际博物馆协会第 7 届亚太地区大会是具有重大影响的地区性会议，上海会议上通过的博物馆与无形文化遗产的《上海宪章》，是国际文化遗产界涉及博物馆与非物质文化遗产的第一个专业指导性文件，强化了博物馆管理中将有形和无形文化遗产相结合的观点，对于提高公众意识，在加强有形文化遗产保护的同时，做好无形文化遗产的保护，提出了行动纲领，在国际博物馆领域引起良好反响。

每年国际博物馆协会均提出“国际博物馆日”活动的相关建议，供各成员国参考，并鼓励各成员国根据自己的实际情况加以创新。我国博物馆界每年“国际博物馆日”期间，都根据国际博物馆协会确定的主题，开展形式多样的纪念活动，增进全社会对博物馆事业的了解和支持。2010 年“国际博物馆日”主题为“博物馆致力于社会和谐”，这一主题也是同年在上海举行的国际博物馆协会第 22 届全体会议的主题。“和谐”既对全人类都具有重要意义，也特别能体现东方文化色彩。社会和谐的内容是对话、包容、共存和发展，前提是多元、差异、竞争和创新。实现社会和谐，是人类追求的美好境界，而文化遗产本身就是人类追求和谐的产物。

法国博物馆学者 G.H. 瑞威尔(G.H.Rivi è re)说：“展览实现了博物馆和公众间的对话，活动则使这种对话得以展开，传播使展览与活动得到完善。根据展览主题分析观众群，根据不同的观众群策划适合其特点的活动是成功的前提。”[①] 5 月 18 日国际博物馆日这一天，世界各地的博物馆都会举办各种宣传、纪念活动，庆祝自己的节日，让更多的人了解博物馆，更好地发挥博物馆的社会功能。例如 2011 年国际博物馆协会为国际博物馆日确定的主题为“博物馆与记忆”。100 个国家的近 3 万个博物馆，纷纷开展多种多样的庆祝活动，吸引了大批民众走进博物馆，在追寻共同记忆的同时享受知识带来的快乐。

2010 年 11 月 7 日，国际博物馆协会第 22 届大会在上海开幕，这是继世界遗产委员会第 28 届世界遗产大会和国际古迹遗址理事会第 15 届大会在我国成功举办之后，我国

① 范大喜、汪勤：《法国博物馆吸引游客有新招》，载《中国文化报》，2011-05-21（3）。

年份	博物馆日主题	年份	博物馆日主题
1993	博物馆与土著人	2007	博物馆和共同的遗产
1994	走进博物馆幕后	2008	博物馆：促进社会变化的力量
1995	职责与责任	2009	博物馆与旅游
1996	收集今天，为了明天	2010	博物馆致力于社会和谐
1997-1998	与文物的非法贩卖和走私作斗争	2011	博物馆与记忆
1999	探索的快乐	2012	处于变革世界中的博物馆：新挑战、新启示
2000	致力于社会和平与和睦的博物馆	2013	博物馆（记忆+创造力）=社会变革
2001	博物馆与构建社区	2014	博物馆藏品架起沟通的桥梁
2002	博物馆与全球化	2015	博物馆致力于社会的可持续发展
2003	博物馆与朋友	2016	博物馆与文化景观
2004	博物馆与无形遗产	2017	博物馆存在有争议的历史：博物馆难以言说的历史
2005	博物馆：沟通文化的桥梁	2018	超级连接的博物馆：新方法、新公众
2006	博物馆和青少年	2019	作为文化中枢的博物馆：传统的未来

承办的又一个重要的国际组织大会，标志着我国博物馆事业得到了国际社会的广泛认可和尊重，对于推动我国博物馆事业的发展意义重大。来自 122 个国家、地区和国际组织的 3000 余名不同文化和专业背景的博物馆人会聚在一起，围绕“博物馆致力于社会和谐”的主题参与大会各项讨论。国际博物馆协会主席 A.S. 康明斯 (A.S.Cummins) 女士用精练的语言阐释了大会主题“博物馆致力于社会和谐”的内涵。她说，“博物馆致力于社会和谐”的主题是出于弘扬文化多样性、鼓励不同文化间的交流和对话而确立。

国际博物馆协会前主席 A. 科纳里 (A.Konary) 把本届大会称作“有分水岭意义的大会”。他通过梳理 20 世纪 50 年代以来历届国际博物馆协会大会的主题，认为在新的形势下，必须思考如何通过博物馆更好地实现教育、沟通、交流，最终确保人类文化的平等共存。他举例说，缘起欧洲的博物馆学来到中国就有了“和谐社会”的功能，“和谐”是一个亚洲品牌，是一个独特的文化层面，但是现在得到了来自不同文化背景的更多人的认可。社会和谐的根本在于对话、宽容、共存和发展，在于多元、参与、创造，用一句话来概括，就是“和而不同，求同存异”。

从世界范围来看，几乎所有的发达国家都注重博物馆的建设，甚至将博物馆看作直接影响国家和城市文化形象的重要内容。作为城市文化的重要组成部分，博物馆所能达到的水平和高度，已经成为社会文明程度的重要标志之一，也是一座城市传递城市文化的艺术名片。一个国家的文化对世界越有魅力，渗透其文化精神的国家行为，就越能够得到其他国家民众的理解和认同，也就越有利于这个国家的繁荣和发展。博物馆文化项目实施的重要意义在于可以对外构建国家形象，对内可以加强文化认同。通过文物展览交流等形式，以柔性的方式，宣传中华民族的核心价值观，展示和平、友好的中国形象，“润物细无声”地驳斥“中国威胁论”，塑造中国和平崛起的形象。

随着世界各国在经济、政治等领域的广泛合作，国际文化交流也已引起普遍重视。人们认识到，国际文化交流是增进不同国家、不同民族之间相互了解、联络感情和加强合作的重要手段，也是各国跻身国际社会，树立形象、扩大影响的重要途径。无论是我国在各国举办的文物展览，还是国外博物馆在我国举办的文物展览，都成功地搭建起不同文化、不同文明平等对话的平台，促进学术交流和人员交往，增进彼此了解和友谊。为了统筹和加强我国博物馆对外交流与合作，调动全国博物馆文物展览资源，应该有计划、有目的、有针对性地组织好博物馆对外展览工作，向世界民众展示我国辉煌灿烂的文明成就与和平和谐的文化理念，进一步增进世界各国民众对中华文化的了解和认同。

当前，博物馆应该更多地担负起促进文化交流的重任，发挥推进文化创新的作用。为此，应研究和制定我国博物馆对外展览的总体规划和部署，明确我国博物馆对外文物交流的重点领域、主要任务、基本内容，多层次、多渠道、多形式地与各国博物馆之间开展业务交流与技术合作，积极参与国际博物馆界在人才培养和培训方面的合作，积极参与相关国际公约的修改和制定，积极参与博物馆领域的国际组织会议，积极参与国际组织发起的有关博物馆的国际行动，增强我国博物馆在国际博物馆领域的话语权，为我国博物馆事业争取更多的发展空间。①

2004 年 10 月，“走向盛唐”展览在纽约大都会博物馆举办之际，观众中有不少华裔家庭祖孙，老爷爷坚持用汉语向已经不太会说汉语的儿辈和孙辈们逐一解说展览，要让他们了解自己民族文化的根脉，增强他们对中华文化同根同源的认同感。每次对外展

① 陆建松：《我国博物馆国际交流与合作的现状、问题及其政策思考》，载《四川文物》，2011（3），89 页。

览所及地区或国家，当地的华侨、华裔都踊跃携儿带女参加，并热心支持举办文物展览。这些博物馆间的文化交流活动激发了广大海外侨胞、华裔人士的民族自尊心，使他们分享中华民族文化遗产，共享中华文明成果，增强中华儿女的凝聚力。

长期以来，国际博物馆领域合作不断深化的同时，积极加强与港澳台地区文物博物馆机构的沟通联系，努力将文物展览和学术交流辐射到港澳台地区更多的博物馆，通过文物交流促进沟通，增进友谊和感情，加强民众之间的血脉联系和骨肉情深。自 1978 年"中华人民共和国出土文物展览"首次赴港成功举办，到 1992 年大陆文物展览"兵马俑及金缕玉衣展览"首次赴台以来，每年大陆博物馆界都积极向港澳台地区提供展览，激发广大港澳台同胞的爱国热情。

中华文化是维系中华民族的精神纽带，对中华文化的深深眷恋始终扎根于台湾社会的肌体。中华文化的文脉认同在两岸交流中最容易为社会民众所接受，也最容易形成共识。1992 年，两岸分隔 40 多年后，第一个文物展览"大陆古物珍宝展"赴台湾展出，台湾同胞怀着对中华文化的深厚情感和浓厚兴趣蜂拥而至，排队参观的情景至今仍令台湾民众记忆犹新。此后，大陆每年都有文物展览赴台湾展出，向台湾民众展示印证中华民族文明发展历史各个时期的精美文物，例如秦始皇兵马俑、马王堆出土文物、三星堆出土文物等。

同时，台湾地区博物馆赴大陆举办的文物展览也逐渐增多。例如 2002 年，海峡两岸历史博物馆与台湾何创时书法艺术基金会在北京举办了"人间四月天——中国近代名人书法大展"；2005 年，湖南省博物馆举办了"笔力诗心——秦孝仪诗文书法文房展"，这些都是海峡两岸文物博物馆界进一步加强交流与合作的丰硕成果。人们认识到，无论是大陆还是台湾收藏的文物，都是中华民族祖先留给子孙后代的宝贵财富。通过互办展览的方式，海峡两岸同胞可以共享中华民族的文化遗产，这不仅有利于增强两岸民众对中华文明的了解，而且有利于消弭两岸社会的隔阂，增进两岸民众的情谊，推动两岸交流持久、深入、有效地向前发展。

文物展览作为对台文化交流的重要形式和载体，一直是深受欢迎、反响热烈、最有实效的活动。例如近年来两岸故宫在文物展览、人员互访、出版物互换、学术交流等方面密切交流与合作，并取得了丰硕成果。2009 年 10 月，在台北故宫博物院举办了“雍正——清世宗文物大展”，这是两岸故宫时隔 60 年后的首度合作，社会反响强烈，盛况空前。2009 年 11 月，在台北故宫博物院合作举办了两岸故宫第一届学术研讨会“为君难——雍正其人其事及其时代”。2010 年 11 月，在北京故宫博物院又合作举办了两岸故宫第二届学术研讨会“永宣时代”。

同时，内地其他博物馆与台北故宫博物院也广泛开展展览交流与合作。2010 年 7 月，来自西藏、北京、河北等地多家博物馆的 130 件（组）文物，在台北故宫博物院举办了“西藏艺术大展”。2010 年 10 月，中国文物交流中心与台北故宫博物院合作举办了“文艺绍兴——南宋艺术与文化特展”，该展共计 410 件展品，来自我国两岸及日本 17 家博物馆。这两个展览在台北故宫展出期间，台湾众多媒体以新闻专访、专题报道等形式，通过广播、报纸、电视、互联网络等平台做了大量报道。据统计，“西藏艺术大展”观众人数约 18 万人次，“文艺绍兴——南宋艺术与文化特展”参观人数更是高达 70 多万人次，取得了很好的社会反响。

长期以来，文物展览以其形象易懂、雅俗共赏的特点，受到了两岸民众的欢迎。两岸同根同源，最重要的是通过交流与合作，让祖先的文化遗产得到更好的保护，让后代子孙能够尽享其美，让中华文明得到延续和发展。2010 年全国“两会”记者会上，温家宝总理在谈到《富春山居图》一画分存两岸的现状时说，“我希望两幅画什么时候能合成一幅画”，发出“画是如此，人何以堪”的感叹。2011 年 2 月，温家宝在回答网友问题时，再次提到《富春山居图》。他说：“现在听说《富春山居图》就要合璧展出，这时我默默地在念着一句话：‘精诚所至、金石为开’，……让一个完整的《富春山居图》永远合璧在一起，这就是我的期望。”

由元代著名画家黄公望花 3 年时间完成于 1350 年的《富春山居图》，是我国古代水墨山水画的巅峰之作。该画始画于至正七年（1347 年），几百年来辗转流失，并曾遭火焚，断为两段，前半卷被另行装裱，重新定名为《剩山图》，现收藏于浙江省博物馆，被誉

台湾台北山水合璧——黄公望富春山居图特展（2011年5月30日）

为该馆的“镇馆之宝”；后半卷《富春山居图》，为无用师卷，现藏于台北故宫博物院。60多年间，这幅见证两岸同根同源、折射着同胞悲欢离合的不朽画作，在大陆和台湾隔海相望。经过各方共同努力，备受瞩目的“山水合璧——黄公望与富春山居图特展”，于2011年6月1日在台北故宫博物院举办。

情牵两岸的旷世名作《富春山居图》，在成画660多年、分开360多年、分藏两岸60多年后，终于实现历史性合璧，首次以完整的面貌公开呈现在世人的面前。可以说，《富春山居图》合璧展出是两岸同胞多年来的热切期盼，这次“合璧”的意义早已超越书画艺术范畴，而成为两岸民众在历史、文化、民族层面上的一次心灵相约，对于加强两岸文化交流，弘扬中华文化，促成两岸关系新发展具有积极作用。虽然目前在两岸文物交流中还存在着由于历史原因所造成的诸多困难，但是可以通过合适的方式不断予以促进。今天，大陆文物可以在台湾展出，将来台湾文物也一定会来大陆展出，期待着这一愿望早日实现。

第九章 博物馆市场营销效果的提升

市场营销是博物馆整体内容的重要组成，对于博物馆事业的发展具有重要促进作用。今天，博物馆观众呈现出多元化特征，博物馆市场营销也必然表现出多样化趋势。对于博物馆来说，市场营销是一把“双刃剑”，它既对博物馆的运营和发展起到积极推动作用，同时也使博物馆面临商业化的威胁。因此，博物馆在开展市场营销过程中，要牢记基本使命和任务，把握正确的理念和尺度，坚守基本道德底线，确保自身的非营利性不受挑战。

9.1 确立市场营销的正确理念

博物馆作为文化公益事业，始终把社会效益放在首位，当然也不放弃合理合法的经济效益。这种理念由博物馆的本质所决定，并受实现条件的制约。实践证明，在不影响核心使命完成的情况下，根据博物馆各自特点，开展适当的与博物馆主题密切结合的市场营销项目，对于博物馆的健康运营以及为观众提供优质服务均会起到积极作用。因此，重视市场营销应该成为实现博物馆转型发展的重要取向之一。

9.1.1 各国的市场营销实践

“营销”一词最早起源于日本，它的最初含义是指企业把产品或承诺的服务提供给顾客以获得利润的行为。博物馆的市场营销由来已久。19 世纪后期，欧美已经进入“博物馆时代”，在一些发达国家，博物馆逐渐成为文化市场的有机主体。例如美国大都会艺术博物馆的文物藏品极为丰富，从史前到近代，集中了 5000 多年来各类文化艺术的精粹。大都会艺术博物馆于 1871 年就出版了第一本博物馆藏品目录，而 1872 年的年度报告已经显示，博物馆创办人正式同意发行博物馆文物藏品的复制品，以使文化艺术推广更加普及化。1908 年，大都会艺术博物馆开办了首家博物馆商店。1921 年该博物馆又开始印制文化产品目录，并向会员寄送。

早在 1955 年，美国就创建了具有国际性的非营利组织——博物馆商店协会。关于博物馆市场营销理论，J. 麦卡锡（J.McCakhy）在其《营销学》中最早提出的 4P（产品、渠道、价格、促销）理论，曾经影响广泛，其概要指出了博物馆市场营销策略的几个重要环节，但是并不能涵盖其全部。特别是在“政府对博物馆的补贴已不再慷慨”的不利背景下，美国各博物馆尝试用市场营销手法经营传统行业，取得了不俗的业绩。同时也注意到，进行成功的市场营销对博物馆发展具有重要意义，是促进博物馆社会价值实现的有效方法和现实之路。

20 世纪中期，国外一些博物馆开始思考文化产品的研发和经营。它们在保持自身非营利公益机构性质的同时，立足于所在国家和地区的经济社会发展现状，审视自身生存环境和发展需求，引入市场理论、方法和手段，逐步建立起适应外部环境的管理体系和运作模式。1969 年，英国学者 P. 科特勒（P.Kotler）与 S. 利维（S.Levy）更为明确地将市场营销与非营利性组织联系起来，最早提出博物馆市场营销概念，他们在《营销概念的拓展》一文中指出，市场营销的概念不仅仅适用于企业等营利性组织，同样可以适用于诸如博物馆、教堂、慈善机构等非营利性组织，因为任何组织都不可避免地要采取市场策略。

20 世纪 70 年代以前，美国的博物馆商店一般只出售书籍和明信片等物品。随着市场经济的发展，包括博物馆在内的非营利性组织，为了维持自身的生存和发展，开始意识到需要主动面向市场，竞争稀缺的社会资源。在此背景下，一些博物馆开始进行引入市场营销的尝试。大都会艺术博物馆率先开始经营“与博物馆相关的商品”，艺术复制品最初是复制欧洲的著名雕塑，后来开始复制馆藏艺术品。同时，博物馆商店内海报、首饰、艺术图书等琳琅满目，每逢大型特展还不断推出新的文化产品。由于积极从各方面寻求合作，多渠道研发文化产品，并将所集资源回馈于博物馆自身建设，最终取得了显著的成绩。

1974 年，在丹麦哥本哈根召开的国际博物馆协会第 10 届全体会议，形成修改后的博物馆定义，特别强调博物馆是“不以营利为目的”的永久性机构。当时，大多数博物馆并不认为自身管理与市场营销有关，也没有考虑市场营销可以在多大程度上促进博物馆的发展。然而，20 世纪 70 年代末一场席卷世界的经济大萧条，直接影响了一些国家政府和社会公众对博物馆等公益性机构的财政支持，自 20 世纪 80 年代开始，许多国家政府开始推行包括大幅削减对于博物馆财政支持的紧缩政策，使博物馆普遍遇到财政困

全国博物馆文化产品开发工作座谈会（2010年2月3日）

难。面对巨大的生存压力，传统的管理方法和运营理念难以解决现实问题，致使许多博物馆不得不另外寻找出路，逐步开始引入市场营销理念。

1982 年 9 月 27 日，美国著名《广告时代》杂志登载的《博物馆跳进市场经济大潮》一文，描绘的就是当时的境况。这篇很有分量的文章，副标题是《经济现状、竞争的诱惑驱赶着他们》，文章开头写道：在以前当你在博物馆的领导面前将他们神圣机构的名字与市场营销这个词同时使用时，他们最典型的回答是"博物馆是文化财富的珍藏所，是文化艺术的殿堂，不能被粗俗的销售技巧所玷污"[①]。文章批评说：显然，这种观念已经不再适用于现代的社会发展，博物馆用市场营销的各种方法、手段来吸引观众，扩大其社会效益的做法已被普遍接受，并且广泛运用于博物馆工作实践中。

这一时期，博物馆领域的主流观点是博物馆为"以藏品为中心"的机构，市场营销仅仅被作为推介博物馆文化产品的一种手段，并用于宣传推广博物馆策划的陈列展览和文化活动。即便如此，这些尝试仍然对当时的国际博物馆领域产生了很大触动，使为公众提供与博物馆藏品、陈列展览内容相关的文化产品，逐渐成为国际博物馆界的价值取向和发展趋势。美国市场营销协会（ANA）于 1985 年对市场营销做出定义："营销是对思想、产品及劳务进行设计、定价、促销及分销的计划和实施的过程，从而产生满足个人和组织目标的交流。"

为了促进非营利性组织的健康发展，各国政府往往对其经营活动实行税收优惠政策，同时又加强引导和监管，以保证这些经营活动不损害其公益目标。在美国，凡是寻求税收优惠的非营利性组织都可以向美国税收部门申请免税资格。为了取得这个资格，这些非营利性组织必须通过组织测试和运行测试。1988 年的美国联邦税法还规定，所有要求免税的机构，有责任向公众提供上交税收部门审查的近 3 年的年度报告主要信息。管理非营利性组织经营活动最核心的问题，是区分这些经营活动与非营利性组织的相关性，目的在于保障非营利性组织享受税收"特权"，同时又不滥用"特权"[②]。

1989 年 9 月，在荷兰海牙召开的国际博物馆协会第 15 届全体会议，再次修订了《国际博物馆协会章程》，规定"博物馆是一个为社会及其发展服务的、非营利的永久性机构"。

① 杨玲：《博物馆市场营销的若干思考》，见《博物馆观察——博物馆展示宣传与社会服务工作调查研究》，159 页，北京，学苑出版社，2005。

② 李艳：《博物馆文化产品的"N"种解读》，载《中国文物报》，2010-02-24（5）。

这一定义成为博物馆区别于其他社会机构的重要特征。从“不以营利为目的”，到“非营利性机构”，国际博物馆界对博物馆本身的思考，引发了博物馆经营和管理理念的转变。博物馆也逐步从“以藏品为中心”转向“以公众为中心”和“以管理服务为中心”。1990 年 P.F. 德鲁克（P.F.Drucker）出版了具有开创性的著作《非营利性组织的管理》，提出“非营利性组织需要市场知识”“需要营销战略把客户和使命整合起来”“为其服务项目设计合适的营销策略是非营利性组织首要的基本战略任务”。

进入 20 世纪 90 年代，博物馆数量的激增，以及其他文化娱乐行业的发展，使博物馆遇到了前所未有的竞争，造成观众数量的严重流失。例如德国在 1991 年至 1996 年间的统计表明，5 年间博物馆数量增长了近 30%，而参观人数则下降了 9%。博物馆规模的持续扩大，而门票收入的持续减少，使博物馆日常运营经费更趋紧张，急需通过新的管理理念，建立起长效的、多元的创收和资金筹措机制。此时，P.F. 德鲁克关于“市场营销对于非营利性组织不是可有可无的选择，而是一种责任”，非营利性组织“需要承担营销责任，严肃认真地满足客户要求”等一系列观点，更加引起博物馆领域的关注。

非营利性组织市场营销理论的建立，推动了博物馆市场营销思想观念和理论的发展，市场营销的理论与实践也越来越多地渗透博物馆的工作，并于 20 世纪 90 年代中期，在世界范围的博物馆领域逐渐盛行。在博物馆的专业杂志中，市场营销逐渐不再是需要回避的词汇，而被当作博物馆工作的重要方面。“经过多年的发展，‘营销’逐渐从一个让大多数博物馆专业人员‘难以启齿’的词汇，变成了博物馆流行术语，博物馆营销逐渐改变了其作为推广和宣传工具的身份，成为一种经营哲学和理念导向，它不再是一个单独的功能，而渗透到了几乎所有博物馆日常工作和功能中”。

随着市场营销在博物馆运营中的实践，经过诸多博物馆专家学者的研究，逐步形成了一套愈加成熟的博物馆市场营销理论体系。就博物馆市场营销的理论建设来说，1998 年，P. 科特勒（P.Kotler）和 N. 科特勒（N.Kotler）兄弟的《博物馆战略与市场营销》一书的出版，具有标志性的意义，为国际博物馆提供了专门的市场营销指导理论[①]。他们提出把博物馆发展战略与营销学结合起来，主张用策略性的市场规划方案，来解决博物馆

① 万红：《新时期博物馆营销若干问题研究》，载《上海文博论丛》，2009（1），46 页。

在市场经济条件下怎样进行策略上的规划。这一方法的主要目的是塑造每一个博物馆与其他博物馆有所区别的形象，以决定自己特殊的使命。

美国的博物馆建立起稳定的文化产品销售渠道，例如在不同区域和场所设立各种具有专卖性质的博物馆商店，从而提高以纪念品为主要表现形式的博物馆文化产品的经济效益，并最终促进博物馆文化的传播，提高博物馆的社会效益。经费匮乏是全球博物馆普遍面临的一个难题，但是美国的一些博物馆基于良好的管理机制和运作方式，通过市场营销创造出巨大的综合效益。市场营销的经济补充，既减轻了政府的财政负担，又成功突破了博物馆经费匮乏的“瓶颈”。例如 1994 年，美国博物馆的年度总支出为 368 亿美元，全日制就业人数为 130 万人，总工资为 252 亿美元，城市税收 7.9 亿美元，州政府税收 12 亿美元，联邦政府税收 34 亿美元[①]。

根据美国相关机构对于费城艺术博物馆经济影响力的研究表明，该馆是大费城地区诸多文化机构中，唯一有能力吸引大量外地观众的文化机构，而这些观众在博物馆每消费 1 美元，就会为费城及邻近区域，带来超过 4 美元的其他各类消费。例如 1996 年，费城艺术博物馆举办的塞尚作品特展，13 周的展览期间内观众人数达到 55 万，产生了 1 万间宾馆客房利用量，并使地区经济获得了 8600 万美元的收入。在 2003 年财政年度中，费城艺术博物馆为大费城地区带来的各类消费收入增长到了 1.69 亿美元，并因此创造了 3023 个就业机会，而博物馆创造的每 1 个工作岗位，在费城及宾夕法尼亚州也随之伴随产生 5 个工作岗位。此外，费城艺术博物馆还为地方政府直接创造了 1250 万美元的税收[②]。

有关材料表明，2000 年美国共有约 8600 座博物馆，有史以来第一次吸引了 10 亿以上的参观者。如此庞大的博物馆数量，其资金除政府拨款外，主要有三个来源：基金会、企业和个人。例如位于华盛顿的国家博物馆其资金的 70% 来自政府拨款，其余 30% 由企业和个人支持的基金会提供。除了政府资助、企业赞助、个人捐赠等资金来源外，一些博物馆举办的特别展览和巡回展览也给自身带来了不菲的收入。史密森学院所属博物馆是世界上最大的博物馆群，共包括 19 座各种类型的博物馆。这些博物馆所获得的政府拨款，仅占其年度经费需求的 30% 至 40%，其余部分由博物馆自筹经营解决。

① 张和清：《美国博物馆的管理与运作》，载《中国文化报》，2008-10-22（7）。
② 张颖岚：《美国博物馆与社区发展的互动》，载《中国文物报》，2007-04-27（6）。

虽然大部分博物馆免费开放，但是电影票、食物和纪念品等的销售却在快速地增长，2004 年销售收入达 1.563 亿美元，为博物馆带来了 2670 万美元的净利润，几乎是博物馆可以自行支配资金数目的一半。但是，美国博物馆界对非博物馆人员参加博物馆管理工作一直存在不同意见，人们认为具备现代化管理意识和市场运作理念，并拥有经营管理能力的博物馆业务人员，将比单纯的经营管理人员更了解和熟悉博物馆的运营规律和经营理念，因而更有利于博物馆的发展。因此，美国博物馆也注重培养自己的既具有经营管理才能，又熟悉业务知识的人才。

在欧洲，市场营销已经形成相当规模，成为博物馆发展在经济上的重要支撑。博物馆的市场营销发展和文化产品研发的特点，主要表现在政府对博物馆事业发展的政策扶持、财力供给和宏观调控管理。1996 年，伴随英国政府宣布将会降低政府对博物馆的资助，大英博物馆开始尝试其他能够获得经济收入的活动，研究报告表明，通过市场营销等自身努力所获得的收入在 1993 年仅占总费用的 16.1%，而到 1997 年则达到 25.9% [①]。此时，博物馆市场营销与文化产业发展密切相关。2002 年，英国的文化产业占英国 GDP 产值的 8% 左右。文化产业发展取得的成绩与政府的政策支持和资金投入密不可分。英国政府同时将博物馆的市场营销也列入文化产业振兴发展的范围之内。

目前，大英博物馆每年接待观众达 600 多万人次。其主要收入来源大体可以分为四个部分，即政府补贴、企业赞助、社会捐赠和商业经营性收入。例如 2007 年大英博物馆全年收入为 7444.7 万英镑，其中政府补助 4164.8 万英镑，占总收入约 56%；企业赞助和社会捐赠 436.8 万英镑，占总收入约 6%；市场营销方面的收入 2843.1 万英镑，占总收入约 38%。由此可见，虽然政府补贴仍然是大英博物馆的主要收入来源，但是，市场营销方面的收入所占比例，呈逐年递增的趋势，并且具有较大增值空间[②]。

9.1.2 我国的市场营销探索

在我国，过去博物馆常年在计划经济模式下运行，从下达任务、拨付经费、筹办展览，到最后通过审查，基本不需要博物馆考虑经济效益。于是，博物馆事业的发展对财政拨

① 田艳萍：《国外博物馆经济学研究概述》，载《博物馆研究》，2009（1），16 页。
② 焦丽丹：《免费开放下的英国博物馆（上）》，载《中国文物报》，2009-12-16（7）。

款有较强的依赖性，缺少在市场经济条件下生存发展的意识。改革开放以后，博物馆需要面对诸如编制预算、政府采购、协议合同、财务审计等问题，既有法律问题，又有经济问题。在很多方面都从计划经济模式，转为市场经济模式，这些对于博物馆管理者和专业人员均是挑战。总体来说，博物馆市场营销发展较慢，博物馆的业务活动与博物馆相关文化产品的研发等联系得不够紧密。

长期以来，博物馆市场营销活动，被误解为是应对财政投入不足的权宜之计，一直处于可有可无的地位，或没有负责博物馆市场营销的部门，缺乏经营人才；或将其归入后勤服务部门，负责处理一些公众事务和广告业务；或将市场营销看作博物馆的副业，视为安排机构改革后闲置人员的岗位。更有不少博物馆选择风险小、见效快的场地出租和转手承包方式，承包经营情况往往脱离博物馆管理，致使众多博物馆商店等，出现经营不善的问题。造成博物馆市场营销发育不良的主要原因，既包括政策法规缺位、管理机制滞后，也包括缺少创新意识、研发工作滞后，还包括缺少资金支持、缺乏专业人才等。

1978 年为满足馈赠礼品需求，全国首家博物馆工艺品销售部在上海博物馆诞生，当时主要经营图书、明信片、陶瓷、青铜器的复制品，由于曲高和寡，文化产品虽好却没有市场，每年销售额只有 10 万元左右。20 世纪 90 年代，在市场经济大潮的涌动下，我国一些博物馆开始将市场营销的理念与方法应用到文化产品研发中来。上海博物馆是这方面的先行者，300 平方米的上海博物馆商店开始营业，当时经营的商品主要以引进旅游纪念品为主，消费额上升至 100 万元。1996 年上海博物馆于新馆建成开放之际，不断推出全新的博物馆文化产品，减少引进旅游纪念品的比重。

我国博物馆界对于市场营销的研究，始于世纪之交。进入 21 世纪以来，博物馆市场营销在我国逐渐引起业内外人士的关注。全国各地众多博物馆实践正确的市场营销理念，不仅在社会上有力地宣传了博物馆文化以及博物馆事业，传播了博物馆的价值，使越来越多的人走进博物馆、关心博物馆、理解博物馆，进而支持博物馆事业，同时也为博物馆带来了更多的文化藏品征集和可观的经济收入。人们逐渐认识到，负责任的市场营销是努力体现博物馆的文化内涵，保持博物馆的良好形象，保证博物馆可持续发展的重要条件。

2007 年 9 月，由全国 25 座具有代表性博物馆参加的“全国首届博物馆文化产品研讨会”在广东惠州召开，虽然会议规模不大，但是由于这是我国博物馆界首次召开的专门研讨博物馆文化产品的会议，因此具有标志性的意义，表明国家博物馆管理部门，已经将博物馆的文化产品问题，列入议事日程和管理范围。在北京举办的“2008 博物馆及相关产品与技术博览会”，1 万余平方米的展览会场，汇集了来自国内外的 100 多家著名展览公司和相关生产厂家的文化产品，不少新技术、新成果首次面世，既带给博物馆关于市场营销和文化产品方面的启示，也带给观众特殊的文化体验。与此同时，2008 年 11 月中国博物馆学会博物馆文化产品专业委员会在北京成立。

针对我国 60 座各种类别博物馆的抽样调查显示，从区位分布来看，文化产品研发较好的博物馆大多处于省会城市，而地市级城市极少开展，县级城市几乎没有开展文化产品研发。从区域分布来看，博物馆文化产品产值超过 2500 万元的博物馆，仅有位于东部

第二届情系故宫·御园雅集文化论坛（2014年8月26日）

地区的数座大型博物馆；全国博物馆文化产品研发总产值近半数来自东部博物馆；中部博物馆文化产品研发整体水平又强于西部[①]。众多博物馆纪念品与博物馆自身特点缺乏结合，往往与博物馆藏品的文化内涵毫不相关，而是与一般旅游纪念品没有区别。

一些博物馆虽然希望挖掘本馆文物藏品的文化内涵，研发独具特色的文化产品，但是由于设计理念陈旧，做工粗制滥造，没有充分考虑参观者的消费心理，与现代时尚相去甚远，因此，符合观众需求的文化精品较少，难以形成市场，甚至产生消极影响，损害博物馆的文化形象。例如秦始皇兵马俑系列产品，虽然符合博物馆的文化特色，理应受到广泛的欢迎，但是却由于知识产权和品牌保护不力，加工制造质量不够细致精美，市场上的大多数复仿制品质量低下，并没有取得应有效果。

经济来源是博物馆生存与可持续发展的重要支撑。然而，博物馆资金的短缺，公共投入的不足，是数十年来困扰博物馆发展的世界性问题。我国博物馆经费投入分为财政全额拨款、差额拨款和自收自支三种方式。然而大多数博物馆都存在经费短缺的情况，政府补助经费通常仅能维持博物馆员工工资，不少博物馆甚至维持日常基本开支都存在困难，一些地处偏远的中小型博物馆，更是需要为了维持生存而奋争，很多市县级博物馆缺乏基本的硬件设施，没有符合标准的文物库房，固定陈列展览常年得不到更新，举办临时展览也存在资金困难。

事实上，一方面即使财政全额拨款的博物馆，长期以来相当部分经费也要靠自筹，一些博物馆每年运行经费的50%~60%靠自身筹措。另一方面人们往往只从公益性方面评价博物馆的社会效益，却很少评价博物馆产生的经济价值，或是仅将经济价值囊括在社会效益之中。因此，尽管博物馆对经济社会发展起到了多方面的促进作用，但是，社会上普遍认为博物馆是国家财政的包袱，是只投入、不产出，或多投入、少产出的被抚养单位。实际上，虽然博物馆的社会功能主要体现在精神、文化等方面，但是即使只算经济账，博物馆也是投入少、产出多的事业单位，而不是财政包袱。

2009年《文化遗产蓝皮书》，定量核算了文化遗产事业对国民经济的贡献，其中专门定量分析了博物馆的经济贡献，“以期通过这种摆数字、讲道理的方式来探讨——如

① 李艳：《博物馆文化产品的“N”种解读》，载《中国文物报》，2010-02-24（5）。

果只算经济账的话，博物馆到底是不是只投入、不产出的财政包袱”。事实上，从整个国民经济来看，博物馆产生了无法取代的社会效益的同时，也产生了巨大的经济效益。总体来看，从 2001 年至 2007 年的平均情况来看，全国文物系统对国民经济的贡献，是同期财政投入的 5.6 倍，而全国博物馆对国民经济的贡献，是同期财政投入的 5.9 倍。例如 2007 年全国文物系统对国民经济的直接贡献为 40.1 亿元，总贡献保守估计达 279.2 亿元；同期，全国博物馆对国民经济的直接经济贡献为 18.7 亿元，总贡献保守估计达 142.0 亿元。

由此可见，在全国文物系统对国民经济的总贡献中，博物馆的贡献率达到 50.9%，超过一半，所以博物馆不仅在公益性功能的发挥上是文化遗产事业的主要承担者，仅仅从直接经济贡献角度而言，也是主要承担者。而且，这种产出大于投入的结论没有考虑博物馆更加重要的公益性功能。随着博物馆全面免费开放和努力纳入国民教育体系等一系列重民生举措的顺利推进以及博物馆文化旅游的兴起，博物馆对国民经济的贡献将更多地以间接贡献的方式表现出来，博物馆对经济社会贡献的乘数效应将进一步放大[①]。

随着市场经济体制的不断完善，国内博物馆市场营销和文化产品研发在发展中，开始由比较单一的模式向更为多样化的模式转变。一是场地出租和员工承包经营模式。这一模式多为中小型博物馆和经济不发达地区的博物馆所采用。二是内部经营模式。这一模式是当前我国博物馆界最为普遍的模式。三是内部经营和公司运作混合型模式。四是公司运作模式。一些资金力量相对雄厚的博物馆将市场营销部分与公益性事业相剥离，成立隶属于博物馆的独立公司实体，充分发掘馆内资源优势，办出各自特色。五是博物馆整体公司运作模式。这一模式多为民营博物馆和一些企业主办的博物馆所采用。六是与社会企业联合研发模式。

一些博物馆在市场营销的体制机制方面进行积极尝试。例如湖南省博物馆大胆引入现代制度，在原展览部的基础上成立了展示设计装饰工程公司和文化发展中心，均为独立核算、自负盈亏的博物馆所属企业。展示设计装饰工程公司主要利用博物馆的人才与品牌优势，承揽各种展览设计制作业务，运用市场机制，参与各种项目的招投标工程。

① 张伟：《博物馆事业与经济社会和谐发展》，载《中国文物报》，2010-05-19（5）。

文化发展中心则是利用博物馆的自身资源研发与销售文化旅游产品和特色纪念品，生产销售适销对路的文化产品，在市场上形成品牌优势。

1996 年，上海博物馆艺术开发公司成立，该公司为独立法人单位，实行独立核算、自主经营、自负盈亏，为市场营销发展搭建起新的平台。经过 10 余年的发展，上海博物馆艺术开发公司在经营中形成了自主设计、制作和销售的一条龙产业链，其周围聚合了几十家加工制作企业。公司对每件文化产品实行跟踪监管，严把质量关，已经具有一定品牌效应。"我们的每个商品上都有上海博物馆的标志，很多人就是冲着这标志来的。随着后续发展我们肯定要申请商标和知识产权。"该公司现有 800 多平方米的营业面积，自主研发设计的系列文化产品 400 余种，占总销售额的 50%。近年来上海博物馆艺术开发公司在上海时尚文化地段太仓路开设了精品分店，并成为大英博物馆长期供货的合作伙伴①。

国家文物局于 2009 年组织对全国博物馆文化产品研发情况进行调研，调研报告指出："全国博物馆文化产品开发存在同质化和低水平重复生产的现象，直接影响了外界对博物馆文化产品的市场需求。"造成这一局面的一个重要原因，是博物馆缺乏具有市场针对性的文化产品创意设计能力。很多博物馆商店每年的经营收入仍然停留在 20 世纪 80 年代的水平，中小博物馆仅几万元、几十万元，大型博物馆也不过几百万元，全国博物馆商店的经营水平和经济效益始终在低水平上徘徊。此外，很大一部分博物馆在文化产品研发方面还是空白，呈现"零"产值的情况。

经过多年的积累，我国博物馆领域已经涌现出一批具有品牌效应的文化产品。特别是一些综合性大型博物馆在自主研发和知识产权保护方面的认识不断提高，并自觉付诸实践，产生较好效益。例如故宫博物院先后研发出院藏文物仿制品、水晶角楼、太和殿纸模、云锦、铺首、工艺扇、新款领带等一系列具有自主知识产权的文化产品。2006 年故宫博物院的"故宫"和"紫禁城"两个商标，被国家工商总局认定为驰名商标，这是全国博物馆领域第一批被认定的驰名商标，故宫博物院出售的文化产品全部用鲜明的故宫文化品牌覆盖，2009 年故宫博物院还向欧盟成员国和马德里成员国进行了国际的注册。湖北省博物馆早在 1994 年就注册了以编钟造型为主的"天籁"商标，2003 年注册

---

① 李艳：《博物馆文化产品的"N"种解读》，载《中国文物报》，2010-02-24（5）。

了以馆藏国宝“曾侯乙编钟”为主要内容的“曾侯乙编钟乐舞”商标。湖南省博物馆充分利用自身文化资源，挖掘“马王堆”出土文物的文化价值，确立系列产品的研发思路，使“马王堆”文化产品发展到6个类别的80余个品种，逐渐形成拥有自主知识产权的系列文化产品；四川成都武侯祠博物馆近年来不断创新，通过策划系列文化活动，形成一系列特点鲜明的文化活动品牌；首都博物馆围绕精品陈列展览，借助企业设计力量和多渠道资金，研发出一系列创意新、品位高、特色浓、观众喜爱的文化产品，获得社会公众的好评。

故宫端门商店（2013年9月29日）

总之，我国博物馆市场营销呈现出健康向上、稳步发展的趋势，博物馆文化产品研发的规模不断扩大，发展速度明显加快，在人力、财力投入上有所加强，在市场推广上不断拓展，一些面向市场、创新发展的博物馆文化产品经营单位取得了长足的进步，积累了一些成功经验。从调研情况来看，目前市场营销和文化产品研发做得比较好的博物馆，主要集中于部分大中型博物馆和条件特殊的专业博物馆。但是，越来越多的博物馆认识到，如何寻找博物馆与其他行业的接合点，研发多层次的博物馆文化产品，将成为未来博物馆提升其在国民经济中贡献率的关键。

9.1.3 市场营销的现实挑战

尽管半个世纪以来，国际上一些博物馆引入市场营销的理论、方法和手段，逐步建立起适应外部环境的管理体系和运作模式。在保持非营利公益机构性质的同时，立足于市场经济发展现状，多渠道研发文化产品，并将收益回馈于博物馆自身建设，取得了显著成绩。但是，自现代营销学被引入博物馆以来，学术界的争论就始终没有停止，存在着不同观点的激烈交锋。一些专家学者在博物馆市场营销问题上持反对态度，认为商业功能是不体面的，有损于博物馆的标准。一些社会公众对于市场营销的地位与实际作用存在异议，反对将市场营销引入博物馆领域。

专家学者和社会公众的担心和警告并非危言耸听，过度的市场营销给博物馆带来的危害在一些博物馆有所显现。有的博物馆在过度的市场营销中逐渐迷失自我，在经济利益的驱使下，为了满足赞助商的要求，改变了博物馆传统的专业性，一味地迎合社会娱乐消费需求，甚至出现庸俗化倾向；有的博物馆越来越像展览中心，将频繁举办能够取得可观经济效益的特展、大展作为首要任务，而作为博物馆最基本的收藏、保护、研究、教育等功能则逐渐式微。如此过度的市场营销，重经济创收，轻社会效益，将经济利益置于博物馆发展的中心任务，必将导致博物馆在丧失社会公益性的同时，失去存在的意义。

在国际上，蓬勃发展的市场行为对传统的博物馆理念和价值观念形成了巨大冲击，质疑之声不绝于耳。1989 年大都会艺术博物馆的一份声明指出，该馆与其他机构的部分研究人员愤怒地表示，市场营销一词意味着艺术将被视为商品，将面临不正当的宣传。一些社会人士强调，市场营销观念必然使博物馆背离其收藏研究和展示文化遗产的传统理念。埃及政府规定不允许外国文化标识在本国文物古迹前出现，否则“到底是在宣传哪个国家的文化”？美国一家全球连锁比萨店曾计划在金字塔前开个分店，结果没有一家中介愿意做此事。那家美国公司只好作罢。

目前在埃及，美国和欧洲的各类快餐店大量涌现，西方国家的商业广告也多如牛毛。政府允许这些外国文化载体出现在城市的中心广场、高层建筑和繁华商业街上，但是绝不允许出现在博物馆内。然而，2009 年 11 月，美国麦当劳快餐公司要在罗浮宫艺术博物馆这座艺术殿堂旁开店，“炸薯条的气味很可能会飘过《蒙娜丽莎》的鼻子”。罗浮宫艺术博物馆方面已经证实这一说法，称同意麦当劳快餐公司开设一家“品质优良”的连锁店与罗浮宫艺术博物馆“形象相符”。继麦当劳成功进驻之后，著名电子品牌苹果店也落户罗浮宫艺术博物馆的地下商廊[①]。

近年来，古根海姆基金会的博物馆扩展做法，也引发了不同意见的争论。“在复制文化当道的今天，艺术博物馆亦成为文化商场。作为一个营销品牌，古根海姆像‘麦当劳’一样野心勃勃，以不断开设分店的扩张方式，营造从博物馆到博物馆群的连锁模式。如此使人难免对其产生文化包揽的‘一言堂’的忧虑”。2006 年 7 月，阿联酋政府与古根海姆基金会达成协议，在首都阿布扎比建造中东地区首个世界级的艺术博物馆。阿联酋是世界第五大石油储备国，阿布扎比以其财富和奢华闻名于世。富有的石油国家希望能提高自己在艺术世界的地位，并为其市民和游客建造世界一流的文化场所，让阿拉伯人“足不出中东”即可领略世界文化。

根据阿布扎比政府宣布的一个耗资 270 亿美元的萨迪亚特岛开发规划，该岛将建成独具特色的文化区，并将在文化区内开设世界五大著名博物馆的分馆。法国罗浮宫艺术博物馆、英国大英博物馆加入了萨迪亚特岛开发规划。这一系列的合作之举，满足了阿布扎比建造文化中心的急切愿望，而世界一流博物馆亦可从阿联酋提供的不菲费用中，得到经费补充[②]。但是，在阿联酋有不少艺术家对此表示不满。例如阿布扎比“第三线”画廊的经营者 S. 拉哈巴尔（S.Lahabar）声称，罗浮宫就应该在巴黎，在世界上其他任何地方的都不是罗浮宫。

拉斯维加斯古根海姆艾尔米塔什博物馆的陨落，是 2008 年国际博物馆界的一件大事。2000 年 7 月，古根海姆基金会与俄国艾尔米塔什博物馆合作，实施其“无界限博物馆”主张。博物馆场地分为两部分，一部分为“古典展区”，另一部分是占地更大的称为“宝石盒”的当代艺术临时展厅。不幸的是，“古典展区”部分仅仅运行 7 年，举办 10 项展览后，于 2008 年 5 月关闭。“宝石盒”的寿命更短，开幕仅 15 个月便告夭折，博物馆展厅被改造成为“歌剧魅影”剧院。博物馆闭馆的导火索是经费短缺，消息一经宣布引发博物馆界的热议。评论家责备古根海姆基金会看到的尽是拉斯维加斯年逾 3500 万游客商机的海市蜃楼：“我们相信，未来拉斯维加斯会有文化游客，可惜目前没有”，一些媒体则批评古根海姆基金会将作为非营利性组织的博物馆，安置在以营利为目的娱乐场所空间

① 王嵋：《为求生存——法国博物馆“傍”上名牌》，载《中国文化报》，2009-11-18（6）。
② 静水：《世界一流博物馆“牵手”阿联酋》，载《中国文化报》，2009-08-12（2）。

内，致其入不敷出。

今天人们认识到，坚守博物馆的文化特质，市场营销才具有良好的发展前景，才会吸引来大量社会资金的关注。但是必须看到，过度强调博物馆市场营销的经济效益，可能会给博物馆本身带来灾难性的影响，将导致博物馆发展过程中追逐经济利益和市场效益的产业化取向，例如对博物馆文化产品随意“打造”和随意包装，对博物馆文化设施随意改造和随意占用，对博物馆文化价值随意否定和随意颠覆，对博物馆文化历史随意涂改和随意扭曲等。如果博物馆市场营销一味地追求商业利益，商业设施和文化产品与博物馆高雅的气质和浓郁的文化氛围格格不入，不仅无法提升博物馆的品位，反而会在社会公众心中造成负面影响，在思想认识上出现偏差。

在我国，对于博物馆市场营销活动，也经常存在质疑和争论。2007 年 1 月，针对“星巴克该不该离开故宫”，上千名网友展开了激烈的辩论。针对“故宫里的星巴克”问题，罗哲文先生认为，“对于故宫这样重要的具有国家象征性的文化遗产，必须严肃认真对待其经营行为。首先，应该搞清楚可不可以有一些经营性质的场所。我认为，经营场所开设的地点很重要。有人认为外国的咖啡馆在故宫内的经营场所很小，无关紧要，其实绝不仅仅是面积大小的问题”。谢凝高先生指出，“故宫这样宫殿集群式的世界文化遗产，经营餐饮活动越少越好，世界上不少国家都鼓励游客自带食品饮料，以满足基本生理需求为宜，绝不能搞太多的餐饮场所，也不适合把美国咖啡馆开进来”。

针对上述意见，杜晓帆先生认为，“餐饮本身并没有低级和高级之分。星巴克开进故宫应看成是中西文化的交流、碰撞而不是对抗，因为工作关系，我曾到一些国家考察，发现不少中餐馆也已经在当地的世界文化遗产保护区内从事商业活动”。余英时先生指出，“如果星巴克咖啡店没有对故宫造成破坏，其装饰没有破坏故宫的中国传统情调，那么就谈不上亵渎中国文化”。针对不同声音，故宫博物院明确表态：既要满足游客的合理需要，同时也要考虑到故宫所承载的文化导向性作用，目前故宫正在与星巴克进行交涉，商讨如何更为恰当地解决问题，力争尽快研究出处置方法[①]。2007 年 7 月，在乾清门南侧九卿朝房经营了 8 年之久的星巴克，正式停止营业。

---

①《各方热议故宫星巴克事件》，载《文博资讯参考》，2007（2），1 页。

2009 年，苏州博物馆推出了博物馆会员制，入会成员每年向博物馆交纳年费，并按照金额不同分为普通会员和贵宾会员。按照规定，普通会员交纳 160 元年费，可以参加博物馆举办的文物博物馆论坛与相关文化考察活动。贵宾会员每年交纳 2000 元，除享受普通会员的待遇外，还能参与博物馆内部组织的馆长论坛等活动。虽然，国际上一些博物馆普遍推行会员制，但是，苏州博物馆实行的博物馆会员制，却引发社会民众的争议。一些博物馆观众认为这个举措与博物馆免费开放精神相悖。另一些博物馆观众认为，实行博物馆会员制可以改善博物馆的服务水平，“会员具备一定专业素养之后，完全可能带动他身边的人热爱历史，传播文化”[①]。

据中国新闻网等媒体报道，2011 年 5 月 31 日，世界奢侈品牌路易·威登的专题展览“艺术时空之旅——路易·威登展”在新馆开馆不足百日的国家博物馆开幕。这是路易·威登创办 157 年的历史上所举办的规模最大的展览，也是国家博物馆第一次举办品牌类设计展。路易·威登以箱包设计制造著称，展厅里陈列了 150 多年来路易·威登为社会名流、艺术家等设计制作的旅行箱包。这些箱包虽然样式繁多，用途不一，但是设计理念却充分体现了实用价值。此次展览中，从 19 世纪的旅行箱到 21 世纪的新款箱包，路易·威登的多款作品集体亮相。

当路易·威登全球主席及行政总裁 Y. 贾世杰（Y.Carcelle）在别人的搀扶下，出现在“艺术时空之旅”发布会现场时说：“我的腿受伤了，但我坚持到北京参加如此重要的发布会，在这里我们可以看到两种文化遗产的碰撞。”[②]然而展览开幕立即引来争议无数。新浪等主要新闻网站共有网民评论近 6000 条，多数网民对国家博物馆举办奢侈品牌展览表示反对，认为国家博物馆有被物质化的嫌疑，指出国家级博物馆不应当如此商业化，有损在社会民众心目中的地位和形象。对此国家博物馆表示，此为严格筛选而确立的展览，“历史与艺术并重”为其准入标准，并希望展览对中国文化创意产业有所启示。

但是，在这一过程中也有人认为，就算国家博物馆举办奢侈品牌展览，也不必大惊小怪。国家博物馆面向的是普通民众，而国人的欣赏层次是多方面的。应当看到，对于国际品牌的展览，也是开阔眼界的艺术交流活动[③]。也有一些社会人士认为这并非不可接

① 陈城文：《“苏博”会员制引争议》，载《中国文化报》，2010-03-03（6）。
② 刘冕：《世界知名奢侈品再“商”国博》，载《北京日报》，2011-05-31（7）。
③ 林青：《国博举办路易·威登展又如何》，载《中国艺术报》，2011-06-08（2）。

受，并且此前已经有过先例，例如另一知名奢侈品牌卡地亚，不仅曾在纽约大都会博物馆、伦敦大英博物馆办过展览，也曾在我国的故宫博物院、上海博物馆举办过展览[①]。苏东海先生认为，在这座既展览着仰韶文化代表作品人面鱼纹彩陶盆，也存在着大炼钢铁时期河北某地炼出的铁球的博物馆展出，恰恰是“历史与艺术并重”的发展方向的体现[②]。

长期以来，学者为“时尚到底是不是艺术”这一命题争吵不休。在纽约时装技术学院院长 V. 斯蒂尔（V.Steele）看来，“时尚通常被认为和艺术还有一定距离，所以很多博物馆其实对时尚并不是特别感兴趣，不过它们的确在不停地举办时尚展览，因为馆长们意识到观众喜欢追逐时尚潮流”。大都会艺术博物馆时装学院院长 H. 科达（H.Koda）则表示，“直到 10 年前，博物馆界和时尚圈之间的关系都不是那么顺畅。然而今天，越来越多的博物馆馆长愿意参与到时尚中来”[③]。美国《华尔街日报》评论说，很多人怀疑奢侈品牌是否具备将自家产品定义为艺术品的公信力。

王际欧先生在《浅析博物馆文化产业的特征、结构与开发策略》一文中认为，特别是在当前，博物馆发展文化产业应当走出四个“误区”：第一，我国博物馆在市场经济形势下，引入了不少市场营销的理念和技术，但必须走出博物馆可以完全实现市场化的误区。第二，在目前情况下博物馆可以开发文化经营项目，甚至办经营性实体，但必须走出博物馆作为整体也是一个经营性实体的误区。第三，必须走出个案成功便认为在全行业具有普遍性进而夸大，放弃国家财政支持的误区。第四，各地各博物馆所处的大环境和小环境的差异性是普遍存在的，必须走出追随某种“模式”、开统一“药方”及定一个“菜谱”的误区[④]。

总体来说，目前我国博物馆存在着服务理念、竞争意识淡薄的问题，不能适应社会民众不断增长的多样化文化需求。同时，对博物馆市场营销方面的理论研究缺失，没有建立起系统的知识体系；缺乏相关博物馆市场营销和文化产品研发的法规政策；对博物馆市场营销的现状缺乏系统性调查与分析，对博物馆文化产品研发的一些基本问题缺乏针对性的整理与研究；对博物馆专业化功能的实现方式存在狭隘理解，对博物馆社会化职能的延伸拓展存在模糊认识，因此可以说，我国博物馆市场营销仍然处于初级阶段，

① 新华社：《国博展 LV 观众不适应》，载《北京晚报》，2011-06-04（12）。
② 杨芳：《路易·威登登陆国家博物馆》，载《中国青年报》，2011-06-22（9）。
③ 任立：《美国博物馆在争议中牵手时尚界》，载《中国文化报》，2011-06-11（3）。
④ 王际欧：《浅析博物馆文化产业的特征、结构与开发策略》，载《中国博物馆》，2006（3），84 页。

整体水平不高，在发展理念、资金筹措、科学研发、营销方式、传播渠道等方面存在诸多亟待解决的问题。

9.2 完善市场营销的实现方式

博物馆市场营销与企业商品营销最大的区别在于，其所产生的营业收入不用于投资者和管理者之间的利益分配，而是将这些收入返还博物馆的运营，用于博物馆自身发展，这就是博物馆非营利性的集中体现。博物馆在市场营销方面蕴藏着诸多优势，包括藏品资源、品牌资源、人才资源、场地资源等。作为博物馆的社会效益资源，藏品保管、科学研究、陈列展览具有举足轻重的作用，而作为博物馆经济效益资源，则包括文化产品销售、文化资源利用和文化影响扩展等方面。

9.2.1 博物馆文化产品销售

博物馆往往具有多元化的文化市场，可以与众多社会机构建立起伙伴关系，其中获取运营资金的有效渠道之一，就是博物馆的市场营销活动，而在市场营销活动中，文化产品销售日益成为重要的收入来源。国内外著名的博物馆，无一不重视博物馆文化产品的研发和销售，作为传播博物馆文化、延展博物馆功能、筹集博物馆资金的重要途径。这些文化产品既可以满足观众纪念和馈赠亲友的需求，也成为让博物馆文化走进人们生活的文化大使。

一些博物馆积极制作可以“带走的文化遗产”，主要是博物馆藏品的衍生产品，例如各种材质、各种尺寸的博物馆藏品的复仿制品，运用馆藏文物的样式、纹饰、符号等元素研发的工艺品，与博物馆文化相关的音像、书刊、图片、软件等信息类产品以及服装、饰品、文具、玩具、箱包等实用性文化礼品。每座博物馆往往都有数量不等、品位高雅、工艺精湛的文物藏品，这些文物藏品是进行市场营销的重要资源。例如北京恭王府博物馆为了满足观众祈求幸福的心理，将清代康熙皇帝亲笔所书的“福”字，研制成各式各样、价格不等的工艺品，非常畅销，不但满足观众的文化需求，而且给博物馆带来良好收益。

遂初堂铜制故宫文化产品（2014年6月10日）

欧美国家的博物馆大都设有礼品商店，带着参观纪念品离开博物馆已经成为观众的习惯。美国博物馆的市场营销，主要采取博物馆商店的经营形式。在过去的一个多世纪，大都会艺术博物馆出版物和复制艺术品的研发活动不断发展，至今其艺术类书籍和复制名画已经多不胜数。其中艺术类书籍是该馆商品部的重要业务，雇用了 115 名专业顾问，销售 8000 种出版物，被认为是美国出售艺术类书籍最重要的场所之一。该馆精品店则是独一无二的礼品店。此外，雕塑和装饰品的种类更是包罗万象，包括银器、水晶、玻璃、陶瓷、首饰、领带以及丝巾等。

从 20 世纪 80 年代起，大都会艺术博物馆商店，不仅在博物馆内有 5000 多平方米的营业厅，还在纽约的一些大型商场和全美其他城市设置了 12 家分店，采用特许经营的方式实现规模化发展，并在法国、德国、墨西哥、日本、新加坡、菲律宾等地分别设立了分店，拥有 340 余名销售人员。这些设置于购物商场和机场的分店，在出版物、复制艺术品等文化产品研发方面形成自己的品牌，特别是与陈列展览和文物藏品相关的实用性强、价位低的纪念品，不断吸引新的消费群体。此外，大都会艺术博物馆还设立了网上商店，以扩大经营博物馆文化产品。

在美国，博物馆营业总收入的 8%，来自纪念品商店和出版物出售。博物馆商店是史密森学会博物馆市场营销的一大支撑。史密森学会博物馆的商店注重自行研发系列产品，其宗旨是“从藏品中获得灵感”。因此，它的文化产品别具特色、独一无二，带有史密森学会独有的太阳标记。而每件史密森学会的商品旁，都附有一张卡片，讲述该商品的研发缘由、背后的故事等，使观众在购买时再一次学习，同时将美好记忆带回家，或是馈赠他人，传播给更多的人。另外，对于未能亲自前往博物馆商店选购或是觉得先前购物还不够尽兴的人们，可以在各博物馆网站或是史密森学会网站上进行挑选[①]。

史密森学会所属的各家博物馆，因各自定位、展示主题、内容都不同，因此所研发的文化产品不仅形式和内容多样，更从价位上做出差异，以迎合不同观众的需要。在美国印第安人博物馆，不同楼层的店铺分别销售风格和价位相差较大的商品。二楼商店，呈现的大部分都是手工制品，琳琅满目，使人们惊叹美国印第安人各部落的精湛技艺。而公众在挑选商品的同时，也更多地了解了不同部族人们的生活、信仰等。在国家历史博物馆，泰迪熊是文化产品中的一大招牌，以它为形象设计的公仔、水晶球、明信片、胸针、T 恤、海报等，广受欢迎。而即便是同一款公仔泰迪熊，也有不同尺寸，可见博物馆市场营销的用心良苦[②]。

目前，世界各地的博物馆纷纷引入现代市场营销模式，销售与博物馆藏品相关的文化产品，例如根据观众需要销售馆藏文物复仿制品，销售馆藏文物相关书籍，销售馆藏文物藏品图录等，这些文化产品销售行为不仅局限于国内，甚至发展成为国际化的市场营销模式。据报道，法国博物馆商店的销售额以逐年 10% 的增长率递增，例如凡尔赛宫的博物馆商店日均接待参观者 5000 人次。法国博物馆商店的定位是出售优质文化产品的高雅场所，要求店堂布置富有艺术气息，与博物馆的整体气氛相协调，并对文化产品质

① 郑奕：《在史密森尼博物馆中尽享自由》，载《中国文物报》，2011-04-27（4）。
② 郑奕：《在史密森尼博物馆中尽享自由》，载《中国文物报》，2011-04-27（4）。

量严格把关，供货商均是经过认真选择性价比最高者。

我国博物馆一般将除陈列展览和相关教育、服务项目之外的文化产品，分为三类，第一类是依托博物馆藏品和展览设计制作的各种材质的文化产品和民族手工艺品；第二类是文物藏品的复仿制品；第三类是与博物馆藏品和陈列展览相关的书籍、电子出版物及各种纪念品。上海博物馆艺术开发公司网上商店罗列出 16 个类别的系列产品，依次为复仿青铜器、复仿陶瓷器、复仿书画图轴、复仿书画镜框、复仿玉器、仿古瓷版画、丝巾、领带、桌旗、玻璃制品、包袋、首饰盒、展览相关商品、博物馆出版物、袖扣、特色纪念品等。从功能上看，半数以上为艺术陈设品，而丝巾、领带、桌旗、玻璃制品、包袋等文化产品，又兼具实用性。

长期以来，缺乏特色、做工粗劣、种类单调、价格不菲，甚至在其他任何地方也可以买到的工艺品，充斥着博物馆商店。但是，目前博物馆文化产品早已不是如此简单，已经成为博物馆满足观众文化需求的重要方面。人们参观博物馆陈列展览，往往接收大量专业知识和文化信息，但是，却难以在短时间内记住很多内容。如果配合陈列展览主题，研发相应的文化产品，并在博物馆商店内销售，就能通过营造与文物展品直接相关的氛围，将观众的购物活动融入参观过程，使陈列展览变得更加有趣，也使参观者获得更加丰富、难忘的参观体验。

博物馆的文化产品，包括具有地域特色的工艺品，以历史、文物、艺术、文学等为主的图书及音像制品，以及收藏鉴赏类图书等，均是博物馆文化的延伸和推广，是观众在博物馆的文化体验中，不可或缺的组成部分。通过这些文化产品，可以记录下来人们的参观经历，拉近参观者与博物馆的距离，使观众能够在离开博物馆后，经常回味起在博物馆的感受，承载观众的美好回忆，透过文化产品展开更多话题，使博物馆文化产品成为生活的一部分，或是在将文化产品赠送亲友后，吸引更多的人到博物馆参观。这些都是文化产品在实现博物馆文化传播方面的独特优势，也是“把博物馆带回家”概念的具体阐释。

故宫博物院在“2008 在故宫”文化创意商品设计大奖赛中，源于太和殿屋顶造型的名片夹、源于斗拱造型的首饰、源于故宫装饰图案的曲别针等，分获金、银、铜奖，源于华表、铜狮造型的瓶起子等作品入选。2009 年 8 月，故宫博物院东长房观众服务区开始接待观众。该服务区位于故宫神武门内东侧，面积近 1400 平方米，是故宫博物院内最大的观众服务区，兼有餐饮、购物与休息功能，其中所销售商品中 60% 以上为故宫博物院的原创文化产品，汇集了丝绸、琉璃、陶瓷、漆器、图书等几百款特色文化产品。

博物馆文化产品是博物馆重要的文化形象，博物馆商店是可以销售的陈列展厅，以传播博物馆文化为市场营销的目的，才能坚持正确的文化定位。成功的博物馆文化产品，对于观众来说，要做到在审美上的乐于享受、在创意上的易于感受、在功能上的便于接受、在价位上的宜于承受。同时，博物馆文化产品还是培育潜在观众和支持者的有效途径之一。因此，要依托文化藏品和陈列展览，研发独具特色、形式多样的文化产品，更好地满足市场需求。要避免文化产品同质化和低水平重复生产，加强文化产品市场管理，规范经营行为，使其健康有序发展。正是在满足参观者的消费需求中，博物馆文化产品达到了传播文化的目的。

台北故宫博物院对于博物馆文化产品研发的做法是，邀请 70 多个文化产品生产厂家进行初选，从中选取 15 个设计团队，再对其进行半年的培训，使他们加深对文物内涵的理解后，结合博物馆藏品进行文化产品的设计，最后从中选取最佳设计投入生产。台北故宫博物院在要求专门从事艺术品设计的公司和设计师学习博物馆文化的同时，于 2005 年开始与意大利知名设计品牌爱烈希（Alessi）合作研发出“清宫系列产品”，从乾隆皇帝的图像，衍生出蛋杯、椒盐研磨器、酒塞、书夹、磁铁、钥匙圈等商品，在全球热卖，市场营销业绩达到 6 亿元[①]。

台湾自 2005 年起，为增进大专院校设计专业学生对于博物馆文化产品的认知，鼓励学生融合创意、美感及技巧进行创作，参与博物馆文化产品研发与设计，连续举办了三届“博物馆商品创意设计竞赛”。竞赛宗旨是“借由竞赛使学生了解文化创意产业加值功能外，并以文化营销方式，扩大博物馆教育功能，吸引社会大众进入博物馆参观”。由于参赛者均为大专院校的学生，他们是博物馆的主要观众群体，能够体味一般社会公

① 陈淑卿：《博物馆商品设计何妨增些平民意识》，载《中国文物报》，2010-02-17（4）。

众对博物馆文化产品的基本需求。因此所设计的作品多为文具和日常家居用品，个体小巧、材质低廉，但是创意灵动、寓意深刻，在有限的空间内实现了博物馆文化的无限延伸①。

首届竞赛只有台湾历史博物馆、自然科学博物馆、工艺科学博物馆、海洋生物博物馆等4家博物馆参与，参赛者需选择其中一家博物馆，依据该博物馆的功能与特色进行文化产品设计。设计内容与使用材料不限，但是必须符合所选择博物馆的主题。评审标准为创意40%、审美20%、制造20%、实用20%。2008年度，参与竞赛的博物馆增至17家。与2005年相比较，评审标准更改为创意30%、制造30%、实用30%、审美10%，更加注重作品的可制造性与实用性。换言之，博物馆文化产品设计定位，已经从单纯的工艺品，过渡为与现实生活密切相关的日用品。

随着全国博物馆免费开放的全面实施，广大民众对博物馆文化产品和服务的需求日益旺盛，为博物馆文化产品研发提供了广阔前景，博物馆市场营销面临重要的发展机遇。博物馆文化产品相比市场上其他同类产品，竞争力体现在它具有更高的人文和科技附加值。高附加值不仅意味着更高的利润率，同时也是博物馆社会教育、文化传播等职能的扩展。博物馆具有人文情怀的文化产品包装，在具体操作中，将物质与非物质两种文化要素和谐统一起来，并将博物馆的名称、形象融合其中，将博物馆的品牌优势、人文情怀物化为文化产品的一部分②。

今天，应努力推动博物馆文化产品的研发，精心设计、制作出充分体现博物馆资源所蕴含的文化要素，拥有独立自主知识产权，适应市场需求的多品种、多层次的博物馆文化产品；积极引导、大力支持博物馆文化产品研发实施品牌战略，做好商标注册、专利申报和原产地保护等工作；在营销渠道建设上，搭建电子网络销售服务平台，实现博物馆文化产品研发经营的网络化经营管理和服务；举办全国博物馆文化产品展评活动，严格按程序评审和公布，提高优秀博物馆文化产品的知名度；积极组织推荐有条件的博物馆文化产品参加驰名商标、名牌产品和免检产品的评选工作，努力形成在国际国内有较大影响力的博物馆文化产品优秀品牌。

博物馆市场营销要研究的主要问题是制定营销策略，而市场营销目标的选择是制定

① 陈淑卿：《博物馆商品设计何妨增些平民意识》，载《中国文物报》，2010-02-17（4）。
② 申小红：《博物馆要重视旅游产品开发》，载《中国文化报》，2008-08-31（3）。

营销策略的基础和前提。只有准确地选择市场营销目标，才能将博物馆自身资源与社会需要更好地结合起来，有效地制定营销策略。博物馆确定市场营销目标时要根据自身可利用的资源，首先选择那些能够有效吸引到的观众群体，其次要能为这些观众提供具有特色的服务。例如将市场营销目标定位于当地观众，应当知道他们参观博物馆除了了解本地的历史文化和自然环境外，还希望了解外部世界，了解当代社会的新成就。对外地观众来说，他们感兴趣的是反映博物馆所在地的历史渊源、地域特色和民情风俗的各种展览。

9.2.2 博物馆文化资源利用

以博物馆为载体的市场营销在传播文化知识，扩大博物馆的文化影响力，满足公众对文化产品的需求等方面，都发挥着重要的作用。随着全国博物馆全面免费开放的顺利推进和对博物馆纳入国民教育体系长效机制的探索，博物馆的教育功能得以不断强化，并对其他功能的发挥也产生了较强的引领与带动作用，有助于实现博物馆事业自身的科学发展。A. 斯蒂芬（A.Stephen）主张以博物馆职能多样性来认识博物馆的市场营销行为。他指出现代社会的博物馆承担的角色，比传统博物馆更加丰富多彩，它的象征意义和实用功能相统一，能让广大公众从中受益。

博物馆是公众教育机构，与公众之间更加广泛的交流，促进了博物馆休闲环境的产生。因此，博物馆应在保持原有职能基础上，在休闲环境的框架下，有效地研究、分析自身优势，以便在现代社会中提高自身价值。如今，越来越多的博物馆认识到，文化产品研发对于自身生存与发展具有多重意义。博物馆需要丰富文化传播手段，提供灵活多样的文化产品，通过提供文物咨询、鉴定、培训等特色服务，提高博物馆文化的辐射面，努力让观众把博物馆文化带回家，使历史文化传播更广泛、更深入、更持久，同时又可以使博物馆获得事业发展所需要的经济效益。

通过发挥博物馆的信誉优势，对博物馆所拥有的场地资源、设施资源、人才资源进行合理利用，可以实现市场营销的综合效益。在场地资源合理利用方面，博物馆可以通过授权有社会责任感的相关文化机构，利用馆舍或场地举办各种博物馆文化活动。事实上，每座大中型博物馆都有一些场地具有多样化用途，特别是可以为社会机构举办各类文化活动提供场所。例如博物馆的报告厅、宴会厅等设施，可以提供给乐于利用博物馆设施的有关机构和社会公众举办专题陈列展览、开展观摩学习活动之用。

博物馆独特的文化底蕴和艺术氛围，为其他社会公共场所不具有，这里不但可以烘托相关文化活动的高雅人文情调，凸显主办者的文化素质和文化追求，而且可以给博物馆带来意想不到的收益。例如 2008 年 6 月，罗浮宫艺术博物馆陈列出珍藏的达・芬奇 22 幅画作，在馆内举办“达・芬奇之友”的美式私人募款餐会，受邀请的贵宾中有欧洲皇室成员、美国社交名媛以及来自亚洲和墨西哥的企业巨头。贵宾们欣赏画作后，在有着 2000 年历史的希腊罗马雕塑的环绕之下用餐，最后再到玻璃金字塔下聆听乐队的表演。餐会后贵宾每人为博物馆至少捐赠了 1 万美元，罗浮宫艺术博物馆在当天晚上增加收入约 269 万美元。

罗浮宫艺术博物馆馆长 H. 卢瓦雷特（H.Loyrette），自 2001 年上任以来，就致力于深度发掘罗浮宫这块金字招牌的价值，被视为罗浮宫艺术博物馆历任馆长中最具企业经营手腕、也最富争议性的馆长；他抛开以往管理方式，不断开拓新的财源。例如 3 年前，由畅销小说改编的电影《达・芬奇密码》拍摄时，罗浮宫艺术博物馆便以一天约 3 万美元的价格，同意摄制组在博物馆内进行实景拍摄，共获得了 253 万美元。博物馆的镇馆之宝通过大屏幕进入公众视野，因此，2008 年罗浮宫艺术博物馆创下了超过 840 万人次的观众记录。其中 26 岁以下的年轻人占了 4 成，完全颠覆了博物馆的传统印象。如果以每张门票 9 欧元计算，仅门票收入就超过了 1 亿美元①。

博物馆的场地、馆舍及设备等资源是事业发展的物质基础。因此，除了动员人力资源之外，还必须动员物质资源投入博物馆发展。博物馆场地和馆舍具有一定的规模，而且具有地理位置优势，是市民理想的休闲场所，也是博物馆进行市场营销的优良平台。在美国，许多博物馆不仅具有传统职能，而且现在已经成为多种娱乐活动的场所。例如华盛顿的各大博物馆坚持为公众举办免费音乐会。国家艺术博物馆的花园中每星期日晚

① 林孟仪：《“罗浮宫公司”生财有道》，载《北京晚报》，2009-11-23（25）。

7 时举行免费音乐会，著名指挥家 R. 贝尔斯（R.Bells）经常在这里指挥管弦乐队演奏。纽约州罗彻斯特大学纪念美术馆每月的第一个星期五晚上，向 1500 名青年学者开放，这些青年学者在展厅中交谈、喝饮料、吃便餐、听爵士音乐和学术报告[①]。

博物馆虽然属于非营利性质，但是必须有坚强的经济实力作为后盾。在财力支援方面，各国对博物馆的市场营销，都给予前期的扶持引导性资金。这些前期引导性资金的来源渠道体现出多元化，既有政府的拨款，也有来自企业、基金会、个人捐赠等渠道的社会资金。在芬兰，国家除出台直接资助博物馆的相关政策之外，还明确规定政府可以将发行彩票筹集来的资金用于博物馆的资助。美国政府除推行大幅度减免税政策来鼓励个人和企业支持博物馆外，个人和企业的捐赠还可以通过博物馆内设立的基金用于日常运作，投资回报率平均达到 7% 至 8%。

基金会是美国博物馆的主要支撑之一，它用各种方式寻找社会资金，然后由基金会理事会监管基金的使用。加拿大和美国的许多博物馆都建立有发展基金。大都会艺术博物馆拥有近 20 亿美元的发展基金，用于多种组合投资，包括各种股票、政府债券等，每年将一部分投资收益注回本金，以保证基金规模的不断扩大。华盛顿的国家博物馆有一个庞大的体系，资金的 70% 来自政府拨款，其余 30% 由社会知名人士、企业和个人支持的基金会提供，企业对文化事业的捐助可以免税。法国的免税力度最大，企业向基金会出资可以得到减税 60% 的待遇，个人资助则可以获得 66% 至 75% 的减税额度，因此企业和个人都愿意把钱投到博物馆基金会中，这也决定了博物馆靠各个基金会来支持。

日前，故宫博物院和中国国家博物馆先后宣布成立“北京故宫文物保护基金会”和“北京中国国家博物馆事业发展基金会”。这两个基金会均属于非公募基金会，资金将用于故宫博物院和国家博物馆的建设，以及藏品征集、保护、展览、研究等文化公益活动。基金会的资金来源主要为企业，尤其是故宫博物院的基金会，首期启动资金达 1600 万元，全部由 8 家国内知名企业捐助。但是，根据《企业所得税法》的规定，企业给有免税资格的基金会捐款，额度在该企业年利润总额 12% 以内的可以享受免税，但是超过这一捐赠额度的，反而要交更多的税款，这在一定程度上抑制了企业加入基金会的积极性[②]。

---

① 张和清：《美国博物馆的管理与运作》，载《中国文化报》，2008-10-22（7）。
② 唐钧：《慈善新模式的公众期待》，载《人民论坛》，2009（11），6 页。

我国的博物馆应千方百计地争取社会各类公益性基金会、民间机构或社会个人的各种捐赠。虽然国家积极鼓励社会各界捐助博物馆，但是，只有善于宣传推介自己的博物馆才能吸引人们的关注，从而赢得社会各界人士的支持。在宁波，一批管理经营专业的志愿者，成立了“宁波博约博物馆发展基金会”，按国际博物馆通行的理事会形式，发动社会资源，参与博物馆的社会民主管理，践行“市民博物馆”理念。这个基金会的理事会由社会各界管理经验丰富的人士组成，目前已经募集到相当可观的博物馆发展基金。

1999 年 10 月，国际古迹遗址理事会在墨西哥召开大会，通过了新的《国际文化旅游宪章》，为文化旅游观光和收藏之间的动态关系提供指南。《宪章》对博物馆尤其是国际博物馆协会“博物馆与文化旅游”产生了重要的影响。2000 年，玻利维亚和秘鲁在国际博物馆协会会议期间提交了《博物馆和文化旅游宪章的提案》，其中在导言中指出：“文化遗产无法成为消费类产品，同样它与肤浅的旅游者之间的关系也不能被赞赏。如果游客能够认同该遗产，他就能重视它的价值和维护它的重要性，并因此成为一个博物馆的盟友。”①

作为世界第三大经济因素，旅游业无论在国内还是国际都具有重要影响力。遍布世界各地的博物馆，同时影响着旅游者和旅游目的地的人们文化生活。现实情况表明，国内旅游活动，的确需要博物馆文化的支撑。一些旅游团体带领游客除了游山玩水外，就是到商场购物，以获得额外的经济利益，罕有把博物馆设计在旅游线路之中。这种情况既不利于旅游业的发展，也不利于公众文化素养的提高。文化旅游不应仅仅满足于“吃、住、行、娱、购、游”，还应突出文化教育职能。

文化旅游产品是博物馆市场营销的重要内容。现代博物馆既是一个国家、一个城市重要的文化教育机构，也是公众文化游览休憩的重要场所。在文化旅游方面，博物馆对旅游行业具有良好的促进作用，并在旅游者和博物馆所在地之间建起密切关系，将博物馆作为文化旅游的重要资源。同时，博物馆也通过支撑文化旅游，做出了巨大的经济贡献，例如 2007 年我国博物馆对国民经济总贡献的 142.0 亿元中，博物馆文化旅游贡献最大。尤其是在 2008 年我国实施博物馆免费开放后，博物馆作为文化旅游资源的潜力进一步彰

① 国际博物馆协会、世界博物馆公谊会联合会：《全球可持续文化旅游宣言》，载《中国文物报》2009-04-10（5）。

显，凸现出博物馆文化旅游的价值。

故宫商店——万仟堂（2014年7月18日）

近年来，随着旅游的日渐兴起，博物馆的文化旅游功能日益突出，逐渐成为展示城市独特历史文化、提升城市文化旅游吸引力的重要载体。在北京、西安等国内旅游城市，伦敦、巴黎等欧洲旅游城市，博物馆早已成为吸引全世界游客的顶级旅游目的地。北京的故宫博物院、巴黎的罗浮宫艺术博物馆接待的参观者，全年入馆量都超过或接近1000万人次，取得了可观的综合效益。节假日参观博物馆逐渐被视为一种文化生活时尚，博物馆成为旅游线路中最重要的目的地，甚至还出现了博物馆专线文化旅游，这些都说明博物馆发挥着重要的文化旅游功能。

目前，美国博物馆已成为家庭旅游度假目的地的前三名。例如大都会艺术博物馆是当地的第一旅游胜地，2001年观众人数为540万人次，超过任何其他旅游目的地，观众数量的大幅增加为博物馆市场营销带来机遇，其中博物馆商店的效益有了明显的提高，持续增长的经济效益，也使博物馆为观众服务的各项设施得到改善。英国的一项调查显示，游客到英国常去的前10个目的地中，博物馆占到了7个，且排在前三位的都是博物馆，分别是大英博物馆、泰特当代美术馆和伦敦国家画廊。

博物馆是城市重要的文化旅游资源，欧美一些国际大都市既是著名的旅游城市，同时也是博物馆最多的城市。例如在法国巴黎、英国伦敦、美国纽约等历史性城市中，博物馆的数量都多达200~300座以上。这些城市也因此成为吸引全球文化旅游观光的顶级目的地，有力地促进城市经济的发展。在我国，有关方面的研究表明，保守估计2001—2007年，全国博物馆文化旅游收入从95.5亿元增长到194.1亿元，这个数据表明，开展博物馆文化旅游具有巨大的间接经济潜能[①]。事实上，世界各地的博物馆均在以其独特的

① 汪勤：《法国审计法院给博物馆界“挑毛病”》，载《中国文化报》，2011-04-21（3）。

形式，为城市的经济社会发展做出贡献。

但是，现代社会人们的休闲娱乐活动日渐丰富，除了文化旅游之外，还有众多可以供游客观光消费的地方，这就无形中构成对博物馆文化旅游以及其他文化产品的替代作用。博物馆如果不能抓住机遇，及时拓展市场营销功能，改变自身发展模式，则极有可能在文化旅游市场的竞争中沦为配角，成为其他旅游消费方式的附属品，丧失发展的时机。同时，旅游部门要指导旅行社克服门票回扣为上的短视心理，真正树立大旅游意识，从惠及公众，追求更高的综合效益出发，科学安排文化旅游参观路线，继续做好博物馆团体观众的组织工作。

博物馆免费开放以后，几倍甚至十几倍增长的参观人数，表明博物馆对参观者极具吸引力，文化旅游活动成为公众获得知识和文化信息的渠道，帮助观众通过博物馆去体验、理解、品味丰富多彩的文化内涵。当前，对博物馆与文化旅游的关系应有科学的定位。如何在文化教育机构与文化旅游设施之间保持平衡，成为博物馆面临的一个重要课题。博物馆和文化旅游应在尊重文化遗产的价值与尊严的前提下，鼓励发展负责任的旅游和可持续的旅游。博物馆与文化旅游合作的基础主要建立在双方的社会效益之上，即博物馆和旅游部门通过合作，实现对所在地经济社会发展的促进作用。

9.2.3 博物馆文化影响扩展

会员制最早产生于经营性企业，是企业部门为了开拓市场而与购买商品和接受服务的人员建立起的一种制度关系，其核心机制是通过优惠措施，吸引顾客重复购买企业部门的产品和接受服务，从而为企业培养忠诚客户，赢得稳定市场并获得更好的收益。推行会员制也是国际博物馆的通行做法，社会民众只要缴纳一定的会费，便可以成为博物馆的会员，并享受到博物馆提供给会员的文化服务。会员每年所缴纳的会费，是博物馆稳定而可观的收入来源，而更重要的是博物馆通过会员组织在社会各阶层、各领域建立起核心支持群体，他们在为博物馆提供各种帮助方面具有不可估量的作用。

会员制作为博物馆市场营销的一种重要而有效的形式，符合博物馆服务社会的特点。

各国博物馆历来都十分重视培养自己的会员，尤其是培养以专业人员为主的年轻会员，因为他们深信在这些人士中，有博物馆潜在的捐赠者、赞助人，甚至是未来董事会的成员。在美国几乎每个博物馆都有自己的会员组织。例如大都会艺术博物馆拥有会员近 117 000 名，是全世界会员数量最多的博物馆之一，会员收入占到全部自筹经费的 14%，是列为第三位的收入，已经成为博物馆稳定的来源之一。在英国，博物馆会员制度已经相当成熟，会员项目根据频繁参观博物馆的参观者、支持者的兴趣而进行调整，从而为人们提供切实的服务。

目前，西方国家博物馆发达的会员组织，往往依靠富有吸引力的文化商品，维系着博物馆与广大会员之间的联系，会员也十分关注并愿意购买博物馆研发的文化产品。博物馆发展会员的过程，实际上就是博物馆开展市场营销的过程，在这个过程中实现观众对于博物馆而言，“由陌生人到熟人，直至成为朋友乃至合伙人”，博物馆会员制追求的目标，也是从迎接观众光临，到满足观众文化需求，获得观众经常前来参观访问的习惯，直至加强与观众之间的友好关系，实现观众对博物馆的忠诚。

“口碑是最有号召力的市场营销形式”。建立起会员关系的基础是博物馆提供的核心服务，要满足观众的多样性期望。只有在博物馆能够提供有竞争力的文化产品和优质服务的前提下，才能够构建起观众关系搭建的平台。就博物馆会员而言，虽然不同的博物馆之间观众需求会有很大的差异，但是基本包括一些通行的利益体现，例如会员在一定的时间内可以免费重复访问博物馆，消费其中一些服务项目，包括参观基本陈列、临时陈列展览等；会员可以在博物馆经营的各种相关服务消费中享受一定的折扣价格，包括购物、餐饮以及参与开展的收费活动项目；可以参加专门为会员组织的特殊活动项目。

一些博物馆还根据不同服务标准，形成不同级别的会员，并为不同级别会员组织不同的活动项目，不同级别的会员由于特性差异，可能在利益要求和利益获得上有所不同，甚至会员可以获得一对一定制性和特殊性服务，例如博物馆内部资料查询访问，参与尚没有对观众开放的一些博物馆空间和服务项目。博物馆的会员组织有的也会按照兴趣、专业等差别进行分类，建立不同会员组织，例如有的博物馆除建立一般的会员组织之外，还建立了收藏会员组织，有的博物馆建立了学术研究性的会员组织。针对不同会员群体的不同文化诉求，博物馆在服务提供方面给予区别对待[①]。

美国的老史德桥村博物馆是一座露天历史博物馆，它记录了1790年至1840年新英格兰地区农村和城镇的历史，馆内有超过6万件文物藏品和58处原始建筑，设有40余个专题展览，馆藏图书资料达3.3万册，并收藏有13万张视觉图片信息资料，是美国19世纪新英格兰地区历史考古与建筑科学研究的中心。自1946年对外开放以来，实现了持续的发展，成为国际博物馆界瞩目的管理运营与市场营销的典范。实施会员制是该博物馆市场营销成功的重要因素，2009年其会员已经超过8000人，形成了以1个小时车程，100公里范围圈为核心的会员高度集中区。

观众是否愿意成为博物馆会员，核心考虑的因素是博物馆能否提供满足需要的高质量文化产品与服务项目。老史德桥村博物馆有丰富而又优质的文化产品和服务项目，会员除白天可以无限次地免费参观之外，例如餐饮、住宿、购物、主题活动等各个方面也都提供优惠，包括入住博物馆酒店价格优惠25%，餐饮价格优惠10%，购买商品价格优惠10%，另外在门票之外博物馆组织开展的收费活动项目，也都对会员实行10%乃至更高的价格优惠。会员类型设计考虑到了会员家庭一起访问的需要，也考虑到了会员陪同其他客人一起访问的需要，这种设计对于一些观众成为会员具有更加现实的吸引力。

博物馆对于入会会员没有特别的身份要求，只要按照规定缴纳相应的费用，办理完成会员手续，就可以成为博物馆的会员。为了保持与会员的经常性联系，博物馆免费赠阅每位会员博物馆连续出版的杂志，给每位会员不间断地发送博物馆相关方面的电子刊物，并能够及时更新博物馆活动信息以满足会员需要。同时，博物馆单独为会员组织开展的活动、针对会员销售的折扣商品信息等，也通过电子信箱及时通知，通过这种信息联系使会员始终能够把握博物馆的动态信息，加强了会员的关系和归属感，也为会员参与博物馆活动提供及时的信息，对于促成会员重复访问博物馆起到了积极的作用。

在我国，上海博物馆率先实行会员制，按类别分为普通会员、高级会员、贵宾会员以及相应类别的家庭会员，年费200元到8万元不等，另设荣誉会员和团体会员。会员

① 吴相利：《会员制——博物馆市场开发的重要方式》，载《博物馆研究》，2010（3），10页。

可以无限次地免费参观上海博物馆各项展览，定期参加文物鉴赏、传统文化等专题讲座，高级会员还有机会随同文物博物馆专家、学者一起进行文物考察。目前，一些博物馆充分挖掘文化资源和博物馆活动内涵，满足社会不同人群需要，培育规模庞大的博物馆之友等会员群体，利用博物馆的资源优势、人才优势，开展有特色的讲座、培训、咨询、鉴定、设计等社会服务。

博物馆之友是博物馆工作的有力支持者，也是重要的信息反馈渠道。建立自己的博物馆之友组织，并与之保持良好的合作关系，对博物馆树立社会形象、扩大社会影响十分必要。博物馆之友的活动通常由博物馆组织，主要形式包括参观所在博物馆的陈列展览，参加讲座和座谈活动，获得最新动态和展览信息材料、出版物，参加馆内的教育项目、文物藏品的研究和陈列展览的设计等业务活动。有条件的博物馆，还可以经常为博物馆之友开办讲座、主题讲解等，参加博物馆的田野考古工作和征集文物、采集标本、文物鉴定等工作。此外，还可以不定期举行座谈活动，进一步巩固、完善与博物馆之友的关系。

湖南省博物馆借鉴国外的一些成功经验，于 2005 年 4 月推出了会员制度，截至 2007 年 12 月共招募普通会员 3736 人，高级会员 55 人。针对不同类型的会员，博物馆开展了大量的会员活动。例如针对普通会员，开展了 18 次对外公众讲座；针对家庭会员，举办家庭日活动 32 次；针对高级会员，举办预展酒会 7 次，文物观赏专场 5 次，参观考古工地发掘现场 2 次，博物馆网站针对博物馆会员开辟了“会员之家”的板块，会员可以在该板块中发表自己的言论，与博物馆内部及会员之间进行交流。博物馆也成功地吸引了大批青年观众和博物馆之友，加强与当地社区民众的沟通。

会员制的推出已经引起了社会各阶层人士的兴趣，产生了较大的社会影响，并且在逐渐实现湖南博物馆的“以会员群体为媒介，搭建了解观众及社会需求的桥梁”的初衷。湖南省博物馆的高级会员制度，是以长沙市现在和将来对博物馆发展建设有直接作用的人士作为发展对象，其中既包括喜欢博物馆文化和文物藏品的社会人士，也包括有助于博物馆市场营销开拓的商界人士。湖南省博物馆聘请这些高级会员作为博物馆评议指导委员会的委员，邀请他们观看文物藏品、出席相关活动，并倾听他们的意见建议，使博物馆发展受益匪浅。

尽管博物馆是面向公众的文化机构，但是关心热爱博物馆事业和对博物馆的特定藏品拥有特殊感情的社会人士是博物馆的重点服务对象，是最稳定、最有专业水准的观众群体，也是推动博物馆事业发展的重要力量。如果博物馆能与这些社会人士建立起较为固定的联系，并为这些人士提供参与博物馆管理和建设的渠道和平台，这些社会人士通常很愿意为博物馆的管理和建设出谋划策。在实践中，一些博物馆采取的会员制等做法，实际上就是博物馆与这些社会人士建立固定联系的具体方式，也是博物馆为这些社会人士提供的参与博物馆建设和发展的平台，取得了相当明显的效果。

博物馆的职责是尽最大努力扩大社会公众利用博物馆的机会。因此评价一座博物馆的价值，不仅要看其文物收藏的丰富和陈列展览的精美，还要看其在鼓励观众参观和学习方面所取得的成效。位于台北阳明山麓的林语堂故居，在开放之初就将其经营理念定位为结合展示参观，开展文化艺术讲座。这里定期举办免费的讲座，并于每周六定期举办“读原著学英语”系列课程，由林语堂故居聘请专业英文老师，通过阅读林语堂名著《京华烟云》来学习英文，每堂课收费250元新台币。

社会各界人士也可以提出申请租用故居的阅读研讨室，但是要符合文化、艺术、教育等宗旨，并不得以营利为目的。故居的餐厅名为“有不为斋”，提供套餐、茶点。林语堂先生好美食，因此林语堂故居的所有餐饮，都是结合林语堂生活饮食的故事加以设计，使观众通过饮食文化走近林语堂。林语堂故居建筑中西合璧，别致典雅，展现地中海式风情，因此，不少新婚人士选择来此拍摄婚纱照。虽然林语堂故居在资金紧张的情况下，开展了一些市场营销活动，但是，总体上并未影响故居的文化氛围，反而提升了林语堂故居的社会影响力。

一些综合性博物馆的临时展览，由于展览时间短，撤展后具有不可还原性，因此通过图书、音像制品和文物复仿制品的销售，不仅给观众留住了展览的美好记忆，还可以给观众以持续的文化享受。“罗浮宫珍藏展——古典希腊艺术”展，集中展示“希腊古典时代”的大理石雕塑、陶器、金器等精美艺术品，再现古希腊文明走向巅峰时期的辉煌。配合展览销售图书与工艺品共有 1000 余种文化产品，其中销售 550 余种约 19 000 件文化产品，总销售额近 100 万，除了临时展览的图书外，销量前 10 位的工艺品单价在 15~20 元之间。由此可见，一般观众的理想消费不超过 50 元。

首都博物馆举办的“世界文明珍宝——大英博物馆之 250 年藏品展”火爆京城，每天迎来 4000 多人次的参观者。展览汇集了世界各大洲的文物精华，展出重点是古埃及、古希腊和古罗马的艺术精品。配合展览销售图书与工艺品共有 1500 余种文化产品，人们对这些文化产品的兴趣丝毫不亚于参观展览本身。其中销售 800 余种约 25 000 件文化产品，总销售额近 110 万。其中从大英博物馆带来的一块揭开古埃及文字奥秘的罗塞塔石碑，依据其研发出的纪念品不下 20 余种，雨伞、镇纸、鼠标垫等应有尽有，价钱也从数十元到数百元不等。

免费开放以来博物馆的观众明显增多，为博物馆的市场营销提供了广阔空间。同时，博物馆具有较高的信誉度，社会公众在博物馆参观陈列展览、参加文化活动、购买文化产品，具有安全感。“未来五年，中国将有两亿人口进入中产阶级消费群”。这个越来越庞大的群体和他们所追求的生活方式，正在影响着整个国家的生活观念[①]。事实证明，博物馆事业不是财政的包袱，而是社会、经济效益兼备，“投入小、产出大”“功在当代、利在千秋”的社会事业。同时，博物馆的经济功能，不主要体现于创造直接的经济效益，而主要从其间接经济效益以及增强区域文化凝聚力和吸引力上体现出来。

9.3 明确市场营销的目标责任

今天，博物馆应以促进事业繁荣发展为最高原则，在法律和政策允许的范围内，积极开展市场营销探索。只有这样，博物馆才能从市场营销中获取更多的资源，从而减轻国家和社会的财政负担，保障博物馆事业的可持续发展；只有这样，博物馆才能激发内部员工的积极性和创造力，从而为社会提供更好更多的文化产品和服务，满足广大民众的文化需求；只有这样，博物馆才能使国家投入的公共资源产生最佳效用，从而促进和维护社会整体的公共利益。

---

① 蒋举：《人均 GDP 过万 中产生活质变》，载《北京晚报》，2009-12-10（1）。

9.3.1 确立合理发展的目标

综观人类社会的发展，无一不是文化与经济共同作用的结果。经济往往以一定的物质形态存在于社会、作用于社会，而文化则以更加持续的精神力量，影响社会，推动社会前进。目前在国际社会，一些国家在新自由主义改革思潮和金融危机的影响下，不加区分地鼓吹公共事业的市场化，甚至对博物馆进行私有化改革，不断减少对博物馆人力、财力、物力方面的投入，将一些公共服务推向了市场。事实上，博物馆的性质决定，不能实施“去公共化”的改革，不能将博物馆推向市场。博物馆的运营不能用企业化的方式进行管理，博物馆的绩效也不能用市场化标准进行评价，更不能用直接产生经济价值多少进行判断。

由于博物馆藏品保护、学术研究、陈列展览、文化传播等方面的基础性、公共性项目投入大、周期长，但是作用持久，效益明显，影响广泛。因此，不能减少对于博物馆事业的财政支撑，不能将本应由政府负担的基础性投入转嫁给博物馆承担，不能降低博物馆员工本来不高的福利待遇和财政负担比例。总之，不但不能削弱对于博物馆的投入，反而应该逐步增强；不能改变博物馆公共服务机构的性质，反而应该逐步完善。否则，将是政府社会服务职能的缺失，也将从根本上动摇博物馆的生存根基。

今天博物馆的职能，在来自社会各方面综合因素的作用下，更加强调对于观众需求的重视。博物馆的功能也更多地体现出公益事业的性质，不但博物馆的藏品征集、文物保护、科学研究、社会服务等方面工作本身不应追求赢利，而且开展市场营销，也绝不应影响博物馆各项正常工作的开展。根据目前国际通行的博物馆定义，博物馆的本质为“不以营利为目的”的永久性机构，即将博物馆放置在追求社会整体利益，而不是集团或个人利益的基础之上。博物馆只有放弃追逐直接的物质利益，才能赢得显著的社会效益。

但是“不以营利为目的”强调的是博物馆本质，而并不意味博物馆不能有经济收入，并不反对博物馆在经营过程中的正当利益。在一定条件下，良好的社会效益会带来明显的经济效益，如此并不改变博物馆“不以营利为目的”的本质。在利用博物馆资源开展市场营销时，保护文物藏品安全和保障社会服务是前提，是博物馆的基本职责。博物馆的市场营销策略，并不是要淡化自身的专业化功能和社会化职能，相反应该更加重视博物馆的核心利益。这些才是博物馆存在与发展的根本，也是树立博物馆形象、形成博物馆特色、突出博物馆作用、传播博物馆文化的前提，更是博物馆面向社会提供优质服务的基础。

随着博物馆社会服务意识和文化产品竞争意识的增强，越来越多的博物馆认识到，非营利机构也应该更广泛地接纳现代市场营销理念，通过市场营销策略，逐步开拓文化市场，进而占领文化市场。但是，对公益性和非营利性关系认识上的争论也仍然存在。一种观点认为，既然是公益性的、非营利性的机构，博物馆就不应该从事营利性活动，博物馆需要的所有经费都必须由政府提供，近年来政府财政投入的增加也强化了这种理念，并将博物馆的全面免费开放和国家财政对免费开放提供的巨额补助作为依据。截然不同的另一种观点是，非营利性是不以营利为主要目的，博物馆可以从事与博物馆性质相符的经营性活动获取经济回报①。

“关键是如何在二者之间寻找一种平衡，使博物馆既能获得更可靠和多元化的资金来源，从而改善组织的效率和效应，又能确保不致偏离其社会使命，违背公共价值观”②。博物馆与市场营销，一个是非营利性社会文化组织，一个是商业领域的惯用策略，两个看似矛盾甚至冲突的领域，为了共同的目标，越来越加强了相互之间的联系与合作。必须重新认识市场营销的文化功能，不但要看到市场营销所获得的可观回报，而且要评估市场营销可能带来的风险。博物馆市场营销项目如果失误，不仅意味着经济目标难以实现，而且可能使一些文化资源遭到损失。

博物馆的经费不足是一个世界性的问题，即使在一些发达国家，也有许多博物馆被这一问题所困扰，只是程度不同而已。尽管我国的公立博物馆是国家财政支持的公益机构，但是并不意味着国家能够承担博物馆的全部运营经费。相关资料显示，我国博物馆中约有 2/3 生存困难。目前大多数博物馆的运行经费仍然主要依赖政府拨款。但是，面对如此庞大，且不断快速发展的社会事业，政府有限的拨款仍然只能解决博物馆基本生存问题，远不能满足其发展的需要。在这样的现实下，博物馆的市场营销，能在一定程度上解决

---

① 张健：《试析制约博物馆市场营销的主要障碍》，载《博物馆研究》，2010（3），27 页。
② 田艳萍：《国外博物馆经济学研究概述》，载《博物馆研究》，2009（1），16 页。

博物馆发展资金短缺问题。

同时，人们普遍认为，如果过于追求博物馆的短期直接经济效益，就很难避免过度利用博物馆资源，伤害优雅文化环境的情况。例如一些博物馆不能摆正博物馆使命与市场营销的关系，为了增加收入，不惜放弃本职工作，巧立名目，打着“以文养文”旗号，开展与博物馆社会职能和服务宗旨无关的活动；或抛弃应有的科学精神，推出“快餐化”“世俗化”的陈列展览内容，以迎合低俗、媚俗的市场需要；或盲目出租博物馆场地，随意增加“有偿服务”内容，扩大收费项目和标准，不顾文物安全和博物馆公益形象的维护。“别的项目都能‘跌倒重来’，唯独文化遗产的破坏，不可救药”[①]。

事实上，市场营销本身没有对与错，关键是采用什么样的策略。如果目的不明确或不正确，市场营销就容易被误用。英国市场营销研究所关于市场营销的定义指出：“市场营销是博物馆或美术馆为了实现自身使命、充分满足使用者的鉴别、满意与快乐等需求而采取的管理过程。”美国博物馆协会对博物馆市场营销的定义是：“在促进公众理解与欣赏的基础上，更多地了解博物馆的收藏、陈列与服务。”博物馆市场营销不是生硬地将市场营销理论引入博物馆工作领域，而是以博物馆为起点的市场理论，将市场营销的基本概念与博物馆的特性结合。

关于“文化产业”，联合国教科文组织的定义是：“按照工业标准，生产、再生产、储存以及分配文化产品和服务的一系列活动。”我国学术界较有代表性的定义则认为，文化产业是从事文化产品的生产、流通和提供文化服务的经营性活动的行业总称。我国政府主要将文化产业概括为：“为社会公众提供文化、娱乐产品和服务的活动以及与这些活动有关联的活动的集合。”但是，要真正准确地把握文化产业的本质内涵，必须对文化事业与文化产业之间的关系有较为全面的了解。文化事业与文化产业两者之间既有区别又互相联系。文化事业所进行的是公共产品的生产，主要是依靠国家扶持，与市场没有必然的联系；文化产业是市场经济行为，生产的是文化商品，它不能脱离市场而存在。

文化事业与文化产业的共同核心都是文化，二者之间具有相互渗透、相互依存、相辅相成的特性和规律，文化事业是文化产业赖以发展的基础和条件，如果没有原创性的

---

① 吴焰、杨雪梅：《寻找文化产业样本：历史遗存，在成都激活重生》，载《人民日报》，2010-06-11（12）。

文化产品研发，文化产业就只能是无源之水、无本之木。因此，既不能将文化事业与文化产业截然分开，也不能将其混为一谈。博物馆以非营利性为目的的事业性活动为主，主要包括文物藏品的征集保护与科学研究、基本陈列与临时展览、社会教育与文化传播等各项职能。但是，在博物馆的全部活动中，也包括一部分经营性活动，例如商业性展览、纪念品销售、资料提供、餐饮服务等。

关于“文化产品”，联合国教科文组织的定义为，“文化产品一般是指传播思想、符号和生活方式的消费品，它能够提供信息和娱乐，进而形成群体认同并影响文化行为。”从这一定义可以看出，“文化产品”首先是一种消费产品。既然是一种消费产品，必然要通过生产才能得到。因而，具体到博物馆文化产品，其主要是指以博物馆资源为依托，通过生产、流通、交换、消费等环节来实现价值的各类文化产品。这是博物馆文化产品的广义定义。从这一角度出发，可以说博物馆文化产品涵括了与博物馆事业有关的一切产出，至少包括陈列展览、文物研究与收藏、教育服务、文化传播等内容。

宋新潮先生概括了广义范围内的博物馆文化产品的两方面内容，一个是博物馆的展览，主要是把独立文物或艺术品连接起来，组成一个具有思想性的文化产品；另一个是通过一系列的纪念品以及博物馆指南、图书、图片等为代表，以商品形式出现的博物馆文化产品。因此，博物馆文化产品在博物馆服务与公众需求之间居于内外衔接的中心环节，是博物馆社会服务功能的重要体现、社会作用的延续和社会效益的放大。博物馆在保证社会效益的前提下，为公众提供特色鲜明、内容健康、适合精神需求的文化产品，在满足公众需求的同时，又能获取一定回报，提高自身的可持续发展能力。

博物馆文化产品特指依托博物馆文化资源而衍生出来的文化产品，因此必然被打上博物馆特有的文化烙印。博物馆文化产品研发所依托的资源，主要是博物馆文化资源，而其中又以文物资源最为显著。博物馆文化产品在研发设计方面，拥有固定的可供参考借鉴的文化元素，因此，与市场上其他同类产品相比，具有更厚重的人文内涵，需要更多地对文化的领悟与把握。对博物馆文化产品的研发，尤其注意科学性与审美性、历史性与现代性的结合。这些结合起来的复合性特征，增加了博物馆文化产品的附加值，从而能够实现更多的综合效益。社会效益第一的原则，突出博物馆文化产品具有社会教育的作用，体现博物馆文化传播的职能。

从博物馆市场营销概念的提出，到各个博物馆的具体实践，都还处于探索阶段。因此，应避免急功近利和杀鸡取卵的做法。必须明确博物馆是非营利性机构，它提供的是公共产品，博物馆市场营销，与一般产业开发不同，产业开发如果失败往往可以重新再来，但是博物馆市场营销失败，不仅意味着经济上的损失，更意味着博物馆在文化资源上的浪费和社会公信度的伤害，因此不应将博物馆完全抛向市场。博物馆市场营销既要勇于开拓，在观念上求新，思维上求变，又要谨慎策划、周密思考，协调处理好各种发展关系。

博物馆的市场营销并不能完全用一般的商业手法进行套用，商业消费是一个过程，当消费过程结束后，其价值亦同时减退。而博物馆提供的文化产品与服务应具有体验趣味，而且获得持久性的记忆，满足观众对于知识的需求。因此，博物馆的市场营销不能由营利性的商业手法进行主导，博物馆的文化产品需要坚持博物馆使命，遵守博物馆规律。要使博物馆市场营销达到预期目标，就必须对博物馆自身的场馆、人力、环境、藏品、品牌等文化资源进行分析、研究和评估，以便准确地阐述这些文化资源与市场营销目标之间的关系。

订立目标是开展博物馆文化产业和市场营销的起点与关键，但是，要能很好地订立目标，首先要对博物馆自身能力有明确的了解，包括外部环境与内部情况。无论规模大小，博物馆都应对自身条件以及各类外部因素进行科学、细致的研究分析，在此基础上，明确博物馆的文化使命、发展目标、行动计划、市场策略等。博物馆的市场营销理念最关键的就是要了解观众、研究观众、吸引观众、留住观众、服务观众。对博物馆观众进行分类与分析，还应当结合地区特点、行业特点、季节特点等因素进行细化，必须对自己的观众群体进行细分，确定当前的目标观众，利用广告宣传手段，保留现实观众，培养潜在观众。

对博物馆观众进行分析与研究，是决策文化产业开发、制定市场营销策略的决定性因素之一。法国博物馆深知观众对于市场营销的决定性因素，所以各项活动都坚持以观众为中心。基于此，各博物馆定期向观众进行问卷调查，及时了解观众意见和社会各界建议，通过分析和预测，主动适应市场变化。例如巴黎雅克马尔·安德雷博物馆，长期进行博物馆市场问卷调查，根据观众对博物馆市场营销的反馈，及时调整计划，致使博物馆市场营销收入超过总预算的一半。正是这种灵活的互动机制，取得了双赢的效果，观众的需求得以满足，博物馆收益也得到保证。

9.3.2 保证文化产品的品质

博物馆所能提供的文化产品可以分为三类，即陈列展览、服务、纪念品以及其他延伸性产品。就国际范围来讲，今天博物馆更多的是从社会服务的角度来考虑问题和进行资源配置。因此国际上一些博物馆实施改扩建工程，增加的空间部分大部分都是公共服务设施。越来越多的社会公众认为博物馆其实就是社会生活的一个公共场所，这种全新的理念可以增加博物馆的服务和活动范围。许多博物馆都开始根据观众的需求，开展各种特色服务。例如“商店销售服务是博物馆最传统的文化产业项目之一，经营的好坏，很大程度上取决于两个重要方面，一是文化，二是特色。只有两者兼具，才能形成规模，才能产生持续性效益”[①]。

博物馆纪念品一定要有特色，有助于观众保持美好的参观回忆或能帮助观众回想起博物馆空间、博物馆展览和博物馆藏品。生活水平的提高增加了观众对于休闲娱乐的需求，为此博物馆也采取相应的措施，例如提供清洁的环境、舒适的氛围来满足观众的需求。博物馆在确定目标观众，制定发展策略后，应当审视自身所能提供的文化产品及其质量，将文化产品与观众紧密地结合在一起。让观众购买文化产品后，不仅能从中学习到知识，受到教育和启迪，同时能获得一种审美愉悦感，从而在潜移默化中提升素质。

观众在博物馆选购自己喜欢的文化产品时，对这些文化产品的感觉、感情、理解、认同十分重要。要善于从馆舍建筑、文物藏品、研究成果中选择、抽象出文化艺术、工艺元素，研发出既有历史传统，又有地域特色，还有时代气息的博物馆文化产品。观众喜爱的博物馆文化产品包括，具有该馆镇馆之宝代表意义的精美复制品，具有与该馆文

① 王际欧：《浅析博物馆文化产业的特征、结构与开发策略》，载《中国博物馆》，2006（3），84 页。

物藏品造型、图像、色彩密切联系的精美工艺品，具有丰富文化内涵的特色艺术品，使观众对博物馆陈列展览、文物展品留下更加深刻、更加长久的印象，使博物馆文化更加具有扩散力、渗透力和影响力。

正因为博物馆文化产品与其他生活必需品相比，并不是日常生活的基本需求，因此，博物馆市场营销更需要以观众为中心，打动观众的心，只有从观众的需求和渴望出发，极力减低消费者的成本，为参观者提供便利，并且充分与观众进行沟通，才能有效地实现市场营销的目标。同时，独具特色的文化产品增加了观众对博物馆藏品的兴趣和关注程度，拓展了博物馆的教育功能，提高了观众的文化修养。博物馆文化产品不断唤起人们的回忆，激发人们的情感，陶冶人们的情操，使文化弥漫于日常生活之中。因此，博物馆市场营销不仅是博物馆增加收入的方式，也是博物馆进行文化传播与推广的方式。

博物馆文化产品研发，是博物馆市场营销的有效途径，也是博物馆扩大其影响力的重要途径。只有合理研究、精心制作具有各个博物馆自身特色的文化产品，才能增强观众购买的吸引力，提高市场营销收入水平。博物馆产品不能一成不变地遵循旧有模式，而忽略新时代的新需求。将博物馆产品和文化传承更好地融合在一起，例如将博物馆藏品的某个元素，作为代表博物馆的文化符号，制作成为实用文化产品，既是对博物馆文化的宣传，同时也将博物馆文化通过文化产品的形式传递给社会民众，购买这样的文化产品，意味着对博物馆文化的直接延伸，甚至永久记忆。尤其是配合陈列展览做好博物馆商品的研发，将会为陈列展览增光添彩。

博物馆文化产品传递文化信息，其设计成功与否，还取决于购买者对文化产品中所蕴含的文化内涵的理解以及个性化的主观感受。英国的博物馆在市场营销过程中，强调文化产品背后的故事。例如英国一座博物馆研发的一种拼图产品，售价仅为一英镑，拼图完整拼接后的图案是三只中国瓷器花瓶，而在拼图的背面，有这样一段话："这三只花瓶于去年被一个因为鞋带没有系紧的游客撞掉而全部打碎，但是我们现在已经将它们全部修复起来了。"同时，拼图背面还印上了花瓶拼接及修复现场照片。这盒拼图因其动人的背景故事，而成为该博物馆最受欢迎的纪念品之一[①]。

① 乔欣：《国外博物馆案例》，载《中国文化报》，2010-03-24（6）。

如今博物馆的市场营销模式，已经从“以物为中心”转向同时注重“以人为中心”。为公众与社会的需要和利益服务，成为包括博物馆市场营销在内的一切工作的出发点和归宿。只有在文化产品的研发设计中更多地融入人本理念，基于观众的需要来研发文化产品，才能获得良好的市场效果。博物馆应根据信息分析找到目标观众群，判定消费标准并实施准确的市场营销定位，甚至根据不同观众需求提供个性化的深度服务。因此，了解人们的兴趣与需求，是使市场营销方向不致偏失的必要条件。

博物馆与市场营销有机结合，不但是博物馆增加经济实力的有效途径，也是博物馆扩大影响力的重要途径。在发挥教育和科研功能的过程中，经济功能也得到体现，对相关行业产生带动和促进作用。此外，市场营销所产生的大量衍生文化产品，给博物馆带来丰厚经济效益的同时，提升了博物馆的社会影响力，密切了博物馆与社会民众的关系。在社会效益方面，以博物馆为中心的文化区域，可以带动周边的社会活动和商业活动，在创造文化环境的同时，也为社会服务、社会就业等社会发展做出贡献。

博物馆文化产品的创作元素来源于以博物馆藏品、陈列展览为主的资源，这些资源都具有一定的历史文化元素。它们或者代表了当时人们的审美情趣，或者隐喻了当时人们的生产生活方式、社交礼仪等。陈楠教授认为“到博物馆参观，想买一个博物馆的符号或相关的一个元素，那是你对博物馆体验以后产生的认同和收藏。”[①]他认为博物馆文化产品也应当按照特许衍生产品模式来运作，“博物馆应该对自己的愿景、定位、发展目标和产品等进行系统设计。产品上必须要有博物馆的LOGO，其中包含它的思想和元素，具有知识产权，而且是专门授权研发，生产厂家和营销商家都是指定的，事前要经过严格的审查。”

博物馆的文化产品，物化了特有的历史精华和独具的审美情感，大大提升了博物馆纪念品的文化内涵和个性，满足不同观众的文化心理需求。编辑出版具有博物馆特色的科学普及读物，既是博物馆科学研究工作成果的一种具体体现，也是博物馆扩大文化传播覆盖面的一种有效手段。博物馆可以在文物藏品、陈列展览以及相关文献资料的基础上，编辑博物馆简介、观众导引手册、文物藏品图录、陈列展览图集，出版各种学术专著、

① 李艳：《博物馆文化产品的“N”种解读》，载《中国文物报》，2010-02-24（5）。

幻灯片、明信片、光盘等，使更多的社会公众，特别是不能来博物馆参观的民众，间接地了解博物馆，了解博物馆的文化内涵。

目前，博物馆可以提供更加广阔的信息服务，包括电子软件、电子刊物、电子图书、电子图册等电子化、数字化商品。博物馆可以通过开发数据库产品，将不同层次的信息产品与机读载体结合，形成各种类型的全文数据库及图像和视听资料数据库等。博物馆可以根据人们对特定信息的需求，将信息有序化，然后形成知识库，通过标准化的加工分析、专业化信息的提供，开展信息检索与咨询服务。博物馆可以通过网络信息服务，提供各种信息查询和独家信息资源，例如远程教育、在线欣赏、游戏动漫、电影播映，还可以利用多个网上数据库，构成虚拟信息空间，为公众提供更加强大的信息共享空间。

博物馆的文化产品不同于一般商品，它是以向公众传播文化为目标的产品，它的研发必须与公众丰富多样的文化需求相结合，兼具博物馆的社会效益与经济效益。2008 年为迎接北京奥运会，故宫博物院举行“天朝衣冠”展览，首次将皇帝、皇后服饰同时展出，并为配合展览设立了一家专卖店，商品的所有元素都从文物展品中提取，受到观众的欢迎。创建博物馆文化品牌是一个长期而艰难的过程，应被视为博物馆市场营销的生命。通过对博物馆观众关于理想文化产品的调查，可以了解到 95% 的观众认为文化产品应具有实用性、便携性等，几乎所有的观众都关注文化产品的质量，并且区别于商品市场中常见的其他产品。

2010 年为开拓新的增长点，故宫博物院尝试进行品牌授权运作。在文化产品经营中，严格选择合作企业，通过公开招投标，选择在行业内领先，并具有一定知名度和信誉度的企业。同时，故宫博物院努力发掘内部人力资源，连续举行“职工设计、创意大奖赛”，征集到近 100 个文化产品设计方案，创作出一批具有故宫特色的文化产品设计及创意作品，其中部分来自职工的创意设计，有的文化产品已经投入市场。目前，故宫博物院内设 38 个销售文化产品的经营点，还在澳门艺术博物馆开设了专卖店。这些博物馆商店内共陈列文化产品 1 万多个品种，其中 46% 为故宫博物院自主研发[①]。

据相关资料显示，全国的博物馆中有 2/3 左右生存困难。就我国目前大多数博物馆

① 李艳：《博物馆文化产品的“N”种解读》，载《中国文物报》，2010-02-24（5）。

的运行经费来看，仍然主要依赖政府拨款。但是，面对一项如此庞大的社会事业，政府有限的拨款仍然只能解决基本的生存问题，而对于发展来说，还只是杯水车薪。如何在这样的财务状况之下，走出一条具有特色的博物馆事业可持续发展之路，是任何一座博物馆都必须认真思考的问题。博物馆文化产品研发，以博物馆特有资源为依托，在保证博物馆社会效益最大化的前提下，实现经济效益，同时依托文化产品研发的反哺性，能在一定程度上解决博物馆发展资金短缺的问题。

博物馆文化产品研发对于博物馆事业发展是不可缺少的组成部分。发展博物馆市场营销的意义不仅仅在于解决博物馆经费问题本身，更是促进博物馆事业发展的重要手段，是博物馆可持续发展的内在要求。就目前来看，国内各大博物馆在藏品保护、陈列展览方面专业人才较多，但是缺少既懂专业技术、又懂经营管理的综合性人才，目前对这种综合性人才的需求愈发显得迫切。如果博物馆文化产品研发设计人员缺少对文化产品依托的馆藏文物内涵的深刻领悟，研发出来的文化产品必然形似而神不似，缺少独特的历史人文魅力和感染力，难以实现文化产品的人文和科技附加值。

因此，要促进博物馆市场营销和文化产品研发，需要根据事业发展的要求，积极培养或引进既具有博物馆专业知识，又具有市场营销和文化产品研发经验的急需人才，使人才结构逐步趋于合理。一方面，建立、健全博物馆市场营销和文化产品研发从业人员业务培训和继续教育制度，培养博物馆市场营销领域的创意创新人才、专业技术人才和经营管理人才；另一方面，对博物馆员工进行岗位培训和知识、技能更新，适应博物馆发展的需要。伴随博物馆文化产品研发水平的提高，培养锻炼出一批既熟悉博物馆业务工作，又擅长博物馆市场营销的新型综合性人才。

观众调查是博物馆市场营销有效提升的基础，博物馆市场营销必须以观众需求为导向，不断满足观众的需求，最大限度地实现博物馆的社会职能。观众调查实质就是了解大众的精神文化需求，既包括现实需求，也包括潜在需求，以及大众的文化品位、兴趣喜好。不同的观众有不同的需求，因此，博物馆应根据所拥有的文物藏品，尤其是文物藏品的特色，对服务对象进一步细化，细化的变量包括不同地区、不同城市等地理因素；

不同年龄、性别、收入、职业、文化程度及文化品位等人口因素；不同社会阶层、生活方式等心理因素。在明确不同的社会群体对博物馆市场营销和文化产品研发的需求后，定位策略便成为博物馆市场营销成功的关键之一。

在博物馆的市场营销活动中，信息影响着营销理念的树立、营销组合的策划、营销策略的制定、营销实务的操作、营销过程的控制以及营销结果的反馈等市场营销全过程。因此，借助博物馆网站、馆刊报纸、问卷调查、专家咨询等，建立起博物馆与社会公众的沟通，尤其是双向沟通，可以获得更好的社会效益与经济效益。其中网络营销机会多，成本低，形式灵活，对于全面、深度展示博物馆形象是一个难得的宣传平台。对于名不见经传的博物馆来说，有效的网络营销有助于博物馆提高知名度、树立品牌、建立营销渠道等。

9.3.3 营造良好发展的环境

瑞典学者 H. 曼尼拜（H.Manneby）则认为，“公共关系和营销活动对于一个面向公众的博物馆来说非常重要，营销活动是传播博物馆知识的方法，可以使公众更清楚地知道博物馆能提供什么、又代表着什么。通过营销，我们可以加强博物馆之间以及博物馆和其他机构的合作。营销既复杂又重要，既困难重重又令人兴奋，还需要特殊的知识和经费。面对复杂的营销，博物馆可以认真考虑营销的原则，制定营销策略”。关于营销策略他列出了一些问题，例如一是营销必须符合博物馆的目标；二是营销活动必须尊重专业伦理；三是营销必须反映博物馆的真实状况；四是营销不应奢华[①]。

《国际博物馆协会职业道德准则》强调，“如果从商业或工业组织或从其他外界途径寻找并接受经费援助或其他援助是博物馆的一项方针，便需十分小心地对博物馆与赞助人商定的关系做出明确规定。商业援助与赞助可能会涉及道德问题，博物馆必须确保其标准及目的，不会因此类关系而受到损害”“博物馆商店与任何商业性活动，以及与此有关的任何出版活动均应以一项明确的方针为依据，应与博物馆藏品及其基本教育宗旨相关，不得有损于这些藏品的质量。在制作与销售复制品、临摹品或其他根据博物馆

① ［瑞典］H. 曼尼拜：《博物馆管理》，王奇志，译，载《东南文化》，2011（1），6 页。

藏品生产的商品时，必须以这样一种方式衡量商业价值的各个方面，就是既不丧失博物馆信誉，又不损失原有物品本身固有的价值”。

博物馆尽管是一个以创造社会效益为已任的非营利组织，但是不可否认，它也有着完整、系统的运营过程，也同样要考虑投入与产出。“博物馆营销的内涵是：以满足社会公众的精神文化需求为出发点，按照市场运作方式，有目的有计划地策划、设计并陈列藏品，为公众提供满意的服务作为自身价值的体现。它是一个综合的经营管理过程，服务并满足公众贯穿于博物馆经营活动的全过程”[①]。作为非营利性组织，博物馆的市场营销不是靠利润动机的驱使，而是靠固有使命的引导，靠财政拨款或外部支持来实现其组织内部的协调运作，通过组织成员的聪明才智，参与社会经济活动，通过多种经营方式，获取比较稳定的收入，并将这部分盈余额用于社会公益事业及博物馆事业的扩展。

博物馆的竞争，无论是在文物藏品资源方面的竞争，还是在设施环境资源方面的竞争，本质上都是在观众服务资源方面的竞争。观众是博物馆最大的发展资源。就博物馆行业的竞争来看，我国的博物馆发展十分迅速，大批博物馆的集中建设，并相继对社会开放，使围绕文物藏品、陈列展览和观众资源的竞争日趋激烈。但是，实际上竞争不仅存在于博物馆之间，还包括与其他休闲方式、休闲设施、休闲产业的竞争。目前，在世界范围内，适应大众文化消费需求的文化产业迅猛发展，新建的科技中心、艺术中心、主题公园等文化设施，以及为数众多的闲暇娱乐活动场所越来越多，已经对博物馆形成了竞争态势。面对社会公众的消费生活被日益多样化的文化设施和娱乐场所吸引，如果博物馆的发展策略得不到及时调整，将面临逐渐失去社会公众关注的危险。而且，其他文化设施和娱乐场所等机构几乎都引入了市场手段，在资本运作、活动策划、广告宣传等方面采用更加灵活多样的手段，以扩大社会影响、吸引社会公众。因此，面对日益激烈的竞争环境，博物馆必须一方面突出自身特色，发挥难以替代的独特文化作用，另一方面积极采用现代的市场营销宣传、管理和筹资技术。这一发展策略正在成为世界各地博物馆赖以成功的关键。

由于过去长期受计划经济的影响，博物馆一直作为国家事业单位来看待，其管理与

① 项朝晖：《博物馆营销理念及营销策略探论》，见《中国国际友谊，第七卷》，37 页，北京，文物出版社，2010。

运营在很大程度上沿用的是政府模式，所蕴含的其他属性则被埋没。今天，一方面，人们的社会期望值不断提高，希望各级政府能为他们提供更高水平的社会文化设施，增加投入以支持博物馆的发展；另一方面，随着人们物质生活水平的提高，对文化消费有了更高的要求，要求博物馆进一步提升质量。同时，民间创办的自负盈亏的博物馆数量不断增长，其主要收入不再从公共财政中获得，而是主要依靠市场营销收入。博物馆的经济功能主要不是通过直接经济效益体现出来，而是通过带动文化发展和提升区域吸引力得以体现。

面对文化消费的新形势，博物馆在价值观念、体制改革、管理模式和行为方式等方面，需要进行一系列的自我调整和更新，从而强化自身的服务理念、竞争意识和实践能力，积极塑造博物馆的文化品牌和社会形象。而如何适应广大观众的要求，使博物馆的市场营销做得更好，便成为博物馆要考虑的问题。博物馆除争取政府支持和社会赞助外，通过市场运作增加收入，积极将博物馆及其展览推向社会，对陈列展览活动进行大力的宣传推介，最大限度地吸引国内外观众前来参观，以精确的社会调查为依据开展文化产业，开展配套经营服务活动，使观众主动进行消费。

公共关系是博物馆市场营销工作中重要的一环，良好的公共关系可以缩小与观众的心理距离，树立博物馆的公众形象。因此，公共关系既是博物馆市场营销的手段，同时也是发展自身、扩大社会影响的过程。博物馆文化产品的研发十分重要，但是文化产品的销售服务同样重要。例如在购买方面，顺应消费发展趋势，设立各种支付方式以方便顾客；在包装方面，由于许多观众购买博物馆文化产品是为了馈赠亲朋好友，因此精美适度的包装增加了商品吸引力；在售后服务方面，为了方便观众，博物馆商店可以开展商品邮寄服务。在丰富的文化产品的基础上，还可以发展“博物馆网上商店”，甚至在博物馆外建立商品分店，积极开拓海外市场。

观众参观展览后，购买与展览内容相关的衍生商品，可满足观众将博物馆文化带回家的欲望，因此在博物馆举办临时展览时，博物馆商店也摆满与其展览相关的纪念品，使得营销自然地融入展览，使之艺术氛围扩至展厅以外。这种紧随展览后续服务的做法，可以使博物馆文化产品推陈出新，充满生命力，对参观者保持持久的新鲜感和吸引力。观众对博物馆文化产品的兴趣，往往是对博物馆文化氛围、对陈列展览、对文物展品兴趣的延伸，将市场营销服务转化为博物馆文化的有效传播。

博物馆市场营销在关注文化产品研发的同时，应重视博物馆服务质量和环境改善。博物馆商店的氛围需要与展厅保持一致。一个宽敞、雅致、洁净、整齐的经营环境，能使观众感到商品与展厅里的展品同样精美，值得购买以资纪念。因此营业区在某种程度上是整个展览的一个组成部分。博物馆商店一般不宜分散在博物馆各处，分散不但不能激发观众的购买欲望,还不同程度地会影响到观众的购物心理,应当集中于博物馆的出口。出口是观众的必经之路，观众在参观展览时对某些展品或内容有了强烈兴趣，在看到复仿制的文化产品时，往往会产生冲动，萌发强烈的购买欲望，而且观众购物后无须带着商品参观。

发展博物馆应是政府的职责。政府在市场经济下的职责，应是努力兴办通过市场所不能兴办的事业，提供通过市场所不能提供的公共文化产品。事业单位改革是我国行政体制改革的重要内容，事业单位的分类改革，将对于调动事业单位的积极性，减轻财政负担发挥积极作用。博物馆也必须努力适应市场环境，要认识到社会效益对博物馆发展的必要性，也要认识到市场营销对博物馆发展的重要性。近年来，一些地方企图对博物馆试行产业化和市场化导向的改革，表现在改变博物馆公共服务机构的性质，减少博物馆的财政投入，降低博物馆员工本来不高的福利待遇和财政负担比例，甚至将本应由政府财政负担的博物馆转变为企业化管理。

在政策扶持方面，各国对于博物馆的市场营销，出台相关的优惠鼓励政策，对文化产品研发等方面也制定较为明细的规定。具体来看，尤其体现在对博物馆的市场营销和文化产品研发，减免相关税收以及制定合理的获利分配制度。在韩国统计厅的文化产业统计指标中，明确包括博物馆行业。表明韩国的博物馆行业已被纳入文化产业发展模式之中。韩国在组织管理、人才培养、资金支持、生产经营等方面逐步加强机制建设，对包括博物馆在内的文化产品的研发、制作、经销、出口等方面，实施系统扶持。同时，利用网络及其他教育机构进行人才培养，加强专业资格培训，加强与国外专业人才交流与合作，培养具有世界水准的专业人才。

由于博物馆全面免费开放引起的门票收入的减少，在未来一段时间内博物馆门票收入对国民经济的贡献将呈下降趋势，但是，随着博物馆努力纳入国民教育体系，博物馆文化旅游的兴起，博物馆与市场营销的结合，博物馆对国民经济的贡献将更多地以间接的方式表现出来，因此国家在考虑博物馆能够满足广大民众日益增长的文化生活需求的同时，还应该考虑通过对博物馆的扶持和发展政策，充分发挥博物馆对国民经济和社会发展的综合贡献。同时，市场营销的培育也可以为博物馆开拓更广阔的生存空间打下雄厚的文化基础，形成公益与效益的良性互补。

目前，博物馆的综合贡献发挥得还不够，这一方面需要公共财政投入对博物馆每年保持稳定的增长，另一方面也需要博物馆从内部的管理体制、管理水平等方面寻找原因，以最大程度地发挥自身的功能和作用。因此，博物馆需要通过市场营销手段，完善经营管理体制，拓展多元化的资金来源渠道，提高社会服务水平，不断扩大社会影响力。在这种错综复杂的博物馆发展环境中，需要博物馆管理者的智慧和恒心，防止利益冲动，避免随波逐流，在任何情况下，都要将保护博物馆资源的完整性放在首位，以便给未来更好地利用留下空间。

建立奖励机制，也是韩国发展包括博物馆市场营销在内的一大特色。韩国成立专门负责文化产业发展的行政机构，即文化产业振兴院，为博物馆市场营销的发展提供积极支持。同时，为了改变其市场营销落后状况，减少流通环节和成本，国家加强法律法规制定，加强市场营销信息流通，大力开拓国际渠道，集中力量研发文化产品，利用品牌取得良好效益。同时，韩国计划利用先进的营销网络、外国代理，开发直销、合作经销等多种手段，逐步构建起国际营销网络。这些经验对我国博物馆市场营销具有借鉴作用，应在调查了解我国博物馆运营情况的基础上，制定符合我国国情的促进博物馆市场营销健康发展的对策。

各级政府相关部门应将博物馆文化产品研发纳入博物馆行业管理体系中。结合各地经济社会发展状况，将博物馆文化产品研发纳入城市文化发展总体规划，确定博物馆文化产品的研发方向，实现长期规划与短期计划的有效结合，从而促进博物馆文化产品研发的可持续发展。博物馆文化产品研发意味着博物馆主动引入市场机制，从而在实现社会效益、满足社会公众需求的同时，使博物馆文化产品成为推动博物馆事业发展新的经济支撑。博物馆应适应时代要求，加强理论研究，将文化产品研发问题作为博物馆学学科建设的重点来加以对待，进而促使博物馆界将文化产品研发纳入博物馆事业发展的规范体系之中。

目前，一些博物馆开始建立健全文化产品研发的考评和激励机制。例如完善分配激励机制和创造条件参与市场竞争，鼓励和支持博物馆文化产品研发优秀人才的脱颖而出；建立政府奖励机制，对博物馆文化产品研发的重大项目、有创意的文化产品以及做出杰出贡献的单位与个人给予奖励；制定博物馆文化产品的研发成果可以作为研发人员职称评定依据的激励政策。另外，一些地方政府主管部门采取措施鼓励博物馆文化产品研发。例如将博物馆文化产品研发，作为博物馆评估定级的考核指标；将重点博物馆文化产品研发基地列为公务礼品采购的定点单位等。

应加强与相关领域的合作。一是加强博物馆之间的合作。通过组建全国博物馆文化产品行业协会，实现博物馆之间在文化产品研发经营方面的联系沟通，优势互补，形成合力。通过组建博物馆商店联盟，采用产品代工、代销等分工合作方式进行馆际合作，推动博物馆行业的整体进步。二是加强博物馆与企业的合作。通过与生产性企业合作，利用多渠道、多形式的社会资本，弥补经费不足；利用企业在经营管理、服务等方面的优势，弥补博物馆在经营方面的经验劣势；利用旅游企业宣传产品，拉动销售，拓宽营销渠道。三是博物馆与旅游行业合作。通过了解不同时段、不同地点观众的需求，促使博物馆不断研发旅游文化产品，增加旅游行业的文化内涵，提高博物馆的知名度，从而拓展博物馆文化产品的市场。

第十章 博物馆的多样化发展

人类文明体现在社会经济及文化生活的各个方面，而博物馆类型的单一，将导致展示人类文明进步的局限性。在新的时代，如果希望充分发挥博物馆的文化作用，就必须确立协调发展的博物馆战略，建立多元化的博物馆体系，完善博物馆的类型结构，从多方面、多层次、多角度展示人类文明进程。根据我国文化资源分布情况，不应强调每个市县都要建设综合类的博物馆，而应鼓励根据各地的文化特色，发展专题类、民俗类、民族类的博物馆，并鼓励民办博物馆的建设。

10.1 传播科学知识的专题博物馆

当前，博物馆事业进入快速发展阶段，呈现出一些新的趋势。就举办主体而言，从文物部门为主导，转向由政府引导，动员各行各业和社会公众共同参与。就博物馆类型而言，从传统的综合、历史、艺术等类型，转向科技、自然、民族、民俗、生态、遗址等，各个社会学科、自然学科类型以及各行各业的专题博物馆。专题博物馆是博物馆体系的重要组成部分，体现出鲜明的行业文化特征、民族文化特色、地域文化特点，符合博物馆社会化、专题化、多样化的发展潮流。

10.1.1 专题博物馆提升社会文明

今天，博物馆事业的发展与变化，伴随着历史的发展而发展，社会的变化而变化。文化遗产的多样化，必然带动博物馆的多样化。正如奥地利著名的博物馆学家 F. 瓦达荷西（F.Waidacher）博士在 2003 年写的《博物馆学》一书中所说：“博物馆不是从一个博物馆原始型逐渐发展而成的，它的原始型并不一定与后来复杂的形式有关。贵族的宝藏、艺术品与奇珍异宝或已有系统收藏的 19 世纪的博物馆，未必和现在的博物馆有关。它们的出现似乎没有什么先决条件，而是出自特定的收藏需求。”[①]新中国成立以后，我国建设的博物馆大多是综合博物馆，以当地的自然资源、历史发展、民生民主建设为陈列内容，而专题博物馆则数量不多。进入 20 世纪 80 年代，开始出现了一批专题博物馆。特别是 90 年代以后，专题博物馆快速增长，经过 20 余年的发展，专题博物馆的内容几乎囊括人类生产、生活的方方面面，涉及科技、地质、煤炭、金融、消防、公安、水利、茶叶、丝绸、烟酒等众多领域。社会公众对专题博物馆有较强的愿望，对未来博物馆分类也提出进一步要求。因此，专题博物馆的发展不仅是社会分工细化的表现，也是社会更加开放、经济更加繁荣的一面镜子。

国家相关部门也开始建设各具特色的专题博物馆，例如财政部在杭州建设了中国财税博物馆，审计署在南通建设了中国审计博物馆。在铁道部建设了中国铁道博物馆，邮电部建设了中国邮电博物馆之后，又相继建设了中国邮票博物馆和中国电信博物馆，最高人民法院也建设了中国司法博物馆等。在上海建设“博物馆之城”的过程中，专题博物馆成为增长主体，占据了 80% 的增长份额。但是，总体来说，我国的专题博物馆的数量还不够多。目前，越来越多的参观者对专题陈列展览有独特喜好，例如有的观众喜欢艺术类的陈列展览，有的观众喜欢科技类的陈列展览，有的观众喜欢自然类的陈列展览。

当前，国家既强调加强国家级大型博物馆的建设，以逐步使我国的重点博物馆达到和接近发达国家的水平，同时，也强调支持中小博物馆的建设与提升。近年来，在全国

① 甄朔南：《从全球的视野看自然史博物馆的起源、发展与成就》，载《中国博物馆》，2006（2），85 页。

各地涌现出了一些优秀的专题博物馆，例如中国煤炭博物馆、青岛啤酒博物馆、上海公安博物馆、沈阳金融博物馆等，这些博物馆因为与经济社会发展和广大民众生活密切相关，产生了很强的社会吸引力和影响力，并为提升城市文化品位做出了重要贡献。今天，国家高度重视专题博物馆的发展，将专题博物馆纳入国家博物馆事业的总体框架，给予积极支持。同时，国家鼓励优先设立填补博物馆门类空白和体现行业特性、区域特点的专题博物馆。文物行政部门努力加强对专题博物馆的宏观指导，积极提供服务。例如将专题博物馆纳入全国博物馆质量评价体系。在全国博物馆评估定级中，一批专题博物馆被列入国家一级博物馆和二、三级博物馆之中，显示出专题博物馆在我国博物馆事业中的重要地位。

同时，对于一些专题博物馆的创建也给予了高度关注，例如中国水利博物馆、中国文字博物馆、中国妇女儿童博物馆和中国航海博物馆等的文物征集、陈列展览工作，协调全国文物博物馆系统给予支援，并取得了良好的效果。要改变当前我国博物馆数量偏少的状况，应该考虑就自然、科学、教育以及人口、资源、环境、灾害、宗教等方面，建设更多的专题博物馆。段勇先生指出，“世界上至今对博物馆没有一个公认完美的分类方法。现有的大多是以藏品类型作为分类的主要标准，例如：日本博物馆协会将博物馆划分为综合、乡土、美术、历史、自然史、理工、动物园、水族馆、植物园和动·水·植10类。美国博物馆协会主张把博物馆分为综合、科学、艺术、历史、体育、学校、公司、展览区等13大类72小类，除了‘物’的标准外，引入了博物馆的实体特点，却略嫌杂乱。还有国外博物馆学家认为，世界上现有的博物馆可具体划分301种类型，其中混合使用了多种分类标准”①。

从办馆主体的性质来看，专题博物馆有别于文化文物系统的传统博物馆，既有国家有关行业部门，例如工业部门、农业部门、商业部门等兴办的公立博物馆，也有隶属于国有企业的行业博物馆，还有民营企业兴办的专题博物馆。与传统博物馆相比，专题博物馆资金来源多元，有利于吸收社会力量创办博物馆，改善原有办馆主体单一、类型单一以及资金来源单一的博物馆管理模式②。这些也正是近年来专题博物馆能够成为博物馆

① 段勇：《多元文化：博物馆的起点与归宿》，载《中国博物馆》，2008（3），5页。
② 徐玲：《何谓行业博物馆》，载《中国文物报》，2009-12-16（6）。

发展热点的根本原因所在。

专业博物馆的蓬勃发展，推动形成了当前各地建设博物馆的热潮，全面深入地展示科学文化知识，为社会提供品类齐全的学习场所，以适应学习型社会的需要，为我国博物馆事业的可持续发展注入了新的活力。2006 年 6 月，宁夏回族自治区制定了《发展宁夏博物馆事业战略构想》，鼓励和支持各市县、各行业依托地域和行业优势，创建行业专题博物馆，通过几年努力，宁夏已经建成了各类专题博物馆 40 余座，一批独具特色、形式多样、内容丰富的专业博物馆陆续建成开放，实现了专题博物馆建设新的突破，基本构建起覆盖全区的博物馆网络，为进一步加强博物馆体系建设积累了丰富的经验。北京专题博物馆增长速度较快，在已有中国钱币博物馆、中国电信博物馆、北京服装学院服饰博物馆、北京警察博物馆、北京自来水博物馆、中国印钞造币博物馆、北京百年老电话博物馆等专题博物馆的基础上，近年来又新增一批专题博物馆，例如北京老爷车博物馆、北京晋商博物馆、北京电话博物馆等。对于不同行业、不同企业来说，建设专题博物馆可以起到保存、展示行业文化的作用，发掘、研究、利用行业相关文物，探究行业历史，宣传行业文化，树立行业形象，提升行业品位。

北京地区博物馆涵盖了历史、自然、军事、天文、航天、文化、艺术、宗教、建筑、通信、机车、铁道、名人纪念馆等数十个门类。“从全国范围来说，北京地区的博物馆门类比较齐全，在质量和规模上都名列前茅”[①]。北京奥运博物馆分为主题展厅和临时展厅两部分，奥运会开幕式上使用的奥运缶、电子卷轴、演出服装等道具，奥运会赛场上的各种具有收藏意义的运动器械和服装以及有关的文字及电子资料都在博物馆内展出，集中展示 2008 年奥运会申办、筹办和举办的历史过程和盛景。同时，在奥运会场馆群附近还将陆续建设一批专题博物馆，加上此前建设的中国科技博物馆等，专题博物馆的集聚效应初步显现[②]。

上海市以世界博览会筹建为契机，推动各类博物馆建设，不但博物馆数量得到迅速增长，而且在博物馆类型及分布方面也有较大改观。包括金融、邮政、纺织、水务、航运、交通、造船以及市政工程等门类的博物馆，改变了过去偏重于历史类、艺术类和人文纪

① 赖睿：《北京博物馆：“博”字当头》，载《人民日报》（海外版），2010-08-06（4）。
② 华锴：《北京奥运博物馆“安家”鸟巢》，载《北京日报》，2011-06-02（5）。

念类的传统门类，缺乏反映上海作为我国近代工业、金融、商贸等发源地，具有深厚历史渊源的专题博物馆的状况。近年来，上海市建立的铁路博物馆、汽车博物馆、纺织博物馆等，起到了保护工业遗产的示范性作用。人性化服务的理念深入人心，博物馆从观众的角度出发不断完善服务设施，营造和谐的人文与自然环境。青岛一些独具特色的博物馆大都利用自身资源，突破了过去市县级博物馆“小而全”、陈列内容雷同的陈旧模式，极具文化特色。青岛的专题博物馆建设突出近代文化、海洋文化和名人文化的特色。青岛市虽然建置时间短，但是由于处在中西文化冲突的前沿，我国近代历史上的许多重大历史事件都与青岛有关，例如“公车上书”、第一次世界大战的远东战役、五四运动、五卅运动等。因此，近代文化成为青岛的专题博物馆建设重要题材。德国官邸旧址陈列馆、青岛山炮台遗址纪念馆、德国监狱遗址博物馆等均属于此列。

青岛是一座美丽的海滨城市，在城市文化中处处渗透着海洋文化特色，青岛市在博物馆建设上，也充分地体现这一特色。目前，青岛涉及海洋文化的专题博物馆有青岛海产博物馆、海军博物馆、青岛海底世界、帆船博物馆以及明显带有海洋文化特色的青岛民俗博物馆等。近现代文化名人故居纪念馆，也逐步在青岛博物馆群中异军突起。康有为、老舍、沈从文、闻一多、王统照等一批近现代文化名人曾经在青岛居住、工作，名人故居纪念馆的陆续开放，为这座海滨城市增添了厚实的文化内涵。

近年来，青岛市又将多处传统建筑辟为专题博物馆，例如盐业博物馆、烟草博物馆、葡萄酒博物馆、纺织博物馆、胶济铁路博物馆、机车博物馆、矿泉水博物馆以及消防博物馆、茶文化博物馆等一批博物馆。海尔科技馆 1998 年开馆，是海尔集团创业历史、企业文化、科技成果以及进行科普教育的基地。目前邮电博物馆等也在筹备之中，切实加强工业遗产保护与合理利用。上述工业专题博物馆大部分是青岛市根据自身特点，运用企业的力量进行创办。这种创办模式在理念、管理模式等方面，都是一种新的尝试[①]。

中国人民革命军事博物馆从刀枪剑戟到现代各种精良的枪械，从木牛流马到各种坦克战车，从木船到各式舰艇，从飞鸽传信到火箭上天和卫星转播，从鞭炮地雷炸弹到战略核武器，军事博物馆数量巨大的实物、武器、装备、图片和模型，展示了中华民族

① 潘怡为：《青岛促进多种所有制博物馆共同发展》，载《中国文物报》，2010-06-16（7）。

5000年以来的军事活动和军事文化的发展[①]。中国坦克博物馆于1998年对外开放，是全国乃至亚洲唯一的坦克博物馆。馆内陈列着各个历史时期，各种型号的坦克车、装甲车、坦克训练模拟器。坦克博物馆展厅展示着我国新研制的重型坦克、战时的功勋坦克、当年苏联援助的坦克、在抗日战争中缴获的日本坦克，还有在解放战争中缴获的蒋军美制坦克。

中国铁道博物馆位于北京天安门广场东南侧，由原京奉铁路正阳门东车站改建。该车站是近代中国铁路早期车站的代表作，始建于清光绪时期的1903年，100多年来曾经见证了许多重大历史事件。1959年，北京站建成通车，正阳门东车站才完成了历史使命。2010年10月，中国铁道博物馆正式对外开放，集收藏、陈列、宣传、教育等功能于一体，以大量翔实的图片资料和文物、实物展品，展现了中国铁路从无到有、从弱到强的发展历程。参观者不仅可以看到清政府为京汉铁路开通所铸的纪念铁碑，国内发现最早的钢轨，具有百年历史的印票机等大量珍贵文物，还可以欣赏到中国铁路现代化建设的最新成果和技术装备，并可以登乘"和谐号"动车组仿真模拟舱，体验时速350公里的视觉冲击[②]。

中华文明源远流长，浩如烟海的历史，通过文字的记录和梳理，其发展轨迹变得有章可循。长期以来，众多有关语言文字的珍贵文物，因为缺少专业博物馆的征集和收藏而散落于民间，或被收藏于其他博物馆，难以形成规模集体亮相。中国文字博物馆作为国内首座专业展示文字发展历程和影响的国家级博物馆，凭借深厚的文化底蕴、丰富的展品、多样的表现形式每天吸引了大量游客前来参观。开馆第一年，入馆游客达126万余人次，日均客流量近4000人次。目前中国文字博物馆已收藏相关文物14 156件，其中包括国家一级文物305件。

中国文字博物馆的基本陈列"中国文字发展史"以世界文字为背景，以汉字为主干，以少数民族文字为重要组成部分，展示中华民族一脉相承的文字、灿烂的文化和辉煌的文明。同时，以古汉字符号为独特视角，反映东方华夏文明与中国语言文字的研究成果，具有普及性和学术性双重使命。"中国文字发展史"陈列共分为三个部分，分为汉字源流绎古今、民族文字大家庭、从印刷术到信息化，三个部分相互呼应，以中国文字发生

---

① 李静：《中国第一馆：不断长大的心灵栖息空间》，载《中华建筑报》，2009-09-29（14）。
② 齐中熙：《中国铁道博物馆开馆》，载《中国文化报》，2010-10-27（6）。

和发展的文化史为主线，以历代出土的文字载体文物为支撑，以文字的传播应用为注脚，以雅俗共赏的表现方式，融文字的历史、今天和未来于一堂，全面翔实地展示汉字文化的独特魅力[①]。

苏东海先生认为“值得特别注意的是行业博物馆的兴起，许多行业建了自己的行业博物馆，保护与传承自己的文化传统。例如那些拥有自己独特的传统技术的行业，建立博物馆展示自己的无形遗产，扩大行业的价值。我认为这种行业博物馆也体现着新博物馆思想及其实践”[②]。中国会计博物馆选址上海，将建设成为综合性的收藏、研究、保护会计文物的专题博物馆。相对于已有的中国财税博物馆、中国审计博物馆和中国珠算博物馆，中国会计博物馆侧重于会计文化的专门展示，其内容重在会计基本方法、制度、理论、实务及相关成就方面[③]。

目前的专题博物馆多定位于一个专业或行业历史的展示，服务于特定的主体。但是，一些专题博物馆过分强调专业性，导致博物馆办馆思路相对封闭，缺乏宣传力度，缺乏开放意识，缺乏与其他博物馆的馆际交流，使文物藏品内容单一，基本陈列不能及时更新，从而使观众群体受到限制，难以为社会公众提供更加优质的服务，难以发挥更大的社会效益，这些都成为专题博物馆进一步发展的制约因素。因此，具体到不同的专题博物馆，为了更好地发挥社会效益，必须明确博物馆自身的定位问题。

我国有着悠久的养蜂历史，近年来养蜂业发展成就卓著，目前全国的蜂群数和蜂产品产量均居世界第一，已成为世界养蜂大国。蜜蜂由于具有严密的社会性群体结构和高度发达的生物本能而引起人们浓厚的兴趣，成为自然科学的重要研究对象。同时，蜜蜂作为自然界最主要的授粉昆虫，不但是生物链上不可缺少的重要环节，而且在现代农业中仍是不可替代的作物授粉者。中国蜜蜂博物馆位于风景优美的香山北京市植物园内，该馆展出内容包括蜜蜂的起源和化石、养蜂业发展史、蜜蜂与人类文化的渊源、中国的养蜂资源、蜜蜂生物学、养蜂技术、蜜蜂授粉、蜂产品和蜂疗、中国现代养蜂业发展成就和科技成果、国际交往等。

专题博物馆是伴随我国 20 世纪 80 年代以来，保护传统建筑、保护近现代建筑、保

---

① 《体验中国文字之旅 探寻中华文明之源》，载《中国文物报》，2011-03-23（5）。
② 苏东：《关于生态博物馆的一点思考》，载《中国文物报》，2010-12-01（8）。
③ 欣文：《中国会计博物馆预计明年建成》，载《中国文化报》，2010-08-04（6）。

护工业遗产等保护理念的进步，而开始广泛出现的博物馆类型。作为富有活力、新兴的博物馆类型，专题博物馆在一定程度上补充并冲击了原有博物馆类型单一的局面，呈现出蓬勃发展的势头。专题博物馆的多样性源自行业文化的多样性，几乎涉及我国现有的各行各业。每个博物馆都有自己的定位、特色，都有引以为豪的馆藏精品，企业博物馆亦不例外。

企业博物馆大多由所属企业创办，由企业投资，征集、保存、研究企业文化遗产。专题博物馆应该根据自己所处环境的情况和自身的具体情况确定自己的收藏战略，根据自己的藏品特点和社会文化环境确定自己的陈列展览战略，并根据自己的目标与环境状况确定自己的行动战略，充分利用行业部门场地、资金、人才、管理等方面的优势，挖掘各行业展示本行业发展历史的内在需求，促进从行业小型展室到专题博物馆的转变。宁夏文物行政部门组织专家指导宁夏邮政博物馆、宁夏电力博物馆、宁夏交通博物馆等专题博物馆的建设。同时，宁夏回族自治区博物馆承担中草药博物馆、古灯博物馆、考古博物馆的陈列设计方案的编写。

纪念馆作为博物馆的重要分支，长久以来在我国博物馆大家庭中占有很大比例。这些纪念馆保存、维系着历史上许多重大事件和重要人物的相关记忆，是中华文明弥足珍贵、不可或缺的组成部分。纪念馆是连接社会与中华民族传统文化、民族精髓的桥梁。钱穆说：“所谓历史传统，乃至其在历史演进中内在的一番精神，一股力量。亦可说是各自历史之生命，或说是各自历史的个性，这一股力量与个性，亦可谓是他们的历史精神。”人们在创造物质文明的同时，更需要不断获取精神食粮作为动力，深厚的文化底蕴和高贵的民族精神是个人品格修养、道德情操构成的基本要素。

目前，全国注册的纪念馆已有300余家，纪念馆在陈列展示、文物收藏和社会教育上的意义与其他内容的博物馆有很大不同，在思想观念和道德操守方面影响深刻，其所蕴藏的独特内涵和肩负的独特社会使命，决定了纪念馆必将受到社会各界的特殊关注和非同寻常的期待。纪念馆中的每一件历史文物，对应着一个个感人故事，它们昭示着中华儿女的道德理想和价值追求，诠释着中华民族的传统美德，阐发着如何做人、如何做事的基本道理。他们从正反两面向后人展示着过往的凝重与荣辱，指导着人们形成正确的世界观和价值观，引导着人们时刻走在为中华民族的伟大复兴而努力奋斗的征途中。

我国的纪念馆有多种类型，主要分为历史人物类和历史事件类。历史人物类纪念馆为纪念在历史上做出过突出贡献和非凡业绩的人物而建立。包括伟人纪念馆和具有重大影响的历史人物纪念馆两类。这里伟人的划分主要是按照能够促进社会变革的作用来界定，尤其指在近现代革命中做出突出贡献的领袖人物。历史事件类纪念馆，承载的是社会变革过程中对局势有重大影响的历史事件。通过典型的历史事件，将人们带进历史的情境之中，使观众身临其境，切身感受历史的丰富多样，形成鲜活的历史，促进人们对历史进行理解和反思，从而达到提升境界的现实作用。

10.1.2 专题博物馆传播科学知识

文明的载体在历史发展的各个阶段有所区别，这与科技水平的进步有直接关系。从我国历史的发展过程来看，从竹简木牍到金石铭文，从绢丝锦帛到纸张字画，从图片资料到影像记录，从人工书写到智能电子，科技的进步促进了这些载体的发展，逐步变得更简便、实用，信息容量不断增大[①]。我国科技博物馆的数量，与社会需求相比相差较远。至 2002 年，我国有科学技术博物馆 250 座，平均每 520 万人拥有一座，而同年美国的科学技术博物馆的总数为 560 座，平均每 41 万人拥有一座，日本拥有科学技术博物馆 320 座，平均每 38 万人拥有一座科学技术博物馆。

19 世纪以来，现代科学技术的发展，促使人们对科学知识学习产生迫切需求，科学技术博物馆应运而生。1852 年和 1853 年，英国国立维多利亚和阿尔伯特博物馆及坎星顿科学技术博物馆在伦敦“万国博览会”的基础上成立，此后，欧美各国竞相效法。博物馆传承历史文化开始从传统的文物标本，扩大到科学技术领域。科学技术博物馆以最形象、生动的手法，将宇宙天体、人类、环境、物质、能源、信息等大量科学原理和应用成果介绍给观众，启迪智慧，激发人们对科学技术的兴趣，了解科学技术对社会进步的推动作用[②]。

① 刘加量等：《让世界充满爱，让和平永驻人间——纪念馆在构建和谐社会中的重要作用》，载《中国纪念馆》，2011（1），47 页。

② 王莉：《博物馆的价值取向和社会责任》，见《21 世纪博物馆核心价值与社会责任》，15 页，北京，科学出版社，2010。

近年来，上海科技馆每年秋天都举办鸣虫音乐会，组织社会公众甚至还有在沪外籍人士，聆听野外秋虫的鸣叫，寻觅昆虫踪影，领略我国悠久的鸣虫文化，这是十分有益的尝试[①]。澳大利亚维多利亚博物馆在展览中，鼓励展示活体动物。例如在展示昆虫生命过程的展览中，就不仅有标本，还有很多活体动物，吸引了大量参观者。而在整个博物馆中心位置的森林展馆，除了有大量展示维多利亚地区树木状况的典型树种，还有各种各样的鸟类在其中自由飞行，也有蛇类等其他森林动物[②]。

2002 年英国自然博物馆完成了达尔文中心第一期建设，目的就是改变博物馆传统的形象和地位，设计目标也由原来放置藏品的空间改成展示馆，以便创建一个公开的交流平台。例如鼓励更多公众参与内部的科学研究过程，人们可以看到内部实验室，包括最新的 DNA 染色体研究、标本制作等。博物馆还建造了一个新的高科技工作室，和 BBC 一起制作了互动式电影，通过专家讲解，通过三维特效，使诸如恐龙、史前生物复活等方法，让人们更容易理解接受。此外，还有一个气候变化环境室，通过互动式屏蔽，让人们了解气候变化产生的具体结果[③]。

英国的科学技术博物馆致力于揭开展品幕后的秘密，将收藏和研究这一博物馆的核心功能向公众开放，让公众了解支撑博物馆展览教育活动的科学内容及科学过程，体验发现奥秘的快乐，以此扭转将博物馆作为纯娱乐场所的形象，并将公众理解科学深化为公众理解收藏，公众理解研究，公众理解未来[④]。英国伦敦科学博物馆展示的有瓦特发明的蒸汽机以及其他内燃机、风车、水轮等动力机械等。有些展品可以动态展示，周围伴有辅助陈列的景观模型等，用以说明该展品相关的原生产环境，甚至采用了多媒体仿真技术，看上去达到了十分逼真的效果。

科学技术博物馆重点收藏、保护和展示人类在一定历史时期内科学发明和技术进步所取得的成就，展品主要是采用当时科学技术生产制造的物品，也包括一些的相关生产制造设备和试验装置等。科学技术博物馆主要以传播科学技术知识为主旨，展示的内容包括物理、化学、生物、医学、地质、天文、数学等基础科学理论和建筑、机械、冶金、运输、电子、信息、航天等现代技术。在陈列展示中，多运用声、光、电和多媒体等现

① 董贻安：《为有源头活水来》，载《中国文物报》，2009-11-25（4）。
② 章迪思、梁建刚：《自然博物馆：重建中的若干可能》，载《解放日报》，2009-11-30（5）。
③ 章迪思、梁建刚：《自然博物馆：重建中的若干可能》，载《解放日报》，2009-11-30（5）。
④ 章迪思、梁建刚：《自然博物馆：重建中的若干可能》，载《解放日报》，2009-11-30（5）。

代化展示手段，鼓励观众动手参与、亲自体验，在充满乐趣的互动中，轻松地理解科学定律和技术原理。

出于传播科学技术知识的需要，科学技术博物馆的展品绝大部分都是因便于诠释科学技术原理而专门设计制造的设备和模型等。1996 年中国印刷博物馆在北京大兴落成，集中展示我国古代、近代和现代印刷历史文化，通过国际交流，在一定程度上改变西方人只知道公元 1450 年德国人古登堡发明的铅活字印刷，而不知道早于其几百年的我国毕昇发明活字印刷术的偏见。2006 年在建馆 10 周年之际，又开辟了以王选教授为代表发明的汉字信息处理激光照排技术为重点的数字印刷和印刷数字化展厅①。

1987 年，在广东阳江海域发现了一艘南宋早期木质沉船，被命名为“南海Ⅰ号”。在此后的 20 年中，国家水下考古队先后对这艘古代沉船进行了 9 次考古调查、勘探，对沉船规模、保存状况等重要信息的认识逐步清晰。确认“南海Ⅰ号”沉没于海面 24 米以下，表面覆盖厚 1~1.5 米的淤泥，沉船长 30.4 米，宽 9.8 米，型深 4 米。沉船船体保存较好，上甲板以下部分结构基本完整，船舱内满载大量陶瓷、金属、漆木和石质文物。初步推算该船满载以宋代瓷器为主的文物 8 万余件，是目前发现最大规模的古代船只。

2007 年 12 月 22 日，“南海Ⅰ号”整体打捞成功，并顺利进入广东海上丝绸之路博物馆的“水晶宫”。2009 年 8 月，水下考古队员在“水晶宫”对“南海Ⅰ号”进行了首次试发掘。古代沉船展露出保存完好的船舷和上甲板，首次向世人揭开其神秘的面纱。如今，走进“水晶宫”，观众可以通过两条长 60 米、宽 40 米的水下观光长廊和水下考古平台，多角度地观察“南海Ⅰ号”沉船在海水中的保存状况，以及目睹水下考古发掘过程。由此，广东海上丝绸之路博物馆也被定义为“世界首例将古代沉船水下考古发掘过程向观众展示的动态专题博物馆”，也是我国乃至亚洲唯一、世界罕见的大型水下考古博物馆。

博物馆生态化也是一种新的发展趋势，中国茶叶博物馆在环境营造中，撤除了博物馆传统的围墙，馆内和周围的景区相融合，以茶叶为主题，注重在环境中延伸陈列展览，引入中华茶树品种 100 多种，还增加了绞股蓝、金银花等许多可以泡饮的植物。鉴于茶

① 海艳娟：《加强中国印刷文物调研和中国印刷博物馆建设》，载《中国新闻出版报》，2010-02-24（7）。

和水的密切关系，他们引入了一条水系，并在园内营造出多种多样的水景，在水系旁增加了很多品茶的摊点，除了喝茶，还可以品尝茶菜、茶点心。同时，博物馆新开辟了茶叶教室，用于开展形式多样的茶艺培训。在参观中，博物馆还为观众增加了一些参与和体验的项目。例如品尝茶宴，观看茶艺表演[①]。

自然博物馆展示和教育活动的根本目的，是为了激发观众，尤其是青少年对自然的好奇心，培养他们对自然的感情，最终目的是希望他们懂得去欣赏自然，亲近自然，理解自然，学会与自然共存。只有对自然理解，才可能去欣赏亲近自然，萌发保护的热情。正如一位美国生物学家所言："地球上的每一个物种都是进化的杰作，它们的基因是用数不尽的生与死的经历记录下的编码，生物多样性是人类巨大的物质财富和精神财富。"[②]"博物馆的首要任务就是保护文化的多样性。只有多样性才能体现大千世界的灿烂多彩，给人以生活的享受和心灵的慰安。所以不能以一种博物馆的尺度为标准去测定它种博物馆是否优劣或过时"[③]。

自然博物馆与其他类型的博物馆相比较，其神圣职责就是关爱生命、守护绿色，让人类与其他的生命和谐共生，生生不息，为人类可持续发展创造美好的未来。泰国自然博物馆认为自身的价值和影响，应远远不止于在馆舍内，还应该涉及更广泛的内容和更广阔的天地。例如开展"学校里的植物园"项目，通过邀请学生、社会人士关注他们所在地区的特有植物，培育当地特有的植被，参与当地生态旅游的策划，借助博物馆平台，通过策划各种活动，让更多民众参与到享用自然、理解自然和保护自然的行列中，促进生态资源的保护和可持续利用，使保护与发展达到平衡[④]。

墨西哥坎昆水下雕塑博物馆在距离海岸 4.8 公里处建成，将是世界上最大的水下博物馆。馆中拥有上百个和人体实际大小相当的雕塑，全部沉浸在海水中，雕塑群主题为"沉默的进化"，所有雕塑都由酸碱度平衡的生态混凝土制成。这种混凝土可以让海洋生物附着栖息在其凹凸不平的表面或空隙内，为海洋生物的生长提供良好的条件，以保护生态环境。美国新闻博物馆位于华盛顿宾夕法尼亚大道上，正面大部分由玻璃窗排列构成，颇具开放效果，显现出媒体作为"世界窗口"的意义。整座建筑共分 7 层 14 个主要展厅，

① 李艳：《东南地区博物馆调研纪行》，见《博物馆观察——博物馆展示宣传与社会服务工作调查研究》，38 页，北京学苑出版社，2005。
② 章迪思、梁建刚：《上海自然博物馆的新期待》，载《解放日报》，2009-07-03（5）。
③ 甄朔南：《从全球的视野看自然史博物馆的起源、发展与成就》，载《中国博物馆》，2006（2），85 页。
④ 章迪思、梁建刚：《自然博物馆：重建中的若干可能》，载《解放日报》，2009-11-30（5）。

囊括新闻历史变革、传播手段发展、世界领域趋势和重大事件报道等多种内容。

中国湿地博物馆选址于国家湿地公园西溪湿地东南角，具有得天独厚的地理优势。湿地与森林、海洋并称为全球三大生态系统，是众多野生动物，特别是珍稀水禽的停歇、繁殖和越冬地，也是许多珍稀植物的繁衍地，被称为"鸟类的乐园"和"生命的摇篮"。这是一座以湿地为主题，集展示、宣传、教育、收藏和研究为一体的专题博物馆，通过普及湿地科学知识、展示世界丰富多彩的湿地及其生态系统功能、探索我国典型湿地的奥秘、剖析湿地面临的问题和威胁、紧扣人类社会和谐发展这个最终目标。博物馆建筑的外墙全部用植被覆盖，从高空看就是一个绿丘，暗合了人工建筑与湿地、与人类社会的和谐相处①。

宁夏沙坡头沙漠博物馆集科普基地、沙漠健身基地、国际治沙学术交流基地和治沙人才交流基地等为一体，与位于沙坡头北区的治沙成果展览馆、沙漠植物园，共同组成分类翔实的中国首家沙漠博物馆。沙漠博物馆展览分为沙漠的形成与发展、世界五大沙漠与中国十大沙漠、神奇的沙漠生命、沙漠文化与沙漠传奇、荒漠化与沙尘暴、沙漠治理与沙产业、腾格里大沙漠与沙坡头治沙奇迹等部分。置身于 4D 动感影院，观众可亲身体验模拟沙尘暴飞沙走石、遮天蔽日的肆虐场景。

博物馆是文化再现的场所，通过各种藏品保存个人记忆、文化记忆与社会记忆来唤醒历史，更重要的是把个人的记忆转化为集体的记忆。犹太裔学者 V. 舒衡哲（V.Schwarcz）在《流离的记忆女神》一文中提出，记忆也是指有系统并经过反省的民族记忆。一个民族的人之所以能和谐共处主要是有共同的记忆，这些记忆构成了他们的民族性，即精神支柱。所以任何民族都会记住自己民族的欢乐与苦难②。博物馆的诞生是基于人们对于自身记忆的追溯与整合。庞贝遗址凝固了火山喷发瞬间的人类苦难，广岛博物馆让参观者反思曾经的创伤，奥斯威辛集中营提示着战争的切肤之痛，记忆只有物化，方能定格为不朽③。

我国南京大屠杀遇难同胞纪念馆就是为了保存集体的记忆，做到以史为鉴。现任耶路撒冷希伯来大学哲学系教授 A. 马格利特（A.Margalit）于 2002 年在哈佛大学出版社出

① 陈博君等：《湿地与人类的和谐之路》，载《博物馆研究》，2010（4），34 页。
② 甄朔难：《和谐文化与博物馆工作》，载《中国文物报》，2008-04-25（6）。
③ 《追溯记忆的地方》，载《人民日报》，2010-01-20（17）。

版了《记忆的伦理》一书，全面论述了道德与伦理的区分，对为什么不能遗忘惨绝人性的伤害等问题有精辟见解。但是忘记和反省过去，特别是黑暗、罪恶和战争，并不是一件轻松的事。著名作家米兰·昆德拉说过："记忆与遗忘的斗争就是真理与强权的斗争。"《南京大屠杀》一书的作者张纯如在书中写道"真相是不可毁灭的，真相是没有国界的，真相是没有政治倾向的"。为此我们要加强对保存记忆的博物馆的建设[①]。

中山舰博物馆坐落于中山舰当年蒙难地，武汉市江夏区金口镇，矗立于长江金口水域以南，侵华日军南京大屠杀遇难同胞纪念馆牛头山、金鸡山、槐山环抱之中的金鸡湖畔。中山舰博物馆是以"中山舰"为主题的专题博物馆，打捞出水的中山舰及其随舰文物完整陈列在博物馆展厅。根据史料还原历史真实，按 1925 年原貌复原中山舰舰体外观及舰载装备和设施，复原部分舱室，陈列展示 1997 年中山舰打捞出水的珍贵文物。为了让观众更直观、更具体地了解"中山舰"从诞生到遇难沉没状况，了解出水文物的后期处理等专业知识，陈列展览充分借助高科技模拟技术，使观众能近距离观赏文物的同时，更能清晰地了解近现代历史，激发观众的爱国情怀[②]。

地震博物馆，这一特殊类型的专题博物馆，不仅仅承担着教育、收藏、研究的功能，而且还寄托着人们无限的哀思与回忆。在日本，位于东京东北部的日本关东地震灾害纪念馆，建于 1930 年，为纪念 1923 年 9 月 1 日关东大地震的死难者而建。那场地震使 80% 的城市夷为平地，死亡 5.8 万人。纪念馆一楼主要展示被地震破坏的物品，例如各种扭曲的金属和玻璃制品，二楼展览以图片、学校日志、个人日记、随笔为主，再现地震的破坏性，为社会大众，并为大、中、小学生提供直观、实践性的防灾常识，提高公众应对地震的危机意识和主动参与意识。

1995 年 1 月 17 日发生的阪神大地震，前所未有地冲击了日本原有的地震防灾体系。据统计，共有 6434 人在这次地震中死亡，受伤者近 4.4 万名，约 65 万座建筑物受损，经济损失达 10 万亿日元，这是日本在第二次世界大战后遭遇的最大一场灾害。阪神大地震后，在神户市中央区建设了人类与防灾未来中心，主要分为感受大地震震撼的影响馆、大地震灾后复原展示区和防灾相关知识学习区，中心作为世界防灾研究的基地，除了纪

① 甄朔难：《和谐文化与博物馆工作》，载《中国文物报》，2008-04-25（6）。
② 刘新阳：《大陈列 新解读——中山舰博物馆陈列展示特色》，载《中国文物报》，2011-03-30（3）。

念和展示外，还担负着培养人才、调查研究、派遣抗灾专家以及资料的收集和保存等多种工作，将传统的单一参观模式转变为全方位的地震科研中心。

1931 年 2 月 3 日 10 时 47 分，只有 1 万多人的新西兰小镇纳皮尔，被所发生的 7.9 级大地震夷为平地。地震后当地建设了新西兰纳皮尔霍克湾博物馆，地震博物馆保留了 80 多年前地震后的景象，并利用图片、录音及录影来记录城市再建以及成为今日装饰艺术之都的历史。在博物馆内增设了地震的展示主题馆，并举办特展，为的是让后人记住这段既悲惨又光辉的历史。地震重建的历史经验，已经成为纳皮尔市民的城市记忆，并受到世界各地参观者的瞩目。

公元 518 年和 1963 年，马其顿发生了两次灾难性的大地震，人们现在依然可以见到罗马帝国和拜占庭时代遗留下来的城市废墟。为了记录 1963 年 7 月 26 日发生的灾难性的大地震，政府仅将在的震中幸存的斯科普里老火车站改建为“马其顿地震博物馆”，博物馆外墙上的时钟今天仍指向发生大地震的时间 5 时 17 分，当时整个斯科普里市几乎被夷为平地。位于委内瑞拉首都的加拉加斯地震博物馆，该馆共有 11 个展厅。参观者可以在其中感受模拟的里氏 5.9 级地震的威力。博物馆还展出了 20 世纪 50 年代的地震测量工具，在有关防灾措施的展厅中，展览资料告诉参观者家中应常备应急包，包内应有手电筒、收音机等物品，但不能有火柴和打火机。

在我国，1976 年 7 月 28 日凌晨，北京时间 3 时 42 分，唐山遭受了 7.8 级强烈地震，造成了 24 万人死亡，16 万人重伤。地震后，唐山市在市区内保留了唐山机车车辆厂铸钢车间、唐山矿冶学院图书馆、唐山十中厕所、唐山钢铁公司俱乐部、唐山陶瓷厂办公楼、唐柏路食品公司仓库、吉祥路等 7 处地震遗址。并于 1986 年建设了唐山抗震纪念馆，纪念馆内有大型综合性展览，地震遗迹展示了当年大地震的惨烈程度和地震对各种建筑物及地面的破坏情况。实物展柜展出了被震坏的时钟、当年最早汇报震情所用的电台、抗震救灾工具以及全国各地给灾区民众的慰问信件、衣服等实物。

1999 年 9 月 21 日凌晨 1 时 47 分，台湾南投县发生了 7.6 级大地震，造成 2321 人死亡及 8000 多人受伤。2004 年在雾峰乡建成了 9·21 地震教育园区，隶属于自然科学博物馆。

每年参观人数达 350 多万人，并举办上百次科普讲座。设计者利用现场地层错动、倒塌校舍和河床隆起等典型地貌，把室内和室外整合成有机排列的空间，既保存了强烈的地震瞬间，同时用富有纪念性的现代手法，给人以深刻的印象。其中"地震工程教育馆"系利用毁损校舍基地设置，突出"安全的家""先进楼房减震技术"和"公共安全"三大主题，同时还通过保存的毁坏教室，让观众看到老旧校舍呈现的问题。

2008 年 5 月 12 日，我国汶川发生 8.0 级强烈地震，造成了重大人员伤亡和财产损失，是我国大陆近百年来在人口较为密集的山区所发生的破坏性最强、受灾面积最广、救灾难度最大、灾后重建最为困难的一次强震灾害。历史将永远哀恸这个时刻。"为灾难建造一座博物馆，为记忆点燃一盏不灭的灯，让情爱立此存照，让哀恸永存心间"[①]。汶川大地震留下了许多典型的有科学研究和科普教育价值的地震地质遗迹。在抗震救灾工作取得阶段性胜利后，从国家领导人到文化学者，从有关部门到普通民众，广泛建议筹建地震博物馆。

地震遗址博物馆通过展示地震的巨大破坏力和造成的悲剧，见证我国民众面对特大灾难所表现出的无畏精神、崇高境界和生命情感，以传承抗震救灾焕发出的患难与共，血浓于水等伟大民族精神。同时，保护汶川地震典型遗址，选择合适地点建立集地震地质研究、科普教育和灾难纪念为一体的地震遗迹博物馆，无论是对于探索地震地质规律还是纪念遇难者、警示后人，以及提高公众的防灾减灾意识都具有重要的意义。通过实地考察和选址论证，筛选出北川县城地震遗址博物馆、阿坝映秀震中纪念地、汉旺工业遗址纪念馆、都江堰虹口地震遗迹纪念地等四处典型的地震遗址、遗迹纳入地震遗址博物馆建设范围。

10.1.3 专题博物馆创新保护理念

20 世纪 60 年代，由政府与民间合作主导的一场以工业遗产为主要内容的保护运动在英国展开，并且逐渐波及整个欧洲。英国对近代工业遗产实施分级保护的方法，在充分调查、评估的基础上，根据工业遗产存在的价值，确定其为某一保护等级。对那些被

① 李舫：《博物馆：让哀恸永存心间》，载《人民日报》，2008-05-30（16）。

确定为重点保护对象的具有重大历史价值的工业建筑而言，外部和内部都不得轻易改动，在原址建立博物馆是一种较为理想的保护方法，于是工业遗产博物馆应运而生。20 世纪 80 年代以后，随着世界许多城市对工业遗产地的改造和更新实践，对工业遗产建筑的保护和再利用引起了更多的关注，工业遗产博物馆作为一种工业遗产的保护模式，受到人们的重视，进而被认为是一种特殊意义的文化景观。

此后，德国成功地实施了对鲁尔工业区的产业结构调整，其中包括在该工业区建立了 6 座国家级工业遗产博物馆，工业遗产博物馆模式为更多的国家所了解。人们对工业遗产的认识，突破了以往给文化遗产划定的时间标准，将那些具有历史价值的工业建筑和设施以及生产制品等纳入文化遗产的范畴，以工业遗产命名，并从经济、文化、社会、环境等角度思考工业遗产的保护问题，在实践中探索有效的保护方法。目前全世界已被联合国教科文组织列入《世界遗产名录》的有 50 多处工业遗产，其中整体性保护的近代工业遗产地，一般均建有工业遗产博物馆。

位于法国北加来省勒瓦德镇，建立在原矿井之上的勒瓦德煤矿博物馆占地 8 公顷，包括 8000 平方米的工业建筑和地表建筑。该煤矿自 1931 年开始煤炭开采，到了 1971 年，由于矿脉枯竭导致了煤炭开采的结束。作为这一地区煤炭工业记忆的储藏室，在法国文化部、北加来矿业公司和当地团体的提议下，勒瓦德煤炭历史文化遗产中心于 1982 年成立，1984 年煤炭博物馆正式对外开放。导游讲解由原来的矿工亲自担任。身着矿工服的导游在原矿工淋浴室接待游客，这里曾是上千名矿工换班和洗澡的地方，现在成为煤矿之旅的入口处，自此将观众带入曾经的矿井世界。

为增添参观的趣味性，拉近参观者与煤矿的距离，增加切身的感受，煤炭博物馆发放给每个参观者一顶矿工帽，参观者乘坐矿车到达二号矿井底部参观煤炭筛选场地，然后到达距地面 450 米的隧道深处参观 10 个煤炭开采点。从地下矿井出来后，参观者可以看到煤炭开采机器设备、机房以及矿渣堆和煤炭运输铁路等遗址，并参观主题展室，使参观者的煤矿世界探索之旅异常丰富多彩。改扩建后，该博物馆设施包括公众接待厅、咖啡厅、餐厅、商店、会议室、演播厅、档案中心、行政办公室和临时展览大厅等，是目前法国最重要的煤炭博物馆，也是北加来地区参观人数最多的博物馆[①]。

工业遗产博物馆往往具有与其他类型博物馆不同的特征。首先是馆址的不可移动性，即它位于工业遗址的原址，位于原来的区域，而不是在其他任何地方。其次是文物展品和文物藏品的不可替代性。工业遗产博物馆的收藏及展品都是在本遗址上发现的遗存，其他地方的工业遗存一般不纳入其中，因此文物藏品和文物展品的内容具有很强的专题性、区域性，一般多为反映近代某个时期某个地区的工业文明发展史。第三是遗址连同文物藏品一起被保护。遗址本身也是遗产，它既是文物藏品的载体，同时又是展示内容，具有双重含义，是博物馆赖以存在的基础。

根据国际工业遗产保护协会 2003 年通过的旨在保护工业遗产的《下塔吉尔宪章》对工业遗产的定义，“工业遗产是指工业文明的遗存，它们具有历史的、科技的、社会的、建筑的或科学的价值。这些遗存包括建筑、机械、车间、工厂、选矿和冶炼的矿场和矿区、货栈仓库、能源生产、运输和利用场所、运输及基础设施以及与工业相关的社会活动场所，如住宅、宗教和教育设施等”。建立工业遗产博物馆是工业遗产的保护方法之一。工业遗产博物馆的产生与城市发展、工业转型有关，在一些早期工业发达国家，这类博物馆有较早较快的发展。

工业遗产是人类工业文明的物化形态。按照文化遗产的分类，工业遗产包括可移动的工业文物、不可移动的工业建筑群和工业遗址、非物质工业文化遗产等范畴。工业文物是指那些承载了工业文化的物件，例如机器设备、各种工具、装配线、制造品等；工业建筑群是指由一个个单体工业建筑聚集而形成的建筑群以及成片的工业建筑区；工业遗址是指那些工业活动的场所，例如开采后废弃的矿山、铁路等以及与工业生产相关的其他社会活动场所，例如工人的住房、教堂、学校等。非物质工业文化遗产包括工业生产的工艺流程、传统工艺技能等。

工业遗产博物馆是建立在近代工业遗址之上，以对该遗址及其遗存进行收藏、保护、研究与展示为目的、为社会公众服务的专门性机构。工业遗产博物馆的绝大多数文物藏品主要在遗址中，而不是在库房。工业遗产博物馆的遗产保护与管理与其他类别的博物

① 隋立新：《法国文化遗产保护与利用的理念与实践》，见《中国国际友谊·第七卷》，134 页，北京，文物出版社，2010。

馆有很大差别，工业遗产博物馆的文物展品一般都以原状陈列为主，以求最大限度真实地展现历史，文物藏品在遗址中展示并受到保护，而遗址本身作为工业遗产的一部分也受到保护。因此，工业遗产博物馆都不同程度地承担着保存工业文明的使命，并向公众展示反映工业发展史的内容。

西方发达国家早于我国几十年率先进入了工业的转型期，而在我国各类博物馆中，工业遗产博物馆的建设起步较晚，数量不多。我国目前正处于产业的升级换代时期，可以预见，随着我国产业转型的进程，工业遗产博物馆的数量必将快速增长，成为我国今后博物馆发展的一个重要方面。例如青岛市拥有较为丰富的工业遗产资源，其中轻工业、纺织业尤其著名。青岛啤酒博物馆是国内第一座啤酒专题博物馆，它利用1903年建厂时的德国工业建筑建馆，于2003年对外开放，展示青岛啤酒的历史沿革、工业流程、企业文化等，年接待量超过30万人次，是一座极具工业文化特色的专题博物馆。

电信博物馆是中国电信集团公司的企业文化机构。电信博物馆以电信卡为选题，并可以根据不同需求及时集合各种专题展览。例如配合科技周、世界电信日、世界博物馆日等推出电信卡展览。通过电信卡展览向人们介绍我国科学家、艺术家、学者、教授、英雄模范、作家等不同行业的典型人物事迹，让人们了解和认识当代杰出人物的风采。3月植树节可推出以环境保护为主题的电信卡展览，5月可以搞以花卉为主题的电信卡展览，6月的文化遗产日可举办以历史文化为主题的电信卡展览等。通过观看电信卡展览，还能培养和促进我国电信卡市场收藏的兴旺[①]。

黄石位于长江中游南岸，素有“青铜古都”“钢铁摇篮”“水泥故乡”之称。作为青铜古都，黄石是华夏青铜文化的发祥地。早在3000多年前，在这里就开始大规模矿产开采，大兴炉冶，留下了闻名中外的铜绿山古矿冶遗址。作为钢铁摇篮，黄石是近代我国冶金工业的发源地。19世纪80年代，湖广总督张之洞在黄石设立大冶铁矿和炼铁厂，随后成立我国历史上第一个钢铁联合企业，即汉冶萍煤铁厂矿股份有限公司。作为水泥故乡，黄石拥有我国历史上号称“远东第一”的水泥企业，即华新水泥。1907年慈禧太后御批兴建华记水泥厂，后改为湖北水泥公司。

---

① 程京生：《企业博物馆应针对性地开发流动展览》，载《中国文物报》，2011-04-27（4）。

黄石作为全国重要的工业基地，在工业遗产中华新水泥、大冶钢厂、大冶铁矿等都代表了所在行业的发展水平，具有标志性。目前黄石大部分遗址、厂房和设备一直保存到了今天。铜绿山古铜矿遗址和汉冶萍煤铁厂矿旧址作为全国重点文物保护单位，工业遗产展示设施不断完善；依托华新水泥厂旧址建设的黄石水泥遗址博物馆已对社会开放，一座工业遗产博物馆之城清晰展现。

专题博物馆的展示、传播、教育和社会服务工作，要突出地域特色，体现博物馆文化的多样性，在陈列展览设计和提供文化产品时，要体现博物馆的专题与社会生产生活紧密关联的特征，以独具行业特色并贴近实际、贴近生活、贴近民众的展览和服务，真正融入社会，成为广大民众流连忘返的思索、审美和文化休闲的理想场所。石家庄市是“火车拉来的城市”，100 多年前，正太和京汉铁路在这里交会，开始了石家庄的城市化历程。如今，随着火车站南迁规划的实施，旧火车站将退出历史舞台，即时改造成专题博物馆，展示火车机车的发展历程以及火车发展对这座城市的影响①。

“满洲映画协会株式会社”于 1937 年伪满时期由日本人建立。1945 年抗日战争胜利后更名“东北电影公司”。1952 年正式更名为“长春电影制片厂”，成为新中国第一家电影制片厂，随后新中国各个片种的第一部影片均在这里诞生，因此被称为“新中国电影摇篮”。长影电影博物馆建于长春市红旗街的长春电影制片厂原址，包括亚洲面积最大，储存道具品种、数量最多的电影道具库。在长春电影制片厂的档案馆保存着大量原始的电影资料，包括电影文学剧本、分镜头剧本、演职员表、美术手稿、黑白老剧照、送审报告单、上映许可证等文件及实物档案，见证了我国电影发展的历史，具有重要的文化价值②。

在 20 世纪 60 年代，国家面对严峻的国际国内形势，在西南和西北大后方进行大规模的国防和经济建设，称为“三线建设”。“三线建设”是特定历史时期的产物，有的已经成为历史，有的还在延续发展。保护好“三线建设”工业遗产，对了解“三线建设”历史，解读我国当代工业和科学技术发展历史，传承工业文明有着重大的现实和历史意义。四川广安地处华蓥山区，连绵起伏的大巴山山脉成为天然屏蔽，是理想的战略后方。

---

① 刘卫华：《保护工业遗产 提升城市文化》，载《中国文物报》，2010-09-24（6）。
② 李琤：《见证辉煌 承载希望》，载《中国文化报》，2010-10-11（4）。

1965 年至 1972 年，国家集中力量建设三线工程，先后在广安境内建成了 10 个大型企业，广安由此成为国家“三线建设”集中区域之一。工业遗产博物馆与其他博物馆的区别主要在于它位于原工业遗址，利用原有的工业建筑作为馆舍，以原状陈列为主要展示方式，最大限度地保留与当时工业时代相联系的工业生产与社会生活环境，给观众以全方位的原汁原味感受。每个“三线”企业不仅有大规模的办公楼、宿舍楼和生产厂房，而且还有各自的电影院、医院、学校、招待所、商店等配套设施，厂区社会功能十分完善。调查统计，10 个大型企业厂区占地 230 多万平方米，厂房建筑面积多达 40 余万平方米。目前，广安市已经征集到“三线”企业的大量生产设备、产品、档案、模具等实物资料。正在积极筹建“三线建设”工业遗产博物馆，以便科学保护和合理利用这些工业遗产。

企业博物馆以企业为经营主体，反映本企业或相关行业的历史发展、重大事件和著名人物，形象地展示一个企业或行业的发展历程，既构成企业文化的重要内容，又成为宣传企业形象的载体。例如德国本茨汽车公司的汽车博物馆是行业博物馆中的典型，其中展出一些汽车工业各个历史阶段的代表性品牌汽车，同时展示的汽车工业历史从过去一直延续到今天。一些企业博物馆以企业的某一幢历史建筑作为馆舍，展示的物品中也有属于工业遗产的旧工业机械设备和制造物品等。但是由于博物馆所属的企业还存在，并且在不断地发展，随时还有可能将新的机械设备、生产制品等充实到博物馆的展品中来。1998 年 3 月，日本本田公司为庆祝成立 50 周年开设了本田珍品馆，作为专题博物馆主要展示本田公司自创业以来研发和制造的各种摩托车、家用轿车以及赛艇、赛车等相关产品。博物馆内共珍藏着 350 辆摩托车和汽车，每年有大约 20 万人前来参观。在学习区，摆放着本田研制的各种自立人形机器人，参观者可以亲自体验被用于制造机器人的最新技术。博物馆里还设有安全驾驶体验中心、卡丁车游乐场等各种与驾驶有关的学习和娱乐设施，更有两条 11.5 英里（18.5 千米）和 2.9 英里（4.7 千米）长的双环形赛车跑道，观众可以亲身体验驾驶赛车的乐趣[①]。

工业遗产博物馆产生的历史虽然不长，但是得到越来越多国家的重视。实践证明，工业遗产博物馆不仅能有效地保护工业遗产，而且可以成为工业文化旅游的内容，产生

① 严圣禾：《吸引全球车迷的博物馆》，载《光明日报》，2011-02-22（8）。

巨大的综合效益。将工业遗产转化为产生新的经济价值的文化资源，成为许多西方国家在制定工业遗产保护政策时所追求的目标，这也是在发达国家工业遗产博物馆呈现较快发展的重要原因。在工业遗产博物馆中，有些工业遗址是矿山，例如铁矿、煤矿等矿井，或是交通运输业，包括铁路、桥梁等，不可能将它们置于建筑内展示，因此以保持原状的露天展示成为普遍的方式。由于有很多工业遗产博物馆本身就是在露天的环境之中，因此很多工业遗产博物馆也属于露天博物馆。

将旧工业建筑迁移到一个地方实行集中保护，这一方法源于瑞典斯堪森半岛的露天工业遗产博物馆模式。1891 年，瑞典政府为了保护分散在各地的许多面临毁坏的重要历史建筑，将它们迁移至斯堪森半岛，采取集中保护的方式，于是诞生了世界上第一座露天博物馆。这种方法对欧美国家产生了很大影响，各国纷纷效仿。这些工业建筑物、构筑物分别从不同的地方迁来重建，被保存在露天博物馆的环境之中，它们承载着重要的历史信息，但是与这些工业遗产相关的原有历史环境的联系却不能被完全复制出来，因此在很大程度上丧失了工业遗产的社会价值。

就文化遗产的保护而言，工业遗产博物馆将工业遗产连同其周围的原来环境一起保护，这是对工业遗产进行整体性保护的关键。英国著名的泰特艺术馆系列中，有几座就是利用旧工业建筑改建而成。1988 年，泰特家族在利物浦废弃的阿尔伯特码头旧仓库里建成了利物浦泰特美术馆。1993 年英国南部海滨优美的艺术小镇诞生的圣艾富斯泰特美术馆，是利用当地废弃的煤气站改造而成。2000 年正式开放的伦敦泰特现代美术馆则是利用伦敦发电厂建筑改建而成，至今每年的观众量都达到 400 万。

由于工业遗产博物馆往往坐落于经过改造的旧工业建筑之中，建筑的外表基本上保持着过去的原貌，因此真实地保留着历史的“记忆”，但建筑内部经过一定的改造，除了建筑结构之外，其他部分都有了较大的变化，馆舍坐落于工业遗产之内是出于对历史建筑的保护性利用。无锡中国民族工商业博物馆，其原址为荣氏的茂新面粉厂建筑，博物馆除了收藏并展示面粉厂生产流程的机械设备之外，又将分散于其他地方的旧棉纺丝织工业生产机械设备等也迁移到博物馆之中，形成一种对多种工业遗产的混合型的保护与展示。新中国成立后的"一五""二五"建设时期，沈阳是全国第一的重工业基地。而素有"东方鲁尔"之称的沈阳铁西区，更是一个超大型的工业区，在中国工业史上有着重要地位。铁西区剩余的老工厂，生动记载着中国工业化的丰富历史信息和曲折的演变过程。在目前尚留存的老厂房基础上建设中国工业博物馆是一个可行的保护利用办法。这不仅能极大丰富沈阳市的博物馆种类，也能形成一个多层次收集、保留并展示中国工业历史积淀和工业文化魅力的博物馆网络，在中国工业博物馆的大框架下，筹建不同类型的工业博物馆。

中国沈阳工业博物馆在现有的沈阳铁西铸造博物馆基础上进行改造和扩建。铸造博物馆由1939年建厂的沈阳铸造厂老厂房改建，共展示各类工业文物约2000件。博物馆还通过对于工业遗产保护性再利用的方式，设置26个展馆，包括石油和天然气馆、金属馆、焊接及材料馆等。博物馆的文物征集一直在持续开展，例如第一台多轴自动车床、第一枚金属国徽、第一批自动保护开关等铁西创造的"工业第一"就达200余个，先后在工业博物馆内进行集中展示。并以社会征集和收购老企业废旧机器及零部件两种形式，收集工业文物。"工业博物馆不但要展示工业，还要展示老工人的生活面貌"，老工人的工作服、工具和生活物件等皆为文物征集内容[①]。

为社会及其发展服务是博物馆的宗旨，专题博物馆也不例外。当前要树立博物馆科学发展理念，创新工作思路和工作方法，着力提升专题博物馆的办馆水平。对于设立专题博物馆，文物行政部门要提高服务意识，搭建起博物馆协作交流平台，协助组织专家对办馆宗旨、办馆方向、藏品征集、陈列展示等各个方面进行深入研究论证，专题博物馆的定位要紧扣行业特点，体现区域特色，避免重复性和盲目性，实现专题博物馆建设的动态管理和资源共享，努力提高博物馆规范化管理运行水平。

要充分发挥博物馆行业协会和省级龙头博物馆的引领作用，协助专题博物馆根据博物馆规律，完善内部机构设置，建立科学合理、运转高效的工作体制和运行机制。同时专题博物馆与综合、历史、艺术等类型博物馆，要加强藏品、展览、学术研究、人才队伍等领域的交流与合作，形成各类博物馆之间相互支持、共同发展的局面。目前专题博

① 李明欣：《谁家有工业文物赶紧送去》，载《沈阳晚报》，2011-05-19（A4）。

物馆的人才培养是一个薄弱环节。要通过培训、继续教育、引进人才等方式加强专题博物馆的队伍建设，全面提升专题博物馆管理和专业人员的工作能力和业务水平。文物行政部门应要加强对专题行业博物馆人才培养的支持力度，在博物馆馆长和专业人员培训等项目中加大对专题博物馆人员的培训比重。

10.2 传承社区文化的民俗博物馆

随着时代的发展，国际博物馆领域对于文化遗产的认识越来越全面、越来越深入，除了具有历史、艺术和科学价值的物质文化遗产外，与广大民众生活密切相关的、世代相承的各种传统文化表现形式，例如民俗活动、表演艺术、传统知识和技能，与之相关的起居、实物、手工制品等，以及文化空间等也纳入文化遗产的范围，从而表现出对人类整体文化环境的关注。在这一背景下，民俗博物馆得以发展。

10.2.1 民俗博物馆守护美丽乡村

当今世界的全球经济一体化发展，使不计其数的民俗文化遗产正面临着消失的危险，并受到文化标准化、武力冲突、旅游业、工业化、农业区缩减、移民和环境恶化的影响。《乡土建筑遗产宪章》强调“应该尊重建筑的结构、性格和形式的完整性。在乡土形式不间断地连续使用的地方，存在于社会中的道德准则可以作为干预的手段”，显然这是一种人性化的保护观念。“农村无论怎样现代化也不应异化为城市，农村就是农村”[①]。

陈志华先生认为，农村生活是在村落中进行的，乡土建筑主要存在方式是形成聚落，聚落是一个有机体，它的内部结构和周围环境的关系都是系统性的，只有完整的村落和周边环境才能包容丰富多彩的乡土文化的各个方面。因此，说到乡土建筑，应该是以完整的乡土聚落和周边环境为单位，而完整的乡土聚落，则是乡土文化研究的容器。所有建筑的功能，都在文化中演绎，文化的信息附着在建筑之上，定义建筑的功能必须与社会历史、民俗文化相关联。

过去，囿于各种原因，对深藏于乡村民间的民俗文化遗产采取轻视或蔑视的态度，

---

① 苏东海：《新农村·农村文化·生态博物馆》，载《中国文物报》，2006-11-17（5）。

或视它们为一种粗俗的、幼稚的、不登大雅之堂的文化，或认为是一种小农经济的思想文化，一种浸透着封建主义的迷信文化。直到今天，还有人认为它们是落后思想形态的产物，是老祖宗留下的失去活力的遗物。随着经济社会的飞速发展，人们的生产生活方式和文化传播方式发生了很大的变化，各种新的文化产品层出不穷，一些古老的民间艺术不再被人欣赏，有的传统习俗在慢慢消失，民俗文化遗产处于不断消失中，依靠人们的发现和收藏而存世。

对于民俗文化遗产的重新拾起，在民众的情感价值之上更体现出一种具有历史责任感的人文精神。这些细碎的、平庸的，而历经沧桑的文化遗存，却往往使记忆拥有更为充实而丰富的细节。民俗文化遗产的保护必须注重原汁原味，切不可进行过度商业包装。不同的文化形态，都有自己特殊的生存、生长环境，如果被硬生生圈养在狭小的舞台里，仅供人们消遣娱乐，实际上已经失去了它的原生态价值，这就不是在保护民俗文化遗产，而恰恰是割裂它的生存血脉。实际上，保护民俗文化遗产，其实是一种尊重，对于民俗文化脉络与特色的尊重，也是对生活在乡村中的人们的尊重。

中国消防博物馆开馆仪式（2011年11月8日）

我国丰富多彩的民俗文化遗产，蕴含民族精神气韵、孕育民族性格气质、培养民族审美习惯，在民俗层面体现出传统文化中许多闪光的伦理精神，滋润着后代子孙的生活，陶冶着中华儿女的情操。这些民俗文化遗产所展示的仁爱、正义、和谐、节制、美善、忠孝、睿智、诚信等理念，是协调人与自然关系、维护良好社会环境、保持崇高道德情操的宝贵人文资源。这种精神品格和精神力量已经融入社会精神之中，大量地、鲜活地藏匿于民间，埋藏在普通民众的心灵深处。民俗文化遗产来源于世世代代传承至今的生活实践，凝聚着祖先对事物本质与规律的认识和实践经验，蕴含着大量尚待挖掘和破解的历史文化信息。

有关“人文资源”的概念是费孝通先生晚年思想中的一个重要组成部分，与其所提出的“文化自觉”的思想一样，值得人们关注。2001 年开始，历经 7 年时间，课题完成后的总报告书的题目为《从遗产到资源——西部人文资源研究》，其中所提出的“从遗产到资源”这一理论，是费孝通先生有关“人文资源”思想的进一步理解与深化。“从遗产到资源”的核心观点就是对珍贵的民俗文化遗产不仅要保护，还应该在其基础上进行创新，将其变成新的文化的一部分，新的社会机体的一部分，使其融化在民族的血液中，不断循环和更新。也就是说创新也是一种保护，是一种更深刻的保护。

社会调查是应用社会学的理论与方法，对某一特征的社区性质、状况、结构、功能、问题及变迁所进行的实地调查和理论分析。在我国社会学史上，社会调查也称为社区分析，是社会研究的具体化。费孝通先生指出：“我们的社区研究，在方法上是从英国的社会人类学的实地调查发展起来的。”在研究方法上采用“田野作业”法，注重实地考察，切身体验，直接去和实际社区生活发生接触。费孝通先生认为“以全盘社会结构的格式，作为研究对象，这对象并不能是概然性的，必须是具体的社区。因为联系着各个社会制度的是人们的生活，人们的生活有时空的坐落，这就是社区，每一个社区有它一套社会结构，各制度配合的方式。因之，现代社会学的一个趋势就是社区研究。”

根据我国国情，社区的基本含义包括以下几个特点：必须有以一定的社会关系为基础组织起来的、并有一定数量规模的进行共同生活的人口；有一定的人们从事社会活动的地域条件，即一定的地理位置、地势、资源、气候、交通条件等；有一整套相对完备的、可以满足社区成员物质需要和精神需要的社会生活服务设施，例如商业、服务业、文化、教育等设施；有自己特有的文化制度、价值观念、风俗习惯和生活方式；有社区居民在情感、心理上具有共同的地域观念、乡土观念和认同感、归属感；有一套相互配合的适合社区生活的制度与相应的管理机构。

我国台湾从 1966 年起提出社区博物馆的概念，台湾博物馆学家汉宝德教授在《生活化的博物馆》一文中指出："如果你一定要为社区博物馆下定义，它是一种迷你型的地方史博物馆，好像地方志一样，生动严肃地表达出地区的发展过程，影响地区发展的人与物。它有助于我们了解过去、现在与未来，使我们更能了解生活的意义，选择自己的生活方式。"社区博物馆展览可以从某一展品对社区成员生活的影响这一角度来说明该展品的经济社会含义。社区博物馆的展览可以在中心地区进行，也可以在各处同时进行。有时一些家庭会在自己家的草坪上或门廊里举办展览。也欣赏别人的作品，回忆久违的往事，重新确认自己的价值观，不知不觉中给社区团结精神注入了生命力和活力。

社会文化与自然生态相互作用、相互影响，共同构成一个独特的文化动态的有机整体，称之为文化生态系统。所谓整体性保护，就是将民俗文化遗产所涉及的重要的人、物及环境一同保护起来的方式。这种方式可以吸收记录式保护、实物收集和保存等方式的特点，还可以对民俗文化遗产的项目以及相关的人群和社区，他们重要的活动和相关场所，乃至所生活的文化环境、自然环境，进行全面保护。如果不能从整体上对民俗文化遗产加以关注并进行综合保护，如果仅仅以个别"代表作"的形式对已经认证的文化片段进行保护，那就可能在保护个别文化片段的同时，漠视、忽略、遗弃或者伤害更多未被保护的民俗文化遗产。

民俗文化遗产非常重要的特点就在于它们与生活不可分割的关系。一旦人们将这些保护对象割裂和孤立地保护起来的时候，实际上就是破坏了这个被保护的事物。民俗文化遗产价值的所有方面都应得到关注，不能以牺牲其他价值为代价毫无根据地强调其中任何一种价值。民俗文化遗产传承的独特性在于具有文化独特的传承土壤。文化土壤不可移植、不能复制、不会再生。保护民俗文化遗产，不仅要对遗产记录、收藏、保管、利用、研究，还需要保护传承人、传承形式和过程，这样，民俗文化遗产才可能完整地得到保护。吴良镛先生就指出："城市与乡村的融汇。中国传统城市与乡村是一体的，农村与城市的发展互相推动，紧密联系，和谐前行。王希孟的《千里江山图》中，那些大大小小的城市、村落与山川湖泊等，融为一体，对我们尤有启发。"文化土壤是民俗文化遗产传承的根基，它为民俗文化遗产的繁衍提供基因和养分。每一种民俗文化遗产都是在独特的文化土壤中发生、发展、演变和创新。各地域民俗文化遗产传承的独特性，归根到底是文化土壤的独特性。

世界上一些自觉实施民俗文化遗产保护时间较长的国家，都把唤起民众的广泛参与，作为实施保护的一项重要内容。目前，平凡的民俗文化遗产逐渐淡出民众的日常视野，并有加速消亡的趋势。在广大乡村，很少开展有参与性的本土文化教育活动，致使不少乡村民众不懂得自家拥有的传统民居的文化意义，以及在文化旅游中的重要意义，于是模仿城市生活方式，将传统民居改建成为时髦的洋式房屋，或其他样式的水泥建筑。同时，不少开展旅游接待的社区，民居装修滥用瓷砖、水泥等现代建筑材料，模仿城市建筑模式而逐渐失去传统特色和地域风格。

水集二村位于胶东半岛的腹地。当地村民富裕起来以后，过去用过的犁、耙、锨等农具长期堆在杂物间，许多人提出应该进行清理丢弃，但是村领导认为这些都是过去父老乡亲们使用过的农具，虽然现在看上去这些扬场机、拖拉机、水车等旧农机具又破又旧，不能再使用，但是它们作为集体积累，记录着过去的奋斗足迹。2003 年，面对即将到来的城市改造，村委会研究决定建设一座民俗馆，陈列展示过去生产生活中使用过的农具、工具、用具，使年轻人有了解过去，老年人有回味往事的地方。此后，民俗馆征集民俗文物的足迹遍及整个胶东。日积月累，收藏的民俗文物已经达到 6700 多件，村委会便将民俗馆定名为"胶东民俗文化博物馆"，陈列面积 20 000 多平方米，成为一座村办大型民俗博物馆[①]。

湖南省江永县的上甘棠村，是一座有着 1200 多年历史的文化村落，民俗文化遗产资

① 宫泉激：《一个村办民俗博物馆的诞生》，载《中国文物报》，2010-02-17（3）。

源丰富，除文昌阁、月陂亭碑刻等文物古迹之外，还有独具特色的民居建筑群以及铁铺、酒肆、豆腐坊等乡土建筑。这些乡土建筑是民俗文化的具象表达，是民众思想情感的代言，是乡间文学艺术的载体，也是民众生命和灵魂的寄托。2010 年 8 月，全省首个村级博物馆上甘棠村博物馆开馆。该博物馆占地面积 600 多平方米，展厅内容设置自然风光、理学探究、民间习俗三个部分，通过实物、文字、图片、音像等展示手段，全方位展示千年古村的历史文化、民俗风情和独特的人文魅力[①]。

如今，一股自下而上的博物馆热正在形成，越来越多的城市被带动起来。甚至在一些农村地区，人们自发地收藏记忆，建立乡村博物馆。虽然这些民俗类的乡村博物馆，还只能说是博物馆的初级形态，但是从某种意义上说，在承载地域文脉的同时，积极融入当地民众的文化生活，彰显出博物馆应有的文化意义，也是博物馆向社会民众的回归。珍贵的古代文物固然不可再生，而平凡的民俗文物也无可替代。民俗文物平淡琐碎中凝结着时代风云、岁月沧桑，它们是值得永久留存的物质财富。

杨柳青年画为木版年画，经过民间艺人的长期实践，形成了独特的风格，是体现出民间艺人卓越创造力和雅致生活情趣的珍贵民俗文化遗产。但是，由于时代久远，年画多为私人作坊制作，木刻画版又极易损毁，因此传世年画和木刻画版已经存世无多。近年来，天津市千方百计地搜集杨柳青年画的传统木刻画版，并将其妥善地保存在博物馆之中，在天津博物馆、民俗博物馆、杨柳青博物馆等博物馆中，均收藏了一批杨柳青年画的传统木刻画版。为保护这一优秀民俗文化遗产，并再现其制作过程，拍摄了包括选料、绘画、上色、制版、印刷等一整套创作与制作过程，为后人留下了丰富的影像资料，对保护、传承民俗艺术做出了重要的贡献。

我国遍布城乡数以万计的古戏台见证了我国戏曲的形成，促进了戏曲的发展和繁盛，是非常宝贵的“固态的戏剧文化”，同时还体现着我国古代建筑艺术的绚丽和辉煌。近年来，随着文化遗产工作的深入开展，以及地方戏曲艺术、民俗文化研究、古村镇旅游活动的持续升温，古戏台正在以一种特殊的文化角色走进人们的视野，对古戏台的保护和研究工作，也逐渐引起各界的重视。例如浙江省将宁海县“古戏台群”申报为全国重点文物

① 莫胜：《湖南上甘棠村级博物馆开馆》，载《中国文物报》，2010-08-18（4）。

保护单位，山西省逐渐修复了现存的大部分古戏台，北京市将湖广会馆、天津市将广东会馆、苏州市将全晋会馆、郑州市将城隍庙等拥有古戏台的建筑群辟为戏曲博物馆[①]。

作为传统文化的重要组成部分，民俗文化浩繁复杂，散落于生活的各个角落，因此，对其进行研究和保护，必然是一项十分艰辛烦琐的工作。在民俗文化研究中，应加强理论建构，增加研究中的理论含量，从理论的高度来审视民俗文化，任何文化都是物质与精神的集合体，它象征一个时代，是历史发展趋势和人类精神的标志。民俗文化是人类对历史思考的结果。出于对所有文化的尊重，必须基于民俗文化遗产所属的文化背景对其加以思考和评判。在研究中应把这种人文精神融入情感与理性，使民俗文化成为有人文气息的文化资源。

民俗文化遗产，归根结底存在于人们的日常生活之中。要使社会公众自觉接受民俗文化的精髓，不能仅靠政府投资，或是恢复一些热闹华丽的仪式。也不能仅靠专家研究后，将成果记录于文件里、展柜中、舞台上，如此民俗文化遗产虽然可以得到保存，但是却难以传承，甚至可能会影响到民俗文化遗产的原生态性、民间性与真实性。虽然各级政府制定有利于民俗文化遗产保护的相关政策必不可少，专家学者对于民俗文化遗产的研究工作不可或缺，但是保护与传承民俗文化遗产的真正主力，应该是也必须是千千万万的普通民众。保存民俗文化遗产最好的方式就是让它们活在民间，活在每一个普通民众的生活里。

近年来，在巩固民族地区生态博物馆的基础上，向富裕地区发展生态博物馆的战略思路，得到了国内较多博物馆学、生态学、民俗学等方面专家的赞成。长江三角洲地区作为“我国综合实力最强的经济中心”，在加快经济一体化发展的进程中，却面临着经济建设与文化遗产保护、经济发展与生态平衡的巨大挑战。如果能在这一地区成功建设生态博物馆，其影响不仅会辐射到整个长三角地区，而且将扩大到整个东部地区，从而更好地发挥生态博物馆的作用。在这一背景下，关注的目光落在了安吉。安吉处于长三角的中心腹地，是经济迅速崛起的地区，距杭州、上海、宁波、南京、苏州等大中城市均为3小时交通经济圈内。

---

① 汪建根：《古戏台：60年消失近9成》，载《中国文化报》，2010-05-05（5）。

中国安吉生态博物馆落成典礼（2012年10月29日）

安吉位于天目山之阳、太湖之阴，是典型的山区县，自然资源极其丰富。全县森林覆盖率达 71%，拥有竹林面积 100 余万亩。“竹林浩瀚”构成了安吉东南部山区最典型的文化与自然景观，“白茶绿海”则呈现出安吉西北部丘陵岗地的特色风光。同时，安吉还是历史上的移民地区，除本地土著山民外，有来自湖北、河南、安徽、云南、四川等省及本省温州、台州、绍兴、宁波、杭州等地的移民。大量移民的迁入，将原籍文化带入本地，一些外地风俗由此传入，造成“十里不同风，百里不同俗”“离城十里路，各有各乡风”的文化景象。移民文化的传承与当地土著文化的融合，使安吉各地的乡土文化、民间习俗呈现多样化态势并具特色①。

2008 年起，安吉启动“中国美丽乡村”建设，提出了把安吉建设成“村村优美、家家创业、处处和谐、人人幸福”的美丽乡村，并在建设中力求保护和发掘文化和自然遗存。与此同时，在国家文物局的指导下开始生态博物馆建设的实践，提出将县域范围内最具

① 程永军：《安吉．探索东部地区生态博物馆建设新模式》，载《中国文物报》，2011-04-27（3）。

特色的人文、生态资源纳入保护范围，系统展示安吉的过去、现在和未来。安吉生态博物馆的战略目标是：更好地保护自然环境，保护物质和非物质文化遗产，融自然生态环境、传统地域文化与文化遗产资源于一体，尊重人类与自然的整体创造。这是我国东部发达地区建设生态博物馆的首例实践①。

2011 年 7 月，安吉生态博物馆正式设立。将博物馆的功能向外延伸，突出其“体验、示范、审美、链接”作用。在展示内容上，不仅跨越了传统博物馆的分界线，由环境和遗产的特点以及社区的需求来决定内容和延伸，同时，也突破了以往生态博物馆以展示民俗文化为主的限制，继而将自然生态、文化生态、社会生态、产业生态较好地融合。安吉生态博物馆详细记载安吉县从历史文明到现代文明的发展进程，全面展示安吉乡村文化的历史渊源和现代成就，呈现出各具特色的“一村一韵”“一村一景”的乡村文化景观。

苏东海先生指出“中国的新博物馆也在发展之中。中国的生态博物馆正在从贫穷的山村向富裕地区的农村发展，扩大着生存的空间”②。安吉生态博物馆建设以来，在生态建设、文化建设和经济建设方面做了很多基础性工作，乡村环境、民众的生活面貌、社会经济等有了很大的进步。民众的脸上都洋溢着自信和幸福。特别是良好的生态环境，使人们感到人在林中，村在林中。“山峦青翠、河流清澈、空气清新、人居环境优美”是对今天安吉生态人居环境恰当的描绘。同时，延绵不绝的竹海，清澈的溪流等，使安吉生态博物馆成为一个美丽的花园。

国家文物局 2011 年 8 月 23 日在福州召开的全国生态（社区）博物馆研讨会上宣布，浙江省安吉生态博物馆等 5 个生态博物馆被命名为首批生态（社区）博物馆示范点。这是一个“没有围墙的博物馆”，全县 1886 平方公里均属博物馆范围；这是一个“天人合一的文化博物馆”，所有陈列品均为原真、活态；这也是世界上规模最大的生态博物馆。

竹文化生态博物馆，百里范围竹海连绵；白茶生态博物馆，万亩白茶苍翠欲滴；天荒坪生态能源博物馆的雄奇伟岸，鄣吴竹扇文化生态博物馆内琳琅百态的扇子，一个中心馆，12 个专题馆，30 个展示点无一不呈现出安吉县物质和非物质文化遗产保护的现状。

① 叶辉：《全县均属博物馆范围》，载《光明日报》，2011-09-14（1）。
② 苏东海：《关于生态博物馆的一点思考》，载《中国文物报》，2010-12-01（8）。

10.2.2 民俗博物馆传承社区文化

早在 19 世纪末 20 世纪初，一些国家的博物馆就开始收藏和展示民俗文化遗产的实践。例如 19 世纪末，挪威、瑞典等国家建立的露天博物馆已经包含了反映社区民俗文化遗产的因素。20 世纪 30 年代初，G.H. 理维埃（G.H.Riviere）根据户外博物馆的概念，创办了法国国家民间艺术和传统博物馆。20 世纪 40 年代初，法国农民协会主张办一个“活的博物馆”，1943 年昂贝尔的博物馆就是在一间经过修复的古旧磨坊里建立的硬纸板手工作坊，并演示传统技术，抢救被遗忘的工艺。在非物质文化遗产的保护方面，国际博物馆界也乐于奉献在保护物质文化遗产与自然遗产方面的丰富经验，并扮演着积极的角色。

我国的民俗文物征集和保护，始于 19 世纪末至 20 世纪初，与近代人文科学一起，在清代末年西学东渐文化启蒙运动背景下兴起。例如在北京大学由蔡元培、沈尹默等民俗学的先驱者先后成立了歌谣研究会、风俗调查会，并将所进行的工作由最初的民间文学的收集与研究，逐渐扩大到“征集关于风俗之器物，筹设风俗博物馆”。此后，厦门大学、中山大学等都广为搜集地方风俗物品，成立民俗陈列室。钟敬文先生认为这些民俗文物“可以使我们认识今日民间的生活，更可以使我们明了过去社会的生活。它是提供给我们理解古代的、原始的艺术姿态的资料，同时也提供给我们以创作未来伟大艺术的参考资料”[①]。

历史建筑作为城市文化的载体，表现出城市文化中最直观和最表层的方面，而每座城市独有的人文景观才是城市的灵魂。一座历史文化名城的魅力在于居民的文化生活，它的实质不是僵死的文物和遗址所能涵盖，而只能在其居民的现有生活方式中去寻找。博罗尼亚是世界上第一个提出“把人和房子一起保护”的城市。1970 年，当时的博罗尼亚市政府聘请罗马著名的建筑规划师柴菲拉提任总规划师，提出整体性保护规划，其要点是利用公众住房基金改善社区居民的居住环境，保护历史建筑，并用法律形式规定居住其中的 90% 以上的原住户必须留下来，居住在社区里的低收入家庭的租金不能超过其家庭收入的 12% 至 18%。

---

① 关昕：《承载几代人的人生聚散》，载《中国文物报》，2010-07-14（5）。

所谓"整体性保护"，就是实现历史街区里"原来谁住的房，改造后还由谁住"的整体性保护目标。既要保护有价值的历史建筑，还要保护生活在那里的居民的原生态，留住原来的居住者，即社区里原有的低收入家庭。但是这一计划面临难以想象的阻力，因为居住在社区里的低收入家庭没有能力承租经过改建后的房屋。博罗尼亚的整体性保护取得了成功，最重要的经验就是完整地保护了古城风貌。古城风貌不仅包括那些有形的文化遗产，例如宫殿、教堂、历史街巷和传统建筑，而且还包括有别于其他城市的无形的人文内涵，例如民间习俗、生活方式和社会风尚[①]。

在我国，利用古建筑、古民居建立民俗博物馆的形式较为普遍。例如祁县民俗博物馆就是在乔家大院里以清末民初汉民族生活习俗为主要展示内容的一个大型民俗博物馆。其他还有苏州民俗博物、洛阳民俗博物馆、天津民俗博物馆、南京民俗博物馆、北京民俗博物馆、襄汾丁村民俗博物馆等，均是依托原有古建筑建设起来的具有地方特色的民俗博物馆。其优点是复原的民俗陈列和古朴典雅的建筑相互映衬，相得益彰，使观众容易融入独特的民俗氛围之中，使陈列展览效果得以优化。同时，在民俗博物馆中，普遍采用对展品的复原性处理，即将真实的文物以原先使用时的状态布置。

在福州市历史城区，至今还保存着相当规模自唐、宋以来形成的历史街区，被称为我国"里坊制"城市格局与管理制度的"活化石"，其中最为著名和完好的是南后街两旁从北到南依次排列的坊巷，被称为"三坊七巷"，总占地面积 38.35 公顷。这一地带经过历代延续与不断更新，至今保存下来的大多是明清与民国时期的传统建筑，被誉为明清建筑博物馆。南北贯穿三坊七巷的南后街，从古至今一直是社区中的商业街，鼎盛时期，柴米油盐、日常生活所需三十六店一应俱全，还有专为文人雅士服务的刻书坊、旧书摊、裱褙店，以及元宵、中秋两节的灯市。

作为福州城市精神集结地、福州名贤文化纪念地、福州传统商业文化传承地、福州民俗文化展示地，三坊七巷承载着福州城市发展丰富的历史文化沉淀，涌现出一批对当时社会，乃至中国近现代史进程产生重要影响的人物，例如林则徐、沈葆桢、林旭、严复、林觉民、林纾、林徽因、冰心等，成为福州人文荟萃的代表，凸显着因历史上多种

① 谢方：《博罗尼亚：把人和房子一起保护》，载《中国文化报》，2010-10-08（7）。

文化交融而形成的丰富多样的地域文化，以及独具特色的名人文化。在快速发展的城市建设大潮中，三坊七巷也曾经面临被拆迁改造的命运，但是在各方的努力下，这里最终被抢救保护下来，使三坊七巷重新焕发出应有的魅力，带着文化遗产的尊严，融入社会，惠及民生，成为福州文化城市发展的新亮点。

近年来，当地政府先后组织制定了《三坊七巷历史文化街区保护规划》《福州市三坊七巷文物保护规划》《福州市三坊七巷文化遗产保护规划》等，保护与管理不断升级。2009 年三坊七巷入选首届中国十大历史文化名街，评选专家认为三坊七巷是“我国目前在都市中心保留的规模最大、最完整的明清古建筑街区”。2010 年 11 月，由清华大学主持制定的《福州三坊七巷社区博物馆规划及近期实施方案》通过论证，该方案借鉴先进的博物馆理论和经验，鼓励各界团体和人士积极参与，努力使保护、研究和教育互动，社区与博物馆和谐共生，可持续发展。

福州三坊七巷社区博物馆突破传统博物馆“建筑 + 收藏 + 专家 + 观众”的组织模式，以“地域 + 传统 + 记忆 + 居民”的模式重新组织保护与展示等传承工作，将三坊七巷建设成“展现传统建造工艺的建筑博物馆、忠实反映社区发展历史的地志博物馆、传承社区非物质文化的生态博物馆”，探讨以社区博物馆的先进理念，推动三坊七巷的综合保护、传承与利用。宋向光教授认为，在三坊七巷建设社区博物馆是非常有意义的探索。博物馆界一直在思考博物馆如何从对物的关注转向更多地对人的需求的关注，如何跟人的发展、居民、社会发展挂钩。社区博物馆是一个很好的载体，可能是我国今后几年博物馆发展的一个热点。

2011 年 8 月，福州三坊七巷社区博物馆正式设立，在学者中间引发思考。段勇先生认为，社区博物馆从狭义上说是在社区里面的博物馆，从广义上说则是将整个社区作为博物馆。三坊七巷二者兼有，但是重点在广义上。广义的社区博物馆属于新博物馆类型。传统博物馆强调作为客体的展品，主要关注的是过去，新型博物馆则强调系统，强调主体与客体的结合，更多地关注现在和未来的发展。新博物馆突破了场馆的束缚走进社会、突破了展品的束缚走进文化脉络与社会环境、突破了过去时空的束缚走进现当代，真正

福州三坊七巷保护修复成果展（2011年7月28日）

是“从‘馆舍天地’走向‘大千世界’”。社区博物馆本身就是一种文化工具，既是社会发展到一定阶段的产物，更与社会的发展相辅相成。

这里所说的新博物馆类型，主要包括社区博物馆和生态博物馆，随着发展二者在本质上越来越合二为一。生态博物馆是将博物馆看成一个生命系统，而社区博物馆则将其看成一个社会系统，虽然角度不一样，但是都是活态的。曹兵武先生认为，三坊七巷在当代都市中能够得以很好的保存，延续了城市之根。但是应该努力赋予其魂，探索让文化遗产融入生活、融入发展的保护模式。赋予三坊七巷这样的“城市之根”以“城市之魂”，社区博物馆的建设能发挥积极的作用。新博物馆学倡导的社区博物馆、生态博物馆等概念能将自然与人文遗产、可移动文物与不可移动文物、有形遗产与无形遗产等综合起来保护和传承，在三坊七巷这样历史文脉一直没有中断的社区，在先进的文化遗产和博物馆理论指导下进行探索十分必要。

著名地理学家侯仁之先生指出："宣南史迹，源远流长，周封蓟城，金建中都，古都北京，始于斯地。"所谓宣南文化，指的是以北京建城建都起源地、明清时代的京师宣南地域为生长土壤，以琉璃厂、市情、乡情为纽带，表现为北京市民和各地游子的都市生活方式，见证北京城发展、凝结北京人智慧的京味文化。宣南文化主要由六个部分组成：以营城建都的悠久历史为代表的京城源头文化，以文人荟萃及其重大文化成就为代表的士子文化，以京剧为代表的戏曲文化，以厂甸庙会、天桥绝活为代表的老北京民俗文化，以大栅栏老字号经营为代表的传统商业文化，以牛街穆斯林生活为代表的民族文化。

近年来，宣南文化博物馆开办了一系列活动，使越来越多的社会民众加入了解、弘扬宣南文化的行列之中。除了举办展览，宣南文化博物馆还"送老北京文化上门"，推出流动博物馆项目。浓缩了宣南文化的35块展板，走进学校，走进社区，走进千家万户，给中老年人送去儿时美好的回忆，给年轻人送去特色的北京文化，为民众搭建起通往宣南文化的桥梁，建立了解宣南文化的平台[①]。对于社区来说，保护民俗文化遗产就是保护城市文化的个性，但是对于世界来说，则意味着保护人类文化的多样性。民俗文化遗产是根植于民族民间文化土壤的活态文化，是发展着的传统行为方式和生活方式，它不能脱离传承主体而独立存在。

保护民俗文化遗产不是为了留住历史，也不是为了回到过去。它的延续与发展永远处在活态传承与活态保护之中，即在变化中保护，并保护其自然变化。民俗文化遗产是现存的、活态的文化，处于正在延续状态中的文化，也只有这样才能够体现出民俗文化遗产连接历史与未来的价值。在正视民俗文化遗产处于变化状态中这一现实前提下，尽力使民俗文化遗产在变化中保持稳定性，使其以一种相对平稳的速度变化，而不是在剧变中丧失其传统的内核。同时也要注意保护其自然变化的过程，尽可能排除外界因素对其的干扰和刺激，使其按照自己应有的轨迹发展。民俗文化遗产既是活态文化的实体，也是生活中非常活跃的文化，具有不停变化的属性。

由于认识不正确，或出于良好愿望或出于其他目的，建设性破坏常常是在加强保护

---

① 祝晓潭、杨芳懿：《悠悠宣南情》，载《人民日报》（海外版），2010-09-14（7）。

和开发利用的名义下进行，因此这种保护伞下的破坏更具隐蔽性和危害性。例如当前新农村建设正在全国如火如荼地展开，由于民俗文化遗产大部分都保存在农村地区，如果建设不当，就很容易对其造成不可挽回的损失。另外，一些项目被确定为保护对象后，只顾片面地去开发它的商业价值。在市场的巨大诱惑下，原生态的歌舞进行了时尚化的改造；民间手工艺制作大量机械复制；静谧的村落变成喧嚣的闹市。从表面上看，这似乎是被保护项目的繁荣，而实际上是对民俗文化遗产的一种更深程度的本质性伤害。

另一种是保护性破坏。民俗文化遗产，在很大程度上是一种民间的草根文化，它不能完全脱离地气，妥善封存、束之高阁、秘不示人，如此从某种意义上来讲，同样是对其生命的终结。民俗文化遗产，不应是干瘪的标本，而应是鲜活的生命。虽然一部分民俗文化遗产现在被幸运地重视和保护起来，但是更多浩如烟海的中华传统文化却面临着被历史尘封、淘汰的命运。在此情况下，许多民间传统被冲击得残缺不全，无法聚合成为完整的文化空间，例如集市庙会广场文化活动、社区祭祀活动等。北京老天桥市场，原是一个著名的文化空间，但是今天已经难以寻觅。今天我国保存较完整的文化空间一般只在边远地区，它们受到的时代冲击相对较小。

民俗博物馆是一种博物馆的新形式，是保护民俗文化遗产的思维方式和行动。民俗博物馆不应以文物储藏所、观众参观点、纪念品商店或标本陈列室结束。民俗博物馆不是古老文化的保护神。民俗博物馆应该支持古老文化与现代生活结合，文化发展是一种进步。冻结生活和冻结文化都是徒劳的。民俗博物馆开展记忆工程是使居民了解自己的过去，并传承传统文化的精华而使之不中断。民俗博物馆是文化多样性的产物，只有对外开放才能更大地实现其价值，旨在促使当地社区民众可以借此了解自己的历史和文化。社区民众可以从民俗文化遗产的共享性特征看到历史街区文化的多样性。

2008 年 5 月，什刹海历史文化展正式展出，内容分为六个部分。包括风景、人物、寺庙、街巷、胡同、门楼、飞檐等资料照片；包括保存较好的传统民居四合院、王府建筑群等；包括与社区民众日常生活相关的老物件，内容涉及老门钹、老街牌、石墩、砖雕、瓦当、招幌、匾额等；包括无形文化遗产，内容涉及歌谣、故事、传说、典故、逸闻趣事、历史事件等；包括与什刹海历史文化相关的书籍和照片资料；包括生活、居住在什刹海地区的历史名人、文化名人、民间艺人的信息资料[1]。通过展览使什刹海历史文化成为不同社区、不同族群能够共同持有、共同享用、共同传承的文化成果。

传统建筑作为时代信息的载体，是一定时期城市文化的积淀，甚至成为一座城市的象征，代表着一座城市特有的风貌。俄国著名作家果戈理曾说："当歌曲和传说已经缄默的时候,建筑还在说话。"建筑空间的本质是特定时期的某些人群栖居或举行各种活动的载体，即使时代变迁，斯人远逝，昔日的文化气息仍然可能保留在一砖一瓦之中，成为后世感知前人的重要载体。对于一座城市而言，历史名人在此诞生、成长或者寓居，是其民俗文化遗产中值得骄傲的内容。在很大程度上，这些名人故居已经成为城市的文化名片，它们既不应被看作"包袱"，也不应被看作"摇钱树"。

将具有特殊历史意义的建筑物改变成供游客参观的博物馆，是国际上的通行做法。在英国，一个多世纪前，"国家信托"这个私立非营利机构便已开始照管国内许多的历史建筑。近年官方机构"英国遗产"也越来越多地负起保护的责任，对公众开放历史建筑及设计许多相应的教育项目。在美国，20 世纪 70—80 年代，由于爱国情绪高涨以及对旧建筑保护意识的提高，产生了许多历史建筑博物馆，它们由一些机构或志愿者负责管理营运。这些保护机构包括美国博物馆协会、历史保护国家信托基金会、历史建筑博物馆中心等。重现历史氛围是诠释历史建筑博物馆展览的焦点，它的展示必须符合该段历史时期的真实情况。

大多数历史名人，特别是文化名人的故居，都不是什么豪宅，往往只是普通住宅，艺术价值平平，因此，一些城市在改造建设过程中，以"建筑价值不高"为由，将这些名人故居拆除。事实上，这些名人故居具有较高历史价值、文化价值和社会价值。特别是一些文化学者和艺术家的故居，充满了独特的情趣，人们徜徉其中，与其著作、传记相印证，必然有一番深刻感受。"城市不应该是一篇篇'断代史'，只铭记当下的辉煌，而应该让城市里的人能够在现代化的过程中仍可窥见历史。只有新旧共存，城市才会显得有张力又有弹性，城市里的人才能真正'诗意地栖居在大地上'"[2]。

① 魏谦：《什刹海征集老物件》，载《北京日报》，2007-11-02（8）。
② 《名人故居，是"包袱"还是"摇钱树"》，载《解放日报》，2010-10-29（14）。

在位于英格兰东南部城市旺兹沃思的一栋僻静的小楼里，英国小说家乔治·艾略特写下了她的半自传体名作《弗洛斯河上的磨坊》，这栋建筑也自维多利亚时期以来一直都被完好保存。在许多英国人眼中，这栋故居是艾略特写作的重要灵感来源。因此，当伦敦南部一家英国地产商宣布将在该地区大兴土木搞开发建设，将在故居对面竖起一个5层楼高、有22栋建筑的公寓群时，当地居民的抗议声日益高涨，原因是这项计划会破坏包括艾略特故居在内的当地建筑风景，而该地区素以其保存完好的19世纪自然风貌而闻名英国。居民们抱怨该计划不重视保护英国文化遗产，必须立即停止[①]。

在近一个世纪里，坐落在上海卢湾区的思南路，曾是上海最著名的花园住宅聚集区，集中了近代上海建筑的精华，诸多我国近代历史名人故居也坐落于此。由于历史原因，思南路花园住宅区曾变为高密度居民区，从1944年平均每幢历史建筑居住2户居民，发展为20世纪末平均每幢居住14户，有的甚至高达17户，违章建设严重，居住功能和建筑本身均遭受破坏。历经整整10年的艰苦保护整治，思南路花园住宅区在传承城市历史文脉中获得新生。目前，“思南公馆”保护项目已向公众开放，成为上海近代历史人文博物馆。该项目占地面积约5公顷，这片历史建筑也代表了海派建筑精粹。

坐落在黄浦区外滩街道老城厢普通居民楼中，有一座特别的博物馆。这就是外滩街道“咏年楼”所设的“年龄博物馆”。年龄博物馆的创建初衷在于展现老年人独特的社会价值。老年人是“年龄博物馆”陈列照片和故事的主角，“在我们这里，每一个老人都有自己的故事”，每一位老人都是一座博物馆，他们通过个人生活历史的积累，传承下来的精神财富是如此宝贵，却又容易被人们所忽略。人们希望在咏年楼，年龄的故事能够被留住，年龄的价值能够被传承，让老人们过上更加健康而有尊严的生活。社区里不少孩子参观“年龄博物馆”后，变得更加懂事，不仅对老人有礼貌，还会主动去帮助他们[②]。

在台湾访问期间，经同行介绍参观了树火纪念纸博物馆，这是坐落于台北市一个普通街道中的小型社区博物馆。朴素精巧的环境，典雅清新的空间，营造出温暖而具有亲切感的展览氛围，千姿百态的纸质展品，使馆舍天地转化成为一个“可展、可看、可买、

---

① 李鹤琳：《英国民众展开名人故居保卫战》，载《中国文化报》，2010-11-23（3）。
② 王海燕：《每一位老人都有一个故事》，载《解放日报》，2010-11-16（8）。

可用”的文化空间，人们在这里可以随时发现生活里的质朴之美，随处感受到纸对于生活的意义。树火纪念纸博物馆的陈列展览，让纸从平面到立面、从文化到经济、从艺术到生活，拉近纸与生活、纸与环境、纸与人生的关系，展现出纸与民众生活千丝万缕的联系。博物馆里还有一个闹中取静的小型顶楼，质朴的水泥地面和木水槽，人们可以亲手参与纸制品的制作。

10.2.3 民俗博物馆营造文化空间

在制定保护物质与非物质文化遗产的法律制度方面，日本曾经走在世界的前列。日本政府较早即开始实施由国家组织的“民俗资料紧急调查”“民俗文化分布调查”[①]。对于民俗文化财，日本政府建立重要有形民俗文化财（如房屋、工具、农具、生活用具等）和重要无形民俗文化财（包括衣食住行、生产、生活、信仰、节日、风俗习惯和民俗艺能等）的认定制度，进行重点保护、维修和展示。从 1976 年日本开始“重要无形民俗文化财”的遴选，但是对于国家级目录的遴选过程非常严格，并不追求数量的增长，而是坚持原生态标准，因此，到目前为止仅选择了 266 项。遴选的标准依据多年积累的学术考察和研究成果，重点考察该项目是否具有古老的历史，是否具有典型的民俗文化特色[②]。

多年来，我国政府在民族民间文化的搜集、整理、抢救、传承和利用等方面采取了一系列措施。1979 年起，开展中国民族民间文艺集成志书编纂出版工程，全国 5 万多工作者历经 20 余年的不懈努力，收集、整理了流传于我国各民族民间的音乐、戏曲、舞蹈、曲艺和民间文学等方面的文字资料约 60 亿字、图片资料 6 万余张、曲谱 6 亿多字、录音资料 3 万多小时、录像资料 5 千多小时。其中已经开展的 10 部中国民族民间文艺集成志书，以分省立卷的形式出版，填补了我国民俗文化遗产保护在众多方面的空白。

世纪之交，当经济、文化和技术的全球化席卷世界的每一个角落，冲刷传统文明的根基时，人们开始进一步对于民俗文化遗产萌发出保护的意识。国际博物馆协会（ICOM）在 1997 年墨尔本大会期间，开始关注对保护无形文化遗产的责任。国际博物馆协会博物馆学委员会于 2000 年 11 月，在德国慕尼黑召开了主题为“博物馆学与无形文化遗产”学

① 顾雪林：《最好的教育是事实》，载《中国教育报》，2010-07-22（6）。
② 星野紘：《传统不宜乱改造》，载《人民日报》，2010-05-13（21）。

术会议，就博物馆与无形文化遗产的关系开展理论探讨，表明国际博物馆领域致力于将无形文化遗产的保护与收藏，纳入博物馆的保护伞下①。

2001 年的国际博物馆协会巴塞罗那大会，在章程修改中第一次把收藏与保护无形文化遗产列入博物馆定义的外延之中。2001 年以来，联合国教科文组织先后通过《世界文化多样性宣言》和《伊斯坦布尔宣言》，要求成员国制定政策、采取措施，使人们普遍尊重反映文化多样性的文化遗产，激励无形文化遗产的传承和传播，并加强国际间协作。在博物馆承担保护无形文化遗产的理论以及国际准则的探索方面，我国做出了卓有成效的贡献。2002 年 10 月，“国际博物馆协会亚太地区第七次大会暨博物馆无形文化遗产国际学术讨论会”在上海召开，来自 26 个国家、地区和国际组织的 150 名代表出席此次会议，会议产生了博物馆无形文化遗产与全球化的《上海宪章》。

博物馆有保护与收藏物质文化遗产的科学设施和丰富经验，因此也有能力、有责任保护与收藏非物质文化遗产，是对非物质文化遗产进行科学保护和永久收藏不可替代的机构。2004 年，在韩国汉城（今首尔）召开的国际博物馆协会的主题为“博物馆与非物质文化遗产”，呼吁各国博物馆加强对非物质文化遗产的抢救保护工作，这突出表明世界博物馆界正在将文化遗产保护范围，扩展到非物质文化遗产。随着博物馆自身素质的不断提升，博物馆将成为对非物质文化遗产进行科学保护和永久收藏的不可替代的机构。其中由于民俗博物馆自身性质和功能所具备的优越条件，对非物质文化遗产的保护、研究和传承显得更加突出，更具有针对性。

民俗文化遗产概念在我国的提出较晚，它的形态、构成、价值、意义、本质、规律，都仍然处于科学阐释和界定的过程中，与建立起科学、规范、持久、具有完整体系的保护制度距离尚远。目前的民俗文化遗产研究绝大多数还处于资料搜集整理阶段，缺少理论体系的建构，缺少理论高度，缺少意义深度。另一方面，一些地方政府误认为只有自己才是民俗文化遗产传承的救世主，急于求成，从而以政府取代民间，对民俗文化遗产造成保护性破坏②。特别是随着形势的发展、城市化进程的加快和现代社会生产生活方式的改变，我国民俗文化赖以生存的环境正在发生着巨大变化。

① 陈建明：《博物馆：保护非物质文化遗产的最佳社会组织形式》，见谢沫华：《2006·中国昆明 亚洲博物馆馆长和人类学家论坛文集》，58 页，昆明，云南教育出版社，2007。
② 张贺、吕绍刚：《“非物质”不能过度“物质化”》，载《人民日报》，2007-06-11（11）。

在此背景下，民俗文化遗产的生存与发展出现了诸多问题。一方面，大量散落于民间的民俗文化实物和资料得不到收集；一些濒临湮灭的民俗文化遗产得不到及时抢救；保管民俗文物资料的手段落后、设备陈旧；大量已经搜集、整理的民俗文物资料出现老化、发霉、粘连、消磁、虫蛀等问题，面临着重新失去的危险；已经整理完成的民俗文化的资料不能及时出版；对民俗文化传承人无力扶持，民俗文化处于自然消亡的状态。另一方面，由于从业人员待遇过低，使本来就为数不多的从事民俗文化搜集、研究和表演的人才流失。

民俗文化遗产保护提出的20年，也正是其消失最快的20年。专家指出：一些地方政府把劲儿都使到申报前，一旦申遗成功，得到国家相关部门认定后，地方政府的政绩完成了，就又是庆祝会，又是文化节的，具体的保护工作却被扔到一边。这种做法是非常令人担忧的。商业元素过度渗入，往往使保护民俗文化遗产的目的迷失在手段之中。乌丙安先生认为，民俗文化千姿百态，现在政府对于民俗文化保护往往存在误区，急急忙忙去“打造”民俗。应当把节日、庙会、民俗活动还给老百姓，让老百姓的东西原原本本地再现，回归老百姓原本的生活状态，回归民俗原有的生活环境。民俗文化不能光凭地方政府“打造”，应当回归百姓生活，存根于民间。

重申报、轻保护，甚至超负荷利用和破坏性开发的现象，如今普遍存在。许多地方申报成功后，将其视为广告招牌，专注于挖掘民俗文化遗产的“含金量”，而非立足于保护。冯骥才先生认为，中国民俗文化扎根于人民的生活之中，传统文化是否得到弘扬，不在于建设了多少“大项目”，而在于是否融入普通百姓的生活之中[①]。与过去民俗文化遗产保护观念淡薄不同，目前保护面临着更为严峻的问题，利益的巨大诱惑、资源的过分开发、学界的过度解读，这些往往会成为民俗文化遗产保护的致命瓶颈，节日变成“会日”、民俗变“官俗”，民俗文化生于民间、死于庙堂的事例频频发生[②]。

大量民俗文化遗产往往以物质与非物质文化遗产相结合的形态呈现。“人们通常认为，博物馆无法承担保护非物质遗产的功能，认为博物馆只是一个‘储藏旧物的场所’，非物质遗产不具有突出的‘被收藏’特征。其实，这里面有很大的误解，一方面认为非

① 詹婷婷：《民俗专家：民俗活动忌单靠政府“打造”》，载《中国文化报》，2010-05-09（1）。
② 李舫：《寻找回家的道路》，载《人民日报》，2010-06-11（19）。

物质遗产无法‘被收藏’，似乎一旦‘被收藏’就是遗产的结束，另一方面认为博物馆只能保护不能传承。这里面实际上割裂了物质遗产与非物质遗产的整体性联系”[①]。以往博物馆重视物质性的有形遗产的征集与保护，而忽略了非物质文化遗产的调查与传承，使博物馆的收藏、研究工作缺乏整体性和系统性。

国际博物馆协会博物馆学委员会前主席 P. 门施（P.Mensch）认为，“博物馆属于信息科学。因此博物馆哲学的最主要之点在于信息。博物馆的物是信息的载体”。任何非物质文化遗产，只要它能被人所感知，就能被博物馆收藏。“事实上，‘物’是博物馆一切活动的基础和出发点。那么，博物馆如何接纳以‘无形的’‘抽象的’‘精神或观念性的’为存在特征的非物质文化遗产？”[②]苏东海教授认为，博物馆必须在理论上把非物质文化遗产与物质文化遗产从博物馆本质上统一起来，博物馆才能顺利地接纳非物质文化遗产，非物质文化遗产的保存和继承才能成为博物馆的重要使命。

近年来，在对文化遗产重要性的认识日益深化的同时，物质文化遗产与非物质文化遗产之间不可分割的关系也被逐渐认识。“非物质文化遗产”称谓中的“非物质”容易让人理解为与物质无关或排斥物质。然而，“非物质”文化遗产并不是和物质完全没有关系，只是强调其非物质形态的特征[③]。事实上，物质文化遗产与非物质文化遗产关系密切，既不能孤立存在，也不能截然分开，其中非物质文化遗产依托物质文化遗产，而物质文化遗产中也包含了非物质文化遗产。只有当物质文化遗产中所蕴含的非物质的文化要素被理解和尊重的时候，文化遗产的真实性和完整性才可能得以保存，同样，非物质文化遗产也必须通过物质的手段才能得以展现并持续地传承下去。

自古流传下来的民俗文化遗产，不可能保持历史原貌，而是随着社会和时代的变迁，其内容和形态都有所变化。但是，民俗文化遗产的价值常被忽略，只是把它当作民俗，而被排斥在主流文化之外，民俗文化遗产在社会公共领域中不断被边缘化，缺乏公共空间的人文关怀和在时空上的培植引导。由于历史的原因，一些民俗文化消失已久，如果强行恢复，最终只能是制造“伪民俗”。近几年，各种“祭拜”活动在全国各地陆续恢复，但是这些活动往往只有传统的形式，而缺乏传统的内涵。因此，不是对民俗文化传统的

① 汪萍：《博物馆与非物质文化遗产浅谈》，载《文博论坛》，2008（2），37 页。
② 陈建明：《博物馆：保护非物质文化遗产的最佳社会组织形式》，见谢沫华：《2006·中国昆明 亚洲博物馆馆长和人类学家论坛文集》，58 页，昆明，云南教育出版社，2007。
③ 刘托、乔宽宽：《营造技艺与非物质文化遗产保护》，载《中国文化报》，2010-07-16（7）。

恢复和继承，而是破坏。

民俗文化遗产蕴含一个地区过去经济、社会、文化、风土人情及民间习俗等方面内容，是一个地区的历史沉淀和文化缩影。人们要了解一个地方的传统文化概貌及其文化变迁，就必须借助民俗文化遗产。同时，民俗文化不是孤立的文化，它也应该与时代精神保持契合。而且，与时代精神契合的民俗福州“三坊七巷”社区博物馆文化才更有生命力。在民俗文化研究中，要将历史与现代结合起来，在现代的环境中研究民俗文化遗产，让民俗文化遗产在现代的视野中绽放出奇异的光彩。据资料显示，目前国内戏曲类博物馆已有北京戏曲博物馆、江苏苏州昆曲博物馆、广东佛山粤剧博物馆等。

秦腔是中国戏曲四大声腔之一，曾经影响了几十个剧种的发展，在中国戏剧史上有独特的地位。秦腔博物馆深入挖掘散落在民间的、面临消失的曲谱、唱词、脸谱、戏偶等具有文化价值的民俗文化遗产，在对资料进行整理的基础上，组织开展研究工作，其在陕西 107 个县收集到的秦腔剧目有 3000 余种，还有考古发掘的唐代的梨园、明代的道具，以及民间流传的脸谱、皮影、手抄本、印刷工具等大量民俗文物，将秦腔博物馆建成挖掘整理濒临失传的剧目，征集、保存、收藏、研究、展现秦腔辉煌历史的场所，集教育、参观、学术交流、普及戏曲知识等多功能于一体的民俗博物馆。

民俗文化是一种看不见、摸不着的文化形态。它蛰伏于人们的脑海里，流传在人们的心灵中。人类的无形文化包括人们的精神信仰、哲学思想、道德观念、价值取向、审美意识及人生理想等。民俗文化遗产保护工作的学术性、专业性和政策性很强。不同门类的保护项目，其特征、发展和规律既存在共性，也有差异。因此，对于民俗文化遗产的保护不能盲目借鉴，也不能相互套用相同模式，而是需要对每个门类的保护项目进行研究，探索可操作的方法，提出符合民俗文化遗产科学性和规律性的保护方式，从政策层面加以指导和倡导。例如我国传统建筑以木结构建筑为代表，有独特而完整的结构和工艺体系，而且延承数千年，至今未曾间断。

博物馆收藏是博物馆为实现其社会责任，根据其自身条件和工作目标而建立的博物馆藏品集合，是特定人类知识门类的系统表现。应该用广泛的观点理解民俗文化遗产中的非物质文化遗产，如果仅将非物质文化遗产限定为口头传统，或将民俗文化遗产仅限定于文艺内容，则使与非物质文化相关的物质文化遗产的范围很狭窄。而如果在博物馆的民间文物收藏、保护、研究中，将物质文化遗产与非物质文化遗产视为相关联的复合型整体，则与此相关的物质资料范围将非常广泛。保存和继承民俗文化遗产，归根到底还是要由当地民众来承担，博物馆不能成为直接的继承者，特别重要的是当地肩负着历史使命的传承人的意识和意志。

民俗文化遗产保护历来是一个充满矛盾的话题。奥地利有一家 200 年历史的鞋店，店主人觉得做鞋子的工具可能以后不会再用了，但是里面的几百种东西，都是前辈人聪明才智的积累，应当保存下来，于是就把这家鞋店捐给了博物馆，博物馆原封不动地把鞋店搬了进去，也就把一段历史生活保存了下来①。瑞士中部的巴仑堡露天民居博物馆，把瑞士各地具有浓厚地方特色、年久失修的民居汇聚在一起，在此不仅保留了这些传统建筑的文化价值，还将过去的生活忠实地反映出来。人们在博物馆可以触摸家禽，亲手纺纱织布，品尝“老房子”里刚刚烤出来的面包②。

我国是传统手工艺大国，而传统手工艺集中体现着中华民族的智慧和实践能力以及创造力。在我国古代丝织物中，锦是代表最高技术水平的织物。南京云锦源于东晋，已有近 1600 年的历史，元、明、清三朝均在南京设有官办织局，专为皇室织造云锦。南京云锦浓缩了我国丝织技艺的精华，存续着皇家织造的传统，是我国织锦技艺最高水平的代表。南京云锦研究所自成立以来，一直承担着保护、继承和发展云锦的重任。40 多年来，经过不懈努力，加强对云锦织造核心技艺的传承，先后恢复了诸多失传的工艺，征集收藏了 900 多件云锦实物资料，使传承人对每一个环节、每一个技术要点和技术要诀都能完整、准确地传承③。

中国昆曲博物馆建在昆曲的发祥地苏州，位于苏州古城平江历史保护街区。1986 年苏州建城 2500 周年，在苏州戏曲博物馆的基础上，利用修复后的全晋会馆古建筑群，筹建中国昆曲博物馆。中国昆曲博物馆自筹备建馆之日起，就把动态的、原生态的昆曲表演定位于博物馆最主要的展示内容，以此作为昆曲博物馆的独特个性和特色以及和其他

① 张志勇：《别让历史遗存变成文化空巢》，载《中国艺术报》，2009-08-18（5）。
② 刘军：《国外博物馆是啥样》，载《光明日报》，2010-05-18（5）。
③ 戴珩：《八年辛苦换来花团锦簇》，载《中国文化报》，2009-10-25（2）。

各类博物馆的区别。但是在实践中人们认识到，昆曲博物馆如果仅仅把昆曲“活化石”式的展演作为保护工作的全部，将有失偏颇。昆曲博物馆对于昆曲传统演出剧目的挖掘、抢救同样有着义不容辞的责任，甚至应该把它视为昆曲博物馆存在价值的体现。

蓝印花布起源于江南一带，明代南通地区已有靛蓝出产。蓝印花布作为生活用品与南通的农耕文化相伴走过了数百年的灿烂历程，“活态”地表现了江海平原的民俗、民风、民情，它的生产工艺、花样、花版和纹样，具有极高的历史价值、文化价值、科学价值和使用价值。当全国大部分明清染坊受到洋布的冲击纷纷关闭之时，南通由于特殊地理位置，蓝印花布的作坊一直延续下来，植根于南通的蓝印花布小染坊、印染合作社遍布南通各县乡村。中国工艺美术大师吴元新于1996年创办了我国第一家集收藏、展示、研究、生产、经营为一体的蓝印花布博物馆，2002年，南通市政府又出资在美丽的濠河风景区建立了蓝印花布博物馆新馆。

北京民俗博物馆，是北京地区唯一的公办专题民俗博物馆。馆址东岳庙始建于元代，集中了元、明、清三代的建筑风格。东岳庙曾是京城百姓宗教祭祀、民俗活动和民间行

江苏无锡中国历史文化名街惠山老街市民捐赠物品陈列展（2011年6月13日）

会组织议事的重要场所。作为公共传统文化空间的东岳庙，其历史悠久、文化底蕴深厚。北京民俗博物馆依托于东岳庙具有的传统根基和社会基础，利用馆庙相结合的优势，传承民俗文化，并在传统节日实践与保护方面取得一定成果。每到传统节日，北京民俗博物馆必将准备一些传统纪念物。比如端午节的菖蒲、艾草、荷包、五彩丝、雄黄酒，中秋节的兔爷、月光纸，重阳节的菊花、茱萸等等，通过纪念物来深化人们对传统节日的认识。端午节举办包粽子大赛，受到社区居民的欢迎。

20 世纪末，在盛世收藏的大潮下，收藏爱好者的视野超越传统古玩、票证、连环画、像章、烟标等，昔日生活中的各种物品逐渐进入收藏领域。从摇把电话、拨号电话，到传呼机，再到大哥大手机，通信工具的转变，显示了信息时代的飞速发展；从“手表、自行车、缝纫机”，到后来的“电冰箱、电视机、洗衣机”，生活中三大件概念，随着人们生活水平的提高发生着更易。小到针头线脑，大到家用电器，这些在一定历史阶段具有鲜明时代特色的老物件，承载着市民在特定时期的生活场景，也真实地展现出社会的变迁和时代的步伐。民俗文物的征集和展览得到了广泛的社会赞誉，为普通民众所欢迎。究其原因，这些民俗文物由于时间相对较晚，承载着几代人挥之不去的人生聚散、世事兴衰和怀旧情结的情感记忆。人们睹物思事，体味着生活的变迁、城市的发展、社会的更替。民俗文物进入博物馆的更深层意义在于文化的传承。随着社会现代化进程的加剧，城乡原有的文化脉络受到冲击。有关学者认为，城市文化在发展中应始终存在一种内在的凝聚力，没有内在的凝聚力，就没有城市得以存在发展的根据。这种内在的凝聚力来自隐性的文化传统，即存在于人们的生活方式、习俗、情趣、人际交流活动的无意识中，一种内在的、稳定的、隐性的传统。

博物馆的任务是把被时代和社会价值观的变化而冲击的珍贵的民俗文化遗产，以适合的方法记录下来，并以可靠的方法保管，为更多的人所利用。物质与非物质的藏品与博物馆工作人员结合，才能发挥其科研、教育和流传后世的社会作用，并随着人类认识能力和认识手段的发展，使博物馆藏品成为挖掘不尽的信息资源。在技术层面上要借助现代科学技术，例如充分运用档案记录、照相、录音、录像及多媒体技术和手段，进行民俗文化遗产的抢救和保护工作，力争保存民俗文化遗产直观、“活态”的整体。

今天，博物馆在收藏、研究和展示民俗文化遗产方面，具有重大的责任，也是博物馆进一步实现其核心价值，进一步深化社会服务的体现，符合博物馆发展的规律，是博物馆的新时代主题，具有深刻的社会原因和时代影响。博物馆要满足社会的需求，从观念层面上要拓展博物馆传统的文化观念，不仅要重视物质文化遗产的抢救和保护，也要重视对非物质文化遗产的抢救和保护；不仅要对文物藏品进行历史、质地、制作与功能的研究，也要重视对文物藏品的文化分析和解释，研究如何用文物藏品来再现文化；积极参与对民俗文化遗产的抢救和保护工作，给观众展示和为后人保存一个文化的整体。

10.3 促进民族和谐的民族博物馆

今天，我国民族地区地方性的知识和习俗在迅速消逝之中，少数民族传统文化面临着严峻的挑战与危机，包括少数民族文化在内的中华民族文化多样性的保护迫在眉睫。因此，保护民族文化遗产逐渐成为社会共识，也成为我国当前刻不容缓的文化战略。保护民族文化同保护我们赖以生存的环境一样，应该受到更加广泛的关注。在民族文化遗产保护的行动中，民族博物馆不可替代的作用得到普遍重视。

10.3.1 民族博物馆保护民族文化

“人类历史上存在过成百上千种文明形态和文化类型。正是它们融合、演变、发展形成今日世界的文化面貌”。今天“人类是多种族、多民族的。按文化可分为约 2070 个民族，按语言则可分为约 3500 个民族”[①]。这些民族分布在 200 多个国家和地区，绝大多数国家由多民族组成。全世界共有 6000 多种语言和几千种生活模式，亦即自成体系的文化。19 世纪 40 年代，在欧洲开始出现了诸如“巴黎民族学会”这样的人类学专业机构，与其他的学科不同，从很早开始，这些人类学的机构就致力于创建自己的标本室、陈列室或博物馆，用于陈列他们从世界各地收集来的标本、文物等实物资料。

可以认为，这些由人类学专业机构创建的标本室、陈列室或博物馆，即是西方最早

① 段勇：《多元文化：博物馆的起点与归宿》，载《中国博物馆》，2008（3），5 页。

的民族博物馆的雏形。但是，真正现代意义的民族博物馆出现则是19世纪70年代以后，首先在英、美、法、德等国家建立了一批民族博物馆，例如德国柏林世界民族博物馆，将其在殖民地和附属国收集、掠夺来的民族文物进行展出，民族博物馆正式成为西方博物馆的形式之一。这些民族博物馆所收藏文物中的大部分来自人类学家田野调查的收集，而拥有博物馆，也成为人类学区别于社会学等其他学科的一个重要标志。在西方，许多早期的人类学家的研究和工作都与博物馆有着紧密的联系[①]。

20世纪初，随着民族学理论的传播与学术实践，民族学作为一个独立的学科在我国逐步得以确立。20世纪30年代民族学、民族学博物馆机构的建立和人才培养，产生了一批中国早期著名的民族学家和民族博物馆事业的先行者。他们在致力于中国民族学学科建设的同时，自觉地将建立中国民族学博物馆作为自己的理想和使命，将民族文物、民族学标本的搜集作为自己民族学田野调查和学术研究工作的一部分，通过民族文物、民族学标本的征集、相关影像拍摄与陈列展示，开始了早期民族博物馆的藏品征集与展览工作。

1928年中央研究院成立之后，民族学家和人类学家开始进入少数民族地区进行田野调查研究，系统地收集民族文物标本。身兼中央研究院院长和中央研究院社会科学研究所民族学组主任的蔡元培先生，认为民族博物馆既可以供给民族学研究的资料，又可以表现每一个民族文化与“发扬民族精神”，故提出建立中国民族学博物馆的建议，“标本之采集为民族学组重要工作之一。因标本不但可供组内职员之研究，将来搜集既多，便可成立民族学博物馆，以供外界人士之参观，而为社会教育之助也”，并将苗、瑶等民族的调查和筹建民族学博物馆作为民族学组的主要任务。

1932年，美国学者D.C.葛维汉（D.C.Graham）博士被派往成都，担任华西协和大学博物馆馆长。在他的主持下，注意开展考古学、民族学田野调查和文物标本搜集，所获文物和民族学器物标本逐渐增加，并且更为科学系统。至1936年，该馆已经搜集藏族、苗族、羌族、彝族等民族文物3400多件，观众年均8000人。1933年中央博物馆成立之后，与中央研究院合作先后进行了五次重要的调查和民族文物征集，对四川、贵州、云南、

① 杨明刚：《新时期人类学参与下的民族博物馆建设》，载《中国民族博物馆研究》，2011（1），13页。

海南等民族地区进行调查，收集了大量的民族文物。这些文物的征集、收藏成为新中国民族博物馆和民族文物事业发展的重要基础。

此外，20 世纪 30 年代杨成志先生在滇川交界的彝族地区进行调查，收集了一批彝族及其他民族文物，并成立中山大学考古文物工作室。1940 年 12 月，北京辅仁大学成立东方人类学博物馆。主要研究对象为“远东各民族及其相互关系”。1941 年，吴泽霖先生主持建立“苗夷文物陈列室”，并于贵阳先后举办了三次民族文物展览。当时，尽管专业性民族学博物馆场所、机构和人员还不多，展览形式、展示手法以及学科理论还存在初创时的局限性，但是，民族学博物馆作为教育和科研机构的地位以及服务于社会和社会进步的目标价值逐渐得以确立。

杨成志对欧美博物馆进行考察、学习、研究的深度和广度在当时是少见的，他在《我对于博物馆的兴趣谈》一文中说：“前后两次出国环游全球，在各国各地参观过各科别和各类型的博物馆数至三千所。”因此他对博物馆的功能有着正确而超前的认识，多次倡导建立民族博物馆。他认为人类学的研究若脱离了博物馆便等于缺了实验室一样。1956 年杨成志先生作为“中国民族博物馆十二年远景规划”召集人和执笔人，提出在首都设中央民族博物馆，五个自治区设区博物馆，自治区设州博物馆，中央民族学院暨地方民族学院，设展览馆、文物馆。这些规划，有力地促进了民族博物馆工作的进行，为后来民族博物馆的发展打下了很好的基础[①]。

新中国成立初期民族博物馆发展以民族文物展览拉开帷幕。1949 年 11 月，由民族学家吴泽霖先生主持，清华大学在北京艺术专科学校举办了台湾、西藏、西南少数民族文物展。该展览成为新中国第一个民族文物展览。1950 年 10 月，“中国少数民族文物展览”在北京开幕。四川、贵州、湖南、湖北等省也相继举办了有关少数民族展览。在北京故宫举办了“全国少数民族文物图片展览”。展览闭幕不久，中央民族事务委员会正式组建中央民族博物馆筹备处。1950 年 10 月，以“中央民族博物馆筹备处”名义印发了《对于国内各兄弟民族文物的搜集范围》手册。

这一期间，以费孝通先生为代表的学术界专家积极建言献策，提议修建包括汉族在

① 唐兰冬：《杨成志与民族博物馆》，载《中国民族博物馆研究》，2011（1），76 页。

内的全国性的、综合性的民族博物馆。1958 年 8 月，北戴河会议决定将民族文化宫列入"国庆十大建筑"之一，国务院下发《关于征集民族文化宫所需展品和图书的通知》。1959 年 10 月，民族文化宫落成典礼暨《十年来民族工作展览》开幕式隆重举行。从 20 世纪 50 年代后期，内蒙古自治区博物馆（1957 年）、云南省博物馆（1958 年）、贵州省博物馆（1958 年）、甘肃省博物馆（1959 年）建立；到 20 世纪 60 年代前期，新疆维吾尔自治区博物馆（1962 年）、四川省博物馆（1965 年）等边疆民族地区的博物馆相继落成开放。至 1959 年，除青海、西藏两地外，全国各省、市、自治区都有了博物馆。

民族可移动文物是各民族历史上制作、拥有和使用过的，反映各民族历代文化，并有一定历史、科学、艺术价值的实物。民族文物有广义和狭义之分，从广义而言，民族产生以来人类留下的有历史、艺术和科学价值的遗物等实物资料皆为民族文物，其中包括考古发掘品、传世文物和近现代民族文物。从狭义而言，民族文物则主要指近现代各民族所使用的具有民族特点的实物资料，包括各民族的传统生产生活用品、服装服饰、宗教用品、工艺美术品等。民族文物有着丰富而广泛的含义。从历史的纵向来看，民族文物可分为古代民族文物和近现代民族文物两部分。

上述考古发掘品和传世文物是指我国古代各民族民众创造的物质文化和精神文化的历史遗物等实物资料，凝聚着我国古代各民族民众的聪明才智，是我国历史上各民族民众共同缔造统一的多民族国家的真实写照。上述近现代民族文物是指近代以来，各民族在社会生产活动中遗留下来的具有民族特色和历史、艺术、科学价值的遗物。包括清代、民国、中华人民共和国成立后三大历史阶段的遗物等实物资料[①]。民族文物不仅是研究民族史的宝贵财富，也不仅是研究人类发展史、社会发展史的重要资料，更是进行民族优秀传统教育，增强民族团结的珍贵教材。

在民族文物征集保护方面。20 世纪 50—60 年代，全国大规模的民族识别工作及少数民族社会历史调查的开展，极大地推动了民族文物征集工作。例如结合少数民族社会历史调查和民族识别工作，派往各民族地区的慰问团、访问团和调查组，收集了大量价值很高的民族文物。仅 1949 年至 1966 年的 17 年中就收集了 40 多个民族的文物 23 000

① 们发延：《民族文物保护现状及其对策》，载《中国博物馆》，2006（2），3 页。

多件，照片 10 000 多幅。这些民族文物资料成为中央民族大学民族博物馆的基础藏品。有些少数民族由于历史原因，没有本民族的文字或关于本民族历史的文字记载，在这种情况下该民族的历史文化遗迹和遗物，就成为研究该民族唯一可依据的材料，具有特别重要的价值。

同时，一些省和自治区也开展了民族文物征集工作。例如云南省在 1954 年组织三个工作组分赴滇西、滇南等地区进行民族文物征集。1962 年，又组织了五个调查组分赴哀牢山区、红河、德宏、西双版纳、大理等地进行民族文物的征集。1955 年，黑龙江省派出工作组赴省内各少数民族聚居区，进行民族文物调查征集。1957 年，湖南省派出工作组赴省境内西、南边远民族地区征集文物。大量民族文物经过征集、保护、研究而得以进入博物馆。这些民族文物从不同侧面反映一个民族的社会发展、社会生产和社会生活，是研究民族历史，特别是研究少数民族文化发展的实物资料。

民族博物馆是我国博物馆大家庭的重要成员，作为抢救、征集、收藏、保护、研究和展示民族文化遗产的场所，民族博物馆越来越受到国家和地方各级政府的重视。吴泽霖先生在 20 世纪 80 年代对于民族博物馆的表述是："民族博物馆在今天的中国指的是有关中国少数民族的一种专业性博物馆。"我国民族博物馆事业的生成与发展得益于民族学与博物馆学共同的努力①。改革开放以来，民族博物馆在数量和规模方面都有了显著增长和提高，至今已有约 200 座。其中新建西藏博物馆、青海省博物馆等省级博物馆；云南省民族博物馆、广西民族博物馆、海南省民族博物馆、黑龙江省民族博物馆，以及宁夏回族自治区固原博物馆等博物馆陆续建设。

目前，我国有 20 余个少数民族已经拥有自己的博物馆。少数民族聚居的西部 12 个省区，拥有 500 余座博物馆。30 个民族自治州，大部分都建有民族博物馆，例如吉林省延边朝鲜族博物馆、青海省海南州民族博物馆、湖南省湘西州博物馆、四川省凉山彝族奴隶制社会博物馆、贵州省黔东南州民族博物馆、云南省大理州民族博物馆等。近年来，又出现了一批独具特色的市县级民族博物馆，例如黑龙江省铜匠赫哲族博物馆、内蒙古鄂伦春民族博物馆、辽宁省岫岩满族博物馆、广西靖西壮族博物馆、四川省茂县羌族博

① 雍继荣：《中国大陆民族博物馆事业的历史发展》，载《中国博物馆》，2006（2），19 页。

物馆、云南省丽江纳西族博物馆等。

上述民族博物馆和相关保护机构的建设，通过开展一系列的普查、征集和保护工作，一大批珍贵的民族文物得到抢救保护，馆藏民族文物数量不断增加。例如 1986 年 10 月开馆的海南省民族博物馆和 1988 年建成开放的黑龙江省民族博物馆征集收藏的民族文物均已超过 10 000 余件；1995 年建成的云南省民族博物馆现有云南 26 个民族的各类文物 38 000 余件；中国民族博物馆筹备近 30 年来，从未停止过开展业务工作，已经征集收藏各民族文物 4000 余件。另外，成立于 1959 年的民族文化宫博物馆，几十年来通过开展田野调查，不断地接受捐赠、调拨和征集，收藏了近 50 000 件各民族文物精品。但是，民族文化宫在功能上偏重于展览。

高等院校的民族博物馆在民族文物保护、研究和展览方面发挥重要作用。1951 年中央民族学院文物研究室、1952 年西南民族学院民族文物馆、1953 年中南民族学院中南少数民族文物陈列室相继创办，直接为科研和教学服务。这三个民族院校的民族文物研究与陈列机构，是我国在 20 世纪 50 年代最先建立起来的具有民族博物馆性质的机构。20 世纪 80 年代以后，高等院校的民族博物馆相继实施改建和扩建，1981 年 10 月，云南民族学院民族博物馆落成对外开放；1986 年，中南民族大学民族学博物馆在原有的中南少数民族文物陈列室基础上建成，馆藏民族文物 1 万余件，基本陈列包括“中国民族服饰造型艺术展”“土家族民俗展”“南方少数民族工艺展”“海南黎族传统文化展”等。

1988 年 9 月，中央民族学院在原有的文物研究室基础上，正式成立了中央民族学院民族博物馆，现已收藏我国 56 个民族文物 20 000 余件，基本陈列“中华民族传统文化展”，包括北方民族服饰文化、南方民族服饰文化、生活文化、宗教文化等四个主题；1992 年，西南民族大学博物馆在原有的民族文物馆基础上正式成立，馆藏有反映四川、云南、贵州、西藏、湖南、黑龙江等省区 30 多个少数民族历史、社会制度、生产、生活、艺术、宗教、文字、服饰等民族文物 1 万余件，主要为本校教学服务，并向社会开放。此外，还有西北民族大学博物馆、云南大学人类学博物馆等高等院校民族博物馆建成，并开展文物保护、陈列展览和科学研究工作。

博物馆文物藏品是博物馆工作的重要信息资源，是全面反映人类和人类生存环境的现状及发展的证据。我国各级民族博物馆等文物收藏机构，目前保存有各民族文物数十万件（套），内容涉及我国各民族的生产工具、生活用品、宗教用品、工艺美术、礼器乐器、钱币印玺、文书封诰、服装服饰、文字古籍等；这些民族文物产生于不同的历史时期，是各民族不同时代社会生产、社会制度、社会生活的真实反映。此外，民族博物馆还收藏有大量直接反映各民族语言文字、文学艺术、节日庆典、婚姻家庭、宗教仪式等相关录音、录像、照片和文字描述资料等[①]。

长期以来，云南民族博物馆重视民族文化遗产的调查、抢救和征集工作。经过近 20 年的努力，至今已征集到各类民族文物 38 000 多件（套），内容包括了云南各民族不同的生产工具、不同质地和不同工艺的服装服饰、各式各样的生活器具、各类餐饮用具、各类节庆道具、各种传统手工艺品、各式运输工具、各民族文献古籍等各类民族民俗文物。各地民族博物馆的文物库房和陈列展厅是保护民族文物的重要设施，但是从目前的情况来看，很多馆藏民族文物的保护条件存在着一些突出问题。因此，应注重提升民族博物馆文物保存环境，使珍贵的民族文物得到更好的保护。

民族文物是各民族优秀传统文化的重要组成部分，同样也是博物馆挖掘、整理、收藏和保护对象。民族博物馆征集珍贵的民族文物，在整理研究的基础上举办陈列展览的目的，不仅是为了研究和反映本地区各民族的过去和现在的经济、政治、文化、社会以及日常生活情况，而且是为了尽最大努力，最大限度地将该地区各民族的生活方式、物质文化和精神文化状况，通过博物馆的宣传功能，全面如实地反映出来，为当代和后代人们的物质和精神文化生活提供服务。同时，也使人们进一步认识不同民族的不同文化形态和类型，有利于解决现实生活中存在的一些实际问题。

我国民族文物陈列展览主要有民族博物馆和民族文物展厅等类型。民族博物馆是以该地域内所有民族或某一民族为对象，收藏、研究和展示民族文物的专题博物馆。民族文物展厅则往往以综合类博物馆的部分展厅或特别展览的形式存在，借助民族文物及相关资料，以一定的主题对某一民族，或某些民族的传统文化进行诠释，以达到一定的展

① 杨正权：《民族民俗文物的流失与保护》，载《贵州文化遗产》，2011（1），70 页。

示目的，兼具教育和宣传的性质。同时，民族博物馆应该突破原有馆舍天地的桎梏，运用开放的眼光，放眼整个社区，对民族文物、生活生产工具、各类非物质文化遗产进行收集和保护，博物馆不仅仅固守于一个特定划分的空间，而将整个地区都变为博物馆文化传播的领域。

民族文物陈列不应简单沿袭以文物类型为序列的方式，而应采用更加符合民族文物特性的陈列展览方式。例如由于不同地区的民族文化差异较大，因此可以采取以地区为单元来展示民族文化的形式，揭示本地区民族文化与其他地区民族文化的异同；由于每一个民族就是一个完整的文化体系，因此可以采取以族群为脉络来展示民族文化的形式，清晰地将族群特色展示出来；由于不同民族在某些方面与其他民族有着共通之处，因此可以基于这种共通性，按照文化主题来进行陈列展览。同时，少数民族生活生产中的各类用具，凝结了历史智慧和劳动情感，如果简单以器物、年代等进行分类陈列展示，离开了其存在的物质条件和精神支持，它们终将失去其活的灵魂。

博物馆是一个国家、一个地区、一个民族历史文化的缩影和窗口，而以民族文化为主题的博物馆是多民族国家必不可少的文化设施。随着人们对保护和弘扬少数民族文化意识的增强，民族文化遗产这一民族文化的载体也受到了越来越多的重视，同时民众对于民族文物的兴趣自然也越来越浓厚。当前，我国博物馆事业进入了一个前所未有的发展时期，其中各类民族博物馆达到 400 余家，在数量方面具备了一定的规模。但是，民族博物馆的数量增长状况，不仅与我国多民族国家的基本国情不相适应，而且与我国日益增长的国际地位也不相适应。

我国有 55 个少数民族，目前近半数没有自己民族的博物馆，要达到每一个民族都有一座以上博物馆的期望，还有很长的路要走。例如云南地区有布朗族、普米族、德昂族、阿昌族、怒族、基诺族、独龙族等 7 个人口较少民族。云南全省共有各级各类博物馆 105 个，其中民族博物馆 12 个，但是仍然没有一个人口较少民族博物馆。为此，在 2006 年，全国政协十届四次会议上，笔者提出《关于实现每一个少数民族拥有一座以上民族、民俗博物馆的提案》，建议国家财政支持民族博物馆的建设，特别是加大对尚未建立起民族博物馆的民族地区的扶持力度，在项目、资金等方面统筹规划，给予倾斜性的支持。

当今世界，越来越多的国家开始拥有国家级的民族博物馆。首都北京作为全国政治、文化中心，尽管已有各类博物馆 150 余座，但是，至今却没有一座能够集中系统展示中华民族多彩文化的国家级民族博物馆。建立中国民族博物馆是几代博物馆工作者数十年的愿望。中国民族博物馆从 1984 年开始筹建，1995 年 5 月正式挂牌。

10.3.2 民族博物馆促进民族和谐

我国是世界上人口最多、民族数量最多、民间信仰最丰富的国家之一，56 个民族，使用着 82 种语言，民族民间文化艺术绚丽多彩，共同构成了多元一体的当代中华文化。广袤的疆域由各民族共同开拓，悠久灿烂的中华文化由各民族共同发展，统一的多民族国家由各民族共同缔造。在漫长的历史进程中，各民族的起源和发展具有本土性、多元性、多样性的特点。各民族在发展中互相吸收，经过不断的迁徙、杂居、通婚和交流，民众之间密切交往、相互依存、交流融合、休戚与共，逐步融合为一体，形成中华民族多元一体的格局。

60 年来，我国的少数民族人口持续增加，占全国人口比重呈上升之势。根据全国人口普查，世纪之交少数民族人口为 10 643 万人，占全国总人口的 8.41%。各少数民族人口数量相差较大，例如壮族人口多达 1700 万人，而赫哲族人口只有 4000 多人。全国各民族的人口分布呈现大散居、小聚居、交错杂居的特点。许多少数民族即有一处或几处聚居区，又散居全国各地。西南和西北地区是少数民族分布最集中的两个区域。西部 12 个省、自治区、直辖市居住着全国近 70% 的少数民族人口，边疆 9 个省、自治区居住着全国近 60% 的少数民族人口。同时，少数民族聚居区大都地广人稀，资源富集。其中草原面积、森林和水资源蕴藏量，均超过或接近全国的一半，是国家的重要生态屏障。

每一个民族都有自己独特的文化，每一种文化也都有自己独特的价值，没有高低优劣之别，世界上从来就不存在一种可以衡量民族文化优劣的价值标准。必须平等地看待每一个民族的文化，对之采取尊重、宽容乃至欣赏的态度。实行民族平等，是我国民族政策的基石，《中华人民共和国民族区域自治法》等法律法规对民族平等进行了具体而明确的规定。我国各民族一律平等包括三层含义：一是各民族不论人口多少，历史长短，居住地域大小，经济发展程度如何，语言文字、宗教信仰和风俗习惯是否相同，政治地位一律平等；二是各民族不仅在政治、法律上平等，而且在经济、文化、社会生活等所有领域平等；三是各民族公民在法律面前一律平等，享有相同的权利，承担相同的义务。

在我国这样一个多民族国家，维护民族团结有着特别重要的意义。文化认同主要是指各民族之间文化的相互理解、沟通，彼此认可与尊重。民族是拥有共同文化认同的共同体。使用相同的文化符号，遵循共同的文化理念，秉承共有的思维模式和行为规范是文化认同的基本依据，文化认同过程包含了伦理道德规范认同、宗教信仰认同、风俗习惯认同、语言认同、文化艺术认同等。关键要使当地居民在心理上对自身传统文化具有文化认同。只有被本民族认同的、认可的文化，才有可能被传承和发展。只有当地民众认识到自身所创造的文化价值和保护的必要性时，才能进行有效的保护。

在民族文化遗产保护法规体系建设方面，新中国成立以来我国制定了一系列的文物保护法律、行政法规、地方性法规和行政规章，其中很多都有民族文物保护的相关内容，使民族文物保护具有一定的法律依据。其中《中华人民共和国文物保护法》明确规定，在中华人民共和国境内，受国家保护的文物有“反映历史上各时代、各民族社会制度、社会生产、社会生活的代表性实物”；《关于文物出口鉴定标准的几点意见》中指出，“少数民族文物，1949 年以前生产的暂时一律不出口”。进而按照《文物进出境审核管理办法》规定，凡 1966 年以前的少数民族文物，一律禁止出境。

民族文化遗产是各民族传统优秀文化产生、发展、演化的物证，是博物馆挖掘、整理、收藏、研究的对象，它们所承载和传递的是一个民族的生活方式、社会结构、人伦礼俗、智慧精髓等至关重要的文化信息。民族文化遗产历史悠久，丰富多彩，大多是研究民族历史、民族文化不可多得的珍贵“活化石”。民族文化遗产有许多自己的表现形式，例如富有民族特色的音乐舞蹈、口头文学、传统体育、婚恋习俗、礼仪庆典、民族工艺、生产技能、语言文字以及特色服饰、房屋式样等。通过对民族文化遗产的深入研究，可以加深了解各民族文化演变发展的历史，加深了解中华民族的传统文化和多元一体格局的全貌。

我国少数民族文化遗产种类繁多，数量巨大。长期以来，有关部门及其机构为抢救、保护、传承民族文化遗产做了大量卓有成效的工作。早在 20 世纪 50 年代，国家有关部门就组织了有民族学、历史学、语言学、考古学等方面专家参加的较大规模的少数民族历史、语言、社会、文化、风俗习惯的调查，涉及 16 个省、自治区的少数民族和 42 种少数民族语言，积累了数千万字的研究笔记和资料，抢救、保存了大量少数民族地区的民族和民间历史文化资料，至今仍有大量的原始资料尚待分析利用。由于我国少数民族地区长期缺乏系统客观的文献史料，因此，这些原始资料的整理分析研究工作，具有十分重要的意义。

人类社会飞速发展，随着全球化趋势和现代化进程的加快，人类文明进入全球化和信息化的新时代。由于传统的生产生活方式发生了前所未有的变化，我国民族文物赖以生存的自然环境和社会环境也在不断改变。许多民族能够反映本民族历史文化特点的生产工具、生活用品，已经被现代化的机械产品所代替，民族村寨、传统建筑等整体性消失速度日益加快，一些独具特色的民族文化正在消亡。同时，民族文物外流现象十分严重。大量民族文物在新中国成立前就已经流入了西方国家以及日本等地的博物馆、研究所及私人收藏者手中。

新中国成立以后，民族文物外流现象一度得到遏制。但是 20 世纪 80 年代以来，以民族文物为对象的商业活动十分活跃。许多民族地区都出现了专营民族文物买卖的商贩，他们深入民族村镇，通过各种渠道低价收购民族古籍、铜佛、唐卡、经卷，民族服装、头饰、佩饰，织、染、绣工艺品等民族文化资料和实物，再高价进行售卖。由于许多民族文化遗产集民族历史、文化和工艺于一身，受到国外有关文化机构和个人的青睐，他们借商贸、旅游、学术交流之机，到我国西南、东北等民族文化资源丰富的地区，大量采集、收购我国传统工艺、民间艺术实物，使许多民族文化遗产在较短时间内流入欧美国家以及日本等地的博物馆、研究机构及私人收藏者手中。

由于长期以来，文化遗产保护方面的宣传教育滞后，在民族地区的大多数民众对民族文物的概念认识模糊，对民族文物价值的认识和了解不够，分不清什么是民族文物，什么是民族工艺品。"早些时候，在一些著名的民族村寨里，都会看到这些外国'收购大军'高价收购民族文物，他们手提着编织袋，一捆捆地将民间的刺绣品、服装、蜡染、工艺品乃至石器、建筑构件，打包请人拉上客车，有的甚至请车拉到货运站托运。一包货物最少也有两三百件文物"。"进入黔东南收购民族文物的外国人难以用准确数字来统计，但每年至少有万人之众，如按一人收购20件推算，这些外国人每年要从一个地区收购走民俗文物三四万件。20年时间至少有上百万件珍贵的民间文物流失海外"[①]。

民族文物是构成民族地区的文化资源，如果这些文化资源不断流失，民族文化就会成为空壳。传统文化加速消亡的结果，必然使民族文化所寄托的民族精神、民族情感、民族审美理想淡化与稀释，带来民族个性的变异和扭曲、民族特征的弱化和消亡，最终引起民族文化基因的改变。因此，急需对民族文物的常识进行广泛的宣传和普及，让民族文物的价值深入人心，从而使保存在民间的民族文物资源得到有效保护。博物馆固有的功能，在保护民族文化遗产方面，能够起到核心作用，因而应该积极地开展多方面的工作。随着民族文化遗产理念在民族博物馆的逐步深入和对其保护机制的逐步完善，民族博物馆的人才优势在对民族文化遗产保护中的作用将更加突出。

面对类型和数量如此庞大的民族文化遗产资源，仅仅运用博物馆自身的力量，对民族多样性文化进行保护显然不够。目前，民族博物馆汇集了大批具有历史学、考古学、民族学、博物馆学、民俗学、社会学、美学等相关学科知识和工作经验的专业人员。他们具有开展民族文化遗产保护工作所必需的正确理念和专业素养，并了解如何使用最先进的方法和技术来完成相关保护工作。其中一些专业人员本身就是某个民族的专家学者，熟悉本民族的语言，会使用本民族的文字，了解本民族的文化和生态环境，通过训练有素的田野调查、征集工作经验，容易与掌握民族文化遗产的当地民众沟通。

不同民族在繁衍生息的过程中，根据不同的自然环境和人文环境，创造了不同特点、不同形态的传统文化；这些传统文化积累发展起来，构成和传袭成了不同地域、不同语

① 杨正权：《民族民俗文物的流失与保护》，载《贵州文化遗产》，2011（1），70页。

言、不同经济生活的地域文化；这些地域文化经过长期的发展融合后，由于文化标准、文化特征、文化模式、文化结构的不同，形成独具特色的民族文化。费孝通先生提出："人文资源是人类从最早的文明开始一点一点地积累、不断地延续和建造起来的。它是人类的历史、人类的文化、人类的艺术，是我们老祖宗留给我们的财富。人文资源虽然包括很广，但概括起来可以这么说：人类通过文化的创造，留下来的、可以供人类继续发展的文化基础，就叫人文资源。"

所谓资源是为一定的社会活动服务的，离开社会活动的目的，资源毫无意义，甚至可以说，也就没有了资源的存在。文化多样性是人类社会发展的源泉和动力，是各个国家和民族宝贵的资源和财富。文化多样性，也是我国民族文化遗产的基本特征。每一个民族都因其所处文化传承土壤不同，而保持着独特的生产、生活和情感表达方式，因而拥有独特的民族文化遗产。许多珍贵的民族文化遗产是丰富多彩的民族文化活动的产物，能展示出生动的民族发展史。它作为历史的见证，是一个民族的象征。

1990 年 12 月，费孝通先生提出"各美其美，美人之美，美美与共，天下大同"的十六字箴言。"各美其美"是指各个民族都有自己的价值标准，各自有一套自己认为是美的东西。这些东西在别的民族看来不一定美。然而，能容忍"各美其美"是一大进步。只有在民族间频繁的平等往来之后，人们才开始发现别的民族觉得美的东西自己也觉得美，这便是"美人之美"。从这种境界再升华一步就是"美美与共"，不仅能容忍不同价值标准的存在，而且能赞赏不同的价值标准，如此离人类建立共同的价值就不会太远了，即所谓"天下大同"。一个民族能够经历灾难生存下来，形成长久的传统，必然有能力处理好人与自然的关系，必然有自己的生存智慧并且能够从这种智慧中获得幸福。这就是民族文化。

"文化自觉"是费孝通先生重要的学术思想，他主张每个民族都要通过文化自觉来重新审视自己的文化和他人的文化，找到本民族文化的"安身立命"之地。保护本民族的文化遗产，应该是各民族文化自觉后的具体行动。民族文化遗产的保护不能由政府和专家包办代替，政府的责任是制定政策、提供服务，专家学者的作用是进行研究、提供指导。要确保当地民众参与民族文化遗产保护与发展的权利，这是民族文化遗产能够得以保护的最重要因素。当一个民族缺乏“文化自觉”的时候，任何来自外部的“越俎代庖”式的“保护”，都是暂时和难以真正发挥作用，使各民族的文化遗产得到传承和发展，最终还要依靠各民族自己的觉悟和行动。

各民族的文化遗产都是由当地民众所创造和传承，当地民众对本民族的文化遗产享有不容替代的解释权利。在任何保护民族文化遗产的行动中，都必须以当地民众为主体，使他们能够全方位、全过程参与，并使他们通过参与而获得应有的利益。因此应通过建立具有地方特色、村民自治、民众参与的民族文化遗产保护的体制和机制，充分认识民族文化遗产资源的宝贵价值以及保护民族文化遗产的紧迫性，培养当地民众的民族文化遗产保护意识，养成自觉保护文化遗产的良好习惯，自觉抵制和有效制止破坏民族文化遗产的行为。

侗族村庄坐落于郁郁葱葱的生态环境之中，人、村落与自然环境的和谐统一，保证了生活和生产得以世世代代持续发展。几年来，笔者在不同的场合，将贵州黎平县地坪乡民众在暴风雨中抢救家乡风雨桥的事迹讲了上百遍，在家乡的风雨桥遇到危险的时候，这些侗族的青年人之所以能够奋不顾身地跃入洪水去拼死打捞风雨桥的构件，就是因为在村落中，风雨桥是具有“场所精神”的公共文化空间，是文化之桥、艺术之桥、精神之桥乃至生命之桥。风雨桥是村落山水乐章的序曲，更是高潮，代表着村落的气质与品位。除了交通功能，风雨桥还是人们歇脚过夜的驿站、娱乐休憩的场所、文艺创作的空间、祭祀祈福的庙堂。

民族不是以血缘和血统，而是以文化来区分。一个民族的文化独特性一旦消失，这个民族事实上也就已经不再存在。随着经济全球化趋势和现代化进程的加快，给世界文化带来单一性的危险。强势文化对弱势文化的侵吞逐步加剧，一些独具特色的民族文化正在消亡。保护民族文化，捍卫民族文化的独立，维护文化的多样性，成为世界各国尤其是广大发展中国家面临的一个重大课题。因此，越来越多的国家在积极探讨保护民族文化的有效方式，深化对民族文化价值的认识，更为珍视自己的文化遗产，使其得到更为有效的保护。

我国55个少数民族的文化是存在于各个民族地域、城市和乡村中的原生态文化，是中国文化的重要源头和根基，是民族精神和情感的重要载体。民族博物馆的建设，在增强民族自觉意识、保护民族特色、加强对民族文化的研究和整理等方面，发挥出难以替代的作用。建立民族博物馆，不仅仅在于为人类学、民族学、民俗学、社会学等科学研究提供“活标本”，更重要的是要有利于文化遗产的保护与传承，而且这些独具特色的民族文化遗产资源能够促进当地经济社会的发展，带动当地民族文化的传承与弘扬，使当地民众的现实生活得到改善。

美国3D电影《阿凡达》的播映，引发人们对于所生活的蓝色星球环境的思考。影片讲述生活在美丽的潘多拉星球上的纳威人奋起抵抗地球人入侵，保卫家园的感人故事。在现实生活中也经常发生类似环境安全事件。例如贝罗蒙特水电大坝是巴西政府决定在北部帕拉州建造的一座水力发电站。据称，工程预计耗资高达110亿美元，完成后能为巴西提供1.1万兆的电力。但是自20世纪90年代开始筹建以来便争议不断，致使项目一直处于搁置状态。其原因在于该水坝所在的欣古河两岸大约500平方公里的土地将被淹没，河岸两边的少数族群居民也将因此失去安居之地。

面对外界的指责，巴西政府要求承建方支付环境保护费，但是环保组织和印第安土著居民仍然不买账。除了指责大坝破坏生态环境，他们还表示，大坝产生的能源主要供应亚马孙地区的采矿行动，普遍的巴西民众受益有限。电影《阿凡达》的导演詹姆斯·卡梅隆前往巴西圣保罗，支持巴西印第安人和环保组织的抗议行动，呼吁国际社会关注巴西土著居民。卡梅隆说：“我们必须试着去阻止大坝的修建。土著居民的整个生活方式和社会体系能否延续下去，就在此一搏。”巴西上演的现实版《阿凡达》并非特例。印度东部加里亚空达部落少数族群居民批评英国公司开发奈彦吉利山铝矿、澳大利亚少数族群居民抗议锡福德铁路工程破坏沿途生态和古迹均属此类。

一个地域的文化生态环境，往往经过漫长的历史时期所形成，其现状与历史发展休戚相关。随着经济发展和全球化的推进，祖祖辈辈繁衍生息在一个国家或地区的土著居民的生存空间和传统文化，不断遭到入侵和同化。对于那些早已被驱逐出家园，被剥夺了语言和文化传统的土著居民而言，其民族文化更已濒临灭绝。尽管现在世界各地都广泛认识到土著居民是处境最为不利和最易受到伤害的群体之一，但是，土著居民受到的严重种族歧视仍然没有消除，土著居民的文化遗产保护仍然面临很多问题。

在加拿大，由于政府长期以来忽视土著群体的权益，土著群体语言和文化都面临着严重的危机，有50多种土著群体语言都处在消亡的边缘。在全球母语遗失最为严重的澳大利亚，白人到来之前，澳大利亚大概有250种语言，如今却只剩下不到70种。生活在瑞典北部以及挪威、芬兰的萨米族被称为“欧洲最后的土著”，随着瑞典、挪威、芬兰等国的垦荒者，进入萨米人居住的区域随意进行伐木、开矿、兴建水利，越来越多的萨米人被迫转而搬到城镇居住，萨米文化和语言逐渐消失。如今，探访萨米人的愿望只能在一家面积不足100平方米的博物馆内实现，或是通过观看那些专为旅行团准备的表演聊以慰藉。

“中国是世界上地域面积最辽阔、地形地貌最复杂的国家之一，风光无限，气象万千，导致各地气候物产与生活习性差异很大，《晏子春秋》所言‘百里而异习，千里而殊俗’，《汉书》所载‘百里不同风，千里不同俗’，至今仍是常用且恰当的俗语”[①]。茂县，高高的山，潺潺的水，哺育着中华民族大家庭中最古老民族的独特文明，这里正是羌族民众的美丽家园。羌族民众对生存环境的科学择取和科学利用充分体现了其尊崇自然的生活态度和民族智慧。他们似乎与周围的环境建立了某种契约，他们身上保留着中国最古老的生活智慧。羌族民居建筑是人与自然环境和谐相处的典范，同时也是羌族民众宇宙观、人生观和审美观的物化。

在茂县羌族博物馆的建筑设计中，注意汲取羌族建筑的美学精华，感受羌族独特的建筑图腾，凸显自然与建筑的对话，体现出羌族民众适应自然、利用自然的高度文明成就。设计采用了浓郁的民族建筑风格和地域特色，同时又着力于现代科技的细腻内涵，充分显示出了民族传统、地域特色和时代精神的独特风格。同时，室外景观设计以建筑群落与山水元素创造丰富的室外空间，为博物馆的室外活动开展创造了条件，使博物馆成为

---

① 段勇：《多元文化：博物馆的起点与归宿》，载《中国博物馆》，2008（3），5页。

开放的公共城市空间。观众无须购票就可在博物馆的外部广场、内部庭院、中央大厅以及屋顶平台参与文化活动，使博物馆公共空间的设计不仅满足展出藏品的需求，也成为多功能的城市文化中心。

10.3.3 民族博物馆推动民族发展

人类社会是一个不断从低级走向高级的发展过程，所以民族文化也有不断发展和不断积累的内在要求，从而形成了文化传统。历史上，占我国人口多数的汉族主要生活聚居在黄河、长江中下游地区。而少数民族，大多分布于周边地区，这些地区多草原、沙漠、高原、高山、丘陵、湖泊等，宜于牧业、狩猎、渔业。周边少数民族与中原地区通过“茶马互市”“绢马互市”等，既满足了中原农业、交通和军事对马匹的需求，也满足了少数民族的日常生活所需，促进了经济互补和共同发展。

文化是一条流动的长河，处于永恒的变迁过程之中。就像世间万物都在不断变化一样，民族文化也处在永恒的变化过程之中。任何一个民族的文化，都是在流动的历史时间长河中和适应各时期社会文化过程中不断创造的结晶，既包含着继承历史的传统内容，也包含着适应各个历史时期的社会文化环境而再创造的内容[①]。与当下社会文化环境相隔绝的文化，没有生命力，也难以存续，事实上，在现实生活中也并不存在。因此，不可能将一个民族的文化原封不动地全盘保护下来，只能将一个民族最核心，最能体现其民族特征，最符合时代要求，最能实现人与人、人与社会、人与自然和谐相处和可持续发展的文化精髓，坚决地保护下来。

当前应重点保护在各民族社会生活中，仍然发挥功能与作用的活的文化内容；重点保护各民族传统文化中有利于生态环境多样性、生物多样性保护，有利于人与自然和谐相处，有利于促进各民族经济、社会、文化、生态可持续发展的文化内容；重点保护各民族传统文化中有利于民族团结、社会稳定、国家统一，有利于家庭、邻里、人际关系和睦的文化内容。同时，还要特别关注现代化进程中面临危机的和正在流失的文化；优先考虑文化遗存和积累较少、更加容易消亡的人口较少民族的文化。

① 何明：《全球化背景下中国少数民族研究对文化多样性保护的意义》，见谢沫华：《2006・中国昆明 亚洲博物馆馆长和人类学家论坛文集》，261 页，昆明，云南教育出版社，2007。

今天，全球化已经形成世界潮流，其推进速度之快、影响之广，超出了人们的预期和想象。一些拥有经济竞争、技术竞争、资本运作强势和话语霸权的国家和民族，影响着全球化的进程和方向，其他国家和民族，尤其是各少数族群文化基本处于无力抗争的弱势地位。伴随着传媒技术的发展与普及、市场化进程的加快、旅游业的升温，带有明确“现代性”特征的商品、货币、图像、技术、知识和思想等在民族地区迅速扩散。文化一体化的进程使主流媒体普及千家万户，挤压了传统文化存在的空间，致使人们在接受新知识、追求现代化的过程中，不自觉地渐渐疏离了滋养他们的民族文化和优良道德。

特别是少数民族地区，由于当地居民缺乏界定和解释传统文化的知识，对自己优秀民族文化的主人翁意识模糊，从而盲目追随外来文化，脱离自己的文化土壤。随着城市化快速进程，在外来力量的支持下，使民族地区在非常短的时期内，生活空间从封闭走向开放。人们在如饥似渴地接受新事物，进入新的时代，融入新的生活的同时，也开始迅速地脱离自己的文化传统。一些当地民众，特别是年轻人，误认为民族文化相对陈旧与落后，而外来文化相对先进与进步。于是，不但不会为自己所拥有的民族文化感到自豪，反而感到自卑，甚至全盘否定民族传统文化，希望尽快地从旧的传统文化中解脱出来，以便适应新的生活和新的竞争形式。

人类社会飞速发展，民族文化遗产所赖以生存的自然环境和社会环境发生了翻天覆地的变化，民族文化遗产在快速消失。许多民族反映本民族历史文化特点的传统生产技艺，已经被现代化的技术手段代替；许多民族的语言在现代文明的冲击下，其特色优势正在逐步消亡；许多无文字的民族，其文化精髓需口传心记来完成，随着语言文化习俗的丧失，其文化特点也随之消失。一个民族老艺人的去世，相当于埋葬了一座民族博物馆。赫哲族的鱼皮制作工艺、鄂伦春族的狍皮制作工艺、门巴族的木碗制作技术已经消失。黎族流传了600多年的棉纺织技艺、水族传统的银器制作工艺正在消失，这样的实例不胜枚举，民族文化遗产消失现象十分严重。

近年来，一些地方盲目无序的建设，漠视传统风格的建筑，使民族村落独特的文化价值荡然无存；一些地方以营利为目的，对民族文化遗产资源进行掠夺式开发，造成对少数民族民众感情的伤害。一些被搬上舞台的民族“原生态”歌舞表演，常常以审美效果不好、观赏性和艺术性不强、音乐节奏太慢等理由，认为必须加工、提高、升华，加入一些自己的创造，因此擅自篡改真实性的表现形式和内容，使民俗文化失掉原汁原味的魅力，变得不伦不类。更为严重的是，一些旅游表演，为了迎合部分游客的口味，加入一些不健康的内容，损害民族传统文化的纯洁形象。

人类学认为，一个民族的文化遗产就是这个民族的文化记忆，是具体历史时空中“各民族及他们生存环境的见证物”。英国人类学家拉德克利夫·布朗认为“文化是一个整合系统”[①]。人类学在发展中始终坚持将文化看成是一个整体，各个部分之间有着密切的关系，不孤立地看待其中的任何一个组成部分。民族文化中包含的物质文化和非物质文化，是同一个文化整体中两个相互独立又互相联系的个体，它们与文化产生的背景一同构成了完整的文化体系，一个因素的缺失就可能导致文化的整体性破坏，文化就失去了原有的功能。民族文物往往是传统技艺的载体，而这种技艺很有可能就是一种濒临失传或者已失传的传统技艺。

因此，面对丰富多彩的民族文化，在发掘、保护中应注意文化整体风貌的保存，在民族博物馆的民族文化遗产保护理念中，应始终将“整体保护”作为重要原则加以贯彻。要对民族文物进行科学展示，使之成为联结传统和现代、沟通民族之间心灵的媒介，首先必须对这些民族文物有科学而全面的认识，即重视博物馆藏品的研究。民族文物不同于一般文物，很多观众对其并不熟悉和了解。同时，由于民族文物联结着民族感情，因此更应该深入研究，避免出现错误，误导观众，甚至曲解民族文化，影响民族感情。这是民族文物和一般文物的不同之处。在民族文物的保护、研究和展示中，应注意与非物质文化遗产的保护和弘扬结合。

民族文化的记录、整理、保存、传承，都必须配备相应的设施、设备和经过训练的专业人员。应该通过博物馆社会职能的发挥，建立起民族文化遗产的保护网络，形成全社会集体观念，共同关注民族文化遗产的安危，齐心协力做好保护工作，才能保障幸存的民族文化遗产受到真正意义上的保护，并得以世代传承。在这一方面，云南民族博物馆、

① 覃琛：《人类学视野下的民族博物馆建设理论》，载《中国民族博物馆研究》，2011（1），8 页。

广西民族博物馆等都成为民族博物馆中的典范，其藏品数量、社会影响力、学术研究水平等方面，在我国民族博物馆中处于先进行列。

例如为了将云南民族博物馆建设成为云南少数民族影视图片资料中心，该馆建立了影视人类学工作室，会集专业技术人员，不间断地开展影视人类学专题片和民族学图片资料的拍摄工作。在拍摄过程中，始终以民族学或人类学的理论和方法为指导，采用纪实性、系列性拍摄为主要手段，拍摄了一系列影视专题片，积累了一大批民间工艺和民俗技艺方面的图片资料。同时，在博物馆建立了艺术家工作室，艺术家走进博物馆进行创作，是云南民族博物馆的一个大胆尝试。到目前为止，已经有 20 余位云南知名的艺术家在博物馆建立工作室，倾心于各类民族艺术的创作，书法、绘画、雕塑等艺术门类齐全，在保护与传承民族文化遗产方面做出贡献。

在我国 55 个少数民族中，有 22 个少数民族的人口在 10 万以下，统称人口较少民族。他们分布在内蒙古、黑龙江、福建、广西、贵州、云南、西藏、甘肃、青海、新疆等 10 个省（区）。22 个人口较少民族总人口仅占全国人口总数的约万分之五，但是民族种类却占 56 个民族的近 40%。近年来，人口较少民族民众的生产生活方式发生重大改变，与此同时，文化遗产保护形势愈发严峻。在人口较少民族地区，由于文化核心区范围较小，存续本民族传统文化的自身能力较弱，一些珍贵的文化遗产正在逐渐消亡。尤其是一些几年前还保存着浓郁地方特色的民族村寨已经面貌尽失。

2009 年全国政协会议期间，笔者向大会提交了《关于加强人口较少民族文化遗产保护的提案》，呼吁将人口较少民族地区文化遗产保护纳入国家文化遗产事业总体布局，提出保护和发展人口较少民族文化对于维护中华民族“多元一体”文化形态的重要意义，并认为开展人口较少民族文化遗产的抢救和保护行动已成为当务之急。这份提案被全国政协列为重点提案而受到重视，同时，全国政协提案委员会将其确定为当年深入基层调研的提案[①]。全国政协提案委员会和国家文物局联合组成专题调研组，考察广西、云南等地的人口较少民族村寨和民族博物馆。

在广西，调研组考察了环江县毛南族、东兴市京族、罗城县仫佬族的民族文化遗产

① 孙波：《在发展中保护 保护中发展——全国政协调研组赴广西、云南考察闽滇人口较少民族文化遗产保护纪行》，载《中外文化交流》，2010（1）。

保护和民族博物馆建设情况。其中环江县是全国唯一的毛南族自治县，这里居住着 5.8 余万毛南族民众。调研组来到距县城约 50 公里的毛南族村寨下南乡南昌屯。遗憾的是，这座居住着 40 户、200 多毛南族民众的村庄，已经没有多少民族文化特色可言。在新建的二层红砖小楼之间，仅保留下来数幢毛南族干栏式民族建筑。实地看到的村寨景观，与当地政府此前向调研组展示的几年前村寨照片和资料相比，已经面目全非。而近两年新建起来的大量“小洋楼”，既没有民族传统，也无法体现地域特色，更谈不上时代精神。传统民族建筑形式被轻易放弃，新的民族特色建筑形式尚未形成，这样发展下去，这些美丽的民族村寨会变得单调、浅薄、粗俗。正在消失的不仅是传统民族建筑，由于社会观念、生活方式等的快速变化，民族传统文化面临着有史以来最强劲的一次冲击，许多数年前尚在使用的民族生产生活用品、大量负载着丰富历史文化信息的民族民俗实物，在新村建设和生活方式转型过程中，被大量遗弃。其实，毛南族村寨的现状仅仅是少数民族文化遗产保护现状的一个缩影，其所反映出的是亟须解决的价值判断等深层次问题。

广西是一个多民族聚居的边疆地区，境内有 11 个世居少数民族，其中毛南族和京族是人口较少民族。调研组考察的几个民族博物馆都不同程度地存在着民族文物藏品种类单一、数量少、级别低的问题，正在兴建的民族博物馆藏品短缺问题更加突出。例如即将建成的广西环江县民族博物馆，目前仅有文物 500 余件，难以满足博物馆办馆的基本要求。对于人口较少民族，其人文历史、文化传统、生产生活方式和宗教信仰等，更容易湮没在历史长河之中而无从寻觅。而让拥有民族文化遗产的主体，以一种主人翁的姿态来进行真正意义上的文化传承，才能有效地实现文化遗产保护的根本目的。

近年来，在国家和自治区的支持下，东兴市建设了东兴京族博物馆暨京族生态博物馆。东兴京族博物馆，设在京族主要聚居地之一的广西壮族自治区东兴市，于 2009 年 7 月开馆。作为我国人口较少民族发展项目之一，该馆同时也是一座以收藏、研究、保护和展示京族传统物质与非物质文化遗产为主的专题博物馆，馆内常设基本陈列“大海是故乡——广西东兴京族文化展”，从居住环境、服饰文化、生产劳动、音乐艺术、传统节日和民间信仰等方面，通过实物、场景、图片、音像来全方位展现京族古朴而浓郁的文化，取得较好的效果。

贵州、广西、内蒙古、云南民族生态博物馆群的出现，为西部地区博物馆的发展探索出了一条新的道路。其中贵州民族生态博物馆群是中国与挪威两国政府合作的成功范例。“生态博物馆是国际博物馆的一种新型博物馆，它与传统博物馆的根本区别在于文化遗产存在的方式不同。传统博物馆是把文化遗产的精品聚集在博物馆中保护与展示它，而新型的生态博物馆中的文化遗产则是生活在它的原生地之中，由它的文化主人保护它、享用它、展示它”。“这种新博物馆以生态博物馆为代表，不断地推向文化的原生地。它不是处于退潮之中，而是处于涨潮之中，它的影响和生命力正在上升之中”[①]。

“1+10 工程”是广西实施的重大文化遗产保护工程。所谓“1+10 工程”是指以广西壮族自治区民族博物馆为龙头，10 个各具特色的民族生态博物馆为支撑的博物馆联合体。在联合体中，广西民族博物馆发挥龙头和“总平台”的作用，为各个民族生态博物馆提供人力、物力、技术、设备等方面的支持。10 个生态博物馆则作为广西民族博物馆的长

全国民办博物馆座谈会（2009年11月12日）

① 苏东海：《关于生态博物馆的一点思考》，载《中国文物报》，2010-12-01（8）。

期工作站和民族文化研究基地，向其提供藏品和研究成果。该博物馆联合体将通过网络搭建起资源共享及展示宣传平台。云南省民族博物馆、海南省民族博物馆、黑龙江省民族博物馆、西藏自治区博物馆、新疆维吾尔自治区博物馆、内蒙古自治区博物馆等，已经成为所在地区民族文化遗产的保护、研究和展示中心，在国内外都有相当知名度。

博物馆的民族文化遗产的保护，不仅要派专人深入现场抢救保护，收藏与民族文化遗产有关的实物，记录相关文化现象与过程，还应定期举办有关民族文化遗产保护的展览，出版研究成果。博物馆能够借助有形、有趣、民众喜闻乐见、能互动参与的形式，来充分反映民族文化遗产的创造过程或传统技艺，充分挖掘其文化内涵，使原本枯燥乏味的知识生动起来，使原本高高在上的内容亲近熟悉起来，突破以往博物馆陈列中图片、实物加说明的简单模式，给民族博物馆陈列展览带来勃勃生机与活力，不仅要使观众看到“物”，更要透过“物”看到所承载的历史和文化。

有条件的民族博物馆，可以请一些文化遗产的传承人举办讲座，使更多的人了解保护民族文化遗产的重要性，提高全民保护民族文化遗产的自觉性。特别是民族地区的地县级综合性博物馆，除收集历史考古文物外，亟须加强地方民族文物的征集和陈列展览。既可以为地方史迹陈列展览提供丰富的实物资料，有助于充分吸引观众，发挥宣传地方文化的积极作用，又可以及时保护濒临消失的独具特色的民族文化遗产。应注重民族文化遗产传承展示与当地经济社会协调发展的良性互动，促进相关产业的发展，使民族文化遗产传承展示服务于人们精神和物质生活需求。

如今，在海南省东方市的群山环抱中，保存着最后的黎族传统村落，村落中的传统建筑以黎族民众世代居住的船形屋为主，这些传统民居形似一条条倒扣的船，屋高3~4米，以竹木为架，茅草为顶，冬暖夏凉。近年来，当地政府为了改善黎族民众居住条件，在传统村落附近建设新式砖瓦水泥建筑，人们开始搬离世代居住的船形屋，住进新式房屋。根据当地政府的计划，黎族地区剩余茅草房的改造工作，将于2012年前完成。2010年3月，当笔者一行来到江边乡白查村考察时，发现这个延续了几百年，原有100余户人家的黎族村落，已经呈现一派颓败的景象。人去屋空的船形屋，也因无人居住而迅速破败，面临全面消失的厄运。据介绍，当地政府正在考虑开发黎族村寨旅游。

实际上，原住民参与保护是更为理想的方式。可以鼓励搬离村庄的黎族民众，白天再回到村庄，以传统方式修补船形屋建筑、打扫清理屋舍，让船形屋聚落恢复往日生活氛围，照旧升起灶火，煮水煮食，用传统民族食品、新鲜椰汁招待前来的旅游者，同时也可以继续在村落里种植农作物、圈养家畜、编织黎锦、制作民族工艺品，晚上再回到新村居住休息。条件具备的情况下，还可以让外来访问者体验船形屋居住生活。这些努力不但可以解决当地民众就业问题，而且可以使参观者获得真实的黎族生活体验，感受到最朴实最自然的黎族文化。更为重要的是可以使当地民众重新认识传统家园的文化价值，维护自己的文化、捍卫民族的传统，使黎族文化遗产得到持续保护，也使黎族民众的现实生活通过保护而得到改善。

地扪是黎平县茅贡乡一个侗族村民聚居的村寨，在侗语中，“地扪”意为泉水涌出的地方。青山、竹林、田畴、小溪、花桥、鼓楼、农舍，一切都显得那么和谐与静谧。坐落于此的地扪侗族人文生态博物馆开馆于 2005 年 1 月。该博物馆由以地扪为中心的 15 个村、46 个自然寨组成，覆盖人口 15 000 余人，地理面积 172 平方公里，核心文化保护区包括地扪、腊洞、登岑三个侗族村寨，博物馆设有社区文化研究中心和信息资料中心。地扪博物馆建立的宗旨是促进地方文化保护、传承，推动社区经济的发展，其职能是如实记录当地社区居民的昨天和正在变化着的今天，设法帮助当地居民增加收入，改善生活。这方土地上侗族乡民传统的人生哲学、生产生活方式、生存状态、民风民情、交往礼仪、民族性格等，都是博物馆的组成部分。地方人文资源如语言、服饰、建筑、歌舞、戏剧、风俗、宗教等民俗活态文化，以及当地人们平凡的每一天的劳作和生活，他们的喜怒哀乐、婚丧嫁娶，他们的科学与迷信、火塘与腌鱼，都是博物馆活生生的“展品”。不刻意保护是最好的保护，而时下一些所谓保护成了人为干预，特别是在开发旅游经济的名目下，当地原生态的自然和人文景观逐渐遭到破坏，被改变、消失，世世代代的土著居民原本和谐宁静的生活也被打破。地扪则不走这样的路子，他们让当地民众成为博物馆的真正主人，按照他们自己的愿望延续生活[①]。

① 龙炘成：《地扪的悠然时光》，载《贵州文化遗产》，2011（1），62 页。

从博物馆的公共属性来看，普通民众对于当地建什么性质的博物馆，建多大规模的博物馆，博物馆建在何处等，拥有知情权、参与权、监督权和受益权。博物馆不应只是具有历史、艺术、科学价值的文物藏品的栖息地，而应成为满足不同文化层次、不同经济状况、不同职业、不同年龄人群共同爱好与追求，展示人类活动、自然生态、地区发展、行业特色的文化场所。充分认识当地民众，特别是少数民族群体的地域感和文化认同感，帮助他们保障社会福祉和提升生活质量都至关重要。

10.4 扩展保护空间的民办博物馆

我国博物馆事业已经进入一个全新的发展时期，民办博物馆在其中发挥着越来越重要的作用，成为博物馆事业的重要力量，其发展潜力不可低估。按照目前的趋势，今后将出现更多形式的民办博物馆，如何加强民办博物馆发展状况研究，及时出台相关政策，保护先进力量，科学规范、扶持和管理民办博物馆的发展，充分发挥其作用，使民办博物馆真正成为博物馆事业发展的重要补充，已成为当前亟待解决的问题。

10.4.1 民办博物馆填补收藏空白

博物馆源于收藏。收藏分为两大系统，国家收藏和民间收藏。“盛世兴收藏”。我国民间收藏历史悠久，曾有专家认为，在历史上出现过宋代、清朝康乾年间、清末民初的三次民间收藏高潮。近年来，随着经济社会发展，广大民众生活水平的不断提高，一些具有收藏基础和经济实力的社会各界人士，开始通过收藏来充实生活、享受文化，各类民间收藏活动逐渐活跃起来。如今，收藏早已不仅是文人雅士的闲情逸致，参与收藏的人士越来越多，渐渐“飞入寻常百姓家”，在社会民众眼中成为健康的文化休闲生活行为。

收藏对于更多的人来说，也不仅意味着投资增值，而是一种对文化的感悟、对生活的体验。以往似乎只有瓷器玉器、字画碑帖、古籍善本等，才算得上真正的收藏，但是随着民间收藏者人数快速增加，收藏品类也不断发生变化。目前民间收藏品类已经达数百种，异彩纷呈，包罗万象。近年来，各种各样新的收藏品门类迅速增加，收藏群体也迅速蔓延开来。据专业组织估计，我国民间收藏爱好者有 7000 万人，实际上具体准确的数字难以统计。随着艺术品市场、拍卖市场在全国各地的出现和持续发展，民间收藏不断升温，逐渐成为社会民众现代文化生活的组成部分。

新中国成立后，博物馆作为公益性文化事业单位属于国家所有。在当时情况下，个人不仅没有条件，而且也没有可能兴办博物馆。改革开放以来，我国经济社会制度发生重大变化，特别是市场经济的建立，出现了以国有经济为主，多种经济成分共同发展的局面。而所有制形式的多样化，人们利益目标的多样化，文化选择的多样化，反映在博物馆方面的变化，就是民办博物馆的兴起。改革开放以来，民办博物馆的发展大致可以分为三个阶段：即第一阶段是从 20 世纪 80 年代初到 90 年代初的自发创立阶段；第二阶段是从 90 年代初至 90 年代末的批准设立阶段；第三阶段是 90 年代末至今的登记管理阶段。

从广义上看，民办博物馆是指民间力量创办并经营的博物馆。这种民办博物馆须具备以下条件，一是创办资金的非国有性。即创办资金不属于国家的财政资金，而属于个人、企业或其他社会组织的非国有资金。二是创办行为的非职权性。即创办民办博物馆的行为不是政府机关等公权组织的职权行为，而是个人、企业或其他社会组织的民间活动。即创办民办博物馆的行为属于民事行为，而不是公法行为。三是创办者及经营者的民间身份。即民办博物馆的创办者及经营者属于民间力量，包括自然人、企业、非营利组织等非公权组织。国家立法机关、政府机关、军事机关、司法机关等公权组织不是民办博物馆的创办者或经营者[①]。

民办博物馆的自发创立阶段是我国民办博物馆的雏形阶段。改革开放初期，一些有识之士，由最初单纯对于收藏的个人爱好，转为希望将其收藏及研究成果向社会展示，弘扬中华传统文化和民族精神，民办博物馆得以应运而生。一些较早进行专题收藏的收藏人士将其收藏成果陈列于一室，允许社会公众入内观赏。此时民办博物馆的名称并不统一，有的称博物馆，有的称陈列馆，也有的称收藏馆或其他名称。我国民办博物馆第

① 国家文物局博物馆与社会文物司：《新形势下博物馆工作实践与思考》，北京，文物出版社，2010。

一阶段的典型群体是出现在上海的家庭博物馆。“1981 年 3 月 22 日，上海陈氏算具陈列馆悄然开馆，揭开了民间藏馆的序幕，其后，上海地区的民间藏馆陆续出现，到 80 年代后期，较正规的民间藏馆已有 16 所。”[①]

对于上海第一家民办博物馆的成立时间，吴少华先生认为：“上海的家庭博物馆发端于 80 年代初。1983 年 4 月 9 日《解放日报》刊登了一条不起眼的小消息，说的是本市创办了一座‘王家钟表博物馆’。创办者为著名的已故钟表收藏家王安坚。他收藏早期的中外钟表 300 多件。这是中国大陆诞生的第一座家庭博物馆。紧接着，上海滩又出现了‘陈宝定算具陈列馆’‘陈宝财蝴蝶博物馆’‘韦清火花藏馆’等。从那以后，上海的民间家庭博物馆如雨后春笋般地涌现。据上海收藏欣赏联谊会统计，目前本市的家庭博物馆总数已达 120 余家。分布于全市各处，其整体优势占全国之最。”[②]

随着社会民众生活水平的提高，私人收藏之风渐行，民间收藏持续升温。以家庭为单位、不以营利为目的，仅限于收藏者与志同道合人士交流和研究，集收藏与展示于一体的家庭收藏室、私人博物馆，在城市社区内不断出现。但是，这一阶段的民办博物馆规模较小，收藏品类单一，展室面积狭小，多与家庭用房相连，博物馆基本没有员工，多由创办者临时担任讲解，观众数量不多，时常门庭冷落。10 多年前，上海市虹口区为鼓励民办博物馆的发展，将多伦路上多处房屋低价出售给民间收藏家，使多伦路一度成为民办博物馆密集的地区，但是由于种种原因，10 多家民办博物馆如今只剩下 2 家[③]。

一些当年曾有一定社会影响的民办博物馆，在运营一段时间后，或无奈关闭，或处于难以维持的境况。例如陈宝定算具陈列馆收藏有算盘 800 个、算尺 150 把、算器 50 件。1985 年中国新闻纪录电影制片厂拍摄的《珠算的故乡》纪录片，其中选取该馆的 500 多件算具藏品，扩大了陈列馆的社会影响。但是，自从陈宝定先生生病住院，陈宝定算具陈列室就不能正常运营，如今已经关闭多年。同样具有一定社会知名度的蝴蝶博物馆，也因创办者陈宝财先生病重而不得不闭馆。“私人博物馆大都靠痴迷其中的收藏者苦苦支撑，若子女对此不感兴趣，结果就是后继乏人，很难逃过闭馆的命运”。

从民办博物馆与政府关系的角度看，民办博物馆发展的第一阶段，最显著的特征在

① 宋向光：《 中国当代私立博物馆的发展》，载《国际博物馆（ 全球中文版）》，2008（1-2）。
② 宋向光：《中国当代私立博物馆的发展》，载《国际博物馆（ 全球中文版）》，2008（1-2）。
③ 张骏：《上海私人博物馆何以安身》，载《解放日报》，2010-12-04（5）。

于其游离于体制之外。各级政府既没有对民办博物馆进行规范管理，也不对其扶持鼓励，几乎是视而不见、不闻不问，完全任其自生自灭。进入20世纪90年代，情况有所好转。“1991年，上海文物管理委员会批准成立‘四海壶具博物馆’，允许其以博物馆名义对外开放，该馆于1992年12月正式开放”。1993年12月，《北京市博物馆登记暂行办法》由北京市政府颁布实施，并在全国率先审批注册民办博物馆，不但开创了博物馆登记管理的先河，也为民办博物馆的建立提供了法律依据。这些标志着民办博物馆发展进入了一个新的发展阶段，即批准设立阶段。

此后，各地政府有关部门开始通过行使批准权，对民办博物馆进行规范和管理。此时民办博物馆也被称作私立博物馆、民营博物馆等。《北京市博物馆登记暂行办法》颁布以后，陆续有数十位公民个人提出了开办民办博物馆的申请，收藏品除涉及瓷器、青铜器、玉器、陶器、碑帖、书画、民族服饰、家具等各类文物外，也有火花、门券、剪纸等各类收藏品。1996年10月，通过对申办人收藏经历、藏品价值、馆舍情况、学术研究能力等方面的考察，观复古典艺术博物馆、古陶文明博物馆、何扬吴茜现代绘画馆、北京遗箴堂碑帖拓片博物馆等四家民办博物馆获得北京市文物局批准，得以设立。

这些民办博物馆是我国依法正式注册的第一批民办博物馆，在全国首开由政府批准建立民办博物馆的先河，体现国家鼓励博物馆多元化建设政策的引导，打破了我国民办博物馆一直处于雏形阶段的僵局。广东是我国实施改革开放的前沿，也是国内民办博物馆起步较早的地区之一。1996年2月，广东中山蝴蝶博物馆获得广东省文化厅的批准。1997年深圳玺宝楼青瓷博物馆正式向社会开放。民办博物馆的出现，突破了长期以来由国家建设管理博物、公立博物馆一统天下的固有格局，为新时期博物馆事业发展注入了新的活力。

1998年10月，《民办非企业单位登记管理暂行条例》由国务院颁布施行，将民办博物馆列入民办非企业单位之列，所谓民办非企业单位，“是指企业事业单位、社会团体和其他社会力量以及公民个人利用非国有资产举办的，从事非营利性社会服务活动的社会组织”。由此我国民办博物馆被纳入业务主管单位（文物部门）和登记管理机构（民政部门）的双重管理体制，进入了登记管理阶段，2001 年，经北京市人民代表大会批准发布的《北京市博物馆条例》，以法规形式明确提出“鼓励和提倡社会各界、公民个人兴办博物馆，优先发展填补本市门类空白的博物馆”。这是在国内首次以法规形式明确允许非政府投资建立博物馆，有效调动了社会办馆的积极性，在社会上引起了很大的反响。

上海市民办博物馆的发展，在经历了 20 世纪 90 年代后期的“稍有停滞”之后，于 21 世纪初又悄然复兴，约有 110 多座各类民办博物馆、收藏馆、陈列室等相继创办，内容涉及传统技术、工艺制作、商标票证、生活器物及文史资料等众多领域。同时，位于黄埔区的三山会馆则被建成“上海民间收藏陈列馆”，轮换展出上海部分民办博物馆的精品收藏。此外，18 座具备开放能力的民办博物馆被列为涉外旅游景点，组成一条名为“都市觅史”的旅游专线，还印制了精美的中英文《家庭收藏分布示意图》用于宣传推广①。

为了促进民办博物馆发展，一些地方鼓励公立博物馆与民办博物馆在互利原则上建立合作关系。例如辽宁省积极支持公立博物馆与具备条件的民办博物馆联合举办展览，并鼓励民办博物馆特色藏品走进公立博物馆。陕西省将民办博物馆关中民俗艺术博物院确定为重大建设项目。浙江省针对浙江文物收藏的现状，自 2003 年始，充分利用浙江省博物馆的宣传与展示平台，推出了浙江民间收藏走进博物馆系列特展，并将其作为博物馆每年的重要展览延续下去。2004 年浙江省又举办了全省性的“家有宝藏”大展，荟萃展出民间收藏的各类文物，并积极对全省民间收藏的出土文物进行摸底、登记管理，掌握情况。

在民办博物馆扶持政策的鼓励下，宁波市鄞州区兴起博物馆建设热潮，无论是政府还是民间，无论是企业家还是收藏家，无论是文化界还是社会各界，都积极参与博物馆发展。至 2010 年 10 月，全区已建和在建各类博物馆共 27 座，总占地 27 万平方米，建筑总面积约 12.2 万平方米。其中公立的 9 座，民办的 18 座。在 11.75 亿的博物馆建设投资总额中民间资本达 8.5 亿。这些博物馆全部建成后，全区每 3 万常住人口就可以拥有一座博物馆。同时，着眼提高民办博物馆的公众参与程度，公众服务能力，强化财政补助，免费共享，面向全社会开放。目前已经累计发放补助资金逾千万元，受惠民众每年

① 李雪峰：《浅议民间博物馆发展的外部环境构建》，载《博物馆研究》，2010（4），38 页。

四川建川博物馆聚落（2009年12月28日）

近100万人次。

如今，我国的民办博物馆发展已经走过了30多年的历程，这一期间共出现过多少民办博物馆，有多少博物馆由于各种原因在开馆一段时间后关闭，缺少准确的统计资料。但是，民办博物馆发展的初级阶段已经度过，质量和层次都面临跨越新的台阶。截至2008年底，山西省经年检登记的民办博物馆共29座，从地域分布看，有23座集中在晋中市，其中平遥县有民办博物馆14座，这一民办博物馆群体的出现，主要是当地政府为增强平遥古城的文化内涵，出台优惠政策，鼓励民间力量利用特色鲜明的传统民居建筑创办博物馆。

2008年底，在四川省文物部门备案的民办博物馆达28座。其中，成都市区域内有民办博物馆25座，数量超过该市公立博物馆总数。辽宁省目前共有各类民办博物馆27家，每年接待观众80余万人次，其中免费接待观众20余万人次，社会效益比较显著。2009

年6月，浙江省共有民办博物馆82家。其中属私人或非公企业投资建设和管理的博物馆、纪念馆、陈列馆共41家，由企业和行业投资建设与管理的博物馆共41家。至2009年10月，北京市共正式注册民办博物馆26家，其门类涉及古代文物、工艺美术、民族民俗、服装服饰等多个门类，成为公立博物馆的有益补充，以及体现民间收藏水平的窗口。

长期以来，公立博物馆的藏品大多来自考古成果、社会捐献等方式，而民办博物馆的创办人大多来自民间，他们对文物的理解更加多样，文物藏品来源也更加广泛。同时，民办博物馆对民间收藏市场十分了解，具有与民间联系沟通的有效管道，能够掌握公立博物馆了解不到的相关信息，这也是民办博物馆发展的优势。事实上，对于各个历史时期社会生产生活中物质、非物质遗存的收藏、保护、展示，民办博物馆往往更具优势。今天，民办博物馆填补了博物馆领域的诸多空白，抢救、保存了大量珍贵文物。

在四川众多的民办博物馆中，建川博物馆具有广泛的影响。该馆汇集了800余万件藏品。为了实现既定的办馆目标，建川博物馆建立了480多人的信息网，在日本也有10多名信息员，每年数以万计的承载各种信息的收藏物品，从四面八方涌向四川盆地，仅2007年，就收到了238个集装箱的藏品。建川博物馆将收藏陈列重点定位于抗战文物、“文革”文物、抗震救灾文物和民俗文物等主题。博物馆园区大门有四根柱子，刻着四句话：“为了和平，收藏战争”“为了明天，收藏教训”“为了安宁，收藏灾难”“为了传承，收藏民俗”，这一办馆宗旨，表达了对国家、对民族、对社会、对历史的责任感。

每一次重大社会变革之后，人们在追求新生活的过程中，大量丢弃旧物，制造了一场场集体无意识的销毁记忆行动。但是，博物馆具有鲜明的文化传承作用。例如建川博物馆的收藏陈列为历史记忆补充了可以触摸到的往事细节。例如在“文革”文物方面，经过不懈努力，征集到这一特殊年代的上万种票证，数千面镜子，上千座钟表，万余张结婚证书，50万封家书，30多万张宣传画，数万件日记、公函、介绍信，5000多部电影资料以及大量收音机、留声机、油印机、幻灯机等，当年的日常生活用品一应俱全。陈列厅内还复原了当时工人、农民、战士、机关干部的住室，基层单位的广播室、医务室等场景[①]。

---

① 阮家新：《百姓视角下的历史——访建川博物馆》，载《中国文物报》，2009-12-02（5）。

近年来，民办博物馆在展览特色、办馆模式、运作机制等方面，积累了不少可贵经验。这些经验不仅对于民办博物馆自身，而且对于整个博物馆事业的改革、发展都弥足珍贵。今天，人们越来越认识到，社会文物的收藏与保护仅靠国家的努力远远不够。民办博物馆的设立，是社会发展的必然要求。民办博物馆作为社会公益事业的补充，一方面可以增加民众文化活动场所，提高社会公众文化素养；另一方面可以减少政府投资，使“藏宝于民”转为服务社会。目前，博物馆的功能不断扩大，使命不断增加，但是探讨民办博物馆的定位时，亦不应忘记其存在的核心价值。

“在中华民族的文化血脉中，有一种顽强而不可消除的收藏基因”。民办博物馆是数量巨大的民间、民族、民俗等类别流散文物的良好归宿。莫干山陆有仁中草药博物馆，由浙江德清陆氏中医世家传人陆有仁医生创建，陆有仁医生用20多年的时间搜集整理博物馆的展品，将30多年行医和其他经营所得全部积蓄倾注于博物馆建设。2008年新馆建成，现有藏品中古代制药器具1000多件，中医古籍20 000多册，中草药标本3000多种，成为以弘扬祖国中医中药传统文化为主题，集与主题相关的文物收藏、陈列展示、中医药研究为一体的特色专业博物馆。

民办博物馆的创办者，大都是某一领域的收藏里手，他们追求收藏的专门性、稀缺性、完整性和唯一性，以这些收藏成果开办的博物馆，其独一无二的藏品系列，便是民办博物馆的核心价值。民办博物馆就是要突出其他博物馆无法比拟的藏品优势，形成自己的文化特色，并成为某一领域的收藏中心、展示中心和研究中心，以无可替代的身份自立于博物馆之林。

今天，民办博物馆已经成为收藏、保护流散文物的无可替代的主力军，是“藏宝于民”的高级实现形式，也是文物保护的有效实现形式。张长生是盐山县张仁庄村农民。曾是军工厂工人，每天的工作就是拆卸退役的军用飞机和教练机，熟知飞机的构造以及仪表等各种零部件，了解各种飞机的型号和性能。张长生从20世纪80年代开始收藏各种航空器件，如今他的藏品已经多达50余万件。从1996年开始，张长生又陆续收藏了数十架退役的飞机，有教练机，也有战斗机、运输机等。张长生先后将自己收藏的数十架飞机分别捐赠给博物馆和高等院校。如今，张长生捐赠的飞机分布在北京、山东、西安、大连、广州、南京等多个城市[①]。

从世界各国的发展实践看，博物馆事业的发展，需要靠社会和个人财富的长期积累，靠社会支持系统的完善配套，靠公民公益意识的极大提高。从现有民办博物馆的投资创办主体看，多以民营企业为主，少部分为个人收藏家。有的民办博物馆的经营者，倾其毕生的资产搜集藏品，通过个人努力，或者加上政府的支持，投入巨资建成了博物馆。但是，博物馆运营的任何环节都离不开资金的持续支撑，资金一旦短缺，就会直接影响到博物馆的正常运营。因此，无论是国有博物馆还是民办博物馆，不仅在政策上要一视同仁，而且对民办博物馆这样的弱势群体，要加大扶持力度，促进其健康发展。

民办博物馆的发展离不开社会各界的支持，因为它本身就来源于民间，是对民间文化、民间生活、民间历史的集中展示和体现，民办博物馆的出现不过是“还宝于民”“还文化于民间”的结果，只有得到社会广泛的认可和欣赏，才能真正体现其自身的功能和价值。因此，要正确树立民办博物馆形象，即观众对民办博物馆的价值、特色、效益的综合认知。对民办博物馆而言，强化与社区的融合，融入社区居民的日常生活，一方面有助于营造社区文化氛围，在全社会形成欣赏民间藏品、参观民办博物馆的风气，另一方面可以使社区居民参与到民办博物馆的建设之中，参与诸如讲解、维护等志愿者日常工作，充分体现博物馆对现代社会的亲和力。

10.4.2 民办博物馆扩展保护空间

民办博物馆的不断壮大是我国博物馆社会化发展的重要体现，是保护社会流散文物的重要力量，使我国博物馆事业呈现出多样化发展的时代特征和重要趋向。民办博物馆要以特色求发展，民办博物馆特色要植根于自身优势，要有利于民办博物馆与观众的沟通，要得到观众的认同，要满足观众的需求。当前，我国民办博物馆的收藏陈列主题丰富多彩，越来越多的民办博物馆认识到，走特色之路、走专业化之路是可持续发展的方向。目前民办博物馆常见的分类主要包括艺术类、民俗类、医药类、故居类、生活用品类、工业

① 冬子：《河北农民建航空博物馆》，载《人民日报》（海外版），2009-12-28（2）。

器具类、遗址类、化石类、标本类等。

今天，博物馆研究人员应将文物收藏保护和研究的范围加以拓展，将民间文物收藏和民办博物馆藏品也纳入所关注的视野。在条件允许的情况下，博物馆应对民间收藏爱好者进行有组织、有计划、有目的的培训和指导，使众多的民间收藏爱好者能够更加科学、更加理性地从事文物收藏活动。同时，来自民间的文物收藏为博物馆建立及发展提供了丰富的物质基础，其中一些成功人士会加入创办博物馆的行列中来。创办上海越窑青瓷馆的收藏家陈国桢先生，意识到仅靠个人力量无法保护和传承越窑青瓷文化，于是决定出借展品给公立博物馆，让收藏爱好者共享文化盛宴。

早年蔡元培曾提出展品的“寄陈”（寄存）。他主张收藏家把自己珍藏的字画寄陈到博物馆来，公开展出，任人欣赏。认为这是一项“公私两利”的工作，既可以丰富博物馆的收藏和陈列内容，密切博物馆与个人或社会团体的关系，而且尤为重要的是使个人或社会团体的收藏获得良好的管理，延年益寿，传之久远①。事实上，日本博物馆的展品中有相当数量的“寄托品”。所谓“寄托品”，即团体或个人委托博物馆代为保管的“博物馆级”文物或艺术品。保管期限从 1 年到 10 年不等。在此期间，博物馆有用科学技术手段妥善保管和维护的义务，同时也有作为博物馆展品使用的权利。

宁波市创造了民办博物馆的多种实现形式，充分调动社会各阶层创办博物馆的积极性。一是“企业 + 博物馆”模式，例如宁波（鄞州）明贝堂中医药博物馆等，这种运行模式的特点是博物馆的投资主体是企业，企业投资的主要目的是借助民办博物馆来扩大自身的影响力。二是“景区 + 博物馆”模式，例如宁波服装博物馆位于湾底村的天宫庄园景区，博物馆并不是盈利主体，但是通过博物馆能够提升景区的文化品位，提高景区的整体水平。三是“生产基地 + 博物馆”模式，例如朱金漆木雕艺术馆等。这类博物馆除了具有一般博物馆的属性外，还具有现代企业产品陈列厅的属性，是产品陈列厅向博物馆的延伸。

民办博物馆以专业、主题类为主，内容和门类丰富且星罗棋布，与公立博物馆在文化资源、地理位置上形成互补，是难得的社会文化资源。近年来，我国各类博物馆都加

① 宋伯胤：《博物馆：学校以外的教育机构——蔡元培的博物馆观》，载《东南文化》，2010（6），6 页。

大了对社区服务的力度，使更多的社区民众享受到了博物馆文化的辐射，民办博物馆也在城市社区中日益增多。在这些民办博物馆中，除长期展出的“基本陈列”展品外，时常有社区居民收藏实物的展示，社区居民手工技艺表演等，成为社区中富有文化特色和活力的场所。与传统博物馆的“官办”色彩相比，这些民办博物馆体现出以民办、民享、民乐为特色的民间色彩和社区情调。

我国博物馆事业已经进入一个全新的发展时期，民办博物馆在其中发挥着越来越重要的作用，成为博物馆事业的重要组成，其发展潜力不可低估。民办博物馆的出现，是当前社会经济成分多样化，社会组织形式多样化在文化领域的反映。而且，随着社会经济生活中这些多样化趋势的发展，可以预见，民办博物馆也必将有一个较大的发展，今后将出现更多形式的民办博物馆。如何加强民办博物馆发展状况研究，及时出台相关政策，保护先进力量，科学规范、扶持和管理民办博物馆的发展，充分发挥其作用，使民办博物馆真正成为博物馆事业发展的积极力量，已成为当前亟待解决的问题。

2005 年 12 月，《博物馆管理办法》发布实施，将民办博物馆称之为非国有博物馆，即“利用或主要利用非国有文物、标本、资料等资产设立的博物馆为非国有博物馆”。根据《博物馆管理办法》的有关内容，我国在博物馆事业发展上采取“鼓励个人、法人或其他组织设立博物馆”和“鼓励博物馆多渠道筹措资金，促进自身发展”的政策，这种扶持和鼓励的政策促进了博物馆设立主体的多元化，使国家、政府部门、高等院校、科研院所、企事业单位、行业组织乃至公民个人都可以根据国家的有关规定设立博物馆，各种主题的民办博物馆得以创建和发展。

在地方层面也制定和出台了一系列支持民办博物馆发展的政策、措施。例如 2005 年，东莞市出台《东莞市关于博物馆之城建设优惠政策的实施办法》，鼓励和扶持社会力量参与博物馆建设，给予用地、税收等各方面的优惠，为民办博物馆创造良好的政策环境。安徽省公布了《安徽省民办博物馆管理办法（草案）》。在立法规范的同时，安徽省民办博物馆可以享受政府的多重优惠。除了规范民办博物馆的管理以外，创办民办博物馆可以享受到地方政府的优惠政策。根据这一草案，建设用地使用国有土地的经依法批准可以以划拨方式取得。另外，民办博物馆还将享受税收优惠、捐赠税费减免、参加评级评优等各项优惠政策。

随着我国民众生活水平的日益提高，收藏者的队伍也逐渐扩大，因此民办博物馆逐渐在各地出现，这一现象不仅得到当地民众的积极响应，还得到地方政府的鼓励和支持。2008 年 7 月，宁波市鄞州区政府率先出台《关于鼓励促进我区民办博物馆发展的意见》。该意见从场馆建设与运作、资金补助、用地保障、人员配备、综合设施与服务配套等方面提出了较详细的扶助措施，是我国第一个对民办博物馆进行扶持的政策。一是突出“民办政扶”，破解瓶颈制约。二是突出“民营政管”，提高专业化水平。三是突出“民享政补”，扩大社会效益。

我国对于民办博物馆的实际数量没有准确的统计，而已经在省级文物部门登记的民办博物馆数量，从 2001 年的 131 座，到 2010 年达到 456 座。还有许多虽然对社会开放，但是并未在文物部门注册的民办博物馆则未包括在内。例如有关资料表明浙江现有被称为民办博物馆的展览设施约 130 座，但是经文物行政部门登记注册的仅有 61 座，约占总数的 47%；安徽目前经文物行政部门正式批准的民办博物馆共 7 座，而未经正式审核的民办博物馆展览设施有 30 多座。从地域分布上看，目前民办博物馆主要分布在三类地区。一是经济发达的地区，例如浙江、江苏、广东等；二是文物富集的地区，例如山西、陕西、河南、四川等；三是民族特色鲜明的地区，例如云南、内蒙古、宁夏等。

公益性是博物馆客观存在的社会属性，它不以办馆者的主观意识为转移，无论由政府，还是由非政府组织或个人创办博物馆，这些博物馆都具有公益性。博物馆的公益性与博物馆机构的“公立”“民办”等属性没有关系。目前虽然大多数民办博物馆与真正意义上博物馆存在着一些差距，但是其发展潜力不可低估。今天创建的民办博物馆，很可能就是明天的著名博物馆。美国现在有 8200 多座博物馆，其中民办博物馆约 60%。西方国家许多著名博物馆的前身都是民办博物馆，例如英国大英博物馆、美国大都会博物馆等。事实上，民办博物馆的藏品最终都是要留给后人、留给社会。

当年，J.D. 洛克菲勒（J.D.Rockefeller）利用从父亲那里以一分利借来的 1000 美元开始创业，投身炼油企业并取得成功。巨额资产成为洛克菲勒家族艺术收藏的坚强后盾，也促成了著名的现代艺术博物馆于 1929 年 5 月建立。经过 80 余年岁月洗礼，现代艺术博物馆在现代艺术领域拥有较多重要的收藏，是世界上最杰出的现代艺术收藏场所，拥有馆藏超过 15 万件的个人作品、2 万多部电影以及 400 万幅电影剧照。现代艺术博物馆的收藏为社会民众提供了广阔的视野，每年参观者约为 250 万人次。如今，洛克菲勒家族已经进入第 6 代，他们仍然保持着对艺术收藏的兴趣，他们在博物馆发展方面世代的努力，不仅使自己的子孙和家族从中得益，更对美国民众的艺术教育产生了极其重要的影响①。

2010 年 4 月，国家文物局、民政部、财政部、文化部等七个部、局联合发出了《关于促进民办博物馆发展的意见》，从制度、政策、机制上提出了促进民办博物馆持续、健康发展的具体办法，民办博物馆的称谓也在经历了私人博物馆、民办非企业法人单位、非国有博物馆等不同称谓之后，统一称为民办博物馆。这是在新的历史时期，针对民办博物馆创办、发展的专门性指导意见，预示着民办博物馆将迎来一个重要的发展机遇期，对民办博物馆的发展必然产生积极的作用。《关于促进民办博物馆发展的意见》出台后，各地已经积极开始相关政策的制定，使民办博物馆看到美好未来的曙光。

《关于促进民办博物馆发展的意见》指出："由于民办博物馆在我国还是一个新事物，尚处于探索阶段，存在着准入制度不完善，扶持政策不健全，管理运行不规范，社会作用不明显等问题，严重制约了民办博物馆的健康发展。"目前，虽然民办博物馆的发展趋势强劲，但是在实践中还存在着诸多问题，民办博物馆发展基本处于自主生存、艰难前行、自我完善的状态，大多数民办博物馆在发展中遇到了不少困难和问题，存在很多不足和隐忧。作为新生事物，民办博物馆有诸多先天不足。例如缺乏政策法规支撑、缺乏正确办馆理念、缺乏管理标准规范、缺乏运营资金保障、缺乏专业人才力量等制约着民办博物馆的可持续发展。

在政策法规支撑方面，我国民办博物馆发展状况与发达国家相比，仍有一定距离，特别是扶持民办博物馆的政策制度环境亟待改善。在国家层面，对于民办博物馆发展缺

① 《洛克菲勒家族的收藏传奇》，载《文化创新》，2011（2），13 页。

乏相关的法律定位和政策保障，促进民办博物馆实施有效管理方面的法规明显欠缺，没有为社会资本支持民办博物馆发展提供良好的政策环境。目前，对于民办博物馆的藏品征集标准、藏品质量认定、藏品退出机制、公众服务方式、经营管理形式、人才引进途径，以及应承担的社会责任及义务、应享有的权利及效益、法人的变更及继承等方面的问题均缺少具有针对性、可操作性的政策和法规。

同时，对于民办博物馆的藏品管理缺乏行业依据和约束力，相关管理规定不够具体和明确，对于已经成立的民办博物馆藏品管理的各个环节缺乏有效的行业规范，对于已经退出的民办博物馆藏品处置缺乏相应的机制和措施保障。总之，民办博物馆在资金筹措、政策扶持、藏品资源、业务能力、规范管理等多个方面处于相对弱势，需要加强政策研究，促进其实现良性发展。另一方面，国家缺乏强有力的执法制度和措施，致使那些未经批准的民办博物馆大量存在，而对已经注册的正规民办博物馆形成冲击。此外，缺乏对民办博物馆非营利属性的保障制度，致使部分民办博物馆的非营利形象无法得到社会的认可。

在正确办馆理念方面，目前，就申请设立民办博物馆而言，创建者的目标中包含一些复杂的动因，有的是希望通过设立民办博物馆来提升个人收藏品的价值，有的意图借建造民办博物馆得以获取土地资源，还有的希望借助博物馆之名以扩大企业或产品的知名度。一些私人创办的民办博物馆，主要功能定位于较为单一的个人收藏展示；一些企业创办的民办博物馆主要陈列内容定位为行业发展历史、企业文化理念，实现以商养文，宣传企业形象，扩大企业知名度，往往成为博物馆的重要目标，除了行业内部接待以外，作为博物馆应当承担的藏品保管、科学研究、陈列展览、社会教育、公众服务等各项职能难于全面开展。

因此，不少民办博物馆对于公益性事业和经营性产业方面的性质界定不清，或根据广告效应需要，或根据发展旅游需要，或根据提高经营档次需要，或根据藏品交流需要等，开展与追求经营效益相关的各项活动，存在重设立、轻管理，求全求大，忽视特色的问题。更有一些地区在“政绩工程”的影响下，推动民办博物馆一哄而上，挂牌即馆，实际上不少是旅游景点、娱乐设施，而非真正意义上的博物馆，这样就形成诸多不具备民办博物馆办馆条件、未经文物行政部门登记注册、自行挂牌开放的所谓民办博物馆。

在管理标准规范方面，很多民办博物馆属于“无证”开馆，未在任何部门注册登记，就以博物馆或类似名称挂牌运营。大多数民办博物馆的藏品都没有经过专家鉴定，有的藏品来源不甚可靠。“目前对民办博物馆管理比较困难和头痛的是对其藏品的管理，比如民办博物馆业主个人收藏品与博物馆藏品的关系，民办博物馆藏品的征集问题等等，目前还缺乏比较完善、行之有效的法律法规和管理手段，处理不好，民办博物馆很可能成为变相的文物商店和私人文物收购站”[①]。在这一背景下，民办博物馆办馆质量良莠不齐，不少民办博物馆缺少管理经验和规范，存在诸多问题。

例如一些博物馆藏品管理不规范，没有分类、分级、登录、注销等严格的藏品管理程序，藏品登记和档案建设滞后；一些博物馆不重视藏品保管条件，多数民办博物馆文物库房、陈列展厅等处文物保管条件简陋，没有达到国家标准，缺乏基本的藏品保护设施设备，藏品保管环境较差，危及文物藏品安全；一些博物馆陈列展览内容浅薄，形式单一，制作简单，展示效果较差，宣传教育意识淡薄；一些博物馆管理松散，服务设施不健全，服务项目仅限于收费讲解，销售商品，没有开展相关教育活动，公益作用难以发挥；一些博物馆开馆时间随意性大，有的博物馆参观须事先联系，基本成为企业或者创办者的接待场所，没有真正成为社会资源，未能体现为公众服务的功能。

在运营资金保障方面，公立博物馆的办馆资金是指国有资金投入，而不是单指国家财政资金投入。因此，许多文物系统以外，由国有企事业单位及各行业兴办的博物馆，虽然不是政府财政直接拨款，但是因其为国有资金支持建立，仍属于公立博物馆。然而，我国民办博物馆大部分由个人、家庭或民营企业筹措资金、决策和管理，藏品主要由个人或企业提供。民办博物馆创办者为筹建博物馆需要投入大量资金，但是往往对博物馆开放后的经费开支预算不足，仅靠一时的热情建立起博物馆，面对长期运营需要的人员工资、日常开销等日益沉重的负担，资金缺口较大，一些民办博物馆甚至难以为继，陷入苦苦支撑的境地。

① 国家文物局博物馆与社会文物司：《新形势下博物馆工作实践与思考》，北京，文物出版社，2010。

目前，国家财政经费不能用于支持民办博物馆，社会捐赠受到政策制约，民办博物馆生存与发展的资金来源单一，诸如保证文物安全、改善参观环境等，均需大量的资金投入，而投入的回报却难以实现资金平衡。有关博物馆专家提醒，“民办博物馆的成立相对容易，但运营费用却很高，这是实情。作为一项公益事业，全世界没有一家博物馆是赚钱的，都需要巨大的资金投入和政策的保障支持”[①]。因此对于民办博物馆来说所谓“以馆养馆”难以实现。由于维持博物馆正常开放的资金不足，缺乏来自社会的持续支持，造成部分独具特色的民办博物馆不能坚持常年开放，面临生存发展的困难。

在社会资源支持方面，许多民办博物馆采取家族化管理模式和传统经营方式，内部甚至缺乏基本的专业分工，创办人几乎包揽博物馆的所有工作，从藏品征集、藏品布置，到迎送观众、进行讲解，全都由其个人承担，很少引入专业的管理人员，社会化程度很低，即使引进了少量管理人才，也进入不了决策层。这种情况的出现虽然有节约成本方面的考虑，但是也反映出创办者对民办博物馆的专业性及社会性的认识误区，甚至认为民办博物馆就是创办者的私家产业，因而排斥他人进入，导致一些民办博物馆创办者产生封闭、狭隘的心态，缺乏一种延揽人才、引入公众参与的开放意识，自然降低了民办博物馆的经营管理水平，也影响了民办博物馆获得社会支持的能力。

目前，我国的民办博物馆主要靠创办人的资源投入，缺乏社会资源的支持，民办博物馆的社会扶持系统基本没有发挥作用。因此，走社会化的道路，争取社会资源的支持，是民办博物馆走出困境、持续发展的重要保障。近年来，国家虽然已经出台鼓励社会力量捐赠公益文化事业的税收优惠政策，但是由于优惠比例偏低，相关政策不配套，而且申报程序复杂，难以调动社会力量捐赠的积极性。民办博物馆难以通过正常途径获得社会捐助或政府补贴等形式的支持，各项关于民办博物馆的税收扶植政策亟待制定出台。

在专业人才力量方面，我国民办博物馆的创办者主要有三种类型。一类是有较长收藏经历的私人收藏家；第二类是较有成就的民间艺术家；第三类是有雄厚经济实力，但是收藏经历不长的民营企业家。但是，这些人士往往对于博物馆学基础理论掌握不多，对博物馆管理往往缺少实践经验。博物馆离不开专业人才，民办博物馆也是如此。

① 杨雪梅：《来自文博专家与管理者的提醒“全世界没一家博物馆赚钱”》，载《人民日报》，2010-04-30（12）。

近年来，随着我国民办博物馆建设高潮的到来，专业人才不足的问题愈发突出。例如针对山西平遥的12座民办博物馆人才状况进行考察发现，“平均有工作人员10人左右，其工作人员大多在30岁以下，70%以上为中学或以下学历，大专以上学历的人数只占20%~30%，专业文物博物馆人才几乎没有”。

整体而言，民办博物馆的从业人员数量较少，学历水平普遍较低，专业资质状况不佳，尤其是缺乏具有专业职称的研究人员。一些民办博物馆由于缺乏专业人才，文物藏品的学术研究基本处于空白状态；一些民办博物馆由于缺乏保护人才，文物藏品的日常专业维护不能正常开展；一些民办博物馆由于缺乏业务人才，陈列展览缺乏良好的内容设计和形式设计。科学研究力量不足，业务管理水平低下，专业人才队伍薄弱，这些均是造成民办博物馆发展缺乏后劲的重要原因。虽然，一些民办博物馆拥有良好的馆舍设施和相对稳定的办馆经费，但是由于管理水平和运营经验不足，仍然难以正常发挥博物馆职能与功能。

10.4.3 民办博物馆改善社会环境

民办博物馆的出现，突破了我国博物馆长期以来由国家经营的固有格局，为博物馆事业发展注入了新的活力。今天，民办博物馆的发展方兴未艾。人们期待着更多管理规范的民办博物馆不断涌现，使其更加积极地参与到博物馆事业的发展之中。人们呼吁给予民办博物馆合法地位，尽可能地支持和帮助它们，并引导其对公立博物馆形成有益补充。人们鼓励民办博物馆实现专题系列收藏，让健康而有创意的文化观念得以弘扬。因此，目前需要科学研究我国民办博物馆的生存与发展状况，提出发展思路，为我国民办博物馆又好又快发展，提供必要的专业理论和技术方面的支持，全面提升科学化、专业化水准。

今天，我国民办博物馆管理制度所存在的所有问题，几乎都需要通过法治手段来解决。由于缺乏专门的博物馆法律及博物馆管理条例，使我国民办博物馆的设立标准难以统一，有关民办博物馆管理的权限难以解决，主管机关对民办博物馆的执法依据不足、执法权威难以确立，有关各方在解决民办博物馆存在的诸多问题时缺乏方向感，民办博物馆的公益性难以得到保障，对博物馆的政策扶持也难以规范和到位。从长远角度看，对于一些民办博物馆来说，维持正常开放还可以保证，但是缺乏发展后劲。如何科学规范、扶持和管理民办博物馆，充分发挥其作用，使民办博物馆真正成为博物馆事业发展的重要组成，已成为当前亟待解决的问题。

博物馆的性质与功能决定了它的管理和运营必须科学规范。目前，我国对民办博物馆实行的是多头管理体制。这种体制不仅容易造成不同部门之间权责不清、相互推诿，而且容易使管理资源过于分散，既不利于对民办博物馆的扶持和促进，也不利于对民办博物馆的规范和管理。因此，应确立文物行政部门对民办博物馆的行业主管地位，明确针对民办博物馆的行政责任。民办博物馆的创办人在提出设立申请时，必须依照博物馆管理的相关规定，提交其拟设博物馆的藏品目录及合法来源说明，同时书面表明自愿将列入藏品目录中的个人藏品，作为公共财产置于其拟创办的博物馆藏品之中，并在该博物馆存续期间放弃其个人对这些藏品的占用、使用、处分、收益的权利。

在我国，收藏家、艺术家、企业家创办博物馆，基本上属于个人行为，财产关系、经营关系，也都隶属收藏家、艺术家、企业家本人。因此，与国外民办博物馆依托强大的基金会并由其委托理事会或董事会管理博物馆不同，我国的大部分民办博物馆均由创办者直接经营，其运营资金也由创办者自行负责。博物馆功能的社会公益性质与博物馆财产权、经营权的私有性质之间，不可避免地产生一些矛盾。这种情况就决定了我国这类民办博物馆带有一定程度的脆弱性。就博物馆的文化资源来说，藏品是重要资源，但是必须有一定的经费、人才资源相配置，博物馆才能生存和发展。一些民办博物馆难以为继，主要是后两种资源稀缺所致。

同时，一些城市在民办博物馆管理方面几乎处于真空状态，无论是馆舍的搬迁、馆长的变故，还是管理方式的变更等，都被看作民间行为，缺乏政府的有效引导和管理，管理体制的缺失，使得民办博物馆处于自生自灭状态，再加上功能性不全，专业性不强，规范性不够，展览空间有限，活动方式单一，管理手段陈旧，拓展思路狭窄等因素，使民办博物馆的正常发展受到严重影响。要解决民办博物馆发展中的这些问题，需要从制度上、机制上进行研究，找出适合我国国情的民办博物馆发展之路。

当前，各地政府对于民办博物馆基本上采取积极扶持的态度。但是缺乏具体的扶持政策和推动措施，由于没有明确的管理办法，民办博物馆面临无人管理的尴尬境地。民办博物馆出现的生存和发展的问题，不仅在于民办博物馆经营者本身，同时也在于社会，有赖于整个社会环境的发展。例如资金问题的解决，就不能仅仅依靠某个企业、某位个人，应该靠全社会的力量，为博物馆提供持续的、强大的资金支持。因此，各级政府作为公共管理部门，应从法律法规层面上，将民办博物馆的建设纳入宏观管理的视野之中。应给民办博物馆设立一定的标准，例如藏品、展览、馆舍、专业人员及经费来源等，以保证其质量。

随着我国经济实力及社会文明程度的提高，企业及私人等社会力量创办博物馆的实力及动力也将随之增强。民办博物馆必将不断涌现，并最终必然超过公立博物馆的数量。民办博物馆在我国博物馆事业中的文化地位也将随之发生改变。一方面，随着民办博物馆的发展，国家对民办博物馆的管理经验不断丰富，有关民办博物馆的法律制度不断完善，使民办博物馆的运行机制、监督机制、藏品权属制度等，更加有利于保障民办博物馆的非营利性，民办博物馆的公益性将显著增强。另一方面，随着我国的民办博物馆与国内外博物馆的交流合作的增多，民办博物馆自身管理运营经验也在不断积累，民办博物馆的藏品进入及退出制度、藏品保管制度等内部规章制度也将不断健全。

上述两方面的因素，将促使我国的民办博物馆的法人治理结构及内部组织结构更加规范、合理。以理事会为决策中枢、以监事会为监督机构、以馆长为执行机构的法人治理结构，将在我国的民办博物馆中普遍设立，民办博物馆的内部岗位设置、人力资源结构、日常运行机制等都会更加科学。同时，随着我国民办博物馆的发展，国家对民办博物馆的扶持政策会越来越具体和明确，针对不符合准入标准的民办博物馆的执法制度也会更加有力，对民办博物馆的非营利属性的保障制度也会越来越严密。如此，我国民办博物馆的政策制度环境将有显著的改善。

为贯彻落实《关于促进民办博物馆发展的意见》，探索支持民办博物馆发展的长效措施，提高民办博物馆的专业化水平，鼓励与推荐经验丰富的公立博物馆业务骨干参与民办博物馆的运营管理。国家文物局于 2011 年 3 月至 12 月开展“国有博物馆对口帮扶民办博物馆”试点工作。通过委托省级文物行政部门组织国有博物馆对民办博物馆的藏品保护、陈列展览、科学研究、人才培养等业务活动实施“一对一”的帮扶，努力培育一批法人治理结构规范、专业水平高、社会影响力大的优质民办博物馆，并积极推动民办博物馆与国有博物馆在合作中相互借鉴，共同进步，在竞争中优势互补，相互促进。

为充分调动和发挥各方面积极性，确保试点效果，试点工作采取自愿申报、专家评估、择优确定、统一部署的原则。试点省份确定一个国有博物馆作为帮扶实施单位，建议为业务能力强、办馆经验丰富的国家一级博物馆，特别是省级博物馆和省部共建国家级博物馆要发挥龙头和引领作用。同时，试点省份确定一个民办博物馆作为帮扶对象，拟确定为帮扶对象的民办博物馆，必须依照《博物馆管理办法》登记注册和正常运行，通过博物馆年检，法人治理结构基本规范，藏品体系健全且产权明晰，展示服务工作基础较好，在本地区具有一定代表性。希望通过一系列改革措施，使民办博物馆事业走上健康发展之路。

一是明确应有法律地位。民办博物馆，从诞生到现在，曾经有过多种名称，从“私立”或“私人”，到“非政府”或“非国有”，再到“民间”或“民营”。之后，“按照国家有关规定，民办博物馆被定性为‘民办非企业单位’，在具体管理中视同为一般的民间团体。这一身份定位，给民办博物馆的生存和发展带来了诸多尴尬和困难”[①]。根据《博物馆管理办法》，非国有博物馆和国有博物馆在一定程度上享有同等的地位。今天，国家允许公立博物馆和民办博物馆并存，允许非文物、非高档、非精品的大众化收藏、展示机构与重要文物收藏机构并存，实现博物馆设立主体的多元化发展。

目前，公立博物馆全面实施免费开放。尽管有一些民办博物馆也积极实施免费开放，但是其减收和增支却得不到政府财政的资助，需要自行解决。民办博物馆的“民办非企业单位”身份，造成与公立博物馆的诸多差别[②]。因此，应明确民办博物馆与公立博物馆同等的法律地位。比照国家扶持民办学校等公益性事业的优惠政策，明确扶持民办博物

① 刘修兵：《民办博物馆的四大尴尬》，载《中国文化报》，2009-11-20（4）。
② 乔欣：《民办博物馆，经费从哪儿来》，载《中国文化报》，2010-03-03（6）。

馆的政策措施。对于符合法规准入条件，经文物行政部门审批予以注册的民办博物馆，应同公立博物馆一样给予相应的扶持和优惠政策，对一些重点特色民办博物馆应给予一定的经费扶持。在规划建设、土地征用、税费减免、从业人员职称评定等方面与公立博物馆一视同仁。

二是建立法人治理结构。我国民办博物馆，与欧美发达国家的私立博物馆有所不同。在欧美国家拥有私人收藏的家族或个人，如果希望创办一座博物馆保存和展示这些藏品，便将藏品捐献给一个社会基金组织，社会基金组织负责筹办并经营博物馆。而原拥有藏品的家族或个人，一旦将藏品捐献出去，实现所有权转移，便与藏品不再拥有财产关系，而实际上它们已经成为社会财富。我国民办博物馆藏品的财产关系往往没有实现所有权转移，仍然属于博物馆创办者所有，同时，博物馆的筹办与经营，也由藏品拥有者负责[①]。一些发达国家拥有上百年历史的民办博物馆都有比较完善的制度，而不是靠个人或企业的水平和力量。

日本的博物馆有国立、公立和私立三种形态，共有私立博物馆 1405 座，占博物馆总数的 32%，在这些私立博物馆中，595 座由非营利机构负责支持。“一个私人博物馆要想真正长久地运转，需要的不是一个人，而是一个完善的制度”“制度的优劣决定私立博物馆的生死存亡”[②]。由社会人士参与的理事会或董事会负责博物馆的决策与管理，是国际上博物馆普遍采用的制度，一般无论何种内容的民办博物馆，都设有理事会或董事会等决策机构，以保障民办博物馆及其行为的独立性、科学性。例如美国一些依靠基金会运行的博物馆，一旦基金会不能提供资金保障，其藏品须归国家或公共所有。2004 年，观复古典博物馆改为理事会制，目前有理事 15 人，马未都馆长明确表示：“我们将来会以基金会的形式管理，把博物馆留给社会而不是某个人。”[③]

三是完善扶持发展政策。对于处于发展初期的民办博物馆而言，政府的资金扶持至为关键，因此应采取多种方式，给予民办博物馆资金扶持。例如在博物馆专项补助经费方面，应当给予民办博物馆与公立博物馆相同的待遇。通过设立专项资金，对民办博物馆科学研究、人才培养、合作交流、藏品保管、重要展览、文化活动等进行专项补贴；

① 马自树：《扶持民办博物馆的成长》，载《人民日报》（海外版），2010-04-23（15）。
② 康棣：《观复博物馆讲述“椅子”与“盒子”的历史》，载《中国文物报》，2009-11-04（8）。
③ 刘欣随：《民办博物馆的中国式生存》，载《中国文化报》，2010-08-04（6）。

实施免费开放补助对民办博物馆提供资金支持。支持民办博物馆申办特色展览，以购买公共文化服务的形式进行资金上的支持。民办博物馆的发展瓶颈，主要是建造馆舍所需土地、建筑资金和税收优惠等问题，在这些方面尤其应该研究制定扶持政策。

在馆舍用地方面，应给予民办博物馆的馆舍用地以公益性文化用地的待遇，对符合国家《划拨用地目录》规定的民办博物馆的建设用地，经县级以上政府批准，可以采取划拨方式提供土地。在建设资金方面，各地可以利用在布局结构调整后闲置的房产，支持民办博物馆发展。可以在文化旅游景区内规划建设民办博物馆，为民办博物馆提供馆舍和基础设施运行保障。在税收优惠方面，应给予民办博物馆与公立博物馆相同的税费优惠。在现有的营业税、所得税等方面税收优惠的基础上，加大对民办博物馆的税收优惠力度，尤其是应当对民办博物馆免征房产税和城镇土地使用税。民办博物馆在接收捐赠、门票收入、非营利性收入等方面，可按照现行税法规定享受有关优惠政策。

四是树立正确办馆理念。规范的民办博物馆，是面向社会公众开放的非营利性文化事业单位，具有无可置疑的公益性。民办博物馆在享有权利的同时，也必须承担提供优质社会服务的义务。努力保护、研究、保管和展示我国丰富多彩的文化遗产，是我国民办博物馆的光荣使命。民办博物馆要利用好自身的特色优势，突出其资源的稀缺性和唯一性，形成自己的品牌，并成为某一领域的收藏中心、展示中心和研究中心。因此，民办博物馆对自己的长远规划要有明确认识，要针对博物馆发展目标设立管理制度。同时应建立职权监督与社会监督相结合的监督机制，确保民办博物馆履行其社会责任。博物馆是不以营利为目的、为公众服务的永久性机构，应具备展示、教育和研究功能。博物馆不同于企业或其他实体，不能以营利为目的，必须承担一定的社会责任和义务。

民办博物馆首先必须是真正的博物馆，而不能是进行商品经营的“古玩商店”。民办博物馆的基本宗旨是变个人所藏之宝，为全社会共享之物。这一理念成为全体民办博物馆管理者的良知和觉悟。民办博物馆建设必须贯彻节约集约用地的原则，严格执行《博物馆建设用地指标》的规定，严禁改变博物馆用地的土地用途，不得以划拨土地使用权抵押。民办博物馆因故终止的，其用地由国家依法收回后继续作为博物馆建设用地。

五是制定管理标准规范。对于民办博物馆，在设立审批时要有明确的准入条件，特别是对场馆、藏品、人员、资金、安全等方面要有量化指标，一方面，提高文物行政部门审批的可操作性，另一方面，促使个人或相关组织，对照准入条件不断努力、尽快满足创办民办博物馆的各项要求。民办博物馆应该拥有一定数量及价值的藏品，藏品基本形成系列或形成专题，拥有相对固定、适宜开放的馆舍建筑，拥有必要的办馆资金和运行经费，申办者应具备相应的研究和管理能力，并能坚持常年对社会开放。民办博物馆应当完善藏品目录及档案制度、藏品保藏制度、藏品信息及复制品的标注制度、岗位管理制度、人事管理制度、财务会计制度、突发事件处置制度等各项规章制度，实现民办博物馆的规范化、制度化管理。

政府应建立健全对民办博物馆的评估制度，建立规范、科学的评估指标体系，并将评估结果与政府对该民办博物馆的资源投入相挂钩。政府主管部门应当完善制度，加强对民办博物馆的监督检查，并通过聘请特邀监督员、强化社会评价等制度，加强对民办博物馆的社会监督，以建立职权监督与社会监督相结合的监督机制，确保民办博物馆履行其社会责任。政府鼓励民间力量办博物馆，但并不是有经济实力或拥有物质资本的人都可以创办民办博物馆。民办博物馆一旦设立，就不能随意关闭，全年开放时间应不少于 8 个月。

六是规范馆藏文物管理。创办民办博物馆必须是拥有藏品的个人或私营企业。具体条件包括藏品数量达到 500 件（套）以上，有固定的、适宜开放的专业馆址，有管理章程和与其业务活动相适应的从业人员等。民办博物馆的藏品不能完全视为个人收藏的藏品，它与个人收藏的藏品在性质上有显著差别，个人收藏的藏品更大程度上是其所有者的财产，可以在法律规定之下个人自由处置；而民办博物馆对藏品的处置要受到相关规定的约束和监督，不可以随意处置。例如美国一些依靠基金会运行的博物馆，一旦基金会不能提供资金保障，其博物馆藏品须归国家或公共所有。

根据国际通行的“私物公用”法理，民办博物馆所有权的支配也受到一定制约，不可随意处置。民办博物馆藏品退出馆藏序列，须经省级文物行政部门审核批准。近年来，越来越多的民办博物馆管理者认识到，博物馆藏品应属于全社会，是全社会的共同财富，愿意将分散秘传的个人收藏，转化为全民共享的博物馆馆藏，对其予以妥善收藏、保管、注册和登记。2007 年 12 月，建川博物馆樊建川馆长与妻子办理了公证，将 10 个博物馆、两个主题广场连同土地，一并转给成都市政府。这些民办博物馆创办者的文化追求和公益情怀，应该获得社会的广泛尊敬。

七是提升管理运营水平。应从民办博物馆的主体资格认定、行为准则、权利义务等方面加以规范，统一标准。应加强绩效考核，充分调动民办博物馆员工的积极性，增强其敬业意识，提高其职业能力，改进民办博物馆的内部管理。在民办博物馆开展日常业务工作时，还应协助其开展藏品征集、文物鉴定、举办展览、博物馆年检、编写宣传出版物等项工作，提供相应数据和文件；应当通过设立科研项目、给予科研补贴、实施成果奖励、纳入评估指标等方式，积极推动民办博物馆开展科研工作，提升民办博物馆的科研水平；应建立针对民办博物馆的培训制度，逐步推进民办博物馆馆长、讲解人员等关键岗位人员的持证上岗。

应当解决民办博物馆的专业人员，在职称评定方面的障碍，使民办博物馆的专业人员能够正常地晋升职称。应为民办博物馆开展学术研究和社会教育活动提供组织保障；应加强对民办博物馆的业务指导，通过监督检查及组织专家巡视、组织培训交流等方式帮助民办博物馆提高业务水平；在民办博物馆举办活动时，应协助组织新闻报道和宣传；应当鼓励民办博物馆的管理人员和专业人员参加学术会议、进行经验交流，并对民办博物馆人员参加高水平国际学术会议给予适当的经费补贴，以帮助民办博物馆的工作人员开阔眼界、提高水平。

八是营造社会支持环境。民办博物馆的生存和发展问题，不仅仅只在经营管理的本身，更在于社会。民办博物馆的成熟和壮大，有赖于健康的社会环境。一些民办博物馆经过持续努力，对所在地区的影响逐渐增大，有的甚至成为带动地方社会经济繁荣发展的重要力量。随着民办博物馆的社会影响力及公益性越来越受到社会的认可，社会各界对民办博物馆的资源投入，例如捐赠及志愿服务等也会逐渐增加，从而使民办博物馆的社会扶持系统的作用得以彰显。应引导社会资源通过捐赠、赞助等方式支持民办博物馆发展，民办博物馆的藏品数量以及品质也会有所提升，与公立博物馆之间的差距将明显缩小。

应通过舆论宣传、扩大民办博物馆的知名度及社会影响，创造有利于民办博物馆发展的社会环境。应推动民办博物馆与公立博物馆及海外博物馆开展交流互访，帮助民办博物馆借鉴其他博物馆的成功经验。应当保障民办博物馆合法的经营权，在确保民办博物馆的经营收入用于博物馆事业发展的前提下，尽量改善民办博物馆的经营条件。民办博物馆应当保证足够开放时间，执行国家对学生、残疾人、老年人的优待政策，结合自身特点举办宣传科普、文化、环保等方面的公益展览，树立健康的展示导向，充分履行其社会责任。

少年先锋号

结语

21 世纪初，在地球这座蓝色星球上，城市人口已经超过乡村人口，表明全球性城市化社会的到来，在这一过程中，我国一些城市仍然将摩天大楼的增长和高架立交的延伸作为现代化发展的标志，以此作为城市快速发展的追求目标。但是，与此同时对于城市更新过程中的文化传承与创新则有所淡漠。“更有甚者，现代化、国际化大都市建设过程中，还出现了城市记忆消失，富有特色的区域和传统表现不断被格式化，居民越来越生活在被规划的世界里”[①]。德国哲学家雅斯贝尔说过，每一次文化上的飞跃都会燃起新的火焰来，都会出现一种文化复兴的状态。一个民族要实现真正复兴，就必须找寻到自己本民族的文化基因，并与时代有机结合起来，融会贯通，形成特有的信仰体系和精神价值理念，这才是民族崛起的关键[②]。日本思想家福泽谕吉曾指出：“一个民族要崛起，要改变三个方面，第一是人心的改变，第二是政治制度的改变，第三是器物与经济的改变。这三个方面的顺序，应该先是心灵，再是政治体制，最后才是经济。把这个顺序颠倒过来，表面上看是捷径，但最后是走不通的。”同样，中华民族的进一步崛起，首先是心灵的崛起，而心灵的崛起和强大，则需要文化提供精神力量[③]。

2008 年 12 月，国际博物馆协会主席 A.S. 康明斯 (A.S.Cummins) 在宁波国际博物馆高峰论坛上曾说：“我们必须重新思考博物馆和博物馆人的角色应该是什么，需要超越博

---

① 周汉民：《文化生态培养让生活更美好》，载《中国文化报》，2010-06-30（5）。
② 倪明胜：《暴富时代下的群体症候与隐忧》，载《人民论坛》，2010（8），48 页。
③ 倪明胜：《暴富时代下的群体症候与隐忧》，载《人民论坛》，2010（8），48 页。

物馆是保存藏品的机构和博物馆人是藏品保存者、保护者、研究者的概念。新整合运动是国际博物馆界以一种前所未有的大视野，包容了博物馆业内的各种流派；向业外的各种文化机构广泛地建立联系；依托教科文组织的理论支持和组织支持，使博物馆有力地向前发展的一种趋势。博物馆职业道德的新版本、博物馆培训的新方向，都紧跟着这种新趋势。文化的力量源于生命的精魂，历史的丰盈源于蓬勃的血脉。博物馆正以更高的热情联系和服务更广大的观众。这些都是博物馆在艰难改革中出现的新曙光，无疑是令人鼓舞的。”

苏东海先生认为，“新博物馆学最重要的贡献不在实践而在战略方向。博物馆改革的愿望是普遍存在的，社会化改革的思路是整个社会前进中历史反思的结果，也反映了整个社会发展的趋势。博物馆要生存、要发展就必须适应社会大环境的发展”。“在现实需要的面前，以专业化为基础的主流博物馆的改革与以社会化为基础的改革日益融合起来。两者并非对抗的矛盾，是可以相容的，从两者的对抗到两者的包容是理论日益成熟的表现”[①]。今天，对博物馆如何适应社会大环境的发展有较明确的认识，有利于博物馆的未来发展和在全社会现代化进程中摆正自己的位置。

博物馆是人类文明记忆、传承、创新的重要阵地。近年来，在推动博物馆事业发展的实践中深切感到，人类的文化创造无限丰富，博物馆的建设任重道远。特别是刚刚过去的20世纪，人类的文化创造，在某种意义上，超过了人类过去几千年文化创造的总和。只有记忆才能满足人们深层次的精神需求。因此，如何真实全面保存、研究、展示当代文化创造的珍贵记忆，为后代保留下当代人类的发展轨迹，是博物馆界责无旁贷的历史责任。目前，应当担忧的并不是文化多元和多样性造成的冲突，而是日渐明显的全球文化趋同的情势。在这一情势下，博物馆持有什么样的文化价值，实行什么样的发展政策，考验着博物馆的集体智慧。

“博物馆，让生活更美好”，它不仅仅是一次陈列展览的主题，而应该成为博物馆事业发展的高尚主题。因此，博物馆成为现实社会中最珍贵的文化生态组成。科学精神与人文精神是人类观察自然现象、社会现象的一双慧眼。科学精神以物为中心，追求的

---

① 苏东海：《国际博物馆理论发展中两条思想路线札记》，载《中国文物报》，2010-06-30（6）。

是物的真实与客观，体现人与自然的关系，是理性思维的表现。人文精神则以人为中心，追求的是人的自由与理想，体现人与人的关系，博物馆的教育除了普及知识外，还应该教育观众学会如何正确地思维以及如何处世做人，这就需要用科学精神与人文精神净化人们的心灵，启发心智。博物馆人既是自然与文化遗产的守护神，还应是启人心智的灵魂工程师。

60 年来，国际博物馆领域和博物馆理论有合有分，有分有合，博物馆研究的不同思想路线在分合中前进。“新世纪以来，新的整合、新的分化给博物馆界带来的不是相互削弱而是共生共存的繁荣”①。我国的博物馆事业正处在改革的征途上。改革需要实际行动，没有实际行动无以突破；改革更需要正确理念，没有正确理念则无以为继。改革需要勇于实践，并在实践的基础上深化理念。从实际行动的开展，到正确理念的形成，再指导实践的展开，不断总结，不断巩固，不断进步。博物馆事业的发展需要会集全球各方面的经验和教训，从而提炼出有现实意义和可操作性的实践指南，当代博物馆应该为此付出努力。

“我们的研究如果不立足中国，就会是水中的浮萍漂泊不定；如果不放眼世界，我们的视野就如同井底观天”②。通过长年实践和总结前人经验，已经初步形成具有中国特色的博物馆事业发展规律。但是，博物馆事业要面向未来，需要深入调查分析，加强理论研究，掌握运用规律，准确预测趋势，制定战略规划，确保博物馆朝着既定目标发展。博物馆建设涉及经济、政治、文化、社会、生态等多方面的内容，是一个系统工程，需要持续不断地完善政策和强化措施。博物馆理论研究应该源于实践并高于实践，这样才能对实践具有指导意义。

纵览郑振铎、王冶秋先生等老一辈先驱者的成就，更感到他们对文物博物馆事业的高瞻远瞩，他们的学术思想弥足珍贵。在博物馆事业发展处于关键时期的今天，对于未来发展方向的全面审视，成为当务之急，重中之重。发展方向一旦明确，必然全力以赴。“在今后 10~20 年内，中国经济社会发展已经具备的基础和进一步发展的潜力将为博物馆事业提供最大人口规模的市场、最快速增长的需求、最集中的建设高潮，同时也会基

① 苏东海：《国际博物馆理论发展中两条思想路线札记》，载《中国文物报》，2010-06-30（6）。
② 苏东海：《博物馆的沉思（卷三）自序》，载《中国文物报》，2010-10-20（6）。

于中国本身的传统、环境和条件创造出最多样化的博物馆范式，可以说博物馆事业将迎来它的中国时代"①。

巴西博物馆学者特丽萨·希尔奈提出，博物馆正面对着概念上的五种扩大，即：博物馆概念的扩大、物品概念的扩大、遗产概念的扩大、社会概念的扩大、发展与可持续性概念的扩大②。由于文化遗产和博物馆概念的扩大，存在于广大民间领域的文化遗产保护日益受到关注，专题博物馆、民族博物馆、民俗博物馆、民办博物馆迅速发展起来。事实证明，保证和繁荣博物馆文化的多样性，对推动城市文化发展、提升城市居民心灵境界和幸福指数极为重要。今天，我国博物馆学讨论的对象日趋广泛，呈多元化态势，例如生态博物馆、社区博物馆、数字博物馆等课题的引入，文化与自然、可移动与不可移动、物质与非物质等视域的拓展，极大地开阔了博物馆学研究的视野，活跃了博物馆学研究者的思维。

目前，我国博物馆事业处于繁荣发展时期，博物馆理论研究呈现出繁荣景象，原有学科内容根据新的情况不断加以调整，在新的条件下不断加以充实。作为研究博物馆发展基本规律和方法的学科，博物馆学研究应该与时俱进，为博物馆事业的繁荣发展提供智力支持。同时，作为社会科学的博物馆学，与历史学、文学、哲学等社会科学学科相比，是一门年轻的学科，其形成和发展的历史相对短暂。从总体上讲，目前我国博物馆学研究不但落后于国际博物馆学研究前沿，也落后于我国博物馆事业发展和博物馆实践。在实际工作中，还存在着忽视博物馆学理论对博物馆实践指导作用的倾向。

近年来，与国内和国际所关注的社会热点问题相对应，我国博物馆界先后探讨关于博物馆与环境、博物馆与全球化、博物馆与无形遗产、博物馆与文化多样性、博物馆作为社会变革与发展的力量、博物馆与科学发展观、博物馆与社会和谐以及博物馆与旅游、博物馆与奥运会、博物馆与世博会等问题。这种关注社会现实、跟踪社会热点的研究，使博物馆学的视野更加开阔。博物馆是文明的产物。人类社会在创造博物馆的同时，也创造了文明本身。新时代的博物馆不能没有自己的文化智慧和文化贡献。博物馆不能因为现代化而丢失了自有的文化传统，成为一个外壳华丽而缺少内涵的设施。

---

① 郑好：《互联网时代的博物馆营销》，载《中国文物报》，2010-04-28（4）。
② 苏东海：《期待高校对博物馆学理论研究做出更大贡献》，见《博物馆的沉思 苏东海论文选（卷二）》，19 页，北京，文物出版社，2006。

通过理论探索和实践检验，笔者认为新时期博物馆事业实现可持续发展，需要从“数量增长”走向“质量提升”，从“馆舍天地”走向“大千世界”。今天，博物馆的数量迅速增加，一些大型、超大型博物馆相继涌现。但是必须清醒地认识到，对于可持续发展的博物馆事业来说，这些并不是最重要的目标，更为重要的是博物馆事业在国家经济、政治、文化、社会、生态发展格局中的作用与地位。只有将博物馆事业明确定位于公益性文化事业，将博物馆建设和管理纳入公共文化体系建设之中，以保障公民基本文化权益，满足广大民众基本精神文化需求为现实目标，博物馆事业才能得到可持续发展。

广义博物馆应博物馆的战略发展需要而产生，是博物馆事业发展的战略思考。博物馆学研究不但需要具有前瞻性，而且理论必须与实践相结合。但是，不能头痛医头、脚痛医脚地研究博物馆事业发展面临的现实问题，应该加强博物馆的基础理论研究。“至于范畴方法等有争议、有一时难以厘清甚至会产生歧义的问题，借鉴‘不争论’‘不折腾’的理念，可能是最明智的选择”[①]。广义博物馆即是在这方面所做出的努力。在理论探索

“故宫一小时”主题活动（2013年5月18日）

① 刘毅：《关于博物馆学研究对象的思考》，载《东南文化》，2010（1），83 页。

方面，虽然具有一定的理想成分，但是无疑展示出正确的发展方向，不但有利于提高博物馆的社会地位，而且有利于增强博物馆的社会责任意识，促进博物馆出现更加繁荣发展的局面。

改革开放以来，是我国博物馆事业发展前所未有的历史机遇期。正是抓住了这个历史机遇期，我国博物馆事业才取得了功在当代、利在千秋的辉煌成就。这些成就，印证了改革开放政策的伟大，也印证了中华文明生生不息的顽强生命力。博物馆领域是一个有机的、多功能的整体。今天，传统意义的博物馆正在迅速地从一个收藏、研究、展示、传播人类及其生存环境物证为核心的场所，向以人为本、以服务社会公众为首要目标，功能与使命更加多样的公益性机构转化。博物馆努力争取社会力量支持、参与博物馆的发展，实现发展模式由封闭型向开放型转变。

目前对社会公众的关注已经深入人心，成为博物馆的行动指南，也使博物馆成为荟萃区域文化、保护人类文化多样性的文化中心，成为促进人的全面发展，促进人类相互交流与学习，推动社会进步的重要力量，在为社会发展服务方面担负着越来越多的责任。更好地实现博物馆的使命，发挥博物馆的作用，就需要博物馆学科理论的强有力支持和引领。博物馆学理论来源于博物馆事业的实践，通过总结实际工作中的经验和教训，使之理论化，并上升为专门研究博物馆的发展规律和科学管理的学问，然后将这种系统化的知识再回到博物馆的工作实际中去，用以指导博物馆的各项工作。

在漫长的人类社会发展进程中，博物馆逐渐演变为具有多种社会职能的文化载体，并且还将继续随着社会变迁而发展。对于当代博物馆的社会功能应有新的认识，博物馆不能从社会生活中隔离出来，在调整博物馆与社会关系方面，必须进行不懈努力。因此，博物馆发展的战略思考，必将伴随社会的发展而继续深化，不可能一成不变。我国博物馆事业的发展必然从大规模基本建设，转入到资源整合的新阶段。要把握博物馆事业发展大局，就必须思考“应该建设什么样的博物馆，怎样运行、管理好博物馆”这一永恒命题，不断做出正确的方向判断和价值判断。

博物馆的工作千头万绪，既有业务工作，也有行政工作。业务工作又根据博物馆的性质、任务各有不同，各有侧重。“认识和掌握博物馆规律，学会运用这一规律为博物馆建设服务好，向着既定目标发展，这是目的”①。每一座博物馆的工作都必然是一个多学科的系统工程。博物馆的每一项工作都有其自身的规律和特点，每一项工作又都与其他工作紧密相连。在千头万绪的博物馆工作中，博物馆文化是重要组成部分，是博物馆躯体的脊梁。在博物馆文化的浸润下，形成博物馆共同的价值取向、民主的工作氛围、宽松的学术环境、创新的思想意识、包容的精神境界。

100 余年来博物馆命运的抉择，60 余年来博物馆文化的积淀，30 余年来博物馆事业的发展，使人们在追求博物馆现代化的道路上，更加清醒地认识到博物馆不可替代的存在意义。同时，在实践中越来越坚定了一个基本信念，作为一个有着深厚文化传统的东方大国，在博物馆的现代化进程中，必须探索中国模式，走中国特色的道路。正如未来现代化的中国依旧是历史中国的生命延续一样，未来博物馆文化发展，必然是博物馆文化传统的生命延续。我国的博物馆事业在全球化进程中，学习汲取各国博物馆领域的科学理念、先进技术和成功经验的同时，需要重新审视中华文化传统，探寻我国未来博物馆发展道路。

在这一过程中，对本国博物馆文化更要有一种文化自觉的意识，文化自尊的态度，文化自强的精神。在博物馆快速发展和在发展中不断出现问题的时期，我国博物馆既不能夜郎自大、坐井观天，也不能妄自菲薄、缺乏自信。尤其是在经济全球化、政治多极化、文化多元化的时代，更要保持清醒的头脑，坚持自己的文化特色。博物馆的功能和职能不仅在于保护祖国文化遗产，更要实现弘扬中华文化精神。博物馆必须坚守中华文化的“根”与“魂”。因此，博物馆设施是发展的基础，博物馆文化才是发展的根本。

1973 年英国历史学家 A. 汤因比（A.Toynbee）在《历史研究》一书中指出：当人类进入到 20 世纪中期以后，世界形势发生了重要的变化，一是科学的进步把世界拉入了一个统一的大市场；二是核技术的利用，尤其是核武器的出现，使人类面临严重的威胁；三是世界的资源走向枯竭；四是环境受到严重污染。这四大变化使人类进入一个不可逆的全球化时代，进入一个命运与共的境地。这时候，人类面临一个选择：“要么一个世界，

① 王川平：《浅说博物馆发展规律》，见谢沫华：《2006·中国昆明 亚洲博物馆馆长和人类学家论坛文集》，119 页，昆明，云南教育出版社，2007。

要么全体毁灭。”根据A. 汤因比的推理，能适应新世界的文化只能来自东方，能适应新形势的宗教只能是佛教，能为人类在新世纪寻找到新的文化起点的基础只能在中国。

A. 汤因比认为：“如果要使被西方搅乱的人类生活重新稳定下来，如果要使西方的活力柔和一些，成为人类生活中依然活跃但不具破坏性的力量，我们就必须在西方以外寻找这种新运动的发起者。如果将来在中国产生出这些发起者，并不出乎意料之外。”①今天的世界形势发展在证实着A. 汤因比的预言。“历史的长河将中华文化推到了21世纪世界文化文明的中心舞台。5000年文化的锻造，使中华民族必然肩负起人类未来新文化的责任。但我们必须清醒地认识到，历史逻辑的指引，只能表明我们的文化特质具有肩负起新的人类文明的潜能，而要真正担负起这种历史责任，实现人类文明新的飞跃，仍需我们做出巨大的努力来建设好我们的文化”②。

由于欧美博物馆在博物馆发展史上的特殊地位，以及现代意义的博物馆在我国起步较晚，在以往的研究中，我国博物馆对世界博物馆做出的独特贡献时常会被有意无意地忽视。随着我国博物馆事业的蓬勃发展，以及对国外博物馆发展历史的更多了解，我国在世界博物馆领域的独特历史贡献，被更多地揭示出来。“可以说中国的博物馆发展模式是一个独特的‘样本’，确实引起了世界的好奇”③。A. 加拉 (A.Galla) 在《走向2010：国际博协与中国的战略合作》一文中指出：“中国以其无比深邃的文化、博物馆学的进步以及与国际性知识的有机结合和成就，完全可以在2010年为世界博物馆学领域提供一个寻找更好平衡的机会。”

A. 加拉同时指出：“令人遗憾的是，西方的博物馆学知识体系仍然占据支配地位，而这种支配地位随着全球化步伐的加快以不同的形式反映出来，并有愈演愈烈之势。”他认为：“我们专业的未来，是让博物馆成为一个真正非殖民主义的、民众的空间，一个可以作为融合文化、经济、社会和可持续环境的论坛的空间。只有这样，我们才能为子孙后代留下一个有意义的、共同享有的世界，一个不只属于少数人而是许多人的世界，一个属于所有人的世界。也唯有如此，我们才能实现中国为国际博协2010年上海大会提出的高尚和极富灵感的主题：‘博物馆与和谐社会’。”④

---

① 刘云德：《面向二十一世纪的中国文化》，载《光明日报》，2011-08-29（5）。
② 刘云德：《面向二十一世纪的中国文化》，载《光明日报》，2011-08-29（5）。
③ 杨雪梅：《在博物馆大家庭中，中国是重要力量》，载《人民日报》，2010-11-8（17）。
④ 阿马尔·加拉：《走向2010：国际博协与中国的战略合作》，载《中国博物馆》，2006（3），11页。

将西方国家从博物馆的实践所获得的概念、理念完全移植到我国来，然后建立一个完全以西方的学术体系为基础的我国的博物馆学学科体系，既不必要，也不现实。与自然科学、工程科学不同，人文学科必须建立在文化多样性的基础之上，前者的许多原理、方法可以放之四海而皆准，而博物馆学作为人文社会科学，带有强烈的民族性、地域性，特别是我国的博物馆从不同的方面、以不同面貌体现出中华民族和中华文明的特征，它的丰厚性、多样性、延续性、复杂性无可比拟，因此，需要通过不懈的努力，建立起具有中国特色的博物馆学科体系，这一体系既包容国际博物馆领域的先进理念，又具有东方特色。

今天，之所以要探索中国特色的博物馆理论和实践，是因为人们认识到并没有单一世界的存在，不应失去关于文化价值的自主判断，更应关注充满活力的生活世界重建。在伟大的文明古国中建立博物馆学，发展博物馆学的概念，提炼博物馆学的理论，并且在实践中不断推进学科建设，用理论来指导实践，完全可以对世界贡献出有中国特色的博物馆学学科体系。这个学科体系能够对国际博物馆事业，对世界文化多样性做出贡献，可以在博物馆领域履行负责任大国的作用，为我国赢得国际同行的尊重。反之，如果不结合我国国情进行借鉴和实践，即使学习和借鉴国际相关领域的学术理论再多，也无法赢得尊重与地位。

在世界范围内，由于对于人类生存环境问题的深切关注，对于寻求人类社会可持续发展观念的深入人心，博物馆领域正在随之发生深刻的变革。博物馆成为维持文化多样化，提升地区竞争力和持续发展能力的宝贵资源。2010 年 11 月，在我国上海召开的国际博物馆协会第 22 届大会主题是“博物馆致力于社会和谐”。会议指出，“在当前全球经济和环境情况下，21 世纪的博物馆正处于重大转型的十字路口。博物馆面临急需解决的问题是如何保护作为人类共同遗产的文化多样性及生物多样性。全世界希望选择的未来是环境、文化、经济和社会的可持续发展。博物馆能够在转型中促进社会和谐方面起协调作用”。

从当前博物馆发展出现的问题来看，一部分原因是长期以来习惯于在基于西方体系

河南中国文字博物馆开馆典礼（2009年11月15日）

而形成的现行模式下思考问题、认识问题和解决问题。博物馆事业快速发展，必然存在诸多发展中的问题，但是不能因此而照搬、照抄其他国家博物馆发展的经验，使博物馆的理论研究和创新实践缺乏中国特色，缺乏中华传统文化的根基，缺乏对于我国现代博物馆百年发展历程中所形成的文化传统，所凝练的精神内涵的深入挖掘。必须认识到，具有中国特色的博物馆文化，在任何情况下，都是我国博物馆可持续发展的理论基础。今天，在博物馆的定义与性质、理念与规范、道德与传统、功能与职能等各个方面均应具有中国特色的博物馆文化。

杨玲、潘守永在《当代西方博物馆发展态势》一书中介绍了 19 世纪末以来的博物馆三次革命的内容和结果，即从 19 世纪末到 20 世纪 20 年代的第一次博物馆革命称为"博物馆现代化运动"，这场革命的结果，就是社会逐渐普遍接受了博物馆是一个社会教育机构的观点。到"20 世纪 50—70 年代的第二次革命，通过这次革命，博物馆工作的基本原则被界定为：辅助教育的再创造、藏品的动态展示和对观众的亲切服务"。始于 20 世纪 80 年代的第三次革命，即"博物馆独立化运动"，其核心内容是博物馆与政府在人类遗产领域进行分工，让博物馆有更多的机会和自由在传播和服务领域直接面向社会[①]。

在我国，近现代博物馆的发展不过百余年时间，其间经历了清末、中华民国时期和中华人民共和国时期三个历史阶段，并分别在20世纪的30年代、50年代和80年代出现过三个发展高潮，这些均是我国社会转型的重要阶段。实践证明，博物馆改革发展是一项涉及转型期经济、政治、文化、社会等各个方面的系统工程，体现出博物馆社会化动态发展的历史过程，反映出当前以及未来社会对于博物馆社会综合功能调整和拓展的时代要求。因此，社会转型必然对博物馆的活动和社会职能产生深刻影响。

自近代意义的博物馆诞生之日起，人们逐渐认识到它的特殊地位和作用，不断为其戴上各种光环，例如知识的殿堂、城市的客厅、文明的窗口、立体的百科全书、终身教育的课堂等。我国博物馆事业至今已经走过100多年的历程，并形成具有中国特色的博物馆体系。但是，面对公众日益增长的精神文化需求，博物馆事业面临着前所未有的机遇与挑战，例如如何进行体制机制创新、如何提升服务水平、如何开展社会教育等一系列问题亟待解决。今天对于一般民众来说，博物馆作为文物保管所的角色并没有根本改变。从整体上看，博物馆距离普通民众的现实生活还很遥远，甚至依旧是神秘的象征。

“目前我国博物馆事业基本上与农村、农民绝缘”[②]，现有的博物馆，除一些遗址博物馆、生态博物馆等特殊类型的博物馆之外，基本上都位于城市之中，博物馆的新建和扩建工程也主要集中在中心城市。博物馆的生存与发展不能脱离社会，博物馆机构和员工应该以更加开放的态度面向社会公众，博物馆只有在不断适应社会发展的进程中，才能实现自身存在的价值。同时，有了社会民众的文化认同，有了社区居民的心灵归属，博物馆文化才能焕发出巨大的凝聚力量。历史不能割断，文化需要传承。既有丰富的历史文化智慧，又有丰厚的社会文化滋养，博物馆才能在更高的起点上面向未来。

今天的时代是文化走向繁荣和发展的时代，在这个重要的历史转折点，博物馆需要担负的文化责任更加重大，必须站在新的文明高度来审视所面临的任务。我国在经历了20余年的经济高速发展之后，社会公众对精神文化产品的需求日益增长，博物馆发展的

① 陈建明：《虚拟的场景 真实的遗产——博物馆功能再审视》，载《中国博物馆》，2008（3），16页。
② 曹兵武：《博物馆热·博物馆学·博物馆文化》，载《中国博物馆》，2008（3），9页。

速度和质量均面临着新的考验。作为独特文化群体的我国博物馆，未来发展必将是一个漫长、艰难的历程。人们不仅要求更好地享受现代科技与经济发展的成果，同时希望拥有健康美好、和谐多样的文化与自然环境，不仅关心当代生存与发展的权利与潜力，同时希望子孙后代也能够拥有一个有保证的未来，包括将属于他们的文化遗产完好地传承下去。

因此，博物馆的发展必然和社会的发展、时代的发展结合起来。博物馆的各项工作必然更加紧贴时代脉搏，投入火热生活，参与社会进步。我国博物馆事业必然始终随着时代的脉动、社会的要求逐步完善自身功能，更新过时理念，始终在动态中前行。博物馆展示历史，更要参与历史的创造。博物馆为公众提供寻找记忆的空间，不是为了让人们沉湎于记忆之中，而是为人们提供在继承中更好地创造新的生活的精神力量。博物馆不但展示过去、现在、未来，而且传递历史、文化、科学信息；不但寄托传统民族精神，而且承载人类文化理想，博物馆应在时代的潮流中发出博物馆界整体的声音。

大英博物馆 N. 库森（N.Courson）曾预言，2000 年左右，亚洲将成为全球的工业中心，美洲将成为自然资源中心，而欧洲将成为世界博物馆中心。为此，欧洲努力促进博物馆之间的通力合作，采取统一行动，实现博物馆的发展目标[①]。今日亚洲不应再居于“全球的工业中心”，未来的欧洲也不可能独享“世界博物馆中心”的荣誉。我国博物馆正在前所未有地发展，而随着博物馆建设实践经验的积累和业务水平的提高，又促进了其所在城市的文化建设。今天通过与其他国家博物馆发展状况的比较，能够更加理性地评估我国博物馆事业未来的发展趋势，发展立足于鲜明区域特征、民族特征、时代特征的博物馆文化。

身处快速发展的时代大潮，未来的我国博物馆事业将更加充满活力，更加贴近社会生活，在城市文化建设中起到更加积极、直接和有效的作用。蓬皮杜博物馆的馆长 P. 于丹（P.Hult é n）曾说：“博物馆不再是存放失去了社会功能的作品的祭坛，而是艺术家会见公众，并激发公众创意的地方。”[②]随着科学技术的高速发展和人们对精神生活需要的逐步提高，博物馆需要不断紧跟时代发展的潮流，不断研究自身生存的社会环境。只

① 乔治 •F. 麦克唐纳：《“地球村”的博物馆未来》，黄晓宏译，载《中国文物报》，2010-05-05（6）。
② 曹兵武：《迎接机遇挑战 共筑文化殿堂》，见《博物馆观察——博物馆展示宣传与社会服务工作调查研究》，2 页，北京，学苑出版社，2005。

有努力保持博物馆的文化地位，才能更好地履行博物馆的社会责任，也只有努力提升自身的社会竞争力，才能更好地满足人们的文化需求。

当代我国博物馆事业蓬勃发展，博物馆的体制机制改革不可能独立前行，必然与经济变化、政治变革、社会变迁等交织在一起，因此，不但需要加强对博物馆的内部机制进行研究，而且应该加强对博物馆的整体发展进行研究，不但需要加强对博物馆的外部环境进行研究，而且应该加强对博物馆的外部关系进行研究；传统博物馆学理论难以解释和解决不断涌现的新问题，必须拥有时代精神。博物馆要参与历史的创造。没有不懈的文化追求，博物馆事业不可能持续长久。博物馆学理论在社会进步和自身发展的双重需求下，不断实现转型与创新，因此博物馆学科建设，必须树立起比以往任何时期都要博大的创新精神。

博物馆理论产生于实践之中。博物馆理论研究要紧密结合现实社会，与博物馆发展实际状况和问题结合起来。理论的创新要求博物馆学研究更加关注博物馆的实践活动，解决遇到的实际问题。博物馆与社会、博物馆与公众关系的改变与调整，使博物馆学理

爱上这座城——故宫和小伙伴们的聚会（2013年12月28日）

论不断创新，不断适应社会发展和公众需求。但是，“为社会和社会发展服务”作为博物馆的核心价值，永远是博物馆学创新的基本理念，是博物馆学创新的灵魂，是博物馆学创新的归宿，只有博物馆事业有新的发展，博物馆学科有新的进步，博物馆文化有新的认识，人们才有可能以新的视野认识博物馆的现实价值。

今天我国一些优秀的博物馆，无论在建筑、藏品、服务，抑或社会影响力方面都可以毫不逊色地与其他国家的博物馆相媲美。同时，通过今天各地对于博物馆建设的热情，人们有理由相信，我国博物馆的数量在未来相当一段时期内，仍将保持快速增长。但是值得深入思考的是，应该更多地建设什么样的博物馆，如何从实质上提升博物馆的专业化运营质量和社会化服务水平。文物藏品的积聚是博物馆产生的前提和基础，而为社会和社会发展服务则是博物馆生存的保障和动力。“博物馆，无所不在”[①]。作为一个开放的公共文化空间，博物馆应该满足社会不同层次人们的特定需求。博物馆实践必然存在于服务社会与社会发展之中。

“中国博物馆事业已进入了又一个百年。时至今日，张謇的博物馆思想仍然闪烁着耀眼的光辉，他的博物馆理论仍然没有过时”[②]。面对博物馆发展过程中存在的种种问题，人们对于前人艰苦的博物馆创业历程体会更加深刻，对于博物馆前辈的敬业精神更加充满崇敬。正是博物馆先辈们以高尚的品德情操和模范行为，展示出博物馆旺盛的生命力和核心价值，不仅唤起全社会对博物馆事业的关注和参与，最终成就了博物馆事业的兴盛发展，同时，在博物馆界形成特有的责任意识和价值观念，并积淀成为优秀的精神传统，进而成为全体博物馆人综合素质表现，受到全社会的赞誉和尊重[③]。

---

① 段勇：《多元文化：博物馆的起点与归宿》，载《中国博物馆》，2008（3），5 页。
② 凌振荣：《张謇博物馆思想的特点》，载《博物馆研究》，2010（3），3 页。
③ 陈彤：《博物馆核心价值的反思与守望》，见《21 世纪博物馆的核心价值与社会责任》，33 页，北京，科学出版社，2010。